国际经济与贸易本科核心课教材系列

International Economics and Trade Series

刘恩专 / 总主编

中国对外贸易概论

Introduction to China's Foreign Trade

【第二版】

刘辉群　王荣艳/主编

厦门大学出版社 XIAMEN UNIVERSITY PRESS
国家一级出版社
全国百佳图书出版单位

图书在版编目(CIP)数据

中国对外贸易概论/刘辉群,王荣艳主编. —2 版. —厦门:厦门大学出版社,2019.5
(国际经济与贸易本科核心课教材系列)
ISBN 978-7-5615-7150-7

Ⅰ.①中…　Ⅱ.①刘…②王…　Ⅲ.①对外贸易—中国—高等学校—教材　Ⅳ.①F752

中国版本图书馆 CIP 数据核字(2018)第 247822 号

出 版 人　郑文礼
责任编辑　吴兴友

出版发行　厦门大学出版社
社　　址　厦门市软件园二期望海路 39 号
邮政编码　361008
总 编 办　0592-2182177　0592-2181406(传真)
营销中心　0592-2184458　0592-2181365
网　　址　http://www.xmupress.com
邮　　箱　xmupress@126.com
印　　刷　厦门市金凯龙印刷有限公司

开本　787 mm×1 092 mm　1/16
印张　25
字数　572 千字
版次　2019 年 5 月第 2 版
印次　2019 年 5 月第 1 次印刷
定价　56.00 元

本书如有印装质量问题请直接寄承印厂调换

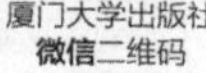
厦门大学出版社
微信二维码

厦门大学出版社
微博二维码

第二版前言

国际经济与贸易本科核心课教材系列《中国对外贸易概论》一书自 2010 年出版以来，受到了广大教师、学生和读者的欢迎。曾多次印刷，发行量超过 3 万册，已经成为该学科领域的品牌和通用教材。近年来，我国对外贸易领域有了新的发展和变化，为了紧跟时代发展潮流，与时俱进，第二版进行了全面修改和更新。

与第一版相比，第二版在内容上作了以下几个方面的修改和充实：第一，对各类对外贸易的发展动态与数据进行了更新。各类对外贸易近年来有了新的发展，对外贸易规模进一步扩大，我们根据对外贸易新的变化，对第一版书稿中的相应部分进行了全面修改和更新，以求尽可能反映不断变化和鲜活的贸易活动现实。第二，补充和更新了一些案例。对于出现新变化的案例，进行资料和内容的更新和补充；对于因种种原因已经不符合内容需要的案例，更换为新的与书稿内容更贴切的案例；此外，在相关章节还增加了一些新的案例，以加大和强化案例教学。第三，修改了相关章节设计的政策和法规内容。对书稿中涉及的政策和法规内容，凡是现实已经调整和修改的，均进行了相应的更新和充实，使得内容跟上法律实践的发展。第四，介绍了对外贸易领域研究的最新成果。伴随着现实的发展，理论研究也在不断进步，对于近年来对外贸易理论研究的新成果和新观点，第二版书稿中尽量给予介绍与反映。

本书由天津商业大学刘辉群副教授负责撰写与修订。各章节撰写和修订的具体分工如下：第一、二、三和四章由黄俊开负责；第五、六、七和八章由王维佳负责；第九、十和十一章由杨达利负责；第十二章由史永娟负责。在修订本书的过程中，天津商业大学硕士研究生卢韦、张露露、吴冰柔、覃峥、王潇、周颖、高蓉和翟子腾等协助收集了一些资料，在此表示诚挚的谢意。厦门大学出版社吴兴友编辑对本书的修订和出版工作给予了多方面的帮助，在此也表示深深的感谢。

本书既适合作为高等院校涉外经济、贸易、商务、金融、管理、法律、投资、政治和外交等专业学生的教材，也适合相关企业和政府管理部门的人员使用。限于作者的学术水平和实际经验，书中难免存在不足或错误之处，恳请各位读者不吝赐教。

刘辉群

2018 年 5 月

第三版前言

前 言

“中国对外贸易概论”是在马克思列宁主义、毛泽东思想、邓小平理论指导下，在总结中国社会主义对外贸易实践经验的基础上，经过全国对外贸易理论、教育、科研和实际工作者的共同努力，逐步创立、完善起来的新学科。其研究对象总的来说是研究中国社会主义对外贸易的理论、政策和实践经验，研究中国社会主义对外贸易领域中各种经济关系及其活动规律。

本教材内容全面，体系完整，分别对中国的对外贸易历史与发展、对外贸易发展战略与政策体系、对外贸易体制、对外贸易法律制度、对外贸易关税制度、海关管理制度、对外贸易管理制度、对外贸易促进制度、对外贸易摩擦与应对、对外贸易关系以及对外贸易相关问题进行了系统的阐述。与其他同类教材相比较，本教材的特色主要体现在以下几个方面：

第一，反映了中国对外贸易的最新变化。本教材在保留本学科知识全面性的基础上，对同类教材中普遍缺乏的内容作了大量补充，如我国对外贸易发展的最新国际格局、中国自贸区建设的最新动态等。而且，本教材所使用的数据大多数更新到2011年底。

第二，特别重视与中国实际相结合，内容具有较强的实用性和可操作性。本课程的性质决定了该教材必须与中国对外贸易实践相结合。本教材对中国对外贸易领域的相关法律法规、宏观与微观管理进行了较全面的介绍和分析，便于提高读者运用所学知识解决实际问题的能力。各章中的小知识为基本概念和基本理论提供了详细的数据和素材，各章中的案例有助于读者进一步进行系统性的思考。

第三，全书框架的编排突出了内容的内在逻辑关系，阐述、分析力求简明扼要，各章都配有“本章小结”“重要概念和术语”“案例”“思考与练习”，以帮助学生归纳、提炼本章的核心知识点，并通过练习加以巩固。

本教材由长期从事教学和科研工作的高校教师合作编写。刘辉群（天津商业大学）提出编写大纲并负责统稿。具体编写分工如下：第一、二、十章由刘辉群编写；第三章由姜达洋（天津商业大学）编写；第四章由王维薇（天津财经大学）编写；第五、九章由王荣艳（天津财经大学）编写；第六章由孙海鸥（天津开发区职业技术学院）编写；第七、十一章由赵欣（天津商业大学宝德学院）编写；第八章由王岚（天津财经大学）编写；第十二章由刘晶（天津财经大学）编写。天津商业大学的孙晶、杨宏宇、陆振辉和高丽婷参与了本书的校稿和排版等工作。

感谢天津财经大学经济学院刘恩专教授对本书大纲及内容提出的宝贵意见和建议；感谢厦门大学出版社吴兴友编辑为本书的出版付出的辛勤劳动。

本书在编写的过程中，参阅了大量国内外有关教材、著作、论文以及网站，并引用了许多观点和资料，如未注明，在此特表谢忱并致歉。由于作者水平有限，书中难免存在疏漏，敬请读者批评指正。

刘辉群

2010 年 4 月

目 录

第一章 导论 …… 1

本章小结 …… 4

重要概念和术语 …… 4

思考与练习 …… 5

第二章 中国对外贸易的历史与发展 …… 6

第一节 中国对外贸易发展的历程 …… 6

第二节 中国对外贸易的国际地位 …… 15

第三节 中国对外贸易的方式 …… 25

第四节 中国对外贸易与经济增长 …… 30

本章小结 …… 40

重要概念和术语 …… 40

案例 中国版马歇尔计划行之不易 …… 40

思考与练习 …… 41

第三章 中国对外贸易的发展战略与政策体系 …… 43

第一节 对外贸易发展战略及其思想源泉 …… 43

第二节 对外贸易战略的类型与政策选择 …… 48

第三节 战后发展中国家的贸易战略选择 …… 53

第四节 中国的贸易战略演进与政策选择 …… 58

本章小结 …… 65

重要概念和术语 …… 65

案例 汉密尔顿与美国经济的起步 …… 65

思考与练习 …… 68

第四章 中国对外贸易的体制 …… 69

第一节 改革开放前的对外贸易体制 …… 69

第二节 改革开放后的对外贸易体制改革 …… 71

第三节 中国外贸体制改革的经济学分析 …… 81

第四节 入世后我国外贸体制改革面临的问题及对策 …… 94

本章小结 …… 96

重要概念和术语 …… 96

案例　国务院关于进一步深化对外贸易体制改革的决定 …… 96
思考与练习 …… 99
第五章　中国对外贸易的法律制度 …… 101
第一节　中国对外贸易管理的法律手段概述 …… 101
第二节　1994年《对外贸易法》的颁布 …… 107
第三节　2004年中国《对外贸易法》的修订 …… 112
本章小结 …… 124
重要概念和术语 …… 124
案例　2004年《中华人民共和国对外贸易法》 …… 124
思考与练习 …… 132
第六章　中国对外贸易的关税制度 …… 133
第一节　关税概述 …… 133
第二节　中国的关税制度及其演变 …… 141
第三节　中国海关关税税则和估价制度 …… 147
第四节　中国关税的征收 …… 152
第五节　中国的原产地规则 …… 155
本章小结 …… 158
重要概念和术语 …… 159
案例　美国食品和饮料公司要求特朗普政府不要对进口铝征收关税 …… 159
思考与练习 …… 160
第七章　中国海关的管理制度 …… 161
第一节　中国海关概述 …… 161
第二节　中国海关报关制度 …… 171
第三节　中国海关通关制度 …… 178
第四节　中国海关监管制度 …… 180
本章小结 …… 200
重要概念和术语 …… 200
案例　《中华人民共和国海关法》 …… 200
思考与练习 …… 212
第八章　中国对外贸易的管理制度 …… 213
第一节　中国对外贸易管理的必要性 …… 213
第二节　中国对外贸易管理制度改革 …… 218
第三节　中国对外贸易管理的经济调控手段 …… 228
本章小结 …… 238
重要概念和术语 …… 238
案例　中美外贸管理制度的比较 …… 238
思考与练习 …… 243

第九章 中国对外贸易的促进制度 …… 244
第一节 出口信贷制度 …… 244
第二节 出口信用保险制度 …… 249
第三节 出口退税制度 …… 260
本章小结 …… 270
重要概念和术语 …… 270
案例 关于大型出口信贷及出口信用保险项目的报批程序 …… 270
思考与练习 …… 273
第十章 中国对外贸易的摩擦与应对 …… 274
第一节 中国对外贸易摩擦概述 …… 274
第二节 中美贸易摩擦 …… 276
第三节 中欧贸易摩擦 …… 292
第四节 中国应对对外贸易摩擦的对策 …… 295
本章小结 …… 302
重要概念和术语 …… 302
案例 不锈钢冷轧薄板反倾销案 …… 302
思考与练习 …… 307
第十一章 中国对外贸易关系 …… 308
第一节 中国的多边贸易关系 …… 308
第二节 中国的区域贸易关系 …… 318
第三节 中国的双边贸易关系 …… 325
第四节 中国的自由贸易协定 …… 332
本章小结 …… 339
重要概念和术语 …… 340
案例 坚定维护多边贸易体制 积极参与全球经济治理 …… 340
思考与练习 …… 344
第十二章 中国对外贸易的相关问题 …… 345
第一节 劳动力廉价优势与贸易顺差可持续性 …… 345
第二节 能源贸易与环境问题 …… 357
第三节 “一带一路”沿线国家对外贸易 …… 360
第四节 跨境电子商务发展 …… 366
本章小结 …… 371
重要概念和术语 …… 371
案例 《巴黎协定》 …… 372
思考与练习 …… 385

参考文献 …… 386

第一章 导论

学习要求

通过本章的学习，了解“中国对外贸易概论”课程的产生与发展过程，熟悉并掌握“中国对外贸易概论”的研究对象、特点和学习方法。

对外贸易是一个国家参与国际经济活动的重要途径，一个国家对外贸易的状况和水平直接反映这个国家的经济实力和在国际市场上的地位。加入世界贸易组织（WTO），为我国对外贸易经济活动的历史翻开了崭新的一页，对了解我国的对外贸易具有更重要的意义。学习和研究中国对外贸易，必须与世界经济、政治、科技、贸易联系起来，要从全球战略高度去观察、分析中国对外贸易的过去、现状和未来的发展。

一、“中国对外贸易概论”的产生

中国对外贸易作为一门课程是在中华人民共和国成立初期，在苏联专家的帮助下，为中国人民大学对外贸易专业开设的。当时名为“中苏对外贸易原理”。20 世纪 50 年代中期改名为“社会主义阵营对外贸易”，并曾经一度与国际贸易合并，名为“国际贸易原理”。进入 20 世纪 60 年代，又从“国际贸易原理”中分离出来，名为“中国对外贸易政策”，后改称“中国对外贸易政策理论”，又改名为“中国对外贸易理论与政策”。“文化大革命”后期，合并于“中国对外贸易基础知识”。1980 年重新编写教材时名为《中国对外贸易经济概论》。1985 年统编教材改名为《中国对外贸易概论》。随着改革开放的不断深入和扩大，中国对外贸易经济合作关系飞速发展，新情况、新事物不断涌现，对外贸易的内容也得到不断丰富和发展。作为一门学科，“中国对外贸易概论”也日趋成熟。

二、“中国对外贸易概论”的性质

“中国对外贸易概论”是我国特有的一门课程。它是在马克思列宁主义、毛泽东思想和邓小平理论的指导下，在总结中国社会主义对外贸易实践经验的基础上，经过全国对外贸易理论、教育、科研和实际工作者的共同努力，逐步创立、完善起来的新学科。它是研究中国社会主义对外贸易中的经济关系及其活动规律的学科，目的是为发展社会主义的生产力服务。它既要分析研究中国对外贸易的理论和方针政策，又要分析研究中国对外贸易的实践同世界经济贸易的关系。其理论性、政策性和实践性都是比较强的。

这本教材以马克思主义对外贸易基本理论为依据，以建设有中国特色的社会主义理论为指导，以中国社会主义初级阶段对外贸易的性质和基本特征为主线，从中国社会主义对外贸易的历史、现状到发展前景，循序深入论述，力求使其具有科学性和系统性。

三、"中国对外贸易概论"的研究对象

本课程的研究对象，总的来说是研究中国社会主义对外贸易的理论、政策和实践经验，研究中国社会主义对外贸易领域中各种经济关系及其活动规律。要在对外贸易的运动过程中，找出它的固有规律，并利用它为中国社会主义建设事业服务。具体来说，主要包括以下几个方面：

（一）研究社会主义社会特有的经济规律在中国对外贸易领域中的作用

社会主义社会特有的经济规律有社会主义基本经济规律、有计划按比例发展经济规律、社会主义市场经济规律、按劳分配与共同富裕规律等。这就是说，要研究对外贸易部门怎样按照上述规律的要求，树立对外贸易经营的主体思想，明确经营目的，合理经营对外商品贸易、技术贸易和服务贸易；怎样通过国内外市场，使商品、技术、劳务、资金、人才的流动有效地促进社会生产力的发展、科技水平的提高、国民经济的协调发展，以提高经济效益，更好地满足广大人民日益增长的物质和文化的需要；以及怎样在对外贸易活动中正确处理国家、集体、企业和个人之间的利益关系，以充分调动各方面的积极性。

（二）研究市场经济固有的一般经济规律在中国对外贸易领域中的作用

市场经济固有的一般经济规律有价值规律、供求规律、竞争规律等。中国社会主义初级阶段的经济是社会主义市场经济。市场经济就是要公平竞争，要按照价值规律、供求规律办事，按国际惯例办事。因此，市场经济的一般经济规律对中国对外贸易的发展具有十分重要的意义和作用。我们必须研究这些规律，使其为中国对外贸易发展和国民经济建设服务。

（三）研究现代资本主义经济规律在中国对外贸易领域中的作用

现代资本主义经济规律有现代资本主义基本经济规律（剩余价值规律）、价值规律在国际市场的应用、资本主义经济危机及其对世界经济与国际贸易的影响等。这些规律必然会对中国对外贸易产生重要影响。因此，我们必须研究它、利用它，并针对它采取相应的对策和措施，才能使我们在参与国际分工、国际交换的激烈竞争中，获得合理的最优的经济效益。

（四）从生产关系和生产力、上层建筑和经济基础的矛盾运动中研究中国对外贸易领域中的经济关系及其活动规律

首先是研究生产资料所有制关系在交换活动中的相互关系和分配关系；其次是研究国家政权在宏观管理上对对外贸易的重要作用，即要根据马克思主义关于上层建筑与经济基础相互关系的原理，研究国家如何对对外贸易进行计划指导和必要的行政管理，以及如何在促进对外商品流通中合理地使用人力、物力和财力，以取得最优经济效益等问题。

（五）研究和阐明党和国家制定对外贸易发展战略和方针政策的客观依据

党和国家制定的对外贸易发展战略、方针政策、经营管理体制、规章制度、法律法规等，均属上层建筑的范畴。外贸部门在经营活动中必须坚决贯彻执行。这些方针政策、法

律法规应该是反映客观经济规律的，是理论与实际相结合的产物。如果不去研究、阐明制定它的客观依据和在外贸经营活动中所形成的各种复杂的经济关系及其发展变化趋势，不仅会使这门学科走上脱离实际的道路，而且会否定这门学科的科学性。

(六)研究进出口商品在流通中本身所固有的规律

这些规律诸如进出口平衡规律、进出口商品价值和使用价值的实现规律、进出口商品流通时间节约规律、进出口商品流动资金运动规律、进出口商品储存规律、出口与生产相适应规律、国际商品等价交换规律等。

四、"中国对外贸易概论"的特点

(一)综合性

从学科体系来看，"中国对外贸易概论"是社会主义政治经济学的一个分支，又是世界经济学的重要组成部分。它同政治经济学、国际经济学、国际贸易学等学科都有着密不可分的联系。从内容来看，作为对外贸易课程体系中的一门基础课，"中国对外贸易概论"既要讲理论，又要讲政策；既要讲历史，又要讲现实，还要讲改革过程中的新问题。从对外商品交换的过程看，对外贸易既涉及国内的各种经济关系，如组织出口商品的生产、收购和出口；组织进口商品国内的销售等业务活动，同国民经济各部门(工业、农业、商业、财政、银行、税收、运输、保险、海关、商检、包装、科研等部门)发生错综复杂的经济关系，又涉及国外的各种经济关系，如同世界各国、各地区、各有关客户以及区域经济集团、国际经济组织、国际金融、运输、保险等机构发生错综复杂的关系。这就要求中国对外贸易学不仅要讲中国的情况，还要讲国外的、国际的情况。可见，"中国对外贸易概论"这门学科，既要研究中国对外贸易的有关理论问题，又要研究方针、政策和实践问题，要涉及对外贸易领域的各个方面，因而带有较强的综合性。

(二)开放性

开放性又可以称为"发展性"。这是由两个因素决定的。首先，中国对外贸易的实践在不断发展。1949 年以来，我国对外贸易取得了长足的进步，尤其是改革开放以来，我国对外贸易领域更是发生了深刻的变化——外贸理论的创新、外贸体制的改革……这些变化无一不对中国对外贸易的研究和发展产生巨大的影响。其次，中国对外贸易作为一门学科产生的时间并不长，其间，虽然几经修改，但仍然是很不完善的，还需不断地将理论上的新突破、实践中的新情况加以总结，使其与时俱进，日趋完善。

五、"中国对外贸易概论"的学习方法

(一)理论与实践相结合

理论与实践紧密结合是学好这门课的关键，必须做好以下两方面的工作。

1.要密切关注当前的形势、方针政策和实际问题

例如，要学习我国对外贸易的发展状况，则应重点分析当前我国对外贸易的形势，如有哪些有利条件和不利条件，国家有哪些重要的方针政策和决策等，一开始就了解当前我国对外贸易的总状况；在学习对外贸易管理时，要了解当前的对外贸易法规、经济调控手段和行政手段，特别是要理解按照社会主义市场经济的要求如何完善我国的对外贸易管

理；学习外贸体制改革，要与国际贸易规范紧密联系，重点理解我国外贸体制改革的最终目标和主要抉择；学习我国对外贸易国别地区关系时，重点分析当前我国同主要国家和地区外贸关系的状况和问题等。

2.遇到实际问题要尽量提高到理论的高度进行分析和把握

例如，学习改革开放以前对外贸易仅仅是为了在实物形态上调剂余缺、互通有无时，要同当时的单一计划经济体制联系起来，而且要提高到小农经济思想影响的高度进行分析。学习对外贸易体制改革问题时，要提高到计划经济理论与社会主义市场经济理论的高度进行分析和理解等。

(二)课堂学习和课外自学相结合

"中国对外贸易概论"这门学科的综合性和发展性的特点决定了该学科教材的滞后性。不论如何努力和频繁出版新教材，都无法解决教材滞后性的问题。特别是在当前大大加快改革开放步伐的新时期，我国对外贸易的形势迅速发展和变化，有关对外贸易的方针、政策和措施也在迅速发展和变化，新情况、新问题层出不穷，使该学科教材的滞后性问题更为突出。解决这个问题，在学习中应坚持两条原则：第一，学习中要将教材的基本理论、基本方针、基本政策和基本原则学懂、吃透，必须达到教学大纲的要求，这是教学质量的基本保证。第二，课堂之外要注意弥补教材滞后性的缺陷，密切关注当前形势、当前方针政策和当前的实际问题，并且将这些新情况、新问题与教材内容有机地结合起来，用所学的理论来解释现象、分析现象。

本章小结

1."中国对外贸易概论"是在马克思列宁主义、毛泽东思想、邓小平理论的指导下，在总结中国社会主义对外贸易实践经验的基础上，经过全国对外贸易理论、教育、科研和实际工作者的共同努力，逐步创立、完善起来的新学科。

2."中国对外贸易概论"的研究对象总的来说是：研究中国社会主义对外贸易的理论、政策和实践经验，研究中国社会主义对外贸易领域中各种经济关系及其活动规律。要在对外贸易的运动过程中，找出它的固有规律，并利用它为中国社会主义建设事业服务。

3."中国对外贸易概论"目的是对中国对外贸易所依据的理论、历史与发展、政策、措施及运行制度有一个比较清晰的了解，以便更深入地理解我国促进经济迅速发展的进程。而其他国家的读者也可以通过这样一本教科书来更全面地了解中国的对外贸易与对外开放。

4."中国对外贸易概论"课程具有综合性和开放性的特点。

5."中国对外贸易概论"的学习方法主要是理论与实践相结合、课堂学习和课外自学相结合。

重要概念和术语

对外贸易　国际贸易　国际分工　世界贸易组织(WTO)　商品贸易　技术贸易　服务贸易　国际市场

思考与练习

1.“中国对外贸易概论”的研究对象是什么？

2.“中国对外贸易概论”的特点是什么？

3.如何学好“中国对外贸易概论”？

4.结合自身实际，谈谈学习“中国对外贸易概论”的意义是什么。

第二章 中国对外贸易的历史与发展

学习要求

通过本章的学习，了解中国对外贸易发展的历史和现状；掌握中国现阶段对外贸易的国际地位、对外贸易与经济增长的关系。

第一节 中国对外贸易发展的历程

一、新中国成立前的对外贸易

中国的对外贸易源远流长，从中国商船队远行非洲和南亚，陆路贸易以“丝绸之路”开始就开辟了传统贸易的渠道。1840 年以后，半殖民地半封建社会的特征体现在对外贸易上就是海关管辖权的丧失。

（一）封建社会的对外贸易

中国对外贸易起源最早可追溯至公元前 5 世纪到公元前 4 世纪，通常认为，中国对外贸易始于秦朝而兴于汉代。秦汉时期，随着国家的统一与经济文化的发展，对外贸易有了十分明显的发展，特别是汉朝张骞和班固连续通商西域，不仅促进了中国同西方诸国政治文化的交流，而且在经济和贸易往来方面起了巨大的推动作用。西汉时期，张骞奉命出使西域，开创了古今中外闻名的丝绸之路。中国丝织品源源不断地从今天的甘肃、新疆到达阿富汗、伊朗和叙利亚等一带。当时，古罗马帝国位于地中海商业贸易发达地域，所以中国商品被大量输入到这些地方。由于伊朗位于中国、印度与古罗马帝国之间，所以中国与古罗马帝国的贸易受伊朗商人的控制。古罗马帝国商人为摆脱伊朗商人的制约，开始探索从海上发展与东方国家的贸易。中国出口到古罗马帝国的商品包括丝织品、皮毛、铁器和其他金属制品，而古罗马帝国出口到中国的商品包括香料、药材、玻璃、织物与珠宝等。随着阿拉伯帝国经济的兴起，中国与古罗马帝国贸易渐渐转变为中国与阿拉伯帝国之间的贸易，在公元 7 世纪后，阿拉伯国家逐步代替了古罗马帝国成为与中国发展贸易最多的国家。

从汉朝末年到隋朝建立，中国社会发生了连续不断的战争，因此经济发展几乎处在停滞状态，但中国对外贸易仍有发展。从东吴到晋朝、南北朝，都与柬埔寨进行朝贡贸易。

在曹魏时期中国与日本也进行朝贡贸易，中国的锦绣等纺织品进入日本。唐朝建立以后，中国出现了统一安定的局面，经济得到了前所未有的飞速发展，唐朝时期中国属于世界上经济水平最强大的国家之一。经济发展水平的提高吸引了周边国家与中国发展贸易的兴趣，所以唐朝时期中国对外贸易发展水平大大超过汉朝时期。唐朝时期的丝织业、陶瓷业与金铜铸造业相当发达，这些产品都是出口的主要产品。唐朝时期中国南方经济发展迅速，特别是造船业和航海技术发展很快，南方三大港口城市广州、潮州和扬州逐渐对外开放。在唐朝时期，中国采用更为开放的政策，这扫除了国外商人与中国发展贸易的障碍，吸引了很多外国人特别是阿拉伯国家与伊朗国家的商人来中国经商，甚至长期定居中国。唐代贸易开放政策促进了中国沿海一带的经济发展，中国港口城市广州、泉州与宁波抓住了吸引外国商人发展贸易的机会，经济获得快速发展。陆地与海上对外贸易飞速发展，迫使唐朝新设两大行政机构管理中国对外贸易——一个是安西都护府与北庭都护府，管理陆地对外贸易；另一个是市舶司，管理海上对外贸易。

宋朝时期，发达的手工业为中国发展对外贸易提供了坚实的基础。纺织品和陶瓷品成为中国出口的主要产品。过去中国对外贸易完全依赖陆地发展，在宋代，海上对外贸易逐渐成为主要贸易路径。当时，同中国有贸易关系的国家东有日本、朝鲜，南有南洋各国，西有印度、阿拉伯帝国、波斯等，共有50多个国家。宋朝管理对外贸易的专职行政机构就是市舶司，同时还统筹管理外交事务。其主要职能有：第一，接待外商，颁发“公凭”，监督外商贸易与船舶进出活动；第二，对进口货物征收税收，一般按照货物种类分别征收不同的实物税；第三，享有处置进口货物的权力，进口货物大部分由政府专买，少部分允许中外商人自由买卖。宋代管理中国对外贸易的机构具有现代海关的某些职能，同时又高度享有对进口货物的处置权。

元朝时期，中国版图跨越欧亚两大洲，中国对外贸易陆路与海上贸易途径更加宽广，对促进中国对外经济交流起到了积极作用。相继在泉州、上海、温州和宁波等地设立“市舶司”，制定并颁布了《市舶抽分则例》22条，使中国对外贸易管理较以前更加有效。

明朝初期，社会还处在不稳定阶段，经济发展没有恢复。北方陆路对外贸易衰落，东南沿海地区海上对外贸易因遭受倭寇骚扰与“海禁”陷于停滞状态。随着明朝政权不断得到巩固，经济也开始复苏，纺织业、陶瓷业、漆器业、冶炼业和铸造业不断发展，客观上要求中国开展与国外的贸易。明朝逐步恢复了在宁波、泉州、广州的“市舶司”，还在云南等地新设相同机构。郑和下西洋是明代中国发展对外贸易的重大事件，郑和下西洋历经28年，足迹遍布东南亚、南洋诸岛、阿拉伯半岛和东非一带，促进了中国与36个国家保持和发展贸易关系，使中国成为当时世界上最大的海上贸易强国。

清朝初期，由于清政府害怕汉人从海外组织力量反对其统治，在1656年颁布了“禁海令”，规定任何人不准下海，违反者处以死刑。中国前期建立起来的对外贸易因此步入衰落阶段。康熙年间，清政府政权逐渐巩固，经济有了一定发展，“海禁”开始有所放松。1685年，清政府限定广州、漳州、宁波和云台山为对外通商口岸，相应设立粤海关、闽海关、浙海关和江海关承担管理对外贸易职责。1757年，清政府限定广州为唯一通商口岸，关闭其他三个口岸。清朝时期，海关是管理对外贸易的唯一机构，不承担经营进口产品的责任，负责经营进口货物的机构由明朝时期的“牙行”转变为行商。

总之，封建社会时期，中国对外贸易呈现以下特点：

第一，中国对外贸易规模小。中国在封建社会时期占统治地位的是自然经济，生产力水平低，商品经济不发达，所以市场交易规模很小。

第二，中国对外贸易相对主动。封建社会时期，世界工业与商业都不发达，世界贸易商品主要以农业初级产品为主。而中国农业、畜牧业、渔业相对较好，具有较强的市场竞争优势，所以中国对外贸易相对主动。

第三，中国开放程度小。虽然中国经济在上述时期总体上有一定竞争能力，但受封建统治者愚昧思想影响，中国对外开放仍然处于萌芽层次。

第四，传统贸易优势产品主要以陶瓷、茶叶、纺织为主，如陶瓷和纺织产品，由于其蕴涵了中国的深厚文化，所以在世界各国受到了广泛欢迎。

小知识 2-1

丝绸之路与丝绸之路学

丝绸之路的含义分为宏观和微观两种。宏观定义为：丝绸之路是古代世界东西方间进行政治、经济及文化交流的大动脉。微观定义为：丝绸之路是以丝绸贸易为媒介的古代东西方间的一条商路。

作为古代东西方间的交通贸易道路——丝绸之路早已存在，但丝绸之路这一国际通用的学术名词的出现则是在19世纪，由德国地质学家、近代地貌学的创始人李希霍芬(F. Van Richthofan，1833—1905)提出，但其含义并不仅仅限于地理学范畴。李希霍芬曾于1868—1872年先后七次来华，1877年出版了三卷本专著《中国——亲身旅行的成果和以之为根据的研究》，该书到1911年共陆续出版了五卷。该书将往返于中国与河间地区(中亚的阿姆河与锡尔河之间的地带)、中国与印度之间的古代骆驼商队所走的道路称作“丝绸之路”(sill-road)。1910年，德国东洋史学家赫尔曼(Albert Herman)在其所著《中国与叙利亚之间的古代丝绸之路》一书中进一步扩展了这一概念。他认为应“把这一名称的含义进而一直延长到通向遥远西方叙利亚的道路上去”，因为叙利亚尽管不是中国生丝的最大市场，也是较大的市场之一。赫尔曼的观点得到西欧一些汉学家的支持和进一步阐述。19世纪末20世纪初，一些西方的探险家到中国的西北地区进行考察探险，发现和找到了中国古代与亚欧非交往的许多遗址和遗物，以实物证实和说明了丝绸之路的存在和发展，他们在其著作中广泛地使用“丝绸之路”这一名词，其含义也逐渐由贸易扩大到经济、文化诸多领域，进而涌现出一批研究丝绸之路学的著名学者。早期影响较大的有瑞典的斯文赫定、英国的斯坦因、法国的伯希和等。

李希霍芬的学生斯文赫定是丝绸之路新疆楼兰遗址的发现者，也是大量窃取中国文物的第一个西方人。楼兰是古丝绸之路上的重要城镇，汉为楼兰国。东汉至十六国时期是古鄯善国的属地，后由于塔里木河下游改道，楼兰绿洲无法灌溉，渐荒弃，到唐代已变为边远的同义词，常见于边塞诗里，如李白《塞下曲》“五月天山雪，无花只有寒。……愿将腰下剑，直为斩楼兰”。多少年来，楼兰一直是中外考古学家憧憬的神秘之地。1900年，斯文赫定到塔克拉玛干沙漠探险，在维吾尔族向导带领下，在罗布泊地区意外地发现了楼兰遗址。第二年进行了大规模的发掘，获得大量珍贵文物，这一发现震惊中外。此后，英国的斯坦因，法国的伯希和，日本的大谷光瑞、桔瑞超，俄国的柯兹洛夫、奥布鲁切夫，美国的亨廷顿、华尔纳等，先后到我国古丝绸之路沿线地区进行探险考察，发现了大量遗址。他们到处挖掘，获取了极其丰富的珍贵文物，由此导致中国文物大量外流，欧洲人获得研究古丝绸之路的大量第一手材料，从而导致丝绸之路学在欧洲的勃兴。

20 世纪 30—40 年代，为配合侵华战争的需要，日本政府鼓励本国学者研究中国问题，由此推动了日本丝绸之路学的研究。

丝绸之路这一名词在中国被广泛采纳相对较晚。20 世纪 30 年代中国出现了一批研究东西方交通的著名学者，如张星烺、冯承钧、向达等，他们将丝绸之路称为“东西商路”或“通往西域的道路”或“中国—罗马商路”。直到 20 世纪 50 年代齐思和在其《中国与拜占庭帝国的关系》一书中始称“丝绸之路”，同时，在夏鼐及郭沫若的著作中也出现了该名词。改革开放后，国际、国内出现了丝绸之路热（学术研究及旅游），丝绸之路学的研究渐入高潮。

从陆路丝绸之路又衍生出“海上丝绸之路”“瓷器之路”“草原之路”“毛皮之路”“西南丝绸之路”等，虽然这些名称的科学性尚有待进一步探讨，但它们在中国对外贸易史上的地位则不容置疑。

（二）半殖民地半封建社会的对外贸易

1842 年，清政府与英国签订了中国历史上第一个不平等条约《中英南京条约》后，中国便陷入了半殖民地半封建社会阶段。从 1842 年到新中国成立这 100 多年时间里，中国外受外国势力的侵略，内受地主阶级与封建势力的残酷镇压与欺凌。在 20 世纪初以前，中国与欧美、沙皇相继签订许多不平等条约，中国政府被迫割让土地，赔付金银，开放通商口岸，给予列强种种特权，最后甚至丧失关税管理权，中国对外贸易陷于被动局面。

1840 年到 1937 年，中国与外国签订了一系列不平等条约，外国势力从经济、政治等各个方面控制和影响中国，中国被划分为各个列强的势力范围，因此中国对外贸易发展的方向与深度受国外列强的影响。1858 年到 1880 年，中国被迫开放华北地区和长江沿岸主要港口；1880 年到 1900 年中国被迫开放西南地区。20 世纪初，中国被迫开放东北地区。虽然中国被迫开放很多港口，但由于中国经济发展水平很低，老百姓消费能力有限，同时深受自然经济的影响，中国对外贸易增长缓慢。

1937 年到 1949 年，中国陷于长期战争状态。1937 年日本发动侵华战争，日本对占领的中国地区实行殖民经济政策，对占领地区实行经济掠夺。日本完全控制了占领区的对外贸易关系，并对国民党政府实行外贸封锁，使中国无法从外国进口所需物资。但与此同时，中国与美国的贸易关系得到恢复与发展。自抗战结束到 1949 年，美国已经取代日本成为中国最大的贸易伙伴。14 年抗日战争使中国经济遭受重大损失，且随着国民党政府发动内战，恢复经济发展的机会又变得渺茫，中国经济陷于更严重的混乱中，工业恢复缓慢，财政赤字巨大，通货膨胀严重，外贸逆差打破历史纪录。随着国民党政府在军事上的失败与经济上的瘫痪，中国对外贸易急剧萎缩，整个社会经济体系趋于瓦解。

半殖民地半封建社会时期，中国对外贸易呈现以下特点：

第一，中国对外贸易处于被动地位。与封建社会时期相比，中国在世界经济中的地位大幅度下降。世界第一次产业革命开始后，西方国家迅速发展了工业，生产效率大幅提升，而中国仍然处在以农业为主的阶段，工业发展极其落后，所以中国在与其他国家发展贸易当中被动局面非常明显。

第二，中国没有发展对外贸易的和平环境。中国长期处在战乱状态，外有帝国主义势力侵略，内有各种军阀内耗，所以，中国对外贸易没有和平环境作基础。

第三，中国工业仍然极其落后，出口优势产品依旧很少。虽然中国发展了一些民族工业，但其相对于西方国家仍然显得落后，不仅是技术和产品落后，而且管理也极其落后。

二、中华人民共和国成立后的对外贸易

自 1949 年 10 月 1 日中华人民共和国成立以来，我国对外贸易发生了翻天覆地的变化。外贸体制由计划体制转向市场开放，外贸政策由实行保护到国际规范，外贸功能由调剂余缺到成为拉动经济增长的三驾马车之一。截至 2016 年年底，中国的贸易伙伴超过 220 个，遍及世界上几乎每一个角落，货物贸易出口和进口分别居世界第 1 位和第 2 位，增长较快，见图 2.1。服务贸易从无到有，出口和进口分别居世界第 5 位和第 2 位。外贸管理政策与制度严格履行国际承诺，透明度不断提高。

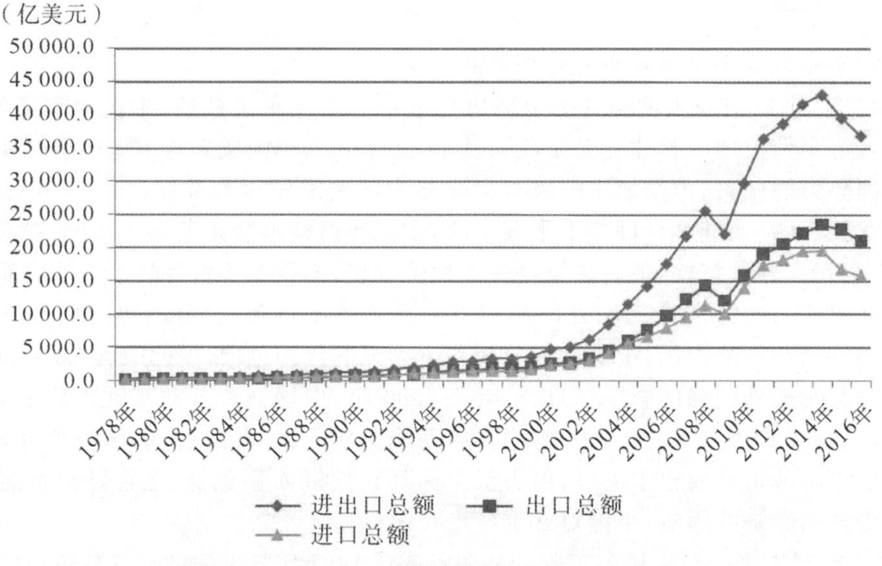

图 2.1　中华人民共和国成立后对外贸易的发展

对外贸易的快速发展，对国民经济增长和社会发展作出了巨大贡献，不仅优化资源配置和产业结构，提升产业技术水平，促进国内竞争，拓宽市场空间，增加财政收入，促进就业，改善国际收支，更重要的是，通过推动国际交流不断深化，引入新思想、新观念，带动了国内经济与世界经济的接轨与融合，对深化国内改革起到了极大的推动作用。

在国际上，中国从一个被排斥者，一个游离在国际市场边缘、小心翼翼地进行突破和尝试的落后的发展中国家，成长为世界的加工制造基地、国际贸易中一支不可忽视的力量、多边贸易体制和区域经济合作的积极参与者，并与其他新兴市场一起，成为世界经济和国际贸易增长的重要驱动力。

（一）计划经济体制下的对外贸易（1949—1978 年）

1949 年中华人民共和国成立后，确立了社会主义独立自主的对外经济贸易。中华人民共和国成立到改革开放前近 30 年，中国对外贸易在几经曲折中前进，为国民经济的恢复和发展作出了贡献，并为发展社会主义对外贸易积累了正反两方面的经验。1950 年，中国对外贸易总额 11.35 亿美元，其中出口 5.52 亿美元，进口 5.83 亿美元。到 1978 年，对外贸易总额扩大到 206.38 亿美元，其中出口 97.45 亿美元，进口 108.93 亿美元，分别增长 16.7 倍和 17.7 倍，在世界贸易中居第 32 位。

这一阶段，对外贸易主要被看作社会主义扩大再生产的补充手段，局限于互通有无、调剂余缺。新中国成立初期，中国出口商品以农副产品等初级产品为主，约占出口总额的 80%，反映出中国当时的经济结构和生产水平。随着工业迅速发展，出口商品结构也发生较大变化，轻纺产品超过农副产品成为主要出口商品，重工业产品出口比重呈上升趋势。但直到 1978 年，初级产品出口占出口总额的比重仍占 53.5%。进口商品结构方面，1949 年以前以进口消费品、奢侈品为主的状况得以改变，生产资料在进口中占主要地位，各年大体占总进口的 80%左右。按照“自力更生为主，争取外援为辅”的建设方针，这一阶段中华人民共和国在利用国外资金为本国经济建设服务方面也进行了一些尝试和实践。

国际环境的变化、国家关系变化和国内意识形态的变化左右着中国这一时期的对外贸易发展，经历了由仅对社会主义国家的单边贸易，到“文革”期间的自我封闭，及至 1970 年代末重启大门的历程。

中华人民共和国成立之初，由于西方资本主义国家对新中国采取敌视、封锁政策，中国对外贸易主要与苏联、东欧等社会主义国家来往，以记账贸易方式居多。1950 年代，中国对社会主义国家的贸易额占全国对外贸易总额的一半以上，1952 年至 50 年代末，更达到 70%以上，其中对苏联的贸易额约占 50%。

20 世纪 50 年代末至 60 年代前期，亚非拉越来越多的国家赢得民族独立，中华人民共和国广泛建立、积极发展同这些国家平等互利、互通有无的贸易关系，签订政府间贸易协定，开展易货贸易、边境贸易、记账贸易、现汇贸易等灵活多样的进出口贸易。同时，向这些国家及东欧社会主义国家提供贷款或无偿援助。此外，中国内地始终坚持对港澳地区长期稳定供货的贸易政策，即使在国民经济困难时期，也保证了对港澳地区的供应；同时经港澳的转口贸易也成为打破西方国家封锁的突破口。

为了补足国内必需的生产和生活资料，中国利用各种机会和途径，推动同日本、西欧等西方国家的民间贸易以至官方贸易。特别在 1960 年中苏关系破裂后，中国对外贸易的主要对象由苏联等社会主义国家开始转向日本、西欧等资本主义国家和地区。到 1965 年，中国对西方国家贸易额占全国对外贸易总额的比重上升到 50%以上（见图 2.2）。

20 世纪 70 年代初，中国恢复了在联合国的合法席位，对外关系迅速改善。中苏关系逐渐缓解，中国同日本、德国、美国等西方主要资本主义国家建交。对外贸易重新获得恢复和发展，西方国家在中国对外贸易中的地位迅速上升，出口商品结构进一步改善，技术引进取得了重大进展。在有利的国际环境和国内形势下，中国在 1970 年代末进入改革开放的酝酿和准备阶段。

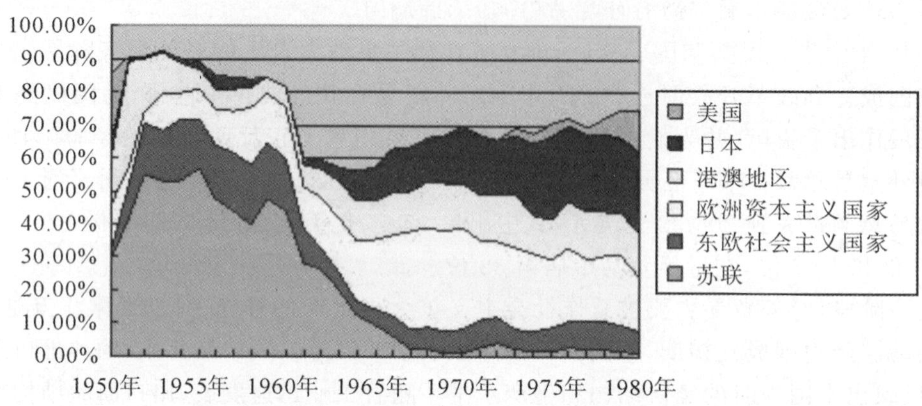

图 2.2　1950—1980 年中国内地主要贸易伙伴变化

（二）改革开放初期的探索与实践（1978—1991 年）

1978 年底中国共产党十一届三中全会召开，确立了改革开放的战略方针，对外贸易进入新的实践探索阶段。

这一阶段，对外贸的重视程度空前提高，外贸体制改革和外商直接投资极大地促进了外贸发展。1978—1991 年，进出口总额由 206.4 亿美元增长到1 356.3亿美元，其中进口由 108.9 亿美元增长到 637.9 亿美元，出口由 97.5 亿美元增长到 718.4 亿美元，年均增速分别达到 16.6％和 14.6％。

为吸引资金、技术、设备，拓展国际市场渠道，创造外汇收入，同时增加就业机会，1979 年经国务院文件批准，加工贸易开始在沿海地区起步。20 世纪 80 年代中期，国际产业结构出现新一轮调整和转移的有利形势，国家进一步确立以“两头在外”的加工贸易为重点、扩大劳动密集型产品出口的沿海发展战略，加工贸易得到迅速发展。在当时的历史条件下，加工贸易使中国成功地承接国际劳动密集型产业的转移，带动国内工业发展，促进出口商品结构的优化升级，实现了外贸出口由初级产品、资源型产品为主向以工业制成品为主的转变。1986 年，工业制成品取代初级产品成为中国主要的出口商品，实现了出口结构的一次根本性转变。1991 年，工业制成品占出口总额的比重上升到 77％。市场日益多元化，日本、中国香港、美国、欧共体成为中国最主要的出口市场和贸易伙伴，而与俄罗斯和东欧国家的贸易份额则大幅下降。

1979 年开始，中国陆续建立了经济特区、沿海开放城市、开发区等特殊经济区域，在进出口管理与经营政策、外汇政策等方面试点实行更灵活、更优惠的特殊政策，这些特殊区域对全国的外贸发展以至开放型经济的发展起到了平台、示范与辐射作用，是这一时期对外贸易发展最为活跃的区域。1980 年深圳、珠海、厦门、汕头 4 个经济特区建立的第一年，进出口占全国进出口总额的 1.1％，到 1991 年这一份额上升到 8.3％。

改革开放前，对外贸易一直沿袭 1950 年代初期确立的由国家集中领导、统一管理的经营管理体制，国家先后成立一批国营专业外贸公司，由这些公司统一经营全部对外贸易，国家对外贸公司实行指令性计划管理，统收统支、统负盈亏。1979 年，国家开始对外贸体制进行一系列改革，包括调整中央外贸领导机构、成立一批归属工业部门管理的工贸公司、简化外贸计划内容、实行汇率双轨制以提高出口竞争力、实行进出口许可证制度等。

改革开放初期，国内生产能力和出口创汇能力严重不足，外汇极度缺乏。在此背景下，中国开始招商引资，利用外部资金，扩大出口生产和创汇能力。外商投资企业被直接赋予进出口经营权。1979—1991 年，中国累计实际利用外资 250 亿美元。外商投资企业进出口规模不断扩大，在中国外贸中的作用迅速提升。1979—1991 年，外商投资企业占中国外贸总额的比重由 0.1%提高到 21.3%。外资对外贸发展起到了举足轻重的作用。

（三）市场经济确立下的转型与发展（1992—2001 年）

1992 年邓小平南方讲话和 1993 年 11 月中国共产党十四大确立社会主义市场经济改革目标后，中国开始正式吸收西方经济贸易思想，对外贸易从“互通有无、调剂余缺”转为市场经济条件下，充分利用国际国内两个市场、两种资源，积极参与国际分工，积极参与国际竞争与国际经济合作，发挥比较优势。中央陆续提出了市场多元化、“大经贸”、“引进来”和“走出去”相结合、以质取胜、科技兴贸、积极参与区域经济合作和多边贸易体系等战略思想。

由此，中国对外贸易进入快速发展阶段，贸易规模持续扩大。其间，1997 年爆发的亚洲金融危机，严重打击了日本、韩国、东盟及中国港、澳等周边国家和地区的经济，中国外贸经受了改革开放以来的第一次重大挫折，1998 年进出口出现了负增长。但中国对外贸易很快克服危机的影响，重新恢复活力，1999 年实现11.3%的增长，2000 年更是达到了27.8%的高速增长，其中出口增长 31.5%。

社会主义市场经济的确立和发展，为进出口商品结构进一步优化提供了国内条件。工业制成品出口所占比重上升至 90%以上，资本和技术密集型产品逐步替代劳动和资源密集型产品，成为最主要的出口产品。1995 年，机电产品出口超过纺织产品，成为出口最大类产品，实现了出口商品结构的又一次重大转变。机电产品成为中国出口最重要的推动力，带动了对外贸易的迅速发展。同期，中国工业化进程开始加速，固定资产投入大、增长快，带来大量的资本货物需求，使机械及运输设备进口增长十分显著。

在积极吸引外资、承接产业转移、发展加工装配制造业的过程中，外商投资企业迅速发展为中国对外贸易的主力军，加工贸易成为主要的贸易方式。2001 年，外商投资企业进出口占中国外贸总额的比重首次超过 50%，达到50.8%。1993 年，加工贸易出口额达到 442.3 亿美元，首次超过一般贸易，1995—2007 年，加工贸易出口所占比重一直在 50%以上，成为中国货物出口最主要的贸易方式。

外资企业、加工贸易的发展推动了中国制造业的国际化，使相当一部分产业、企业具备了一定的国际竞争力。同时，以外资企业、加工贸易为支撑的进出口格局，也使中国外贸开始呈现顺差逐年快速扩大的趋势。1992—2001 年，中国货物进出口总额由 1 655.3 亿美元上升到 5 095.6 亿美元，增长 2.1 倍，在国际贸易中的地位上升到第 6 位。同期，外贸顺差由 53.5 亿美元扩大到 224.6 亿美元，增长 4.2 倍。国际储备快速累积，规模不断扩张，1996 年外汇储备迈过千亿美元大关，2001 年达到 2 121.6 亿美元，这使实施“走出去”战略具备了一定的基础和条件，同时“走出去”也是当时国民经济结构调整、充分利用国外资源、培育新的出口增长点的现实需要。1999 年，国务院批转国家经贸委、外经贸部、财政部《关于鼓励企业开展境外带料加工装配业务的意见》，拉开了中国实施“走出去”战略的序幕。2000年，中国非金融类对外直接投资10亿美元，此后，开始了几乎平均每年翻一番的高速发展，并带动了中国技术、设备的出口，海外投资也为保障国内资源供应提供了有益补充。

货物贸易快速发展的同时，随着中国申请恢复GATT地位谈判的深入，中国对服务市场开放作出初步承诺，由此推动了服务贸易的发展。1992—2001年，服务贸易进出口总额由182.4亿美元扩大到726.1亿美元，增长了3倍。由于国内服务业发展水平与发达国家差距大、竞争力低，其间除1994年呈现少量顺差外，其余年份服务贸易均为逆差，且逆差呈逐年扩大趋势。

（四）全方位、多层次的对外开放（2002—2012年）

以2001年11月中国加入WTO为里程碑，中国对外贸易进入又一个新的阶段。中国加入WTO以来，切实履行入世承诺，积极参与多边贸易体制下的经贸合作，大力实施自由贸易区战略，推进贸易自由化和便利化；基本建立起与市场经济要求相适应的、符合国际惯例与规则的外贸政策与体制，建立和完善贸易救济制度，维护公平贸易；建立和完善对外贸易的促进与服务体系，规范对外贸易秩序。政策体系的完善，促进了对外贸易又好又快地发展。

2002年以来，贸易规模实现跨越式发展，增长速度明显加快，中国跻身于世界贸易大国之列。2007年，货物贸易总额突破2万亿美元，居世界第三。2008年，尽管下半年开始受金融危机影响，但全年进出口总额仍实现了17.8%的增长，达到25 616亿美元。2002—2008年，进出口贸易年均增速达26.7%，其中进口25.1%，出口27.9%。自2001年开始，中国外贸顺差逐年扩大，至2008年已达到2 954.6亿美元，促进进出口平衡发展成为中国外贸发展中一个新的任务。2012年底，中国货物贸易出口和进口分别居世界第1位和第2位，服务贸易出口和进口分别居世界第4位和第3位。据海关总署最新统计，2012年，我国外贸进出口总值达38 671.19亿美元，比2011年同期增长6.19%，外贸进出口总值刷新年度历史纪录。同时，全年贸易顺差2 303.09亿美元，比上年净增加754.12亿美元。规模扩大的同时，进出口商品结构进一步优化(参见图2.3)。出口商品国际竞争力显著增强，机电产品和高新技术产品成为出口的主要增长点，工业制成品出口比重达95%，多种商品出口居世界第一，成为世界加工制造基地。原材料、零部件、先进技术设备成为主要进口产品，受同期国际能源原材料市场价格上升影响，石油、铁矿石、有色金属等能源资源产品进口额快速增长，带动初级产品进口份额呈再度上升趋势。

经营主体和市场分布亦有新发展。外资企业进出口占据主导地位，国有企业份额下降，其他类型企业迅速崛起。2010年，外资企业、民营企业分别占进出口总额的54.0%和25.1%，国有企业份额下降到20.9%。欧盟成为第一大贸易伙伴，欧、美、日、中国香港等传统市场仍是主要贸易伙伴，但在总额中比重有所下降，新兴市场份额不断扩大。2010年，受外贸政策调整及金融危机影响，加工贸易进出口增速均显著回落，一般贸易在对外贸易中地位上升，加工贸易在出口总额中所占比重降至43.7%。

在确立货物贸易大国地位的同时，中国服务贸易获得蓬勃发展。加入WTO后，中国服务业对外开放程度进一步加大。与货物贸易一样，服务贸易发展速度超过同期世界平

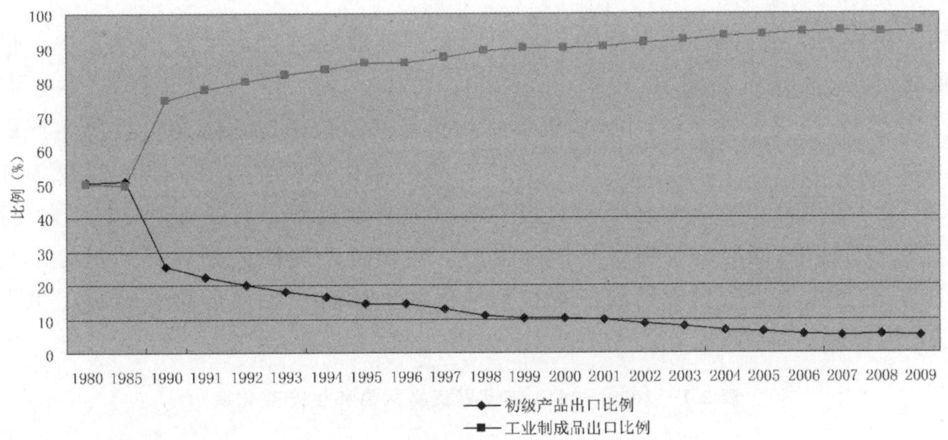

图 2.3　中国出口商品结构变化

均增速，在世界贸易中的地位不断上升，2010 年服务贸易出口 1 702 亿美元，占世界总服务贸易出口比重 4.62%；服务贸易进口 1 922 亿美元，占世界总服务贸易进口比重 5.47%，出口和进口分别居世界第 4 位和第 3 位。但总体而言，中国服务贸易与货物贸易的国际地位还不相称，服务贸易出口仍以运输、旅游、商业等传统劳动密集型行业为主，技术和知识密集型的新兴服务业仍处初级发展阶段，服务贸易有待进一步发展。

中国对外经济贸易已形成内容丰富、形式多样、各种对外经济交往互相融合、互相促进的格局。不仅对外贸易总额迅速增加，市场不断扩大，经营方式日趋灵活多样，同时利用外资、对外承包工程与劳务合作、对外投资等从无到有、从小到大不断发展，与对外贸易相互促进，共同发展。

（五）深层次的对外开放（2013 年至今）

从贸易市场结构看，主要集中在发达国家和新兴市场，但呈现出多元化态势。从我国十大贸易伙伴的分布来看，我国对外贸易的国别（地区）集中度较高。欧盟、美国和东盟是我国前三大贸易伙伴国（地区），由于市场多元化战略的实施，前十大贸易伙伴占中国外贸总额的比重呈缓慢下降趋势，这表明自入世以来，我国不仅巩固和发展了传统外贸市场，而且积极开拓新兴市场，尤其是广大发展中国家和地区的市场。

第二节　中国对外贸易的国际地位

一、中国货物贸易

货物贸易，又称有形贸易，是指各国之间商品的交换活动，也就是人们常说的狭义国际贸易的概念。近年来，国际贸易不断发展，不可否认，货物贸易仍是国际贸易的主导。随着改革开放的深入和市场经济的发展，中国货物贸易每年都保持高速增长，中国已成为贸易大国，在世界贸易中扮演着重要的角色。

（一）国际货物贸易

第二次世界大战以来，世界货物贸易的增长率连续超过世界生产的增长率。世界生产每增长 1%，世界贸易量在 1960—1969 年、1970—1979 年、1990—1994 年分别增长 1.42%、1.25%、2%。[①] 进入 21 世纪，世界货物贸易的增长率也远远超过世界生产的增长率和世界 GDP 的增长率，参见表 2.1。货物贸易额增长速度非常快，1950 年仅为 607 亿美元，2016 年达到了 322 140 亿美元。世界贸易的高增长率是科技进步、生产力提高、国际分工深化的结果，同时它又促进了国际生产。各国生产的扩大是以提高世界市场份额为导向的，这种世界生产对贸易的依赖在某种程度上反映为生产的增长滞后于世界贸易的增长。

表 2.1　2009—2014 年世界货物贸易和生产变化率

单位：%

	2009	2010	2011	2012	2013	2014
世界货物贸易	−12	14	5	3	3	3
农产品	−2	8	4	1.5	3	2.5
燃料和矿物产品	−5.5	5.5	1.5	3	0.5	1
工业制成品	−15	18.5	6.5	2	2.5	4
世界商品生产	−6	5	3	3	2	2
农产品	0.5	0	2	1.5	5.5	1.5
燃料和矿物产品	−1.5	2	1.5	2.5	0.5	2.5
工业制成品	−7.5	6	3	2.5	1.5	2.5
世界 GDP	−3	4	3	2	2	2

（二）中国对外货物贸易的国际地位

改革开放以来，中国对外经济贸易发展异常迅速，国际地位大幅度上升，现已跻身于世界对外贸易大国之列。但是，与世界其他对外经济贸易大国相比，中国还存在着很大的差距。实现贸易大国向贸易强国的转变将是中国今后一段时期的战略目标。

1978 年，中国实行"对内搞活、对外开放"的政策之前，对外贸易规模只有 206.4 亿美元，而当年世界贸易的规模已经达到 26 573 亿美元，中国对外贸易额占世界贸易额的比重仅为 0.78%，还不到 1 个百分点，名列世界第 34 位，不仅远远落后于美国、日本和欧洲等发达国家和地区，而且也落后于亚洲的"四小龙"，甚至中国的台湾省（第 19 位）和香港特区（第 25 位）也排列在中国大陆之前。

2008 年，中国在世界贸易中的排名位列前三甲，仅次于美国和德国。美国当年进出口总额为 34 670 亿美元，德国为 26 710 亿美元，中国为 25 610 亿美元，德国仅比中国多了 1 100 亿美元。在出口方面，中国出口额仅次于德国位居第二，占世界出口份额的

① 佟家栋.1996 年世界经济发展报告[M].山西人民出版社，1997，第 39 页。

8.9%；在进口方面中国进口额位居第三，占世界进口份额的6.9%，

截至2016年底，中国的贸易伙伴超过220个，遍及世界上几乎每一个角落，全年货物进出口总额36 855.57亿美元，比上年降低6.77%。其中，货物出口20 976.31亿美元，减少7.73%；货物进口15 879.26亿美元，减少5.46%。进出口差额（出口减进口）5 097.04亿美元，比上年减少841.98亿美元。货物贸易出口和进口分别居世界第1位和第2位（参见表2.2）。

表2.2 2016年世界货物贸易前十大出口国和进口国

出口国	名次	金额（亿美元）	份额（%）	进口国	名次	金额（亿美元）	份额（%）
中国大陆	1	20 981.61	13.15	美国	1	22 513.51	13.88
美国	2	14 546.07	9.12	中国大陆	2	15 874.31	9.78
德国	3	13 396.47	8.4	德国	3	10 548.91	6.5
日本	4	6 449.33	4.04	英国	4	6 357.12	3.92
荷兰	5	5 697.05	3.57	日本	5	6 069.27	3.74
中国香港	6	5 167.34	3.24	法国	6	5 730.22	3.53
法国	7	5 012.63	3.14	中国香港	7	5 473.36	3.37
韩国	8	4 954.26	3.11	荷兰	8	5 034.15	3.1
意大利	9	4 615.24	2.89	韩国	9	4 061.92	2.5
英国	10	4 093.97	2.57	意大利	10	4 044.45	2.49
前十大国家地区		84 913.97	53.23	前十大国家地区		85 707.22	52.81
世界		159 550	100	世界		162 250	100

资料来源：2016 World Trade Report。

二、中国服务贸易

20世纪80年代以来，随着国际分工的深入发展，国际服务贸易异军突起，发展速度呈现超过国际货物贸易的趋势，并成为衡量一国国际竞争力的一项重要标准，在世界各国经济发展中所起的作用明显加大，越来越受到各国的重视。根据世界贸易组织（WTO）的统计，2008年世界服务贸易总额为72 700亿美元，其中出口37 800亿美元，进口34 900亿美元。国际服务贸易已经成为当今国际贸易的一项重要内容。可以预见，服务贸易也将成为中国参与国际经济与合作的重要领域。

（一）国际服务贸易概况

1.服务贸易的含义

根据乌拉圭回合谈判达成的《服务贸易总协定》（GATS），国际服务贸易不仅包括通常所说的第三产业，还包括建筑业和交通运输业。其内涵和范围比传统的理解要大得多。在服务贸易总协定中，国际服务贸易包括以下四个方面：

第一，过境交付（cross-border supply），指一成员国境内的服务提供者向另一成员国境内的服务消费者提供服务，如通过电讯、邮电或计算机网络等方式提供的视听、金融服务等。

第二，境外消费(consumption abroad)，指一成员国的消费者到另一成员国境内消费服务提供者提供的服务，如旅游、留学等。

第三，商业存在(commercial presence)，指一成员国允许任何其他成员国的经济实体到本国来开展业务，提供服务，包括投资设立合资、合作、独资企业或分支机构，如开设饭店、律师事务所等。商业存在是国际服务贸易的主要形式。

第四，自然人流动(movement personnel)，指一成员国的自然人在其他成员国境内提供服务。

这四种交易方式提供和消费的服务就是服务贸易的内容。服务的消费方主要是进口方，服务的提供方主要是出口方。而根据GATS的文件解释，国际服务贸易涉及的部门和行业主要有以下15项：(1)国际运输业；(2)国际旅游业；(3)跨国银行和国际融资公司及其他金融服务；(4)国际保险和再保险；(5)国际信息处理和传递、电脑及资料服务业；(6)国际咨询服务；(7)建筑和工程承包等劳务输出；(8)国际电讯服务；(9)广告、设计、会计管理及其他服务业；(10)国际租赁；(11)维修保管、技术指导等售后服务；(12)音响视听、广播电视服务；(13)文化、教育、卫生的国际交流服务；(14)商业批发与零售服务；(15)其他官方国际服务等。

2.国际服务贸易的发展

自20世纪60年代以来，世界服务贸易作为特殊的贸易活动迅速发展，其增长速度远远超过了货物贸易的增长速度，特别是1979年世界服务贸易的增长速度(24%)首次超过了世界货物贸易的增长速度(21.7%)。从20世纪70年代起，服务贸易出现迅速增长的势头，尤其是近30年来，服务贸易在国际贸易发展中的地位已经发生深刻变化。

(1)国际服务贸易规模不断扩大，其增长速度快于国际货物贸易增长速度

20世纪70年代以来，由于国际分工的深化，产业结构不断调整，科技革命加剧以及跨国公司的崛起，促使国际服务贸易以高于国际货物贸易增长的速度迅猛发展。1980—2000年，货物贸易年均增长率为6%左右，而服务贸易则以每年8%的速度增长。服务贸易的快速增长不仅体现在速度上，还体现在总量的增加上。2008年，全球服务贸易出口额为3.7万亿美元，同2007相比增长11%。其中，增长速度最快的是交通运输类，增长率高达16%；其次是旅游类增长10%，其他服务类也增长了11%。包括金融服务在内的其他服务出口额占全球服务贸易出口的比重为51%，而旅游和交通运输类则各占四分之一，2010至2014年可以看出服务贸易发展平稳。其中旅游类出口占比为4%，而交通运输类出口占比6%，参见表2.3和表2.4。

表2.3　1990—2014世界服务贸易增长率

单位：%

年份	服务贸易	交通运输	旅游业	其他商业服务
1990—1995	8	6	9	10
1995—2000	5	3	3	7
2000—2008	12	13	9	14
2006	14	11	10	17

续表

年份	服务贸易	交通运输	旅游业	其他商业服务
2007	20	20	15	22
2008	12	16	10	11
2009	−12	−23	−9	−8
2010	9	15	8	7
2011	11	9	12	12
2012	2	1	4	2
2013	5	2	7	6
2014	5	2	4	6

资料来源：历年 International Trade Statistics。

表 2.4　1990—2014 世界服务贸易额(亿美元)及增长率

单位：%

年份	服务贸易额			服务贸易增长率		
	出口	进口	总额	出口	进口	总额
1990	7 931	8 271	16 202	20.5	21.4	21.0
1991	8 382	8 525	16 907	5.7	3.1	4.4
1992	9 457	9 604	19 061	12.8	12.7	12.7
1993	9 496	9 681	10 177	0.4	0.8	0.6
1994	10 368	10 427	20 795	9.2	7.7	8.4
1995	11 678	12 200	23 878	12.6	17.0	14.8
1996	12 698	12 665	25 354	6.5	5.3	5.9
1997	13 100	12 950	26 074	3.5	2.3	2.8
1998	13 200	13 050	26 250	0.6	0.7	0.7
1999	13 400	13 350	26 750	1.5	2.2	2.0
2000	14 164	14 018	28 183	20.6	5.0	5.1
2001	14 400	14 300	28 700	1.6	2.0	1.8
2002	16 687	14 935	31 622	15.9	4.4	10.1
2003	19 023	17 474	36 497	14	17	15
2004	22 828	21 319	44 147	20	22	21
2005	25 111	24 090	49 201	10	13	11
2006	28 125	26 500	54 625	12	11	11
2007	33 750	31 160	64 910	20	19	20
2008	37 800	34 900	72 700	12	12	12

续表

年份	服务贸易额			服务贸易增长率		
	出口	进口	总额	出口	进口	总额
2009	34 973	32 875	67 848	−7.48	−5.8	−6.67
2010	38 434	36 101	74 535	9.9	9.81	9.86
2011	42 780	40 249	83 029	11.31	11.49	11.4
2012	43 469	41 057	84 526	1.61	2.01	1.8
2013	46 250	43 400	89 650	6.4	5.71	6.06
2014	48 615	47 405	96 020	5.11	9.23	7.11

资料来源:根据历年 International Trade Statistics。

(2)国际服务贸易领域不断拓宽,新兴服务贸易发展尤为迅速

信息技术的飞速发展,一方面改造着所有传统的服务业,另一方面使新的服务层出不穷。这一趋势深刻地影响着服务贸易的发展。信息技术被誉为服务革命的开路先锋,它的应用不仅带来了服务质量的明显改善,而且也增强了服务活动及其过程的可贸易性,使新的服务贸易门类不断产生,新兴服务贸易的发展速度大大超过了传统服务贸易的发展速度。

(3)国际服务贸易发展不平衡,发达国家在国际服务贸易中占有绝对优势

虽然国际服务贸易发展迅速,并且呈现多元化发展趋势,然而其发展极不平衡,发达国家在国际服务贸易中一直处于绝对优势。从表 2.5 的数据我们可以计算出,在 2008 年世界服务贸易额排名中,居前 10 位的除中国以外,其他均为发达国家,其服务贸易额占到世界服务贸易总额的近六成。而美国又无疑是当今世界服务贸易的超级大国,一国独占世界份额约 14%。此外,欧盟、日本等国也是服务贸易最重要的供应国和需求者。从贸易平衡看,发达国家在服务贸易中长期是顺差,而大部分发展中国家长期为逆差。

发达国家和发展中国家的服务贸易,不仅在发展水平上有相当的差距,而且在服务贸易结构上也不同。发达国家主要输出技术、知识和资本密集型服务,而发展中国家则主要发展劳动密集型服务,劳动力输出是其最主要的服务贸易方式。

(4)国际服务贸易自由化不断推进,但其程度远不如国际货物贸易

乌拉圭回合达成的《服务贸易总协定》(GATS),在很大程度上推进了世界服务贸易的自由化进程。它不仅要求成员方遵守市场开放的具体承诺,还要求成员方保证各项贸易措施具有透明度、公正性、统一性。从总体上讲,在世贸组织的框架下,世界服务贸易正在不断地向自由化迈进。但由于发达国家和发展中国家的服务业及国际服务贸易发展水平具有较大差距,加上服务市场的开放会涉及国家主权与安全、政治与文化等敏感问题,因此,国际服务贸易市场显示出很强的垄断性。由于服务业的这种垄断性、敏感性和发展的不平衡性,为了自身利益,无论是发展中国家还是发达国家都以种种理由和方法,对服务贸易实行不同程度的贸易保护主义政策和措施,使国际服务贸易领域的保护程度远远超过了国际货物贸易领域。

(二)中国对外服务贸易的国际地位

在确立货物贸易大国地位的同时,中国服务贸易获得蓬勃发展。加入 WTO 后,中国服务业对外开放程度进一步加大。与货物贸易一样,服务贸易的发展速度超过同期世界平均增速,在世界贸易中的地位不断上升。

2016 年,美国服务贸易出口额为 7 523.67 亿美元,位居世界第一大服务贸易出口国,占世界服务贸易总额的比重为 18.8%。英国服务贸易出口额为 341.08 亿美元,占比 8.5%,位居世界第二大服务贸易出口国。2016 年分列第三到五位的世界服务贸易出口大国分别是德国、法国和中国:其中德国服务贸易出口总额为 2 857.4 亿美元,占比7.2%;法国出口总额为 2 353.15 亿美元,占比 5.9%;中国则以 2 084.03 亿美元的服务贸易出口额取代了日本,居世界第五大服务贸易大国,占比 5.2%。印度则以 1 618.23 亿美元的服务贸易出口额位居世界第七大服务贸易出口大国,占比 4.1%。此外,爱尔兰成为世界第八大服务贸易出口国,荷兰居第九位。

在进口方面,美国仍保持着世界第一大服务贸易进口国的地位,进口额为 5 046.54 亿美元,占全球服务贸易进口总额的比重为 13.17%。中国位居第二,进口额为 4 415.49 亿美元,占比 11.52%。位居第三到五位的服务贸易进口大国分别为德国、法国和英国。其中,德国服务贸易进口额为 3 078 亿美元,占比 8.03%;法国进口 2 352.84 亿美元,占比 6.14%;英国进口 2 130.4 亿美元,占比 5.56%。第七到十位分别是日本、荷兰、韩国、比利时。

总体而言,中国服务贸易与货物贸易的国际地位还不相称,服务贸易出口仍以运输、旅游、商业等传统劳动密集型行业为主,技术和知识密集型的新兴服务业仍处初级发展阶段,服务贸易有待进一步发展。

三、中国技术贸易

20 世纪 80 年代以来,以信息技术为主导的新技术革命突飞猛进,全球经济进入了全新的发展时期,知识经济蓬勃兴起,经济全球化加速发展,世界各国之间的经济竞争更加激烈。技术水平、科技竞争力的较量成为经济竞争的重要因素。因而,技术贸易迅速发展,成为国际贸易的重要组成部分。

(一)国际技术贸易概况

1.技术贸易的含义

技术转让是指技术持有者通过各种方式将其拥有的生产技术、销售技术或管理技术以及有关的权利转让给他人的行为。超越国境的技术转让行为就是国际技术转让。

国际技术转让包括非商业性技术转让和商业性技术转让。非商业性技术转让是指通过政府援助、技术情报交换、学术交流和技术考察等形式进行的技术让渡。商业性技术转让指技术有偿转让,亦称技术贸易。在技术有偿转让中,销售技术的一方成为技术出让方,购买技术的一方成为技术受让方,或技术引进方,因此,从购买者角度来看,技术转让又可称为技术引进。

2.国际技术贸易的形式

(1)许可证贸易

许可证贸易(licensing)是专利权所有人或商标所有人或专有技术所有人作为许可方

(licensor)向被许可方(licensee)授予某项权利,允许其按许可方拥有的技术实施、制造、销售该技术项下的产品,并由被许可方支付一定数额的报酬。

许可贸易有三种基本类型:专利许可、商标许可和专有技术转让(许可)。在技术贸易中,三种方式有时单独出现,如单纯的专利许可或单纯的商标许可或单纯的专有技术转让,但多数情况是以某两种或三种类型的混合方式出现。

(2)特许专营

特许专营(franchising)是最近二三十年迅速发展起来的一种新型商业技术转让形式。特许专营是指由一家已经取得成功经验的企业,将其商标、商号名称、服务标志、专利、专有技术以及经营管理的方法或经验转让给另一家企业的一项技术转让合同,后者有权使用前者的商标、商号名称、专利、服务标志、专有技术及经营管理经验,但须向前者支付一定金额的特许费(franchise fee)。

特许专营的一个重要特点是,各个使用同一商号名称的特许专营企业并不是由一个企业主经营的,被授权人的企业不是授权人的分支机构或子公司,也不是各个独立企业的自由联合,它们都是独立经营、自负盈亏的企业。授予人不保证被授人企业一定能获得利润,对其企业的盈亏也不负责任。

特许专营合同是一种长期合同,它可以适用于商业和服务行业,也可以适用于工业。

(3)顾问咨询

顾问咨询是雇主与工程咨询公司签订合同,由咨询公司负责对雇主所提出的技术性课题,提供建议或解决方案。服务的内容很广,如项目的可行性研究、技术方案的设计和审核、招标任务书的拟定、生产工艺或产品的改进、设备的购买、工程项目的监督指导等。特别是发展中国家,往往技术力量不足,或对解决某些技术课题缺少经验,聘请外国工程咨询公司提供咨询服务,可以避免走弯路或浪费资金。因咨询公司掌握有丰富的科学知识和技术情报,可以协助雇主选择先进适用的技术,找到较为可靠的技术供方,以较合理的价格获得质量较好的机器设备。雇主虽然要支付一笔咨询费,但所得到的资金节约远远超过支付的咨询费,总算下来,对雇主仍是有利的。

咨询费一般可以按工作量计算,也可采用技术课题包干定价,一般所付的咨询费相当于项目总投资的5%左右。

(4)技术服务与协助

技术转让不仅包括转让公开的技术知识,而且包括转让秘密的技术知识和经验,对技术受方引进项目的成败往往起关键作用。因为,这些技术知识和经验很难用书面资料表达出来,而必须通过言传、示范等传授方式来实现。所以技术服务与协助是技术转让交易中必不可少的环节。它可以包括在技术转让协议中,也可以作为特定项目,签订单独的合同。提供技术服务与协助的方式有两种:由受方派出自己的技术人员和工人,到技术供方的工厂或使用其技术的工厂培训实习;由供方派遣专家或技术人员到受方工厂,调试设备,指导生产,讲授技术。

(5)承包工程

工程承包或称“交钥匙”项目,是委托工程承包人(contractor)按规定条件包干完成某项工程任务,亦即负责工程设计、土建施工、提供机器设备、施工安装、原材料供应、提供技术、培训人员、投产试车、质量管理等全部过程的设备和技术,工程承包是一种综合性的国际经济合作方式,也是国际劳务合作的一种方式,其中包括大量的技术转让内容,因此又可称为国际技术贸易的一种方式。

3.国际技术贸易的发展

随着新科技革命的蓬勃发展和世界经济全球化的深入,当代国际技术转移呈现出许多新的特点。

(1)国际技术贸易的速度加快,规模越来越大,领域不断拓宽,已由梯度式转移发展到跳跃式转移。20 世纪 90 年代以来,国际技术贸易额平均每十年翻两番,已接近世界货物贸易总额的二分之一,其增长速度之快为一般商品贸易所望尘莫及。

(2)国际技术贸易发展不平衡,世界技术市场的分布十分集中。全球 80%以上的科技开发及其进展均在发达国家进行和取得。当前,发达国家之间技术贸易额占世界技术贸易总额的 80%以上,发达国家与发展中国家之间的技术贸易额仅占世界技术贸易总额的 10%,而发展中国家之间的技术贸易量则不足 10%。其中美国、英国、德国、日本和法国五国的技术贸易额占发达国家技术贸易额的 90%。美国是主要的技术供应国,占技术供应量的 60%左右。

(3)跨国公司以其雄厚的资金和强大的技术力量成为国际技术转移的主要承担者,是当今国际技术转移中最活跃、最有影响的力量,垄断着世界技术市场。跨国公司的经营活动对其母国来说,可以扩大技术、设备、物资和劳务出口;可以转移产业,调整产业结构,避开贸易壁垒和歧视,开拓和巩固国际市场,获取资源和信息等。对于公司东道国而言,可以获得技术、设备、物资、信息和销售渠道,提高本国资源的利用率;可以调整产业结构,提高产品档次,增加产品品种,扩大对外贸易;可以增加就业,提高人民生活水平和文化价值;可以加速本国经济和世界经济一体化的进程。跨国公司为获取最大利润,以资本支持积极扩大技术出口,开展各种技术合作和许可贸易,大大促进了国际技术贸易。目前,跨国公司提供的新技术约占世界新技术的 80%,其每年所从事的国际技术贸易额占世界技术贸易额的 70%以上。

(二)中国技术贸易的政策

中国技术贸易的主要政策包括:

(1)在技术贸易中,遵守国际规范和国际惯例,依法保护知识产权,维护合作各方的合法权益。引进、借鉴别国的先进技术与经验,推动本国经济的发展;积极鼓励开拓技术出口市场,并广泛参与国际分工,逐步使中国的技术密集型产业成为国际技术产业链条的重要一环。

(2)以多种灵活方式开展对外技术贸易。在技术引进方面,采取的方式包括许可证贸易、合作生产、合作设计、技术服务、顾问咨询、进口关键设备及成套设备等,并根据具体情况确定引进方式。技术进口的重点是为改造现有企业服务,鼓励引进产品的设计、工艺、制造和生产管理技术。在技术出口方面,鼓励出口成熟的工业化技术。

(3)加快科工贸结合,建立新型科研开发体制。要加快科工贸结合的步伐,增加科研与开发的投入,增强引进的消化、吸收、创新能力,逐步使科研开发实现由国家主导型向企业主导型转变,建立有利于引进技术改良和商品化的科研开发体制,使引进的技术发挥更大的效益。

(4)注重技术的先进性与适用性相结合，经过消化、吸收能获得较好的经济效益和社会效益。技术的先进性是指技术具有较长的生命力，其产品具有竞争能力；技术的适用性是指技术的水平与国内的总体技术水平相协调，能够尽快掌握、实施。

(5)多渠道筹集资金，支持对外技术贸易的发展。在技术引进方面，积极争取利用外国政府贷款、混合贷款、出口信贷、国际金融组织贷款及商业贷款。为保证国家经济发展急需的重点项目建设，国家优先安排资金并实行优惠利率。在技术出口方面，国家实行国际上通行的扶持技术出口的信贷政策，设立技术和成套设备出口的卖方信贷和买方信贷，银行按照贷款原则优先安排技术出口资金，并实行优惠贷款利率。

(6)对开展技术贸易的企业，实行税收优惠政策。在技术引进方面，实行与技术成分挂钩的政策和面向主导产业(机电、化工等产业)的技术引进战略。根据技术引进合同中技术的含量，确定减征、免征合同中设备进口关税的幅度；技术含量高，减免征收海关关税的幅度就大，反之减免幅度就小。对国外向我提供工、农、林、渔、牧业等重要领域先进技术的，给予减征或免征企业所得税待遇。在技术出口方面，为发展技术、成套设备和高新技术产品出口需进口的原材料、零部件，按进口加工的有关规定享受优惠待遇。

(7)国家主要以法律、经济手段对技术贸易进行宏观调控，规定禁止、限制、允许、鼓励的技术贸易项目。国家只对涉及经济发展的重大技术引进项目和涉及国家重大利益的技术出口项目实行指导性计划。

(8)鼓励技术贸易与投资相结合。允许以技术为股本投资举办合资经营企业，实现技术的转让。国外企业在中国境内投资，同时提供先进技术的，可以按中国的有关法律规定享受多方面的优惠。中国向境外投资并提供适合于所在国的先进技术还处于探索阶段，但以境外投资方式发展技术贸易的前景是十分广阔的。

(三)中国技术贸易的管理

1.对技术引进的管理

为维护我方利益，根据我国实践经验并参考一些国家的立法，我国规定，引进合同中不得含有下列不合理的限制性条款：

(1)要求受方接受同技术引进无关的附带条件，包括购买不需要的技术、技术服务、原材料、设备或产品；

(2)限制受方自由选择从不同来源购买原材料、零部件或设备；

(3)限制受方发展和改进所引进的技术；

(4)限制受方从其他来源获得类似技术或与供方竞争的同类技术；

(5)双方交换改进技术的条件不对等；

(6)限制受方利用引进的技术生产产品的数量、品种或销售价格；

(7)不合理地限制受方的销售渠道或出口市场；

(8)禁止受方在合同期满后，继续使用引进的技术；

(9)要求受方为不使用的或失效的专利支付报酬或承担义务。

依照我国法律规定，合同的引进方应自合同签订之日起的30天内，向审批机关报批。审批机关应在收到报批申请书之日起的60天内决定批准或不批准。审批机关逾期未予答复的，视为合同获得批准。经批准的合同自批准之日起生效，并由审批机关发给技术引进合同批准证书。

在技术引进合同的履约过程中涉及税收和用汇问题，分别统一由国家税务局（涉及关税的由海关总署）和国家外汇管理局负责解决和管理。

2.对技术出口的管理

我国以贸易渠道出口技术是从 20 世纪 80 年代开始的。1986 年国家制定了我国技术出口的方针、原则和管理制度。我国技术出口应遵循六项原则：

(1)遵守我国的法律、法规；

(2)符合我国外交、外贸和科技政策并参照国际惯例；

(3)遵守我国对外签订的协议和所承担的义务；

(4)不得危害国家安全和社会公共利益；

(5)有利于促进我国对外贸易发展、科学技术进步以及经济技术合作；

(6)保护我国经济技术权益和我国产品在国际市场上的竞争地位。为贯彻上述原则，我国把技术项目分为禁止出口、控制出口（重大技术）和允许出口（一般技术）三大类，并对技术出口项目和技术出口合同实行双重审批制度。

第三节　中国对外贸易的方式

一、对外贸易方式概述

贸易方式是指国际贸易中买卖双方采用的具体做法。在对外贸易中，每一笔交易都要通过一定的贸易方式来进行。买卖双方交易过程中根据商品的特点和各自贸易的习惯，协商确定。

当前，在国际贸易中存在各种各样的贸易方式，各种贸易方式可以单一采用，也可结合进行。随着国际贸易的发展，新的贸易方式不断涌现。在特定地点进行的贸易方式，主要有商品交易所、国际拍卖、招标与投标、国际博览会等。较为灵活的贸易方式是单纯的商品购销方式。复合购销方式是商品购销中增加了其他条件，如代理、包销、定销、寄售、补偿贸易、易货贸易、加工贸易、租赁贸易等。由于许多发展中国家外汇支付能力不强，故采取补偿贸易、易货贸易、来料加工、来件装配等日益普遍。近年来，我国为了扩大对外开放，针对不同的交易对象、不同的商品，灵活采用了国际上各种通行的贸易方式。

二、中国对外贸易方式的结构

对外贸易方式结构则是指各种贸易方式在一国对外贸易方式中所占的比重（地位）及其相互联系（关系）。改革开放以来，我国对外贸易方式主要由一般贸易和加工贸易构成，其他贸易所占比重很小。加工贸易在我国对外贸易中的地位尤其重要。

（一）一般贸易和加工贸易的定义

传统意义上的一般贸易指的是单纯或绝大部分使用本国资源和材料进行生产和出口的贸易方式。

加工贸易是一国通过进口原料、零件，利用本国的生产能力和技术，加工成成品后再出口，从而获取相应的利润。加工贸易是以加工为特征的再出口业务，方式多种多样，常见的加工贸易有：

1.进料加工

进料加工指我国企业购入国外的原材料、零件等，利用本国的生产能力和技术，加工成成品后，销往国外市场。在这类业务中，经营的企业以买主的身份与国外签订成品的出口合同，两个合同是两笔独立的交易。进料加工的企业要承担价格风险和成品的销售风险。

2.来料加工

来料加工指国外委托方提供原料，由国内加工方按照双方商定的质量、规格、款式将原料加工为成品，交付给委托方，收取加工费。在这种加工方式中，加工方的价格风险和销售风险较小，但加工利润一般很低；如果委托方只提出式样、规格等要求，由加工方使用当地的原、辅料进行加工生产，则称为“来样加工”。

3.装配业务

装配业务指国外委托方提供装配成品所需设备、技术和有关零配件装配为成品后交货。装配业务也包括两部分贸易：一是进口原料，二是出口成品。但这个部分是一笔贸易的两个方面，而不是两笔交易。原材料的提供者和成品的接受者是同一家国外企业，交易双方是委托加工关系。

4.协作生产

协作生产指国外一方提供部分配件或主要部件，由国内企业利用本国生产的其他配件组装加工成成品出口。协作生产的成品一般由国外方销售全部或大部分，也可规定由第三方销售。

（二）中国对外贸易方式的构成

我国贸易方式的显著特点是加工贸易在对外贸易中占有很大的比重，且比重不断上升。与加工贸易相对应，一般贸易的比重不断下降，由原来的绝对主导地位变为低于加工贸易地位。1986 年，在我国出口贸易中，一般贸易的比重为 81.1%，而到了 2004 年只占到了 44.1%，相当于 1986 年的 1/2。到 2017 年底，一般贸易重回主导地位，但是比重相对降低，占 54.34%。加工贸易占我国对外贸易的 33.52%。其他贸易方式近几年所占的比重略有上升，但是绝对量仍然很少。同期，在中国的进口贸易构成中，贸易方式构成的比重和出口贸易大致呈现相同的趋势，即一般贸易方式所占的比重重新上升，从 2010 年的 55.1%上升到 2017 年的 58.81%。加工贸易的比重从 2010 年的29.49%下降到 2017 年的 23.42%，但是整体上仍处于从属地位，参见表 2.5。

表 2.5　我国主要贸易方式的进出口额占总进出口额的比重

单位:%

类别 年份	出口			进口		
	一般贸易	加工贸易	其他	一般贸易	加工贸易	其他
1986	81.1	18.6	0.3	82.1	15.6	2.3
1990	57.1	41.0	1.9	49.1	35.2	15.7
1992	51.4	46.6	2.0	41.7	39.1	19.2
1993	50.7	48.2	1.1	41.2	35.0	23.8
1994	50.9	47.1	2.0	33.2	41.4	25.4
1995	48.1	49.5	1.4	32.8	44.2	23.0
1996	41.6	55.8	1.9	28.3	44.9	26.8
1997	42.7	54.5	2.8	17.4	49.3	23.3
1998	40.4	46.8	2.8	31.2	48.9	19.9
2002	41.8	55.3	2.9	43.7	41.4	14.9
2004	44.1	55.3	0.6	44.2	39.5	16.3
2005	41.3	54.7	4.0	42.4	41.5	16.1
2006	43.0	52.7	4.3	42.1	40.6	17.3
2007	44.2	50.7	5.1	44.8	38.5	16.7
2008	46.4	47.3	6.3	50.5	33.4	16.1
2009	44.1	48.8	5.5	53.1	32.1	14.8
2010	45.7	46.9	7.4	55.1	29.49	15.0
2014	51.38	37.35	10.87	56.6	26.75	16.65
2015	53.47	35.04	11.49	54.88	26.57	18.54
2016	53.85	34.13	12.02	56.63	24.99	18.38
2017	54.34	33.52	12.13	58.81	23.42	17.76

资料来源:《中国对外经济贸易统计年鉴》(1987—2018)。

(三)中国对外加工贸易

1.加工贸易的发展

30 多年以来,我国加工贸易蓬勃发展。1978 年 8 月,广东珠海签订的第一份来料加工合同,拉开了我国开展加工贸易的序幕。加工贸易从 1996 年首次占据我国对外贸易 50%之后,这一地位已经延续至今。2007 年,加工贸易总额为 9 860.4 亿美元。出口加工贸易占总出口额的 55.3%,而进口加工贸易占进口总额的 41.4%。2017 年,加工贸易总额为 11 900.1 亿美元,其中,出口为 7 588 亿美元,进口为 4 312.1 亿美元,出口加工贸易占总出口额的33.52%,而进口加工贸易占进口总额的 23.42%。表 2.6 为中国加工贸易占对外商品贸易中的比重。

表 2.6　1990—2017 年中国加工贸易占对外商品贸易中的比重

年份	对外商品贸易额(亿美元)	加工贸易额(亿美元)	比重(%)
1990	1 154.4	441.9	38.2
1991	1 356.3	574.9	42.4
1992	1 655.3	711.5	42.9
1993	1 957.1	806.2	41.1
1994	2 367.3	1 045.5	44.2
1995	2 808.5	1 320.8	47.0
1996	2 899.0	1 466.1	50.6
1997	3 251.6	1 698.1	52.3
1998	3 239.3	1 730.4	53.4
1999	3 606.5	1 844.6	51.1
2000	4 743.0	2 302.0	48.5
2001	5 096.5	2 414.1	47.4
2002	6 207.7	3 021.3	48.7
2003	8 509.9	4 047.6	47.6
2004	11 545.5	5 496.6	47.6
2005	14 219.1	6 904.8	48.6
2006	17 604.0	8 318.3	47.3
2007	21 737.3	9 860.4	45.4
2008	25 616.3	10 535.8	41.1
2009	22 072	9 093	41.2
2010	29 728	11 577	38.9
2014	43 030.4	14 087.4	32.74
2015	39 586.4	12 447.9	31.44
2016	36 849.2	11 125.8	30.19
2017	41 044.7	11 900.1	28.99

资料来源：根据历年《中国统计年鉴》和《中国对外经济贸易统计年鉴》计算。

我国改革开放初期，国民经济和进出口贸易发展水平较低，而当时发达国家将一些劳动密集型产业向发展中国家和地区转移的贸易机会很多，一些新兴工业国家通过发展加工贸易达到经济起飞的成功经验，促使我国政府下决心大力发展加工贸易这种贸易方式，经过 40 年的稳步发展，今天加工贸易在我国经济中发挥了日益重要的作用。

2.加工贸易的积极作用

(1)推动我国经济和外贸的快速发展

外贸出口(包括加工贸易出口)是拉动中国改革开放 40 年经济快速发展的“三大马车”之一。中国从贸易小国跃升为位居世界前列的贸易大国，与我国加工贸易的长足发展密不可分。

(2)发挥我国比较优势的重要贸易方式

加工贸易利用了我国具有比较优势的资源——劳动力，与国外优势资源配件、加工设备和技术相结合，加工成产品后再出口到国际市场。

(3)利用外资的重要方式

我国政府鼓励外资从事加工贸易，并给予了政策优惠。加工贸易的投资经营主体是外商投资企业。通过接受外商投资的加工贸易，我国承接了发达国家和新兴工业化国家转移的劳动密集型产业。在进行加工贸易的过程中，我国企业学到了国外先进的管理模式，增长了管理经验，为我国企业的发展积蓄了条件。

(4)产业结构和贸易结构的调整以及技术升级

在我国宏观产业结构调整上，加工贸易的技术转让促进了我国加工制造业的发展，有利于解决我国轻重工业发展长期失衡的问题。我国加工贸易开始走出劳动密集型产业的局限，涉及资本、技术密集型产业乃至高新技术产业。同时，也推动了出口商品结构的调整和工业制成品出口的比重上升。加工贸易的技术转让推动了我国纺织、电子、机械、家电、IT 等行业的技术进步，使相关行业的技术、工艺和生产水平明显提高，在国际市场上的竞争力不断增强。

3.加工贸易中存在的问题

(1)造成我国外贸依存度过高，使我国外贸出口潜在风险较大

当前我国外贸依存度已超过 50%，原因之一就是我国的加工贸易是典型的大进大出模式。近年来，我国较高的经济增长率中相当大的成分是由进出口数量扩张构成的，这是一种具有潜在风险的状况，在市场开放和贸易投资自由化的过程中，我国经济要保持稳定增长，就需要承受国际经济波动的冲击。

(2)不利于带动国内产业结构的升级

加工贸易是我国利用外资的重要形式，但在加工贸易，特别是来料加工中，外商投资企业完全掌握市场和销售渠道，控制关键技术，把技术和产品的开发能力大多留在境外，我国企业只参与简单的加工装配环节。此外，有些外商投资企业将技术水平低、环境污染严重的产品转移到我国生产，给我国的环境造成不利的影响。加工贸易以外商投资企业而非国内企业为经营主体的格局，造成我国原有的工业基础和技术基础不能充分发挥作用，阻碍了国内工业生产和一般贸易的升级及产业调整。

(3)存在海关监管问题

由于我国加工贸易的基本政策是对进口原料和零部件实行免税政策，在我国进口关税较高的情况下，借加工贸易的名义进口原料和零部件，加工为成品后在国内市场销售，这种做法实际上是偷逃税款，导致国家税收的大量流失，同时也对国内相关行业造成了巨大的压力，造成了不平等的市场竞争。

由于加工贸易种类繁杂，涉及众多企业，海关的监管工作量大面广。长期以来海关的监管工作有了很大改进，但加工贸易方面的偷逃税事件仍然时有发生。

(4)造成虚假的贸易顺差

加工贸易加剧了我国与发达国家之间的贸易摩擦，其主要原因是我国加工贸易的进

口原料主要来自东南亚国家，出口市场主要在美国、欧洲、日本和中国香港。当成品出口美国和欧盟时，对方将成品全部价值统计为中国出口，没有减去这些成品中的进口成分，故而在同中国的贸易中出现巨额逆差。但对中方来说，这实际是一种虚假的出口额和顺差，如果在加工贸易的成品中减去进口的原料和零部件的价值，实际出口额和顺差就没有这么大了。

另外，美欧等一些国家对加工贸易产品的原产地的认定规则与WTO的原产地规则不完全一致。我国加工贸易产品出口有相当一部分是通过中国香港或其他国家和地区转口到美国、欧洲等第三国市场的，但这些国家依据本国的原产地规则，将经过中国香港等地转口到我国进行加工贸易的出口产品都算作我国的出口，夸大了我国的出口规模和贸易顺差。

第四节　中国对外贸易与经济增长

在以开放为基本趋势和特征的当今经济社会中，对于对外贸易与经济增长之间相互关系的研究越来越成为经济学领域中一个重要的研究课题。改革开放以来，中国的经济和贸易都得到了迅速的发展，特别是20世纪90年代之后，我国国民经济持续保持了较高速度的增长，对外贸易在国民经济发展中的作用越来越重要。

一、中国对外贸易与经济增长概况

中华人民共和国成立近70年来，中国的经济实力已经有了很大的提高。1952年，我国的国内生产总值仅为679亿元，到2017年，我国国内生产总值已达827 122亿元，是1952年的1 217.968倍，实际年平均增长速度为15.07%，在这样较长的时期内保持如此之高的经济增长率，令世界各国感到震惊。随着国家经济水平的不断提高，我国居民的收入也随之提高，2016年我国人均国内生产总值为53 935元，比1952年的118元提高了457倍，实际年均增速为10.38%。与此同时，我国参与国际分工的程度也得到较为明显的发展。2016年，中国进出口总额为3.68万亿美元，占全球贸易总额的11.79%，占世界贸易总额比重的地位已上升到第2位。经济和对外贸易增长的具体情况如表2.7所示。

表2.7　1990—2016年中国对外贸易和GDP的增长

年份	进出口总额（亿美元）	增长率（%）	GDP（亿元）	GDP增长率（%）	人均GDP（元）
1990	1 154.4	3.40	18 667.8	9.86	1 644
1991	1 357.0	17.55	21 781.5	16.68	1 893
1992	1 655.3	21.98	26 923.5	23.61	2 311
1993	1 957.0	18.23	35 333.9	31.24	2 998
1994	2 366.2	20.91	48 197.9	36.41	4 044

续表

年份	进出口总额（亿美元）	增长率（%）	GDP（亿元）	GDP 增长率（%）	人均 GDP（元）
1995	2 808.6	18.70	60 793.7	26.13	5 046
1996	2 898.8	3.21	71 176.6	17.08	5 846
1997	3 251.6	12.17	78 973.0	10.95	6 420
1998	3 239.5	—0.37	84 402.3	6.87	6 796
1999	3 606.3	11.32	89 677.1	6.25	7 159
2000	4 742.9	31.52	99 214.6	10.64	7 858
2001	5 096.5	7.46	109 655.2	10.52	8 622
2002	6 207.7	21.80	120 332.7	9.74	9 398
2003	8 509.9	37.09	135 822.8	12.87	10 542
2004	11 545.5	35.67	159 878.3	17.71	12 336
2005	14 219.1	23.16	183 217.4	10.4	14 053
2006	17 604.0	23.81	211 923.5	11.6	16 165
2007	21 737.3	23.48	249 529.9	13.0	18 934
2008	25 616.0	17.80	300 670.0	9.0	22 640
2009	22 072	—13.9	335 353	8.7	25 575
2010	29 728	34.7	397 983	10.3	29 524
2011	36 418.6	22.5	489 300.6	18.5	36 403
2012	38 671.2	6.2	540 367.4	10.4	40 007
2013	41 589.9	7.5	595 244.4	10.2	43 852
2014	43 015.3	3.4	643 974	8.2	47 203
2015	39 530.3	—8.1	689 052.1	7.0	50 251
2016	36 855.6	—6.8	743 585.5	7.9	53 935

资料来源：根据《中国统计年鉴》(2016 年)相关数据计算。

二、中国对外贸易与经济增长的相互关系

改革开放以来，中国在经济增长、对外贸易发展等方面都取得了举世瞩目的成就，二者相互促进、相辅相成的关系，在总量变动和结构变动方面，都可得到印证。

1.从总量上来看，对外贸易是拉动经济增长的重要因素

改革开放以来，我国的对外贸易发展取得了举世瞩目的成就，对外贸易以高于国内生产总值的速度增长，成为拉动国民经济增长的主要因素之一。1990—2016 年的相关统计数据(见表 2.8)可验证对外贸易对经济增长的这种拉动作用。

从图 2.4 可以清晰地看出，中国对外贸易发展与经济增长运行轨迹的趋势基本一致。

即当经济发生波动时，对外贸易也随之发生波动。经济高速增长的同时，往往伴随着对外贸易的快速发展，而当经济增长速度放缓时，对外贸易的发展也往往不景气。这一点在GDP与进出口总额及进口总额的运行轨迹中表现得尤为显著。由此可以得出如下判断：在1978—2016年间，国民经济与对外贸易的总体发展趋势在逐年上升，呈现出较为密切的依存关系。这与学术界对战后经济发展较快的韩国、新加坡、马来西亚等国经济发展的观察是一致的，在一国经济发展的低级阶段或经济发展的"起飞阶段"，对外贸易与国民经济依存关系的曲线是上扬的。

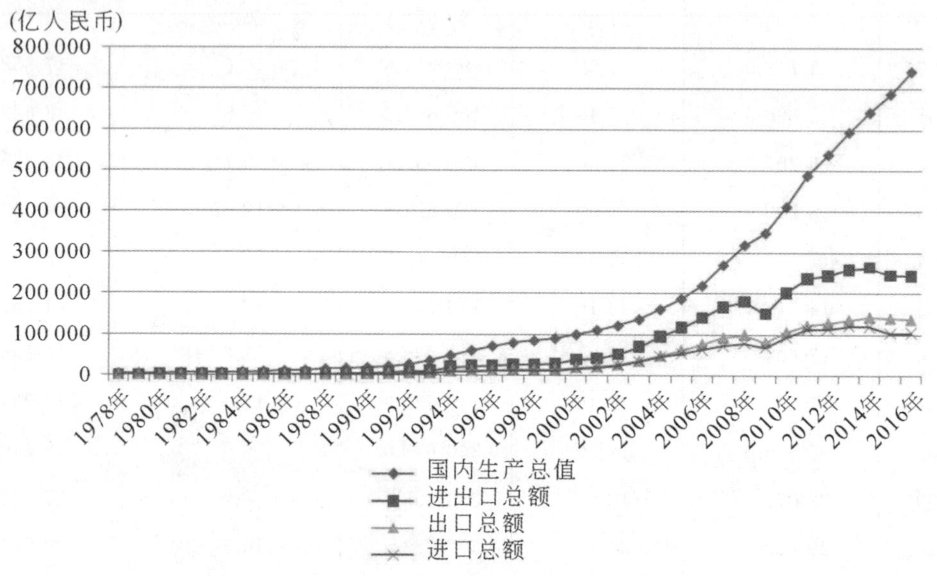

图 2.4　1978—2016 年中国 GDP 和对外贸易曲线图

总之，在开放经济条件下，一国经济总量的增长离不开对外贸易。我国自改革开放以来，通过发展对外贸易，在充分利用国内、国外两种资源、改善国内资源配置，推进经济发展等方面，已取得了举世瞩目的成就，我国国内生产总值和对外贸易增长具有高度的相关性，对外贸易作为经济增长的动力机的作用明显。

2.从结构上来看，对外贸易结构变化极大地促进了我国经济增长总量的扩张和质量的提高

改革开放以来，我国的对外贸易结构发生了巨大的变化，我国由一个改革开放之初初级产品出口国逐步发展到以工业制成品为主，且高新技术产品比重迅速上升的贸易大国，对外贸易产品结构得到了明显的优化和提升，并对提高经济增长的质量和效益发挥了显著作用。

(1)出口商品结构变化对我国经济增长的影响

工业制成品在出口商品中所占的比重，是衡量一个国家工业化发展程度和出口商品结构优化程度的重要指标之一。我国自改革开放以来，工业制成品在出口商品中所占的比重日益提高。出口产品由以粗加工的初级产品为主逐渐转为以深加工的机械及运输设备为主，产品的附加值明显提高(见表2.8)。

表 2.8　1980—2016 年中国出口商品结构

单位：%

年份	初级产品	工业制成品	机械及运输设备
1980	50.3	49.7	4.7
1985	50.6	49.4	2.8
1990	25.6	74.4	9.0
1991	22.5	77.5	9.9
1992	20.0	80.0	15.6
1993	18.2	81.8	16.7
1994	16.3	83.7	18.1
1995	14.4	85.6	21.1
1996	14.5	85.5	23.4
1997	13.1	86.9	23.9
1998	11.2	88.8	27.3
1999	10.2	89.8	30.2
2000	10.2	89.8	33.1
2001	9.9	90.1	35.7
2002	8.8	91.2	39.0
2003	7.9	92.1	42.8
2004	6.8	93.2	45.2
2005	6.4	93.6	46.2
2006	5.5	94.5	47.1
2007	5.1	94.9	47.4
2008	5.4	94.6	47.1
2009	5.3	94.7	49.1
2010	5.2	94.8	49.5
2011	5.3	94.7	47.5
2012	4.9	95.1	47.1
2013	4.9	95.1	47.0
2014	4.8	95.2	45.7
2015	4.6	95.4	46.6
2016	5.0	95.0	46.9

资料来源：根据历年《中国统计年鉴》计算。

从表2.8可以看出，自1980到2016年间，我国出口商品中工业制成品所占比重由49.7%上升到95%，上升了45.3个百分点。初级产品出口所占比重由50.3%下降到5%，我国已由一个改革开放初期初级产品出口与工业制成品出口并重的贸易小国发展成为一个工业制成品出口占到90%以上的贸易大国。与此同时，工业制成品的内部结构也发生了很大的变化，日益呈高级化发展趋势，这可由技术密集的机械及运输设备类产品出口占对外出口总额的比重大幅上升来说明。从表中数据可以看出，我国机械及运输设备出口占工业制成品出口的比重由1980年的4.7%上升到2016年的46.9%，上升了42.2个百分点。

由以上分析可知，改革开放40年来，我国的出口商品结构发生了巨大的变化，得到了不断的升级和优化，经历了从以出口初级产品为主逐渐向以出口工业制成品为主的结构转变，从以出口资源密集型产品为主逐渐向以出口劳动密集型产品为主的转化。出口结构升级通过作用于生产结构以及出口总量两方面，实现对经济增长的贡献。

第一，出口结构转换提升生产结构。出口结构的转换一方面是生产结构转换的结果，另一方面又是生产结构转换的外部刺激，会反过来带动生产结构的优化和调整。以我国工业为例，从1980—2016年间，纺织品在生产结构和贸易结构中的比重都有所下降，并且纺织品在出口结构中的比重下降快于其在生产结构中的比重下降；而钢及一般金属品、机械和运输设备等在生产结构和出口结构中的比重都呈现上升趋势，并且在出口结构中的比重上升快于在生产结构中的比重上升。这说明在经济中地位变化较剧烈的产业，无论是迅速增长、比重提高的产业，还是退化的“夕阳”产业，出口结构转换都比生产结构转换得快，可见出口结构对于生产结构的牵引作用，而生产结构的转换升级可为经济增长提供更广阔的发展空间。

第二，出口结构转换扩大出口总量规模。出口商品结构的优化，有利于出口总额的增加，而出口本身就是国内生产总值的组成部分，因此出口结构优化可促进经济增长。同时出口结构优化对出口总量的扩张作用，可使出口创汇增加。1978年我国的外汇总额累计只有1.67亿美元，出口的快速增长，使我国外汇储备规模急剧扩大，截至2016年12月末，国家外汇储备余额为3万亿美元，成为世界第一大外汇储备国。出口创汇有效解决了我国经济建设中资金不足的问题，弥补了资金缺口，增强了进口能力，这对解除制约我国经济增长的资源和技术瓶颈发挥着不可估量的作用，极大地促进了我国经济总量的扩张。

(2)进口商品结构变化对我国经济增长的影响。

从我国进口商品结构来看，改革开放以前，在中国进口总额中，初级产品比重比较高，粮食等基本食品的进口占有很大的比重，最高时达26%的水平。改革开放以后，进口商品结构中初级产品的比重不断下降，其中食品及主要供食用的活动物占进口总额的比重显著下降，非食用原料占进口总额的比重近年来保持稳定；工业制成品进口的比重不断提高，其中机械及运输设备进口的比重得到了明显提高，资本品的进口已经占有较大的比重，参见表2.9。

表 2.9　1980—2016 年中国进口商品结构

单位：%

年份	初级产品	食品及主要供实用的活动物	非食用原料	工业制成品	机械及运输设备
1980	34.8	14.6	17.8	65.2	25.6
1985	12.5	3.7	7.7	87.5	38.4
1990	18.5	6.3	7.7	81.5	31.6
1991	17.0	4.4	7.8	83.0	30.7
1992	16.4	3.9	7.2	83.6	38.9
1993	13.7	2.1	5.2	86.3	43.3
1994	14.3	2.7	6.4	85.7	44.5
1995	18.5	4.6	7.7	81.5	39.9
1996	18.3	4.1	7.7	81.7	39.4
1997	20.1	3.0	8.4	79.9	37.1
1998	16.4	2.7	7.6	83.6	40.5
1999	16.2	2.2	7.7	83.8	41.9
2000	20.8	2.1	8.9	79.2	40.8
2001	18.8	2.0	9.1	81.2	43.9
2002	16.7	1.8	7.7	83.3	46.4
2003	17.6	1.4	8.3	82.4	46.7
2004	20.9	1.6	9.9	79.1	45.0
2005	22.4	1.4	10.6	77.6	44.0
2006	23.6	1.3	10.5	76.4	45.1
2007	25.4	1.2	12.3	74.6	43.1
2008	32.0	1.2	14.7	68.0	39.0
2009	28.8	1.5	14.1	71.2	40.5
2010	31.1	1.5	15.2	68.9	39.4
2011	34.7	1.7	16.3	65.3	36.2
2012	34.9	1.9	14.8	65.1	35.9
2013	33.8	2.1	14.7	66.2	36.4
2014	33.0	2.4	13.8	67.0	37.0
2015	28.1	3.0	12.5	71.9	40.6
2016	27.8	3.1	12.8	72.2	41.4

资料来源：根据历年《中国统计年鉴》计算。

从表 2.9 可以看出，改革开放初期，进口在很大程度上是作为弥补国内生活资料不足的一种手段，从而限制了对生产方面的作用，对经济增长的拉动作用因而也受到制约。

1980 年，我国初级产品进口额为 69.59 亿美元，占进口总额的 34.8%，其中食品及主要供食用的活动物进口额为 29.27 亿美元，占进口总额的 14.6%；非食用原料进口额为 35.54 亿美元，占进口总额的 17.8%。同年我国工业制成品进口额为 130.58 亿美元，占进口总额的 65.2%，其中机械及运输设备进口额为 51.19 亿美元，占进口总额的 25.6%。

20 世纪 80 年代以来，对外贸易的地位和作用被重新认识和定位，对外贸易作为拉动我国经济增长的一支生力军，不再仅仅是调节余缺的手段。在经济高速增长过程中，资本品的进口越来越多。到 2016 年，我国工业制成品进口额为 11 468.71 亿美元，占进口总额的 72.2%，其中机械及运输设备进口额为 6 578.25 亿美元，占进口总额的 41.43%，进口额相当于 1980 年机械及运输设备进口额的 128 倍；同年我国初级产品进口额为 4 410.54 亿美元，仅占进口总额的 27.8%，其中食品及主要供食用的活动物进口为 491.56 亿美元，仅占进口总额的 3.1%，非食用原料进口额为 2 025.44 亿美元，占进口总额的12.8%。资本品的进口极大地改善了我国国内的生产条件，使得生产效率大幅提高。与此同时，大量机械设备的进口不仅促进了我国工业部门的发展，也实现了对农业及其他一些传统产业的改造，促进了我国产业结构的升级换代。技术的进步和产业结构的升级换代都提高了我国经济增长的质量和效益，增加了经济增长的潜力。

另据海关统计，从 1991 年开始，我国高新技术产品进口在外贸进口中的比重不断上升。1991 年，高新技术产品进口占外贸进口比重仅为 14.8%，到 2018 年上升到 31.4%，且高新技术产品进口集中在电子技术、计算机与通信技术和计算机集成制造技术领域。这些高新技术产品的进口对于改变粗放型经济增长方式，提高经济增长的质量和效益，保证经济的可持续发展，具有重要的意义。

总之，对外贸易对经济增长的影响不仅仅体现在贸易规模的扩大对经济增长的影响上，更体现在贸易结构的优化对经济增长总量的扩张以及质量和效益的提高上。而且，从一个长期可持续发展的角度看，后者的意义和影响更为深远。因此，促进对外贸易结构进一步的优化和升级，并在此基础上实现贸易规模的进一步扩大，是使对外贸易真正成为开放经济条件下促进中国经济增长的“发动机”和“催化剂”的主要方面。

三、中国外贸依存度

中国对外贸易与经济增长运行轨迹的趋势基本一致，或者说是平行的。但是，日本经济学家小岛清认为，从更长时期的经济增长过程来看，如果贸易量的增加同国民经济的增长是平行的，这并不能说明贸易的扩大带动了经济增长，经济增长不一定是贸易的特殊贡献。要揭示贸易对经济增长所起的作用，把贸易量的扩大同国民经济的增长加以对比更为合适。因此，对外贸易依存度的变化趋势可以进一步揭示对外贸易与经济增长的相互关系。

（一）外贸依存度的含义

外贸依存度是指一定时期内（通常为一年）一国对外贸易总额与国内生产总值(GDP)的比值，用于衡量该国经济对国际市场依赖性的高低。外贸依存度可以分为出口依存度和进口依存度。出口依存度即外贸出口额占国内生产总值的比值。进口依存度即外贸进口额占国内生产总值的比值。

(二)外贸依存度的影响因素

一国的外贸依存度水平与以下几个因素有关:

1.外贸依存度与经济发展规模

一国的外贸依存度与其经济发展规模存在相反关系。小国经济发展主要受外部市场和外部资金流动的影响,其外贸依存度通常较高。大国经济发展的主要动力来源于国内市场,和小国相比,其外贸依存度也较小。

2.外贸依存度与经济发展所处的阶段

根据一国经济发展所处的工业化程度和经济的产业结构,目前世界各国的经济发展阶段可以分为三种不同的类型:低级阶段、中级阶段和高级阶段。经济发展处于低级阶段的国家对外经济联系较少,出口依存度较低。经济发展到中级阶段的国家,一般是重工业处于整个经济的中心地位,经济发展所需的原料、燃料需要大部分从国外进口,为了平衡进口,这些国家的出口规模相应也会增大,其出口依存度一般较高。到了经济发展的高级阶段,国家的高科技将处于中心地位,产业结构以技术密集型为主,通过资本、技术和管理的输出来获取利益,因此,这些国家的出口依存度较低。

3.外贸依存度与外贸政策及外贸体制

主张贸易自由化的国家或地区强调最大限度地减少政府对外贸活动的干预,保持国际贸易的充分自由化。对于小国而言,实行自由贸易政策必将导致较高的外贸依存度;大国实行自由贸易政策时,其外贸依存度主要依赖于其他因素。实行保护贸易政策的国家,一般就经济实力较弱,同时国内市场不完善,外贸依存度就较小。对于发展中国家而言,如果经济增长更多的是依靠出口推动,而不是依靠国内消费和投资的增长,外贸依存度就高,一旦世界市场发生动荡,特别是在国内出口商品的价格下降幅度较大的情况下,国内的经济将会受到严重的影响。然而,如果发展中国家的经济增长过多地依靠国内投资和消费增长,而忽视了出口对经济的促进作用,则对该国的经济发展相对缺少国外竞争的推动力,也会产生严重的危害,所以,外贸依存度应当控制在恰当的范围内。

(三)中国外贸依存度的实证分析

如表 2.10 所示,1978 年,我国的外贸依存度为 9.74%,其中,出口依存度为 4.60%,进口依存度为 5.14%。而到了 2007 年,外贸依存度为 66.82%,其中,出口依存度为 37.45%,进口依存度为 29.37%。从大趋势来讲,我国的外贸依存度呈现出逐步上升的趋势,2007 年的外贸依存度为 1978 年的 7 倍,出口依存度为 9 倍,进口依存度为 7 倍。在 2016 年,外贸依存度为 32.74%,其中出口依存度 18.62%,进口依存度 14.12%。出口依存度的增长速度高于进口依存度的增长速度,说明在外贸中我国的出口的作用越来越显著。

表 2.10　1978—2016 年中国外贸依存度

年份	外贸依存度	出口依存度	进口依存度
1978	9.74%	4.60%	5.14%
1980	12.54%	5.97%	6.57%
1985	22.92%	8.97%	13.95%

续表

年份	外贸依存度	出口依存度	进口依存度
1990	29.78%	15.99%	13.79%
1991	33.17%	17.57%	15.60%
1992	33.87%	17.37%	16.50%
1993	31.90%	14.96%	16.94%
1994	42.29%	21.62%	20.67%
1995	38.65%	20.48%	18.17%
1996	33.91%	17.67%	16.24%
1997	34.15%	19.20%	14.95%
1998	31.81%	18.04%	13.77%
1999	33.34%	18.02%	15.32%
2000	39.59%	20.80%	18.79%
2001	38.47%	20.09%	18.38%
2002	42.69%	22.39%	20.30%
2003	51.90%	26.72%	25.18%
2004	59.75%	30.71%	29.04%
2005	63.81%	34.19%	29.62%
2006	66.52%	36.61%	29.91%
2007	66.82%	37.45%	29.37%
2008	58.23%	32.47%	25.76%
2009	44.92%	24.46%	20.46%
2010	45.55%	21.69%	26.86%
2011	48.32%	25.19%	23.13%
2012	45.18%	23.94%	21.24%
2013	43.37%	23.04%	20.33%
2014	41.03%	22.34%	18.69%
2015	35.63%	20.49%	15.14%
2016	32.74%	18.62%	14.12%

资料来源：根据历年《中国统计年鉴》相关数据计算。

从图 2.5 来看，2007 年我国的外贸依存度达到了最高值，虽然 2008 年略有下降，但总体来讲，我国外贸依存度较高。但这只是表面现象，实际上我国的外资依存度存在一定程度的夸大成分。主要因为：

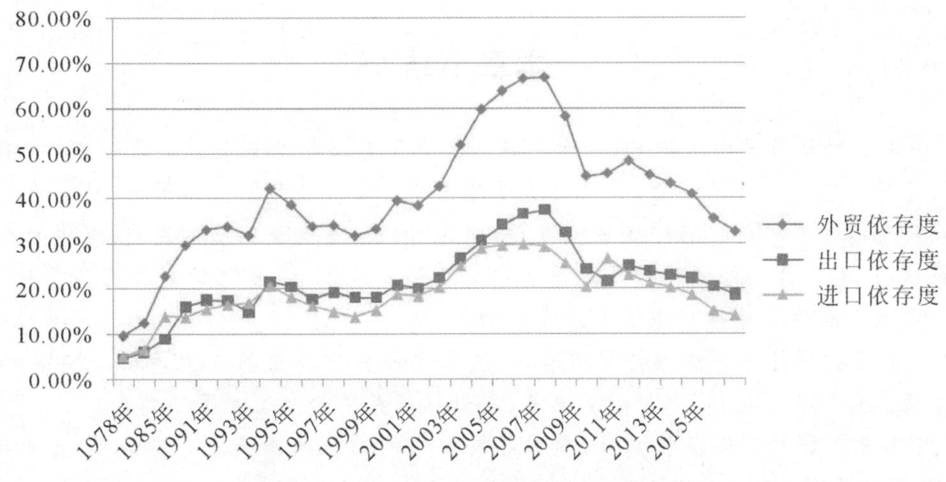

图 2.5　1978—2016 年中国的外贸依存度

1.人民币汇率因素

因为 1978—2010 年间，我国 GDP 平均增长在 9%左右，进出口总额增长显著高于 GDP 增长，按当年汇率计算，我国贸易依存度在此期间提高了 48.5 个百分点，平均每年提高 1.62 个百分点。而此期间汇率却由 1978 年的 1 美元兑 1.72 元人民币调整为 2008 年的 1 美元兑 6.8346 元人民币。如果按 1978 年的汇率计算，我国 2008 年的外贸依存度仅有 12.43%，比 1980 年的 12.54%还要低。可以说，汇率下降是刺激中国外贸快速增长的重要原因之一，同时也是导致外贸依存度提高的直接因素。如果将这一时期随着中国利用外资规模的扩大等因素考虑在内，则中国外贸依存度实际的变化并不大的。

2.加工贸易因素

研究我国的外贸依存度不能忽略加工贸易这个因素，加工贸易的快速发展对我国外贸依存度具有重要的影响。加工贸易已经成为我国第一大贸易方式。尽管近年加工贸易的国内采购率和增值率有所上升，但与国内经济运行的联系不很密切。因此，运用包含加工贸易在内的外贸依存度指标，会在相当程度上夸大我国经济对国际市场的依赖程度。

3.GDP 的构成

对一国的外贸依存度进行国际比较还要考虑各国 GDP 构成的差异。一般而言，第三产业的可贸易程度较低，因此，GDP 中第三产业的比重越高，外贸依存度可能越低。反之，GDP 中第三产业的比重越低，外贸依存度可能越高。各国 GDP 结构差异明显，例如，美国第三产业占 GDP 的比重高达 80%左右，日本为 70%左右，而我国第三产业占 GDP 的比重仅为 33%左右。如果不考虑各国 GDP 构成的差异，直接比较各国的外贸依存度，就会影响结论的正确性。

较合理的国际比较，是用货物贸易额占物质生产 GDP(即第一产业和第二产业的增加值)的比重来衡量各国贸易的开放程度。2007 年，中国的这一比值为 117.1%，低于世界上主要的大国经济，如德国为 159.75%，法国为154.54%，仅比日本(50.82%)和美国(72.58%)略高。即使同发展中国家相比，我国的这一比值也不算高，同为发展中大国，印度尼西亚、韩国、墨西哥分别为 123.72%、172.31%、185.72%。

本章小结

1.中国的对外贸易源远流长，在古代就已经有了奢侈品的贸易。近代以来，中国对外贸易的开展既有自主性的一面，又有被迫受冲击的一面。关税自主是近代，特别是民国以来争取获得的主要权益。新中国成立以后，中国对外贸易有了明显的发展，但也受到多方面的封锁，产生了拾遗补阙的对外贸易模式。改革开放以后，我国的对外贸易迅速发展，出现了史无前例的贸易推动中国经济发展的局面。

2.中国货物贸易每年都保持高速增长，已确立世界货物贸易大国地位。2008 年货物贸易总额达到 25616 亿美元，居世界第三，在世界贸易中扮演着重要的角色。

3.中国服务贸易获得蓬勃发展，在世界贸易中的地位不断上升。2008 年上升到第 5 位，占世界服务贸易的 4.23%。

4.随着新科技革命的蓬勃发展和世界经济全球化的深入，技术贸易迅速发展，成为国际贸易的重要组成部分。

5.我国的贸易方式的显著特点是加工贸易在对外贸易中占有很大的比重，且这一比重不断上升。与加工贸易相对应，一般贸易的比重不断下降，由原来的绝对主导地位变为低于加工贸易地位。

6.改革开放以来，中国的经济和贸易都得到了迅速的发展，对外贸易在国民经济发展中的作用越来越重要，二者形成了相互促进、相辅相成的关系。

7.我国的外贸依存度在 2007 年达到了峰值 67%，虽然 2008 年略有下降，但总体来讲，我国的外贸依存度较高。但这只是表面现象，实际上我国的依存度存在一定程度的夸大成分。

重要概念和术语

货物贸易　服务贸易　单边贸易　双边贸易　区域贸易　加工贸易　一般贸易　汇率双轨制　进出口经营权　国营专业外贸公司　进出口商品结构　“走出去”战略　过境交付　境外消费　商业存在　自然人流动　GATS　GATT　技术贸易　许可证贸易　特许专营　顾问咨询　“交钥匙”项目　进料加工　来料加工　装配业务　协作生产　外贸依存度　出口依存度　进口依存度

中国版马歇尔计划行之不易

随着亚太经合组织峰会（APEC）在北京召开，加上亚洲基础设施投资银行（AIIB）设立相关协议的签署，中国出资 400 亿美元设立丝路基金，“中国版马歇尔计划”的概念在网络上被热炒，不少研究机构对这一概念进行了详细解读。这一概念的最早出现，是对中国国家税务总局原副局长许善达提出的“共同发展计划”的解读。理想中的“中国版马歇尔计划”能够通过增加对外投资基础设施建设等手段，同时达到增加对外投资、化解过剩产能和加快人民币国际化的三重目标。

之所以舆论对“中国版马歇尔计划”再次关注，很大程度上是因为“一带一路”倡议的提出，和以 AIIB 及丝路基金为代表的具体实践正式展开。因此，无论是“中国版马歇尔计划”还是“一带一路”倡议，实质上都体现着在国内外形势同时进入新常态的背景下，中国政府对以往“走出去”战略开始进行全面深刻的调整。

马歇尔计划，真实名称为欧洲复兴计划。第二次世界大战之后，欧洲满目疮痍，基础设施受到严重破坏，生产能力大幅下滑。美国出于对当前国际形势和自身战略的综合考虑，开展了一项总规模达 130 亿美元，为期 4 个财政年度，旨在帮助欧洲经济复兴的贷款援助。由于这些贷款援助中的大部分资金都用于采购美国生产的产品，美国因战时而增加的产能得到了有效利用，美国经济发展也一改战后初期出现的颓势，回到增长的轨道之上。而正是这一点，成为那些希望通过“中国版马歇尔计划”化解中国过剩产能的人眼中的“历史经验”。不仅如此，马歇尔计划的实施还奠定了美国在欧洲的政治影响，这一点更成为“中国版马歇尔计划”拥护者手中的王牌。

复兴的背后是援助，而援助意味着计划双方的地位存在不平等。在马歇尔计划中，美国不仅占领了道德高地，而且还享有绝对优势的地位。

“中国版马歇尔计划”虽然只是一种坊间的说法，并未得到官方的认可，但这一概念背后的故事却值得我们反思。自改革开放至今，中国经济经历了 40 的高速发展，GDP 已跃居全球第二。然而，这一发展过程中也积累了不少历史问题，如资源消耗严重、收入分配不均和产能过剩等，而这些问题都在当下得到了集中体现。再加上 4 万亿的外汇储备早已成为烫手山芋，如何化解过剩储备，实现资本输出，是摆在中国经济面前的巨大考验。不仅如此，虽然中国经济实力已经不容小觑，但是中国在国际上的话语权依然与经济实力不相匹配，现有的国际体制中，留给中国的空间越来越小。此外，新兴经济体基础设施建设仍然比较落后，严重制约着当地的经济发展，而当今发达经济体又深陷复苏泥潭而只顾自保，这又仿佛是中国难得一遇的最佳战略时期。

在这样的背景下，我们认为，“中国版马歇尔计划”在坊间的流行，恰恰代表了一种对于经济结构调整和转型升级、提升当前中国国际地位的强烈渴望。而当这些问题在国内看不到合适的解决途径之时，舆论自然而然就会把目光和希望投向外边的世界。但是，中国的问题最终还是要靠自己解决，中国的地位还是要靠实力说话。无论是产能过剩还是资源消耗，无论是人民币国际化还是争夺国际话语权，最终都取决于中国自身的努力和实力。中国要想实施真正意义上的“马歇尔计划”，恐怕还有很长的路要走。

思考与练习

1.封建社会时期中国对外贸易呈现哪些特点？

2.半殖民地半封建社会时期中国对外贸易呈现哪些特点？

3.简述新中国成立后的对外贸易发展历程。

4.简述当前国际服务贸易发展的特点。

5.简述当前国际技术贸易发展的特点。

6.简述中国技术贸易的主要政策。

7.什么是贸易方式？什么是一般贸易和加工贸易？

8.简述我国对外贸易方式的特点。

9.为什么说中国的经济增长与对外贸易发展二者相互促进、相辅相成？

10.什么是外贸依存度？结合实际，你认为中国外贸依存度是偏高还是偏低？

第三章　中国对外贸易的发展战略与政策体系

学习要求

通过本章的学习，要求了解对外贸易发展战略问题的提出、思想源泉以及中国改革开放前后对外贸易发展战略的演变历史；熟悉对外贸易战略的基本概念，掌握对外贸易战略的基本特征、内向型战略与外向型战略的根本内涵与基本特征、中国对外贸易中的政策选择策略；熟悉不同类型贸易发展战略的政策选择以及东亚与拉美国家不同的对外贸易发展战略的选择与经济上表现的差异。

第一节　对外贸易发展战略及其思想源泉

一、对外贸易发展战略问题的由来

对外贸易发展战略问题的研究由来已久，从 14 至 15 世纪重商主义经济学家开始，一些西方经济学家就开始探讨一个国家应该如何选择对外贸易的发展战略，以及应该如何参与世界经济，如何选择本国在世界分工体系中的分工地位。此后，古典经济学派的亚当·斯密、大卫·李嘉图，以及保护主义的先驱汉密尔顿、李斯特都分别针对本国的经济实力、工业发展水平，以及本国在世界经济体系中的分工地位提出了自己的对外贸易发展战略理论。

二战以后，伴随着一大批发展中国家通过民族运动赢得民族独立，发展中国家的发展问题，国际贸易在发展中国家的经济发展中的作用，以及发展中国家的对外贸易发展战略的选择，就成为战后贸易理论发展的核心问题。一些发展中国家的经济学者，特别是处于经济发展的关键时期的东亚与拉美地区的经济学家，针对这一问题展开了深入的研究，并取得了丰硕的成果。

由于对外贸易发展战略理论的差异，在普雷维什的“中心—外围理论”的指导下，拉美国家普遍选择了内向型的进口替代战略，而与此同时，在赤松要、小岛清等日本学者的指导下，东亚国家则普遍选择了外向型的出口导向战略。对外贸易发展战略的差异，也直接解释了战后东亚与拉美在经济发展方面所表现出来的差异。

随着20世纪八九十年代，选择进口替代战略的拉美国家相继陷入严重的债务危机与经济危机之中，贸易战略的选择对于发展中国家经济发展的影响问题也引起了越来越多的经济学家的重视，对外贸易发展战略选择问题也成为20世纪末期，国际经济学领域、发展经济学领域、产业经济学领域，乃至管制经济学领域的基本问题。

1987年世界银行选择把对外贸易发展战略问题作为当年度的《世界发展报告》的主题，也标志着对这一问题的研究的最终成熟。1987年的《世界发展报告》也为现代对外贸易发展战略的研究确定了基本的框架和重要的研究思路，也成为对这一问题研究过程中的里程碑式的成果。

在改革开放以前，我国长期只是把对外贸易作为互通有无的一种调节手段，在很大程度上选择的是内向型的进口替代战略，在"独立自主，自力更生"的口号下选择对对外贸易实施严密的保护，严格管制商品的进出口贸易。对外贸易的战略选择问题自然无法得到足够的重视。

改革开放正式推行以后，随着我国更深地融入国际市场，特别是加入WTO后，对外开放已经取代传统的闭关锁国政策成为我国当前对外贸易发展战略的主导思想，我国也从内向型的进口替代战略走向了外向型的出口导向战略，如何选择合理的战略策略促进我国的对外贸易发展，推动我国经济的整体提升已经成为现代中国对外贸易所面临的最为重要的任务，对外贸易发展战略问题也成为我国现代国际贸易理论的重要问题。

二、对外贸易发展战略的概念

对外贸易发展战略在其最初产生的时候，往往仅仅表现为一个国家的贸易政策，表现为一个国家在世界经济中，选择是否参与世界分工，应该何等程度地参与世界分工与发展国际贸易，并运用什么样的贸易政策手段来实现其整体的经济发展的目标。

在现代经济中，对外贸易的发展战略已经成为各国整体的国民经济发展战略的重要组成部分，它是一个国家或地区经济发展整体战略在对外贸易方面的内容，也是在一定时期之内，根据经济发展战略的整体规划的目标和总体要求，针对该国家或地区对外贸易方面所作出的整体规划和中长期发展战略，以及为实现这些战略目标所应该采取的政策手段。

在通常情况下，对外贸易战略往往表现出以下特征：

（一）往往表现为一个国家或地区的整体经济发展战略的核心内容

对于任何一种对外贸易发展战略来说，它都不可能是脱离经济发展的总体规划与整体目标而独立存在的，它往往表现为这个国家整体的经济发展战略在国际经济合作方面的具体体现。对于每一个国家来说，经济发展战略在对内，往往表现为经济发展模式、产业结构、宏观经济调节机制、政府职能、区域经济协调等多方面内容，而对外方面，则主要表现为该国的对外贸易发展战略。对外贸易发展战略直接决定了这个国家或地区会选择什么样的态度来面对世界市场与全球分工体系，更决定了这个国家或地区将采取什么样的贸易政策来影响它的进出口贸易，它将主要依靠哪一个市场来推动本国、本地区的经济发展，这一切又反过来影响了它的经济发展战略的整体规划和经济发展的总体发展水平，因此它也成为一个国家或地区的经济发展战略的最为核心的组成部分。

(二)已经成为各国参与世界经济的指导思想

在战后经济全球化持续发展的格局下，经济全球化与贸易自由化已经成为国际贸易与世界经济合作领域的主题。没有一个国家能够在脱离全球分工体系与世界市场的环境中，独立发展。WTO在现代经济中作用的持续加强，更使得世界各国必须在WTO所确定的自由贸易格局下，充分发挥世界市场与自由贸易的作用。而这一切，更必须依赖于这个国家的总体的对外贸易发展战略的确定与实施。科学的对外贸易发展战略，将可以保证一个国家最为合理地参与世界经济合作，充分发挥全球分工体系对于本国经济发展的作用，持续改善本国在全球价值链中的地位，更为有效地推动本国的经济发展。

(三)须关注在一个长期的发展阶段中，打造该国家或地区的长期的竞争优势

在早期的国际贸易理论中，经济学家往往从一个静态的视角，更多地从当前的经济发展的现实出发，选择该国应该采取什么样的策略来应对国际竞争，并以此来决定该国应该选择什么样的对外贸易战略，以此来发展本国的对外经济关系。然而，在现代的经济格局中，动态的竞争优势理论已经取代了传统的资源禀赋理论，世界各国更多地选择在一个长期的发展规划中，如何决定本国未来的发展重点，在全球的视角中，通过一些对外贸易政策与产业支持政策，来培育本国的国际竞争力，以提升本国在全球价值链中的地位，推动本国经济长期稳定的发展。

(四)对于任何一种对外贸易发展战略来说，以什么态度来面对世界市场与国际分工，以什么样的政策来应对进出口贸易，始终是它们的核心内容

对外贸易发展战略固然反映了一个国家在世界经济中的整体的发展规划与政策选择，但是从其产生之日起，自由贸易与保护贸易就一直是不同的对外贸易发展战略的根本区别。对于不同国家来说，到底是采取内向型的保护贸易来限制外国进口商品的流入，用以扶持本国的幼稚产业发展，还是选择外向型的、相对自由的贸易政策，来积极参与全球竞争，积极利用国内、国际两种资源，开发国内、国际两个市场，推动本国进出口贸易的顺利发展，也成为它们选择不同的对外贸易发展战略的核心内容。

从现代国际贸易理论的发展来看，对外贸易的战略选择问题往往成为区分不同理论体系的重要标志，对于任何一种国际贸易理论，都不可能忽视对外贸易战略问题，对外贸易的发展战略问题已经成为现代国际贸易理论的重要研究领域，同时也成为当今世界各国发展对外贸易，推动经济全球化发展的重要指导思想。

三、对外贸易发展战略的思想源泉

在对外贸易发展战略的选择中，自由贸易与保护贸易始终是两个针锋相对的思想派别。在早期的国际贸易理论与产业经济理论关于选择自由贸易还是保护贸易的争端中，我们可以看到早期的世界各国对于对外贸易发展战略的选择问题的思考。

(一)重商主义思想

在14—15世纪，随着现代资本主义经济在西方的兴起，商品交易日益频繁，这才导致了社会对于金银货币的需求日益旺盛，流通中货币数量的不足，甚至成为限制很多国家资本主义商品经济发展的重要因素。在这种情况下，在金银矿藏资源并不丰裕的西欧国家，出现了以保护贸易为根本思想的重商主义思想。

在重商主义经济学家看来，要想增加一个国家的财富总量，除了加强金银矿藏的开采以外，还必须赢得贸易顺差。由于西欧的重金属矿藏并不丰裕，因此，通过政府推行强有力的贸易保护政策就成为获得金银财富的重要途径。对于国内贸易来说，只会导致商品在一个国家内部的流通，从而导致金银货币在同一国家不同国民之间的重新分配，却不会导致金银总量，也就是社会财富总量的增加。因此，如果要想增加一个国家的金银总量，就必须鼓励出口，限制进口，获得贸易顺差，从而保证金银的净流入。只有流通领域特别是国际贸易领域，才可能增加一个国家的货币量，国际贸易也就成为当时西欧国家致富，或者说完成资本主义原始积累的源泉。

在政策选择方面，重商主义极为看重国家的作用，强调中央集权国家对于经济的干预是国家致富的重要保证。因此他们采取了一系列保护商业、工业，鼓励倾向输入和产品出口，限制货币输出与商品进口的政策选择，发展本国的制造业与航海业，加强对殖民地的掠夺，从而为当时西欧资本主义经济的兴起奠定了坚实的基础。

一些著名的重商主义经济学家，如英国的海尔斯、马林斯、托马斯·孟，法国的博丹、孟克列钦，以及意大利的塞拉，他们都各自倡导了如何通过加强政府对经济的干预，推行对贸易的保护，以促进本国货币财富增加的思想。而法国的柯尔贝尔更是重商主义政策的实践者，在他主持法国政局的时期，他推行了一系列鼓励发展工业、推行关税保护、加强殖民扩张等重商主义思想。

（二）古典经济思想

正是由于重商主义主张的政府干预思想，强化了封建政权对于新兴的资本主义经济的束缚，而贸易保护主义思想则限制了资本主义工业市场的扩大，因此随着西欧资本主义经济的逐步发展，它们必然需要一个新的经济思想来扫除重商主义思想对它们的束缚，寻求一个新的指导思想。1776 年，《国富论》的出版标志着亚当·斯密建立了以自由放任与自由贸易为基础的古典经济思想体系。后经大卫·李嘉图、詹姆斯·穆勒、马歇尔等经济学家的不断发展，古典经济思想在西方经济发展史中长期处于绝对的领导地位，它所倡导的自由放任与自由贸易的经济思想也主导了此后一百多年的西方资本主义经济的发展。

作为现代西方经济学的创始人，亚当·斯密从他的劳动价值论出发，指出不同国家之间进行商品生产的成本，是由生产这些商品所耗费的劳动量来衡量的，不同国家在生产同一商品方面的生产成本的差异也就表现为他们的劳动生产力水平的差异，以此就决定了不同国家在不同产品的生产中拥有的绝对优势。如果某一个国家在生产某种商品中的生产成本的绝对的量比别的国家低，他们就在这些商品的生产中拥有了绝对优势，那么他们就应该生产并出口这些商品，并用来交换那些本国不具有绝对优势的商品。如果每一个国家都能够按照绝对成本优势的原理来发展国际分工、推动自由贸易的话，那么就可以提高每一个国家的劳动生产率，推动各国的经济更快地发展。

斯密的绝对成本理论赢得了当时英法等主要发达国家的认同，并成为这些国家的对外贸易发展战略的根本指导思想，这也推动了自由竞争阶段的资本主义经济的发展，也成为现代自由贸易理论的基本源泉。但是值得注意的是，斯密把决定国与国之间分工的基础的因素，确定为不同国家在生产同一商品时的绝对的生产成本，这样固然可以解释两个经济发展水平相近的国家之间的分工，比如当时处于全球经济领导地位的英国与法国之间的贸易，但是他没有办法解释两个经济发展水平差距非常大的国家，比如英国与非洲的一些极度贫困的落后国家之间的国际分工。也许英国在所有产业上都存在生产成本上的优势，而那些落后国家可能在生产任何产品的过程中都不具有绝对成本优势，那么在斯密的理论体系中，非洲国家由于不拥有绝对成本优势，他们根本没有办法通过出口来获得外汇，用于购买英国商品，那么国与国之间的国际贸易就无法展开了。

（三）现代产业理论思想

令很多落后国家警惕的是，如果信赖这一思想，当时一些沦为英法等国殖民地或半殖民地的落后国家，将只能长期充当英法等国的原料产地和工业品销售市场，从而没有机会发展现代工业，而只能永久地落后下去。在这样的背景下，在刚刚赢得独立的美国，一种倡导保护贸易的现代产业理论得以兴起。

1789 年，当时担任美国第一任财政部长的汉密尔顿向国会连续提交了四篇报告，其中在第四篇《关于制造业的报告》中，汉密尔顿抨击了绝对成本优势这一流行的经济思想，指出了制造业在美国经济，以及在现代经济体系中的重要地位。他驳斥了当时的很多学者所提出的只有农业才是生产性行业的提法，认为制造业也同样可以增加社会的就业，从而促进社会财富的增加，而且制造业的发展还可以为农业的发展创造出更为巨大的需求，因此如果要发展农业，首先就必须促进制造业的发展。

当时的美国制造业发展面临着人手缺乏、劳动力昂贵和资金短缺等困难，如果美国政府不对这些新兴的制造业产业提供支持的话，国外竞争和“习惯势力”将会使美国无法建立起本来可以很快具有国际竞争力的制造业产业。针对这一现状，汉密尔顿提出了包括保护关税、出口限制、对于目标产业的直接的政府补贴、对于制造业投入的税收减免、提供公共设施等十一个基本政策原则，而这也为以后的产业政策的发展设计出主要的政策框架。汉密尔顿把这些产业政策手段所实施的主要的目标产业确定在铁、铜、煤炭、小麦、棉花、火药和书籍等当时美国的主要的制造业产业，并进行了有效的推行。

正是在汉密尔顿的幼稚产业保护理论的指导下，美国实现了经济的飞速发展，逐渐建立起相对完整的产业结构，并最终实现了对英法等发达国家的赶超，汉密尔顿也成为现代保护贸易理论的奠基人。

单从对外贸易的战略选择方面来看，亚当·斯密的绝对成本理论是自由贸易理论，或者一些外向型对外贸易战略的思想源泉。而大卫·李嘉图则通过引入比较优势的概念，通过在国与国之间在生产不同产品中的相对的成本优势，根据两利相权取其重、两弊相权取其轻的基本原则，展开国际分工，提高各国的劳动生产率，实现资源的有效配置，推动世界经济的发展。赫克歇尔和俄林则利用国与国之间生产要素的资源禀赋的丰裕程度的差异来解释这些国家的生产成本的差异，从而从资源配置的角度提示了国际分工的基础，诠释了现代全球分工体系的形成机制。克鲁格曼则运用产业组织理论对产业内分工和贸易问题进行了深入的分析，建立了在规模经济和产品差异性的基础上的垄断竞争国际分工与贸易的理论模型，创建了新贸易理论。然而这些经济学家，大多仍然是沿着斯密的自由贸易理论的道路开展研究的，他们所研究的往往是在更为复杂的理论模型和市场环境中，如何推动自由贸易的发展，加强国与国之间的国际分工的推行，把国际贸易发展成为各个国家经济发展的重要驱动力，在这些国际贸易理论的推动下，也就形成了当代世界中的外向型经济发展战略或者外向型对外贸易发展战略的选择。

与斯密对比，汉密尔顿则成为现代保护贸易理论的创始人，他所提出的幼稚产业保护理论，也成为很多发展中国家发展对外经济的指导思想。在他之后，亨利·凯里继承和发展了汉密尔顿的幼稚产业理论，并将美国的保护贸易理论体系归纳为"美国体系"。李斯特揭示了自由贸易主义者其实完全是出于维持本国、本民族的利益，却以"世界性学说"的假象所出现。英国最早正是通过保护性政策获得了早期的发展，而现在他们又通过推行自由贸易，阻止其他国家再推行产业政策，沿着自己的发展道路，对自己实现赶超，并提出一个经济落后国家应该采取什么样的贸易保护政策，以推动本国的幼稚产业的发展，实现本国的工业化，最终提升本国在世界分工体系中的竞争力水平的具体措施。战后普雷维什则通过提出"中心—外围理论"主张发展中国家应该选择内向型的对外贸易战略，采取严密的保护贸易措施，割断与发达国家之间的经济联系，以此来推动本国的经济发展，这一思想也主导了战后很多发展中国家的对外贸易战略选择。

从总体来看，内向型和外向型的对外贸易发展战略的选择，或者自由贸易与保护贸易的选择，往往是国际贸易理论领域内，不同学派的经济学家争论的焦点问题，而这些国际贸易理论却最终决定了现代社会中，不同国家所选择的对外贸易战略，以及不同国家经济发展的实际状况。斯密和汉密尔顿这个同一时代的经济学家，却因彼此对立的对外贸易战略思想而成为现代贸易理论与现代产业经济理论的鼻祖，可以说，在现代社会中，没有一个国家的对外贸易发展战略会不受到这两位伟大的经济学家的思想的影响。

第二节　对外贸易战略的类型与政策选择

一、对外贸易战略的主要类型

（一）外向型战略和内向型战略

目前对于对外贸易战略的分类的划分标准很多，不同学者往往针对不同的标准，将对外贸易战略划分为不同的类型。其中，最为常见，也最为权威的划分则来自于世界银行。在1987年的《世界发展报告》中，世界银行根据国内市场和国际市场的轻重选择的不同，把对外贸易战略划分为：外向型战略和内向型战略，即出口导向战略和进口替代战略。

世界银行认为："外向型战略的贸易和工业政策不歧视内销的生产或供出口的生产，也不歧视购买本国商品或外国商品。由于它有利于国际贸易，这种没有歧视性的战略往往（有些不适当地）被看作是促进出口的战略。与之相适应，内向型战略对工业和贸易的奖励制度有偏向，重视内销的生产，轻视供出口的生产。这种做法即是大家所熟知的进口替代战略。"[①]

为了区分内向型贸易战略和外向型贸易战略，世界银行还提出以有效保护率，对诸如限额和进口许可证等直接控制手段的依赖性，对出口贸易奖励的方法和汇率定准值高估

---

① 世界银行.1987年世界发展报告[M].中国财政经济出版社，1987年版，第80页。

的程度等四种划分指标。根据以上四个指标,世界银行还进一步把内向型贸易战略和外向型贸易战略细分为:坚定的外向型战略、一般的外向型战略、一般的内向型战略和坚定的内向型战略。

世界银行对于贸易战略的划分是目前国际贸易学界对于贸易战略的最为权威的界定,这种划分标准反映了不同国家对对外贸易的重视程度,不同国家对国外市场的开放程度,以及政府的政策手段对对外贸易发展的干预程度等重要内容,科学反映了不同类型的贸易战略对对外贸易的影响作用。也有很多学者在其基础之上,进行了一些细微的调整,如克鲁格曼就把对外贸易发展战略划分为出口促进战略、进口替代战略和温和的进口替代战略。

(二)追求静态利益的贸易战略、追求动态利益的贸易战略和排斥贸易利益的贸易战略

国内也有些学者根据对外贸易战略的战略目标的不同,把对外贸易战略划分为:追求静态利益的贸易战略、追求动态利益的贸易战略和排斥贸易利益的贸易战略[①]。追求静态利益的贸易战略往往是局限于现有资源和技术结构不变的条件下,通过发展对外贸易来增加一个国家的经济福利。这种贸易战略往往只着眼于眼前的静态贸易利益,而忽视了长远的经济增长与技术进步,比如说很多发展中国家所推行的"初级产品出口型贸易战略"就是典型的静态贸易战略,固然能在短期内通过对外贸易的发展带动起本国经济的发展,但是并不利于它们自身的长远的发展。

与静态贸易战略相反,追求动态利益的贸易战略则着眼于追求贸易在促进长期经济增长、产业演进、技术进步和制度创新等方面的动态利益。比如一些发展中国家所采取的出口替代型贸易战略和出口导向型贸易战略,就是这种贸易战略的代表,他们往往不会局限于短期的贸易利益,而是在长远的产业演进的基础上,通过发掘与培育本国的比较优势产业,通过发展本国具有比较优势或潜在的比较优势的制造业来代替传统的初级产品的出口,以此来推动本国产业结构的升级和经济的长期发展。

排斥贸易利益的贸易战略则类似于世界银行分类中的内向型贸易战略,它们更多地着眼于本国市场的发掘和利用,拒绝对外国开放本国市场,忽视对外贸易的发展,从而拒绝贸易给本国所带来的动态利益和静态利益,实行相对封闭的内向型战略。战后很多发展中国家所选择的保护性色彩更重的进口替代战略就是属于这一类型。

在本节中,我们将在世界银行的分类基础上,结合战后发展中国家的实践,分别阐述内向型贸易战略与外向型贸易战略的具体的内涵,以及在这些战略指导下的政府政策手段的选择,来了解一下不同贸易战略对于经济发展的影响作用。

二、外向型贸易战略与政策选择

贸易战略是一个国家经济发展战略的核心部分,它往往决定了这个国家的总体的政策选择的方向,与之相对,每一个国家通常也会利用一整套完整的贸易政策体系来体现它们的贸易战略,实现它们的战略目标。对于不同类型的贸易战略来说,他们所常用的贸易政策手段往往也具有较大的区别。

---

① 刘力.贸易的动态利益与发展中大国的贸易战略[J].国际贸易问题,1997 年第 6 期。

对于外向型贸易战略来说，它们往往着眼于通过发展工业制造业，扩大工业制成品的出口，积极参与国际分工，扩大进出口贸易，从而实现本国的工业化，以此实现本国的经济发展。因此在这样的战略指导下的国家所选择的政策手段往往更多地立足于扩大本国工业产品的出口，鼓励本国工业产业的发展，维护相对自由的国际贸易秩序。具体而言，它们通常所采取的政策手段有：

（一）经济补贴与资金支持

对于很多推行外向型贸易战略的发展中国家来说，由于本国工业基础薄弱，本国的工业水平并不足以支持本国工业制成品的大量出口，与其他竞争对手相比，本国企业的国际竞争力并不突出。如果要想实现外向型的贸易战略，迅速抢占国际市场，就必须依靠政府对本国的出口企业提供足够的政策支持。比如说为出口企业提供生产补贴或出口补贴，为它们扩大再生产提供融资渠道与政策性贷款，为购买本国商品的外国企业提供出口信贷，以此来支持本国出口企业的扩大再生产，降低本国企业的生产成本，提升本国出口企业的国际竞争力。

（二）税收支持

对于一些推行外向型贸易战略的发展中国家来说，除了直接的经济补贴和资金支持外，通过税收减免、关税返还等财政政策，减轻本国的出口企业的税收负担，以此来降低本国出口商品的生产成本，提升本国出口商品的国际竞争力也是一个极为常见的政策选择。

（三）行政管制

在很多推行外向型战略的发展中国家，政府除了会积极运用一些市场化的手段，鼓励本国企业的自由竞争之外，它们往往还会选择很多直接的行政管制手段来支持本国的企业。较为常见的有政府为企业提供土地、道路等基础设施；由政府有针对性地对相关出口产业提供教育与培训服务，提升该行业整体的人才素质；控制工资成本与原材料价格，以此避免生产成本的迅速上升；简化出口程序，开展双边或多边的贸易协商与贸易谈判，为出口企业扩大出口行为提供各种必要的政府服务。

（四）汇率管制

对于很多推行外向型贸易战略的国家，特别是一些经济发展程度不高的发展中小国来说，他们往往不会选择相对自由的浮动汇率制度，而会选择由政府对于本国货币的汇率水平实施较大的管制的盯住汇率制，它们往往会把本国货币的实际汇率水平定在低于其合理的汇率水平之下，这样就可以利用汇率低估，凭借出口产品的价格优势，扩大本国企业的出口能力，改善本国的国际收支。

（五）推行强有力的具有选择性的产业政策

对于很多推行外向型贸易战略的发展中国家来说，因为它们的经济发展水平不高，不可能把有限的社会资源投放到社会需要的所有领域，因此它们只能根据本国宏观经济发展的需要，优先选择若干对于本国未来的经济发展，对于本国的扩大出口、增加就业等政策目标具有重要意义的产业，在很多情况下，这些产业的选择往往是遵循比较优势的原则所进行的。这些国家将会通过挑选赢家式的产业政策，在政策上向这些产业进行倾斜，扶持这些产业的发展，扩大本国的商品出口，并通过政府的战略性的产业政策引导，推动本国的比较优势的动态调整，推动本国的产业升级，提升本国在全球分工体系中的地位。

(六)相对自由的贸易体制

对于那些推行外向型贸易战略的国家来说,它们的经济发展就是依靠深入地推动国际分工、加强国际贸易来实现的,因此它们往往需要一个相对自由的国际市场环境。如果它们出于追求自身私利的目的,对于本国市场实行强有力的保护的话,那么在强烈的报复心驱使下,它的贸易伙伴国往往也会针对该国的商品出口设置一些贸易保护的措施,从而影响它的出口产品市场的开拓。此外,外向型的贸易战略往往需要一个国家深入地按照比较优势的原则进行国际分工,它们在大量出口本国具有比较优势的产品的同时,也必须大量地进口本国不具有比较优势的产品,如果缺乏自由的贸易体制,这样的分工是很难实现的,那么所谓的外向型贸易战略也是根本没有办法得以推行了。

综上,我们可以看出,从本质上来讲,外向型贸易战略会建立一种相对自由的贸易体制,强调国与国之间的合理的国际分工与国际贸易,很多推行外向型贸易战略的国家,特别是一些发展中小国,往往不具有一个强大的国内市场,因此它们更为关注国际市场,强调通过发展本国具有比较优势的一些产品的出口,它们更多地选择一些战略性很强的产业政策来引导本国具有比较优势,或者具有潜在比较优势的产业的发展,并通过一些有利于扩大出口的信贷政策、财政政策、汇率政策来鼓励商品的出口,把出口转变为本国经济发展的驱动力。

三、内向型贸易战略与政策选择

与外向型贸易战略相对,内向型贸易战略则更多地关注于本国市场,强调通过发展本国工业,推行本国的工业化来替代进口。在传统的国际贸易格局下,根据静态的比较优势的原则,发展中国家往往会成为发达国家的原材料产地和工业品的销售市场,因此这些国家往往把参与国际贸易视为西方发达国家对于本国的剥削的加剧,把国际贸易和外国工业制成品的大量涌入视为阻止本国发展工业化的重要因素,因此它们反对与发达国家之间的自由贸易,强调通过强有力的保护措施来保护本国市场,推动本国的工业化发展。因此,执行内向型贸易战略的国家的政策选择更多地着眼于对于本国市场的保护和政府对于经济的直接干预。具体而言,这些政策主要包括:

(一)贸易保护

内向型贸易战略的国家往往会选择保护性更高的关税壁垒和非关税壁垒来保护本国市场,在具体的执行中,它们会针对外国的进口商品制定相对较高的关税税率,或者确定非常严格的数量限制,以控制外国商品的进口数量,减少外国进口商品对本国工业化的冲击,为本国工业企业的发展创造一个相对稳定的市场环境。

(二)工业化

选择内向型贸易战略的国家往往是考虑到本国的经济发展水平与发达国家之间的巨大差距,担心在不平等的国际分工体系中,沦为发达国家的原料产地和工业品销售市场,继续受到发达国家的经济剥削。推行工业化是缩小这些国家与发达国家之间在经济发展水平上的差异,改变它们在原有的国际分工体系中的不平等地位的重要途径。因此,这些国家往往会选择通过政府强有力的产业政策的引导,组建大型国营企业,引导资源更多地流向这些国营工业企业,并利用一些倾斜性的政策引导,通过国营工业经济的发展,来带动起整个国家的工业化。

(三)强调国内市场

推行内向型贸易战略的国家往往不具有一个强大的工业体系,因此它们的工业产品在国际市场中并不具有竞争优势,在这样的局势下,它们往往对于发展对外贸易持有一种消极的态度,而更多地把抢占国内市场视为实现本国工业化发展的根本途径。因此,在内向型贸易战略的早期往往是忽视出口,甚至是排斥出口的,而随着一些国家的经济发展,在一些国家逐渐实现工业化,进入到内向型贸易战略的后期时,它们固然会选择一些的商品出口,但是国内市场仍然是这些本国的工业企业所关注的重点,国际市场仅仅是国内市场的一个有益的补充而已。

(四)汇率高估

一方面,高估本国货币的汇率通常会提高本国商品在国际市场的价格水平,从而直接影响本国出口商品的国际竞争力,然而,对于推行内向型战略的国家来说,由于出口并不是它们经济发展的主要因素,在某些国家,出口甚至被视为生产资料的流出,而深受政府的限制。另一方面,在很多推行内向型战略的发展中国家,投资资金不足往往是限制它们工业化发展,乃至整体的经济发展的重要因素,由于自身技术水平的不足,它们往往需要大量地购买国外先进的技术设备,然而,由于不具有强大的出口创汇能力,这些国家往往很难获得足够的外汇用于购买国外资本品,因此,为了鼓励本国企业购买国外资本品,这些国家更加倾向于通过高估本国货币,来压低外国货币的汇率,以降低购买国外商品的价格水平,从而降低本国企业购买外国资本品的外汇压力,以此来鼓励本国企业大量购买国外资本品,推动本国工业的升级换代。

(五)针对工业产业的产业政策支持

在推行内向型贸易战略的国家中,为了实现工业化,这些国家的政府往往会选择一些特定的产业部门,将它们确定为本国经济发展的核心部门,并通过一系列的产业政策,从财政、信贷、贸易、就业、税收,以及具体的政府服务等多方面为其提供倾斜性的政策支持,从而消除这些部门发展过程中所面临的国际竞争的压力,为它们提供政策上的优待,从而鼓励这些产业的发展,以带动起整个国家的工业化。

综上,我们可以看出,从本质上而言,内向型贸易战略是一种保护性色彩很浓的战略选择,这一战略其实是拒绝贸易所带来的一些实际收益的,甚至是完全排斥国际贸易的,它们更多地追求在一种没有国际贸易的情况下的独立发展。推行内向型贸易战略的国家往往把国际贸易视为发达国家对发展中国家实施进一步剥削和压榨的手段,把国际贸易完全妖魔化,因此选择既排斥进口,又拒绝出口的孤立发展策略,这也就拒绝了国际贸易在现代经济中所带来的一切静态收益与动态收益,也就限制了国际贸易对于一个国家产业演进、技术革新、制度创新等方面所能够起到的重要作用。而且,在这种战略思想的指导下,政府往往会针对本国经济实施更为严密、更为直接的管制措施,市场机制的调节作用将会受到很大的限制,这往往也会影响本国经济的运行效率。因此,从历史的发展来看,推行内向型贸易战略的国家的整体表现是远逊于推行外向型贸易战略的国家的。

第三节　战后发展中国家的贸易战略选择

一、拉美模式与内向型贸易战略

拉美国家的初级产品出口战略最早可以追溯到殖民时代。早在16—17世纪，伴随着西欧资本主义原始积累的进行，以西班牙、葡萄牙、法国、英国为代表的西欧强国通过推行海上霸权，开始对外实行殖民扩张，而拉丁美洲也在这一时期沦为西班牙和葡萄牙的殖民地。由于西欧的资本主义原始积累需要大量的货币，而又恰好拥有丰富的西欧所稀缺的金矿和银矿，因此拉丁美洲就沦为西欧贵金属的主要来源地，同时又成为新兴的西欧资本主义制造业的重要市场。

随着斯密和李嘉图确定古典西方经济学的基本框架，他们所倡导的绝对成本优势与比较优势理论也就成为18—19世纪世界贸易发展的指导思想，而正是在这一思想的指导下，拉美的初级产品出口战略的合理性得到了广泛的接受，这一战略也真正意义上在拉美国家得到了普遍的应用。尽管在这一时期，拉美国家相继赢得了民族独立，然而，政治上的独立并没有克服拉美经济上对于西欧的依附性，跟随政治独立而来的，并不是经济独立，而是新殖民主义。拉美国家仍然沿用着殖民时期的初级产品出口战略。现代工业在拉美国家一直没有得到政府的重视，在漫长的拉美国家的经济发展中，各国政府始终在古典经济思想的指导下，发挥本国的矿业优势，大力发展采掘业，以及一些依托其自身的自然环境的种植业等初级产品的生产，却没能把握机会通过培育本国的制造业，促进本国的工业体系的发展与完善。

在二战以后，受普雷维什的“中心—边缘”理论的影响，拉美国家相继选择了进口替代战略，开始尝试发展本国的工业。在进口替代战略下，拉美国家的一些重化工业，如钢铁、有色金属、机械、汽车、石化等资本密集型产业得到了各国政府的普遍关注，然而，即使如此，在这一时期拉美各国所支持的产业也大多与其自身的自然资源相关联，更为重要的是，即使发展了这些现代工业体系，拉美国家仍然没有重视对现有工业的升级换代，其产业发展水平仍然没有得到普遍的提升，在拉美的绝大多数国家，以资源的采掘与粗加工相关的资源开发型产业的生产与出口，仍然在它们的本国产业体系中占据核心地位，传统拉美初级产业出口模式下，以少数初级产品的加工与出口为核心的产业结构并没有得到根本性的改变。

即使到了20世纪七八十年代，在很多拉美国家，某些初级产品出口产业仍然是它们的关键产业，如委内瑞拉、墨西哥、哥伦比亚的石油产业，秘鲁的矿业，智利的铜业，赤道国家的咖啡业，加勒比地区的香蕉业，仍然是这些国家的支柱性产业。

对于拉美模式诟病最多的就是它所选择的进口替代战略所导致的对于本国市场的过度保护，从而导致本国企业由于竞争不足而缺乏动力，从而导致本国企业的生产效率持续维持在较低水平，企业创新动力不足，因此难以保护本国经济的持续发展。而与此同时，在推行保护之时，政府的挑选赢家的管制方式又诱使市场主体过于寻求向政府寻租，从而导致腐败的普遍滋生，反而降低了政府的政策对于经济的促进作用。

尽管拉美国家自独立以来，仍然沿用着殖民地时期的初级产品出口战略，然而，伴随着本国的城市化进程的推进，以及本国工业化的逐渐演进，20 世纪 30 年代开始，拉美国家相继转向进口替代工业化战略。在初级产品出口战略推行期间，拉美国家出口初级产品所换得的外汇收入主要用于购买国外非耐用消费品，通过购买外国的工业制成品来满足本国居民的消费需要，随着本国的工业化发展，本国逐渐出现可以替代进口工业制成品的幼稚工业企业，然而，由于发展水平与技术能力上的差距，本国的工业制成品的价格远高于进口品，其品质也低于进口产品，因此，为了推动本国的工业化进程，扶持本国的幼稚工业企业，拉美国家普遍针对本国能够生产的工业制成品的进口，设置较高的贸易壁垒，通过高关税与严格的进口配额来减少国外工业品的进口。与此同时，本国出口初级产品所获得的外汇主要用于购买国外先进设备等资本品，从而帮助本国的幼稚企业提升技术能力与发展水平，使它们在严密保护之下，在本国的市场之中得到生存与发展。

在推行进口替代战略的同时，为了加速工业化的进程，拉美国家普遍选择了重工轻农的战略选择，通过重新配置社会资源在本国的工农业间的分配，并压低农业原材料价格，以补偿工业发展的技术差距，这也导致了拉美国家的经济二元性日益突出，工业与农业、城市与农村之间的发展差距持续拉大，社会的贫富差距持续扩大，这也为 20 世纪 80 年代拉美经济陷入危机之后，社会秩序的混乱埋下了祸根。

在进口替代战略下，拉美国家的工业化只能依托于有限的国内市场得以发展，由于拉美国家的本国市场空间大多相对有限，而且在重工轻农的发展战略下，本国居民的收入水平也并没能伴随着经济的高速增长而相应得到快速提升，而此，到 20 世纪 50 年代，拉美国家相继出现由于本国市场不足，而限制了工业化的发展速度的困境。在这一时期，拉美国家相继进入了进口替代的第二阶段。它们对于进口工业消费品市场的保护措施，以减少对于本国的工业企业的市场竞争。同时，在传统的劳动密集型产业之外，它们通过积极引入外债，在本国发展资本密集型产业与技术密集型产业，开始生产一些原本必须依赖进口的资本财货与耐用消费品，同时尝试对于本国出口的初级产品进行深加工。

在 20 世纪 70 年代，一些拉美国家甚至通过行政命令的方式，硬性要求企业加大工业制成品的出口。只不过，这种鼓励出口的方式完全不同于传统意义上的出口导向战略，只是由政府规定企业只有实现一定数量的出口任务之后，才可以进口，或者运用行政命令来强制实现，远非企业自主性、外向性的战略选择。

拉美国家对于本国制造业实施了极为严密的保护。如 20 世纪 60 年代，阿根廷的保护性关税的税率为 47%，而与此同时，中国台湾只有 5%，韩国为 10%，其中对于制造业的保护关税，阿根廷为 97%，而台湾为 19%，韩国甚至为-1%。在政府的严密的保护下，拉美国家的工业企业并没有加大资本投资，改进机器设备，改善劳动力素质，提升劳动生产率的压力与动力，相反，东亚地区各国在 20 世纪 60—70 年代，却通过积极引进外国先进技术设备，加强对于国外创新成果的消化与吸引，不断提升本国企业的劳动生产率，从而在国际市场中提升本国工业企业的国际竞争力，因此，到了 20 世纪 70 年代，日本以及亚洲四小龙国家已经相继完成本国的工业化，在世界市场中确立本国的市场竞争力。与之相对，拉美国家的工业企业的生产率与资本效率，却并没有得到明显的提升，也正是从六七十年代开始，原本领先于东亚经济的拉美国家开始落到了东亚国家之后，两种模式的效果差异开始出现明显的分化。

作为发展中国家，拉美国家也会遇到资金短缺的瓶颈，这也迫使它必须鼓励引入外国资本，以解决本国经济发展资本短缺的困难。由于拉美地区的内部积累相当不足，本国居民的储蓄远远不能满足本国工业化过程中的资金需要，因此，拉美国家对于外国资本的依赖性要远远大于东亚国家。更为严重的是，拉美国家引入的外债主要是以举债的方式实现的，其中主要是短期外债。过多地借入短期外债这也导致到 80 年代中期，一些拉美国家到期债务甚至远超其 GDP 水平，它们根本没有能力偿还外债，从而出现债务危机，进而引起流入拉美国家的短期债务资本大量流出，从而形成债务危机，结果把拉美各国拉入经济衰退的泥潭。

值得注意的是，拉美国家所选择的进口替代型贸易战略其实就是世界银行所提出的内向型贸易战略，这种贸易战略往往更关注于本国市场的占有，强调通过国内生产和严密的贸易保护来减少外国商品的进口，以此来实现对进口商品的替代。而且对于这一模式下的国内企业来说，他们更关注于国内市场的开拓，往往忽视了通过积极参与国际竞争扩大商品的出口。在这一战略的指导下，政府往往会选择非常严密的保护措施，通过更高的关税、更为严格的数量限制和严格的政府管制来限制国外竞争，保护本国市场，削弱外国商品对于本国企业、本国市场的冲击，以此来为本国企业创造出一个更为温和的发展空间，从总体上来说，这样的政策是一种封闭的、保护性的贸易战略。

正是由于拉美模式中强调对于本国市场的保护，对于进口贸易的限制的进口替代战略的推行，反而阻碍了这些国家的制造业企业的国际竞争力的提升，到 20 世纪 80 年代初期，拉美模式中的问题逐渐暴露出来。20 世纪 80 年代以来，拉美国家相继陷入严重的经济危机与债务危机，国内经济形势日益恶化，整个 80 年代也成为拉美经济失去的十年。通货膨胀是拉美经济恶化的最早表现，在传统的拉美模式下，各国政府广泛运用各种宏观管理政策对本国经济实施强有力的管制，利用扩张性财政政策刺激经济的同时，给各国带来了巨大的、难以弥补的财政赤字。而同时，为了解决本国积累不足对于经济增长的制约，拉美国家过多地吸收外国资本的进入，其中绝大多数都是以外债的方式引入，从 20 世纪 70 年代中期开始，在短短五年之内，拉美国家的外债总额就从 762 亿美元，飙升至 3 083亿美元，外债总额相当于拉美国家的出口总额的 326%，到期应偿付的债息额占当年出口额的 41.1%，大大超过了拉美经济的实际承受能力。在这些政策的相继作用下，拉美国家相继陷入了通货膨胀的泥潭。巴西经历了长达 20 年的三位数的通货膨胀率，其中 1993 年的通货膨胀率达到 2 567%，而阿根廷的通货膨胀率在 1989 年更是达到过4 927%的惊人水平。

随着拉美通货膨胀率的提升，国内经济形势进一步恶化，这也造成了大量的国外资本外逃，进而极大地影响了拉美各国的经济增长水平，拉美各国经济相继出现大幅下滑，甚至出现严重的负增长。而由于拉美国家的外债负担过高，经济的衰退，导致拉美国家偿还外债的能力急剧下降，各国政府面临无力还债的尴尬局面，拉美国家政府甚至面临破产的危险。墨西哥、巴西、阿根廷等拉美传统经济强国先后陷入经济危机与债务危机，这也标志着传统的拉美经济发展模式的彻底失败。

二、东亚模式与外向型贸易战略

战后一度被视为西方发达国家的黄金时期,很多发达国家的经济增长率长期保持在3%~5%,一些经济学家甚至把这视为西方经济发展的奇迹,然而,在东亚地区,世人见识到了真正的经济增长的奇迹出现,在战后相当长一段时间内,很多亚洲国家的经济增长率保持在7%~8%。在1965年以后的30年间,亚洲的8个高增长国家和地区(中国香港、印度尼西亚、日本、马来西亚、新加坡、韩国、中国台湾、泰国)的年平均增长率为5.5%,是东亚其他国家和OECD国家的两倍,是拉丁美洲和南亚国家的3倍,是撒哈拉以南非洲国家的25倍。而著名的东亚四小龙,在1970年至1980年间的平均经济增长率更是达到了9.3%的惊人数字。而马来西亚、印度尼西亚和泰国这三个东盟国家的杰出代表,在1971—1980年间的经济增长率也达到8.6%,在1981—1990年间仍然保持了6.2%的经济增长速度。东亚的高速发展震惊了整个世界,也成为"东亚奇迹"的由来。

1993年9月,世界银行发布了题为"东亚的奇迹:经济增长和政府政策"的研究报告,第一次提出了"东亚模式"的概念。在这部报告中,世行专家系统地总结了东亚经济奇迹产生的原因:正确的经济发展战略和有效的国家干预,重视人力资源的开发,适应国际化的发展,较早地与国际经济接轨,自身的高储蓄率和积极利用外资,儒家文化为核心的东方价值观体系。其中最为主要,也最为引人瞩目的就是东亚地区所采取的出口导向型的贸易战略。

在这份重要的报告中指出采取出口导向型的经济发展战略,发展外向型经济也是东亚经济体创造经济增长奇迹的重要原因。在东亚地区,尽管很多国家也在战后初期选择了更为关注贸易保护的进口替代型发展战略,然而到了20世纪七八十年代,当它们的国内工业基础得以建立后,它们大多选择了从进口替代转向了出口导向,积极发展扩大出口与引进外资,并以其作为本国经济发展的重要驱动力,从而推动了这些国家与地区的经济的稳定发展。东亚模式,也就是东亚国家与地区促进经济高速发展的成功经验与发展模式由此被世界银行视为发展中国家实现经济健康、高速发展的模板,而向世界所有发展中国家推广。

值得注意的是,东亚国家在其发展早期,也曾经与拉美国家一样选择了进口替代发展战略,通过对外国进口商品设置较高的关税壁垒或配额等非关税壁垒来对本国幼稚的工业产业实施严密的保护。然而,早在20世纪70年代,当东亚国家基本建立起相对完整的工业体系以后,它们就陆续将进口替代发展战略转变为出口导向战略,通过鼓励本国工业企业大量出口,支持本国企业积极参与国际竞争,大力引入外国直接投资,引入并吸引国外先进的技术、设备、管理经验,通过发展出口来带动起本国的经济发展。

在战后早期,东亚国家与地区在赢得民族独立之后,也面临发展民族经济,建立完整的现代工业经济体系的艰巨任务。在战争期间,东亚国家在国际市场上主要出口农产品,大量进口工业品,工业生产水平极为低下,工业产品部门也仅仅局限于少数简单的轻工业部门。因此,为了扶持本国的幼稚工业的发展,东亚国家也采取了严密的贸易保护措施,严格限制非耐用消费品的进口,大力发展民族工业,并积极利用本国的出口创汇进口用于扶持工业发展的资本品,以替代非耐用消费品的进口。这一时期,东亚国家与地区所执行的也同样是更为偏重贸易保护的进口替代战略。

随着20世纪六七十年代，东亚各国陆续完成本国的工业化建设之后，他们逐渐将本国或地区的经济发展战略从进口替代战略转向出口导向战略，一方面通过积极改善本国或本地区的投资环境，吸引外商直接投资的进入，加强对于外国先进知识、技术设备、管理经验的学习与模仿，而另一方面，通过政府的优惠贷款、出口补贴等政策积极鼓励本国企业发展对外出口，积极利用外国资源与外国市场，来带动起本国的经济发展。

东亚模式最为突出的特点，也正是东亚模式与拉美模式的最大区别，就在于他的出口导向战略。对于东亚经济来说，在他们经济腾飞之初，面临的第一个难题就是经济重建资金不足的难题。因此从20世纪60年代开始，这些东亚国家和地区就开始把引进外资视为解决本国经济发展的资金不足的困境的主要办法。在六七十年代，东亚经济尚不发达之际，它们国内的工业基础设施相对落后，工业发展水平也远滞后于世界一般水平，劳动力素质也较为低下，因此，它们对于发达国家的跨国公司的直接投资的吸引力并不大，因此，在这一时期，它们引进外资更多地依靠向外国政府或金融机构进行直接的借债，并由政府主持将这些借入的外债资本引入重点发展的重化工业、基础工业等相关产业。如韩国仅在1960—1982年间，从西方发达国家所引入的政府借债与金融机构的商业贷款总额就高达373亿美元。

到了20世纪70年代以后，随着众多东亚国家先后完成工业化建设，在政府的支持之下，各国的投资环境不断优化，它们还通过建立自由贸易区、出口加工区，向前来投资的外国企业提供税收优惠等方式积极鼓励外国跨国公司前来直接投资，引进外国直接投资逐渐取代银行信贷，成为这些国家引入外资的主要形式。更为重要的是，在这些东亚国家之间，形成了一种产业转移所带来的直接投资的风潮。20世纪七八十年代，日本的对外直接投资有相当大一部分是流向东亚四小龙国家和地区，然后，随着亚洲四小龙工业化的完成，它们又开始将本国的一些边际产业向中国，以及东盟国家转移，从而大量的投资资本从这些国家，流到同区域内的其他相对落后国家，这也就形成了雁行模式中的梯级层次。通过国际贸易与国际直接投资的方式完成了东亚经济体内部的新的分工体系与产业结构重组，从而优化了资源在东亚经济体内的配置，进而推动整个东亚经济的腾飞。

东亚的外向型经济不仅表现在大量引入外国资本上，也直接表现在它们对于世界市场的关注，以及对于扩大出口的政策支持。得益于东亚地区相对廉价的劳动力成本，以及战后东亚政府根据自身在全球分工体系中的地位的准确判断，20世纪六七十年代，东亚各国政府就通过大量引入外国资本与外国直接投资，发展本国的工业体系，其重点扶持的产业部门除了对国民经济起到基础性作用的重化工业，很多都是大量使用其廉价劳动力资源的加工制造业。

对于众多东亚国家与地区来说，除了中国，他们往往都不拥有一个广阔的国内市场，这将对它们的工业发展产生重大的制约作用。然而，通过发展外向型经济，通过对出口企业提供金融支持、税收支持、经济补贴等方式，鼓励他们发展出口，这将缓解国内市场不足对于东亚经济发展的制约。

随着东亚经济的发展，经济发展较快的日本，以及亚洲四小龙国家与地区，也加快了自身的产业结构的升级，将一些更为关注劳动力成本的劳动密集型加工制造业，转移到邻近的其他国家与地区，这也极大地促进了东亚经济的内部协作，进而加强了东亚国家的贸易额。就目前而言，东亚国家内部的贸易量大致已经占到这些国家总的贸易额的60%左右，可以说东亚模式的一个成功的经验就在于同一区域内的多个国家与地区通过密切的国际贸易与国际直接投资，积极发展区域内国际分工，从而通过区域内的对外开放，促进一些原本较为落后的国家与地区，通过承接内部分工活动，扩大对外开放程度，从而推动了这些国家的经济发展。

对比拉美模式，我们会发现，东亚模式最为突出的特点正是在于它选择了更为开放的出口导向型的贸易战略，它们不再像拉美国家那样，仅仅关注于本国市场，由于本国市场的不足，他们会更为关注通过发展商品出口以占领国际市场，这些国家也不再仅仅满足于在进口替代战略下，利用本国生产替代进口商品的目标，他们更多地从传统的比较优势的原理出发，在世界范围内选择自己具有比较优势或者竞争优势的产业加以发展，积极参与全球分工体系。这些东亚国家所选择的贸易战略，其实就是世界银行所提出的更为自由、更为开放的外向型的贸易战略。而东亚经济的飞速发展的实践，也充分证明了自由贸易在现代经济全球化格局中的重要作用。

第四节　中国的贸易战略演进与政策选择

一、改革开放以前的封闭式的外体制

在中华人民共和国成立以后很长一段时间，我国沿用的是苏联的经济体制与政治体制，在对外贸易思想上，中国同样是依照传统计划经济理论的思想处理对外贸易问题的。传统的计划经济体制思想要求通过国家实施统一的宏观调控，由政府计划来代替资本主义市场经济体制下，依靠市场机制来实现资源配置的任务。因此，反映在我国早期的对外贸易体制中，计划经济特有的政府管制也就成为这一时期对外贸易发展的重要标志。

中华人民共和国成立初期，我国的对外贸易主要由新成立的中央人民政府贸易部负责统一管理，1952年，我国开始实行内外贸分管，专门成立对外贸易部集中领导和管理全国的对外贸易活动，并组建了15家由外贸部直接领导的外贸专业进出口公司，在国家统制之下开展中国的对外贸易活动。到1956年，我国完成对于私营企业的社会主义改造之后，私营进出口企业也被纳入到国家计划管理的轨道上来，直到50年代末期，我国的对外贸易活动基本完全集中在对外贸易部所属的各个专业的进出口公司，我国的对外贸易国家统制格局完全形成。所有的对外贸易都是由对外贸易部所属的专业进出口公司和各个口岸对外贸易机构统一经营，其他部门、其他机构和其他个人都不允许从事进出口业务，在财务上也是由国家对所有进出口公司实行统收统支，统负盈亏，企业所创外汇全部上缴的统治政策。

这种外贸上的统治政策一直持续到改革开放之后，才逐渐取消。从思想源泉上来看，这种管理体制是完全脱胎于计划经济体制的基本思想，来源于列宁对外贸实行国家垄断的思想基础，也是与当时中国国内的经济形势和国外的政治经济环境所相吻合的。中华

人民共和国成立之后相当长的时期内，我国的经济处于崩溃的边缘，长期的战乱使得我国的社会生产受到极大的破坏，生产力水平极度落后，社会化大生产的程度相当落后，在这种情况下，处于落后状态的中国是根本没有能力深度参与国际分工，扩大对外贸易发展的。当时处于破产、停产状态的中国企业所生产出来的产品在国际市场上并不具有竞争能力，中国的出口贸易缺乏根本的经济基础，这也决定了处于经济恢复与发展状态的中国政府没有能力获得足够的外汇用于进口外国商品，推动经济复苏。因此，当时对外贸易的发展并不是新中国中央政策的核心问题和中心任务。

更为特殊的是，新中国成立后不久，就受到西方国家的敌视，并陷入政治上的独立与经济上的封锁，特别是朝鲜战争爆发以后，当时的西方国家对中国的贸易实施严密的封锁，禁止向新中国出口商品，这也就极大地限制了当时中国国际贸易的发展水平。随着五六十年代中苏关系的恶化，中国与苏联之间的贸易也急剧萎缩，这也导致整个十年对外贸易在中国经济发展中的作用并不突出，我国每年的对外进出口贸易的数额也相对有限，这也就导致了这种相对封闭的计划经济色彩极为浓重的外贸统治体制的发展。

必须承认的是，即使是这种计划性极强、相对封闭的外贸统治体制对于当时我国的经济的恢复与发展也是起到了极为重要的作用的。在中华人民共和国成立初期，我国经济处于崩溃的边缘，正是这样完全由政府通过计划指令所实施的外贸统治，保证了当时的新中国可以集中利用有限的物质资源，引导国内外资源流向最为需要的领域，对于国民经济的恢复与发展意义极为重大。

改革开放之前我国所推行的这种外贸统治体制，其实是一种典型的内向型的对外贸易战略思想，在这一体制下，对外贸易只是实现国内外商品的流通，调剂有无的补充性作用，它对于当时的中国经济的恢复与发展并没有能够起到足够的影响作用，当时的中国经济的发展更多地仍然关注于国内的经济建设与人民的生活水平，对外贸易还远远没有能力成为当时的中国经济的驱动力，中国经济的发展仍然主要依赖于计划体制下，国家对于资源的投放和配置，国内因素始终是推动中国经济发展的根本力量。

二、改革开放后中国对外开放格局的逐步形成

十一届三中全会之后，随着改革开放的逐步推进，传统的封闭式的内向型对外贸易战略的弊端日益凸显，特别是加入 WTO 后，中国经济与世界经济日益紧密地结合在一起，中国也就从早期的封闭式的内向型对外贸易战略转向了更为开放、更为自由的外向型对外贸易战略，对外开放已经成为中国经济持续高速增长的关键因素。

在改革开放以前，对外贸易在我国的经济发展中始终处于调剂有无的辅助地位。在“独立自主，自力更生”的口号下，中国坚持把自己隔绝于世界经济之外，而孤立发展，中国与世界其他国家之间的经济联系，特别是国际贸易极为有限，国际贸易对于中国经济发展的推动作用也极为薄弱，这也就形成了改革开放以前我国的内向型经济增长模式。

20 世纪 70 年代，随着中国与西方各国的国际关系的逐步恢复，原本西方世界对于中国的孤立与封锁已经彻底结束，中国经济开始逐渐被纳入到新的世界经济之中。特别是十一届三中全会之后，中国政府在总结了新中国成立后我国经济建设正反两个方面的经验与教训的基础上，深入思考推动我国经济发展的战略思想与政策选择，最终形成了改革

开放的战略指导思想。

20世纪80年代，在改革开放的指导思想下，我国与世界各国之间的国际贸易得到飞速发展，国外商品、国外资本，特别是一些国际知名的跨国公司开始加快进入中国的步伐，中国日益紧密地融入全球分工体系之中，中国外向型经济的雏形初见端倪。

1992年初，邓小平南行过程中，作出了一系列关于进一步扩大对外开放的重要指示，也正是在邓小平南行讲话的指导下，1993年11月14日，十四届三中全会通过了《中共中央关于建立社会主义市场经济体制的若干问题的决定》，明确指出"坚定不移地实行对外开放政策，加快对外开放步伐，充分利用国际国内两个市场、两种资源，优化资源配置。积极参与国际竞争与国际经济合作，发挥我国经济的比较优势，发展开放型经济，使国内经济与国际经济实现互接互补。依照我国国情和国际活动的一般准则、规则进行对外经济活动，正确处理对外经济关系，不断提高国际竞争力。"

1997年江泽民在中国共产党十五大报告中指出："对外开放是一项长期的基本国策。面对经济、科技全球化趋势，我们要以更加积极的姿态走向世界，完善全方位、多层次、宽领域的对外开放格局，发展开放型经济，增强国际竞争力，促进经济结构优化和国民经济素质提高。"更是标示着外向型对外贸易战略在我国经济发展中的战略地位的根本确立。

经过长期的复关谈判，2001年11月，我国成为世贸组织的第143个成员方。根据入世的相关承诺，我国持续降低了进口关税税率，并在市场准入以及国民待遇方面逐渐向WTO其他成员方放开市场，这也标志着我国的外向型对外贸易战略的最终确立。

值得注意的是，中国的对外开放，既不同于拉丁美洲国家相对封闭的进口替代型的贸易战略，也不局限于东南亚国家仅仅着眼于通过发展加工制造业来参与国际分工的相对静态的出口导向型贸易战略，更不同于东欧剧变以后苏东国家急剧转向开放的激进式的对外开放，中国的对外开放则是一种更为理性、更为注重长远利益，通过有计划、有步骤地实施全方位、多层次的对外开放，追求培育本土创新能力，以提升我国的工业制造业，以及现代服务业的国际竞争力，以推动我国的对外开放的进展，引进外国直接投资，促进我国对外贸易的全面发展。

在中国的对外开放中，最能够代表中国的对外贸易发展的计划性和战略性特征的就在于全方位、多层次的对外开放格局的逐步形成。现代意义的对外开放最早其实是来源于1979年7月，中国政府确定建立深圳、珠海、汕头和厦门4个城市为我国的经济特区，把它们确定为我国对外开放的窗口。"特区是个窗口，是技术的窗口、管理的窗口、知识的窗口，也是对外政策的窗口。""特区成为开放的基地，不仅在经济方面、培养人才方面使我们得到好处，而且会扩大我国的对外影响。"[①]经济特区的逐步开放，不仅向国外市场敞开了中国的大门，让外国企业、外国投资者有机会接触到拥有14亿人口的庞大的中国市场，更成为中国对外开放的前沿阵容，无数世界知名企业，巨额的国外资本，很多国外先进的生产设备、专利技术与管理人才，也正是通过经济特区进入中国，它们不仅仅给长期处于封闭之中的中国人民带来了新的科学技术与管理经验，更为重要的是，它让更多的中国人民认识到一个广阔的世界市场的存在，它开拓了无数中国人民的视野，引导中国对外开放

① 邓小平.邓小平文选(第3卷)[M].人民出版社，1993，第51页。

更为深入地进行。

1984 年 4 月，中共中央和国务院决定在经济特区的基础之上，推动中国的对外开放，进一步开放天津、上海、大连、秦皇岛、烟台、青岛、连云港、南通、宁波、温州、福州、广州、湛江和北海等 14 个沿海港口城市，以充分发挥这些沿海港口城市特殊的地理优势，通过推进开放，引入国外直接投资，发展对外贸易，以带动起地方经济的发展。此后不久，1985 年 2 月，中共中央和国务院又决定把长江三角洲、珠江三角洲和厦门、漳州、泉州等闽南地区开放为沿海经济开放区，与沿海港口城市一起组成沿海地区经济发展战略，从而保证沿海地区可以“有领导、有计划、有步骤地走向国际市场，进一步参加国际交换和国际竞争，大力发展外向型经济”①。此后，随着辽东半岛、山东半岛、环渤海地区以及沿海的其他县市先后被纳入沿海经济开放区，1988 年，设立海南省，并划定海南省为海南经济特区，我国的沿海经济开放的经济格局最终形成，通过沿海的开放来带动起沿海城市、沿海区域、沿边地区，以及内地与世界各国的经济往来与国际贸易的发展，从而推动我国经济的整体发展。

1990 年 6 月，中共中央和国务院正式批准上海开发和开放浦东新区、上海，以及长江三角洲地区。逐渐取代改革开放初期以深圳为中心的珠江三角洲地区，成为中国对外开放的最前沿。以后，1992 年国务院又决定开放黑龙江、吉林、内蒙古、新疆、广西、云南等省区和沿边城市，并设立边境经济合作区，同年，国务院批准设立重庆、昆明等内陆开放城市。由此，全方位、多层次、梯度开放的对外开放格局最终形成。

而正是得益于中国政府所推行的逐步开放、梯度开发、协调发展的对外贸易战略的确定与实施，我国既避免了由于过度保护，而无法参与全球分工体系，无法发挥比较优势在现代世界经济中的作用，而被排除在全球经济之外孤立发展，也避免了过度强调静态的比较优势，仅仅着眼于我国丰富的劳动力资源，或者绝对数量相对丰裕的自然资源，而局限于发展一些农业、采掘业，或者技术需求不高的简单的加工制造业，而长期处于全球分工价值链的低端环节，更避免由于在短时间内迅速开放本国市场，过多的国外商品与国外要素的流入，以致对本国相对幼小的民族产业造成致命的冲击，从而迅速摧毁本国民族产业，削弱本国经济的国际竞争力。

随着改革开放的深入，中国实现了长达 40 年的经济高速增长，特别是成功度过 1997 年的亚洲金融风暴与 2007 年的次贷危机，中国模式已经成为世界众多学者深入研究的重要领域，特别是中国模式之中这种逐步开放、梯度开发的对外开放战略思想，更成为中国经验的一个非常重要的关键环节而受到全世界学者的推崇。

三、中国外向型贸易战略中的政策选择

按照传统的经济理论，计划经济体制往往代表政府会运用各种宏观经济政策去干预经济的运行，在对外方面，在改革开放之前的封闭的内向型经济模式下，我国政府就广泛运用经济计划严格规定我国与国外市场之间的经济贸易往来，并通过明确的授权机制把外贸进出口权集中于少数几家国有性质的进出口公司，进出口贸易所涉及的全部外汇往往也完全集中于人民银行等国家机构之中，人民币汇率也长期处于政府根据政策需要所

① 1988 年中国对外经济贸易年鉴[M].中国展望出版社，1988 年版。

确定的汇率水平，汇率的调整往往反映了政府的政策意图，而非外汇市场中的供需变化，与此同时，具有明显保护主义色彩的关税、数量配额等贸易政策也往往反映了政府干预本国对外贸易的政策选择。

与这种政策干预色彩极为明显的计划经济体制下的内向型经济战略相比，外向型对外贸易战略往往在一些市场经济体制的国家中得以实施，在这些国家中，政府的指令性计划往往让位于相对自由的市场经济体制，市场的价格信号往往会取代政府的政策干预成为调节社会资源配置的关键因素，更为重要的是，在这种自由的经济体制下，那些保护性的政策工具的使用往往会受到很大的限制，国与国之间的国际贸易往往更多地受它们之间的比较优势或者竞争优势等客观因素所制约，而较少地受政策的贸易政策的影响，因此，在传统的经济理论中，体现政府政策目的的经济政策，特别是具有强烈的挑选赢家色彩的产业政策，往往被视为违反了自由贸易思想、阻碍了商品的自由贸易的因素而受到严格的限制，甚至被视为与外向型的贸易战略思想所抵触的政策选择而广受批判。因此，在早期，外向型的对外贸易战略更多地被与更少的政府政策干预的经济自由主义等同起来，然而，在中国的开放过程中，具有明显的政府政策意图的经济政策却表现出非常重要的作用，它们也成为中国对外开放策略能够取得成功的关键因素之所在。

总体而言，改革开放以来，中国的经济政策的选择主要表现在以下方面：

(一)权力下放，减少政府对于对外贸易的直接干预

改革开放对于中国经济发展，包括中国对外贸易带来最大的变化就在于打破原有的计划经济体制下，政府对于各市场主体的各种行政管理，政企分开，逐渐放大外贸企业的经营自主权，打破国有外贸公司对于对外贸易的垄断经营，减少政府部门对于外贸业务的直接管理职能，综合运用多种经济杠杆，采用多种经济调控手段，间接管理我国的对外贸易业务。

改革开放以后，国家逐渐放开了很多商品的经营权，允许更多的部门、地方、企业等相关经济主体直接经营对外贸易，并且发展多种外贸经营方式。伴随着经济特区的设立，沿海开放城市的开发、建设，积极引入大批中外合资企业，中外合作企业和外商独资企业，并以其为基础，积极开展补偿贸易、来料加工等多种经营形式，这就彻底打破了国营外贸公司对于对外贸易的垄断，增强了我国与世界的经济联系，引导对外开放向更深层次发展。

在放开外贸经营权力的同时，我国政府也积极推动了外贸计划管理体制的改革，大幅度减少对于进出口商品的指令性计划管理的范围，并综合运用财政、税收、汇率等多种调节手段，引导对外贸易的发展，从而形成指令性计划、指导性计划以及市场调节相结合的外贸管理机制。

与此同时，我国还积极推动国有企业改革，在国企中引入现代企业制度，扩大国有企业的外贸自主权，逐渐使得国企与政府行政命令脱钩，鼓励它们根据国际市场的需求变化，自主调节自己的生产计划，向国际市场提供真正符合市场需求的商品，把它们建设成真正的自主经营、自负盈亏、自我发展、自我约束的法人主体和市场竞争的主体，从而扩大我国企业的出口能力，增强众多国有企业的国际竞争能力。

(二)灵活运用财政、信贷政策推动出口产业的迅速发展

我们的对外开放，并非简单的开放，更非很多西方国家所希望的那样完全自由的开

放，我国在坚定地推行对外开放的同时，仍然坚持运用多种财政、货币政策，引导我国的对外贸易的发展。

在现代国际贸易之中，关税和配额往往是衡量一个国家对外开放程度的重要标志，因此，在很多西方国家看来，中国的对外开放，应该完全取消进出口中的关税，完全取消配额等非关税壁垒，彻底废除在直接投资的投资资格、投资领域与投资方向等方面的行政限制。然而，中国的对外开放，决非简单意义上的开放，更多的是在综合考虑我国在国际市场中的综合实力的基础之上，根据我国的产业发展水平、产业结构状况，以及我国不同产业在国际市场中的竞争力水平，选择各种财政、信贷政策，引导我国对外贸易的发展。

改革开放以来，特别是加入 WTO 以后，我国已经根据入世的相关承诺，大幅度降低了我国多种进口商品的关税水平，并逐渐取消了多种非关税壁垒，减少国外商品进入我国市场的障碍，鼓励我国与世界的商品、要素等多方面的交流。然而，降低关税并不意味着完全取消关税，即使到了今天，我国仍然会针对各种不同的进口商品，根据我国的进口需要制定不同的关税水平，以引导不同的商品的进出口贸易。

即使随着改革开放的深入，我国政府逐渐取消了对轻工、工艺、服装等多个我国具有一定的国际竞争力的行业的出口补贴，但为了鼓励我国企业的出口发展，从 20 世纪 80 年代开始，我国就制定了较为完善的出口退税制度，运用各种经济手段，对于众多外贸企业发展出口贸易提供各种经济支持。特别是在出口贸易遇到压力的 1997 年亚洲金融危机与 2007 年次贷危机期间，我国政府更是加强了出口企业的退税比率，通过相关的政府财政政策的支持，帮助我国企业扩大商品企业，利用出口带动起整体的经济发展。

同时，针对众多的出口企业，我国政府还鼓励众多国有银行加强信贷支持，为这些企业的出口活动、研发创新活动提供资金支持。同时积极发展出口信贷，为一些购买我国商品的外国企业提供信贷支持，以此帮助我国众多出口企业解决资金不足的难题，鼓励出口贸易的发展。

（三）积极推动外汇汇率制度改革，运用汇率政策调节我国的对外贸易

在改革开放以前，我国一直坚持利用政府的行政手段确定人民币与美元，以及一篮子货币的兑换比率，人民币汇率的变动往往由金融管理部门通过官方的公告，明令实现汇率的升降。由于国际贸易尚不发达，汇率更多表现为进出口商品结算的工具，而不反映为影响进出口贸易的政策手段。随着改革开放的推进，人民币汇率制度逐渐转向以市场需求为基础的、有管理的浮动汇率制，汇率水平也从长期高估人民币汇率转向市场化，汇率政策已经成为我国调节进出口贸易的一种重要的政策手段。

改革开放初期，为了调动各地方经营出口贸易的积极性，1981 年，我国采取了人民币的汇率改革，实行贸易商品内部结算价与官方外汇牌价双重汇率制。同时，由于改革开放初期，我国的出口能力相对较弱，为了降低进口国内技术设备等资本品的进口成本，我国延续了早期的高估人民币汇率水平的政策。然而，随着改革开放的推进，我国的出口贸易得到迅速发展，过高的人民币汇率水平又严重影响了我国商品在国际市场上的竞争力水平，因此，从 80 年代中期开始，我国多次调低了人民币的汇率水平，人民币与美元的汇率水平从 1981 年的 1 美元＝2.28 人民币，逐步提升到 1993 年的 1 美元＝5.70 人民币。

1994 年，我国推行人民币汇率改革，人民币汇率形成机制开始转向以市场需求为基

础的、单一的、有管理的浮动汇率制。国家不再通过行政性规定来影响汇率水平，也取消了通过官方汇率买卖外汇的指令性指标。人民币汇率开始由市场供求力量所决定，中国人民银行更多通过市场干预的手段来调节市场供求，稳定人民币汇率，维持宏观金融秩序的稳定。

1997 年亚洲金融危机之后，我国又回到相对钉住美元的钉住汇率制度，2005 年 7 月 21 日，我国重新改革汇率制度，人民币汇率形成机制重新回归市场，转向以外汇市场供需为基础的、参考一篮子货币的、有管理的浮动汇率制度。人民币汇率的持续增长更多地表现为中国经济的持续高速增长，这不仅驳斥了西方国家对于我国操纵人民币汇率水平的指责，更多地表明了我国汇率制度的市场化改革，以及面对全球经济开放中国市场的坚强信心。时至今日，通过公开市场调节人民币汇率水平的汇率政策，已经成为我国调节我国收支，影响国际贸易的重要政策手段。

(四)改革贸易政策，在降低贸易壁垒的同时，积极应对新贸易保护主义

即使在经济全球化日益加速的今天，也并不意味着贸易保护主义就缺乏足够的生存空间。特别是在每一次全球经济陷入衰退的时期，加强贸易壁垒，限制外来商品的涌入，通过直接或者间接的手段，支持本国出口企业，通过直接的经济补贴，或者出口退税，或者间接的经济支持，降低本国出口商品的价格水平，提升本国商品的国际竞争力，往往成为每一个国家扩大出口，刺激本国经济的主要手段。与此同时，在 WTO 的框架下，通过一些技术性贸易壁垒，以及反倾销、反补贴等合理的政策手段，对于外国产品的进口设置一定的障碍，已经成为很多国家的普遍选择。

作为全球最大的发展中国家，拥有 14 亿人口为中国发展劳动密集型加工制造业，提供了特有的自然优势，中国出口的品种繁多的劳动密集型加工产品拥有其他国家所无法达到的成本优势，这也成为西方国家对于中国出口产品设置贸易壁垒的根本原因。

2005 年，当欧美国家根据 WTO 承诺取消对中国纺织品数量限制的时候，中国出口的纺织品数量急剧增加，使得欧美国家相继根据 WTO 的相关规定，启动了对于中国纺织品的特殊保护，以进口中国纺织品对它们本国纺织业造成伤害为借口，重新恢复对中国纺织品的数量限制。

2007 年，当次贷危机席卷西方经济时，中国又一次成为欧美国家贸易保护主义的最大伤害者。2009 年，以美国为代表的西方国家先后对中国出口的轮胎、钢构件等多种商品提出反倾销申诉，针对中国出口的这些产品加征高额的反倾销关税。

在面临一次次新贸易保护主义的伤害的时候，中国政府也根据 WTO 的相关规定，针对欧美国家的这些反倾销反补贴调查，积极应诉，并且选择相关国家的特定产品开征报复性关税，以向这些国家滥用新贸易保护主义手段的行为提出严正的警告。如 2009 年 9 月，当美国政府宣布对中国产轮胎产品进行反倾销调查的次日，中国在积极应诉的同时，宣布向美国产的部分汽车产品和禽类产品同样进行反倾销调查，这其实就向世界各国表达了中国政府反对新贸易保护主义，维护国家利益的坚强决心。

在现代中国的开放的经济格局中，随着改革开放的持续推进，外向型贸易战略已经得到成功的推行，出口也成为继消费和投资之外，带动中国经济发展的第三个关键因素。与传统理论中单纯的经济开放，追求静态的比较优势利益的思想不同，中国政府在长期的对

外开放之中，选择了更为适合中国国情的渐进式的对外开放道路，一系列卓有成效的经济政策的推行，也保证了中国经济实现了 30 多年的高速增长，这也成为举世瞩目的中国奇迹诞生的根本原因之所在。

本章小结

1.在经济全球化的发展中，每一个国家都必须通过选择科学的对外贸易发展战略，采取相对自由的态度，积极参与全球分工合作，或者是运用保护性色彩较重的经济政策对外国商品与要素设置种种进入障碍，更多地依靠本国资源与本国市场发展经济。而这些对外贸易发展战略的选择的差异，也就成为决定不同国家经济表现的重要因素。

2.在战后发展中国家的经济发展中，拉美国家选择了保护性色彩更重的内向型对外贸易战略，而东亚国家则选择了相对自由的外向型经济发展战略，从而走上了不同的发展道路。在这些国家的现实的经济发展过程中，在不同的对外贸易战略的指导下，它们往往选择了不同的经济政策，来指导本国与外国的贸易与投资的发展，从而实现本国的经济发展的最终目标。

3.中华人民共和国成立以来，中国也经历了长期的对外发展战略的发展与沿革的过程。在改革开放以前的相当长时期内，我国把对外贸易仅仅视为调剂有无的一种补充，而选择了更为封闭的内向型对外贸易战略，这也就决定了在这段时间，影响我国经济增长的因素更多地来源于本国的消费与投资，对外贸易在当时的国民经济中的地位并不明显。

4.改革开放以来，我国的对外贸易战略转向了更为自由的外向型贸易战略。通过采取行政改革，力推政府放权，加强财政、税收、信贷、汇率等经济政策对于国际贸易的调节，持续降低我国的进口商品的关税水平，逐渐取消进口贸易中的非关税壁垒，同时也应对世界市场中的新贸易保护主义等政策选择，逐渐形成了具有中国特色的逐步开放、梯度开发、协调发展的对外贸易战略，这也催生了中国经济奇迹。

重要概念和术语

对外贸易发展战略　重商主义　幼稚产业保护理论　对外贸易发展战略的划分标准　内向型战略　外向型战略　贸易政策　拉美模式　东亚模式　贸易统制　梯度开放　行政放权　汇率政策　新贸易保护主义

汉密尔顿与美国经济的起步

亚当·斯密的《国富论》为当时英国对待殖民地的政策提供了理论依据。根据斯密的绝对成本优势理论，当时资本主义经济发展较快的英法等国早已经建立了相对发达的制造业工业体系，其制造业相较于美国等当时的殖民地、半殖民地国家而言，拥有巨大的绝对的生产成本的优势，或者生产效率的优势，因而，根据绝对成本优势理论的结论，英法等国应该生产并向殖民地国家出口工业制成品，而美国等殖民地国家只是在种植业和采掘业上才相较于英法具有优势，因此它们只能演变为英法等工业国的原料产地和产品销售市场。根据这种逻辑，全球的制造业必然掌握在当时已经确立优势的英法等国手中，殖民地国家将会长久地落后下去。

完成资本主义革命的英国，利用其在生产水平上的领先地位，在世界市场中推行以其为主导的分工价值链，其主要标志就在于由英法等先进国家利用其殖民地与半殖民地等落后国家的自然资源与初级产品发展工业制造业，生产制成品，并将其销售到落后国家。英法等先进国家并不希望殖民地国家获得工业化发展，因此也采取了一些阻碍殖民地国家工业化发展的政策。1770 年，当时的查塔姆伯爵大威廉·皮特就曾经被新英格兰人最初发展制造业的企图搞得惶惶不安，于是宣布禁止殖民地从事制造业，甚至连制造一个马掌都不行。

《国富论》出版的同一年，远在大洋彼岸的美国赢得了民族的独立。美国独立以后，当时的国务卿，也就是后来的美国总统杰斐逊就是斯密的忠实信徒，他认为与英国相比，美国的劳动力成本更高，而且农业生产也占用了相当数量的劳动力，大力发展制造业只会挤占并不丰裕的劳动力数量，因此，在美国发展制造业是不可能成功的，因此主张农业立国，美国应该大力发展农业，而任由英国等西欧国家为其生产制造品，通过出口农产品来交换制造品。从某种意义上来看，杰斐逊的思想有着明显的绝对成本理论的痕迹，也代表着当时处于主流地位的经济思想。

与杰斐逊不同，汉密尔顿却激烈地抨击着这些流行的经济理论，倡导对美国经济进行严密的保护。1789 年 9 月，汉密尔顿就任美国第一任财政部长，在此后的一年多的时间内，他根据当时的美国经济中表露出来的一些问题，先后向国会提交了四份报告，也就是《关于公共信用的第一份报告》《关于公共信用的第二份报告》《关于建立银行的报告》以及《关于制造业的报告》。在这四份报告中，他确立以通过发展工商业，促进美国经济发展的经济纲领。他不仅从政治上巩固上美国的联邦体制，进而提升了美国的国际影响，他还亲手建立了美国的财政金融体制，促进了美国的工业化发展，从而为美国后来的兴盛奠定了坚实的基础。

在《关于制造业的报告》中，汉密尔顿抨击了“农业立国”的传统思想，指出了制造业在美国经济，以及在现代经济体系中的重要地位。他驳斥了当时的重农主义学者所提出的只有农业才是生产性行业的提法，认为制造业也同样可以增加社会的就业，从而促进社会财富的增加，而且制造业的发展还可以为农业的发展创造出更为巨大的需求，因此如果要发展农业，首先就必须促进制造业的发展。

然而，当时美国制造业的发展面临着人手缺乏、劳动力昂贵和资金短缺等困难，如果美国政府不对这些新兴的制造业产业提供支持的话，国外竞争和“习惯势力“将会使美国无法建立起本来可以很快具有国际竞争力的制造业产业。针对这一现状，汉密尔顿提出了包括保护关税，出口限制，对于目标产业的直接的政府补贴，对于制造业投入的税收减免，提供公共设施等十一个基本政策原则，而这也为以后的产业政策的发展设计出主要的政策框架。汉密尔顿把这些产业政策手段所实施的主要的目标产业确定在铁、铜、煤炭、小麦、棉花、火药和书籍等当时美国的主要的制造业产业，并进行了有效的推行。

值得关注的是，他在这份报告中针对美国幼稚的工业制造业保护的实施提出了以下基本原则：

1.应该对幼稚产业提供直接的政府补贴。但他指出，只有在制造业发展的早期，才可以采用补贴，以免这些补贴反而限制了这些制造业的生产效率；

2.针对幼稚的制造业产业的投入进行免税；

3.禁止创新设备与机器的出口；

4.进行道路与运河建设，以降低商品的运输成本。

他指出幼稚产业保护"不仅是出于更为有效地利用公共经费的目的，还是为了获得产业发展的新的、有用的分支，不仅考虑更大的价值，还要追求生产劳动的一般存量的永恒的增长"。他的理论为后来的产业政策理论的发展奠定了思想的基础。在后世的很多产业政策理论中，我们都可以在汉密尔顿的观点中找到理论的原型。《关于制造业的报告》也成为产业政策理论诞生的最为重要的标志。

然而，《关于制造业的报告》却是汉密尔顿的四份报告中，唯一一份没有在当时得到最为广泛的应用的报告。这与和他持有相反观点——"农业立国"思想的杰斐逊当选美国总统具有重要的关系，当然也与当时美国的工业发展的基础仍然相对薄弱，当时的美国国民更为关注发展商业资本，通过国际贸易来实现资本的积累与经济的发展有关。直到数十年后，当工业革命在美国兴起后，汉密尔顿在《关于制造业的报告》中所提出的种种思想才重新得到从政府到人民的关注，他的种种政策建议也开始全面得到美国政府的采纳，而为美国经济的兴起作出了极为重要的作用。

在汉密尔顿以后，尽管在很长一段时间内，古典经济思想所倡导的自由放任政策仍然在美国经济中处于主导地位，但是在 19 世纪 30 年代工业革命在美国广泛兴起之后，汉密尔顿经济思想的价值开始得到更多的美国人的关注，美国政府开始根据其在《关于制造业的报告》中所提出的种种政策建议，采取了一系列强有力的产业政策以支持本国的幼稚产业的发展，而与此同时，更多的美国经济学家则进一步完善了汉密尔顿所创建的产业政策的理论体系。亨利·克莱第一个提出了以幼稚产业贸易保护和发展基础设施建设为主体的"美国体系"，并将其与倡导自由贸易的"英国体系"进行了区分，同时对"英国体系"进行了抨击。它的思想得到了林肯的认可，而在美国的经济发展中得以采用。丹尼尔·雷蒙德和则是继承与发展幼稚产业保护理论的主要学者。而马修·凯里的儿子亨利·凯里则成为当时"唯一重要的美国经济学家"，他继承完善了幼稚产业保护理论，并成为这一理论的集大成者，受亨利·克莱影响，他也将其经济政策纲领命名为"美国体系"，并论述了其与"英国体系"的区别。他甚至提出自由贸易是英国将美国置于初级产品出口国的帝国主义体系的组成部分，从而成为美国经济学发展史上的一个划时代的人物。

20 世纪 30 年代当美国经济陷入空前的经济危机之中时，富兰克林·罗斯福所采取的一系列国家干预经济的"新政"，与其说是受当时仍没有完全成形的凯恩斯思想的影响，倒不如说，仍然是汉密尔顿的保护贸易理论在危机之际的一种变形。在这一特殊时期，无论是胡佛总统所制定的臭名昭著的现代保护贸易立法的起源《斯姆特—霍利关税法》，或者是罗斯福总统对于美国银行业的支持，或者是利用政府公共投入采取扩张性财政政策扩大社会需求的政策选择，无一不隐含着汉密尔顿所提出的一些产业政策理论的影子。从这方面来看，汉密尔顿思想在美国经济政策中的地位也就可见一斑了。

思考与练习

1.只要一个国家选择了贸易保护策略，就意味着这个国家选择了对外贸易发展战略，这种观点正确吗？

2.对比亚当·斯密时期的英国与汉密尔顿时期的美国，结合斯密的比较优势理论与汉密尔顿的幼稚产业保护理论的内容，分析为何英国会选择外向型贸易战略，而美国会选择内向型的贸易战略，试归纳发展中国家的对外贸易战略选择的注意事项。

3.结合东亚与拉美国家的具体政策选择，归纳它们的政策是如何反映这些国家的对外贸易发展战略的。

4.结合中国的对外开放的进程，对比东亚模式与拉美模式，总结中国的外向型对外贸易战略中的政策选择的特殊性。

5.结合中国对外贸易的发展历史，分析中国对外贸易战略选择更替的必然性。

第四章　中国对外贸易的体制

学习要求

通过本章的学习，了解我国改革开放之前的贸易体制，学习改革开放后我国贸易体制改革各个阶段的具体措施、特征及其成因，重点掌握对外贸易各项政策改革及效应分析，在经过2007年到2008年金融危机，全球经济放缓，中国作为负责任的大国，积极承担国际责任，成为世界第二大经济体的背景下，明确我国外贸体制改革面临的问题和对策。

对外贸易体制是对外贸易经营管理体制的简称，是国民经济体制的组成部分，与其他经济部门的体制有着密切的联系，如与国家的计划体制，以及外汇、财政、物价、税务、海关、金融、商检等经济部门的体制是密不可分的。具体说来，外贸体制是指对外贸易的组织形式、机构设置、管理权限、经营分工和利益分配等方面的制度。外贸体制和其他经济体制一样，属于上层建筑的范畴，是由经济基础决定，并为其服务的。外贸体制包括国家外贸行政管理体制和外贸企业经营体制两个方面，是根据经济基础的要求建立起来的，在经济条件发生变化后，它就要作相应的调整和改革。

第一节　改革开放前的对外贸易体制

一、中国对外贸易体制的建立和发展

(一)中国对外贸易体制的建立

中国外贸体制是从新民主主义经济制度过渡到社会主义经济制度的发展过程中逐步建立起来的，是在产品经济和单一计划经济的基础上建立和发展起来的。即新中国一成立，人民政权立即废除帝国主义在华的各种特权，没收国民党政府和官僚资本的外贸企业，建立国营外贸企业，并逐步改造民族资本的外贸企业，从而建立了单一的全民所有制的外贸企业。同时，在中央人民政府设立了对外贸易部，领导和管理全国对外贸易的一切活动。在社会主义市场经济条件下，需要建立一套既符合社会主义市场经济运行体制，又符合国际贸易规范的对外贸易管理体制。

1956 年，在对包括私营进出口企业在内的私营工商业改造基本完成后，国民经济转入产品经济和单一的计划经济轨道，国家经济体制要求实行单一指令性计划管理和统负盈亏，从而形成由对外贸易部统一领导、统一管理、统一经营的高度集中的外贸体制。

（二）中国对外贸易体制的变动

改革开放前这种高度集中的外贸体制实际上演变成了一个唯一拥有外贸权的大企业，既占有外贸企业的所有权和经营权，又掌握全国对外贸易的行政管理权。针对这样的问题，我国的外贸体制做了一些相应的调整，下放了一些权力。与此相适应，国家也下放了外贸经营管理的部分权限。但后来外贸方面出现了“混乱”，中央政府又重新强化了我国的外贸国家统治。60 年代初，我国对国民经济体制进行了以克服分散主义、强化中央集权领导为中心的调整。70 年代，我国又进行了以下放企业管理权为主的经济体制调整。与此同时，由于 60 年代中苏关系的急剧恶化，中国同西方国家的贸易关系得到了一定的恢复和发展，高度集中的外贸体制的弊端愈益显露出来。1975 年，外贸部对当时的外贸体制作了些调整，除原有的上海、广州、大连、青岛、天津五大外贸口岸，又在江苏等设立有进出口业务经营权的外贸口岸；授权云南等省份可以直接开展边贸和对港澳的出口等等。这些调整措施对恢复和发展对外贸易起到了一定的作用，但并未触动传统的高度集权的外贸体制。同时以国家法律、规章和方针政策为依据，从国家的宏观调控和对内政策出发，对进出口贸易进行的指导、控制和调节。例如央行扩大人民币汇率波动，本身就是一种技术性调整，并不意味着人民币汇率就此迎来了双向波动。从技术角度来说，波幅扩大后央行仍然对人民币汇率保持相当程度的调控能力，因为每日银行间外汇市场中间价仍然是由央行授权的外汇交易中心公布，而中间价是由外汇交易中心根据每日开盘前的银行间外汇市场的市商提供的报价加权而成。

（三）中国改革开放前对外贸易体制的基本内容和特点

在党的十一届三中全会以前，中国高度集中的单一全民所有制的外贸体制的主要内容和特点是：

1.实行对外贸易国家统制

国家统制的主要手段是：实行外贸企业管理制度，进出口许可制度，外汇管理制度，商品检验制度，保护关税制度，货运监管制度和查禁走私制度。

2.实行对外贸易指令性计划

国家下达的外贸计划是外贸体制的核心内容，是国家对对外贸易进行直接控制的具体体现。外贸计划管理以商品流转计划为中心，包括收购计划、调拨计划、出口计划、进口计划、内销计划、“以进养出”计划、外汇收支计划及其他有关计划，都是单一的指令性计划，必须严格按计划贯彻执行。

3.实行对外贸易统一经营

进出口经营业务全部授权各类国有外贸专业总公司经营，总公司及其所属分公司、支公司，根据经营分工，按国家计划统一负责进出口业务活动，其他任何机构、部门、地方均无权经营进出口业务。出口商品实行外贸统一收购制，即出口商品生产企业或供货单位按国家计划进行生产后，全部产品卖给外贸经营企业组织出口。进口商品实行外贸统一调拨制，即外贸经营企业按国家进口计划组织进口后，又按国家分配计划拨交给用货单位。

4.对外贸易实行国家统负盈亏

外贸企业的财务收支由国家实行统收统支，企业盈利全部上缴国库，企业亏损一律由国家补贴。外贸企业的大部分固定资金和小部分流动资金均由国家预算拨给，无偿占用。小部分固定资金和大部分流动资金由银行贷款，支付利息，有偿使用。

5.对外贸易实行国家统一价格

采取国内外市场价格割断的办法，按照内外有别、分别作价的原则，出口商品收购价，一律按国内规定价格；进口商品内销，原则上也按国内规定价格；出口商品外销，进口商品在国外购进，则一律按国际市场价格。国内价格是由国家规定的、统一的、基本不变的计划价格，不受国外市场价格的影响，具有计划性、稳定性的特点。

上述特征表明改革开放前中国外贸体制的特点是：高度集中、国家统制、国家专营、统负盈亏、政企合一。

二、高度集中的中国对外贸易体制的利弊

传统外贸体制是受中华人民共和国成立初期的国内、国际环境的影响，在借鉴苏联等社会主义国家经验的基础上建立起来的。传统统制型的外贸体制的建立主要受四个方面的理论的影响：一是社会主义国家对外贸易原则是对外贸易企业实行国有化和对外贸实行国家垄断的观点；二是对外贸易必须为高速发展的重工业服务的观点；三是对外贸易在社会主义国家的发展中起补充作用的观点；四是外贸体制是协调社会主义再生产各种比例关系，实现国民经济有计划、按比例的协调发展必要的辅助环节的观点。在这些理论的影响下建立的对外贸易体制具有以下特点：一是对外贸易实行国家统一管理；二是对外贸易公司都是国有制企业；三是有权从事对外经济业务的机构和组织由国家指定；四是国家制订对外贸易的指令性计划，一切外贸活动必须按照指令性计划进行。

高度集中的垄断外贸体制是与中华人民共和国成立初期国家的经济发展战略、计划经济体制相适应的，并符合当时的以进口替代为主的外贸发展战略，它对我国经济发展起过一定的作用，但随着国内、国际形势的变化显出明显的不足，主要表现在：一是无法从我国的资源禀性出发，采用比较优势来发展对外贸易；二是外贸存在“隔层”，国内外贸企业大大落后于国际先进水平，经济效益低下；三是长期为进口而出口，国内产业发展严重扭曲，进出口结构不合理，国民经济的发展难以为继，人民生活水平长期得不到提高。随着我国计划经济体制的松动、经济发展战略的转变，传统的外贸体制必须适应国际、国内形势的发展变化而进行改革。

第二节　改革开放后的对外贸易体制改革

一、中国对外贸易体制改革的内容

中国对外贸易体制改革路径随着我国的国际交往、联系不断扩大，借鉴当时世界上一些采取市场经济体制和发展出口导向的新兴工业化国家和地区，尤其是日本以及“四小

龙"经济飞速发展的经验，并总结国内经济发展滞缓的教训，我国外贸体制开始有了一定的转变，人们逐渐认识到单一的外贸企业国有制不利于调动外贸企业员工的积极性，不利于企业讲求经济效益，外贸企业应向专业化、社会化方向发展；为弥补为进口而出口的进口替代的内向型外贸经济发展战略的缺点及局限性，应发展外向型的外贸发展战略；转变过去认为外贸只是互通有无、调剂余缺的工具为外贸是国际分工和国际交换的发展需要；把对外贸易和自力更生的对立关系转变为认为发展对外贸易、利用外资可以增强我国的自力更生能力，促进国民经济的发展。总体而言，与中国整体经济体制改革相伴随，与中国改革开放目标的动态演进相适应，对外贸易体制改革的推进具有明显的阶段性，每个阶段均有着各自不同的特征。当前，随着中国对外开放的扩大和外贸体制改革的深化，中国对外经济贸易迅速发展，规模扩大，渠道增多，方式多样，层次不同，越来越多的企业参与到外贸活动中来。这一方面有助于中国外向型经济发展，但另一方面由于中国各项改革措施不配套，规章制度不健全，对外贸易的宏观管理比较薄弱，因此必然要求加强对外贸易的宏观调控和管理，协调各方利益。下面来介绍一下在不同阶段，中国对外贸易体制改革的内容。

（一）初步改革的探索阶段（1979—1987 年）

此阶段以外贸权下放和鼓励出口政策实施为主要特征。1979 年春天，国务院组织 7 个部委的领导同志南下广州，同广东、福建两省的领导同志开会研究对两省实行特殊政策、灵活措施的问题，揭开了外贸体制改革的序幕。相继又扩大了北京、天津、上海三市的对外贸易自主权。1979 年 10 月，国务院召开全国进出口工作会议，外贸体制改革在全国普遍展开。此后，经过不断探索，我国的外贸体制在总结经验中前进，直至 1987 年。这段时间的改革主要包括：

（1）增设对外贸易口岸，下放外贸经营权，广开贸易渠道，改革高度集中的经营体制。

改革前，对外贸易口岸主要是广州、大连、上海、青岛、天津等几个港口城市，有对外贸易成交权的主要是外贸部直属的几个进出口总公司及沿海主要口岸的一些分公司，其他地区的外贸分公司主要承担收购和向口岸调拨货源的任务，没有对外成交权。经这段改革后，各省、自治区、计划单列市和经济特区都开设了对外贸易口岸；各外贸总公司在地方的分公司都拥有一些商品的对外成交权，同时还批准一些工业部门成立工贸公司，组建中信、光大公司兼营对外贸易，成立了一些经营地方进出口业务的贸易公司，批准一些有条件的生产企业自营对外贸易业务。到 1987 年底，有对外贸易经营权的企业达3 000家。此外所有外商投资企业都有进出口自营权。除一般贸易外，其他各种贸易也蓬勃发展起来。

（2）改革单一的指令性计划管理，实行指令性计划、指导性计划和市场调节相结合。在国家统一计划下给生产企业和外贸企业以更大的经营自主权，以便灵活经营，适应国际市场变化。它们仍要承担国家的出口收汇和其他进出口计划任务。计划列名商品由 3 000 多种缩减到 112 种，取消了全国的收购计划和调拨计划。

（3）建立和完善外贸宏观管理，重新实行进出口许可证，完善出口配额管理，建立外贸经营权审批制度。

（4）探索促进工贸、技贸、农贸结合的途径。开始时，提倡外贸公司和生产单位实行"四联合、两公开"，即联合考察国际市场、联合对外谈判、联合安排出口生产、联合办公；外贸单位向生产单位公开换汇成本，生产单位向外贸单位公开生产成本。虽然在公有制的条件下，外贸和生产单位的根本利益是一致的，但是，单位之间没有用共同利益联系起来，甚至存在某些矛盾。外贸单位公开换汇成本怕生产单位提高收购价，生产单位公开生产成本又怕外贸单位压低收购价，所以这种结合仍然是同床异梦。后来，在一些工业部门成立外贸公司，试图解决外贸同生产"两张皮"的问题。实践证明，这只是外贸公司隶属关系的改变，并没有使外贸同生产企业在共同利益的基础上联系起来，工贸结合的问题仍未解决。此后，又探索外贸企业向生产企业投资参股，或实行其他形式的联营，利益共享，风险共担；批准一些有条件的生产企业自营进出口业务。这样，才较好地解决了工贸(技贸、农贸)结合的问题。所以，只有工贸结合是外贸企业与生产企业之间在共同利益基础上的结合，才能从根本上解决问题。

(5)试办经济特区，扩大经济特区的外贸权限，实行特殊优惠政策，鼓励出口。通过这段试点改革，初步调动了各方面的外贸积极性，外贸渠道大为扩大。外贸企业和地方政府以及有关部门承担出口创汇任务，而收汇全部上缴，由国家统负盈亏，责权利分离，不利于调动出口积极性和提高经济效益。为此，改革初期，开始实行外贸减亏增盈分成的制度。后又根据各地的不同情况，实行地区差别的外汇分成制度，比如规定广东、福建两省外贸出口收汇地方可留成30%，少数民族自治区和少数民族较多的省份外贸出口收汇地方留成50%，经济特区外贸出口收汇留成100%，其他地区外贸出口收汇地方留成25%。此外，还根据不同行业、出口商品的来源不同等，规定了一些留成比例。随着出口的发展，国内外市场价格的变化特别是逐步放开一些制成品价格后，我国原实行的出口商品同内销商品一样层层征税留利的办法，明显削弱了我国商品在国际市场上的竞争能力，制约出口商品结构的改善。1985年以后，我国采用各国通行的做法，对出口商品实行退税政策，商品出口后退还国内征收的产品税、增值税和营业税。此外，与上述改革相适应，在外贸管理上实行在中央统一领导、统一政策、统一规划下，中央和省两级管理。

总之，初期的外贸体制与政策的改革，初步地突破了传统中央指令性计划经济的硬性的规制和中央垄断外贸的范畴，分散了外贸经营和引进市场机制。在外贸经营机制方面，突破了中央计划垄断，以国营外贸公司集中经营的体制，下放、分散和扩大了外贸经营权，一方面下放给地方政府，另一方面下放给产业部门及企业。多头经营，发挥了外贸潜力。同时，推行工贸联营，使产销更密切地联系起来，结合国外市场与国内生产，开始建立直接关系，有利于出口；在外贸计划方面，减少了指定性外贸计划，增加指导性外贸计划，进口代理制推行顺利；出口虽仍以直接收购为主，但开始实行间接的代理制；在外贸政策方面，推行以通过价格机制而鼓励出口的政策；如减免国内税和外汇留成等措施，这些政策基本上发挥了增加出口的效力；在外贸企业自主方面，这项改革，包括政企分开和企业自负盈亏，推行得有限，主要是因为配套政策还不具备，如价格改革、合理财税和适当汇率等。

但是，由于改革尚在初期阶段，有些外贸改革措施因不能配套而无法实施，甚至带来了新的问题。外贸体制中一些带根本性的问题尚未解决，改革还未取得突破性进展。这些问题主要是统负盈亏、"吃大锅饭"的财务体制基本上没有触动；经营进出口的企业基本上未按企业化进行经营管理，政企职责不分；在外贸宏观管理和微观搞活方面，还缺乏有效的措施和自我约束机制，有些该实行统一政策的未能实行，助长了各类外贸企业在不平等条件下的盲目竞争；宏观管理仍以直接控制为主，没有建立起符合我国国情的、有效的外贸经济调节体系；工贸（技贸、农贸）结合的问题还没有真正解决。

（二）深化改革阶段（1988—1990 年）

此阶段以实行外贸承包经营责任制为主要特征，具体来看，为解决外贸体制上存在的一些明显弊端从而推动对外贸易的发展，1988—1990 年实行外贸承包经营责任制。主要是按照自负盈亏、放开经营、工贸结合、推行代理制、联合对外的改革方向，核定各类外贸企业的出口收汇、上缴外汇和出口盈亏指标，一定三年不变；完成承包指标内的外汇按原来的留成比例分成，超过部分 80% 留给承包单位，20% 上缴中央；超亏自负，减亏增盈部分全部留承包单位自用；原有绝大多数专业外贸进出口总公司与所属的地方外贸专业分公司也相应脱钩，下放地方管理；注意运用价格、汇率税收、关税、利率、出口信贷等经济手段调控对外贸易，完善出口退税制度，建立健全外汇调剂市场等。同时，在轻工、工艺、服装行业进行自负盈亏的试点改革。值得一提的是，为鼓励出口和实现外贸企业的自负盈亏，对出口商品全部实行退还各流通环节的产品税、增值税和营业税，而且还采取措施鼓励进料加工、来料加工和来料装配，以及扩大出口信贷。

实行外贸承包经营责任制，是外贸体制改革的一个重要阶段。这是在我国农业、工业、国内商业都实行承包经营并取得成功，财政实行中央和地方“分灶吃饭”的条件下实行的。外贸虽有其面对瞬息万变的国际市场的特殊性，但它终究是国民经济的重要组成部分，外贸发展必须遵循国内经济发展的一些普遍规律，同整个国民经济的发展和改革相互协调配套。显然，在当时的情况下，各行各业都实行承包经营责任制，而外贸仍实行由国家统负盈亏、地方与中央实行外汇分成的办法是难以为继的。长此下去，将不利于外贸企业加强经营管理，国家财政也难于承受，外贸发展就会走进“死胡同”。所以，实行外贸承包经营是客观需要。实行承包后中央和地方在外汇的收入和使用上“分灶吃饭”，出口盈亏切块包干给各地方自主使用，适应了近年来先期形成的中央和地方“分灶吃饭”的财政制度。从一定意义上讲，改变了过去地方只对扩大出口有积极性而对盈亏不承担责任的状况，权责利开始趋于统一，中央出口补贴总额得到控制。实践证明，这一改革总的说来是成功的，进一步发挥了各地方、各部门、各类外贸企业和生产企业扩大出口的积极性，对于改善企业内部经营机制，提高经济效益，扩大进出口贸易，促进对外贸易的发展，起到了重要作用。“六五”计划期间，出口额五年累计增长 36.4%；“七五”计划期间，五年累计增长 76.5%，而 1988—1990 年的 3 年承包期间，出口额累计增长 44%。在国内物价连续明显上涨和汇率基本冻结的情况下，中央对外贸的出口补贴得到了控制，在相当大的程度上消化了国内物价大幅度上涨对外贸出口的压力。虽然出现了部分亏损，但后来国家采取了调整汇率的措施，而外贸出口成本的上升幅度大大低于物价上涨水平，外贸企业的实力普遍增强，外贸总公司国际化经营取得显著成效。

但是，1988—1990 年实行的承包体制正像在制定和推行方案时所预料的那样，由于其从属于财政体制所受的束缚，由于整个经济体制改革所处的环境，它只能是一种利弊权衡后的选择，只能是一种过渡性和探索性的形式。因此，它不可能避免和解决以下问题，甚至还助长了一些问题的发展，主要表现在：(1)“分灶吃饭”的财政体制本身带来的地区封锁、市场分割等问题，不可避免地反映到外贸领域中来；(2)各类外贸企业财务条件、竞争条件不平等,地区之间、外贸企业之间享受的政策待遇不统一,即由于汇率不合理而实行的出口补贴制度和地区差别外汇留成制度在承包体制中仍被原封不动地保留,外贸企业的自负盈亏机制基本没有建立;(3)1988 年 3 月之后,设立经营地方生产商品的外贸公司审批权下放至各省、自治区、直辖市、计划单列市,一些地方批准的外贸公司增加过多、过滥(约 2 000 家),超过国内出口货源和人才的供应能力,加剧了经营秩序的混乱;(4)由于上述不平等竞争条件在 1988 年改革中没有消除,导致外贸领域长期存在的抬价抢购、低价竞销、肥水外流等问题未能得到根本解决。产生这些问题,正像上面分析的那样,大部分并不是外贸承包本身或首先引起的,承包的问题在于并没有彻底消除产生这些问题的根源,并没有触动旧体制中最不合理的部分。

(三)改革完善阶段(1991—1993 年)

此阶段主要以取消外汇补贴、减少进口限制和统一汇率为主要特征。经贸部为在 1993 年外贸承包经营期满后,把外贸体制改革再向前推进一大步,从 1989 年下半年就开始准备,组织有关部门和单位到各地调查研究,先后召开各种不同类型的调查会 100 多次,在认真总结 10 多年特别是实行承包经营责任制和 3 个行业自负盈亏试点的经验的基础上,提出几个方案,反复研究比较,并向国务院及时作了汇报。1990 年 12 月 9 日,国务院作出《关于进一步改革和完善对外贸易体制若干问题的决定》。决定从 1991 年 1 月 1 日起,取消国家对外贸的出口补贴,建立自负盈亏机制。这是中国外贸经营机制的一个重大转变,甚至可以称为一次历史性的突破,它改变了长期以来外贸靠国家财政补贴,吃大锅饭的局面。这个阶段改革的原则是:统一政策,平等竞争,自主经营,自负盈亏,推行代理制。为此,采取了如下主要改革和完善的措施:(1)国家取消对外贸出口的财政补贴,相应调整汇率,增加外汇留成比例,由外贸企业实行自负盈亏。(2)改变按地区实行不同外汇留成比例办法,实行按不同商品大类全国统一的留成制度。一类是特殊商品如原油、成品油等,仅给企业留成少量的经营所需外汇额度;一类是机电产品,由于生产出口产品所需进口原材料、零配件多,出口所收外汇额度,除留生产企业 10%、地方政府 5%外,其余全部留给外贸企业;一类是一般商品,按外汇牌价上缴国家 20%,地方政府按收汇全额留成 10%额度,生产企业留成 10%额度,其余留成给经营出口的企业。为保证国家的用汇,国家以全国外汇调剂市场平均价向外贸企业和生产企业分别收购机电产品、一般商品出口收汇全额的 20%和 10%的外汇。其余留成给外贸企业的外汇主要用于外汇调剂和自营进口。(3)继续按照国务院的要求完成清理整顿公司的任务。保留下来的外贸公司,要严格按核定的经营范围经营。对于产品技术比较复杂、出口量较大、符合自营出口条件的大中型国营生产企业和紧密型生产企业集团,自营出口本企业产品的,继续给予支持,其进出口经营权由经贸部审批。继续鼓励和扶持外商投资企业发展出口。为建立良好的经营秩序,要加强各专业总公司和各进出口商会对进出口商品的协调管理。(4)各省、自治区、直辖市及计划单列市人民政府和各外贸、工贸专业进出口总公司及其他外贸企业等向国家承包出口总额、出口收汇和上缴中央外汇(包括收购)额度任务。承包任务根据“八五”计划对外贸发展的要求和全国外贸出口的实际情况,逐年核定。(5)完善进口贸易体制改革。随着价格改革,人民收入的提高,逐步取消进口产品的补贴;进一步减少指令性计划进口;减少许可证进口范围;降低关税总水平。1992 年 1 月 1 日,海关委员会以较大的幅度调低 225 种进口商品的关税。从 1992 年 4 月 1 日起又取消了进口调节税，使 16 种商品的关税税率又进一步降低。

这次改革特点明显，成果突出：第一，取消出口补贴，打破了"吃大锅饭"的体制，减轻了国家的财政负担，又使外贸出口发展脱离国家财政状况的制约，有了长期稳定发展的条件；外贸企业按照国际通行做法，实行自负盈亏，既使外贸企业感到加强经营管理的压力，又增强了自我发展的动力和能力。第二，改变了地区差别外汇留成比例，创造了企业平等竞争的条件，有利于改善外贸经营秩序，促进企业改善经营管理。第三，进一步完善了外贸的宏观管理，开始重视运用汇率、关税、税收、信贷等经济手段调节对外贸易。第四，扩大了企业支配使用的外汇，为外国产品进入中国市场提供了更多的机会。第五，保持了鼓励出口的政策和外贸管理措施的相对稳定性和连续性。

与此同时，重视理顺地(市)县外贸体制。地县基层外贸是国家对外贸易的有机组成部分，在组织出口生产、出口货源中发挥着重要作用，必须高度重视。为更好地适应外贸自负盈亏的新体制，基层外贸企业的管理体制必须进行相应的改革。

从实践看，改革是成功的。出口保持了较高的增长速度，进口迅速回升，基本同出口同步增长；出口经济效益提高，出口费用水平下降，流动资金周转次数加快；出口商品结构进一步优化，制成品出口所占比重比上年同期提高。出口商品质量，经营秩序都有好转；贸易收支平衡状况良好，国际支付能力增强。但是，也还有一些需要进一步研究解决的问题，主要是：(1)出口退税不足、不及时，需要进一步规范化、制度化，避免随意性，同时防止和严厉打击少数企业骗取退税的不法行为；(2)进口管理体制不适应进一步发展对外贸易的要求和国际规范；(3)各类外贸企业的经营管理体制还不完善；(4)外贸宏观管理和协调服务机制需要进一步健全。

(四)贸易逐步自由化阶段(1994—2001 年)

此阶段主要以实施汇改和大幅削减关税及非关税壁垒为主要特征。对外贸易体制全面改革的重要标志是 1994 年实行的汇率并轨。1994 年 1 月 11 日，国务院做出《关于进一步深化对外贸易体制改革的决定》，提出我国对外贸易体制改革的目标是：统一政策、开放经营、平等竞争、自负盈亏、工贸结合、推行代理制，建立适应国际经济通行规则的运行机制。其主要内容包括：

1.改革汇率制度，强化外贸企业自负盈亏机制。目前，中国已经基本上形成了符合世界贸易组织规则和国际惯例的汇率制度，但仍然有许多不足之处，还应该不断加以完善。

(1)施行管理的浮动汇率制度

目前，人民币汇率采取盯住美元浮动的方法。这种汇率制度的安排，虽然与中国目前的经济状况、企业的发展情况和金融监管水平均相适应，但浮动区间狭窄，使得人民币汇率制度成为名义上有管理的浮动汇率制度，但实际上是固定汇率制度，因为政府的调控力量超过了市场调节的力量。目前乃至于今后的一段时间，中国仍然施行有管理的浮动汇率，但是要明确币值稳定是在市场正常波动的基础上相对稳定，应该减少政府在对外经济活动和外汇收付的干预，真正让人民币以市场为基础有管理地浮动。

(2)实行意愿结汇制

允许企业保留一定的外汇，并逐渐调高其比例，最终实现完全意义上的意愿结汇制。

这样可以使得中央银行摆脱其在外汇供求市场中的被动地位，将外汇政策和外汇储备作为宏观调控的手段。

中国外汇市场的基础是中国外汇交易中心，要进一步完善市场，允许更多主体进入国家外汇交易中心，让更多的企业和金融机构直接参与外汇买卖，同时增加外汇交易品种和扩大交易范围，试行远期交易和风险低的衍生金融工具交易。同时，在有序、积极、稳妥的开放原则下，实现资本项目有条件的可兑换，并逐步实现资本账户的完全可兑换。

2.进一步降低进口关税总水平，调整进口商品减免税政策。

随着改革开放的不断深入和社会主义市场经济体制的逐步建立，名义关税水平较高与实际征税水平很低的矛盾，不同企业、不同地区实行不同进口税收政策的矛盾，进口税收政策与国际经济通行规则和市场经济公平竞争原则的矛盾等日益突出。为解决在深化改革、扩大开放中出现的矛盾和问题，我国政府决定改革和调整进口税收政策，在较大幅度降低进口关税总水平的前提下，取消过多的、不平等的进口税收减免优惠，按照社会主义市场经济体制要求和国际经济通行规则，实行统一平等、规范、公平、合理的进口税收政策，以更加开放的姿态参与国际竞争和国际经济合作，促进国民经济的发展。从 1996 年 4 月 1 日起，将我国进口关税总水平由 35.9%降至 23%。2002 年，关税水平由 2001 年的 15.3%降低至 12%，是入世后降税涉及商品最多、降税幅度最大的一年。2005 年中国关税总水平由 2004 年的 10.4%降低至 9.9%，是中国履行义务的最后一次大范围降税。2010 年，降低鲜草莓等六个税目商品进口关税后，中国加入世界贸易组织承诺的国税减让义务全部履行完毕。2017 年 12 月 1 日起，我国进一步降低部分消费品进口关税，平均税率由17.3%降至 7.7%。这次降低关税的有食品、药品、保健品、日化用品、衣着鞋帽、家用设备、文化娱乐、日杂百货等各类消费品，共涉及 187 个 8 位税号。

3.降低出口商品退税率。为解决出口商品退税额多，而国家实际收到的税少的问题，防止某些外资企业骗取出口退税，使国家财政流失，促使外资企业提高经济效益，国家决定从 1995 年 7 月 1 日降低出口商品的退税率，1996 年 1 月 1 日开始再进一步降低退税率。

4.对加工贸易实行银行保证金台账制度。

为防止某些企业利用加工贸易走私，造成国家税收流失，冲击国内生产，同时又便于企业开展加工贸易业务，国务院决定从 1996 年 7 月 1 日，正式在全国对加工贸易(包括来料加工、进料加工以及外商投资企业从事的加工贸易)进口料件实行银行保证金台账制度，即经营加工贸易单位(包括经批准可以从事来料加工业务的生产企业)凭海关核准的手续，按合同备案料件金额向指定银行申请设立加工贸易进口料件保证金台账，加工成品在规定期限内全部出口，经海关核销后，由银行核销保证金台账。对在保税区和驻有海关监管人员的保税工厂内进行的加工贸易进口料件不实行银行保证金台账制度。

通过一系列改革，我国的外贸体制发生根本变化，逐步符合国际贸易规范。一是关税和非关税壁垒持续下降；二是外贸经营主体多元化，自负盈亏机制日趋完善；三是外汇管理走向市场化，提高外贸自由度；四是外贸中介服务体系开始形成；五是外贸经营领域拓宽，有力地促进了我国对外贸易以及多种经济合作的发展。

（五）贸易逐步自由化阶段(2002 年至今)

加入 WTO 使中国的对外贸易环境发生深刻变化。一方面，中国要履行加入 WTO 的各项承诺，削减关税和非关税措施，对现行外贸体制进行适应性调整，使其与 WTO 多边规则相适应；另一方面，要针对加入 WTO 的影响，做好相关应对工作，抓住机遇，迎接挑战，扩大出口，合理调控进口，确保对外贸易的平稳运行。进口调控的原则是，要运用 WTO 允许的手段合理调控进口，努力实现进出口总量平衡，同时重在优化进口商品结构，更好地配合国民经济发展的需要。其重点如下：一是按照 WTO 规则完善进口管理的各项具体制度，包括配额、许可证、关税配额、国营贸易和质量安全卫生标准，为进口调控提供根本依据；二是建立健全反倾销、反补贴和保障措施等公平贸易管理体制，加快建设进口预警体系，及时采取措施防止过度进口对国内产业造成严重损害；三是做好某些重要工农业产品的进口调控工作，加强跟踪，及时反馈，统筹应对。在优化进口结构方面要做到：一是抓住国际产业结构调整特别是 IT 等高新技术产业调整的机遇，加快引进高新技术和关键设备，促进中国的产业结构升级；二是优先保证国内短缺原材料进口，满足国内生产需要，同时采取措施解决中国与部分发展中国家贸易不平衡的问题；三是对不会冲击国内的产业和企业，有利于增加海关税收的商品，适当增加进口；四是对搞重复建设和严重冲击国内市场的进口采取 WTO 允许的手段加以合理调控，减少不利影响。

2004 年 7 月 1 日起实施的《中华人民共和国对外贸易法》，进一步深化了外贸体制改革，并相应完善了出口退税管理办法，为中国对外贸易全面协调可持续发展提供强有力的制度保障。具体包括：统一各类企业外贸准入标准，让各类企业享有自主经营和平等竞争的权利；积极引导外贸代理制的发展；建立外贸诚信经营和退出机制；完善进出口商会体制。2007 年后，中国进入加入 WTO 的后过渡期，除继续深化涉外经济体制改革，促进贸易投资便利化外，已放开外贸经营权，大幅度地降低关税，取消进口配额、许可证等非关税措施，金融、商业、电信等服务业的开放不断扩大。利用外资的质量进一步提高。对外开放的模式也逐步以全球为基点，实现全球资源的最佳优化组合，以最适当成本，把最合适工作放在最合适的地方，这不仅仅是制造业，而且是包括经济、社会、文化等各方面的产业发展，最终实现利益最大化。实施“走出去”战略迈出坚实步伐，对外经济互利合作取得明显成效。

二、中国对外贸易体制改革的特征及成因分析

（一）中国对外贸易体制改革的特征

到目前为止，发展中国家贸易体制改革的方式主要有两种：迅速实施贸易自由化的激进式和稳步趋向贸易自由化的渐进式。纵览世界各国，主要是苏联、东欧各国，曾经有过的经济体制改革主要是“激进式”改革，也就是所谓的“休克疗法”，即对旧体制提出一揽子的改革方案，以较强的力度使旧体制在短期内完全休克，一揽子把新体制建立起来。而中国从改革开放一开始，走的就是另一条“渐进式”改革之路。所谓渐进，即先确定一个基本取向和大致思路，选择一些比较容易推进且可以较快取得成效的领域，特别是从计划经济体制较为薄弱的环节开始突破，由易到难、由浅入深、由外围到核心、由局部到全国，根据条件和可能，因地制宜、因势利导地逐步推进改革，积小胜为大胜。渐进式改革之路丰

富多彩,但概括地看,"渐进式"改革方式主要循着以下各条脉络分别展开或相互交织地展开。

1.先农村后城市

中国的改革从农村开始突破,当农村家庭承包经营制度的改革取得巨大成功、农民的温饱问题基本解决、市场主体地位初步确立后,改革顺势由农村延伸到城市。

2.先放权后改制

城市经济体制改革在一个较长时间段内,中心环节是国有企业改革。改革开放以来,国有企业改革先以放权让利、利改税、承包经营责任制等形式扩大企业经营自主权,推动了所有权和经营权分离、转换了企业经营机制,促进了企业内部改革,同时进行了股份制、企业破产兼并等改革试点。此后,随着改革深入,对国有大中型企业进行以股份制、公司制为主要形式的现代企业制度建设,推动国有经济战略性调整,有力地促进了公有制为主体、多种所有制经济共同发展的基本经济制度的形成和不断完善。

3.先"双轨"后"并轨"

即从新旧体制并存过渡到市场经济体制。最典型的是价格改革。1984 年 5 月至 1991 年初,中国审慎而果敢地实行了生产资料价格双轨制,1992 年后双轨向市场并轨。实践证明,在当时商品经济不发达、市场发育水平较低的情况下,实行双轨制有利于调动企业的生产积极性、发展生产力,也避免了一次性放开价格可能带来的通胀压力、市场混乱乃至社会不稳定。尽管其过渡性及其矛盾非常明显,但这是经济体制转轨不可避免的阶段,是从高度集中的计划经济体制向社会主义市场经济体制平稳过渡的一种有效途径。

4.先试点后推广

在改革开放实践中,对于那些改革难度较大和没有经验的领域,采取了先从较小范围内的试点(试验)开始,取得经验后再在更大范围乃至全国推广的办法。从改革初期的农村和城市试点,到当前建立综合配套改革试验区的实践证明,进行专项或综合改革试点,有利于探索改革路径和经验,有利于凝聚改革共识,有利于降低改革风险和成本,有利于以点带面地推进改革,加快建立和完善社会主义市场经济体制。

5.先探索后规范

改革实践中,我们对所知不多、没有经验又必须进行的改革,采取了"胆子要大,步子要稳,走一步看一步"的探索性实践,强调"不断总结经验,有错误就赶快改,小错误不要变成大错误"。对于改革中已被实践证明行之有效的成熟的做法和经验,适时进行规范性的制度建设和法律法规建设。从商品市场到要素市场等多个改革领域,都先后经历了放开搞活、探索实践直至规范完善的过程。

6.先"体制外"后"体制内"

所谓"体制外"改革就是在原有的计划经济制度之外,发展新的市场主导"部门",使其成为推动市场化改革的强大动力。如产权制度改革,允许在公有制经济之外发展非公有制经济,推动国有企业改革和国有经济的战略性调整;价格体制改革,允许一部分商品自主定价,培育市场形成价格的机制;市场组织改革,在改革计划分配体制的同时,加快培育商品和要素市场等。这些体制外新的增长极、新兴部门、新兴产业的不断出现,既保证了国民经济平稳较快增长,又促进了公有制为主体、多种所有制经济共同发展。通过体制竞争彰显了市场机制的活力与优势，通过“体制外”倒逼“体制内”加快改革。

7.先增量后存量

与体制外改革不同，增量改革是原有计划经济系统内以增量改革带动存量改革的方式，它不是从资产存量的再配置入手，而是着眼于让市场机制在资产增量的配置上发挥作用，使市场机制在计划体制内生长和壮大，使存量资产或利益的比重逐步缩小，新的增量和新的体制要素加快成长并发展壮大，逐步占据主导地位。所谓“新老划断”“老人老办法、新人新办法”等等都是增量改革的形式或表现。这种改革，能够避免集中地触动现有的利益格局，避免过高的调整成本，使改革尽快见效，取得人们对改革的支持和拥护。

8.先重点突破后整体推进

在相当长的一段时间内，我国的经济体制改革是以国有企业改革为重点展开的。围绕国有企业改革，相应地推进了价格、流通、计划、财税、金融、社会保障等相关体制改革，以建立竞争性市场机制和宏观间接管理体制。随着社会主义市场经济体制的初步建立，在重点推进经济体制改革攻坚的同时，更加注重整体推进，注重经济体制与政治、文化、社会体制等改革相协调，全面完善社会主义市场经济制度。

9.先局部开放再全方位开放

开放也是改革。我国对外开放也经历了一个渐进的过程。从开放的范围看，先设立五大经济特区到开放 14 个沿海港口城市，从“珠三角”“长三角”到“闽东南”“环渤海”开辟经济开放区，再到开放沿江、沿边及省会城市，直至加入世界贸易组织，完成了从东部沿海到全国范围内的开放过程。从开放的领域看，从外商直接投资制造业到投资商贸物流等一般服务业，直至金融保险等现代服务业，对外开放的领域日益拓宽，最终形成开放型经济体系。

渐进式改革之所以成功，一是我国的改革是在坚持社会主义基本制度前提下的改革，不是一切推倒重来，而是社会主义制度的自我完善。渐进改革符合大家对改革的认识规律，也符合改革本身的规律。二是渐进改革的每一步都直接围绕扫除生产力发展障碍，不仅不会导致生产力的破坏和倒退，相反极大地促进了生产力的发展，符合改革是为了解放和发展生产力的目的。三是渐进式改革使改革进程给绝大多数人带来看得见的实惠和好处，符合人民群众的根本利益，得到了人民群众的拥护，使人民群众真正成为改革的主体而积极参与。

（二）中国对外贸易改革渐进式、增量型的成因分析

20 世纪 80 年代开始的发展中国家贸易改革浪潮的涌现，既有一般性的动因，也有各自的特定的需求。大多数发展中国家是在市场经济框架内，由贸易保护转向贸易自由化，其贸易改革基本上是一个独立的制度变革。与这些国家的贸易改革不同，中国改革的宏观起始条件是高度集中的中央计划经济体制，对外贸易领域中不仅存在着市场扭曲，而且存在着体制扭曲。因而贸易改革一方面是要实现计划到市场体制的变迁，另一方面则要实现由行政性直接控制的贸易保护向充分发挥市场机制的自由贸易的转轨，最终旨在改变传统僵化模式造成的经济发展迟滞状态。中国是在坚持社会主义基本政治制度和经济制度的前提下进行改革的，没有也不可能有现成的经验可以借鉴，只能在实践中摸索，为避免不可逆的风险，只能以试验的方式进行渐进式改革。对外贸易体制改革作为整体经济

体制改革的一部分，自然受到整体经济改革进程的约束，国内价格改革和企业改革是逐步推进的，外贸体制改革也不可能一蹴而就，只能随着国内市场化进程而分步骤分阶段进行。

第三节　中国外贸体制改革的经济学分析

一、对外贸易宏观管理体制改革

（一）对外贸易宏观管理体制改革的发展

计划经济体制的优势在于可以利用行政手段来充分动员全社会资源，用于国家指定的战略性部门和领域；而其致命的缺陷在于过高的信息成本和缺乏激励机制导致的经济低效率。尽管在一段时间内可以保持高增长率，但早在50年代，集中型计划经济体制的缺点就开始暴露。这种体制有其历史局限性和重大缺陷，不利于充分利用“两个市场、两种资源”，不适应世界经济发展新的潮流。

要发挥市场在对外贸易中的作用，就必须打破对外贸易的国家垄断，通过深化外贸管理体制改革，在我国建立起以法律管理手段为基础、经济调节手段为主、辅之以必要行政管理手段的外贸宏观管理体制。外贸体制改革体现在很多方面：

(1)下放对外贸易行政管理权，将权利高度集中的对外贸易体制转变成一个权力分散的竞争性体制，通过一系列的改革和试点，将外贸的中央行政管理权下放到各地方甚至各企业。对外贸易经营权的分散是沿着纵横两个方向进行的：在横向上，允许中央其他部委成立本系统的专业进出口工贸总公司；在纵向上，各省、自治区、直辖市及计划单列市及经济特区也纷纷开辟外贸口岸，按批准的权限经营外贸业务，如图3.1所示。

(2)强化经济手段，包括进行汇率并轨，实行以市场供求为基础的、单一的、有管理的浮动汇率制度；降低进口关税水平，取消部分进口减免税；改革所得税制，由包干制改为分税制；完善出口退税制度，出口退税全部由中央财政承担；实行鼓励出口的信贷政策等。

(3)加强立法手段，1994年5月12日出台对外贸易基本法——《中华人民共和国对外贸易法》，并制定了与之相配套的《反倾销和反补贴条例》等法规，标志着我国对外贸易的发展进入法制化轨道。

（二）对外贸易宏观管理体制改革的效应

(1)下放和分散对外贸易管理权，扩大地方政府对外贸易自主权

通过下放外贸进出口总公司的经营权，扩大地方的对外贸易经营权，同时扩大地方政府对引进技术、进口商品的审批权，给地方政府一定比例的外汇留成等，在一定程度上改变了对外贸易的中央高度集权，加速了我国对外贸易的发展。但是，外贸权力的分散和下放不是一步到位的，是分阶段、分区域逐步推进的，具有明显的区域偏向性，容易造成区域经济发展的差距过分拉大。例如，中国下放和分散对贸易管理权就是从具有先发优势的东部开始的，东部享受到开放利益迅速发展，而西部却未能享受政策的优惠致使发展滞后。无疑，这种政策的偏向是导致时至今日东西部经济发展水平差距过大的一个重要原因。

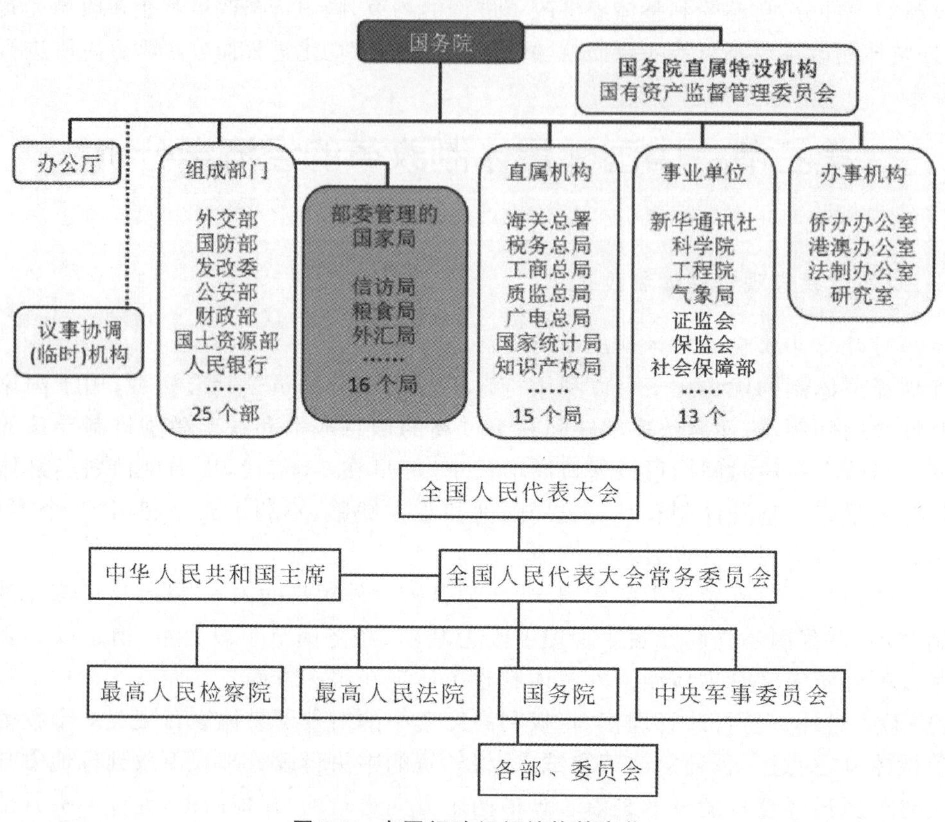

图 3.1 中国行政组织结构的变化

(2)经济手段发挥重要作用,引导外贸的市场经济导向。

改革开放以后,中国将经济改革的重点放在了发挥市场作用上,与之相适应,外贸的宏观管理体制逐步取消了指令性计划,转而采用或加强了国际上通用的商业政策手段,如关税、配额、许可证等来调控对外贸易活动。随着世界经济一体化的发展,90年代以来,尤其是加入WTO以后,我国平均进口关税开始不断下调,2003年1月1日起进一步下调,使得原来的12%下降至11%。2004年,对2 400多个项目的税率进行不同的下调后,关税总水平低至10.4%,2005年进一步降低至9.9%,2005年是中国履行WTO减税承诺时较大幅度最后一年。之后几年,中国继续履行加入WTO时的关税减让承诺,不断降低进口关税税率,但是经过调整,最终保持在9.8%。直到2010年,降税承诺全部履行完毕。2009年我国关税总水平为9.8%,关税结构呈递升的分布已有很大改善。到2011年将关税总水平降至9.8%,对比2001年关税总水平降幅为35.9%。2002年大幅度下调了5 332种商品的进口关税税率,使得关税总水平下降至12%。到2017年11月,我国已对152个税号的消费品实施了暂定税率,平均降幅为50%,涉及一般贸易年进口额109亿美元。但仍然较突出,即关税水平从原材料,到中间产品,再到最终产品是逐步递升的,保护重点仍是最终产品。与此同时,随着计划的削减,我国逐步开始采用非关税措施,如许可证、配额、指定经营等措施。1992年以后,随着外贸体制改革步伐加快,许可证、配额管理范围逐步缩小,并实行制度化与规范化管理。加入世界贸易组织后,按照入世所作的承诺,我国将分阶段进一步大幅度削减配额、许可证等非关税贸易限制。

(3)完善法律制度,加速外贸改革进程

20 世纪 80 年代外贸经营权的放开,是在宏观管理未走向市场化、没有相应的法律手段调控对外贸易秩序的前提下进行的,结果造成对外贸易经营秩序混乱,国家整体利益受到损害。但是随着《中华人民共和国对外贸易法》的制定和出台,逐渐规范了放开外贸经营权的过程中政府和企业的一些行为,规避了激烈的寻租行为和可能造成的政府腐败,为外贸体制的健康持久发展提供了法律依据。

二、出口管理体制改革

(一)外汇管理制度

1.我国外汇管理制度的发展

外汇管理制度应随着经济的发展而进行适当的演变、改进和完善。1979 年以前,我国实行高度集中的外汇管理体制,外汇收支实行全面的计划管理。外汇由国家计划委员会统一平衡和分配使用,统收统支,以收定支,基本平衡,略有节余。一切外汇收入必须缴售给国家,需用外汇由国家按计划分配。国家的外汇资金和外汇业务由中国银行统一经营。人民币汇率作为计划核算标准,由国家规定。在传统的高度集中的外汇管理体制下,外汇资源无法灵活调剂,外贸企业也缺乏出口创汇的积极性,对外贸易统一按国家计划经营,且外贸企业不需要自负盈亏,因而汇率对进出口贸易不起调节作用。

改革开放以后,为促进出口贸易发展,使外贸企业走上自负盈亏的道路,国家对外汇制度进行了一系列改革,主要经历了汇率双轨期、汇率并轨期、汇率市场改革期三个阶段。

(1)汇率双轨期(1978—1993 年)

为适应改革开放的要求以及经济形势的不断变化,中国采取官方汇率和市场汇率并存的汇率形成机制,实行外汇留成办法。

(2)汇率并轨期(1994—2004 年)

实行以市场供求为基础的、单一的、有管理的浮动汇率制度、建立以银行结售汇制度为基础、市场调节为主的管理模式,形成统一、规范、有效的外汇市场,取消对外国货币在中国境内的计价、结算和流通,提高居民用汇标准,扩大供汇范围。1996 年 12 月 1 日起,实现人民币经常账户可兑换,加入 WTO 后,中国与世界各国进行的贸易日益增多,外汇管理局为适应形势需要,作出相应政策规定。

(3)汇率市场改革期(2005 年至今)

2005 年 7 月 21 日起中国外汇管理制度进行新一轮改革:

①改革人民币汇率制度,人民币汇率不再盯住单一美元,形成更富弹性和市场化的人民币汇率制度,中国政府坚持人民币汇改主动性、可控性和渐进性三原则。调整汇率水平,2005 年 7 月 21 日美元对人民币交易价格一次性调整为 1 美元兑 8.11 元人民币,作为次日银行间外汇市场上外汇指定银行间交易的中间价,外汇指定银行可自此时调整对客户的挂牌汇价。调整汇率基准价格和挂牌汇价体系。适当扩大人民币汇率的浮动区间。允许人民币兑美元汇率日波幅为上下浮动 0.3%;将人民币与非美元货币汇率的浮动区间扩大到 3%;扩大银行自行定价的权限,现汇和现钞买卖价在基准汇率上下 1%~4%以内

由银行自行决定，而且可以一日多价。

②调整中国外汇储备的管理制度。截至2008年6月，中国外汇储备总额为18 088.28亿美元，由于过多地用美元衡量外汇储备，加之美元兑人民币正在贬值，这一阶段已摆脱之前经济学家所谓的“手中有粮，心中不慌”的外汇储备政策，中国开始运用合理的手段，充分利用超额外汇储备使外汇储备要保持适度规模。

③不断完善外汇交易制度。增加交易主体，允许符合条件的非金融企业和非银行金融机构进入即期银行间外汇市场，将银行对客户远期结售汇业务扩大到所有银行；引进美元做市商制度，在银行间市场引进询价交易机制；引进人民币对外币掉期业务；增加银行间市场交易品种，开办远期和掉期外汇交易；实行银行结售汇综合头寸管理，增加银行体系的总限额；调整银行汇价管理办法，扩大银行间市场非美元货币波幅，取消银行对客户非美元货币挂牌汇率浮动区间限制，扩大美元现汇与现钞买卖差价，允许一日多价等。

④稳步推进资本项目开放。放宽境外投资外汇管理限制；改进融资性对外担保管理办法；提高地方分局审核权限和对外投资购汇力度；大力实施“走出去”战略；允许部分保险外汇资金投资境外证券市场；实行并改进QFII制度；引进国际机构在我国境内发行人民币债券；允许境内跨国公司在集团内部开展外汇资金运营，并出台外资并购的外汇管理政策；规范境内居民通过境外特殊目的公司开展股权融资和返程投资的行为；允许个人对外资产转移。

2.我国外汇管理制度改革的效应

改革开放之初，由于长期以来的外汇统收统支制度和高估的固定汇率束缚了经济的快速发展，为了提高出口竞争力，增加外汇储备，我国实行了双轨汇率制度和外汇留成制度以促进刚刚起飞的中国外向型经济的发展。双重汇率的实施使当时中国较高的实际有效汇率逐步贬值，刺激了出口贸易的发展，优化资源配置，提高经济效率。通过调整汇率，汇率渐趋合理化，为规范化的外汇市场的建立、1994年汇率的成功并轨奠定了基础，从而成为中国外贸体制走向自由化的重要步骤。外汇留成制度使企业可以按照对自己更为有利的汇率出售商品以获得更高的价格，并放松外汇的行政管理，增加各企业的外汇留成，企业拥有更多的自主权，更充分地参与市场化的改革。

但是，随着经济的发展，双轨汇率制度和外汇留成制度的弊端也逐渐显现。外汇双轨制给经济的快速发展造成了桎梏，一方面多种汇率的并存，造成了外汇市场秩序混乱，助长了投机；另一方面，长期外汇黑市的存在不利于人民币汇率的稳定和人民币的信誉。而外汇留成对于不同行业、地区，甚至是企业在执行标准上的差别引发了不平等竞争，造成市场割据，各地调剂汇率不统一，这就引发了寻租行为的泛滥，不利于资源的合理配置，间接地降低了企业应对外部市场的能力。所以，外汇制度改革的迫切性日益突出。1994年1月1日，人民币官方汇率与外汇调剂价格正式并轨，我国开始实行以市场供求为基础的、单一的、有管理的浮动汇率制。企业和个人按规定向银行买卖外汇，银行进入银行间外汇市场进行交易，形成市场汇率。中央银行设定一定的汇率浮动范围，并通过调控市场保持人民币汇率稳定。与之相适应的外汇留成制度也随之终结，由市场机制代替计划管理体制，自由灵活、适度管理的外汇制度可以优化市场的资源配置，形成利于竞争的外部环境，促进经济发展特别是外向型经济的建设。

自2005年汇率制度改革以来，人民币的币值稳中带升，对我国外贸的发展产生了微妙的影响。改革开放后，中国的经济一直是以外向型加工业为主，凭借廉价的劳动力价格和土地资本，中国创造了“世界工厂”的神话。实行浮动汇率后，由于出口价格的变化，中国的出口商品受到了挑战，当成本优势不存在时，产业发展就会遇到瓶颈。当然中国外贸顺差不单单是由于汇率造成的，所以汇率的变化也不会彻底颠覆外贸格局，不过从汇改前后中国企业遇到的问题和现实的经济环境中可以得见，有管理的浮动汇率制度有利于促进中国产业升级，原来依赖政策倾斜和廉价劳动力的中小企业逐渐被淘汰，而在竞争中不断自主创新、提高产品附加值的企业则得以继续发展壮大。我国的汇率机制已经发生重大变化，汇率的杠杆调节作用越来越明显，实行银行，售汇制，取消外汇留成，上缴和额度管理制度，为各类外贸企业提供了相对平等的竞争环境，建立统一的银行间外汇交易市场，改变人民币汇率形成机制，国家运用经济手段调节进出口贸易的能力进一步加强，取消外汇收支的指令性计划，国家主要运用经济、法律、手段实现对外汇和国际收支的宏观调控，取消国际收支经常性交易方面的外汇限制，实现货币自由兑换，为企业提供宽松的用汇条件。

（二）我国出口补贴政策

1.我国出口补贴政策的发展

补贴政策在各国经济政策中占有重要地位。在国际贸易中，各国通常都会不同程度地运用各种补贴形式，以影响国际市场上的货物流向或扶持本国“优选”产业成长。

改革开放以前，我国对外贸易在计划经济体制下实行高度集中的管理，进出口商品的价格不由市场决定，不能反映产品的真实成本，价格扭曲现象十分严重，资源配置混乱。与此同时，汇率也被严重高估，这使得计划经济体制下的中国对外贸易都是以出口亏损、进口盈利为特征的，在国家统负盈亏的外贸体制下，用进口盈利弥补出口的亏损。

改革开放以来，我国政府根据国际经济环境和本国国情，选择了外向型经济发展战略。随着我国企业更深地融入世界经济和更多地参与国际经济竞争，补贴效应越来越明显，中央政府和地方政府越来越依靠补贴政策（主要是税收优惠和减免）吸引外资，推动宏观经济发展。1987年以前，国家对外贸企业的亏损进行全额补贴。为使企业走上自主经营、自负盈亏，减轻国家财政的负担，1991年正式取消了国家对于出口的直接补贴。1994年，计划委员会为了促进我国汽车出国外市场，制定了《根据出口业绩向企业提供获得贷款和外汇的优先权》的出口鼓励政策。同时，为推动我国汽车制造业的国产化进程，国家计委制定了《根据汽车的国产化率提供优惠关税税率》的相关措施。该政策规定，对含进口技术的客车、货车和摩托车达到一定国产化比例的生产企业提供优惠关税税率。1997年4月1日采取新税制后，规定对小汽车零部件关税和进口环节税的减免应视其国产化率而定。

2.我国出口补贴政策改革的效应

我国的政策一直把出口补贴作为增强国有企业竞争力和推动产业结构升级的一个政策工具。这个工具在我国对外贸易体制改革上起到了重要的作用。

（1）就亏损性出口补贴而言，该补贴是在计划经济向市场经济转轨过程中价格体系存在扭曲的情况下实施的。当时，出口部门平均创汇成本高于创汇收益，如果不给以补贴就难以维系贸易活动，因而其直接目的主要是为维持外贸企业的正常运转，而非鼓励出口贸易的发展，即其不具有或不主要具有贸易刺激机制的作用，而是以一种扭曲纠正另一种扭曲。但在对外贸易体制改革进程中，出口补贴政策的实施激发了外贸企业发展出口的积极性，使出口贸易得以顺利发展，为外贸体制的进一步改革创造了条件，从这一意义上说，亏损性出口补贴的实施具有帕累托改进性质。

(2)在存在反出口补贴倾向的条件下，各种出口补贴均起到了鼓励出口抵消贸易保护的效应，有利于推动贸易体制的"中性化"。

(3)出口补贴在推动出口贸易发展的同时，也使外贸企业获得了资金积累，在不断扩大的出口贸易活动中提高了经营管理水平，为此后将外贸企业推向市场，成为自主经营、自负盈亏的独立经济实体做了准备。

(4)推动了具有比较优势的产品国际竞争力的提高。如通过出口纺织品生产专项补贴政策、机电产品出口所得税返还政策，推动了纺织服装、机电产品出口的迅速增长，并成为我国出口的主导产业。

但出口补贴也产生了一系列负面影响：一是加重了政府财政负担。二是导致对外贸易经营秩序的混乱。在出口贸易实施国家补贴的情况下，弱化了外贸企业的预算约束，导致外贸企业为完成国家出口创汇任务，对出口商品在国内市场抬价争购，在国际上削价竞销，致使对外贸易经营秩序恶化，国家经济利益严重流失。三是导致对外贸易贫困化增长。对外削价竞销不但造成直接的利益损失，而且还导致对外贸易条件恶化，出口扩张收益与数量的变动方向相背离。

(三)我国出口退税政策

出口退税是一国政府对出口商品退还其已征收的产品增值税、消费税，试图使商品以不含税价格公平地参加国际市场竞争，促进本国出口。出口退税作为一种国际通行的做法，已被国际社会广泛地认同和采用，如法国、德国、意大利、韩国等都实施出口退税政策。

1.我国出口退税政策的发展

(1)初始阶段(1950—2002年)

我国的出口退税制度最早可追溯到1950年。1958年税制调整中出口退税制度中止。1983年国务院恢复对部分货物实行退税。1985年我国实行税制全面改革，国务院批准制定《关于对出口产品征、退产品税或增值税的规定》，这标志着我国现行的出口退税制度的建立。1988年明确了"征多少退多少，不征不退和彻底退税"原则。1997年，亚洲金融危机爆发，造成我国出口额大幅度下降，政府从1998年开始逐渐调高出口退税率。到1999年7月，我国出口商品的综合退税率大幅攀升，平均出口退税率由6%提高到15%。

(2)出口退税率的重大调整阶段(2003年)

2003年底，根据我国改革开放的需要和国内外经济形势的变化，国务院作出了改革出口退税机制的重大决定。首先在税率上进行了结构性调整，对国家鼓励出口的产品退税率不降或少降，对国家限制出口的产品和一些资源性产品多降或取消退税。其次，加大了中央财政对出口退税的支持力度，建立中央和地方负担的出口退税机制，对超基数部分的应退税额，由中央与地方按75：25的比例分担。2005年后，中央和地方出口退税超基数负担比例调整为92.5∶7.5,并将出口退税退库方式改由中央统一退库。

(3)调整阶段(2005—2007年)

2005年进行了调整,国家分期分批调低和取消了部分"高耗能、高污染、资源性"产品的出口退税率,同时适当降低了纺织品等容易引起贸易摩擦的出口商品的出口退税率,提高重大技术装备、IT产品、生物医药产品的出口退税率。2007年7月,我国开始实行新的出口退税政策,调整的主要内容是:553项"高耗能、高污染、资源性"产品的出口退税被取消,2 268项易引起贸易摩擦商品的出口退税进一步降低。

(4)出口退税率的重大调整阶段(2008年至今)

2008年11月1日上调出口退税率政策。此次调整涉及3 486项商品,约占海关税则中全部商品总数的25.8%。主要包括两个方面的内容:一是适当提高纺织品、服装、玩具等劳动密集型商品出口退税率;二是提高抗艾滋病药物等高技术含量、高附加值商品的出口退税率。届时,我国的出口退税率将分为5%、9%、11%、13%、14%和17%六档。2008年12月1日起执行了第八次调整的政策。2009年1月1日起执行了第九次调整的政策,将纺织品、服装的出口退税率提高到15%。2009年4月1日起,我国执行了第十一次调整的政策,提高部分商品的出口退税率。2009年4月1日,国家正式发文,将纺织企业出口退税从原来的15%上调到16%。2010年6月22日,财政部、国家税务总局发布《关于取消部分商品出口退税的通知》,宣布自2010年7月15日起取消下列商品的出口退税:部分钢材;部分有色金属加工材;银粉;酒精、玉米淀粉;部分农药、医药、化工产品;部分塑料及制品、橡胶及制品、玻璃及制品。从出口退税政策的演变可以看出,该政策在中国从无到有、退税品种从不规范到比较规范逐步发展起来,但其受外贸发展环境和国家财力等因素严重制约,政策变动过于频繁,退税率波动极其剧烈,反映了这一贸易制度在我国的发展极不成熟,亟待进一步完善。

2.我国出口退税政策改革的效应

近年来出口退税政策不断调整,特别是1994年以来,随着出口贸易规模的扩大,不能及时足额退税、退税率的急剧波动对出口贸易的发展产生了重要影响。

(1)对出口贸易的影响

①对一般贸易的影响。历史数据表明,出口退税率的上调或下调通常导致一般贸易出口呈同向变动。每一次出口退税率较大幅度的调整,都使出口退税额发生了相应变化,从而刺激或抑制了一般贸易出口的增长。可见,出口退税率的调整通常导致一般贸易出口呈同方向波动。本次调低出口退税率,亦会对随后年度的一般贸易出口产生一定的冲击。对有关数据的研究分析和测算表明:综合出口退税率变化1个百分点,将导致一般贸易出口反向变化近1.67个百分点。因此,如果我国一般贸易出口总额仍能保持1999—2003年的平均增速19.7%,在其他影响因素不变的情况下,2004年综合出口退税率下调3个百分点,一般贸易出口将下降约5个百分点,保持14.7%左右的增长速度。

②对加工贸易的影响。出口退税政策对加工贸易出口的直接影响表现在加工贸易企业是否进行国内采购。由于来料加工不实行出口退税,因而来料加工国内采购率明显低于进料加工。商务部2004年的调查显示,进料加工企业中,国内采购比重高于50%的占34.4%,而来料加工企业中仅有20.5%的企业国内采购比重高于50%。

(2)对出口产品结构的影响

由于出口退税是随着出口产品加工程度的深浅而决定退税的多寡，因此大大促进了商品结构的优化。国家可以通过提高机械、医药、汽车等高科技产业产品出口退税的比率，降低初级产品的出口退税率，引导该产业向深加工方向发展，甚至可以对国家限制的出口产品和一些资源性产品大幅度降低出口退税率或取消出口退税以保护国家利益。

(3)对人民币汇率的影响

出口退税政策其实质是适当抑制出口、优化出口产品结构的一种调整政策，它产生一种间接的人民币升值效应。它的积极影响表现在：首先，缓解人民币实际升值压力，对于扩大内需保证经济发展的根基不会造成巨大冲击。其次，降低出口退税率就等于宣告人民币不会升值，减小了银行的贷款压力，打散了国外投机资金冲击中国金融市场的意图，稳定了市场。最后，外汇储备的增加导致央行为稳定汇率释放出大量基础货币，客观上导致了商业银行可贷资金大量增加，而降低出口退税率对减缓增长过快的货币供应量显然十分有利。

(4)对财政政策的影响

加入 WTO 至今，我国进入承诺降税期，平均关税税率依旧在逐年下降，但随着对外贸易的快速增长，关税收入仍然保持稳定增长，从 704.3 亿元增长到 2 027.8 亿元，其中 2004 年和 2010 年分别突破 1 000 亿元和 2 000 亿元，对财政收入的贡献虽日益淡化却也越来越稳定，近几年保持在 2.5%左右，成为最稳定的财政收入来源之一。

(四)我国出口信贷政策

出口信贷是各国为了支持本国大型资本性质货物出口而提供的具有政府支持的转向代管，其目的是为了提高本国产品在国际市场上的竞争能力。我国的出口信贷体制是以中国进出口银行为核心，以财政部和中国人民银行的支持为基础，并吸收中国银行、中国人民保险公司等商业金融机构参加而共同构成的。中国进出口银行是我国官方的出口信贷机构，参与制定并负责贯彻落实我国的出口信贷政策。

1.我国出口信贷政策的发展

我国的出口信贷业务是从 1980 年开办的。在 1994 年以前，这项业务是由中国银行负责管理。其主要形式有：出口商品生产专项贷款；为生产出口商品而引进技术的短期外汇贷款；“三来一补”项目中的国内配套资金贷款；出口产品的生产性投资及扶持出口商品生产的周转资金等。

20 世纪 90 年代以后，随着我国建立社会主义市场经济体制步伐的加快，我国加速了对出口信贷政策的建设和实施。1994 年我国对金融体制和外贸体制进行的重大改革中提出成立中国进出口银行，将原来由中国银行承办的政策性出口信贷业务交由该银行办理，对该银行办理出口信贷业务而发生的亏损由国家财政直接给予补贴。这项改革措施为不断扩大我国机电产品和成套设备等资本性货物的出口、逐步调整我国对外贸易结构奠定了金融基础。

2.我国出口信贷政策改革的效应

改革开放以前，我国经济体制实行高度计划管理，外贸财务上统收统支，外贸企业必须按照国家计划开展进出口贸易活动，没有发展自身的资金积累，只能依靠银行贷款。出口信贷为我国出口企业进行生产、扩大出口贸易提供了资金保障，是改革开放后我国出口贸易快速发展的动因之一。

当然，出口信贷政策从出台实施至今也造成了一些负面影响：首先，不利于外贸企业参与市场竞争，在政策的保护下，企业较容易地获得贷款且条件优惠，而且由于政企不分，管理松散，银行对企业的偿还能力约束性不强，因此导致外贸企业资源未能优化配置，不利于其成为独立的法人实体和市场竞争的主题。其次，由于出口信贷有计划内和计划外贷款之分，因此各企业为了追逐计划内贷款，获得竞争优势，引发了大量的寻租行为，造成资源配置的低效率。

（五）我国出口配额与许可证制度

外贸体制实行改革后，在实施各种出口促进政策的同时，我国还采用了配额及许可证等控制手段对出口贸易进行宏观管理。

1.出口配额与许可证制度的发展

1980 年，我国颁布了《出口许可制度暂行办法》，开始实施出口配额及许可证制度，目的是为了在计划管理体制松弛的情况下，对出口贸易进行有效的管理，以保证本国利益的最大化。20 世纪 80 年代，随着计划控制的不断弱化，出口配额及许可证管理相应加强。1984 年实施出口许可证管理的商品为 129 种，1986 年增至 152 种，1989 年进一步增至 173 种，使我国受许可证控制的商品占了出口总额的 55％左右。随着我国国内经济与对外经济市场化程度的不断提高，配额许可证这种行政性管理手段与之不相适应，20 世纪 90 年代以后，我国实施配额许可证管理的商品范围不断减少。1992 年受出口许可证管理的商品出口额占出口总额的比重降至 15％强。到 1993 年，中国实行配额许可证管理的出口商品降至 114 种（为便于操作，又细分为 143 种）。

根据 1994 年实施的《出口商品管理暂行办法》，规定实行配额许可证管理的出口商品主要为三类：(1)关系国计民生的大宗资源性出口商品及在我国出口中占重要地位的大宗传统出口商品，实行计划配额管理；(2)中国在国际市场或某一市场占主导地位的重要出口商品后以及外国要求我主动限制出口数量的商品，实行主动配额管理；(3)国外对我国有配额限制的出口商品，实行被动配额管理。对于出口金额大且易于引起经营秩序混乱的商品，重要的名、优、特出口商品，极少数需加以管理的出口商品，实行一般出口许可证管理，这些商品一般没有数量限制，主要是规范经营秩序。1994 年开始对部分实行计划配额及主动配额管理的商品的配额分配实行招标制。20 世纪 90 年代后期，出口配额许可证管理的商品范围进一步缩减，到 1999 年出口许可证管理商品减为 58 种，2000 年进一步减少到 54 种（实际操作分解为 68 种），仅占出口总额的 8％。

2.出口配额与许可证制度实施的效应

我国实施出口配额许可证管理是为了达到以下几个目的：(1)保护国内经济，防止那些国内价格大大低于国际价格的原材料、矿产品等，损害国内生产加工企业的利益。(2)稳定国内外市场。一些在国际市场占主导地位的商品，如出口到我国港澳市场的大宗鲜活商品，若过度出口势必造成贸易条件的恶化，降低经济效益。(3)遵守与有关国家的贸易协定，提高配额的使用效率。出口配额许可证制的实施一定程度上改善了中国的贸易条件，如在 1992 年，由于中国对钨实行出口关税及许可证制度，国际价格高于国内价格

60%，有利于贸易条件的改善，增加贸易所得。但出口配额许可证作为行政性管理手段，人为地限制了出口商品的种类及数量，限制了市场功能的发挥，使价格产生扭曲，进而造成生产及消费的扭曲，其结果必然导致资源配置效率低下。同时，一些原材料及中间产品出口受到限制，造成国内相关企业对这些受限商品的买方垄断。如煤炭出口由于受到数量限制，其国内价格大大低于国际市场价格，导致对煤炭大量低效率的利用，并造成严重的环境污染等问题。此外，出口限制措施还导致国内利益分配的不合理。一方面，由于受到限制的出口商品大多是具有资源优势的原材料或具有劳动力成本优势的农副产品，这些商品绝大多数又是产于相对贫困落后的中西部及广大农村，出口限制造成了其利益损失；另一方面，这些产品的下游加工企业基本上位于经济发达的东部地区，他们从这种贸易限制中获益。而与此同时，国家并未出台相应的利益补偿机制，造成收入分配的不合理。配额许可证的分配还导致严重的寻租问题。1995 年以后，一部分出口配额分配实行招标制，对此问题的解决起到了一定作用，但招标制本身也存在着诸多缺陷，引发了许多问题。

三、进口管理体制改革

（一）关税制度

关税是指进出口商品在经过一国关境时，由政府设置的海关向进出口国所征收的税收。征收关税是一国政府增加其财政收入的方式之一，但随着世界贸易的不断发展，关税占国家财政收入的比重在不断下降。因为进口关税可以通过收税抬高进口商品的价格，降低其市场竞争力，减少在市场上对本国产品的不良影响，所以对关税以及关税改革的研究就主要集中在进口关税。

1.我国关税制度的发展

我国关税改革的性质是以建立社会主义市场经济体制和适应国际经济通行规则为依据的。从新中国成立到改革开放初期的 30 多年间，我国实行的是高关税保护政策（大概在 55%以上），在计划经济体制下，由于关税形同虚设，事实上不发挥调节进出口贸易的功能，因此有极大的随意性，不能起到调节市场的作用。改革开放以后，中国为了适应市场经济的发展，开始了一场渐进式的改革，此时，关税逐渐发挥对本国产业的保护作用。入世之前，中国始终维持着一个较高的关税水平。到 1991 年，未加权的平均关税税率为 44.05%。除了高关税外，为限制消费品的大量进口，中国还于 1985 年 7 月实施了进口调节税制度。除此之外，中国“阶梯式”的关税结构也是较高关税税率的一个重要体现。中国实施高关税限制的商品主要集中于最终制成品，特别是生活消费品。

在实施名义高关税的同时，为鼓励出口贸易发展及贯彻国家的产业政策，中国对生产资料的进口实施普遍的关税减免政策。由于中国吸收外商直接投资最重要的动机之一在于扩大出口贸易，因而关税减免政策对外商投资企业的进口实施得最为广泛而持久。此外，外向型程度高的经济特区及经济技术开发区也得到了关税减免的优惠。此外还有其他形式的减免税，甚至非法减免税。其结果导致尽管我国名义关税率很高，但实际关税率却极低。1992 年，邓小平南行讲话以后，我国经济体制改革提出了明确的目标：要建立有中国特色的社会主义市场经济，而且为了与世界经济迅速融合，我国启动贸易自由化，积极申请复关和加入世贸组织谈判,主动削减高关税。

2.我国关税改革的效应

国际经济学理论认为,名义关税率仅反映了关税对制成品价格的影响,即对最终产品国内生产者的保护程度,而没有考虑对投入的原料、半成品的保护,因而只是一种名义上的保护。而有效保护率(ERP)是衡量关税对一国的实际保护水平更为可靠的指标,因为它包括了对投入到最终产品中的原料、半成品征收关税后增值部分的保护程度。因此,较高的名义保护率会造成更高的有效保护率,进口关税的保护作用因而增强。

作为中国进口管理体制改革的第一步,不断递升的高关税尤其是较高的进口关税逐渐取代了原有的计划管理,同时又对外国投资企业和经济技术开发区的企业实行大量的关税减免政策,使关税在调节对外贸易中的作用日益增强,从而对进出口贸易及国民经济产生了重要影响:

(1)贸易保护手段规范化,有利于市场机制的形成。对贸易的调节主要是对价格发生作用,进而通过价格调节机制对市场起作用。而且关税控制的透明度较高,有利于国内外厂商核算成本,提高效率。对于中国这样的转型经济国家而言,关税在对外贸易中作用的强化,意味着以市场手段调控经济的作用加强,从而有利于推动市场体制的形成。

(2)高关税与大量关税减免同时存在,形成一种"有保护的促进",使贸易体制趋于"中性化"。在名义关税较高的情况下,对符合国家产业政策的技术密集型产品及出口产品生产所需的原材料、中间产品及生产设备的进口减免关税,使实际贸易保护水平降低,从而起到鼓励出口的作用。正是在关税减免政策下,加工贸易得到迅猛发展,成为我国出口贸易的主要方式之一,充分发挥了我国劳动力资源丰富的优势。

(3)与国内经济体制改革相配合,促进了我国具有潜在比较优势产业的发展。如20世纪80年代初,为控制电视机等电子耐用消费品的进口,我国实行了高关税政策,以电视机为例,其名义进口税率达到80%,进口调节税为70%(1985年开始),累计关税达150%。高关税限制下,电视机进口受到抑制。与此同时,随着国内宏观经济体制改革的推进,投资主体日益多元化,国内各类企业(既有国有企业,也有乡镇集体企业及中外合资企业)通过技术合作、引进国外生产线等纷纷投资电视机行业,这些企业间展开了激烈的竞争,优胜劣汰,最终使我国电视机产业迅速发展起来。到20世纪90年代,我国电视机国际竞争力显著增强,并逐渐成为世界电视机出口大国。进出口关税的保护效应,通过对我国2007年的海关税可以说明,我国部分行业,如农业、渔业、饮料制造业、烟草制造业、纺织品制造业、肥料制造业已经达到关税的有效保护,还有部分关税尚未实现有效保护的行业。如印刷业保护力度最低,仅占其名义保护的税率的44.8%。由此可见,进口关税的保护效应并不能覆盖整个贸易范围,其有效保护率与贸易发达国家仍有差距。较高的关税水平对行业或者国内产品的过度保护将使得走私违法活动猖獗。

(二)非关税制度

非关税壁垒,又称非关税贸易壁垒,就是指一国政府采取除关税以外的各种办法,来对本国的对外贸易活动进行调节、管理和控制的一切政策与手段的总和,其目的就是试图在一定程度上限制进口,以保护国内市场和国内产业的发展。非关税壁垒形式多样,且更为隐蔽。根据美国、欧盟等WTO成员贸易壁垒调查的实践,非关税壁垒主要表现为以下

13 种形式：通关环节壁垒、对进口产品歧视性地征收国内税费、进口禁令、进口许可、技术性贸易壁垒、卫生与植物卫生措施、贸易救济措施、政府采购中对进口产品的歧视、出口限制、补贴、服务贸易方面的壁垒、与贸易有关的知识产权措施和其他壁垒。改革开放以后，我国主要利用了进口许可和补贴等非关税壁垒，与关税措施一起构成了我国进口贸易的壁垒，控制着我国进口贸易的规模和结构。

1.主要非关税壁垒的发展

进口配额、许可证制度是我国非关税壁垒中最核心的内容。改革开放后，随着计划控制的松弛及外贸经营权的分散，国家重新启用了进口配额及许可证制度。20 世纪 80 年代，作为计划控制手段的替代，进口配额及许可证制度不断强化。20 世纪 90 年代以后，随着中国加速由计划经济向市场经济体制的转变及加入世界贸易组织进程的推进，进口配额及许可证制度开始进行改革，一方面，实施的方式方法更加规范，另一方面，所控制的商品种类大幅度减少。20 世纪 80 年代初，实行进口许可证制度的商品有 24 种。20 世纪 90 年代以后进口配额许可证管理的商品范围逐渐缩减，到 2001 年，受许可证控制的进口商品减少到 18 种，其中主要是大宗的有关国计民生的原材料及机电产品。同时，我国对配额及许可证管理更加规范化，减少了有关权力部门和厂商创租、寻租的机会，减少了社会资源的浪费。

2.主要非关税壁垒的效应

国际经济学理论认为，在完全竞争的市场条件下，进口配额与等效关税的经济效应相似。但在不完全的市场竞争条件下，配额可能为市场垄断创造机会。当一国实施关税控制手段，进口竞争性厂商所面临的是世界价格加关税的有弹性的竞争性供给，厂商虽受到一定程度的保护，但仍是价格的接受者，不能从关税中获得垄断利润。而实行进口配额，由于进口数量绝对固定，所以国内占据优势地位的厂商便有机会控制市场，通过提价和减产攫取垄断利润。另外，从收入效应来看，关税收入为进口国政府所得，配额造成的“租”取决于分配方式，具有不确定性。

改革开放初期，相对于计划控制，进口配额的数量控制可以更为透明地影响市场，并通过对价格产生影响来引导生产和消费，使企业逐渐走向市场，参与竞争，提高效率。与此同时，配额和许可证制度比起关税制度而言，操作更为简单，并且对国内产业的保护效果更强，配额的数量控制可以完全排除市场渗透的可能性。进口配额和许可证制度在转型的初期起到了重要的作用：首先，这两种非关税壁垒通过数量控制，对电视机、电冰箱、摩托车、收音机和空调等产品的进口予以限制，使国内的相关产业得到很好的保护，并且迅速成长壮大成为中国出口贸易的主力军。其次，运用这些限制，可以减少夕阳产业产品的进口，增加高新科技产品和国内急需产品的进口，有效地利用进口资源，提高自身的技术研发能力。

除配额许可证制度外，中国的非关税壁垒还包括外汇控制、计划控制、行政控制等。这些非关税壁垒也在计划经济向市场经济转轨的过程中起到了保护国内产业、促进经济发展的作用。但是，非关税壁垒对贸易进行限制，使价格产生扭曲，造成资源配置低效率，严重阻碍了国际贸易的发展，随着经济的发展必将退出历史舞台。

四、外贸经营体制改革

在计划经济体制下，对应于对外贸易宏观管理体制，我国的对外贸易经营体制是高度集中的垄断经营。经营权高度集中和政企不分是造成改革开放以前我国对外贸易低速发展的重要原因之一。

(一)对外贸易经营体制改革的主要内容

改革开放以后，我国对对外贸易的经营体制做了一系列改革，改革的主要内容如下：

1.对外贸易经营权的分散改革

改革开放以后，我国打破对外贸易垄断经营，逐步放开对外贸易经营权。外贸经营权首先由中央外贸专业总公司扩大到地方分支公司，通过工贸结合扩大到生产部门，使外贸企业开始走上实业化的道路，符合当代国际贸易发展的趋势。1988 年，国家决定赋予国有生产企业自营进出口权，但由于初期的混乱，直到 1992 年才又正式开始赋予生产企业自营进出口权；1996 年开始允许设立中外合资对外贸易公司；1998 年，国家开始赋予私营生产企业和科研院所自营进出口权，实现了我国外贸体制改革的又一次重大突破，私营企业获得进出口经营权标志着对外贸易的国家垄断制的废除，由此开始形成了我国对外贸易领域多种所有制共同发展的局面。根据 2004 年修订的《对外贸易法》的规定，从 2004 年 7 月 1 日起，中国境内的所有企业和个人都具有从事外贸经营的权利，由此对外贸易经营权全面放开。

2.进行企业制度改革

通过建立现代企业制度，实行企业股份制改革，转换企业经营机制。改革开放后，为提高经济效率，加速对外贸易的发展，政府明确提出实现政企分开，力图将独立的经营权复归企业。中共十四大确立了社会主义市场经济是中国经济体制改革的目标。1993 年底，中共十四届三中全会通过的《关于建立社会主义市场济若干问题的决定》(简称《决定》)中明确提出建立现代企业制度是国有企业改革的方向。建立现代企业制度的目标在于使国有企业真正成为自主经营、自负盈亏、自我发展、自我约束的法人实体和市场竞争的主体。

3.进行经营制度改革

从单纯追求创汇数额，转向重视效益；从商品经营转向资产经营；从单一经营转向多种经营；从传统的收购制度转向服务型的代理制；从分散经营转向规模经营。

4.建立、健全外贸协调服务体系

充分发挥进出口商会的协调、服务、纽带职能；发挥研究咨询机构和学会、协会的信息指导和服务功能；完善金融、保险、运输等配套体系。

(二)对外贸易经营体制的绩效

随着对外贸易经营权制度的改革，我国对外贸易经营主体多元化的格局逐渐形成。首先，国有外贸企业的形式增加。改革开放后，随着外贸体制改革的深入，打破了专业外贸公司一统天下的格局。在我国国有外贸经营主体内部出现了外贸专业总公司(包括工贸总公司)、地方外贸公司、有进出口经营权的内贸企业及自营进出口的生产企业等各种形式的从事外贸活动的企业。其次，所有制形态呈现多元化的特征。改革开放后，随着以市场为取向的改革的深入，特别是从计划经济体制向市场经济体制转轨，对外贸易全民所有制的单一格局逐渐被打破，除国有企业外，还出现了集体企业、私营企业、股份制企业、中外合营企业及外商独资企业等。

第四节　入世后我国外贸体制改革面临的问题及对策

入世以来，世界贸易环境发生了巨大的变化，欧美等发达国家在经历了经济上升周期后遭遇了严重的经济危机，世界经济尚待重新振兴，中国经济一枝独秀，成为世界经济增长的驱动力，但是中国也遇到了一些贸易摩擦。外贸体制改革遇到了新的挑战，只有解决好，才能为我国的对外贸易发展甚至是经济腾飞创造条件。

一、对外贸易体制改革应解决的问题

（一）对外依存度（包括进口和出口依存度）过高带来的负面影响

较高的外贸依存度在推动我国经济发展的同时，也存在着许多风险：第一，出口依存度结构上的不平衡增大了风险性。目前我国对外出口集中在少数国家，增大了对这些国家市场的依赖性，从而可能使我国在国际政治斗争中处于被动地位。当金融危机来袭，我国一些以 OEM 为主要业务的出口加工企业难以承受订单迅速减少的打击，纷纷破产。第二，出口依存度在产品上的不平衡使少数产品的发展增大了风险。我国出口产品集中于低端产品，而且依存度还很高，如纺织服装产品，使这一产业对外部市场的依赖性特别强，而且很容易被许多国家所替代。第三，出口渠道由发达国家跨国公司掌握，使我国缺乏出口发展的主动权，一旦由于政治原因导致跨国公司策略的变化，对我国出口贸易会造成严重的冲击。第四，较高的出口依存度增加了“中国威胁论”的市场，从而不利于我国的和平崛起。另外，过高的进口依存度会增大国内产业的竞争压力，增大国内就业压力和国内一些企业的经营困难；而且，我国在进口依存结构中主要是技术装备的进口依存度较高，这使我国的工业现代化与技术进步对外存在着较大的依赖性，存在发达国家对我国的技术进行控制的风险。

（二）外贸市场化与政府职能定位问题

我国国有企业（包括外贸企业）正在向股份制转化，创汇已不再是企业的首要目标，追求高效益、高利润、低风险成为企业的主要目标。政府对企业的干预日益减少。但在外贸领域政府职能的转变依然尚未完成，这表现在：宏观管理还没有转到以经济、法律手段为主上来；对进口行政性管理过多、过严。国家对外贸运行的宏观调控体系还不完善（如与世界贸易组织接轨的法律法规需要健全和完善），特别是汇率、关税改革还没有到位。我国市场化的外贸制度不能照搬西方模式，我们需要在充分利用世界贸易组织规则的基础上进行合理有限的政府干预，根据产业与贸易发展的特点适时采取战略性贸易政策支持。政府在进行必要的行政管理的同时，宏观管理要转移到以法律手段、经济手段为主的轨道上来。

二、外贸体制改革应做到三大转变

(一)转变传统的追求贸易顺差的观念,努力追求外贸平衡

我国是一个发展中的大国,长期的贸易顺差所带来的并非都是好处。首先,近年来贸易顺差带来的贸易争端不断涌现;其次,贸易顺差虽然增加了外汇储备,但从资源效用最大化的角度看,是资源未被充分利用;再次,持续高额的顺差导致了人民币升值预期,进而又导致了资本净流入增加,资本净流入增加又进一步导致了人民币升值的压力;最后,巨额的经常项目的顺差,会转化为货币大量投放的压力,成为通货膨胀率上升的重要因素。

相反,贸易逆差的结果也并非都是坏处。第一,适当的逆差有利于缓解短期贸易纠纷,有助于贸易长期稳定增长;第二,逆差实际上等于投资购买生产性的设备,只要投资项目选择得当,既可以补充国内一些短缺的原材料,还可以很快地提高生产能力、增加就业,以及增加经济总量;第三,逆差还能减少人民币升值的预期,减缓资本净流入的速度;第四,短期的贸易逆差还有助于缓解我国通货膨胀的压力,加大我国货币政策的操作空间。

从我国经济发展的实践来看,经济增长快的年份,都是逆差或者顺差较小的年份。因此,在对外贸易问题上,应当彻底转变观念,放弃出口创汇、追求顺差为目标的传统观念和做法,确立以国际收支平衡为目标的政策。

(二)转变原来的"出口导向"外贸战略,转向贸易平衡、由关注出口额转向提高生产率、促进国际竞争力持续增强的贸易导向战略

从长期趋势来看,国家利益的实现根本上还是取决于进出口贸易的动态平衡。考虑到中国的资源状况、市场规模、产业结构和经济体制等各方面因素,一个基本平衡的贸易差额也应该是符合中国经济发展要求的。因此,我国外经贸战略应由传统的出口导向转向贸易平衡,由关注出口额转向提高生产率、促进国际竞争力持续增强的贸易导向战略。

(三)转变原来的外贸增长方式,做到外贸规模的扩大和质量的提高并举,实现由贸易大国向贸易强国转变,使得贸易对产业和国民经济的促进作用显著增强

纵观过去外贸增长方式,存在着"四大不够协调"和"四个不可持续"。"四大不够协调"指的是速度与效益不够协调、商品贸易与服务贸易不够协调、贸易和产业不够协调和东部和中西部外贸不够协调。"四个不可持续"指的是贸易摩擦增多不可持续、低成本不可持续、高资源消耗不可持续和缺乏核心竞争力不可持续。针对当前我国外贸从数量式增长向质量效益型增长、从贸易大国向贸易强国转变的关键阶段,应从以下几个方面推动外贸增长方式的转变:一是促进核心竞争力的增强,发展名牌,提高出口产品附加值。二是促进加工贸易转型升级,通过扩大国内采购比例、延长国内产业链条、培育自主知识产权,由"候鸟经济"转变为"榕树经济",增强对国内产业和国民经济的带动作用。三是促进国际营销能力的提升,培养我国自己的跨国公司,把握市场的主动权。四是促进行业协调,制止进口和出口中的恶性竞争,特别是在资源进口中要注意长期供货关系,建立多元、稳定、可靠的资源供应基地。五是促进两个市场的衔接与互补,增加国内急需的产品进口,既要注重进口资源、能源、技术,也要坚决控制"高能耗、高物耗、高污染"产品出口。

本章小结

1.改革开放之前,我国实行了统负盈亏的高度集中的外贸体制,虽然适应当时的计划经济体制,但也严重阻碍了对外贸易的发展。

2.改革开放之后,我国对外贸易体制改革波澜壮阔,在初步探索阶段,初步地突破了传统中央指令性计划经济的硬性的规制和中央垄断外贸的范畴,分散了外贸经营和引进市场机制;在深化改革阶段,实行外贸承包经营责任制;在改革完善阶段,取消外汇补贴,减少进口限制和统一汇率;在逐步自由化阶段,改革汇率制度和大幅削减关税及非关税壁垒。这些阶段具体的改革措施都体现出中国对外贸易体制改革的"渐进式"特征,这是由我国的国情决定的。

3.我国对外贸易体制改革的范畴主要包括:对外贸易宏观管理体制的改革;包括外汇制度、出口补贴制度、出口退税政策、出口信贷政策、出口配额制度在内的出口管理体制改革;由关税制度和非关税制度组成的进口管理体制改革和外贸经营体制改革。

4.入世后,面对新的国际环境,中国的对外贸易依然存在着依存度过高等问题,这就要求我国转变对外贸易增长方式,才能求得长久发展。

重要概念和术语

对外贸易体制　国家统制　国营外贸企业　外贸经营权　外贸计划　代理制　外贸承包经营责任制　汇率并轨　汇率双轨 保证金台账制度　"渐进式"改革　出口补贴　出口退税　出口信贷　出口配额　许可证制度　"阶梯式"的关税结构　有效保护率(ERP)　非关税壁垒

案例

国务院关于进一步深化对外贸易体制改革的决定

(1994年1月11日国发〔1994〕4号)

为了贯彻党的十四届三中全会的决定,适应建立社会主义市场经济体制的需要,在金融、财税、投资、外汇等重点领域进行重大改革的同时,必须进一步深化对外贸易体制改革。

我国外贸体制改革的目标是:统一政策、放开经营、平等竞争、自负盈亏、工贸结合、推行代理制,建立适应国际经济通行规则的运行机制。

一、改革外汇管理体制,促进对外贸易发展

改革外汇管理体制是创造外贸平等竞争环境、深化外贸体制改革的一项重要措施。这对我国与国际经济接轨,进一步对外开放,推动对外贸易持续发展具有重要意义。根据国务院决定,从1994年1月1日起,国家实行新的外汇管理体制,实行以市场供求为基础的、单一的、有管理的人民币浮动汇率制;建立银行间外汇交易市场,改进汇率形成机制,保持合理及相对稳定的人民币汇率;实行外汇收入结汇制,取消现行的各类外汇留成、上缴和额度管理制度;实行银行售汇制、实现人民币在经常项目下有条件可兑换;对向境外投资、贷款、捐款等汇出继续实行审批制度。外商投资企业的外汇管理仍先按现行办法进行。

为保障进出口企业(包括除外商投资企业以外的所有的有进出口经营权的企业,下同)出口用汇,作为一项过渡措施,改革初期对出口企业按结汇额的50%在外汇指定银行设立台账。出口企业出口所需用汇及贸易从属费,凭规定的有效凭证,由银行在其台账余额内办理兑付。出口企业超过台账余额的用汇,仍可按照国家规定的办法,持有效的凭证到外汇指定银行办理兑付。

二、运用法律、经济手段、完善外贸宏观管理

国家主要运用法律、经济手段调节对外贸易活动,使对外贸易按客观经济规律运行,充分利用国际国内两个市场、两种资源,优化资源配置。

加快完善外贸立法,依法管理。《中华人民共和国对外贸易法(草案)》经全国人大常委会审议通过后,要抓紧制定相关的法规、规章,争取尽快建成比较完善的外贸法律体系。所有外贸管理部门和进出口企业都要增强法制观念,严格依法管理和经营。

国家不再给各省、自治区、直辖市及计划单列市和进出口企业下达外贸承包指令性计划指标,对进出口总额、出口收汇和进口用汇实行指导性计划管理,对企业的经营目标进行引导。对少数重要的进出口商品实行配额控制,协调平衡内外销关系。国家继续采取鼓励出口的政策措施,促进出口增长。完善出口退税制度,退税既要做到足额及时,简化手续,又要继续采取有力措施,有效防止骗税,严厉打击骗税的不法行为。对机电产品出口,继续给予扶持、鼓励。大力推动贸工技结合,加快科技成果转化,优化出口商品结构。设立出口商品发展基金和风险基金,主要用于少数国际市场价格波动较大的商品以丰补歉,开发新商品、促进现有出口商品的更新换代,开拓新市场等。实行有利于外贸出口发展的信贷政策,银行对各类外贸企业出口贷款应按照信贷原则予以优先安排,贷款规模的增长与出口的增长保持同步。设立中国进出口信贷银行,为机电产品、成套设备等资本货物进出口提供政策性金融支持。上述鼓励出口的具体政策措施,由外经贸部等有关部门另行制定。继续拓展目前业已形成的专业外贸企业、有外贸经营权的生产企业和科研单位以及商业物资企业、外商投资企业共同推动进出口贸易的格局,加快授予具备条件的国有生产企业、科研单位、商业物资企业外贸经营权。进一步贯彻落实国务院关于促进生产企业自营进出口工作的有关规定,鼓励和扶持这些获得进出口自营权的企业积极从事出口经营,增加出口创汇。继续鼓励外商投资企业发展出口。

发挥进口对国民经济发展的促进作用,改革和完善进口管理,主要运用经济和法律手段,同时辅之以必要的行政手段,保持进出口基本平衡。按产业政策调整关税税率,引导进口商品结构的适时调整。为促进国内产业发展,按照关贸总协定的规则对幼稚产业实行适度保护。当出现国外进口商品以补贴或低价倾销方式抢占我国市场,并对国内生产和就业造成损害或构成威胁时,国家可采取必要措施,减轻或消除这些不利影响。在国际

收支出现较大逆差时，依照国际惯例，采取临时限制进口的措施。对某些重要进口商品实行必要的配额、许可证管理。逐步降低关税总水平，禁止非政策性减免税。对需依法进行检验的某些进口商品，要采用先进的检验设施，改进检验方法，方便进出。

对关系国计民生的、属于战略性资源的、国际市场垄断性强的或我国在国际市场处于主导地位的特别重要的少数进出口商品，组建联合公司联合经营，统一对外。其他进出口商品由有外贸经营权的公司放开经营。对少数实行数量限制的进出口商品的管理，按照效益、公正和公开的原则，实行配额招标、拍卖或规则化分配。有关法规、规章由外经贸部会同有关主管部门起草、制定，并监督实施。

建立一套比较完善的海外企业的管理办法。制定海外投资的导向政策；讲求规模投资效益，促进企业间的联合；海外企业应按照所在国（地区）法律进行经营，按国际通行做法建立严格的财务申报和审计制度。外经贸主管部门要协助银行和外汇管理等部门加强跟踪结汇等项管理，坚决禁止国内企业利用海外企业逃汇、套汇。我国驻外使领馆经济和商务机构要加强对海外企业的指导、管理、协调、监督。加强规划、信息服务和监测、预测工作。加快外贸管理部门和海关、外汇、财政、税务等相关部门的计算机联网建设步伐。各部门要在先搞好本系统联网的基础上，实行全国的联网。

三、转换外贸企业经营机制，逐步建立现代企业制度

按照现代企业制度改组国有专业外贸企业，使其成为真正自主经营、自负盈亏、自我发展、自我约束的经营主体，加强凝聚力，充分发挥企业和职工的积极性，不断扩大进出口贸易，保证国有资产的保值和增值，增强企业实力。同时要加强企业管理和完善企业考核办法，以此引导对外贸易健康发展。

外贸企业要加快转换经营机制，由国家计划的单纯执行者真正转变为国家宏观政策指导下的进出口商品经营者；从单纯追求创汇指标转变为在坚持经济效益的基础上，实行一业为主，多种经营，努力扩大出口创汇；坚持以质取胜，多元化开拓市场；走实业化、集团化、国际化经营的发展道路；积极推行进出口代理制，转变经营作风，搞好代理服务。

所有进出口企业均有为国家创汇的责任，必须努力增加出口创汇，并依法纳税。专业外贸企业职工工资收入与出口收汇和经济效益挂钩，但也要防止与其他行业收入过分悬殊，以保持分配的公正、合理。具体办法由外经贸部商财政部、劳动部制定。具备条件的专业外贸企业经批准可以改组为规范化的有限责任公司或股份有限公司，允许吸收法人股、职工内部少量持股（不上市的公司在试点期职工股以不超过10％为限）。对允许职工少量持职工股的办法，要十分慎重，由外经贸部批准选择少量企业经过试点，取得经验再决定是否推广。具体试点办法由外经贸部商有关部门制定。少数股份公司，按规定经过严格审查批准后，也可成为上市的股份有限公司。鼓励专业外贸企业与非外贸企业发挥各自优势，合资联营，共同开拓国际市场。推动专业外贸企业、生产企业和科研院所在平等互利的基础上，通过投资、参股、联合开发、联合生产、联合经营等方式，形成一批以贸易为龙头、贸工农技相结合的或以生产科研企业为核心的工贸技一体化的大型企业集团。

在进一步扩大专业外贸企业的自主权，搞活企业经营的同时，可在国有大中型专业外贸企业设立监事会，对企业国有资产的增值和经营状况进行监督、稽核，防止企业决策失误。监事会不干预企业的正常经营活动。

四、强化进出口商会的协调服务职能，完善外贸经营的协调服务机制

充分发挥进出口商会在外贸经营活动中的协调指导、咨询服务作用。进出口商会是经政府批准，由从事进出口贸易的各类型企业依法联合成立的行使行业协调、为企业服务的自律性组织。进出口商会应当遵守法律、行政法规，依照章程对其会员的进出口经营活动进行协调指导，提供咨询服务，积极开展对外贸易促进活动。其主要职责是：维护进出口经营秩序和会员企业的利益；组织对国外反倾销的应诉；为会员企业提供信息和咨询服务；调解会员之间的贸易纠纷；向政府反映企业的要求和意见，并对政府制定政策提出建议；监督和指导会员企业守法经营；根据政府主管部门的授权，参与组织进出口商品配额招标的实施；参与组织出口交易会、出国展览会；对外开展业务交流与联络，进行市场调研；向政府有关执法部门建议或直接根据同行协议规定，采取措施惩治违反协调规定的企业；履行政府委托或根据会员企业要求赋予的其他职责。

要在现有进出口商会的基础上，按主要经营商品分类改组建立全国统一的各行业进出口商会。有外贸经营权的企业（包括外商投资企业）均应服从进出口商会协调。商会的经费可参照国际通行做法自行解决。进出口商会不得兼营进出口业务。外经贸部等政府部门对进出口商会的工作要给予积极支持和指导，同时对进出口商会的工作进行监督、检查。

建立社会的中介服务体系。发挥各研究咨询机构和各学会、协会的信息服务功能，形成全国健全的信息服务网络。建立必要的法律、会计、审计事务所，为企业提供有关外经贸方面的服务，并对企业的经营进行社会监督。外贸行政主管部门要制定一系列维护正常经营秩序和查处违法经营的制度和措施。

五、保持外贸政策的统一性，增强外贸管理的透明度

全国实行统一的对外贸易制度和政策，是建立全国统一大市场的客观要求，也是国际贸易规范之一。为此，必须确保我国对外贸易制度的统一性，统一对外贸易立法和法律实施，统一管理对外贸易，对外统一承担国际义务。凡涉及对外贸易的全国性法规、政策，国务院授权外经贸部统一对外公布。

目前地区间实行的涉及对外贸易方面的不同政策，要逐步统一规范。各类进出口企业均应逐步实行统一的外贸政策。

凡不涉及国家安全、商业秘密的各项外经贸法规、政策及对外服务的有关规定均应予以公布。过去制定的有关文件，凡继续有效的，也要予以公布，增强透明度。各级地方人民政府、国务院各部门要继续加强对外贸工作的领导，支持进出口企业适应新形势，做好有关的各项工作，并协调解决好改革中出现的新问题。

思考与练习

1.简述改革开放前我国对外贸易的基本内容和特点。

2.简述改革开放后我国的对外贸易体制改革的主要阶段。

3.简述改革开放后我国对外贸易体制改革的特征。

4.简述对外贸易宏观管理体制改革的效应。

5.简述我国外汇管理制度改革的效应。

6.简述我国出口补贴政策改革的效应。

7.简述我国出口退税政策改革的效应。

8.简述我国关税制度改革的效应。

9.简述我国外贸经营体制的主要内容及绩效。

10.简述入世后我国外贸体制改革面临的问题。

11.简述新形势下我国外贸体制改革应做到的三大转变。

第五章　中国对外贸易的法律制度

学习要求

通过本章的学习，理解对外贸易法在各国国际贸易发展中的重要作用；了解中国实行改革开放以来，中国对外贸易法律体系的建立和完善过程；掌握中国对外贸易法在修改前的基本法律框架和相应的管理政策特征；了解中国对外贸易法2004年实行修订的背景和意义，掌握修订后的对外贸易法在理论和实际层面的贡献，以及修订对外贸易法的新增内容与含义；理解与修订对外贸易法相适应的外贸管理政策的变化和实施过程。

第一节　中国对外贸易管理的法律手段概述

中国自1978年实行对外开放政策以来，在对外贸易上取得了有目共睹的发展。与此相适应，中国对外经济贸易立法也取得了较大成绩。迄今为止，由全国人大、国务院及其有关部委和各省、市、自治区制定颁布的对外经济贸易法律、法规和规章达700多部。这些法律、法规涉及经营进出口贸易实体、商品和技术进出口贸易、知识产权保护、外汇信贷、对外运输和保险、海关、进出口商品检验和动植物进口检疫、涉外税收、涉外经济贸易仲裁和诉讼等，为今后中国对外贸易依法运行提供了坚实的基础。第十届全国人大常委会第八次会议于2004年4月6日通过对外贸易法（以下简称"外贸法"）修订草案。修订后的外贸法于2004年7月1日起实行。标志着中国对外贸易已经开始全面纳入法制管理的轨道。

一、运用立法手段加强对外贸易管理的必要性

外贸立法管理手段是指在对外贸易中借助法律规范的作用对进出口活动施加影响的一种手段。由于其所具有的权威性、统一性、严肃性和规范性等特点，法律管理手段已成为中国对外贸易平稳发展的必要手段。

（一）社会主义市场经济体制下发展对外贸易的客观要求

对外贸易是国民经济的重要组成部分，在由计划经济体制向社会主义市场经济体制

转轨的过程中，其经营与管理都发生了深刻的变化，而这一变化要求加强外贸立法管理，将外贸活动纳入法制化轨道，从而保证社会主义市场经济条件下对外贸易持续、健康、稳定的发展。社会主义市场经济要求中国必须建立以法律手段为基础、以经济手段为主、以行政手段为辅的对外贸易管理模式，但经济手段的有效运用需要法律手段来保障，行政手段的合理运用也需要以法律、法规为准则。

（二）在国际贸易通行规则下发展对外贸易的需要

积极参加国际分工和国际竞争，使国内市场与国际市场接轨，其前提条件是要遵守国际经济秩序，按国际贸易通行规则开展对外贸易活动，使中国外贸管理、经营方式尽快与国际贸易规范接轨。世贸组织规则作为国际经济法律的重要组成部分，已成为各成员方进行国际经济贸易往来必须遵守的规则。因此，中国不仅需要建立健全与世贸组织规则和入世承诺相匹配的外贸法律体系，而且要增强法律制度的透明度，使对外贸易管理步入全面的法制化轨道。

（三）激烈国际市场竞争环境下发展对外贸易的需要

国际贸易直接关系到一国的政治和经济利益。在激烈的国际竞争中，中国必须通过外贸立法来规定保护本国利益的措施与手段，使其在国际交换和国际竞争中，能够有理、有利、有节地同一些国家的歧视性贸易措施和损害民族经济的行为进行必要的斗争，用法律手段保护国家和企业的经济利益。面对日趋严峻的国际反倾销调查和国外产品的低价倾销，除了坚持与国际贸易保护主义和对华歧视势力进行必要的斗争之外，从现实解决问题或者缓解问题的角度看，中国必须进一步完善相关立法，依法参与竞争，才是维护国家和企业利益最为可行的对策。

二、对外贸易法涉及的主要规定及内容

对外贸易法是指国家对货物进出口、技术进出口和国际服务贸易进行管理和控制的一系列法律、法规和其他具有法律效力的规范性文件的总称，它包括宪法、对外贸易法、行政法规、部门规章。新外贸法由 11 章 70 条组成，包括货物进出口与技术进出口，国际服务贸易，与对外贸易有关的知识产权保护，对外贸易秩序，对外贸易调查，对外贸易救济，对外贸易促进，法律责任和附则。该法在当今世界各国中具有特殊重要的地位和作用，不仅取决于该法律所调整的对象和范围，还在于此法调整的是一国对外贸易及投资的法律关系。而在当今世界，各国外贸对国民经济发展的作用越来越大，外贸法的地位也日趋重要。

（一）对外贸易法的国别规定

美国宪法明确规定，对外贸易的管理权直接掌握和控制在国会手中。该对外贸易管理权是通过制定法律、批准条约、决定征税以及掌握开支等方式行使的。行政部门则负责外贸法的实施和执行。美国政府的对外贸易管理绝不只由商务部负责，它同时还设有其他部门共同负责，主要有美国贸易代表以及一个独立机构——国际贸易委员会。美国还专门设有国际贸易法院和联邦巡回区上诉法院，分别受理一审和二审的国际贸易案件。美国总统作为行政最高长官也发挥着重要的作用、享有很大的权力，他可以直接介入贸易事务并根据有关部门的建议采取措施，在是否采取保障措施、贸易禁运、贸易制裁等方面

享有最终决定权。美国对外贸易法的内容丰富而具体，仅 1988 年《综合贸易与竞争法》就达 1 000 多页，其内容涉及：(1)贸易待遇，包括最惠国待遇、国民待遇、互惠待遇、普遍优惠待遇、关税同盟与自由贸易区；(2)进口救济与贸易秩序，包括反倾销法、反补贴法、保障措施、调整援助、市场扰乱、不公平贸易做法和非经济原因的进口管制；(3)出口促进与管制，包括 301 条款制度和贸易促进、出口管制。

日本政府的贸易管理组织主要包括日本贸易会议、经产省、大藏省、日本银行、日本进出口银行、经济企划厅、公正交易委员会等。但日本贸易会议的主席由内阁总理大臣亲自担任，其成员包括经产省、大藏省、农林水产省、外务省、运输省等重点省大臣、日本银行及进出口银行总裁、公正交易委员会委员长、经济企划厅长官等。日本的特点是总理亲自处理，重要部门联手共管外贸。

欧盟负责制定和实施贸易政策的主要机构包括欧盟委员会(欧盟的行政机构)、欧盟理事会(欧盟的执行机构)、欧盟议会(代表欧盟的公民)和欧洲法院。

从上面的分析可以看到，西方国家的外贸法的特殊重要地位表现在：(1)由最高权力机关立法；(2)由最高行政长官负责实施；(3)全国一盘棋，主要部门及其第一把手亲自参与对外贸易法的执行；(4)内容详细灵活，在管理国内进出口的同时，强调对国内产业的保护和拓展。

(二)对外贸易法的立法原则和范围

1.透明度原则

透明度原则最早是伴随着西方市场经济的发展进程而逐渐成熟起来的。作为商人，面临市场的巨大挑战，就要设法克服市场因政策法律变动而带来的风险，商人们迫切要求市场具有相对的稳定性和可预见性。要求政府管理市场的法律、法规、规章、政策透明，以便公众能方便地获得政府管理和服务市场的信息。因此，透明度原则早期又称之谓“阳光原则”或“知晓原则”。

透明度原则在二战后国际法律中的地位日趋明确，并作为调整战后贸易制度的基本规范，被引入了《关贸总协定》，其内容逐渐明确，该原则的核心条款是关贸总协定的第 10 条。随着 WTO 影响的扩大，该原则得到了广泛的传播和应用，主要内容包括：(1)公布和告知原则。该原则要求成员方管理机构必须将正式实施的与贸易有关的法律、法规、条例以及政策予以公布；必须将与另一成员方政府或政府机构签订的影响国际贸易政策的现行条约及政府协定，予以公布；在实施具体贸易过程中的法令、条例以及一般援用的司法判例及行政决定，都应迅速公布。(2)关于行政和司法过程中的透明度。要求各成员管理外贸过程及审理外贸案件的过程透明，并要求能对政府管理外贸过程中的决定进行独立的司法审查。数十年以来，透明度原则已经成为各国外贸法的强制性规定而列入其主要条款。

全国统一的对外贸易制度原则。统一的对外贸易制度是指由中央政府在全国范围内统一实行的制度。

公平自由的对外贸易秩序原则。外贸法第六章和第八章就维护对外贸易秩序作了专门的规定，主要是对外贸经营者规定了若干行为准则，同时也针对国外的倾销补贴和不正当行为作出了规范。

对外贸易促进原则。外贸法第九章就对对外贸易的促进措施内容实施主体及其行为作了规定。主要分为三点：(1)国家制定对外贸易发展战略，建立和完善对外贸易促进机制。(2)国家根据对外贸易发展的需求建立和完善对外贸易服务的金融机构，设立对外贸易发展的基金。(3)国家采取措施鼓励对外贸易经营者开拓国际市场，采取对外投资。

2.对外贸易经营权的建立

西方国家对外贸易法历来重视对外贸易经营主体问题，把它作为外贸制度的基础。例如，美国的外贸法专家就认为，是否允许个人或所有企业从事外贸是一国对外贸易法的基石，就像一国宪法是否保护人权一样重要。因为对外贸易主体直接关系到对外贸易的自由化问题。它几乎涉及对外贸易的所有制度，比如工商管理、海关、外汇及税收等一系列法律，也就是说，对外贸易经营权是整个外贸制度开放的晴雨表。西方各国的外贸法对此都作出了相当宽松的规定，美国、欧盟及日本等西方国家和地区都规定了其自然人、法人及合伙企业都能自由地获得对外自由贸易权。

3.国营贸易

国营贸易是各国外贸法中普遍存在的特殊概念，它不同于中国计划经济时代的国营企业贸易，而是具有特定的含义，根据世贸组织 1994 年《关贸总协定》第 17 条和其他有关规定，所谓国营贸易企业是指在国际贸易中根据国内法律或在事实上享有专营权或特许权的政府企业和非政府企业，其购买和销售活动影响了国家进出口水平和方向。世贸组织判断国营贸易企业的关键是看企业是否在国际贸易中享有专营权或特许权，这与企业的所有制形式并无必然联系，其判断标准也不是所有制形式。因而无论是国有企业还是私营企业，或者半官方的贸易机构，若它们在一个国家的国际贸易中享有专营权或特许权，则都应视为国营贸易企业。

国营贸易在一国外贸法中发挥着重要的作用，它通常存在于关系国计民生和国家安全的关键贸易领域。实行这种制度的好处是可以确保国家在一些关键领域享有直接的控制权，从而可以维护国家经济安全、保障人民群众生活，因此其在一国贸易中的意义不可低估。国营贸易因而成为国际上的一种通行做法，世贸组织各成员在不同领域中都实行着不同程度的国营贸易。目前，世界范围内国营贸易制度主要集中在农产品方面，兼有若干重要的矿产品。有些欧洲国家也在烟草和食盐方面维持着国营贸易制度。在加拿大和澳大利亚，两国各设有一个专营销售局，分别控制着 1/3 的世界小麦出口。在新西兰，一个牛奶专营国营企业控制着约 30%的世界牛奶出口。由此可见国营贸易在世界贸易中占有的规模和地位都是十分巨大的。

4.自由贸易区

所谓自由贸易区，通常是指签订有自由贸易协议的国家所组成的经济贸易集团，在成员国之间废除关税和数量限制，使区域内各成员国之间的商品可以自由流动，但各成员国仍保持自己对非成员国的贸易壁垒。自由贸易区是国际经济一体化组织中最基本、最一般的形式，一般具有两个方面的特征：(1)在成员国内部取消贸易障碍，实现自由贸易，但没有共同的对外关税；(2)通常采取原产地规则。目前，建立自由贸易区已经成为世界经济发展的一个趋势，也是世界各国寻求发展本国经济、抵御经济衰退的一项重要举措。

鉴于自由贸易区具有的积极作用，《关贸总协定》第 24 条对其作了特别规定，从而使自由贸易区成为最惠国待遇原则的例外，并明确允许各成员国或各成员在其领土之间建立自由贸易区。实践证明，自由贸易区对于多边贸易体系并未构成重大威胁。相反，由于它的目标是区域内的贸易自由化，可以率先在区域内实现内部贸易自由化，因此在一定程度上与多边贸易体系具有互补性，也可以推动多边贸易的发展。因此，自由贸易区和多边贸易体系可以共存，事实上世贸组织的很多成员同时也是各自由贸易区的成员。

5.贸易壁垒调查

世贸组织的宗旨是扩大自由贸易，消除各国间的各种贸易壁垒，其重点已经从关税壁垒转移到了各种各样的非关税贸易壁垒。贸易壁垒泛指一国采取、实施或者支持的对国际贸易造成不合理障碍的立法、政策、行政决定、做法等各种措施，其范围极广，以对贸易造成扭曲效果为判断标准。贸易壁垒的种类数量大、花样多，而且层出不穷，例如关税壁垒、关税税则分类、配额、进出口许可、政府采购、自愿出口限制、卫生与动植物检疫措施等等，而"两反一保"（反倾销、反补贴、保障措施）的滥用也是一种变相的贸易壁垒。同时，技术性贸易壁垒和绿色贸易壁垒也在国际上愈演愈烈。前者是进口国以保护国家安全、生态环境、人类健康和安全、防止欺诈行为为目的，通过繁杂和苛刻的技术法规、技术标准、合格评定程序来限制贸易。而后者是进口国政府以保护生态环境为口号，通过颁布复杂多样的环保法规、条例、建立严格的环境技术标准和产品包装要求和烦琐的检验认证而设立的贸易障碍。例如，1997 年欧美国家通过提高技术性条件要求实际上禁止了从中国进口禽肉，而 2002 年初欧盟又以中国产的蜂蜜含有氯霉素等抗生素超标为由中止了从中国进口蜂蜜，中国的这些传统优势产品因此丧失了这些市场。

贸易壁垒的主要目的就是限制进口，但它们具有技术性强、隐蔽性好、涉及面广、效果明显的特点，而且往往具有正当理由支持，因此管制的难度很大，但这些贸易壁垒严重阻碍了国际贸易的健康发展却是不争的事实。为了遏制这些贸易壁垒，世贸组织达成了一系列的协议，例如《技术性贸易壁垒协议》《动植物和卫生检疫措施协议》等，但其规制的范围和力度还远不足以形成国际法上全面、有效的管制。

6.贸易救济措施

在国际贸易中，反倾销、反补贴和保障条款是经常用到的贸易救济手段。反倾销是指当进口产品以低于正常价值的方式进口，并由此对国内已建立的相关产业造成实质性损害或者产生实质损害的威胁，或者对国内建立相关产业造成实质阻碍时，进口国采取必要措施来消除或者减轻这种损害或者潜在的威胁。征收反倾销税是主要的反倾销救济措施。尽管反倾销的理论基础早已为人诟病，但反倾销现在仍作为贸易保护主义的工具而得到广泛的使用，尤其是由于反倾销简便实用、效果明显，因此也是三种贸易救济措施中使用频率最高的。

另一种手段反补贴是指由于出口国（地区）政府或者其任何公共机构提供的补贴，当该产品对进口国已经建立的国内产业造成实质损害或者产生实质损害威胁，或者对建立国内产业造成实质阻碍时，进口国政府可以采取征收反补贴税、要求出口国政府停止补贴或要求出口商提供价格承诺等形式的措施。

保障措施是指进口国对某些产品在公平竞争情况下因进口数量猛增而采取的紧急限制措施。当进口产品数量大量增加，并对生产同类产品或者直接竞争产品的国内产业造成严重损害或者严重损害威胁时，进口国可以采取保障措施来缓解这种严重损害或威胁。具体措施有提高关税、采取配额制等。保障措施是关贸总协定最重要的条款之一，该条款就像一个“安全阀”，使得缔约方在特殊情况下可以背离总协定的一般规则，即通过免除该缔约方所承诺的义务，达到保护其国内相关产业的目的。仅在1995年到2000年期间，美国就发起了9起保障措施调查。而在2002年3月5日，美国总统宣布对10类进口钢铁产品实施保障措施，加征关税最高达30%，涉及国家和地区包括欧盟、日本、韩国、中国、瑞士、挪威、新西兰、巴西等，最终成为一场涉及各大主要贸易国（地区）的贸易风波。

三、中国对外贸易立法体系

中国对外贸易立法体系由国内法渊源和国际法渊源两部分组成。国内法渊源包括宪法、法律、行政法规、地方性法规。国际法渊源包括中国缔结与参加的国际条约和中国承认的国际贸易惯例。

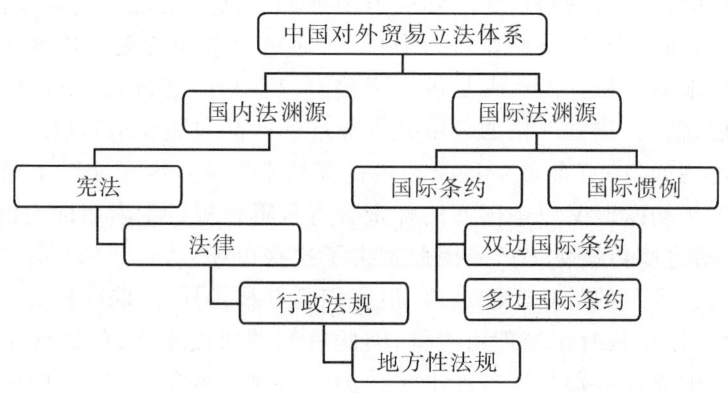

图5.1　中国对外贸易立法体系结构图

（一）国内法渊源

对外贸易的国内法渊源是指国家权力机关和国家行政机关颁布的调整对外贸易关系的各类规范性法律文件。

（1）宪法是国家最高权力机关依据特定立法程序制定的国家根本大法，在中国法律体系中具有最高的法律效力。宪法明确规定了对外贸易立法的基本原则、立法根据，对对外贸易立法具有根本的指导意义。

（2）法律指全国人民代表大会及其常务委员会制定颁布的基本法律。在对外贸易法的渊源中，除宪法外，法律居主导地位，包括专门性的外贸法律和非专门性的涉外经济法律中有关对外贸易的规定。

（3）行政法规指国家最高行政机关即国务院及其所属部委根据宪法、法律制定颁布的有关对外贸易活动的条例、规定、实施细则、办法等。其效力仅次于宪法和法律。

（4）地方性规章指各省、自治区、直辖市和经国务院批准的较大的市的人民代表大会及其常务委员会或人民政府制定的调整本地区对外贸易关系的区域性法规。其只要不与宪法、法律、行政法规相抵触，在所辖区域内具有规范性效力。

(二)国际法渊源

中国对外贸易法制建设,除了进行大量的国内立法外,还认真研究和积极参加国际条约,承认所能接受的国际惯例。

1.缔结和参加国际条约

国际条约指各国之间缔结的,规定它们在政治、经济、文化等方面相互权利、义务的书面协议。条约分为两国之间缔结的双边条约和多国之间缔结的多边条约。

2.承认国际贸易惯例

国际贸易惯例是国家之间相互贸易交往中,当事人经常引用、用以确定当事人之间权利义务关系的规则。中国适用国际贸易惯例的原则是:具有经济内容并为中国所承认的国际惯例,在有关国际条约和中国经济法律没有规定或允许适用的情况下,可以被适用。

四、中国外贸管理的主要法律

中国从新中国成立初就开始实行对外贸易的法律管制。由于当时的国际和国内环境所限,中国的对外经济交往范围十分狭窄。在对外贸易立法方面,制定了《对外贸易管埋暂行条例》《进出口贸易许可证制度实施办法》等法规。1979 年,实行对外开放政策以后,中国对外贸易迅速发展,主要通过一些条例或规定对其进行管理。为完善对外贸易法律制度,从 1983 年起,有关部门即开始着手拟订《对外贸易法》,1994 年 5 月 12 日,第八届全国人民代表大会常务委员会第七次会议通过了这部法律,并于同年 7 月 1 日正式生效。《对外贸易法》的颁布,对于正在蓬勃发展的中国对外贸易具有划时代的意义,它不仅为今后的对外贸易法规、条例的制定以及对外贸易经营与管理政策和措施的实施提供了必要的法律依据,而且更加有利于建立公平、自由的对外贸易机制,有利于中国对外贸易的经营管理与国际接轨。

除《对外贸易法》这一基本法律之外,中国还颁布了大量的对外贸易管理方面的法规、单行条例等,特别是为了履行 WTO 规则规定的义务。在加入 WTO 前后,中国还颁布了《反倾销条例》《反补贴条例》《保障措施条例》《货物进出口管理条例》《技术进出口管理条例》。这些法律规范与《对外贸易法》共同构成了中国对外贸易管理法律制度的完整法律体系。

第二节 1994 年《对外贸易法》的颁布

1994 年中国第八届全国人民代表大会制定并颁布了《中华人民共和国对外贸易法》(以下简称“94 年外贸法”)。“94 年外贸法”是对中国 40 多年外经贸经验的总结,是在中国共产党的领导下,国家最高立法机关将此段历史时期外贸实践经验上升为国家意志的体现。自该法颁布以来,它对中国对外贸易的发展,维护中国对外贸易秩序,促进社会主义市场经济的健康发展,都起到了十分重要的作用。

一、"94年外贸法"的基本内容框架

"94年外贸法"是中国管理货物、技术进出口和国际服务贸易的第一部基本法。该法全面体现了中国对外贸易体制与政策。

（一）对外贸易经营者的许可规定

对外贸易经营者是从事对外贸易经营活动的主体。根据"94年外贸法"第8条的规定，中国的对外贸易经营者是指依照该法规定从事对外贸易经营活动的法人和其他组织。中国对各类企业获得外贸经营权实行许可管理，只有依法经国家对外贸易主管部门许可，取得对外贸易经营资格的法人和其他组织，才可从事对外贸易经营活动。凡未取得外贸经营资格的法人和其他组织，不能从事外贸经营活动。这些企业如果直接对外签订了进出口合同，这种合同是无效的，因而也是不能执行的。

具体来讲，中国的对外贸易经营者大致可以分为以下四类：(1)外贸专业公司，主要是对外贸易经济合作部领导下的各专业进出口公司；(2)工贸、农贸、技贸公司，是指各生产部门成立的进出口贸易公司；(3)各省、市地方外贸公司；(4)有权自营进出口的生产企业，主要包括国有大中型生产企业和外商投资企业。

（二）货物进出口与技术进出口的规定

"94年外贸法"第15条规定："国家准许货物与技术的自由进出口。但是，法律、行政法规另有规定的除外"。这一规定集中体现了中国进出口贸易管理的基本原则，即在一定的必要限度管理下，对货物、技术采取自由进出口的原则。

对货物采取自由进出口的原则，是中国多年实行外贸管理制度改革的成果。中华人民共和国在成立初期即1950年代就对所有进出口商品实行全面许可证管理。此后，由于贸易对象转向苏联和东欧国家，进出口许可证制度名存实亡。自1980年代开始，中国重新实行并不断加强进出口许可证制度，对众多种类商品的进出口都实行许可证管理。进入90年代后，中国的外贸体制逐步向关贸总协定的基本原则靠拢，对货物进出口管理制度作了进一步的改革。在进出口方面逐步取消管理放开经营，正是实现了货物自由进出口的规定。当然为了本国社会稳定与经济发展，中国外贸法还规定了对那些涉及国家安全、社会公共利益、国内供应短缺、国内资源可能用竭、破坏生态环境、国外市场容量有限等类货物或技术的进出口，国家可实行限制与禁止。

（三）对外贸易秩序的规定

为进一步规范中国的对外贸易秩序，中国对外贸易法突出地强调了对外贸易的国内秩序和进口秩序。其中对外贸易的国内秩序是指中国对外贸易经营者在国内从事外贸活动必须遵守的秩序。就此"94年外贸法"第27条对于对外贸易经营者活动作了严格的限制性规定，对外贸易经营者在对外贸易经营活动中不得出现：(1)伪造、变造或者买卖进出口原产地证明、进出口许可证；(2)侵害中华人民共和国法律保护的知识产权；(3)以不正当竞争手段排挤竞争对手；骗取国家的出口退税；(4)违反法律、行政法规规定的其他行为。与此相配合，中国90年代以来，还在上述领域加强了专门立法和执法力度，例如为制止不正当竞争行为，1993年9月通过了第一部《中华人民共和国反不正当竞争法》，作为对外贸易经营者在外贸经营活动中必须遵守的规范。

就对外贸易的进口秩序来看，中国主要针对外国产品进入中国国内市场时，要求按中国法律规定遵守公平竞争秩序。这方面，中国对外贸易法主要规定了三种法律措施。

1.反倾销措施

长期以来，中国一直没有反倾销方面的法律规定，对外国产品倾销没有制裁的法律依据。“94 年外贸法”第 30 条中第一次专门规定了反倾销条款：“产品以低于正常价值的方式进口，并由此对国内已建立的相关产业造成实质损害或产生实质损害的威胁，或者对国内建立相关产业造成实质阻碍时，国家可以采取必要措施，消除或者减轻这种损害或者损害的威胁或者阻碍。”但由于中国对外贸易法规定的反倾销措施较为原则，因此当时在实践中还无法操作。

2.反补贴措施

根据“94 年外贸法”第 31 条的规定，进口产品直接或者间接地接受出口国给予的任何形式补贴，并由此对国内已建立的相关产业造成实质损害或者产生实质损害的威胁，或者对国内建立相关产业造成实质阻碍时，国家可以采取必要措施，消除或者减轻这种损害或者损害的威胁或者阻碍。

3.保障措施

“94 年外贸法”第 29 条明确规定，因进口产品数量增加，使国内相同产品或者与其直接竞争的产品生产者受到严重损害或者严重损害的威胁时，国家可以采取必要的保障措施，消除或者减轻这种损害或者损害的威胁。这是一条保障中国国内产业不因过分的进口遭受损害的措施，也就是关贸总协定所指的“保障措施”。

如前所述，中国外贸法三项措施的规定只是原则性的规定，而无相关的具体立法，因此，无法在实践中具体操作。直到后来中国制定了《中华人民共和国反倾销条例》《中华人民共和国反补贴条例》《中华人民共和国保障措施条例》等与《对外贸易法》相配套的法规，从实体内容到调查程序乃至专门的机构都作出明确规定，才保证了上述三项措施的贯彻实施。

二、中国对进出口商品管理政策法规的改革内容

为了配合当时日益开放的对外贸易形势，中国在 20 世纪 90 年代也开始了一系列进出口商品管理政策法规的调整工作，主要依据国际贸易规范和中国的实际情况制定出适合当时中国发展的具体改革方案。

(一)海关关税政策法规的调整

长期以来，中国在实行保护关税制度方面规定得过严过死，关税成了保护伞，国外产品同国内产品无法竞争。为了适应国际贸易规则的要求，在 1990 年代中国先后颁布了一系列海关法律、法规，如《中华人民共和国海关法》《中华人民共和国关税条例》《中华人民共和国进出口税则》《中华人民共和国海关审定进出口货物完税价格办法》《中华人民共和国海关关于进出口货物实行海关估价的规定》等。总体来看，中国在海关关税政策法规方面改革的特点是：

(1)从 1992 年起，中国海关等外贸监管部门统一采用了海关合作理事会的《商品名称及编码协调制度》，这是中国对外贸易管理的一项重大改革措施，推动了中国进出口贸易

管理的规范化、科学化。

(2)20 世纪 80 年代后期，中国在关税体制上一改长期保护的政策，逐步向贸易自由化方向努力。1988 年中国大幅度调整 28 种税目商品进出口关税税率；1991 年，降低 43 个税目商品进口税率；1992 年 1 月，降低 225 个税目商品的进口税率；1992 年 4 月，宣布取消机电产品、化学产品的进口调节税；1992 年底，大规模降低了 3 371 个税目的商品进口税率；1993 年 12 月，调整了 2 898 个税目商品的进口税率；1995 年 1 月，降低 246 个税目商品的进口税率。特别是 1996 年 4 月 1 日，又一次大幅度降低进口税率，涉及 4 997 个税目商品，降幅达 35%。中国关税水平从 1992 年的 42.5%的算术平均税率下降到 90 年代的 23%，下降了 19.5 个百分点，降幅达 46%。

（二）进口商品管理的政策法规改革

中国在实行市场经济前，对进口实行严格的审批制度。1992 年，中国实行进口配额、许可证、进口控制管理的税目商品计 1 247 个，约占进口商品总税目的 20%。进口管理分一般商品进口管理和机电产品管理两类进行。一般商品是指除机电产品以外的所有其他商品。根据 1993 年 12 月发布的《一般商品进口配额管理暂行办法》和《机电产品进口管理暂行办法》，中国对尚需适量进口以调节市场供应，但过量进口会严重损害国内相关工业发展的或直接影响进口结构、产业结构调整的，以及不利于国家外汇收支平衡的一般商品和机电产品，实行配额管理。中国对所有进出口配额商品均实行许可证管理。

为适应建立社会主义市场经济体制的需要，中国政府分别于 1993 年 1 月 1 日、1994 年 1 月 1 日、1994 年 6 月 30 日、1995 年 6 月 30 日、1996 年 6 月 1 日多次大幅度削减进口配额、许可证目录。当时实行进口配额许可证等进口控制管理商品已减少到 36 种，税目商品 348 个，约占进口总税目的 5%。

（三）对出口商品的管理政策法规改革

1.出口配额许可证的管理改革

根据《中华人民共和国出口许可制度暂行办法》，中国对部分出口商品实行许可证制度。1995 年 11 月 9 日，中国外经贸部印发了《出口许可证管理商品分级发证目录》，中国当时实行出口许可证管理的商品为 114 种，按实际操作分解为 142 种，均实行全球出口许可证管理。其中外经贸部配额许可证事务局核发出口许可证商品的有 21 种，由外经贸部驻各地特派员办事处核发许可证的有 59 种，各省派发证机关发证商品为 62 种。同时，中国还对部分出口商品实行配额管理。

为了使中国的出口贸易管理制度进一步适应市场经济和国际规范的需要，中国不断加强对所实行的出口配额许可证管理进行改革。1992 年 12 月 21 日，国务院在批转外经贸部关于《出口商品管理暂行办法》中，对出口商品管理制度进行了重大改革，取消了出口商品的分类管理，改为少数商品由国家组织有关公司统一联合经营，大部分商品放开经营。国家管理的商品分为四个层次：一是对关系国计民生的大宗资源性商品和在中国出口中占有重要地位的传统出口商品，实行计划配额管理，如钢材、水泥、中药材等；二是在国际市场或某一市场占主导地位的重要商品及出口额大、易于引起抬价抢购、低价竞销的商品，或国外需求中国设限的商品，实行主动配额管理，如烟花爆竹、薄荷脑油等；三是国外对中国实行配额限制的商品，继续实行被动配额管理，如化学纤维、棉纱、毛巾、服装等；

四是对一些重要的名、特、优出口商品或有特殊要求的出口商品实行一般许可证管理。

由于当时越来越多的企业取得进出口经营权，使大量的出口企业争抢有限的配额，在国内容易引起恶性竞争，在国外则扰乱了市场。从 1994 年起，中国又选择对部分出口金额较大，经营单位较多，国际市场敏感，易于发生抬价抢购、低价竞销和国外反倾销的商品，实行配额有偿招标办法，并先后发布了《出口商品配额有偿招标办法》和《出口商品配额有偿招标办法实施细则》等法规。因此 90 年代中国对实行计划配额、主动配额等管理的出口商品实行配额有偿招标，采取了公开招标、邀请招标、定向招标、协议招标等形式，较好地体现了公平、公开、竞争和效益的原则。

2.出口货物原产地规则的实施

1990 年代随着国际贸易的扩大，国际分工日益发展，一件产品的组成成分和制造过程往往来自和跨越几个不同的国家和地区。因此，原产地规则不仅关系到复杂的技术性问题和政策性问题，而且也涉及一个国家乃至一个区域的经济利益。出具原产地证已成为国际贸易中的一个重要环节。进口国据此对进口货物给予不同的关税待遇和决定限制与否。但是，长期以来，中国一直没有一个统一的原产地规则，也缺乏相应的管理办法。有一段时期中国相当一部分产品含进口成分很高，甚至有的产品中方仅收取百分之几的工缴费，境外企业也都不合理地拿到了中国的原产地证。这些货物有的直接运到美国、欧洲、日本等国；有的通过我国香港转口到上述国家，这就加大了中国出口总额中的虚假成分，使中国同有关国家的贸易摩擦加剧。

鉴于此，国务院于 1992 年 3 月批准和颁布了《中华人民共和国出口货物原产地规则》，外经贸部据此发布了《中华人民共和国出口货物原产地规则实施办法》和《中华人民共和国含有进口成分出口货物原产地标准主要制造加工工序清单》。《出口货物原产地规则》是中国原产地制度的基本法规，它对原产地工作的主管机关、原产地证的申领单位和签发机构、出口货物的原产地标准、违反规则的处理等作出了明确的规定。《出口货物原产地规则实施办法》是具体执行规则的重要文件；《制造加工工序清单》是原产地标准的具体制定准则。根据规定，部分或全部使用进口原料、零部件，在中华人民共和国境内进行主要的及最后的制造、加工，使其外形、性质、形态或者用途产生实质性改变的产品，视其增值的比例确定是否为中国原产地商品。中国出口货物原产地证明书，由国家进出口商品检验部门设在地方的进出口商品检验机构、中国国际贸易促进委员会及其分会以及国家对外经济贸易主管部门指定的机构，按照有关规定签发。

除此之外，中国当时的外经贸部还颁布了《关于签发中华人民共和国出口货物原产地证明书的规定（试行）》和《中华人民共和国出口货物原产地证明书管理规定》，决定自 1996 年 7 月 1 日起统一使用国家技术监督局发布的“中华人民共和国出口货物原产地证明书”推荐标准格式，使原产地证的管理、征订、印刷、运送、保管、签发、统计和核查等各项制度实现规范化、制度化，减少并杜绝伪证和假证情况的发生，并对违法行为追究相关责任。

3.纺织品出口的政策法规改革

纺织品出口配额的管理和分配，在 20 世纪 90 年代的国际贸易中已是一个十分敏感的问题。为适应关贸总协定和 WTO 的要求以及发展中国对外贸易的需要，中国政府加强了对纺织品的出口管理。例如外经贸部于 1991 年 2 月作出《禁止纺织品非法转口的规定》;1991 年 11 月颁布了《关于加强纺织品转口贸易管理的规定》;1992 年 12 月颁布《关于纺织品出口配额的管理办法》;1994 年 7 月海关总署发布《关于对出口纺织品非法转口的处罚规定》;1994 年 6 月国家商检局发布了《关于对纺织品非法转口处罚的暂行规定》;外经贸部于 1994 年 5 月又发布了《关于处罚纺织品非法转口的暂行规定》。上述政策法规明确要求各纺织品出口企业向双边协定国家出口纺织品时,应严格按分得的配额数量,尽可能做直接贸易,减少转口贸易,严禁串通境外商人绕开配额对双边协定国家出口,严禁出口企业使用第三国(或地区)的产地标签向纺织品进口设限国家转口中国纺织品。同时,通知全国外贸企业不与香港地区某些专门从事非法转口纺织品的企业进行贸易,并对中国某些出口公司和生产企业参与或从事非法转口的违法行为作出严肃处理。

4.处罚低价出口行为的政策法规建立

20 世纪 80 年代,对外贸易经营权下放后,中国成立了数以千计的外贸经营企业。一些外贸企业组建后,由于没有稳定的货源和客户渠道,但为了片面追求出口创汇额,便采取种种不公平竞争手段,由此在全国范围内引发了出口产品收购大战,有的企业甚至用高于竞争对手一倍以上的价格抢购大宗出口货源。在对外出口上,则千方百计压低报价,争与外商签订订货合同。这种情况在很长一段时期内没有得到有效制止。在中国出口不断增长的同时,中国产品也正受到越来越多的倾销指控。对此,中国政府非常明确,既坚决反对一些国家以反倾销为名而采取的贸易保护主义措施,同时又要求中国外贸经营企业加强公平竞争意识,制止对外低价竞销产品,维护国际贸易秩序。

鉴于当时低价情况引发的国外反倾销增多,1994 年 4 月,中国外经贸部发布了《关于中国出口产品在国外发生的反倾销案件的应诉规定》。根据规定,应诉人应指派专人负责应诉、核查及复审工作;可与外国主管部门谈判、签订“价格承诺”或“中止协议”,并认真执行;对有证据表明将发生国外反倾销的出口产品或被反倾销后仍可出口的产品,进出口商会或外商投资企业协会,为避免遭到反倾销或再次出现反倾销,应及时向外经贸部提出改进出口管理办法的建议。

1996 年 3 月,外经贸部发布《关于处罚低价出口行为的暂行规定》。根据规定,出口价格低于该企业该项产品的应售价格的为低价出口行为。外经贸部专门成立处罚低价出口行为立案调查工作小组。出口企业凡有低价出口行为的,外经贸部视情可给予公开通报批评或警告;罚款;暂停或取消其对相关产品或部分产品的出口配额申请权、投标权和出口许可,直至暂停或撤销其对外贸易经营许可。

第三节　2004 年中国《对外贸易法》的修订

在经济全球化趋势不断加强的情况下,世界各国都赋予了对外贸易法特殊重要的地位和作用。而一部法律的价值,不但与它制定的历史背景有关,更重要的是与该法律是否有完整的调整对象和范围有关。1994 年《对外贸易法》的颁布,主要是出于当时“复关”和推进艰难的“入世”谈判的需要而制定的,经过 10 年的实施,其对维护中国对外贸易秩序、促进对外贸易发展发挥了重要的作用。

但是10年后，对外贸易的实际情况发生了很大变化，而1994年《外贸法》带有浓重的计划管制痕迹和过渡色彩，存在着“外贸代理制度规定不合理、主管部门职责规定不清、在有关货物与技术进出口规定方面数量限制倾向过于明显、涉及服务贸易部分规则定得简单、没有针对外贸的特点对其争端解决程序作出规定、法律用语总体模糊缺乏透明度”等问题，总之其过于原则、简单且缺乏可操作性的规定已经不利于中国入世后对外贸易的发展。因此，2004年4月6日，第十届全国人大常委会第八次会议根据对外贸易发展中出现的新情况和新变化，以及中国加入世界贸易组织的承诺和世贸组织规则，对1994年《对外贸易法》与中国加入世界贸易组织承诺和世贸组织规则不相符的内容进行了修订，对中国享受世贸组织成员权利的实施机制和程序作出新的规定。实施于2004年7月1日的修订的《对外贸易法》，充分考虑到中国作为WTO成员方所享有的权利和应尽的义务，拓宽了外贸法的调整对象和范围，使它与WTO的规则保持一致，不管从理论上说还是从实践上看，该法的修订对中国对外贸易的发展都有十分重要的意义。

一、《对外贸易法》修订的理论突破

与有8章44条的1994年外贸法相比，修订后的外贸法共有11章70条，比1994年外贸法增加了3章26条，大大突破了旧法的内容框架，在诸多方面作了大幅度的修改和补充。从理论上说主要具有以下几点贡献。

（一）外贸法的修订是与WTO规则相衔接并履行入世承诺的需要

修订的外贸法是一部典型的将WTO规则和《中华人民共和国加入WTO议定书》（以下简称《入世议定书》）承诺转换为国内法的法律，立法内容颇具涉外性，因此与WTO规则相衔接并履行入世承诺就格外必要。

一方面，根据WTO规则的规定，并为保护国内产业和市场的需要，修订的外贸法对国营贸易、限制和禁止进出口、与外贸有关的知识产权保护、外贸秩序、外贸调查和外贸救济等作了新规定。例如，就国营贸易来说，它在一国外贸法中具有重要地位，发挥着重大作用，但旧法对此没作任何规定。修订的外贸法在第11条明确规定国家可以对部分货物的进出口实行国营贸易管理。这其实是在利用GATT 1994的第17条和其他有关的规定，确保国家在一些关键领域享有直接的控制权，以维护国家经济安全、保障人民群众生活。当然，在实行国营贸易时，又必须履行中国在《入世议定书》第6条中对国营贸易所作的承诺，即中国应保证国营贸易企业的进口购买程序完全透明并符合《WTO协定》，且应避免对国营贸易企业购买或销售货物的数量、价值或原产地施加影响或指导。

另一方面，根据中国《入世议定书》的有关承诺，修订的外贸法对外贸经营者的范围、货物贸易和技术贸易的外贸经营权、自动进出口许可、进出口货物配额、关税配额、商品合格评定制度等作了新的规定。以自然人的对外贸易经营权为例，在西方国家，对外贸易法历来重视对外贸易经营主体问题，把它作为外贸制度的基础。1994年《对外贸易法》把自然人排除在对外贸易经营者行列之外，规定对外贸易经营者为依照该法规定从事对外贸易经营活动的法人和其他组织。加入WTO之后，这种规定显然违背了WTO对外贸易自由化的规定，因此，修订的外贸法规定“对外贸易经营者包括法人、其他组织和自然人”，并且还规定对外贸易经营权由原来的"审批制"改为"登记制"。这种修改的主要依据是《入世议定书》的第512条和《中国加入WTO工作组报告书》第83段、第84段的规定。出于同样的理由，修订法对上述其他方面的修改和增加，都同样是出于入世承诺的需要。

（二）为对外贸易的专门法律、法规、规章的制定和修改提供了法律依据

长期以来，规范中国对外贸易活动的法律制度除了宪法外，还有法律、法规和规章。当时在中国还没有制定统一的对外贸易法典的情况下，对外贸易法应该是指导对外贸易活动的基本法律。作为一部统率对外贸易活动的上位法，修订的外贸法为对外贸易的专门法律、法规、规章的制定和修改起着法律规范的作用。

按照中国的承诺，在对外贸易活动中，与世贸组织规定不一致的法律规范必须修改，没有公布的法律制度不得实施，因此，入世前后中国就开始了清理有关法律、法规和规章的行动，当时的外经贸部分几批公开废止了几百件部门规章和内部文件，并将重点放在推动地方各级外经贸主管部门加快对地方外经贸法规、规章和政策性措施清理的工作上。在这个清理的过程中，除了要与世贸组织的规则和中国的入世承诺相一致外，还须以修订的外贸法为指导，以免出现因为政出多门而陷入不统一，甚至相互矛盾的尴尬局面。另外，修订的外贸法出台也为对外贸易法律法规的制定起到了规范作用。例如，就国际服务贸易来说，中国在入世时承诺在近几年要制定36部服务贸易方面的法律，而作为对外贸易的专门法，这些法律的制定或修改都要以修订的外贸法为援引，以免偏离了世贸组织规则的要求。

（三）原产地管理的规定为中国对外贸易法律制度的实施开路导航

在国际贸易中，原产地规则被作为确定货物或服务"经济国籍"的一系列规则的标准。在全球经济一体化背景下的多边和双边贸易中，原产地规则的使用范围非常宽泛，涉及国别贸易统计、关税的确定、最惠国待遇、国民待遇、数量限制、反倾销、反补贴措施、保障措施、自由贸易区与关税同盟、国别配额等等贸易措施和领域。从本质上说，它已经演变成为各国实施贸易政策的重要工具。

然而，这么一种重要的、隐蔽的贸易保护工具在1994年外贸法中并没有作出规定。为了弥补这一缺失，修订的外贸法在第22条明确规定："国家对进出口货物进行原产地管理。具体办法由国务院规定。"虽然就是这么简单的一条规定，但它的价值并不一般，因为修订法对国民待遇、最惠国待遇、自由贸易区和关税同盟的建立、与贸易有关的知识产权的保护、国际服务贸易、反倾销、反补贴、保障措施、反规避措施等规定的有效实施，都离不开原产地规则；同时，该条的规定也为中国完善不健全的原产地规则提出了新的要求和法律指导。

（四）使与贸易有关的知识产权保护有法可依

随着世界经济贸易的发展，贸易问题与知识产权保护问题之间的关系日益密切。为此，乌拉圭回合谈判达成了《与贸易有关的知识产权协定》（TRIPS），将与贸易有关的版权及相关权利、商标、地理标志、工业品外观设计、集成电路布图设计、未泄漏的信息列为TRIPS的保护对象，并规定了控制许可协议中的反竞争行为。修订的外贸法增加了与贸易有关的知识产权保护的规定，以便更好地保护中国在此领域的对外贸易秩序。

修订的外贸法首先在第2条对该法的调整对象加以规定，"本法适应于对外贸易以及

与对外贸易有关的知识产权保护”，这样，对外贸易法所调整的对象就由原外贸法的货物进出口、技术进出口和国际服务贸易，扩大到了与对外贸易有关的知识产权保护，进一步完善了中国对外贸易法所调整的社会关系。其次，修订法专门在第 5 章就与对外贸易有关的知识产权保护问题作出了规定。根据规定，与对外贸易有关的知识产权保护是指对在货物贸易、技术贸易和国际服务贸易中侵犯知识产权或者滥用知识产权专有权利或者对知识产权保护给予歧视待遇等损坏中国对外贸易利益的行为，采取符合世贸组织规则的贸易保护措施。这种调整范围的拓宽有力地维护着中国的对外贸易秩序。

二、对外贸易法修订的实践意义

就当代中国法的社会作用来说，法的总体作用就是为建设有中国特色的社会主义服务。作为中国法律体系的一个部分法，修订的对外贸易法多方位地保护和促进了中国对外贸易活动，充分体现了它的实践意义。

(一)更具可操作性的法律规范，为对外贸易活动提供了现实指导

1994 年外贸法在制定时，对货物和技术的进出口作了较好的规范，还将国际服务贸易纳入其中，并对国际贸易秩序、国际贸易促进等作了规定，但该外贸法在制定时难免具有阶段性和实效性，执行的过程中部分规定的制定略显仓促，过于原则，操作性也差。

2004 年的外贸法在修订时，首先对 1994 年外贸法与中国入世承诺和世贸组织规则不相符的内容进行了修改。例如，新法第 8 条对个人可以从事对外贸易活动的明确规定和第 9 条对“对外贸易的备案登记制”所作出的规定就是出于这种需要。其次，根据中国的入世承诺和 WTO 规则，对中国作为 WTO 成员方所享有的权利的实施机制和程序作了规定。这些新的规定几乎涵盖了新的外贸法所有章节，例如，国营贸易、对外贸易秩序、原产地管理、与贸易有关的知识产权保护、保障措施、对外贸易调查等。最后，针对中国在对外贸易实践中出现的新情况和促进对外贸易健康发展的要求作了修改，这主要体现在第 49 条所规定的预警机制、第 54 条中所规定的国家建立对外贸易公共信息服务体系等方面。

(二)充分利用 WTO 的例外规定，构建起中国对外贸易的“安全阀”

WTO 体制所倡导的是贸易自由化，但同时又在各多边协定中包含了大量的例外条款，以至于有外国学者将 GATT 的多边贸易体制比作“一座例外条款的迷宫”。作为 WTO 的成员国，在 WTO 框架下的多边贸易体制中，中国更为充分地考虑了自己的经济发展水平、社会制度、政策目标和国家安全等各方面的因素，充分利用了 WTO 所赋予其成员国在一定条件下采取与 WTO 规则不相符而又能“免责”的规定，来构建中国的对外贸易“安全阀”。修订法在这方面比旧法规定得更加完整。

在一定的限度内对进出口贸易实施限制或禁止已是世界各国对外贸易管理的普遍做法。就中国外贸法而言，1994 年外贸法对限制进出口和禁止进出口的范围规定得比 GATT 的例外条款窄，而且对军品、裂变和聚变物质或者衍生此类物质的物质的进出口管理和文化产品的进出口管理未作规定。修订的外贸法在参照 GATT 1994 第 11 条普遍取消数量限制例外、第 12 条国际收支例外、第 18 条政府对经济发展的援助例外，以及第 20 条一般例外的基础上进行了修改，并且增加了为保护国家安全作出的进

出口管理条款。

总体来看,修订后的外贸法,对有关货物、技术自由进出口一般例外的原则规定共有4条,分别为:第16条规定了11种情况下限制、禁止进出口的货物和技术范围;第17条规定了为维护国家安全可以采取任何必要措施的例外规定;第23条规定了依照有关法律、行政法规的规定可以对文物和野生动物、植物及其产品等采取禁止进出口或者限制进出口的措施;第67条规定了与军品、裂变和聚变物质或者衍生此类物质的物质有关的进出口管理,以及文化产品的进出口管理。与1994外贸法的例外条款相比,修订法的规定有所拓宽。

(三)法律功能内敛外向,构筑起中国外贸体系的有效保护屏障

在国际贸易发展中,各国管理对外贸易的法律早已被广泛地用作一把"双刃剑",一种可攻可守的工具。中国的修订外贸法也不例外,为中国对外贸易活动构筑了一道严密的法律屏障。

然而,从中国的对外贸易实践来看,在与他国的贸易过程中,中国被指控的倾销诉讼接连不断,尤其是来自美、日等国和欧共体的倾销指控。无法否认,这与1994年外贸法的保障功能不足有关。修订前的外贸法注重的是法的内在功能,强调的是自我约束的政府管理职能,忽略了作为一部涉外法律应有的对外职能,在对抗外贸保护主义时总是略显苍白,更不用说法的攻击性了。就此问题,修改的外贸法除了对前面提到的国营贸易、限制和禁止进出口、与外贸有关的知识产权保护、外贸秩序等活动进行了有力的保护外,它对贸易壁垒的调查、反倾销、反补贴或保障措施的调查和规避对外贸易救济措施的调查,以及包含反倾销、反补贴、保障措施和贸易转移等的外贸救济规定更显现出强大的外向职能,以防御外来贸易侵略。

(四)严格的法律责任为外贸法的有效实施提供了法律保障

一部法律,如果制定后没有严格的法律责任进行约束,那它执行起来就会打折扣。修订后的外贸法对法律责任的严格规制作了新规定。1994年外贸法对法律责任的规定较弱,处罚手段少,处罚种类较单一,力度小,只是集中在撤销外贸经营许可证上。新法通过刑事处罚、行政处罚和从业禁止等多种手段,加大了对违反外贸法的处罚力度。例如,修订后的外贸法第61条规定:"违反禁止或限制货物进出口规定的,除了没收非法所得和罚款的行政责任,严重的还要追究刑事责任外,在3年内不受理违法行为人的进出口配额或者许可证的申请,或者禁止违法行为人在1到3年内从事有关货物或者技术的进出口经营活动。"可以肯定地说,处罚力度的加大,必然会有助于外贸法的有效实施。

(五)充分考虑到对外贸易发展的新情况、新变化、新要求

修订外贸法从客观事实出发,充分考虑到中国对外贸易近10年迅速发展的现实,并且密切结合国际贸易的新形势、新情况、新变化、新要求,从对外贸易活动的实践中总结经验,更具体地完善新外贸法的立法内容。因此修订的外贸法对保障措施、外贸救济措施、对外贸易调查等防御性的和进攻性的新规定,除了利用了世贸组织的例外规则,借鉴了先进国家的立法经验之外,还确实考虑到了中国的外贸频频遭受来自美欧日等国家和地区的反倾销的贸易保护主义措施和歧视待遇的客观现实。另外,修订后的外贸法所增设的预警应急机制、公共信息服务体系等规定都是出于对外贸易的实践需要。

三、修订《对外贸易法》的主要新增内容

与1994年对外贸易法相比，新修订的对外贸易法新增加了三章内容和26个新条款。这三章内容分别涉及与贸易有关的知识产权保护、对外贸易调查和对外贸易救济。修订后的对外贸易法具备了更大的可操作性，减少和规范了行政审批，完善了中介机构、金融扶持等外贸促进体系，建立健全了贸易防御和贸易救济措施的法律体系。这些内容还增强了立法的主动防御功能。针对美国贸易法"301"条款、欧盟贸易壁垒条例等贸易壁垒调查机制，增加了贸易壁垒调查的规定，以利于中国企业在国外遭受的不公正待遇能够得到适当的法律保护。因为在利用贸易壁垒调查机制上，根据对等原则，中国可以在合法范围下采取报复措施。此外，还修改审批制为登记制，放开了国内企业的进入门槛，消除了外商投资企业权限获得上的"超国民待遇"。

（一）自然人获外贸经营权内容

此次修改最引人关注的是，国内自然人的外贸经营权。根据中国加入世贸组织的有关承诺，在贸易权方面，应给予所有外国个人和企业不低于给予在中国的企业的待遇。如果外国的自然人能在中国做外贸，中国的自然人也应当能够从事对外贸易经营活动。对外贸易法作为外贸领域的基本法，应当允许自然人从事对外贸易经营活动，特别是在技术贸易和国际服务贸易、边贸活动中，自然人从事对外贸易经营活动已经大量存在。因此，修订的对外贸易法就对对外贸易经营者的范围作出了新的规定。

修订的对外贸易法中的外贸经营者范围扩大，享有外贸经营权的门槛降低。其规定：国内自然人、法人和其他组织都将获得对外贸易经营权。同时，对货物和技术的进出口经营权的审批，在修订草案中也予以取消。这意味着，普通百姓将可以以个人身份从事进出口贸易活动，这说明从事外贸活动的经营主体更加多样化。

（二）与贸易有关的知识产权保护内容

针对近年来较受关注的与贸易有关的知识产权问题，修订后的外贸法增加了"与对外贸易有关的知识产权保护"一章，通过实施贸易措施，防止侵权产品进口，同时也防止知识产权权利人滥用权利，并促进中国知识产权在国外的保护，重要的是避免在对外贸易中让中国企业承受专利之痛。例如国内DVD厂家每年向国外DVD巨头缴纳巨额专利费、思科诉华为等等中国企业在外贸中惨遭"知识产权滑铁卢"的例子越来越多。在这些案件中，发达国家也存在着滥用知识产权权利的嫌疑。所以，以国内法的形式给在知识产权上处于弱势地位的国内企业以更多保护是修订法的根本目标。商务部的调查数据显示，中国对外贸易中高科技和机电产品的出口，已经占到外贸出口总数的50%以上。而以2002年为例，中国71%的出口企业、39%的出口产品受到国外技术壁垒的限制，造成损失高达170亿美元。2006年，美国借337条款的起诉案件在全球范围内一共18例，其中中国就占到7例。

修订外贸法对知识产权的滥用问题，特别作出了规定，而这些规定都是非常必要的。只有在立法中建立严厉的惩罚机制，才能维护中国专利法制秩序。对于知识产权权利人滥用权利的问题，虽然TRIPS协议第40条允许各成员政府采取措施制止权利滥用行为，但是1994年外贸法中并没有相应的规定，修订后的外贸法更多地运用了TRIPS中的这

个原则,侧重点在于限制知识产权权利人在对外贸易中滥用其专有权和优势地位的行为,而在之前虽有保护知识产权的内容,但比较少、比较分散,也比较原则,而且主要是为了保护权利人权利,而不是限制权利人滥用权利。知识产权的本质已经不只是技术的创新,而是国际贸易中的竞争武器之一,中国可以充分利用国际规则,在国内法中尽可能地保护自己。

(三)明确对外贸易调查启动程序

修订外贸法明确规定了对外贸易调查的启动程序。按照法律规定,由国务院对外贸易主管部门发布公告;调查可以采取书面问卷、召开听证会、实地调查、委托调查等方式进行;国务院对外贸易主管部门根据调查结果,得出调查报告或者作出处理裁定,并发布公告。

贸易调查已成为各主要贸易国家保护本国产业和市场秩序的重要法律手段。修订后的外贸法规定,国务院对外贸易主管部门可以自行或者会同国务院其他有关部门,依照法律、行政法规的规定对下列事项进行调查:货物进出口、技术进出口、国际服务贸易对国内产业及其竞争力的影响;有关国家或者地区的贸易壁垒;为确定是否应当依法采取反倾销、反补贴或者保障措施等对外贸易救济措施,需要调查的事项;规避对外贸易救济措施的行为;对外贸易中有关国家安全利益的事项;为执行修订后对外贸易法有关条款规定和其他影响对外贸易秩序,需要调查的事项。

(四)完善对外贸易救济制度

在中国加入世贸组织的过渡期中,国内产业受到开放市场的压力越来越大时,修订后的外贸法有助于中国运用贸易救济措施依法维护产业的正当权益。该法规定:其他国家或者地区的产品以低于正常价值的倾销方式进入中国市场,对已建立的国内产业造成实质损害或者产生实质损害威胁,或者对建立国内产业造成实质阻碍的,国家可以采取反倾销措施,消除或者减轻这种损害或者损害的威胁或者阻碍。进口产品直接或者间接地接受出口国家或者地区给予的任何形式的专向性补贴,对已建立的国内产业造成实质损害或者产生实质损害威胁,或者对建立国内产业造成实质阻碍的,国家可以采取反补贴措施,消除或者减轻这种损害或者损害的威胁或者阻碍。修订后的外贸法规定,因进口产品数量大量增加,对生产同类产品或者与其直接竞争的产品的国内产业造成严重损害或者严重损害威胁的,国家可以采取必要的保障措施,消除或者减轻这种损害或者损害的威胁,并可以对这个产业提供必要的支持。对于与中国缔结或者共同参加经济贸易条约、协定的国家或者地区,违反条约、协定的规定,使中国根据这个条约、协定享有的利益丧失或者受损,或者阻碍条约、协定目标实现的,中国政府有权要求有关国家或者地区政府采取适当补救措施,并可以根据有关条约、协定中止或者终止履行相关义务。

四、与修订《对外贸易法》配套的管理制度

修订的《对外贸易法》明确了对外贸易法的适用范围,包括:主体范围、贸易范围、管理行为和地域范围。该法确立的管理制度包括:对外贸易经营者资格制度,货物和技术进出口管理制度,国际服务贸易管理制度,对外贸易救济制度,对外贸易促进制度,违反《对外贸易法》的法律责任等。

(一)对外贸易经营者资格管理规定

改革开放初期,中国对外贸易由几家国有公司集中经营,1982 年国务院批准对外贸易部《关于出口商品实行分级经营的规定》后,国务院有关部门 1985 年发布《关于设立外贸公司的条件和审批程序的暂行办法》,1988 年发布《关于审批对外贸易企业有关问题的规定》,1992 年发出《关于赋予生产企业进出口经营权有关问题的意见》,1993 年发布《赋予科研院所科技产品进出口经营权暂行办法》《关于赋予商业、物资企业进出口经营权试点意见》,1997 年发布《经济特区生产企业自营进出口权自动登记暂行规定》,1998 年发布《关于赋予私营生产企业和科研院所科技产品自营进出口权的暂行办法》,1999 年发布《关于对全国大型工业企业实行自营进出口权登记备案制的通知》,2001 年发布《关于进出口经营资格管理的有关规定》等,在此过程中对外贸易经营权逐步放开。根据修订的《对外贸易法》,商务部 2004 年 6 月 19 日公布了《对外贸易经营者备案登记办法》(以下简称《备案登记办法》),对外贸易经营资格由审批制转变为备案登记制;2005 年 8 月 23 日公布《对外贸易经营者违法违规行为公告办法》。

《备案登记办法》规定符合法律规定的所有企业法人、其他组织和个人,向国务院对外贸易主管部门或者其委托的机构办理备案登记后,均可从事进出口业务。个人办理对外贸易经营资格备案登记的前提是办理工商登记或其他执业手续。根据修订后的《对外贸易法》的规定,对于服务贸易经营资格,根据服务贸易准入清单,依照中国相关法律、行政法规的规定赋予经营资格。对于对外工程承包或者对外劳务合作的经营资格,经营者应取得相应的资质或者资格。

(二)货物进出口管理规定

中国的进出口许可证和配额管理制度是改革开放后形成的,1980 年国务院有关部委发布《关于出口许可制度的暂行办法》,1984 年国务院颁布《进口许可制度暂行条例》,国务院有关部门 1992 年发布《出口商品管理暂行办法》和《关于纺织品出口配额的管理办法》,1993 年发布《机电产品进口管理暂行办法》和《一般商品进口配额管理暂行办法》,1994 年发布《进口商品经营管理暂行办法》,1996 年发布《关于出口许可证管理的若干规定》,1998 年发布《出口商品配额招标办法》,2001 年 12 月 20 日外经贸部修订发布《出口商品配额管理办法》和《出口商品配额招标办法》,2001 年 12 月 21 日外经贸部《大型单机和成套设备出口项目协调管理办法》等,此过程中货物进出口管理逐步规范化。2001 年 12 月 10 日国务院颁布了《货物进出口管理条例》,国务院有关部委制定了配套规章,形成了一套符合 WTO 规则的中国货物进出口管理的政策措施。

1.进口货物管理

中国目前对货物进口实行分类管理,包括:(1)禁止进口的货物。禁止进口的货物目录由商务部会同有关部委制定、调整并公布。中国先后公布了六批《禁止进口货物目录》。(2)限制进口的货物。国家规定有数量限制的限制进口货物,实行配额管理或关税配额管理;其他限制进口货物,实行许可证管理。限制进口的货物目录由商务部会同有关部委制定、调整并公布。外经贸部、海关总署、质检总局 2001 年发布《机电产品进口管理办法》《机电产品进口配额管理实施细则》,2004 年 11 月 18 日,商务部发布《机电产品国际招标投标实施办法》,2004 年 12 月 10 日,商务部修改发布了《货物进口许可证管理办法》。

2008 年 4 月 7 日商务部、海关总署、质检总局修订发布了《机电产品进口管理办法》和《重点旧机电产品进口管理办法》。此外，国家食品药品监督管理局、海关总署 2003 年 8 月 18 日发布《药品进口管理办法》，2005 年 11 月 24 日发布《进口药材管理办法（试行）》，2007 年 7 月 31 日，农业部、海关总署发布《兽药进口管理办法》。（3）关税配额管理的货物。国务院有关部门 2001 年 2 月发布《化肥进口关税配额管理暂行办法》，2003 年 9 月发布《农产品进口关税配额管理暂行办法》。（4）自由进口的货物。进口属于自由进口的货物，不受限制。基于监测货物进口情况的需要，商务部会同有关部委可以按照国务院规定的职责划分，对部分属于自由进口的货物实行自动进口许可管理，并适时调整和公布《自动进口许可证管理货物目录》。2001 年外经贸部发布《机电产品自动进口许可管理实施细则》，外经贸部 2001 年发布了《货物自动进口许可管理办法》，商务部 2004 年 12 月 10 日修订；2008 年 4 月 7 日，商务部、海关总署修订发布了《机电产品进口自动许可实施办法》。

2.出口货物管理

中国对货物出口实行分类管理，包括：（1）禁止出口的货物。禁止出口的货物目录由商务部会同国务院有关部门制定、调整并公布。中国已公布 3 批《禁止出口货物目录》。（2）限制出口的货物。限制出口的货物目录由商务部会同有关部委制定、调整并公布。国家规定有数量限制的限制出口货物，实行配额管理；其他限制出口的货物，实行许可证管理，并适时调整和公布《出口许可证管理货物目录》。2004 年 1 月 7 日国务院有关部门发布《煤炭出口配额管理办法》，2004 年 12 月 10 日，商务部修订发布了《货物出口许可证管理办法》，2006 年 9 月 18 日商务部发布《纺织品出口管理办法（暂行）》，2006 年 8 月 1 日商务部和海关总署发布《民用航空零部件出口分类管理办法》，2006 年 4 月 29 日，国务院颁布《濒危野生动植物出口管理条例》，2008 年 1 月 25 日，国家环保总局发布《危险废物出口核准管理办法》等。（3）自由出口的货物。自由出口的货物，有出口经营资格的企业均可出口，不受限制。2005 年 2 月 6 日，商务部发布《纺织品出口自动许可暂行办法》。

3.特殊商品进出口的管制

根据修订的《对外贸易法》和中国参加的国际公约的规定，对涉及国家安全、为保护人类的健康或者安全，保护动物、植物的生命或者健康，保护环境，需要限制或者禁止进口或者出口的军品、核用品、生物两用品、化学品、药品以及濒危野生动植物的贸易制定了专门的行政法规和规章，进行严格管制。

（1）军品出口管理规定。1997 年，国务院、中央军事委员会颁布《军品出口管理条例》，2002 年 10 月 15 日修订，对军品贸易公司、军品出口管理、军品出口秩序、法律责任等作出规定。

（2）核出口管制规定。1997 年，国务院颁布《核出口管制条例》，2001 年修订，2006 年 11 月 9 日再次修订。国家对核出口实行严格管制，严格履行所承担的不扩散核武器的国际义务。

（3）监控化学品管理法律规定。1995 年 12 月 27 日，国务院发布了《监控化学品管理条例》；2002 年 10 月 18 日，国务院有关部门发布了《有关化学品及相关设备和技术出口管制办法》。

(4)易制毒化学品管理法律规定。2005 年 8 月 26 日,国务院发布《易制毒化学品管理条例》;1997 年发布《易制毒化学品进出口管理规定》,1999 年修订,2006 年 9 月 21 日商务部再次修订;2005 年 8 月 1 日,国务院有关部门发布了《向特定国家(地区)出口易制毒化学品暂行管理规定》;商务部、公安部 2002 年发布《易制毒化学品进出口国际核查管理规定》,2006 年 9 月 7 日修订。

(三)加工贸易管理规定

自 1978 年国务院发布《开展对外加工装配业务试行办法》以来,国务院有关部门发布了一系列规章和政策措施,主要有:1995 年发布《关于对加工贸易进口料件试行银行保证金台账制度暂行管理办法》,1999 年发布《关于进一步完善加工贸易银行保证金台账制度的意见》,2000 年《中华人民共和国海关对出口加工区监管的暂行办法》,2001 年《出口加工区加工贸易管理暂行办法》和 2003 年《实施计算机联网监管企业加工贸易审批管理暂行办法》等。

目前,中国管理加工贸易的主要法律法规包括:《对外贸易法》《海关法》,2004 年 4 月 8 日国务院有关部门发布的《设立出口加工区的审批标准和程序》,2005 年 11 月 22 日商务部修订发布的《出口加工区加工贸易管理暂行办法》,2004 年 2 月 26 日海关总署发布的《海关对加工贸易货物监管办法》,2006 年 6 月 14 日海关总署修订发布的《海关加工贸易企业联网监管办法》等规章。这些法规规章有力地促进了加工贸易的发展,使加工贸易进出口额逐步占到中国进出口贸易总额的半壁江山。

自 1999 年起,国家开始对加工贸易实行商品分类管理,按商品将加工贸易分为禁止类、限制类和允许类。根据国家宏观调控、产业发展、环境保护等方面要求,同时,限制加工技术水平较低、生产工艺水平落后、容易引起贸易摩擦的商品加工贸易,不断优化加工贸易商品结构,提高加工贸易发展水平。加工贸易分类管理商品目录由国务院有关部门确定并适时调整、公布,建立了产业和产品准入目录的动态调整制度。近年来,于每年年初根据进出口税则目录调整情况以及国民经济发展需要发布新的加工贸易禁止类目录。为加强和简化对加工贸易企业的监管,将加工贸易企业分为 A、B、C、D 四类,对企业分类名单实行动态管理,适时调整。

(四)边境贸易管理规定

1996 年 1 月 3 日,国务院发布了《关于边境贸易有关问题的通知》,对边境贸易进口关税和进口环节税收、边境小额贸易的进出口管理、与边境地区毗邻国家经济技术合作项下进出口商品的管理等问题作了规定。1996 年 3 月 29 日,原外经贸部、海关总署发布了《关于边境小额贸易和边境地区对外经济技术合作管理办法》和《边民互市贸易管理办法》,1998 年 11 月 19 日,原外经贸部、海关总署发布了《关于进一步发展边境贸易的补充规定的通知》,2003 年 9 月 22 日,国家外汇管理局发布了《边境贸易外汇管理办法》等。

(五)技术进出口管理规定

1.技术进出口管理规定

1998 年外经贸部与科技部联合发布了《关于限制出口技术的管理办法》和《中国禁止出口、限制出口技术目录》,1998 年 11 月联合发布了《中国禁止出口限制出口技术目录》。修订后的《对外贸易法》规定,从事技术进出口的经营者,要取得资格许可,遵守规定的限制或禁止进出口技术的原则，以及中国管理技术进出口的行政法规、规章。根据修订后的《对外贸易法》的规定，国务院于2001年12月19日颁布了《技术进出口管理条例》。原外经贸部与国家经贸委于2001年12月28日发布了《禁止进口限制进口技术管理办法》，以及《禁止进口限制进口技术目录》，2007年10月23日修订发布；外经贸部与科技部于2001年12月12日发布了《禁止出口限制出口技术管理办法》，以及《禁止出口限制出口技术目录》。为规范自由进出口技术合同的管理，建立技术进出口信息管理制度，促进中国技术进出口的发展，2001年12月，原外经贸部制定了《技术进出口合同登记管理办法》。

2.核两用物项和技术进出口许可证的管理

(1)核两用品及相关技术出口管制规定。1998年，国务院发布《核两用品及相关技术出口管制条例》，2007年1月26日修订。国家对核两用品及相关技术出口实行严格管制，适时调整《核两用品及相关技术出口管制清单》，严格履行所承担的不扩散核武器的国际义务，防止核两用品及相关技术用于核爆炸目的或者核恐怖主义行为。

(2)导弹及相关物项和技术出口管制规定。2002年8月22日，国务院颁布《导弹及相关物项和技术出口管制条例》，国家对导弹及相关物项和技术出口实行严格管制，并实行许可证管理制度。未经许可，任何单位或者个人不得出口导弹及相关物项和技术。

(3)生物两用品及相关设备和技术进出口管制。2002年10月14日，国务院公布《生物两用品及相关设备和技术进出口管制条例》，2006年7月31日，商务部公布《生物两用品及相关设备和技术进出口管制清单》。根据《核两用品及相关技术出口管制条例》《导弹及相关物项和技术出口管制条例》《生物两用品及相关设备和技术进出口管制条例》，2002年10月18日，外经贸部、国家经贸委、海关总署发布《有关化学品及相关设备和技术出口管制办法》，2002年11月12日发布《敏感物项和技术出口经营登记管理办法》，2003年12月1日发布《敏感物项和技术出口许可证暂行管理办法》，2005年12月31日，商务部、海关总署发布《两用物项和技术进出口许可证管理办法》《生物两用品及相关设备和技术进出口管制清单》，对核、导弹、生物与化学品相关技术的进出口作出了特别规定。

(六)贸易救济法律制度

贸易救济法律规定，属于对外贸易管理法律制度的一个组成部分，在对外贸易活动中调整的是有关对外贸易法律救济关系的特殊内容。它主要包括对外贸易调查、主动贸易救济与被动贸易救济规定。

1.对外贸易调查的规定

修订后的《对外贸易法》规定：为了维护对外贸易秩序，国务院对外贸易主管部门可以自行或者会同国务院其他有关部门，依照法律、行政法规的规定对下列事项进行调查：(1)货物进出口、技术进出口、国际服务贸易对国内产业及其竞争力的影响；(2)有关国家或者地区的贸易壁垒；(3)为确定是否应当依法采取反倾销、反补贴或者保障措施等对外贸易救济措施，需要调查的事项；(4)规避对外贸易救济措施的行为；(5)对外贸易中有关国家安全利益的事项；(6)为执行对外贸易法有关条款的规定，需要调查的事项；(7)其他影响对外贸易秩序，需要调查的事项。为执行《对外贸易法》的规定，外经贸部于2002年制定了《对外贸易壁垒调查暂行规则》，2005年2月2日商务部修订为《对外贸易壁垒调查规则》，自2002年起，商务部每年发布《国别投资贸易环境报告》。

2.主动贸易救济法律规定

主动贸易救济是指中国(进口国)企业或政府主管部门主动向外国(出口国)企业或政府提起反倾销、反补贴和保障措施的贸易救济。中国主动贸易救济的法律制度比较完备，操作性强，而且完全符合 WTO 规则。包括《对外贸易法》，2001 年国务院在 1997 年《反倾销和反补贴条例》的基础上修订颁布的《反倾销条例》《反补贴条例》《保障措施条例》，2004 年 3 月 31 日分别作了修订。最高人民法院于 2002 年 12 月 4 日《关于审理反补贴行政案件应用法律若干问题的规定》，2003 年 1 月 1 日发布《关于审理反倾销行政案件应用法律若干问题的规定》，完善了对实施反倾销措施的司法监督制度。

外经贸部、商务部制定了《反倾销调查立案暂行规则》《反倾销调查抽样暂行规则》《反倾销问卷调查暂行规则》《反倾销调查实地核查暂行规则》《反倾销调查信息披露暂行规则》《反倾销调查听证会暂行规则》《反倾销调查公开信息查阅暂行规则》《反倾销价格承诺暂行规则》《反倾销新出口商复审暂行规则》《反倾销退税暂行规则》《倾销及倾销幅度期中复审暂行规则》《关于反倾销产品范围调整程序的暂行规则》《反倾销产业损害调查规定》《产业损害调查公开信息查阅办法》等；《反补贴调查立案暂行规则》《反补贴问卷调查暂行规则》《反补贴调查实地核查暂行规则》《反补贴调查听证会暂行规则》《反补贴产业损害调查规定》等；《保障措施调查立案暂行规则》《保障措施调查听证会暂行规则》《保障措施产业损害调查规定》《关于保障措施产品范围调整程序的暂行规则》等；《产业损害调查信息查阅与信息披露规定》《产业损害裁定听证规则》《产业损害调查听证规则》等。

3.被动贸易救济法律规定

被动贸易救济是指中国(出口国)应对外国(进口国)企业或政府主管部门对中国出口产品提起的反倾销、反补贴和保障措施的贸易救济。2001 年外经部发布了《出口产品反倾销应诉规定》，2006 年 7 月 14 日商务部修订为《出口产品反倾销案件应诉规定》。

(七)国际服务贸易管理制度

修订后的《对外贸易法》规定了中国政府对国际服务贸易的基本管理原则，即国家促进国际服务贸易的逐步开展。中华人民共和国在国际服务贸易方面根据所缔结或者参加的国际条约、协定中所作的承诺，给予其他缔约方、参加方市场准入和国民待遇。但是，国家基于下列原因之一，可以限制国际服务贸易：(1)为维护国家安全或者社会公共利益；(2)为保护生态环境；(3)为建立或者加快建立国内特定的服务业；(4)为保障国家外汇收支平衡；(5)法律、行政法规规定的其他限制。

该法还规定，对凡属于下列情形之一的国际服务贸易，国家予以禁止：(1)危害国家安全或者社会公共利益的；(2)违反中华人民共和国承担的国际义务的；(3)法律、行政法规规定禁止的。

(八)对外贸易促进制度

修订后的《对外贸易法》在第九章的第 51 条至第 59 条，分别对相关的贸易促进制度进行了方向性规定，该法主要从建立和完善为对外贸易服务的金融机构，设立对外贸易发展基金、风险基金；支持通过进出口信贷、出口信用保险、出口退税及其他促进对外贸易的方式，发展对外贸易；建立对外贸易公共信息服务体系，向对外贸易经营者和其他社会公众提供信息服务；采取措施鼓励对外贸易经营者开拓国际市场，采取对外投资、对外工程承包和对外劳务合作等多种形式,发展对外贸易;支持对外贸易经营者依法成立和参加有关协会、商会;扶持和促进中小企业开展对外贸易以及促进民族自治地方和经济不发达地区发展对外贸易等方面进行了法律上的认可。

本章小结

1.中国对外贸易法律体系在改革开放过程中经历了较大的变动,从而也充分体现了对外贸易法在一国对外贸易发展过程中所起到的重要作用。

2.1994年对外贸易法是中国政府基于当时的经济发展情况而制定的改革开放时期的第一部外贸基本法,并实行了一系列与此法相适应的管理政策法规,初步形成了具有中国特色的对外贸易法律体系。

3.随着中国加入世贸组织后外贸的快速发展,原有的外贸法无论在内容范围上还是可操作上都越来越不能适应新形势的要求,鉴于此,中国人大于2004年修订了原有的对外贸易法,修改并新增了与WTO协定相适应的内容,充分考虑到中国作为世贸组织成员所应履行的义务和应享受到的权利,注重在WTO框架下保护中国企业在当地市场和海外市场的利益,并且不断推出与修订法相一致的各种管理政策,最终实现了以修订外贸法为核心,多种政策法规支持的多层次外贸法律体系,为中国在经济全球化背景下的外贸发展奠定了较为扎实的法律基础。

重要概念和术语

外贸立法管理手段　对外贸易法　国营贸易　国营贸易企业　自由贸易区　贸易壁垒　贸易救济　反倾销　反补贴　保障措施　国际条约　国际贸易惯例　对外贸易经营者　1994年《对外贸易法》　2004年《对外贸易法》　对外贸易促进制度　主动贸易救济

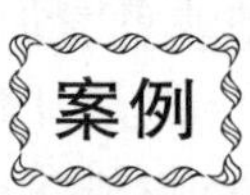

2004年《中华人民共和国对外贸易法》

(1994年5月12日第八届全国人民代表大会常务委员会第七次会议通过　2004年4月6日第十届全国人民代表大会常务委员会第八次会议修订)

目　录

第一章　总则
第二章　对外贸易经营者
第三章　货物进出口与技术进出口
第四章　国际服务贸易

第五章　与对外贸易有关的知识产权保护

第六章　对外贸易秩序

第七章　对外贸易调查

第八章　对外贸易救济

第九章　对外贸易促进

第十章　法律责任

第十一章　附则

第一章　总则

第一条　为了扩大对外开放，发展对外贸易，维护对外贸易秩序，保护对外贸易经营者的合法权益，促进社会主义市场经济的健康发展，制定本法。

第二条　本法适用于对外贸易以及与对外贸易有关的知识产权保护。

本法所称对外贸易，是指货物进出口、技术进出口和国际服务贸易。

第三条　国务院对外贸易主管部门依照本法主管全国对外贸易工作。

第四条　国家实行统一的对外贸易制度，鼓励发展对外贸易，维护公平、自由的对外贸易秩序。

第五条　中华人民共和国根据平等互利的原则，促进和发展同其他国家和地区的贸易关系，缔结或者参加关税同盟协定、自由贸易区协定等区域经济贸易协定，参加区域经济组织。

第六条　中华人民共和国在对外贸易方面根据所缔结或者参加的国际条约、协定，给予其他缔约方、参加方最惠国待遇、国民待遇等待遇，或者根据互惠、对等原则给予对方最惠国待遇、国民待遇等待遇。

第七条　任何国家或者地区在贸易方面对中华人民共和国采取歧视性的禁止、限制或者其他类似措施的，中华人民共和国可以根据实际情况对该国家或者该地区采取相应的措施。

第二章　对外贸易经营者

第八条　本法所称对外贸易经营者，是指依法办理工商登记或者其他执业手续，依照本法和其他有关法律、行政法规的规定从事对外贸易经营活动的法人、其他组织或者个人。

第九条　从事货物进出口或者技术进出口的对外贸易经营者，应当向国务院对外贸易主管部门或者其委托的机构办理备案登记；但是，法律、行政法规和国务院对外贸易主管部门规定不需要备案登记的除外。备案登记的具体办法由国务院对外贸易主管部门规定。对外贸易经营者未按照规定办理备案登记的，海关不予办理进出口货物的报关验放手续。

第十条　从事国际服务贸易，应当遵守本法和其他有关法律、行政法规的规定。

从事对外工程承包或者对外劳务合作的单位，应当具备相应的资质或者资格。具体办法由国务院规定。

第十一条　国家可以对部分货物的进出口实行国营贸易管理。实行国营贸易管理货物的进出口业务只能由经授权的企业经营；但是，国家允许部分数量的国营贸易管理货物的进出口业务由非授权企业经营的除外。实行国营贸易管理的货物和经授权经营企业的目录，由国务院对外贸易主管部门会同国务院其他有关部门确定、调整并公布。

违反本条第一款规定，擅自进出口实行国营贸易管理的货物的，海关不予放行。

第十二条　对外贸易经营者可以接受他人的委托，在经营范围内代为办理对外贸易业务。

第十三条　对外贸易经营者应当按照国务院对外贸易主管部门或者国务院其他有关部门依法作出的规定，向有关部门提交与其对外贸易经营活动有关的文件及资料。有关部门应当为提供者保守商业秘密。

第三章　货物进出口与技术进出口

第十四条　国家准许货物与技术的自由进出口。但是，法律、行政法规另有规定的除外。

第十五条　国务院对外贸易主管部门基于监测进出口情况的需要，可以对部分自由进出口的货物实行进出口自动许可并公布其目录。

实行自动许可的进出口货物，收货人、发货人在办理海关报关手续前提出自动许可申请的，国务院对外贸易主管部门或者其委托的机构应当予以许可；未办理自动许可手续的，海关不予放行。

进出口属于自由进出口的技术，应当向国务院对外贸易主管部门或者其委托的机构办理合同备案登记。

第十六条　国家基于下列原因，可以限制或者禁止有关货物、技术的进口或者出口：

（一）为维护国家安全、社会公共利益或者公共道德，需要限制或者禁止进口或者出口的；

（二）为保护人的健康或者安全，保护动物、植物的生命或者健康，保护环境，需要限制或者禁止进口或者出口的；

（三）为实施与黄金或者白银进出口有关的措施，需要限制或者禁止进口或者出口的；

（四）国内供应短缺或者为有效保护可能用竭的自然资源，需要限制或者禁止出口的；

（五）输往国家或者地区的市场容量有限，需要限制出口的；

（六）出口经营秩序出现严重混乱，需要限制出口的；

（七）为建立或者加快建立国内特定产业，需要限制进口的；

（八）对任何形式的农业、牧业、渔业产品有必要限制进口的；

（九）为保障国家国际金融地位和国际收支平衡，需要限制进口的；

（十）依照法律、行政法规的规定，其他需要限制或者禁止进口或者出口的；

（十一）根据我国缔结或者参加的国际条约、协定的规定，其他需要限制或者禁止进口或者出口的。

第十七条　国家对与裂变、聚变物质或者衍生此类物质的物质有关的货物、技术进出口，以及与武器、弹药或者其他军用物资有关的进出口，可以采取任何必要的措施，维护国家安全。

在战时或者为维护国际和平与安全，国家在货物、技术进出口方面可以采取任何必要的措施。

第十八条　国务院对外贸易主管部门会同国务院其他有关部门，依照本法第十六条和第十七条的规定，制定、调整并公布限制或者禁止进出口的货物、技术目录。

国务院对外贸易主管部门或者由其会同国务院其他有关部门，经国务院批准，可以在本法第十六条和第十七条规定的范围内，临时决定限制或者禁止前款规定目录以外的特定货物、技术的进口或者出口。

第十九条　国家对限制进口或者出口的货物，实行配额、许可证等方式管理；对限制进口或者出口的技术，实行许可证管理。

实行配额、许可证管理的货物、技术，应当按照国务院规定经国务院对外贸易主管部门或者经其会同国务院其他有关部门许可，方可进口或者出口。

国家对部分进口货物可以实行关税配额管理。

第二十条　进出口货物配额、关税配额，由国务院对外贸易主管部门或者国务院其他有关部门在各自的职责范围内，按照公开、公平、公正和效益的原则进行分配。具体办法由国务院规定。

第二十一条　国家实行统一的商品合格评定制度，根据有关法律、行政法规的规定，对进出口商品进行认证、检验、检疫。

第二十二条　国家对进出口货物进行原产地管理。具体办法由国务院规定。

第二十三条　对文物和野生动物、植物及其产品等，其他法律、行政法规有禁止或者限制进出口规定的，依照有关法律、行政法规的规定执行。

第四章　国际服务贸易

第二十四条　中华人民共和国在国际服务贸易方面根据所缔结或者参加的国际条约、协定中所作的承诺，给予其他缔约方、参加方市场准入和国民待遇。

第二十五条　国务院对外贸易主管部门和国务院其他有关部门，依照本法和其他有关法律、行政法规的规定，对国际服务贸易进行管理。

第二十六条　国家基于下列原因，可以限制或者禁止有关的国际服务贸易：

（一）为维护国家安全、社会公共利益或者公共道德，需要限制或者禁止的；

（二）为保护人的健康或者安全，保护动物、植物的生命或者健康，保护环境，需要限制或者禁止的；

（三）为建立或者加快建立国内特定服务产业，需要限制的；

（四）为保障国家外汇收支平衡，需要限制的；

（五）依照法律、行政法规的规定，其他需要限制或者禁止的；

（六）根据我国缔结或者参加的国际条约、协定的规定，其他需要限制或者禁止的。

第二十七条　国家对与军事有关的国际服务贸易，以及与裂变、聚变物质或者衍生此类物质的物质有关的国际服务贸易，可以采取任何必要的措施，维护国家安全。

在战时或者为维护国际和平与安全，国家在国际服务贸易方面可以采取任何必要的措施。

第二十八条 国务院对外贸易主管部门会同国务院其他有关部门，依照本法第二十六条、第二十七条和其他有关法律、行政法规的规定，制定、调整并公布国际服务贸易市场准入目录。

第五章 与对外贸易有关的知识产权保护

第二十九条 国家依照有关知识产权的法律、行政法规，保护与对外贸易有关的知识产权。

进口货物侵犯知识产权，并危害对外贸易秩序的，国务院对外贸易主管部门可以采取在一定期限内禁止侵权人生产、销售的有关货物进口等措施。

第三十条 知识产权权利人有阻止被许可人对许可合同中的知识产权的有效性提出质疑、进行强制性一揽子许可、在许可合同中规定排他性返授条件等行为之一，并危害对外贸易公平竞争秩序的，国务院对外贸易主管部门可以采取必要的措施消除危害。

第三十一条 其他国家或者地区在知识产权保护方面未给予中华人民共和国的法人、其他组织或者个人国民待遇，或者不能对来源于中华人民共和国的货物、技术或者服务提供充分有效的知识产权保护的，国务院对外贸易主管部门可以依照本法和其他有关法律、行政法规的规定，并根据中华人民共和国缔结或者参加的国际条约、协定，对与该国家或者该地区的贸易采取必要的措施。

第六章 对外贸易秩序

第三十二条 在对外贸易经营活动中，不得违反有关反垄断的法律、行政法规的规定实施垄断行为。

在对外贸易经营活动中实施垄断行为，危害市场公平竞争的，依照有关反垄断的法律、行政法规的规定处理。有前款违法行为，并危害对外贸易秩序的，国务院对外贸易主管部门可以采取必要的措施消除危害。

第三十三条 在对外贸易经营活动中，不得实施以不正当的低价销售商品、串通投标、发布虚假广告、进行商业贿赂等不正当竞争行为。

在对外贸易经营活动中实施不正当竞争行为的，依照有关反不正当竞争的法律、行政法规的规定处理。

有前款违法行为，并危害对外贸易秩序的，国务院对外贸易主管部门可以采取禁止该经营者有关货物、技术进出口等措施消除危害。

第三十四条 在对外贸易活动中，不得有下列行为：

（一）伪造、变造进出口货物原产地标记，伪造、变造或者买卖进出口货物原产地证书、进出口许可证、进出口配额证明或者其他进出口证明文件；

（二）骗取出口退税；

（三）走私；

（四）逃避法律、行政法规规定的认证、检验、检疫；

（五）违反法律、行政法规规定的其他行为。

第三十五条　对外贸易经营者在对外贸易经营活动中，应当遵守国家有关外汇管理的规定。

第三十六条　违反本法规定，危害对外贸易秩序的，国务院对外贸易主管部门可以向社会公告。

第七章　对外贸易调查

第三十七条　为了维护对外贸易秩序，国务院对外贸易主管部门可以自行或者会同国务院其他有关部门，依照法律、行政法规的规定对下列事项进行调查：

（一）货物进出口、技术进出口、国际服务贸易对国内产业及其竞争力的影响；

（二）有关国家或者地区的贸易壁垒；

（三）为确定是否应当依法采取反倾销、反补贴或者保障措施等对外贸易救济措施，需要调查的事项；

（四）规避对外贸易救济措施的行为；

（五）对外贸易中有关国家安全利益的事项；

（六）为执行本法第七条、第二十九条第二款、第三十条、第三十一条、第三十二条第三款、第三十三条第三款的规定，需要调查的事项；

（七）其他影响对外贸易秩序，需要调查的事项。

第三十八条　启动对外贸易调查，由国务院对外贸易主管部门发布公告。

调查可以采取书面问卷、召开听证会、实地调查、委托调查等方式进行。

国务院对外贸易主管部门根据调查结果，提出调查报告或者作出处理裁定，并发布公告。

第三十九条　有关单位和个人应当对对外贸易调查给予配合、协助。

国务院对外贸易主管部门和国务院其他有关部门及其工作人员进行对外贸易调查，对知悉的国家秘密和商业秘密负有保密义务。

第八章　对外贸易救济

第四十条　国家根据对外贸易调查结果，可以采取适当的对外贸易救济措施。

第四十一条　其他国家或者地区的产品以低于正常价值的倾销方式进入我国市场，对已建立的国内产业造成实质损害或者产生实质损害威胁，或者对建立国内产业造成实质阻碍的，国家可以采取反倾销措施，消除或者减轻这种损害或者损害的威胁或者阻碍。

第四十二条　其他国家或者地区的产品以低于正常价值出口至第三国市场，对我国已建立的国内产业造成实质损害或者产生实质损害威胁，或者对我国建立国内产业造成实质阻碍的，应国内产业的申请，国务院对外贸易主管部门可以与该第三国政府进行磋商，要求其采取适当的措施。

第四十三条　进口的产品直接或者间接地接受出口国家或者地区给予的任何形式的专向性补贴，对已建立的国内产业造成实质损害或者产生实质损害威胁，或者对建立国内产业造成实质阻碍的，国家可以采取反补贴措施，消除或者减轻这种损害或者损害的威胁或者阻碍。

第四十四条　因进口产品数量大量增加，对生产同类产品或者与其直接竞争的产品的国内产业造成严重损害或者严重损害威胁的，国家可以采取必要的保障措施，消除或者减轻这种损害或者损害的威胁，并可以对该产业提供必要的支持。

第四十五条　因其他国家或者地区的服务提供者向我国提供的服务增加，对提供同类服务或者与其直接竞争的服务的国内产业造成损害或者产生损害威胁的，国家可以采取必要的救济措施，消除或者减轻这种损害或者损害的威胁。

第四十六条　因第三国限制进口而导致某种产品进入我国市场的数量大量增加，对已建立的国内产业造成损害或者产生损害威胁，或者对建立国内产业造成阻碍的，国家可以采取必要的救济措施，限制该产品进口。

第四十七条　与中华人民共和国缔结或者共同参加经济贸易条约、协定的国家或者地区，违反条约、协定的规定，使中华人民共和国根据该条约、协定享有的利益丧失或者受损，或者阻碍条约、协定目标实现的，中华人民共和国政府有权要求有关国家或者地区政府采取适当的补救措施，并可以根据有关条约、协定中止或者终止履行相关义务。

第四十八条　国务院对外贸易主管部门依照本法和其他有关法律的规定，进行对外贸易的双边或者多边磋商、谈判和争端的解决。

第四十九条　国务院对外贸易主管部门和国务院其他有关部门应当建立货物进出口、技术进出口和国际服务贸易的预警应急机制，应对对外贸易中的突发和异常情况，维护国家经济安全。

第五十条　国家对规避本法规定的对外贸易救济措施的行为，可以采取必要的反规避措施。

第九章　对外贸易促进

第五十一条　国家制定对外贸易发展战略，建立和完善对外贸易促进机制。

第五十二条　国家根据对外贸易发展的需要，建立和完善为对外贸易服务的金融机构，设立对外贸易发展基金、风险基金。

第五十三条　国家通过进出口信贷、出口信用保险、出口退税及其他促进对外贸易的方式，发展对外贸易。

第五十四条　国家建立对外贸易公共信息服务体系，向对外贸易经营者和其他社会公众提供信息服务。

第五十五条　国家采取措施鼓励对外贸易经营者开拓国际市场，采取对外投资、对外工程承包和对外劳务合作等多种形式，发展对外贸易。

第五十六条　对外贸易经营者可以依法成立和参加有关协会、商会。

有关协会、商会应当遵守法律、行政法规，按照章程对其成员提供与对外贸易有关的生产、营销、信息、培训等方面的服务，发挥协调和自律作用，依法提出有关对外贸易救济措施的申请，维护成员和行业的利益，向政府有关部门反映成员有关对外贸易的建议，开展对外贸易促进活动。

第五十七条　中国国际贸易促进组织按照章程开展对外联系，举办展览，提供信息、咨询服务和其他对外贸易促进活动。

第五十八条　国家扶持和促进中小企业开展对外贸易。

第五十九条　国家扶持和促进民族自治地方和经济不发达地区发展对外贸易。

第十章　法律责任

第六十条　违反本法第十一条规定，未经授权擅自进出口实行国营贸易管理的货物的，国务院对外贸易主管部门或者国务院其他有关部门可以处五万元以下罚款；情节严重的，可以自行政处罚决定生效之日起三年内，不受理违法行为人从事国营贸易管理货物进出口业务的申请，或者撤销已给予其从事其他国营贸易管理货物进出口的授权。

第六十一条　进出口属于禁止进出口的货物的，或者未经许可擅自进出口属于限制进出口的货物的，由海关依照有关法律、行政法规的规定处理、处罚；构成犯罪的，依法追究刑事责任。

进出口属于禁止进出口的技术的，或者未经许可擅自进出口属于限制进出口的技术的，依照有关法律、行政法规的规定处理、处罚；法律、行政法规没有规定的，由国务院对外贸易主管部门责令改正，没收违法所得，并处违法所得一倍以上五倍以下罚款，没有违法所得或者违法所得不足一万元的，处一万元以上五万元以下罚款；构成犯罪的，依法追究刑事责任。

自前两款规定的行政处罚决定生效之日或者刑事处罚判决生效之日起，国务院对外贸易主管部门或者国务院其他有关部门可以在三年内不受理违法行为人提出的进出口配额或者许可证的申请，或者禁止违法行为人在一年以上三年以下的期限内从事有关货物或者技术的进出口经营活动。

第六十二条　从事属于禁止的国际服务贸易的，或者未经许可擅自从事属于限制的国际服务贸易的，依照有关法律、行政法规的规定处罚；法律、行政法规没有规定的，由国务院对外贸易主管部门责令改正，没收违法所得，并处违法所得一倍以上五倍以下罚款，没有违法所得或者违法所得不足一万元的，处一万元以上五万元以下罚款；构成犯罪的，依法追究刑事责任。

国务院对外贸易主管部门可以禁止违法行为人自前款规定的行政处罚决定生效之日或者刑事处罚判决生效之日起一年以上三年以下的期限内从事有关的国际服务贸易经营活动。

第六十三条　违反本法第三十四条规定，依照有关法律、行政法规的规定处罚；构成犯罪的，依法追究刑事责任。

国务院对外贸易主管部门可以禁止违法行为人自前款规定的行政处罚决定生效之日或者刑事处罚判决生效之日起一年以上三年以下的期限内从事有关的对外贸易经营活动。

第六十四条　依照本法第六十一条至第六十三条规定被禁止从事有关对外贸易经营活动的，在禁止期限内，海关根据国务院对外贸易主管部门依法作出的禁止决定，对该对外贸易经营者的有关进出口货物不予办理报关验放手续，外汇管理部门或者外汇指定银行不予办理有关结汇、售汇手续。

第六十五条　依照本法负责对外贸易管理工作的部门的工作人员玩忽职守、徇私舞弊或者滥用职权，构成犯罪的，依法追究刑事责任；尚不构成犯罪的，依法给予行政处分。

依照本法负责对外贸易管理工作的部门的工作人员利用职务上的便利，索取他人财物，或者非法收受他人财物为他人谋取利益，构成犯罪的，依法追究刑事责任；尚不构成犯罪的，依法给予行政处分。

第六十六条　对外贸易经营活动当事人对依照本法负责对外贸易管理工作的部门作出的具体行政行为不服的，可以依法申请行政复议或者向人民法院提起行政诉讼。

第十一章　附则

第六十七条　与军品、裂变和聚变物质或者衍生此类物质的物质有关的对外贸易管理以及文化产品的进出口管理，法律、行政法规另有规定的，依照其规定。

第六十八条　国家对边境地区与接壤国家边境地区之间的贸易以及边民互市贸易，采取灵活措施，给予优惠和便利。具体办法由国务院规定。

第六十九条　中华人民共和国的单独关税区不适用本法。

第七十条　本法自2004年7月1日起施行。

思考与练习

1.简述对外贸易法通常包括的内容。

2.简述对外贸易法在西方主要国家的地位和作用。

3.简述中国1994年《对外贸易法》的基本框架内容。

4.简述中国在1990年代进行的主要进出口管理政策改革。

5.简述中国2004年修订外贸法的主要原因。

6.简述修订后的《对外贸易法》的理论和实际意义。

7.简述修订后的《对外贸易法》的新增内容与含义。

8.简述修订后的《对外贸易法》中所涉及的管理政策的配合变革。

9.简述中国在2004年后形成的对外贸易法律体系。

10.简述对外贸易法对中国外贸发展的作用。

第六章　中国对外贸易的关税制度

学习要求

通过本章的学习，要求了解中国关税制度的基本情况、中国的原产地制度，熟悉中国海关关税税则和海关估价制度，掌握中国关税（包括进出口税费）的征收制度。

第一节　关税概述

一、关税的概念

关税是海关代表国家，依据国家制定的关税政策和公布实施的税法及进出口税则，对进出关境的货物和物品向进出口商所征收的税。

关税是国家财政收入的一个重要组成部分，它和其他税收一样，具有强制性、无偿性和预定性。强制性指税收凭借法律的手段强制征收的，凡要交税的，都必须按照法律规定无条件地履行自己的义务，否则要受到国家法律的制裁；无偿性指征收的税收，是国家向纳税人无偿取得，国家不付出任何代价，以后也不会直接归还；预定性指国家是事先预定一个征税的标准，征、纳双方必须共同遵守执行，不得随意变化和减免。关税在不同社会形态的国家、在不同国家的不同时期，其功能及作用可能不完全一致，但它的基本属性是不变的，即它是国家主权的体现，是为了维护国家的主权利益、推动国家经济建设而存在的。

二、关税的特征

关税是国家税收体系中的一个税种，除了具备一般税收所共有的特征外，还具有以下的特征：

1.关税的课征范围是以关境为界

关税的课税对象是“进出关境的货物和物品”，这里所指的是“关境”，而不是“国境”。国境和关境是两个既有联系又有区别的概念。

两者的区别在于：国境是指主权国家行使行政权力的领域，也就是主权国家的领土范围；关境是指一个国家的海关征收关税的领域，即主权国家的关税法令实施的领域，按海关合作理事会的界定，即“一个国家的海关法令完全实施的境域”。因此，只有在货物和物品进出关境时，才能对其实施征税。

两者的联系在于：通常情况下，一国的关境和国境是统一的；如果一国与其他国家结成关税同盟，实施统一的关税法令和统一的对外税则，则关境就大于国境，关境内的跨国贸易无须缴纳关税，如目前的欧盟；如果一国政府在其境内设立自由港、保税区、自由贸易区等，则该国关境就小于国境，如我国因为有香港、澳门的存在，所以我国关境就小于国境，关境外而国境内的贸易同样必须缴纳关税。

2.关税的征税主体是海关

关税是由海关代表国家征收的一种税，关税的特殊性在于，我国税收一般是由国家税务机关征收的，而关税却是由海关负责征收管理。海关就是依法监督管理进出境事务的国家行政机关。

海关监督管理进出境活动的职能，具体体现在海关监管、海关征税、海关缉私和海关统计等四大任务之中。值得注意的是，并非所有由海关代征的进出境货物的税赋都是关税，由海关向进出境货物代征的还包括增值税、消费税等国内税赋。

根据各国立法，海关执法和监管范围包括关境、边界、沿海领域的一定地带、设关港口、内地的航空港和铁路干线上的枢纽车站。一般规定陆上为 20 公里，海上为 12 海里①。

3.关税法规相对独立自成体系

海关法是规定进出口监督管理制度，调整海关与进出境活动有关的行为人之间，以及海关机构监管行为的行政权利义务关系的法律规范的总称。同时也是我国海关法律体系的立法依据和执法宗旨。

我国关税法律体系就是以《海关法》为主，由《进出口关税条例》《海关进出口税则》《海关稽查条例》《海关法行政处罚实施细则》《海关审定进出口货物完税价格办法》等形成的一个相对独立的法律法规体系。

4.关税具有很强的政策性

关税税率的高低影响着一国经济和对外贸易的发展。一国通过关税措施鼓励或限制某些商品的进出口，从而达到发展本国经济和协调对外经济贸易关系的目的。因此，关税是一国实施对外贸易政策的重要手段。一般而言，在出口方面，通过低税、免税和退税来鼓励商品出口；在进口方面，通过较高的税率来限制商品的进口；在贸易差额方面，通过提高或降低甚至减免进口关税来缩小贸易差额。

三、关税的作用

（一）积极作用

1.增加财政收入

这是关税出现之初的基本职能，随着现代经济的发展，税源增加，加上二战后各国关税水平受到关贸总协定的约束而不断下降，关税组织财政收入的作用相对下降。目前发

---

① 海里是一个用于航海或航空的长度单位，通常相当于国际单位之 1 852 米。

达国家的关税收入占其财政收入的比重仅为1%～2%。一些经济落后的发展中国家仍把关税作为其财政收入的重要来源。

2.保护国内的产业和市场

这是当今各国运用关税政策的主要目的。各国普遍设置高关税阻止或减少进口以保护国内进口竞争产业特别是幼稚产业的发展，同时又利用关税减免以鼓励某些短缺资源进口，从而促进本国某些产业特别是出口导向产业的发展。

3.调节贸易差额，平衡国际收支

一国国际收支中商品贸易占很大比重，故各国往往通过调节关税来调节贸易差额，平衡国际收支。当贸易逆差过大时，提高关税或征收进口附加税以限制进口，当贸易顺差过大时，减免关税以鼓励进口。

4.调节进出口商品结构

一国通过调整关税结构来调整本国的进出口商品结构，对于国内需求旺盛的商品通过减免关税的方式鼓励进口，或通过征收高额关税的方式限制出口；对于出口导向型的产业（产品）通过减免关税的方式鼓励出口，通过征税高额关税的方式限制与国内产业具有竞争性的产品进口。如各国对奢侈品征收高额的进口关税，对日用必需品征收较低关税或免税。

（二）消极作用

关税提高了进口商品的价格并限制了进口国消费者的消费。而且长期采用过高的关税保护国内产业会使该产业养成“惰性”，不努力改进技术去提高生产效率与产品质量，反而阻碍生产力发展。另外，过高的关税也是走私的客观根源，反而在造成财政收入减少的同时对国内市场造成冲击。过高的关税也人为地扭曲了通过国际分工进行的全球资源合理配置，不利于各国充分发挥本国的经济优势，形成了全球资源配置的不经济性。

四、关税的分类

关税的种类繁多，根据不同的研究目的，可按不同的标准对关税进行分类。

（一）按应税商品的流向分类

按征税对象或商品流向分类，可以将关税分为进口税、出口税和过境税。

1.进口税（import duty）

进口税，即对输入本国关境的货物和物品征收的关税，是关税中最主要的一种。目前世界各国的关税体系均以进口关税作为关税的主体，一般在对外经济往来、国际税收协定、对外贸易或进出口业务活动中所说的关税，如果没有特别的说明，就是指进口关税。

进口税主要可分为最惠国税和普通税两种。最惠国税适用于与该国签订有最惠国待遇条款的贸易协定的国家或地区所进口的商品；普通税则适用于与该国没有签订这类贸易协定的国家或地区所进口的商品。最惠国税率比普通税率低，且差幅往往很大。第二次世界大战后，大多数国家都加入了关税与贸易总协定或签订了双边的贸易条约或协定，相互提供最惠国待遇，享受最惠国税率，而普通税实际上只适用于极少数的国家。因此，通常所讲的正常关税一般指的就是最惠国税。

由于保护的缘故，一国对某些产品征收较高的进口税，以削弱这些进口商品的竞争能力，达到保护本国产业和市场的目的。这种高额进口税像高墙似的把国内市场保护起来，所以被形象地称为“关税壁垒”。

进口国并不是对所有的进口商品都征收高额进口税。一般说来，大多数国家对工业制成品的进口征收较高的关税，对半制成品的进口税率次之，而对原料的进口税率最低甚至免税。

2.出口税(export duty)

出口税，即对输出本国关境的货物和物品征收的关税。目前，世界各国对出口货物一般都不征收出口税，因为关税的经济杠杆作用表明，征收出口关税会增加出口货物的成本，提高出口商品在国外的售价，降低本国商品的市场竞争力，不利于商品输出和本国产业的发展。

但在某些国家，特别是发展中国家，仍然征收出口税，其原因是多方面的：其一，确保或增加国家的财政收入；其二，限制某些商品的出口，特别是有效控制本国自然资源的大量外流；其三，作为国际政治和经济斗争的重要手段；其四，是应付各种临时需求的主要调控措施。

3.过境税(transit duty)

过境税，又称为通过税，即对通过本国关境的货物和物品的关税。一般来说，过境货物在海关的监管下，并不流入本国市场，对本国的生产经营不产生任何负面影响。因此，各国政府对过境货物一般都实行低税政策，以招徕与吸引跨国商人。这一政策可谓一石三鸟，既增加国家财政收入，又拓展了本国的国际贸易，同时也有利于提高就业率，扩大就业面、推动第三产业各部门的发展。但是，随着世界各国交通运输业的发展，物流渠道的多元化，征收过境税的国家逐渐丧失了其地理位置的优势，过境税日趋衰弱。

过境税税率不高，财政收益有限，而过境货物在过境国的交通运输、银行、保险、投资、商业、仓储、餐饮等方面所创造的利润却令人刮目相看，两者相比，后者的经济意义是不能忽视的。因此，19 世纪后半叶起，欧美等发达国家相继废除了过境税。目前大多数国家在外国商品通过其领土时，仅征收少许准许费、印花费、登记费和统计费。

(二)按照征税的目的分类

1.财政关税(revenue tariff)

财政关税又称为收入关税，是指以增加国家的财政收入为主要目的而征收的关税。为了达到财政收入的目的，对进口商品征收财政关税时，必须具备以下三个条件：(1)征税的进口货物必须是国内不能生产或无代用品而必须从国外输入的；(2)征税的进口货物，在国内必须有大量消费；(3)关税税率要适中或较低，如税率过高，将阻碍进口，达不到增加财政收入的目的。

2.保护关税(protective tariff)

保护关税是指以保护本国工业或农业发展为主要目的而征收的关税。保护关税税率要高，越高越能达到保护的目的。保护关税又可分为工业保护关税和农业保护关税。工业保护关税是以保护国内工业发展所征收的关税。农业保护关税是为保护国内农业发展所征收的关税。

(三)按照关税征收的方法分类

1.从价税(ad valorem duty)

从价税,即以货物的价格作为计税依据而征收的关税,其税率表现为货价的百分率。例如,我国对烟草和烟草代用品制的卷烟征收进口从价税,普通税率为 180%,优惠税率为 25%。

从价税额与商品价格有直接关系。它与商品价格的涨落成正比关系,其税额随着商品价格的变动而变动,所以它的保护作用与价格密切相关。如在价格下降时,其税率不变,从价税额减少,因而保护关税的作用也下降。从价税征收比较简单,税率明确,便于比较各国税率,税负较为公平,因此使用非常广泛。

2.从量税(specific duty)

从量税,即以货物的计量单位(如重量、数量、面积、容积、长度等)作为计税依据而征收的关税,其税率表现为定额税率。例如,我国 2005 年初曾开始对纺织品出口征收从量税,以件为计量单位的税率为 0.3 元/件(套、条);以重量为计量单位的税率为 0.5 元/千克。

各国征收从量税,大部分以商品的重量为单位来征收,但各国对应纳税商品的重量计算方法不同,一般有毛重、半毛重和净重三种。

在从量税率确定的情况下,从量税额与商品数量的增减成正比关系,而与商品价格无直接关系。在商品价格下降时,从量税能够加强关税的保护作用。二战前,各国普遍采用从量税计征关税。战后,由于商品种类、规格日益繁杂和通货膨胀,大多数国家普遍采用从价税计征关税。

3.混合税(mixed or compound duties)

混合税,即对某种进出口商品同时征收从价税和从量税的一种方法,又称复合税。

混合税在具体应用时有两种情况:一种以从价税为主加征从量税,例如,日本对手表(每只价格在 6000 日元以下者)征收混合税,每只征收从价税 15%加征从量税 150 日元。一种以从量税为主加征从价税。例如,美国对男式开司米羊绒衫(每磅价格在 18 美元以上者)征收混合税,每磅征收从量税 37.5 美分加征从价税 15.5%。一般情况是以从价计征为主,以从量税率调整其税负水平。

4.选择税(alternative duty)

选择税,即对同一税目的货物规定有从价定率和从量定额两种税率,海关可任选一种计征的关税。采用选择税,在物价上涨时,海关从价计税,物价下跌时,海关从量计税。这一课征方法可以有效抵御物价波动,不仅能确保国家财政收入,同时还能更好地发挥保护本国产业的作用。

(四)按照差别待遇和特定的实施情况分类

1.进口附加税(import surtaxes)

进口国家对进口商品,除了征收一般进口税外,根据某种目的再加征进口税。这种对进口商品除征收一般关税外,再加征额外的关税,就叫作进口附加税。进口附加税通常是一种特定的临时性措施。其目的主要有:应付国际收支危机,维持进出口平衡;防止外国商品低价倾销;对国外某个国家实行歧视或报复等。因此,进口附加税又称为特别关税。

进口附加税主要有三种：

(1)反补贴关税(countervailing duty)

反补贴关税又称抵消关税，是进口国对直接或间接地接受任何形式的出口补贴或奖励的外国进口货物所附加征收的一种进口关税。课征税额应与补贴或奖励的金额相等。

出口国政府为了加强本国商品在国际市场的竞争力，往往对本国出口商品实行补贴或奖励，以降低出口商品的经营成本，廉价销售于海外市场。而进口国为了维护公平竞争的市场环境，防止国外补贴商品进入本国市场，威胁本国产业的正常发展，就课征与补贴或奖励金额相等的反补贴关税，用以抵消其因补贴或奖励而获得的好处，削弱其竞争优势，保护本国生产和市场免遭进口补贴商品的冲击。

征收反补贴税必须同时具备两项条件，一是进口货物在生产、制造、加工、买卖、输出过程中接受了直接或间接的奖金或补贴；二是补贴的后果已对或正对进口国国内某项已建的工业造成重大损害或产生重大威胁，或正在严重阻碍国内某一工业的新建。但有以下两种情况是例外；第一，对产品在原产国或输出国所征的捐税，在出口时退还或因出口而免试，进口国对这种退税或免税不得征收反补贴税；第二，对初级产品给予补贴以维持或稳定其价格而建立的制度，不应作为造成了重大损害来处理。

补贴和反补贴历来就是国家参与对外经济活动的主要手段，而发达国家一般都有反补贴税法，反补贴税法就直接成了发达国家争夺市场斗争的一个重要武器。然而，补贴究竟是多少，实际上是很难界定的。因此，在国际贸易中补贴和反补贴一直是最复杂、最有争议的难题，以致成为《关税及贸易总协定》以及“东京回合”的主要议题之一，并为此颁布了《补贴和反补贴税守则》，或称《补贴法案》。目前许多国际贸易组织都设有专门机构处理各国之间有关补贴和反补贴的争端。

(2)反倾销关税(anti-dumping duty)

反倾销关税是对于实行商品倾销的进口商品所征收的一种进口附加税，其目的在于抵制商品倾销，保护本国产品的国内市场。世界贸易组织的《反倾销协定》对“倾销”进行界定：“如果产品经一国出口到另一国的出口价格低于在出口国正常贸易中用于消费的相同产品的可比价格，即低于该产品的正常价值进入另一国销售，此行为被视为倾销。”反倾销税是对于实行商品倾销的进口商品所征收的一种进口附加税，其目的在于抵制商品倾销，保护本国产品的国内市场。例如，2004 年 11 月，美国商务部初步裁决，对光明家具出口美国的木制卧室家具课征 4.9%～24.34%的反倾销税，对没有积极应诉的被诉企业课征最高达 198.08%的反倾销税。

世贸组织达成的反倾销协议，其主要内容包括：

第一，倾销的概念与倾销幅度的确定。倾销幅度的确定，应以出口产品的加权平均正常价格与全部交易的加权平均出口价格进行公平比较为依据。正常价格是指相同产品在出口国用于国内消费时在正常情况下的可比价格，如果没有这种国内价格，则是相同产品在正常贸易情况下向第三国出口的最高可比价格，或产品在原产国的生产成本加合理数额的管理、销售和一般费用以及利润。如果不存在出口价格，或出口价格不可靠时，则以进口产品首次转售给独立买主的确定价格，或者是在该产品不是在转售给独立买主的情况下，也不是以进口的条件转售，则当局可以在合理的基础上确定。

第二，损害的含义与确定。损害是指因倾销行为对某一国国内产业的重大损害或对国内产业重大损害的威胁，或者对这种产业建立构成严重阻碍。损害确定的依据主要有：倾销产品的数量和倾销的结果对国内市场相同产品价格构成的影响；倾销产品的进口对相同产品生产商的后续冲击程度；倾销货物的进口数量是否急剧增加；倾销幅度的大小；倾销对有关经济指标（如销量、利润、产量、市场份额、就业、库存等等）的影响。

第三，反倾销调查。反倾销协议规定，缔约国在采取反倾销措施之前须事先进行反倾销调查，反倾销调查由进口方当局政府执行。反倾销调查的期限在一般情况下应在开始调查的一年内结束，最长不能超过18个月。

(3)差价税(variable levy)

差价税是指当本国生产的产品在国内的价格高于同类的进口商品价格时，为了削弱进口商品的竞争能力，保护国内生产和国内市场，按国内价格和进口价格之间的差额征收关税。

2.优惠关税(favorable tariff)

优惠关税是指对从某些国家或地区进口的全部商品或部分商品，给予特别优惠的低关税或免税待遇，但它不适用于从非优惠国家或地区进口的商品。二战以后，比较著名的优惠关税有以下两种：

(1)特定优惠关税(preferential duties)

特定优惠关税又称特惠关税，是指一国对另一国或一些国家对另一些国家在某些方面（领域）所给予的特定优惠关税待遇，而其他国家是不能享受的一种关税制度。

最典型最著名的特定优惠关税是1932年在渥太华会议上签署的英联邦国家特惠制，它是英国保证自己从附属国获取廉价食品和向附属国销售工业产品，垄断殖民地市场的强有力的法律武器。

目前，在国际上最有影响的特定优惠关税是《洛美协定》国家之间的特惠关税。这是由欧洲共同体向参加协定的非洲、加勒比海和太平洋地区的发展中国家单方面提供的特惠关税。《洛美协定》中的特惠关税已具备现代特惠关税的基本特征，与早期的特惠关税相比，显然是一种进步，它有助于国际经济的交流，有助于生产力在世界范围的发展。

(2)普遍优惠关税(generalized system of preferences, GSP)

普遍优惠关税，简称普惠制，是指发达国家给予发展中国家或地区输入货物，特别是制成品和半制成品，普遍给予的优惠待遇的关税制度。普惠制的目的是提升发展中国家的出口效益，增加其财政收入，促进发展中国家的工业化，加速发展中国家的经济增长速度。

普惠制包括三项原则：普遍性、非歧视性和非互惠性。普遍性原则是指所有发达国家应对发展中国家的出口货物给予普遍的优惠待遇；非歧视性原则是指所有发展中国家都能同样地享受普惠制待遇，不受歧视；非互惠性原则是指发达国家单方面给予发展中国家的优惠，而不要求对方反向优惠。

小知识 6-1

普惠制给惠国

目前，世界上有36个普惠制给惠国，它们是欧盟25国（法国、英国、爱尔兰、德国、丹麦、意大利、比利时、荷兰、卢森堡、希腊、西班牙、葡萄牙、奥地利、瑞典、芬兰、捷克、斯洛伐克、波兰、匈牙利、斯洛文尼亚、拉脱维亚、爱沙尼亚、立陶宛、塞浦路斯和马耳他）、瑞士、挪威、土耳其、日本、加拿大、澳大利亚、新西兰、俄罗斯、乌克兰、白俄罗斯、哈萨克斯坦、保加利亚和美国。除保加利亚和美国外，其他国家均给予我国普惠制待遇。

小知识 6-2

普惠制毕业制度

所谓"毕业条款"(Graduation Clause)，是指当某个受惠国的产品在国际市场上显示出较强的竞争力时，给惠国将取消该受惠国该项产品乃至全部产品享受优惠的资格。毕业制度包括国家毕业制和产品毕业制，前者意为取消国家受惠资格，后者意为取消某项产品受惠资格。这一制度最早始于美国，1981年，美国开始利用"国家毕业"和"产品毕业"来限制优惠进口的范围。随后，新西兰、澳大利亚、欧盟等给惠国（地区）也纷纷效仿美国，在普惠制方案中采用毕业制度。

(3)最惠国待遇(most-favoured-nation，MFN)

最惠国待遇规定缔约国双方在缔约贸易条约时，任何一方承诺现在或将来给予任何第三国的一切优惠、特权或豁免待遇等，必须统一地适用缔约的另一方。

在WTO的多边贸易谈判机制下，所有成员国之间达成的双边贸易协定，都"立即、无条件地"适用于第三国。也就是说最惠国待遇使双边谈判的成果多边适用，各缔约国既享有最惠国待遇权利，也要承担相应的义务。

最惠国待遇是在平等互利原则的基础上相互给予、对等享受的。这是发展国际正常贸易、消除贸易歧视的一种手段，故被誉为"现代商约的基石"。

3.歧视性关税(discriminated duties)

歧视性关税也称加重关税，是指国家源于某种原因或为达到某种目的，而对某个国家或某种货物的输入加重征收的关税。歧视性关税一般都有较强的针对性，或针对某个国家，或针对某种货物。比较著名的有国旗加重关税和间接输入货物加重关税等。国旗加重关税源于17世纪中叶英国所制定的《航运条例》。当时英国政府为发展本国的航运事业，压制他国船舶运输，对悬挂外国国旗的船舶所载的输入货物加重征收关税。这是典型的大国或强国的经济利己主义，害人不利己。这一关税形式已为各国所唾弃。间接输入货物加重关税是指对间接输入的货物课征高于普通税率的关税。其目的是为了抑制因间接输入而过度增加国内消费者的负担。

4.报复关税(retaliatory duties)

报复关税，是指本国输出货物在他国遭受歧视性待遇时为了维护本国的经济利益，坚持公正、平等的贸易环境，对该国输入货物加重课征的关税。报复关税可以根据需要临时设立，也可以在关税法中明文规定报复关税条款，如德国1902年的关税法、日本明治时期修订的关税法，特别是美国所谓的“301条款”“超级301条款”等都有类似或直接的规定。

报复关税自诞生以来，始终为一些国家所采用，即使在今天它在国际贸易中的影响也是不可忽视的。较为著名的案例有1962年美国与欧共体的冻鸡案，1987年美国对日本半导体的输入所酿成的报复关税，都可以说明报复关税在国际贸易中有其一定的地位。

我国在新的关税条例中明确提出了报复性关税的适用性：任何国家或者地区违反与中华人民共和国签订或者共同参加的贸易协定及相关协定，对中华人民共和国在贸易方面采取禁止、限制、加征关税或者其他影响正常贸易措施的，对原产于该国家或者地区的进口货物可以征收报复性关税，使用报复性关税税率。

第二节　中国的关税制度及其演变

一、中国关税制度的概念

关税制度是国家关于关税法律法规的总称，它包括税收法律、行政法规、行政规章以及部门规范性文件，例如《海关法》《关税条例》《海关审价办法》《海关征税管理办法》等。它是海关代表国家向纳税义务人征税的法律依据和工作规程，也是纳税义务人履行纳税义务的法定准则。

关税制度调整关税征纳过程中有关各方的关系，特别是国家、海关与纳税义务人之间的权利和义务关系。为了保障国家和纳税义务人的合法权益不受侵犯，必须将征纳各方的权利和义务法律化、制度化、规范化，使一切征纳活动均有法律根据，实行“以法治税”，做到有法可依、有法必依、执法必严、违法必究。这些法律规范的总称就是关税制度。

二、中国关税制度的体系

关税制度的核心是关税立法。根据《中华人民共和国立法法》的规定，我国关税法律制度实行三级立法，因此，我国关税制度的体系也相应地分为三级。

（一）法律

由全国人民代表大会常务委员会制定并颁布实施的《海关法》，是规定我国海关管理制度的基本法律，居于中国关税制度体系的核心地位。1987年1月22日第六届全国人民代表大会常务委员会第十九次会议通过《中华人民共和国海关法》（简称《海关法》），自1987年7月1日起施行；2000年7月8日第九届全国人民代表大会常务委员会第十六次会议通过《关于修改〈中华人民共和国海关法〉的决定》，对海关法进行了修正，修正后的内容自2001年1月1日起施行，共计9章，102条。其中，第五章“关税”，共13条，包括征税对象、征收机关、征收依据；纳税义务人；完税价格定义、海关估价；法定减免范围；特定减免范围及限制；临时减免审批；保税和暂时进出口免税；纳税期限、强制缴纳措施；关税保全；补税和追税；退税；纳税争议复议程序；进口环节国内税征收适用程序等内容。它确立了我国关税制度的基本结构，在关税制度体系总具有最高的法律效力，其他一切有关关税的行政法规和规章都不得与之相抵触。

（二）行政法规

国务院根据宪法、法律的授权制定的《中华人民共和国进出口关税条例》（简称《关税条例》，是关税制度的基本行政法规。2003 年 10 月 29 日国务院第 26 次常务会议通过新的《关税条例》。《中华人民共和国进境物品进口税税率表》规定了关税的税目、税则号列和税率，是关税条例的组成部分，具有行政法规的同等效力。

国务院关税税则委员会第六次会议审议通过，1994 年 7 月 1 日海关总署发布并实施的《中华人民共和国海关关于入境旅客行李物品和个人邮递物品征收进口税办法》是对准许进境的旅客行李物品、个人邮递物品和其他个人自用物品征收进境物品进口税的基本法律依据，是海关征收行邮税的最重要法规。

2004 年 8 月 18 日国务院第 61 次常务会议通过，自 2005 年 1 月 1 日起施行的《中华人民共和国进出口货物原产地条例》（简称《原产地条例》）是关税征收过程中的重要行政法规，因为确认进出口货物的原产地是选择正确的适用税率的前提之一，是计算关税的一个基本要素。

（三）行政规章和规范性文件

与关税征收有关的行政规章和规范性文件数量众多，主要包括《中华人民共和国海关审定进出口货物完税价格办法》《中华人民共和国海关进出口货物征税管理办法》以及海关发布施行的各种规定等。

由此可见，我国关税制度内容丰富，法律体系已较为完善。其中《海关法》中关税部分及有关条款居于中国关税制度体系的核心，《中华人民共和国进出口关税条例》及其组成部分《中华人民共和国海关进出口税则》和《中华人民共和国进境物品进口税税率表》《中华人民共和国进出口货物原产地条例》《中华人民共和国海关关于入境旅客行李物品和个人邮递物品征收进口税办法》等行政法规居于我国关税制度法律体系的第二层次，《中华人民共和国海关审定进出口货物完税价格办法》《中华人民共和国海关进出口货物征税管理办法》等行政规章的规范性文件以及其他有关规定，形成该体系的第三层次，共同构建了较为完整的中国关税制度体系。

三、中国关税制度的起源和发展

（一）古代关税

关税产生的前提是疆域的形成和关卡的设立。早在我国夏朝时期就征收过关税，据《国语·周语下》记载："《夏书》有之曰，关石和钧，王府则有。"即夏朝征收关税天赋均衡公平，国库财物充足。西周建立后，周王室及各诸侯国在各自的领地边境设立管理出入辖区事务的关，其主要职能在于军事防卫，同时兼有检查出入境货物、征收关税的任务。在《周礼·天官》中就记载，周朝中央征收九种税而关税位居第七。春秋时期各诸侯国为了增加财政收入以增强国力，在重要的道口遍设关卡征收关市税，故有"关市之征""关市之赋"的记载。关税是指在边境关卡所征收的税，市税则是征收于固定的集市。关市之税在初征时各诸侯国并不统一，时征时免，税率也较低。据《管子·问篇》记载："关着，诸侯之隧也，而外财之门也，……征于关者勿征于市，征于市者无征于关，虚车勿索，徒负勿入，以来远人。"即管子认为，关是沟通诸侯各国之间的通道，也是外来财物进来的门户，对已征收关税的货物不要再征收市税，已征收市税的货物也不再征收关税，也就是对同一商品不要重复征税，主张轻税以有利于商货的流通。战国时期由于兼并战争频繁，军费开支很大，为弥补财政不足，各国遍设关卡并扩大关市之征，税率倍增，成为一种苛政。

秦统一中国后，撤除了原设于各诸侯边界的关卡，但仍保留了一些与毗邻国家的边境关卡，并设置了关都尉一职，其主要任务是军事防卫，同时也对进出境人员和货物进行检查、征税等方面的管理。西汉之初采取放任政策不征关税，甚至在汉文帝时期下令撤除关卡。但在汉武帝太初四年(公园前 101 年)又开始征收关税。据《汉书·武帝纪》记载："(太初四年)冬，……徙弘农都尉治武关，税出入者以供关吏、卒食。"即在武关征收的关税主要是解决守关将士的吃饭问题。西汉的关税较轻，但到了东汉末年，关税日趋苛重，税率很高。

魏晋南北朝时期的关税主要是指在互市所在地征收的国内关税。魏朝曹丕称帝后，降低了关税税率，统一按 10%的税率征税。史书记载，曹丕在公元 220 年下令："关津所以通商旅，池苑所以御灾荒，设禁重税，非所以便民，其除池苑之禁，轻关津之税，皆复什一。"西晋和东晋以及南朝都继续征收关税，且征税的范围日趋扩大。这一时期还征收包括牛埭税和桁税等国内关税。埭为水坝，官府常备牛力牵船过埭，所以又称为牛埭，对经过牛埭的商旅征收的税就叫牛埭税。桁指的是河上的浮桥，对通过浮桥的商旅征收的税就是桁税。

短暂的隋代，政治稳定，经济发展迅速，国力日益强大，其财政收入主要来源于租调及力役，关税收入微不足道。在唐朝，经济繁荣海陆贸易发达，关税包括国境关税和国内关税。唐玄宗时期在广州设置市舶使，负责征收国境关税及其他事务，对外国商船征收舶脚，又称"下碇税"。唐德宗时期在关津要道设关征收关津税以增加财政收入，国内关税仍然是唐朝的重要收入。唐朝后期内地关卡林立，官方肆意征税，国内关税泛滥。

宋朝的海外贸易有了较大的发展，北宋先后在广州、明州、泉州等地设立市舶司、市舶务和市舶场，对外商货物征收关税，称为"抽解"。对于国家专营的商货，在抽解以后实行禁榷制度，由市舶司全部收购。而对于一些专利品、武器等货品，则实行博买制度，即由市舶司全部低价强行收购。在内陆边境地区设置了互市场所"榷场"，由官府负责征收国内关税。由于宋朝海外贸易发达，所以关税收入有大幅度提高。

元朝疆域辽阔，在陆路边境设立边关对进出境的货物加以征税和管理，但关税税率较低。由于海外贸易的发展，元朝制定了较前代更为完善的市舶制度，对货物的征税开始实行差别税率，并开始运用关税保护手段来鼓励出口和限制进口。元朝的关税收入继续有所增加。

明朝的关税也包括国境关税和国内关税，而国内关税又分为钞关税和工关税。明朝时期还设立了多处市舶司，专门管理朝贡贸易，对其分别实行免税和抽分给值的优惠政策。但 1567 年开放海禁之后，市舶司的职能逐步消亡。在内陆边境明朝设立了许多后世所熟悉的关卡，稽查人员，查禁走私，征收国内关税。其中对南来北往的运货商船所征收的税称为钞关税，而对客商贩运的木材、竹子等建造材料所征的税称为工关税，因为它是工部所辖的，与户部所辖的钞关相对。

清朝前期的关税同样包括国境关税和国内关税两部分。清初实行严格的海禁政策，直到统一台湾后的1684年才废止禁海令，指定云台山、宁波、厦门、黄埔为对外开放的贸易口岸。并于1684年和1685先后设立了闽海关、粤海关、浙海关和江海关，管理对外贸易，征收海关税，包括货物税、船钞和渔税。货物税是指对进出口货物征收的进口税或出口税，船钞则是由海关按商船梁头征收的船税，渔税则是指海关对国内渔船出海征收的税。清前朝政府在国内水陆交通要道和商品集散地设置的税关，又称为钞关、常关，其征收的税即为国内关税。国内关税可以分为正项和杂课，正项包括正税、商税和船料三项，杂课包括火耗、楼税等。这一段时期，包括国内关税和国境关税的关税收入有较大的发展，但占国家财政收入的比重不高。

（二）近代关税

1840年鸦片战争之后，清政府被迫开放通商口岸并设立了新式海关，关税自主权、海关行政权、税款收支保管权等国家主权逐渐为国外侵略者所掌握。1841年中英《南京条约》中对中国关税提出了“不得加重税例”“秉公议定则例”，英国货物在一口纳税后即免除其他所有关卡税收等要求。1843年中英签订的《五口通商章程:海关税则》中规定“值百抽五”，即关税税率为5%。1844年中美《望厦条约》和中法《黄埔条约》又规定:“中国日后欲将税例变更，须与合众国领事等官议允后，方可酌改。”即没有美法等国的允许，中国不能随意变更自己的税则。此后《天津条约》《马关条约》等一系列不平等条约的签订，通商口岸迅速增加，至20世纪初，在西方列强的胁迫下，中国共开放了48处通商口岸而“值百抽五”的低关税率在晚清长时间实行，中国关税逐渐失去了保护国内经济发展的作用。不仅如此，洋人还直接进入中国海关，掌握关税征管的实权。1851年英国人尼古拉斯·贝利斯担任江海关港务长，洋人开始进入中国海关参与行政管理。1854年7月上海海关被迫成立了税务管理委员会，由英、美、法三国领事各派一名组成，负责海关的行政事务。自此以后，中国海关的行政管理权被外国列强夺取了，直到1949年中国海关都处在洋人管理的“洋关”时期。

洋人进入海关掌握行政管理权之后，中国海关就分为新关(即洋关或海关)和常关。管理进出口贸易的各口岸税务司署被称为新关，征收的是海关税；而在国内课征货物通过税的关卡称为常关或旧关，征收的是常关税。《辛丑条约》签订后，清政府被迫将距洋关(海关)50里以内的常关移归税务司署管辖，这样海关不仅征收海关税，也开始征收部分常关税。清后期的海关税，主要包括进口税、出口税、子口税、复进口税、船钞和洋药厘金。其中进出口税长期实行“值百抽五”的税率，而实行税率往往更低。子口税又称子口半税，属国内关税，当进口货物运销中国内地或出口货物从内地运销国外时，除在口岸缴纳进口税、出口税之外，还要向海关另缴2.5%的内地过境税，以代替沿途所经各地关卡应征的常关税。当时称海关所在通商口岸为“母口”，称内地常关和厘卡所在地为“子口”，所以这种一次性缴纳的过境税称为子口税，又因为其税率为进出口税率的一半，所以又称为“子口半税”。复进口税也是一种国内关税，是指海关对外商购于内地的土特产货物从国内一个通商口岸转运至另一个国内通商口岸所课征的税，也称沿岸贸易税。由于其税率也是进出口税率的一半，所以又称为复进口半税。船钞又称吨税，是海关对往来船舶按其吨位所课征的税。洋药即为鸦片，初入中国时称为药材。洋药厘金，就是海关对进口鸦片征收的进口税和运销内地时所征收的厘金。从 19 世纪 60 年代起，清政府将部分关税作抵押向外借债，中日甲午战争后，大部分关税用来作清政府抵偿外债和向外借款的担保。这样中国关税收入基本控制在洋人手中，尽管海关税收收入逐渐增加，但是最终到达清政府的关税收入十分有限。

中华民国成立后，北洋军阀政府基本沿袭了清朝后期的税制，同样包括海关税和常关税，其中海关税主要有输入税（进口税）、输出税（出口税）、子口税、复进口税、船钞和洋药厘金，进出口税率仍维持值百抽五的水平；常关税主要分为内地常关税、距海关 50 里内常关税和距海关 50 里外常关税。北洋政府时期的关税收入是第一大财政来源，位居预算收入之首，关税收入也呈稳步上升的趋势，例如，1912 年的关税收入为 0.667 亿元，1926 年达到 1.287 亿元。国民党政府成立后，设立了关税自主权委员会，筹划收回中国关税的自主权。从 1928 年至 1930 年，南京国民党政府相继与美、德、英、法等列强签署了新的关税条约，形式上收回了关税的自主权。但实质上我国的关税自主权仍掌握在洋人手中，例如，确定的税则税率如要修改，还须征得西方列强的同意，同时还规定必须以裁撤厘金和常关税作为关税自主的先决条件，海关管理权也并未完全收回。1930 年至 1934 年，南京国民党政府颁布了四部海关税则，以差别税率的形式提高了部分进出口货物的税率，征收进口税、出口税、转口税和关税附加税等。这一时期，南京国民党政府于 1931 年取消了厘金、常关税等国内关税，开始单纯实施国境关税制度。1946 年 8 月还取消了出口税。抗战爆发前，关税收入在南京国民党政府全部税收中占有重要地位，占全部税收收入的一半以上，甚至有些年度 60％的收入是关税收入。抗战爆发后，沿海沿江所设海关地区相继沦陷，关税收入绝大部分都落入敌伪之手，跃居各项税收的第二位。其中 1946 年的关税占全国税收收入的 16％，1947 年占 18.6％，1948 年占 22％。由此可见，关税收入是南京国民党政府的重要财政来源之一。

（三）现代关税

随着解放战争的胜利，各地成立的军管会先后解放和接管了各地的海关机构。1949 年 5 月，上海解放，宣布终止了旧总税务司署对各地海关的管辖，洋人控制海关的洋税务司制度也同时覆灭，中国海关的行政管理权和关税自主权终于被中国人民彻底收回。1949 年 3 月在中共七届二中全会上，毛泽东提出了“改革海关制度”的指示。1949 年 8 月中央设立了海关总署筹备小组，1949 年 10 月 25 日，海关总署在北京正式成立。

中华人民共和国成立之初，由于还没有制定新的全国统一的关税法规，从 1949 年 10 月至 1951 年 5 月期间，全国各地执行的关税税则并不统一。这一时期中国关税制度建设的主要任务是尽快建立起一套统一的独立自主的适合中国国情的关税制度。

1950 年 1 月政务院颁布了《关于关税政策和海关工作的决定》这一新中国海关的纲领性文件，对海关组织体制、海关职能、税则税率原则、海关法律法规等都作出了具体的规定。该决定指出“必须制定中华人民共和国输出输入货物的新海关税则”，“海关税则，必须保护国家生产，必须保护国内生产品与外国商品竞争”，并且规定了制定新税则的六项基本原则以发挥关税的保护作用。该决定还规定，在新的海关税则实施以前，对于进口货物可暂时沿用1948年的进口税则，对于出口货物可暂时沿用1934年的出口税则，但部分税率须修改后应用。1951年5月《中华人民共和国暂行海关法》《中华人民共和国海关进出口税则》和《中华人民共和国海关进出口税则暂行实施条例》先后颁布，确定了新中国海关法律体系和关税制度的初步框架。从这些法律法规的内容来看，新中国海关在统一全国关税制度的前提下，实施的是一种较为严格的保护关税政策，许多进口货物实施的都是高关税税率。1952年，海关简化纳税手续，采取集中纳税、集中划拨的方式，便利货运，保证税款及时清缴。1963年12月国务院颁布了《关于进口商品实行统一作价办法的暂行规定》，决定从1964年1月起无论从哪个国家进口的商品，也无论是哪一个部门的订货，均应按国内产品的价格作价由海关征税，进口关税由外贸公司向海关缴纳。"文化大革命"期间，海关的法律制度遭到严重破坏。1967年7月起，对于外贸系统各进出口公司进口商品按统一作价办法暂行规定作价的，海关停止征收进口关税，其税款由外贸公司并入外贸利润统一交库；对于不按统一作价办法作价的进口商品，仍按《海关进出口税则》的规定征收关税。

改革开放以后，国务院于1978年8月批准了《关于改进征收关税办法和改革海关体制的报告》，决定恢复关税的单独计征，对外贸公司的纳税手续作适当简化。1980年1月起，地方外贸公司的进口货物均由地方海关征税，外贸进出口总公司的进口货物则一律实行集中纳税。1980年3月国务院作出了《关于改革海关管理体制的决定》，海关管理体制和关税制度开始有了重大变化。1982年关税税率作了一次重大调整，体现了从高关税保护原则向适度保护原则的转变。1984年国务院修改税则领导小组正式提出了改革开放时期中国的关税政策是"贯彻国家的对外开放政策；体现鼓励出口和扩大必需品的进口；保护和促进国民经济的发展；保证国家的关税收入"。自此我国的内向型保护关税政策开始转向开放型保护关税政策。1985年国务院颁布了经过修订的《进出口关税条例》和《海关进出口税则》，体现了开放型保护关税的原则。从1985年至1991年，我国对关税的征税范围和税率只进行了小范围的调整，但由于我国存在许多吸引外资的减免税收的优惠政策，所以尽管至1992年普遍降低关税前，我国关税的算术平均税率高达43.2%，但实际的关税税率却不高。1992年以后，为适应"复关"(恢复关税和贸易总协定缔约国地位)和"入世"(加入世贸组织)的需要，我国连续七次自主大规模降低关税税率，平均关税税率从1992年前的43.2%下降至2001年的15.3%，并且从1992年1月1日起开始实施以《商品名称及编码协调制度》为基础的新的《海关进出口税则》。从1985年7月16日起至1992年4月1日，为调节某些货物的进口，我国海关还对这些货物在征收进口关税之外另行征收了一种进口调节税，以限制这些货物的进口。

小知识 6-3

我国的平均关税水平

按照加入世贸组织的降税承诺，自2009年1月1日起，我国进一步降低了鲜草莓等5个税目商品的进口关税。由于涉及的降税商品范围和税率降幅较小，对关税总水平影响不大，2009年的关税总水平与2008年相同，仍为9.8%。其中，农产品平均税率仍为

15.2%,工业品平均税率仍为8.9%。经过此次降税,除上述鲜草莓等5种商品还有1年的降税实施期外,我国已经基本履行完毕加入世贸组织的降税承诺,关税总水平由加入世贸组织时2001年的15.3%降至2009年的9.8%。

到2011年将关税总水平降至9.8%,对比2001年关税总水平降幅为35.9%。2002年大幅度地下调了5 332种商品的进口关税税率,使得关税总水平下降至12%。2003年1月1日起进一步下调,使得原来的12%下降至11%。2004年,对2 400多个项目的税率进行不同的下调后,关税总水平低至10.4%,2005年进一步降低至9.9%,2005年是中国履行WTO减税承诺时较大幅度调整的最后一年。之后几年,中国继续履行加入WTO时的关税减让承诺,不断降低进口关税税率,但是经过调整,最终保持在9.8%。直到2010年降税承诺全部履行完毕。到2017年11月,我国已对152个税号的消费品实施了暂定税率,平均降幅为50%,涉及一般贸易年进口额109亿美元。

第三节 中国海关关税税则和估价制度

一、海关关税税则的概念

海关关税税则又称为进出口税则,是一国通过一定的立法程序制定和公布实施的进出口货物和物品应税和免税的关税税率表。它是海关凭以征收关税的法律依据,也是一个国家关税政策的具体体现。海关税则一般由税目和税率两个部分组成。税目部分是税则的技术部分,主要包括税则号列和商品名称,税率部分是税则的政策部分,体现国家的关税政策,列出一栏或多栏税率,对不同的商品或不同的国家给予相同或不同的关税待遇,所以税率部分一般会有普通税率、最惠国税率等,此外还包括各种注释和归类总规则。

二、中国海关关税税则概况

在进出口货物通关过程中,准确确定商品的税则号列是十分重要的工作。因为它是海关征税、海关监管和外贸统计的基础,商品归类直接关系到进出口商的利益。我国《海关法》和《关税条例》均规定,纳税人必须按照《中华人民共和国进出口税则》(以下简称《进出口税则》)的规定,对其申报的进出口货物进行商品归类,并归入相应的税则号列。

我国现行的《进出口税则》是以《商品名称及编码协调制度》(The Harmonized Commodity Description and Coding System,简称《协调制度》或HS)为基础编制的。HS是目前世界上大多数国家所采用的商品分类目录,其涵盖范围达到国际贸易总量的98%以上。HS是国际上多个商品分类目录协调的产物,在其问世之前,国际贸易中应用较为广泛的商品分类目录是《海关合作理事会商品分类目录》(Customs Co-operation Council Nomenclature,简称CCCN)和联合国的《国际贸易标准分类目录》(Standard International Trade Classification,简称SITC)。CCCN主要用于海关税则,SITC主要应用于各国的对外贸易统计。由于这两个商品目录的分类体系、结构和编码方法不一致,给国际贸易诸方面带来了很多不便。为了创建一个能同时满足海关征税、外贸统计、国际运输、原产地规则和贸易谈判等多用途的商品分类目录，海关合作理事会于 20 世纪 70 年代先后成立了研究小组和协调制度临时委员会，经过十几年的努力，于 1983 年 6 月通过了《商品名称及编码协调制度的国际公约》（以下简称《协调制度公约》）及其附件《商品名称及编码协调制度》，并于 1988 年 1 月 1 日起正式生效，成为缔约国制定本国海关税则和外贸统计目录的基础。

为了履行作为世界海关组织《协调制度公约》缔约方的义务，中国从 1992 年 1 月 1 日起采用《商品名称及编码协调制度》作为中国《进出口税则》和《海关统计商品目录》的基础目录。根据《商品名称及编码协调制度》（以下简称《协调制度》）的修改变化，中国对本国《进出口税则》和《海关统计商品目录》进行了对应的转换调整。截至目前，中国海关先后组织开展了 1992 年版、1996 年版、2002 年版、2007 年版、2012 年版《协调制度》修订翻译和中国《进出口税则》的转换工作，相关税率，贸易管辖制度等也随之调整。我国的《进出口税则》是以《协调制度》为基础结合我国实际进出口情况编制而成的。其结构与 HS 目录结构基本相同，也是由商品编码表、注释和归类总规则组成。但与 HS 相比的不同之处有:《进出口税则》在商品编码表中增设了税率栏，并将 HS 的商品编码改称为税则号列，而且我国《进出口税则》的税则号列为八位数编码，其中前 6 位数码与 HS 的商品编码完全一致，只有第七、第八位数码才是我国增设的子目，分别称之为三级子目和四级子目。根据《商品名称及编码协调制度的国际公约》的规定，任何政府都无权变更 HS 前六位数的编码，但由于三级子目和四级子目是我国增设的子目，本国政府可以对其进行适当的调整，所以最近每年我国都对《进出口税则》的内容作适当的修改，包括三级子目和四级子目的条文，以及税率表中的税率。例如 2002 年我国《进出口税则》共有 7 316 个八位数税号，2003 年调整为 7 445 个，2004 年调整为 7 475 个，2005 年调整为 7 550 个，2006 年调整为 7 605 个，2008 年调整为 7 758 个，2009 年调整为 7 868 个，自 2010 年 1 月 1 日起，我国开始进一步调整《进出口税则》，调整后，我国税号为 7 923 个。出于海关监管工作的需要，2018 年对进出口商品商品编码、关税税率、监管证件进行了重大调整，因此 2018 年进出口商品商品编码、关税税率、监管证件也相应进行了重大调整。2018 年还将调整部分税则税目。调整后税则税目总数为 8 549 个。

三、中国海关关税税则的分类

当今世界，随着国际贸易的迅速增加，经济全球化趋势日益扩大，各国之间的政治、经济、文化交流迅速加强，关税税则逐渐地由自主税则、单式税则向协定税则、复式税则循序的发展。

（一）单式税则与复式税则

单式税则即指一个税目只规定一个税率，对来源于不同国家的货物实施没有差别待遇的关税税则，都按同一税率征税。单式税则制定比较简单和直观，适用于实行自由贸易政策的国家，其主要目的是为了取得财政收入，课税品目少，税率也不高，不分远近，一视同仁。故单式税则制度不宜实行保护主义政策，既无法体现区别对待的原则，也难以贯彻国家的对外经济政策，目前仅有为数不多的国家仍在使用单式税则。

复式税则又称为多栏式税则，即指对一个税目同时设置两个或两个以上的税率，对来源于不同国家的货物实行差别待遇的关税税则。复式税则中的税率可以是两栏的，也可以是多栏的（三至五栏）。两栏式税率通常分为普通税率和优惠税率。前者适用于与本国没有签订贸易互利协定或条约的国家；后者适用于与本国订有贸易互利协定或条约的国家。实行多栏式税率的国家，其主要目的是为了争夺国际市场，垄断国内市场，不同税率分别适用于不同的国家和贸易集团。

一般来说，对同一税目所设置的税率栏次越多，税则的灵活性和区别对待特性就越强；然而，税率栏次越多，税则的歧视性就越强，最终影响本国经济的发展。

（二）自主税则与协定税则

自主税则又称固定税则，是一国政府根据本国财政经济和社会发展状况，自主制定的税则，有利于贯彻实施本国的贸易政策和关税政策。

自主税则的最大特征是税则制定权完全掌握在本国政府手中，无须与他国政府协商，也不受他国的约束，这是主权国家的意志体现。但是，随着国际经贸事业的发展，跨国经济交流的加强，政府在制定关税税则时就必须考虑到缔约国、协定国、友好国的利益，通过相互协商谈判确定税率。

自主税则可以采用单一税率，也可以采用两栏或多栏税率。我国目前就是采用两栏式税率的自主税则。

协定税则是由本国政府与他国协商制定的税则。它不是由一国政府凭单方面意愿制定的，其税则的制定与修改必须受到本国政府与他国缔结的贸易协定或条约的约束。

协定税则中所涉及的商品品目多限在一定的范围之内，所以，这种税则都采用两栏式或多栏式税率，其中较高的一栏为本国自主制定的普通税率，适用于那些与本国没有签订贸易协定或条约的国家；另外一栏为协定税率，适用于与本国缔结贸易协定或条约的国家。

四、《商品名称及编码协调制度》及《海关统计商品目录》概述

《协调制度》是60多个国家、25个国际性组织共同协商研究的产物，能适用于国际贸易有关各个方面的需要，是目前国际贸易商品分类的一种“通用语言”。

《协调制度》是一部多用途的、系统的具有严密逻辑性和科学性的国际贸易商品分类目录，是《协调制度国际公约》的附件。它将国际贸易商品分为21大类97章（其中第七十七章为空章，以备将来税则发展之用），共有5 000多个六位数的商品编码。该目录中具有法律效力的内容包括商品编码表、各种包括在类标题下的注释（以下简称类注）、在章标题下的注释（以下简称章注）以及类或章标题下的子目注释和六条归类总规则。其中商品编码表由协调制度编码（简称商品编码）和货品名称（包括前四位数级的品目条文和后两位数级的子目条文）构成，任何缔约国都不能自行更改商品编码、货品名称、各种注释和归类总规则，所以它是一个以公约形式保证其统一实施的国际商品分类目录。

小知识 6-4

《协调制度》对货物的分类

《协调制度》将进出口货物共分为 21 类、97 章、1 241 个税目、5 019 个子目。包括归类总规则、类注释、章注释、目和子目注释，以及商品子目索引等，其中第 77 章是空白保留章，以备将来税则的发展所用。其税则号列由四位数码表示，前两位数字表示税目所在的章，后两位数字表示税目在有关章中的位置。如 87.03 是 10 座以下载人机动车辆，表示该项目在第 87 章第 3 位。协调制度所列商品的分类和编排有一定规律，大多根据加工程度由低到高排列，如第 44 章内，号列 44.03 是原木，44.04 是经过简单加工的木材，44.09 至44.13是木的半成品，44.14 至 44.21 是木制品。四位数号列的税目共有 1 241 个，其中 930 个税目被划分为 3 246 个一级子目，用五位数码表示。在这些一级子目中，又有 1 108 个被进一步划分为 2 258 个二级子目，用六位数码表示。如 8 703.22 是排气量在 1～1.5 升的 10 座以下载人机动车辆。我国增设第 7、8 位数码分别代表第 3、4 级子目，如 8 703.2240 表示排气量在 1～1.5 升的 10 座以下越野车(四轮驱动)。

经国务院关税税则委员会审议，并报经国务院批准，继 2017 年 12 月 1 日降低部分消费品进口关税之后，自 2018 年 1 月 1 日起，我国还将对其他进出口关税进行部分调整。

2018 年进口关税调整将继续支持创新驱动发展和供给侧结构性改革，鼓励国内急需的先进设备、关键零部件和能源原材料进口，以进口暂定税率方式降低数字化 X 射线摄影系统平板探测器、多臂机或提花机、动力电池正极材料、先进医药原料、椰糠等商品的进口关税；并适当扩大汽车进口模具暂定税率的适用范围。

为更好地发挥关税宏观调控作用，根据国内外供需情况变化，将适当提高镍锭的进口暂定税率。根据国务院全面禁止进口环境危害大、群众反映强烈的固体废物的有关精神，与进口废物管理目录的调整时间相衔接，取消废镁砖、废钢渣、废矿渣等商品进口暂定税率，恢复执行最惠国税率。统筹考虑产业发展和出口情况变化，将取消钢材、绿泥石等产品的出口关税，适当降低三元复合肥、磷灰石、煤焦油、木片、硅铬铁、钢坯等产品的出口关税。

五、中国海关估价制度

(一)海关估价的概念

海关估价制度是指一国在实施从价征收关税时，由海关根据国家的规定，确定进出口商品完税价格，并以海关估定的完税价格作为计征关税基础的一种制度。完税价格是指进出口关税的计税价格。目前，各国法律一般都规定，进出口货物的完税价格均由海关审定或估定。

根据 2000 年 7 月 8 日修正版《海关法》第 55 条规定："进出口货物的完税价格，由海关以该货物的成交价格为基础审查确定，成交价格不能确定时，完税价格由海关估定。"这条规定表明我国的海关估价制度从根本原则上确立了"以成交价格"为基准的完税价格认定体系。也就是说，进出口货物完税价格必须由海关依据国家制定的估价规定进行确认，故而,完税价格亦称为海关价格或海关估价。海关估价是国际贸易中的一个重要环节,也是关税征收管理工作的主要组成部分之一。

海关估价的高低直接影响关税收入,影响国家关税政策的落实与延伸,也影响国家的公正性与信誉度。因为,关税完税价格的高低与关税税率一样能影响关税税率的多少和纳税人的负担轻重。有些国家因受制于国际协定或 WTO 框架的约束,不能随意提高关税税率,但是通过提高完税价格,同样可以得到提高关税税额的目的。

为此,海关对任何一种进出口商品都必须先审核其交易价格的合理性,对未报虚报的成交价格进行必要的调整,从而确定其合理的完税价格。

(二)海关估价的方法

1.进口货物海关估价方法

根据中国《海关法》的规定,进口货物的完税价格包括货物的货价、货物运抵我国境内输入地点起卸前的运输及其相关费用、保险费。我国境内输入地为入境海关地,包括内陆河、江口岸,一般为第一口岸。货物的货价以成交价格为基础。

进口货物的价格不符合成交价格或者成交价格不能确定的,海关应当依次以相同货物成交价格方法、类似货物成交价格方法、倒扣价格成交价格、计算价格方法及其他合理方法确定的价格为基础,估定完税价格。如果进口货物的收货人提出要求,并提供相关资料,经海关同意,可以选择倒扣价格方法和计算价格方法的适用次序。

(1)相同或类似货物成交价格方法。①相同或类似货物成交价格方法,即以与被估的进口货物同时或大约同时(在海关接受申报进口之日的前后各 45 天之内)进口的相同或类似货物的成交价格为基础估定完税价格。②以该方法估定完税价格时,应使用与该货物相同商业水平且进口数量基本一致的相同或类似货物的成交价格,但对因运输距离和运输方式不同,在成本和其他费用方面产生的差异应当进行调整。在没有上述的相同或类似货物的成交价格,但对因商业水平、进口数量、运输距离和运输方式不同,在价格、成本和其他费用方面产生的差异应当作出调整。以该方法估定完税价格时,应当首先使用同一生产商生产的相同或类似货物的成交价格,只有在没有这一成交价格的情况下,才可以使用同一生产国或地区生产的相同或类似货物的成交价格。如果有多个相同或类似货物的成交价格,应当以最低的成交价格为基础,估定进口货物的完税价格。③上述"相同货物"指与进口货物在同一国家或地区生产的,在物理性质、质量和信誉等所有方面都相同的货物,但表面的微小差异允许存在;"类似货物"指与进口货物在同一国家或地区生产的,虽然不是在所有方面都相同,但却具有相似的特征、相似的组合材料、同样的功能,并且在商业中可以互换的货物。

(2)倒扣价格方法。倒扣价格方法即以被估的进口货物、相同或类似进口货物在境内销售的价格为基础估定完税价格。按该价格销售的货物应当同时符合五个条件,即在被估货物进口时或大约同时销售;按照进口时的状态销售;在境内第一环节销售;合计的货物销售总量最大;向境内无特殊关系方的销售。以该方法估定完税价格时,下列各项应当扣除:①该货物的同等级或同种类货物,在境内销售时的利润和一般费用及通常支付的佣金;②货物运抵境内输入地点之后的运费、保险费、装卸费及其他相关费用;③进口关税、进口环节税和其他与进口或销售上述货物有关的国内税。

(3)计算价格方法。计算价格方法即按下列各项的总和计算出的价格估定完税价格。有关项目为:①生产该货物所使用的原材料价值和进行装配或其他加工的费用;②与向境内出口销售同等级或同种类货物的利润、一般费用相符的利润和一般费用;③货物运抵境内输入地点起卸前的运输及相关费用、保险费。

(4)其他合理方法。使用其他合理方法时,应当根据《完税价格办法》规定的估计原则,以在境内获得的数据资料为基础估定完税价格。但不得使用以下价格:①境内生产的货物在境内的销售价格;②可供选择的价格中较高的价格;③货物在出口地市场的销售价格;④以计算价格方法规定的有关各项之外的价值或费用计算的价格;⑤出口到第三国或地区的货物的销售价格;⑥最低限价或武断虚构的价格。

2.出口货物海关估价方法

出口货物的完税价格,由海关以该货物向境外销售的成交价格为基础审查确定,并应包括货物运至我国境内输出地点装卸前的运输及其相关费用、保险费,但其中包含的出口关税税额,应当扣除。出口货物的成交价格中含有支付给境外的佣金的,如果单独列明,应当扣除。

出口货物的成交价格不能确定时,完税价格由海关依次使用下列方法估定:(1)同时或大约同时向同一国家或地区出口的相同货物的成交价格;(2)同时或大约同时向同一国家或地区出口的类似货物的成交价格;(3)根据境内生产相同或类似货物的成本、利润和一般费用、境内发生的运输及其相关费用、保险费计算所得的价格;(4)按照合理方法估定的价格。

第四节　中国关税的征收

一、关税的申报和纳税期限

(一)关税的申报

根据《海关法》第 24 条的规定,进口货物的收货人应当自运输工具申报进境之日起十四日内,出口货物的发货人除海关特准的外应当在货物运抵海关监管区后、装货的二十四小时以前,向海关申报。进口货物的收货人超过前款规定期限向海关申报的,由海关征收滞报金。第 30 条规定,进口货物的收货人自运输工具申报进境之日起超过三个月未向海关申报的,其进口货物由海关提取依法变卖处理,所得价款在扣除运输、装卸、储存等费用和税款后,尚有余款的,自货物依法变卖之日起一年内,经收货人申请,予以发还;其中属于国家对进口有限制性规定,应当提交许可证件而不能提供的,不予发还。逾期无人申请或者不予发还的,上缴国库。

(二)关税纳税期限

根据《进出口关税条例》第 22 条的规定,进出口货物的收货人或他们的代理人,应当在海关填发税款缴纳证的次日起七日内(遇到休息日和法定节假日顺延至之后的第一个工作日),向指定银行缴纳税款。逾期缴纳的,除依法追缴外,由海关自到期的次日起至缴清税款日止，按日加收欠缴税款1‰的滞纳金。第23条规定，海关征收关税、滞纳金等，除海关总署另有规定外，应当按人民币计征。

（三）关税纳税地点

进出口货物向进出境海关申报纳税，向指定银行缴纳税款。

二、关税的征税对象与纳税人

（一）征税对象

关税的征税对象为准许进出口的货物与物品。货物被定义为贸易性商品，即具有使用价值与价值并用于国际交换的物品。物品指入境旅客随身携带的行李物品、个人邮寄物品、各种运输工具上的服务人员携带进口的自用物品、馈赠物品以及以其他方式进境的个人物品。

关税征税对象的具体品目由《海关进出口税则》的商品分类目录规定。2010年1月1日起，我国开始进一步调整《进出口税则》，调整后，我国进出口税则税目总数由2009年的7 868个调整为7 923个。应税出口货物主要是国际市场容量有限、竞争性又比较强的商品以及需要限制出口的极少数原料、材料和半制成品。应税的入境物品主要是饮食用品、文化用品、家用电器产品、高档消费品等。

（二）纳税人

进口货物的纳税人为进口货物的收货人，出口货物的纳税人为出口货物的发货人，入境物品的纳税人为物品的所有人。

三、税基与税率

（一）税基

关税按征收方法进行分类有从价关税、从量关税、复合关税、选择关税四种类型。从价关税的税基是货物与物品的价格；从量关税的税基是货物与物品的数量；复合关税的税基是对同一货物与物品同时采用从价与从量两种形式；选择关税的税基是对同一货物或物品同时规定从价与从量两种税基，由海关选择一种税基计税。中国现行关税有从价关税、从量关税、复合关税三种类型，税基有从价、从量、从价与从量相结合三种形式。从价关税的税基即为进出口货物与物品的完税价格。

（二）税率

1.进口关税的税率

(1)原则。进口关税税率总的原则是对国内不能生产或供应不足的商品，予以免税；对国内短期内不能迅速生产的商品，实行低税率；对国内已能生产的非国计民生所急需的商品，采用较高的税率；对国内已能生产且需要保护的商品，采用更高的税率。

加入WTO以后，我国为履行在加入WTO关税减让谈判中承诺的有关义务，享有WTO成员应有的权利，自2002年1月1日起，我国进口税则设有以下税则：最惠国税率、特惠税率、普通税率、协定税率（适用于原产于与我国签订含有关税优惠条款的区域性贸易协定的国家或地区的进口货物）。

适用最惠国税率的进口货物有暂定税率的，应当适用暂定税率；适用协定税率、特惠税率的进口货物有暂定税率的，应当从低适用税率；适用普通税率的进口货物，不适用暂定税率。

对来源于违反贸易协定对我国采用禁止、限制、加征关税等非正常贸易措施的国家或地区的进口货物，可以征收报复性关税；对构成倾销、补贴的进口货物，可以征收反倾销税、反补贴税、保障性关税。反倾销税、反补贴税的纳税人，为倾销或补贴产品的进口经营者。保障性关税是当某类商品进口量剧增，对我国相关产业带来巨大威胁或损害时，按照WTO的有关规则，可以启动一般保障措施，即在与有实质利益的国家或地区进行磋商后，在一定时期内提高该项商品的进口关税或采取数量限制措施，以保护国内相关产业不受损害。

(2)税率水平与结构。1992年我国关税总水平（优惠税率的算术平均水平）约为42%，普通税率平均为56%。之后对关税总水平进行了几次较大幅度的调整，到2008年，我国关税总水平已降至9.8%，见表6.1。

表6.1　1992—2016年中国关税税率水平

年度	关税总水平(%)	年度	关税总水平(%)
1992	42	2006	9.9
1996	23	2007	9.8
1997	17	2008	9.8
2001	15.3	2009	9.8
2002	12	2010	9.8
2003	11	2011	9.8
2004	10.4	2012	9.8
2005	10	2013	9.8

注：2014—2016年关税税率均为9.8%。

2.出口关税的税率

为鼓励商品出口，现行关税对绝大部分出口商品不征税。对国际市场容量有限且竞争性较强的商品以及需要限制出口的商品，按20%、25%、30%、40%、50%五档税率，征收少量的出口关税。

3.入境物品的税率

饮食、文化用品，税率为10%；家用电器、机械，税率为20%；高档消费品，税率为30%；烟、酒等，税率为50%。

四、税收优惠

(一)法定免税

具体包括：(1)外国政府、国际组织无偿赠送的货物；(2)起征点以下的货物，包括：关税税额在50元人民币以下的货物；边民通过互市贸易进口的每人每天3 000元以下的货物；海关总署规定数额以内的个人自用边境物品。

（二）法定减税

边境小额贸易企业进口原产于毗邻国家的货物，除烟、酒、化妆品之外，减半征税。

（三）临时规定的免税或减税

国务院针对某个单位、某个项目、某类商品专门批准的免税或减税。自 2009 年 2 月 1 日起，进出口货物减征或免征关税、进口环节海关代征税事务，除法律、行政法规另有规定外，海关依照《中华人民共和国海关进出口货物减免税管理办法》实施管理。

五、税额计算

（一）基本公式

从价计征的货物：

应纳税额＝完税价格×税率（比例税率）

从量计征的货物：

应纳税额＝货物数量×税率（定额税率）

复合征收的货物：

应纳税额＝完税价格×税率（比例税率）＋货物数量×税率（定额税率）

（二）例题

某进出口公司 2008 年 12 月进口货物一批，成交价格折合人民币 1 990 万元（含该货物运抵我国关境内输入地点起卸前的运费、保险费 20 万元），另支付与货物有关的境外开发设计费用 210 万元。已知该货物进口关税税率 50％。

要求：根据上述资料，计算该公司应缴纳的进口关税。

解：关税完税价格＝1 990＋210＝2 200（万元）

应纳税额＝2 200×50％＝1 100（万元）

第五节　中国的原产地规则

一、原产地规则概况

（一）原产地规则的概念及作用

原产地规则指的是确定进出口产品生产或制造国家（地区）的标准和方法。它是各国海关关税制度的一项重要内容。原产地规则是一个使用范围比较广泛的规则，只要政策上要求对货物的原产国（地区）进行判别，就需要运用原产地规则。

在国际贸易中，原产地就是指货物生产的地点，即货物的“国籍”。《中华人民共和国进出口货物原产地条例》（以下简称《原产地条例》）第 26 条对货物原产地的定义是：货物原产地（origin），是指依照有关规定确定的捕捉、捕捞、搜集、收获、采掘、加工或者生产某一货物的国家（地区）。

认定货物的原产地主要是出于执行国别之间差别税率和不同贸易措施的需要。由于世界上大多数国家都实行复式税则，对原产于不同国家（地区）的产品给予不同的关税待遇，实施不同的贸易管制措施（例如实施配额、反倾销、反补贴、保障条款等货物管制措施），因此进口产品的原产地将决定该产品适用哪种关税税率。同时，各国出于对外贸易政策的需要，海关要对各进出口国（地区）的商品贸易进口量进行统计，也必须对进口产品的原产地加以确定。

因此，只有正确认定国际贸易商品的原产地，才能保证差别关税和其他贸易措施针对正确的对象国别实施。所以，只要国际贸易中差别国别待遇存在，原产地问题就不会消失，原产地这个法律工具在各国执行多边或双边贸易协定和实施本国贸易管制措施中的重要作用就不会削弱。

（二）原产地规则的分类

从适用目的讲，原产地规则分为两类，一类是非优惠原产地规则（non-preferential rules of origin），是一国根据实施其海关税则和其他贸易措施的需要，由本国立法自主制定的，因此也称为自主原产地规则。它适用于实施最惠国待遇、反倾销和反补贴、保障措施、原产地标记管理、国别数量限制、关税配额等非优惠性贸易措施以及进行政府采购、贸易统计等活动对进出口货物原产地的确定。由于最惠国待遇是一种普遍的优惠待遇，绝大多数国家或地区均可享受，从而变成事实上的非优惠，所以在原产地方面适用的是非优惠原产地规则。另一类是优惠原产地规则（preferential rules of origin），是为了实施国别优惠政策而制定的，优惠范围以原产地为受惠国的进口产品为限。它是出于某些优惠措施规定的需要，根据受惠国的情况和限定优惠范围的需要，可以制定一些特殊的原产地认定标准，而这些标准是给惠国和受惠国之间通过双边或多边协定的形式制定的，因此也称为协定原产地规则。它与自主原产地规则相对，其实施可以不遵守最惠国待遇原则而在有关各国中实施差别待遇。

由于优惠原产地规则是用于认定进口商品有无资格享受特别优惠待遇的，因此其认定标准比非优惠原产地规则更严格，享受优惠的商品种类也有严格限制。进口国为了防止此类优惠措施被滥用或规避，一般都要求出口国指定专门机构负责签发优惠原产地证书，并按进口国优惠原产地规则的规定签发出口国的原产地证书和原产地标记。

根据我国《原产地条例》第 26 条的解释，原产地证书（certificate of origin），是指出口国（地区）根据原产地规则和有关要求签发的，明确指出该证中所列货物原产于某一特定国家（地区）的书面文件。原产地标记，是指在货物或包装上用来表明该货物原产地的文字和图形。

为了正确执行本国的有关规定，便利海关对原产地的管理，海关可对进口货物要求交验原产地证书及其他能确定进口货物产地的单证。原产地证件可由生产厂家、供货商、出口商或其他当事人提供，也可由不偏袒进出口任何一方的主管当局或公证团体出具。一般生产厂家等提供的原产地证明文件不一定很规则，可通过在商业发票或其他单证上列明货物产地的形式来作为原产地证明。普惠制中发达国家要求提供的原产地证书一般比较严格，它要求有一定的尺寸和格式，内容包括出口商、收货人、运输工具、货物名称、唛头、件数、包装、重量等情况，发证单位名称及签章，货物产地等情况。发证单位往往是国家行政机关或公证团体，如海关、商会、商检机构等，而且要经给惠国认可。

根据我国《原产地条例》第17条的规定，我国出口货物发货人可以向国家质量监督检验检疫总局所属的各地出入境检验检疫机构、中国国际贸易促进委员会及其地方分会，申请领取出口货物原产地证书。这些原产地证书是证明出口货物符合《原产地条例》的规定确系中国原产的证明文件。

二、中国进出口货物原产地规则的发展

（一）进口货物原产地规则的发展

2004年以前，我国对进口货物普遍适用的非优惠原产地规则是海关总署1986年12月6日发布的《中华人民共和国海关关于进口货物原产地的暂行规定》。该进口原产地规则的制定借鉴了《京都公约》中《关于原产地规则的附约》和其他国家的有关规定，确定了以“完全获得”和“实质性改变”作为进口货物原产地的认定标准。判断实质性改变的标准是:《中华人民共和国海关进出口税则》中四位数税号一级的税则归类已经有了改变，或者加工增值部分所占新产品总值的比例已达到30%及以上。进口货物的原产地由海关予以确定。

该进口原产地规则属于非优惠原产地规则，目的是贯彻实施《关税条例》中关于多栏关税税率运用的规定，并用于贸易统计，该规则一直实施到2004年底。2005年1月1日起，国务院制定并发布的《原产地条例》开始实施，原有的进口原产地规则就被废止了。我国已承诺，一旦WTO非优惠原产地规则的国际协调工作完成，我国将全面采用国际协调的非优惠原产地规则。

随着加入WTO和我国对外贸易的发展，数量限制、反倾销、反补贴、保障措施等贸易措施的出台，加入区域性贸易协定的增多，对于准确判定不同性质进口货物的原产地开始提出更高要求。为适应这些变化，我国开始建立优惠原产地规则。2002年1月1日我国制定发布的《中华人民共和国海关关于〈亚洲及太平洋经济和社会理事会发展中国家成员国关于贸易谈判的第一协定〉项下进口货物原产地的暂行规定》开始实行，这是我国制定的第一个优惠原产地规则。此外2004年1月1日实施的《中华人民共和国海关关于执行〈内地与香港关于建立更紧密经贸关系的安排〉项下关于货物贸易的原产地规则的规定》《中华人民共和国海关关于执行〈内地与澳门关于建立更紧密经贸关系的安排〉项下关于货物贸易的原产地规则的规定》《中华人民共和国海关关于执行〈中华人民共和国与东南亚国家联盟全面经济合作框架协议〉项下中国—东盟自由贸易区原产地规则的规定》，2005年1月1日起施行的《中华人民共和国海关关于执行〈中华人民共和国给予非洲最不发达国家特别优惠关税待遇的货物原产地规则〉的规定》，以及2006年1月1日起施行的《中华人民共和国海关关于执行〈中国—巴基斯坦自由贸易区原产地规则〉的规定》、2006年10月1日起施行的《中华人民共和国海关关于执行〈中国—智利自由贸易区原产地规则〉的规定》也都属于我国目前适用的优惠原产地规则。

（二）出口货物原产地规则的发展

2004年以前，确定我国出口货物原产地的依据主要是由外经贸部拟订、国务院于1992年3月8日颁布的《中华人民共和国出口货物原产地规则》。该规则于1992年5月

1日起施行，对在我国境内生产或制造的出口产品可认定原产地为中国的标准和出口原产地证书的签发管理制度作出了规定。该出口原产地规则规定，对于全部在我国境内生产或制造的产品，按完全获得标准认定为我国原产。对于部分或全部使用进口原料或零部件在我国境内进行主要的及最后的制造或加工使其产生实质性改变的产品，则按制造或加工工序为主，辅以构成比例的原则认定货物的原产地。外经贸部1992年4月1日发布的《中华人民共和国出口货物原产地规则实施办法》和《中华人民共和国含有进口成分出口货物原产地标准主要制造、加工工序清单》，对含有进口成分出口货物原产地的认定标准作了具体规定。它规定了《编码协调制度》(HS)中16类、51章、417个四位数品目号项下的商品可以认定为中国原产的主要制造、加工工序标准或进口料件价值不超过制成品出厂价的75%的从价百分比标准，主要涉及食品、化学品、纺织品、服装、玩具、电器等我国传统出口产品和加工贸易产品。

我国制定出口原产地规则的初衷之一是希望以此减缓与美国及欧洲等国的贸易摩擦，即希望进口国在评估对华贸易平衡状况时，将我方认定的中国产品算作从中国的进口，我方认定非属中国的产品，不算作从中国的进口。然而，我国的出口商品在进口国适用的是进口国的原产地规则，我国出口原产地规则对进口国并无法律约束力，但出口货物原产地规则对我国出口商具有法律效力，出口货物原产地证书也是通关、结汇、进行贸易统计的重要证明文件。

为了与国际接轨，并解决出口货物与进口货物原产地确定标准方面不一致的矛盾，国务院制定并发布了《原产地条例》，统一了进出口货物原产地规则，自2005年1月1日起开始实施，原有的出口原产地规则就被废止了。

本章小结

1.关税是国家财政收入的一个重要组成部分，它和其他税收一样，具有强制性、无偿性和预定性。关税是海关代表国家，依据国家制定的关税政策和公布实施的税法及进出口税则，对进出关境的货物和物品向进出口商所征收的税。

2.关税制度是国家关于关税法律法规的总称，它包括税收法律、行政法规、行政规章以及部门规范性文件，例如《海关法》《关税条例》《海关审价办法》《海关征税管理办法》等。它是海关代表国家向纳税义务人征税的法律依据和工作规程，也是纳税义务人履行纳税义务的法定准则，调整着关税征纳过程中有关各方的关系，特别是国家、海关与纳税义务人之间的权利和义务关系。

3.中国海关关税税则是以《商品名称及编码协调制度的国际公约》为基础编制的，2010年中国海关关税税则中的税目号为7 923个。

4.海关在针对进出口货物或物品向纳税人征税时应按照国家法律法规的规定征收税费，对有些货物或物品要实行税收优惠。

5.原产地规则指的是确定进出口产品生产或制造国家(地区)的标准和方法。它是各国海关关税制度的一项重要内容。认定货物的原产地主要是出于执行国别之间差别税率和不同贸易措施的需要。

重要概念和术语

关税　海关法　进口税　出口税　反倾销关税　反补贴关税　特惠税　普惠税　最惠国税　从价关税　从量关税　选择关税　复合关税　关境　国境　贸易性商品　关税制度　完税价格　成交价格　海关关税税则　商品名称及编码协调制度　海关估价　关税征收　原产地规则

美国食品和饮料公司要求特朗普政府不要对进口铝征收关税

美国主要的食品和饮料公司及行业协会已经要求特朗普总统及其政府不要对进口原铝、铝板和废铝征收关税或实施进口限制。

据他们观察，10％的铝关税将使啤酒和饮料生产商花费 2.56 亿美元，20％的关税将花费 5.125 亿美元，30％的关税将花费 7.688 亿美元。这样，他们认为会增加制造成本，危害饮料行业。

美国饮料协会总裁兼首席执行官 Susan K. Neely 表示："对雇用数百万人的美国公司进行人为提价将削弱经济，而通过抬高价格，减少就业和不公平地减少收入也对工作家庭造成伤害。"

啤酒研究所总裁兼首席执行官 Jim McGreevy 重申，进口啤酒行业消费的原铝和纸板不会威胁到国家安全。

这封信强调了铝在啤酒行业的重要性，因为每年生产的啤酒中有一半以上是用铝罐或瓶装包装的。他们认为，任何对原铝或罐头进口的贸易限制都会打乱市场，增加酿酒商和啤酒进口商的成本。他们敦促政府考虑供应链上的铝罐片和原铝交易行为的连锁反应。

"如果铝供应受到不必要的关税或贸易限制的阻碍，就可能导致供应不足，并影响产品的可用性。"罐头制造商协会主席 Robert Budway 补充道。

他们要求美国铝罐业生产 960 亿个食品、饮料和气溶胶容器，并需要雇用 11 000 多名美国工人，创造价值 133 亿美元的经济活动。啤酒行业将为美国创造超过 220 万个就业机会，每年将产生超过 3 500 亿美元的收入。

要求显示，2016 年美国国内生产的啤酒中有 56％使用铝罐或瓶装。非酒精饮料行业的直接行业就业岗位近 24 万人。美国原铝市场由于需求旺盛而一直处于亏损状态，并且由于过去 20 年的铝产量下降而成为进口依赖。加拿大占 2016 年未锻造铝进口总量的 60％，而其余国家每年的进口量不超过 10％。

2018 年 1 月 19 日星期五，Ross 部长正式提交了调查结果，调查了铝进口对美国国家安全的影响。总统将在 4 月 20 日之前根据调查结果决定是否采取任何可能的行动。

思考与练习

1.关税的概念和作用是什么？

2.简述关税的分类。

3.中国关税制度的体系是什么？

4.中国海关关税税则的内容及分类是什么？

5.简述中国海关估计制度。

6.关税的征税对象和纳税人有哪些？

第七章　中国海关的管理制度

学习要求

随着我国改革开放的不断深入，海关也在不断推进各项业务制度的改革，逐步建立和完善了报关制度、监管制度、保税制度、关税制度、统计制度、缉私制度、申报制度、查验制度、放行制度、稽查制度和预归类制度等一系列海关管理制度。

本章主要从海关与对外贸易的角度，重点介绍海关的报关制度、通关制度和监管制度。要求了解中国海关的性质、职责、权力和组织机构，熟悉中国海关与对外贸易制度的关系，并掌握中国海关的报关制度、通关制度和监管制度。

第一节　中国海关概述

海关是各国设在关境上的依法处理进出境事务的国家行政监管机关。进出境事务指的是进出境的运输工具、货物、行李物品、邮递物品和其他物品的管理。只要是符合上述职能的机关，一般均称为海关，世界各国概莫能外。应该说，海关是在国家发展到一定时期适应国家与社会对外交往及商品交接管理需要而产生的管理机构，是国家主权的象征之一，是随着国家机器的不断完善而逐步健全起来的。

一、中国海关的性质

《中华人民共和国海关法》(以下简称《海关法》)以法律形式确立了海关的性质、任务和管理体制①。《海关法》第 2 条规定："中华人民共和国海关是国家的进出关境监督管理机关。"这一提法符合我国海关的实际情况，是对我国海关性质的高度概括。

海关的性质，具体而言包括以下三部分：

(一)海关是国家行政机关

我国的国家机关包括享有立法权的立法机关、享有司法权的司法机关和享有行政管

① 2000 年 7 月 8 日第九届全国人大委员会第十六次会议审议并通过《关于修改〈中华人民共和国海关法〉的规定》，对 1987 年制定的《海关法》进行了较大的修改，修改后的《海关法》于 2001 年 1 月 1 日起实施。

理权的行政机关。海关是国家的行政机关之一，从属于国家行政管理体制，是我国最高国家行政机关——国务院的直属机构。海关对内对外代表国家依法独立行使行政管理权。

（二）海关是国家行政监督管理机关

海关履行国家行政制度的监督职能，是国家宏观管理的一个重要组成部分。海关依照有关法律、行政法规并通过法律赋予的权力，制定具体的行政规章和行政措施，对特定领域的活动开展行政监督管理，以保证其按国家的法律规范进行。

海关实施监督管理的范围是进出关境及与之有关的活动，监督管理的对象是所有进出关境的运输工具、货物、物品以及上述货物的有关人员的行为。与一般行政机关相比，海关管理具有较强的涉外性，即海关的行政行为是国家权力意志的体现，对内维护国家法律和政策、对外捍卫国家主权和利益。因此，海关必须严格依法行政，保持高度的统一性，并依法独立行使职权。

（三）海关的监督管理是国家行政执法活动

海关的监督管理是保证国家有关法律、法规实施的行政执法活动。海关通过法律赋予的权力，对特定范围内的社会经济活动进行监督管理，并对违法行为依法实施行政处罚，以保证这些社会经济活动按照国家的法律规范进行。

海关执法的依据是《海关法》和其他有关法律、行政法规。《海关法》是管理海关事务的基本法律规范。其他相关法律主要是指由国家立法机关制定的与海关监督管理相关的法律规范，主要包括《宪法》《刑法》《刑事诉讼法》《行政复议法》《行政处罚法》《对外贸易法》《商品检验法》《固体废物污染环境防治法》等。行政法规是指由国务院制定的法律规范，包括专门用于海关执法的行政法规和其他与海关管理相关的行政法规。除此以外，海关总署可以根据法律和国务院的法规、决定、命令，制定规章，作为执法依据的补充。

二、中国海关的职责

《海关法》第 2 条规定："海关依照本法和其他有关法律、行政法规，监管进出境的运输工具、货物、行李物品、邮递物品和其他物品，征收关税和其他税、费，查缉走私，并编制海关统计和办理其他海关业务。"因此，海关的职责可分为两部分，基本职责和职责的延伸。

小知识 7-1

中国海关关徽

海关关徽象征海关的职业标志。中华人民共和国海关关徽由金黄色钥匙与商神手杖交叉组成。其中两蛇相缠的商神杖源于古希腊神话，是商神赫尔墨斯手持之物，被世人视为商业及国际贸易的象征，而钥匙则具有海关掌管国家经济大门的含义，象征海关为祖国把关。中国海关关徽寓意着中国海关依法实施进出境监督管理，维护国家的主权和利益，促进对外经济贸易发展和科技文化交往，保障社会主义现代化建设。钥匙上的三个齿，分别代表海关的监管、征税、查私三大主要职责。

1997 年 7 月 1 日起实施的《中华人民共和国海关关徽使用管理办法》规定：海关及其工作人员应当尊重、爱护并依照该办法正确使用关徽及其图案。非海关单位和非海关工作人员不得使用该办法所指之关徽。规定下列场所可以悬挂关徽：各级海关的办公场所；进出境口岸的海关监管场所；海关举行重要会议和活动的场所；海关院校；海关总署认为应当悬挂或使用关徽及其图案的其他场所或物品。

（一）基本职责

按照《海关法》的规定，海关的基本职责有以下四项：

1.海关监管

海关监管是指海关运用国家赋予的权力，通过一系列管理制度与管理程序，依法对进出境运输工具、货物、物品及相关人员的进出境活动所实施的一种行政管理。海关监管是一项国家职能，其目的在于保证一切进出境活动符合国家政策和法律的规范，维护国家主权和利益。根据监管对象的不同，海关监管分为货物监管、物品监管和运输工具监管三大体系。每个体系都有一整套规范的管理程序与方法。

监管是海关最基本的任务，海关的其他任务都是在监管工作的基础上进行的。除了通过备案、审单、查验、放行、后续管理等方式对进出境运输工具、货物、物品的进出境活动实施监管外，海关监管还要执行或监督执行国家其他对外贸易管理制度的实施，如进出口许可制度、外汇管理制度、进出口商品检验、检疫制度、文物管理制度等，从而在政治、经济、文化道德、公众健康等方面维护国家利益。

2.征收关税

关税是国家税收的一种。代表国家征收关税和其他税、费是海关的另一项重要任务。“关税”是指由海关代表国家，按照《海关法》《中华人民共和国进出口关税条例》和《中华人民共和国进出口税则》等有关法规，对准许进出口的货物、进出境物品征收的一种税。“其他税、费”是指海关在货物进出口环节，按照关税征收程序征收的有关国内税、费，目前主要有增值税、消费税、对台直接贸易调节税、船舶吨税以及按规定征收的海关规费、收管手续费、滞报金等。

3.查缉走私

走私是指从事进出境活动的当事人或相关人违反《海关法》及有关法律、行政法规，逃避海关监管，偷逃应纳税款，逃避国家有关进出境的禁止性或者限制性管理，非法运输、携带、邮寄国家禁止、限制进出口或者依法应当缴纳税款的货物、物品进出境，或者未经海关许可并且未缴应纳税款、交验有关许可证件，擅自将保税货物、特定减免税货物以及其他海关监管货物、物品、进境的境外运输工具在境内销售的行为。它以逃避监管、偷逃关税、牟取暴利为目的，扰乱经济秩序，冲击民族工业，腐蚀干部群众，毒化社会风气，引发违法犯罪，对国家危害性极大，必须予以严厉打击。

《海关法》规定，“国家实行联合缉私、统一处理、综合治理的缉私体制。海关负责组织、协调、管理查缉走私工作”，从法律上明确了海关打击走私的主导地位以及与有关部门的执法协调。海关是打击走私的主管机关，查缉走私是海关的一项重要任务，海关通过查缉走私，制止和打击一切非法进出境货物、物品的行为，维护国家进出口贸易的正常秩序，保障社会主义现代化建设的顺利进行，维护国家关税政策的有效实施，保证国家关税和其他税、费的依法征收，保证海关职能作用的发挥。为了严厉打击走私犯罪活动，根据党中央、国务院的决定，我国组建了专司打击走私犯罪的海关缉私警察队伍，负责对走私犯罪案件的侦查、拘留、执行逮捕和预审工作。

根据我国的缉私体制，除了海关以外，公安、工商、税务、烟草专卖等部门也有查缉走私的权力，但这些部门查获的走私案件，必须按照法律规定，统一处理。各有关行政部门查获的走私案件，应当给予行政处罚的，移送海关依法处理；涉嫌犯罪的，应当移送海关侦查走私犯罪公安机构、地方公安机关依据案件管辖分工和法定程序办理。

4.编制海关统计

海关统计是以实际进出口货物作为统计和分析的对象，通过搜集、整理、加工处理进出口货物报关单或经海关核准的其他申报单证，对进出口货物的品种、数(重)量、价格、国别(地区)、经营单位、境内目的地、境内货源地、贸易方式、运输方式、关别等项目分别进行统计和综合分析，全面、准确地反映对外贸易的运行态势，及时提供统计信息和咨询，实施有效的统计监督，开展国际贸易统计的交流与合作，促进对外贸易的发展。我国海关的统计制度规定，对于凡能引起我国境内物质资源储备增加或减少的进出口货物，均列入海关统计。对于部分不列入海关统计的货物和物品，则根据我国对外贸易管理与海关管理的需要，实施单项统计。

海关统计是对国家进出口货物贸易进行统计，是国民经济统计的重要部分。它的作用是使政府部门及时了解对外贸易的实际情况，包括进出口的规模、发展趋势及存在的问题，从而为国家制定对外经济贸易政策、进行宏观经济调控，实施海关严密高效管理提供重要的依据。在国家政策做出调整以后，海关又及时进行跟踪分析，反映进出口情况是否符合国家政策的调整，起到了信息反馈作用。它是研究我国对外贸易经济发展和国际经济贸易关系的重要资料。

(二)职责的延伸

随着冷战的结束，世界经济呈现出多元化和区域化的趋势。世界各国在经济、贸易、投资、技术转让、服务贸易、人员往来等多项经济技术合作方面关系日益密切，国际贸易也同时以数倍于世界生产总值的速度增长，使海关业务量剧增。海关的职能也随着经济技术往来范围的扩大从征税缉私等传统经济领域向环保、社会安全知识产权保护、缉毒、反偷渡、战略武器控制等现代社会领域扩展。现代科学技术的发展，使海关管理在技术设备、管理方法手段、人员培训等方面大大改善，海关的面貌发生了深刻的变化。

三、中国海关的权力

根据《海关法》及有关法律、行政法规规定，海关的权力主要包括：

(一)行政许可权

包括对企业报关资格以及从事海关监管货物的仓储，转关运输货物的境内运输，保税货物的加工、装配等业务的许可，对报关员的报关从业许可等权力。

(二)税费征收权

包括代表国家依法对进出口货物物品征收关税及其他税费。根据法律、行政法规及有关规定，依法对特定的进出口货物、物品减征或免征关税以及对经海关放行后的有关进出口货物、物品，发现少征或者漏征税款的，依法补征、追征税款的权力。

(三)行政监督检查权

行政监督检查权是海关保证其行政管理职能得到履行的基本权力，主要包括：

1.检查权

海关有权检查进出境运输工具；检查有走私嫌疑的运输工具和有藏匿走私货物、物品的嫌疑场所；检查走私嫌疑人的身体。

2.查验权

海关有权查验进出境货物、物品。

3.查阅、复制权

此项权力包括查阅进出境人员的证件，查阅、复制与进出境运输工具、货物、物品有关的合同、发票、账册、单据、记录、文件、业务函电、录音录像制品和其他有关资料。

4.查问权

海关有权对违反《海关法》或者其他有关法律、行政法规的嫌疑人进行查问，调查其违法行为。

5.查询权

海关在调查走私案件时，经直属海关关长或者其授权的隶属海关关长批准，可以查询案件涉嫌单位和涉嫌人员在金融机构、邮政企业的存款、汇款。

6.稽查权

自进出口货物放行之日起3年内或者在保税货物、减免税进口货物的海关监管期限内及其后的3年内，海关可以对与进出口货物直接有关的企业、单位的会计账簿、会计凭证、报关单证以及其他有关资料和有关进出口货物实施稽查。

(四)行政强制权

海关行政强制权是《海关法》及相关法律、行政法规得以贯彻实施的重要保障。具体包括：

1.扣留权

海关在下列情况下可以行使扣留权：

(1)对违反《海关法》或者其他有关法律、行政法规的进出境运输工具、货物和物品以及与之有关的合同、发票、账册、单据、记录、文件、业务函电、录音录像制品和其他资料，可以扣留。

(2)在海关监管区和海关附近沿海沿边规定地区，对有走私嫌疑的运输工具、货物、物品和走私犯罪嫌疑人，经直属海关关长或者其授权的隶属海关关长批准，可以扣留；对走私犯罪嫌疑人，扣留时间不得超过24小时，在特殊情况下可以延长至48小时。

(3)在海关监管区和海关附近沿海沿边规定地区以外，对其中有证据证明有走私嫌疑的运输工具废物、物品，可以扣留。

2.滞报、滞纳金征收权

海关对超期未报货物征收滞报金；对于逾期缴纳进出口税费的，征收滞纳金。

3.提取货样、施加封志权

根据《海关法》的规定，海关查验货物认为必要时，可以径行提取货样；海关对有违反

《海关法》或其他法律、行政法规嫌疑的进出境货物、物品、运输工具，对所有未办结海关手续、处于海关监管状态的进出境货物、物品、运输工具，有权施加封志，任何单位或个人不得损毁封志或擅自提取、转移、动用在封的货物、物品、运输工具。

4.提取货物变卖、先行变卖权

进口货物超过3个月未向海关申报，海关可以提取依法变卖处理；进口货物收货人或其所有人声明放弃的货物，海关有权提取依法变卖处理；海关依法扣留的货物、物品不宜长期保留的，经海关关长或其授权的隶属海关关长批准，可以先行依法变卖等。

5.强制扣缴和变价抵缴关税权

进出口货物的纳税义务人、担保人超过规定期限未缴纳税款的，经直属海关关长或者其授权的隶属海关关长批准，海关可以：

(1)书面通知其开户银行或者其他金融机构从其存款内扣缴税款；

(2)将应税货物依法变卖，以变卖所得抵缴税款；

(3)扣留并依法变卖其价值相当于应纳税款的货物或者其他财产，以变卖所得抵缴税款。

6.税收保全

进出口货物纳税义务人在海关依法责令其提供纳税担保，而纳税义务人不能提供纳税担保的，经直属海关关长或者其授权的隶属海关关长批准，海关可以采取税收保全措施：

(1)书面通知纳税义务人开户银行或者其他金融机构暂停支付纳税义务人相当于应纳税款的存款；

(2)扣留纳税义务人价值相当于应纳税款的货物或者其他财产。

7.抵缴、变价抵缴罚款权

根据《海关法》的规定，当事人逾期不履行海关处罚决定又不申请复议或者向人民法院提起诉讼的，海关可以将其保证金抵缴，或者将其被扣留的货物、物品、运输工具依法变卖抵缴。

8.连续追缉权

进出境运输工具或者个人违抗海关监管逃逸的，海关可以连续追至海关监管区和海关附近沿海沿边规定地区以外，将其带回处理。这里所称的逃逸，既包括进出境运输工具或者个人违抗海关监管，自海关监管区和海关附近沿海沿边规定地区向内(陆地)一侧逃逸，也包括向外(海域)一侧逃逸。海关追缉时需保持连续状态。

9.其他特殊行政强制

(1)处罚担保。根据《海关法》及有关行政法规的规定，海关依法扣留有走私嫌疑的货物、物品、运输工具，如果无法或不便扣留的，或者有违法嫌疑但依法不应予以没收货物、物品、运输工具，当事人申请先予放行或解除扣留的，海关可要求当事人或者运输工具负责人提供等值担保；未提供等值担保的，海关可以扣留当事人等值的其他财产；受海关处罚的当事人在离境前未缴纳罚款，或未缴清依法被没收的违法所得和依法被追缴的货物、物品、走私运输工具的等值价款的，应当提供相当于上述款项的担保。

(2)税收担保。根据《海关法》的规定，进出口货物的纳税义务人在规定的缴纳期限内有明显转移、藏匿其应税货物以及其他财产迹象的，海关可以责令纳税义务人提供担保；

经海关批准的暂时进口或暂时出口货物、特准进口的保税货物，收发货人须缴纳相当于税款的保证金或者提供担保后，才可准予暂时免纳关税。

(3)其他海关事务担保。在确定货物的商品归类、估价和提供有效报关单证或者办结其他海关手续之前，收发货人要求放行货物的，须提供与其依法应履行的法律义务相适应的担保。

(五)佩带和使用武器权

海关为履行职责，可以配备武器。海关工作人员佩带和使用武器的规定，由海关总署会同公安部制定，报国务院批准。

根据海关总署、公安部联合发布的《海关工作人员使用武器和警械的规定》，海关使用的武器包括轻型枪支、电警棍、手铐以及其他经批准可使用的武器和警械。武器和警械的使用范围为执行缉私任务时；使用对象为走私分子和走私嫌疑人；使用条件必须是在不能制服被追缉逃跑的走私团体或遭遇武装掩护走私，不能制止以暴力劫夺查扣的走私货物、物品和其他物品，以及以暴力抗拒检查、抢夺武器和警械、威胁海关工作人员生命安全非开枪不能自卫时。

(六)行政处罚权

海关有权对尚未构成走私罪的违法当事人处以行政处罚。包括对走私货物、物品及违法所得处以没收，对有走私行为和违反海关监管规定行为的当事人处以罚款，对有违法情形的报关单位和报关员处以警告以及处以暂停或取消报关资格的处罚等。

(七)其他行政处理权

1.行政裁定权

包括对外贸易经营者的申请，对进出口商品的归类、进出口货物原产地的确定、禁止进出口措施和许可证件的适用等海关事务的行政裁定的权力。

2.行政命令权

对违反有关海关法律规定的企业责令限期改正、责令退运等。

3.行政奖励权

包括对举报或者协助海关查获违反《海关法》案件的有功单位和个人给予精神或者物质奖励的权力。

4.对与进出境货物有关的知识产权实施保护

根据《海关法》的规定，海关依照法律、行政法规的规定，对与进出境货物有关的知识产权实施保护。

除了以上行政处理权以外，在进出境活动的监督管理领域，海关还具有行政立法权和行政复议权。行政立法权指海关总署根据法律的授权，制定发布海关行政规章的权力；行政复议权是指有权复议的海关(海关总署、各直属海关)对相对人不服海关行政行为进行复议的权力。

四、中国海关体制与机构

(一)领导体制

海关作为国家的进出境监督管理机关，为了履行其进出境监督管理职能，提高管理效率，维持正常的管理秩序，必须建立完善的领导体制。新中国成立以来，海关的领导体制几经变更，由集中统一垂直领导，改为双重领导、地方领导为主后，又改为垂直领导。海关总署作为全国海关的领导机构，随着体制的变化，其隶属关系也多次变更，由直属政务院，改为划归对外贸易部，进而降为对外贸易部部属职能局，后又改为直属国务院，并升格为正部级。

（二）行政隶属关系

21世纪50年代初期，我国海关根据进出口业务量及政治、经济等因素，分为海关（关）、分关和支关三类。设在沿海口岸的海关机构称为“海关”；设在陆路边境及内陆的海关机构称为“关”；海关或关下设分关、支关。1985年，海关总署下达了《关于统一海关机构名称和调整隶属关系的通知》，将原来的海关（关）、分关、支关统一称为海关。在行政级别上，将全国海关机构分为局级、副局级、处级、副处级、科级。其中，由海关总署直辖的广东分署、局级海关、副局级海关以及三所海关院校称为直属海关（单位），其他的处级海关、科级海关和业务基层单位分别隶属于这些直属海关。

《海关法》规定，“海关的隶属关系，不受行政区划的限制”，进一步明确了海关机构的隶属关系。

（三）海关机构

海关机构的设置分为海关总署、直属海关和隶属海关三级。直属海关由海关总署领导，向海关总署负责；隶属海关由直属海关领导，向直属海关负责。

1.海关总署

海关总署设在北京，是国务院的直属机构，在国务院领导下统一管理全国海关机构、人员编制、经费物资和各项海关业务，是海关系统的最高领导部门。海关总署下设广东分署，在上海和天津设立特派员办事处，作为其派出机构。目前，海关总署共有直属单位47个，其中分署、特派员办事处3个，局级海关32个，副局级海关9个，院校3个，隶属单位562个。海关总署的基本任务是在国务院领导下，领导和组织全国海关正确贯彻实施《海关法》和国家的有关政策、行政法规，积极发挥依法行政、为国把关的职能，服务、促进和保护社会主义现代化建设。

2.直属海关

直属海关是指直接由海关总署领导，负责管理一定区域范围内海关业务的海关。目前在海关的47个直属单位中，直属海关共有41个，除香港、澳门、台湾地区外，分布在全国30个省、自治区、直辖市。

直属海关就本关区内的海关事务独立行使职责，向海关总署负责。直属海关承担着在关区内组织开展海关各项业务和关区集中审单作业、全面有效地贯彻执行海关各项政策、法律、法规、管理制度和作业规范的重要职责，在海关三级业务职能管理中发挥着承上启下的作用。

3.隶属海关

隶属海关是指由直属海关领导，负责办理具体海关业务的海关，是海关进出境监督管理职能的基本执行单位。一般都设在口岸的海关业务集中的地点。隶属海关根据海关业务情况，设立若干业务科室，其人员从十几到二三百人不等。

小知识 7-2

中国海关关衔制度

关衔制度是我国继军衔、警衔后实行的第三种衔级制度。关衔是区分海关关员等级、表明海关关员身份的称号和标志,是国家给予海关关员的荣誉。2003 年 2 月 28 日第九届全国人民代表大会常务委员会第三十二次会议通过了《中华人民共和国海关关衔条例》,江泽民主席以中华人民共和国主席令第八十五号颁布实施。

依照《中华人民共和国海关关衔条例》,关衔设五等十三级,分别为一等:海关总监、海关副总监;二等:关务监督(一级、二级、三级);三等:关务督察(一级、二级、三级);四等:关务督办(一级、二级、三级);五等:关务员(一级、二级)。海关总监、海关副总监、一级关务监督、二级关务监督由国务院总理批准授予;三级关务监督至三级关务督察,由海关总署署长批准授予;海关总署机关及海关总署派出机构的一级关务督办以下的关衔由海关总署政治部主任批准授予;各直属海关、隶属海关的一级关务督办以下的关衔由各直属海关关长批准授予。

关衔的授予以海关工作人员现任职务、德才表现、任职时间和工作年限为依据。二级关务督察以下关衔的海关工作人员,在其职务等级编制关衔幅度内,按照规定的期限晋级;一级关务督察以上关衔的海关工作人员,在职务等级编制关衔幅度内,根据德才表现和工作实绩实行选升。

海关关衔标志式样

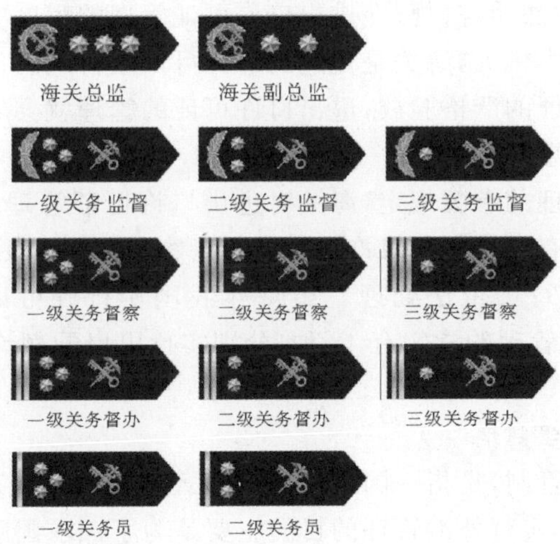

五、海关与对外贸易管理制度

通常,各国为了保护国内产业的发展,维持国际收支平衡,都是通过对外贸易管理措施对外国产品的进口进行限制,来扩大本国消费品的出口,实现国家对外贸易的宏观管理。对外贸易管理是各国经济政策和对外贸易政策的重要组成部分。

新中国成立以来,我国实行的对外贸易管理措施主要有:进出口许可证制度、关税征收制度、外汇管理制度和进出口商品检验制度。此外，从我国政治、经济、军事、外交、文化、保护生态环境的需要出发，国家还对一些特殊产品的进出口采用了诸如配额管理、进出口证明、进出口登记等专门的限制性措施。

海关在对外贸易管理中起着至关重要的作用。从海关的四项基本任务分析，每一项基本任务都与对外贸易管理措施密不可分。首先，征收关税既是海关的一项基本任务，也是对外贸易管理措施之一。国家通过制定关税政策、调整关税税率、征收关税等措施以实现对进出口活动的宏观调控。其次，对外贸易管理措施中的许可证管理、外汇管理、进出口商品检验等都需要通过海关的进出境监督管理来实现；海关查缉走私是对违反对外贸易管理各项措施的走私违法行为的查处。最后，海关统计是国家制定、调整对外贸易政策的主要资料依据。

海关对进出境活动的监管应当以有关的法律、法规为依据，主要是以《海关法》为主体的一系列法律、法规。同时，国家有关对外贸易管理方面的法律、法规，既是有关管理制度的系统、全面的法律规定和有关部门对对外贸易进行管理的法律依据，也是海关确认该类进出境活动是否合法的重要依据。

（一）海关与进出口许可证管理制度

进出口许可证管理制度是指进口商自国外购买货物或出口商销往国外的货物必须事先向本国政府申请并取得进出口许可证后方能进口或出口货物的一项管理制度。它是一国非关税壁垒的保护性措施。实行进出口许可证制度，不仅可以控制进出口货物的数量和金额，而且可以控制商品的来源或去向。因此，各国从政治、经济、军事和外交的要求出发，为了加强对对外贸易的管理，一般都制定了有关进出口许可证管理的法律、法规。

在我国，根据有关的法律、法规，在进出口许可证管理的程序中，各级经贸管理部门是签发进出口许可证的权力机关，海关是凭进出口许可证放行进出口货物的监督管理机关。没有海关对进出口许可证的严格验放，进出口许可证的管理就会失去作用。因此，海关管理是许可证管理中非常重要的一环。

根据海关许可证管理的有关规定，海关对进出口许可证管理的原则可以概括为以下三个方面：第一，严格凭有效的进出口许可证放行货物；第二，方便进出口企业；第三，对违反进出口许可证管理的行为依法处理。2012 年我国实行许可证管理的货物有 49 种，2014 年实行出口许可证管理的货物有 48 种，分别实行出口配额许可证、出口配额招标和出口许可证管理。

（二）海关与外汇管理制度

外汇管理也称外汇管制，是指一国通过法令形式对所管辖境内的外汇收付、买卖、借贷、转移等实行的管理。实行外汇管理的目的主要是为了谋求国际收支的平衡，维持货币稳定，控制资金流通，以便有效地利用外资，促进贸易发展，保证国家经济的独立和发展。外汇管理是世界经济发展到一定阶段的产物。由于各国经济、金融的发展程度和国际收支的平衡情况不同，故其管理和限制的程度也不尽相同。一般来说，经济发达国家对外汇管制较松，发展中国家对外汇管制较严。

在我国，根据外汇管理法规，外汇管理的范围包括：一切外汇的收入和支出，各种外汇票证的发行和流通，以及外汇、贵金属和外汇票证等进出境的管理。其中外汇、贵金属和外汇票证的进出境管理是与海关管理密切相关的一项外汇管理制度。海关有关外汇、贵金属、外汇票证管理既是外汇管理制度的重要组成部分,又是海关管理制度的一个重要组成部分。外汇管理法规中有关外汇、贵金属、外汇票证等的进出境的管理规定,是海关监管外汇、贵金属、外汇票证等进出境的法律依据。

(三)海关与进出口商品检验制度

进出口商品检验制度是指国家运用法律手段,为了建立健全进出口商品检验的正常秩序,通过制定法律、法令、条例,确认检验部的法律地位、职责权限,并以强制力保证商检部门实施检验、公证鉴定以及监督管理的行为准则。

进出口商品检验制度是我国对外贸易管理的措施之一。实行进出口商品检验制度,对于维护对外贸易有关各方的合法权益和国家信誉,促进生产和对外贸易的发展,为国家的经济建设服务都具有重要作用。

海关有关进出口检验商品的进出境管理制度主要是有关进出口检验商品通关的海关管理。进出口检验商品的通关管理既是海关管理制度的组成部分,也是进出口商品检验制度的重要组成部分。海关有关进出口检验商品的通关管理分为普通检验商品的通关管理和特殊检验商品的通关管理。

第二节　中国海关报关制度

一、海关报关制度概述

(一)报关的概念

报关是履行海关进出境手续的必要环节之一。国际贸易和国际交流、交往活动往往都是通过运输工具、货物、物品的进出境来实现的。《海关法》第 8 条规定:“进出境运输工具、货物、物品,必须通过设立海关的地点进境或出境。”因此,由设关地进出境并办理规定的海关手续是运输工具、货物、物品进出境的基本原则,也是进出境运输工具负责人、进出口货物收发货人、进出境物品的所有人应履行的一项基本义务。

一般而言,报关是指进出境运输工具负责人、进出口货物收发货人、进出境物品的所有人或者他们的代理人,在运输工具、货物或物品通过海关监管口岸时,依法向海关进行申报并办理运输工具、货物或物品进出境手续及相关事务的过程。

在进出境活动中,“通关”这一概念也经常使用。通关与报关既有联系又有区别,两者都是对运输工具、货物、物品的进出境而言的,但报关是从海关管理相对人的角度,仅指向海关办理进出境手续及相关手续,而通关不仅包括海关管理相对人向海关办理有关手续,还包括海关对进出境运输工具、货物、物品依法进行监督管理,核准其进出境的管理过程。

(二)报关的范围

按照法律规定,所有进出境的运输工具、货物、物品都需要办理报关手续。报关具体范围如下:

1.进出境运输工具

主要包括用以载运人员、货物、物品进出境，在国际运营的各种境内或境外船舶、车辆、航空器和驮畜等。

2.进出境货物

主要包括一般进口货物；一般出口货物；保税货物；暂准进出口货物；特定减免税进出口货物；过境、转运和通运货物及其他进出境货物。另外，一些特殊货物，如通过电缆、管道输送进出境的水、电等和无形的货物，如附着在货品载体上的软件等也属报关的范围。

3.进出境物品

主要包括进出境的行李物品、邮递物品和其他物品。以进出境人员携带、托运等方式进出境的物品为行李物品；以邮递方式进出境的物品为邮递物品；其他物品主要包括享有外交特权和豁免的外国机构或者人员的公务用品或自用物品以及通过国际速递企业进出境的快件等。

（三）报关的分类

1.按照报关的对象不同，分为运输工具报关、货物报关和物品报关

由于海关对进出境运输工具、货物、物品的监管要求不相同，报关可分为运输工具报关、货物报关和物品报关三种。

(1)运输工具报关

进出境运输工具作为货物、人员及其携带物品的进出境载体，其报关主要是在运输工具进出境时由运输工具负责人向海关直接交付随附的、符合国际商业运输惯例、能反映运输工具进出境合法性及其所承运货物、物品情况的合法证件、清单和其他运输单证，以取得海关审核放行的过程，其报关手续较为简单。

(2)货物报关

进出境货物报关是指货物的进出口人在货物通过海关口岸时，向海关交验有关进出口合同、进出口许可证、运输单据、商业发票等单证，以取得海关审核放行的过程。进出境货物的报关较为复杂，为此，海关根据对进出境货物的监管要求，制定了一系列报关管理规范，并要求必须由具备一定的专业知识和技能且经海关核准的专业人员代表报关单位专门办理。

(3)物品报关

物品报关是指进出境的行李物品、邮递物品和其他物品在通过海关口岸时，由携带人、邮递人或其他人员向海关交验有关证件，以取得海关审核放行的过程。进出境物品由于其非贸易性质，且一般限于自用、合理数量，报关手续也很简单。

2.按照报关的目的不同，主要分为进境报关和出境报关

由于海关对运输工具、货物、物品的进、出境有不同的管理要求，因此根据运输工具、货物、物品进境或出境的目的分别形成了一套进境报关和出境报关手续。

(1)进境报关

进境报关是指运输工具、货物、物品由海关口岸进入我国关境时，向海关办理进境手续的过程。

(2)出境报关

出境报关是指运输工具、货物、物品由海关口岸离开我国关境时,向海关办理离境手续的过程。

另外,由于运输或其他方面的需要,有些海关监管货物需要办理从一个设关地点运至另一个设关地点的海关手续,在实践中产生了"转关"的需要,转关货物也需办理相关的报关手续。

3.按照报关活动的实施者的不同,分为自理报关和代理报关

进出境运输工具、货物、物品的报关是一项专业性较强的工作,尤其是进出境货物的报关比较复杂,一些运输工具负责人、进出口货物收发货人或者物品的所有人由于经济、时间、地点等方面的原因不能或者不愿意自行办理报关手续,而委托代理人代为办理报关手续,从而形成了自理报关和代理报关两种报关类型。我国《海关法》对接受进出境物品所有人的委托代为办理进出境物品报关手续的代理人没有特殊要求,但对于接受进出口货物收发货人的委托代为办理进出境货物报关手续的代理人则有明确的规定。因此,我们通常所称的自理报关和代理报关主要是针对进出境货物的报关而言的。

(1)自理报关

进出口货物收发货人自行办理报关手续称为自理报关。根据我国海关法目前的规定,自理报关单位必须具有对外贸易经营权和报关权。

(2)代理报关

代理报关是指接受进出口货物收发货人的委托,代理其办理报关手续的行为。我国海关法律把有权接受他人委托办理报关纳税手续的企业称为报关企业。报关企业从事代理报关业务必须经过海关批准并且向海关办理注册登记手续。

根据代理报关法律行为责任的承担不同,代理报关又分为直接代理报关和间接代理报关。直接代理报关是指报关企业接受委托人(即进出口货物收发货人)的委托,以委托人的名义办理报关手续的行为。间接代理报关是指报关企业接受委托人的委托以报关企业自身的名义向海关办理报关纳税手续的行为。在直接代理中,代理人代理行为的法律后果直接作用于被代理人。而在间接代理中,报关企业应当承担进出门货物收发货人自己报关时所应当承担的相同的法律责任。

二、报关管理制度

(一)报关管理制度的含义与作用

报关管理制度是指海关依法对报关单位的报关资格审定、批准及对其报关行为进行规范和有效管理的业务制度。报关管理制度是实现海关职能的基础业务制度,是海关实现进出境监管职能、维护国家进出口经济贸易活动正常秩序的重要保证。它的根本作用在于确保海关对进出境运输工具、货物、物品的监管,征收税费,查缉走私,编制海关统计和确保其他海关业务的顺利完成。具体包括以下三部分:

1.报关管理制度是完成海关各项工作任务的重要保证

海关监管、征税、查私、编制统计等任务的完成是通过对进出境活动的监督管理来实现的,向海关报关、办理进出境手续是进出境活动的主要部分,因此,报关单位的报关活动能否遵守有关法律、法规的要求,报关行为是否规范,直接影响到海关的工作效率高低,关

系到海关各项任务的完成与否，报关管理制度是完成海关各项工作任务的重要保证。

2.报关管理制度是维护国家进出口经济贸易活动正常秩序的重要保证

最大限度地方便合法进出口、制止走私违法是维护国家进出口经济贸易活动正常秩序的需要。报关管理制度通过对报关主体资格的管理和规范报关行为，确保良好的报关秩序，是提高进出口通关效率的重要保障。

3.报关管理制度是报关单位及其报关员的报关行为准则

遵守《海关法》及相关法律、行政法规的规定，是报关单位和报关员的基本义务，否则将承担相应的法律责任。报关管理制度明确规定了报关单位和报关员向海关办理报关手续的行为规范，给报关单位和报关员的报关活动提供了行为准则，为报关单位合法进出、守法经营创造了条件。

(二)报关注册登记制度

报关注册登记制度是指进出口货物收发货人、报关企业向海关提供规定的法律文书，申请报关资格，经海关审查核实，准予其办理报关业务的管理制度。

《海关法》第 9 条、第 11 条规定，进出口货物，除另有规定的外，可以由进出口货物收发货人自行办理报关纳税手续，也可以由进出口货物收发货人委托海关准予注册登记的报关企业办理报关纳税手续。进出口货物收发货人、报关企业办理报关手续，必须依法经海关注册登记。因此，经海关审查具备办理报关纳税手续的基本条件，向海关办理注册登记手续是企业取得报关资格的法定条件。

1.报关注册登记的范围

根据我国《海关法》的规定，可以向海关办理报关注册登记的单位有两类：一是进出口货物收发货人，即有进出口权的自理报关企业；二是报关企业，主要包括专业报关企业、代理报关企业。其他企业和单位，海关一般不接受申请办理报关注册登记。

2.报关注册登记的基本条件

考虑到两类报关单位的不同性质，海关对其规定了不同的报关注册登记条件。对于报关企业，海关要求企业必须拥有固定的服务场所和提供服务的必要设备；拥有一定数额的注册资金；拥有一定数量的报关从业人员。对于进出口货物的收发货人，其注册登记的条件比报关企业简单。凡是依照《对外贸易法》经对外经济贸易主管部门批准，有权从事对外贸易经营活动的境内法人或者其他组织均可直接向海关办理注册登记。

3.报关注册登记的程序

报关注册登记一般包括申请、审查和颁发登记证书步骤。

(1)申请

符合海关规定条件的单位，向海关办理报关注册登记，应当向海关提出书面申请，并递交规定的文件资料，包括上级部门的批准文件、工商行政管理部门核发的营业执照以及海关规定的其他文件。其中，专业报关企业向海关注册登记前，必须先行向所在地海关提出开办申请，由所在地海关初审后上报海关总署审批，经海关总署批准成立后方可向所在地海关注册。

根据提出申办报关注册登记的单位是报关企业还是进出口货物收发货人的不同，需要提供的文件资料也不一样。报关企业需向海关领取并填写“报关注册登记申请书”“企业情况登记表”“企业管理人员情况登记表”及海关规定的其他资料，如海关总署批准设立专业报关企业的文件或国家主管部门许可从事国际货运代理业务、国际船舶代理业务的证明文件、“营业执照”副本复印件、税务登记证书副本复印件、银行开户许可证复印件、企业法定代表人、报关业务负责人情况、企业报关专用章(印模)等。

进出口货物收发货人需领取并填写“报关注册登记申请书”“企业情况登记表”“企业管理人员情况登记表”及海关规定的其他材料，并同时交验国家主管部门或其授权部门进出口经营许可文件或进出口权登记证明文件、企业合同章程及政府主管部门对合同章程的批准文件、法人营业执照复印件、法律规定的部门出具的验资报告复印件、税务登记证书副本复印件、银行开户许可证复印件、企业法定代表人、报关业务负责人情况、企业报关专用章(印模)等。

(2)审查

审查即海关对企业的资格条件进行审核检查。审查的内容包括报关服务场所和提供服务的必要设备情况，企业性质、经营范围、企业承担经济法律责任的能力以及各种文件的真实性、合法性等。海关应就企业申请不同的报关类型分别采取不同的审查方式和审查不同的内容。

对自理报关单位，主要需审查企业有关文件的真实性和合法性、企业注册地址、企业的性质等。从而确认是否受理、是否符合注册的条件、应编制的报关注册编码(10位数编码)等。

对代理报关企业主要是评估当时当地报关服务市场的情况，核实企业是否已开展经营国际运输代理或国际运输工具代理业务、企业承担经济法律责任的能力、企业有关文件的真实性和合法件等。

对专业报关企业则应根据当时当地报关服务市场的情况，审查申办人各项条件是否符合开办所规定的要求，其承担经济法律责任的能力及企业有关文件的真实性和合法性等。

(3)颁发登记证书

海关对企业提交的文件、资料予以审核后，在规定的期限内进行审批，作出批准或不予批准的决定。经海关审核准予注册登记的单位，由海关颁发“报关注册登记证书”，并按规定为企业编制“报关注册编码”，给予海关注册登记编号(又称经营单位代码)。

经报关许可登记的企业，即成为报关单位，可以在规定的经营地域或口岸的范围开展报关业务。如果报关单位需到所在地海关关区以外的地区办理报关纳税事宜，则须办理异地报关备案手续。

进出口货物收发货人因走私行为被海关撤销注册登记不满规定期限的，海关不予重新注册登记；构成犯罪，被海关撤销注册登记不满规定期限的，海关不予重新注册登记。报关企业因走私行为被海关撤销注册登记不满规定期限的，海关不予更新注册登记；构成犯罪的，不得重新注册登记为报关企业。

(三)异地报关备案制度

一般来讲，在海关办理了报关注册登记的企业，只能在企业所在地海关所辖关区各口岸办理进出口货物的报关手续。但在实际货物进出口业务中，企业常常需要在所在地海关以外的口岸进出口货物，因而产生了异地报关的需要。为了促进对外贸易的发展，方便企业的合法进出，我国海关允许符合一定条件的报关单位开展异地报关业务。

1.异地报关备案制度的概念

异地报关备案制度是已经在所在地海关办理了报关注册登记手续的报关单位，为取得在其他海关所辖关区报关的资格，而在有关主管海关办理报关备案审批手续的海关管理制度。该制度一般适用于自理报关单位。

经批准异地报关备案的企业，除了在企业所在地海关所辖关区各口岸办理进出口货物的报关外，还可以在备案地海关所辖关区内各口岸办理报关手续。

2.异地报关备案的条件

(1)申请异地报关备案的报关单位，一般是自理报关单位；

(2)申请异地报关备案的报关单位必须已在海关办理报关注册登记手续；

(3)申请异地报关备案的报关单位必须已通过海关年审或尚在报关有效期内。

3.异地报关备案的程序

(1)异地报关备案的申请

向报关注册地海关递交异地报关备案的申请。一股情况下，只有已经向海关办理了报关注册登记并持有海关核发的"报关单位注册登记证书"的进出口企业，才能向海关申请办理异地报关备案。

申请时此提交下列文件资料：①自理报关单位备案申请书、企业情况登记表，有报关员备案的还需报关员情况登记表；②报关单位注册登记证书原件及复印件；③企业印章、报关专用章(印模)；④企业管理类别通知单等。

(2)异地报关备案的注册地海关审核

注册地海关对申请企业呈交的文件资料进行审核，同意异地报关备案的，按如下程序处理：①在自理报关单位备案申请书"主管海关意见"栏作同意批注并加盖"注册备案专用章"；②在报关单位注册登记证书原件"备案情况"栏内批注备案情况，一并退交申请企业；③材料齐全、完整、符合要求后，与企业递交的有关文件、资料一起制作"关封"；④"关封"由申请企业送有关海关办理异地报关备案核销手续。

(3)异地报关备案的备案地海关审核及证书颁发

申请企业在向备案地海关递交原注册地海关制作的"关封"经备案地海关审核申请企业递交的文件、资料，确认齐全、有效且同意有关申请的，在自理报关单位备案申请书"备案地海关意见"栏签批同意意见，并将第二联制作关封交企业送回注册地海关；将企业情况登记表录入"企业档案数据库"后再经关员在"企业档案数据库"审批，将企业纳入计算机管理；向申请企业签发自理报关单位报关备案证明书。至此，申请企业即可在异地备案地海关辖区内各口岸办理报关业务了。

企业在备案地海关办结异地报关备案手续后，向注册地海关交回关封，海关在其报关单位注册登记证书的"备案情况"栏内加盖"注册备案专用章"，退回申请企业。

根据规定，代理、专业报关企业一般不得开展异地报关业务。如特殊情况需要办理异地报关业务时，应当经注册地海关同意或商拟备案地海关同意后，报海关总署审批。经同意，再办理上述备案手续。其申请手续与自理报关单位的申请手续相同。

（四）报关单位的海关年审制度

对已经在海关登记注册的企业实施年度审核制度，是海关对企业实施管理的一项重要内容。海关年审的目的是审核企业在上一年度的进出口活动及报关活动是否正常运转、是否存在拖欠关税和其他税款等与海关企业管理密切关联的内容，确保企业行为符合海关的各项管理要求。

1.报关单位海关年审制度的概念

海关对报关单位年度审核制度是指报关单位每年在规定的期限内，向海关递交规定的文件资料，由海关依法对其报关资格进行年度审核，以确定其是否具备继续开展报关业务条件和资格的一项海关管理制度。海关年审的主要内容包括报关单位的年报关量及报关业务情况分析、报关差错情况及原因、遵守海关各项有关规定的情况等。

2.报关单位海关年审的时限

根据海关规定，非外商投资企业（指除外商投资企业以外所有已在海关办理报关注册登记的进出口货物收发货人、报关企业）作为报关单位申报年审的时间为每年的1月1日至4月30日。每年1月1日至5月31日为海关年审工作时间。5月31日以前完成审核工作。对于外商投资企业，海关与相关部门对其实行联合年检，每年1月1日至5月31日为联合年检的工作时间。外商投资企业向各行政管理部门提交年检申报材料的时间为每年的1月1日至4月30日，联合年检各部门的审核工作应于5月31日前完成。

未经海关同意，不在规定期限内参加海关年审的，海关公告应通知其参加年审。自公告发布之日起30日内报关单位必须向海关申报年度审核，逾期，海关注销其报关注册登记。

3.报关单位海关年审的程序

（1）材料准备

报关企业和自理报关的非外商投资企业向注册地海关办理年审手续，需到注册地海关领取海关注册登记年审报告书和报关员年审报告书，认真填写完毕后连同企业情况登记表和有关文件资料向注册地海关申报。外商投资企业向工商行政管理部门领取并填写联合年检报告书。

年审报告书一般包括企业报关注册登记事项的执行及变动情况、进出口业务量及税费缴纳情况、年报关业务量及差错率、企业经营管理情况、遵守海关各项规定的情况、协助海关查验、征税、核销表现突出的情况以及走私违法情事等内容。

需进行年审的企业向海关提交的有关文件、资料包括海关注册登记企业年审报告书（适用非外商投资企业）和报关员年审报告书及全部报关员证件、报关注册登记证书正本、工商行政管理部门加贴本年度通过年检标识的营业执照及企业法人营业执照副本复印件、经会计师事务所审计的本年度资产负债表和损益表、经外经贸部门加贴本年度通过年检标识的进出口企业资格证书等。

外商投资企业提交的年检申报材料主要包括联合年检报告复印件、经会计师事务所审计的年度资产负债表和损益表复印件、报关注册登记证书及全部报关员证件、外商投资企业进出口报关业务情况表及《报关员年审报告书》等。

(2)海关审核

海关审核企业递交的年审资料，符合年审要求的，在企业年审报告书上批注同意年审意见，并在报关注册登记证书"年审"栏上批注通过年审并加盖印章，其中年审报告书由海关留存，报关注册登记证书由企业留存。

已经在其他海关办理异地报关备案的企业，应于通过年审后，在备案地海关发生第一笔报关业务前，持报关备案证明书到异地备案地海关办理异地报关备案企业年审手续。办理异地报关备案年审手续时，向备案海关递交以下文件资料：原报关注册地海关已经年审的报关注册登记证书复印件；异地报关备案海关签发的报关备案证明书正本；经原报关注册地海关审核合格并签印的《企业年审报告书》复印件。异地报关备案海关审核企业档案数据，对通过主管海关年审的企业在报关备案证明书"年审"栏内批注年审情况，加盖印章后退还报关企业。报关注册登记证书复印件及年审报告书复印件由异地报关备案海关留存。不按期办理异地报关备案年审手续的，将自动失去异地报关资格。

(3)年审结果

通过年审的，海关予以延长1年报关有效期，在有效期内可以继续从事报关业务。未通过年审的，海关不再接受其办理报关纳税等海关事务。

报关企业自办理海关注册登记之日起，在规定的时限未发生报关业务的或者1年内所属报关员有多次走私或严重违反海关规定行为的，海关将不予通过年度审核，不再接受其办理报关纳税等海关事务。如需办理报关业务，应当在规定期满后重新申请注册登记。

第三节　中国海关通关制度

海关通关制度是主权国家维护本国政治、经济、文化利益，对进出口货物和物品在进出境口岸进行监督管理的基本制度。

一、通关的定义

所谓通关，是指进出境运输工具的负责人、货物的收发货人及其代理人、物品的所有人向海关申请办理进出口货物的进出口手续，海关对其呈交的单证和申请进出口的货物依法进行审核、查验、征缴税费，批准进口或者出口的全过程。

根据《海关法》第8条的规定，进出境运输工具、货物、物品必须通过设立海关的地点进境或出境。在特殊情况下，将要经过未设立海关的地点进境或者出境的，必须经国务院或者国务院授权的机关批准。

二、通关的基本程序

进出口货物的通关，一般来说，可分为四个基本环行节：申报、查验、征税、放行。

加工贸易进出口货物、经海关批准的减免税或缓期交纳进出口税费的进口货物，以及其他在放行后一定期限内仍须接受海关监管的货物的通关，可以划分为五个基本环节：申报、查验、征税、放行、结关。

1.申报

进口货物的收货人、出口货物的发货人应当如实向海关申报，即进出口货物的收发货人在办理货物进出口通关手续时，应当向海关递交规定的单证并申请办理查验、征税和放行手续。

进口商接到进口提货通知或出口商备齐出口货物后，就可以着手安排进出口通关手续。首先进出口商应注意进出口货物的申报时间和地点，如果进出口商没有能够在规定时间内向海关申报货物，海关要对其征收滞报金。如果货物抵港后 3 个月内没有申报，海关有权变卖货物，并将货款上缴国库。

进出口商可以自行向海关申报，也可以委托专业报关行代为申报。委托专业报关行申报时要注意办理报关委托手续。根据贸易方式和货物性质的不同，海关对申报人提交的单证有不同的要求，因此进出口商一定要备齐报关时应提交的单证。海关对进出口报关单的使用和填写都有特定的要求，同时进出口商还应注意填写报关单应注意的事项。

目前，很多口岸海关都建立了电子报关系统，因此要求申报人使用经计算机预录入后打印的报关单进行申报，申报人必须在报关指定的提供服务的公司(一般是外运公司和外轮代理公司)进行报关单预录入。

进口商向海关提交报关单据后，海关接受报关并进行审单。如果单据内容无误，则可以进入进口报关的下一个环节。

2.查验

进出口货物在通过申报环节后，即进入查验环节。进出口货物除按照国家规定、国际惯例以及经海关总署批准的可予免验以外，根据《海关法》第 19 条的规定，均应当接受海关查验。查验是海关对进出口货物实施监管的一种具体行为，即通过对进出口货物进行实际的核查，确定单货、证货是否相符、有无瞒报、伪报和申报不实等走私违规行为，并为今后的征税、统计和后续管理提供可靠的监管依据。

海关查验的主要目的是：

(1)通过核对实际货物与报关单证来验证申报环节所申报的内容与查证的单、货是否一致，通过实际的查验发现申报审单环节所不能发现的有无瞒报、伪报和申报不实等问题。

(2)通过查验可以验证申报审单环节提出的疑点，为征税、统计和后续管理提供可靠的监管依据。海关查验货物后，均要填写一份验货记录。验货记录一般包括查验时间、地点、进出口货物的收发货人或其代理人名称、申报的货物情况，查验货物的运输包装情况(如运输工具名称、集装箱号、尺码和封号)、货物的名称、规格、型号等。需要查验的货物自接受申报起 1 日内开出查验通知单，自具备海关交验条件起 1 日内完成查验。除需缴税外，自查验完毕 4 小时内办结通关手续。

3.征税

征税是指海关根据国家的有关政策、法规对进出口货物征收关税及进口环节税费。

根据《海关法》和《进出口关税条例》的有关规定，进出口的货物除国家另有规定的以外，均应征收关税。关税由海关依照《海关进出口税则》征收。我国对进口货物除征收关税外，还要征收增值税，少数商品要征收消费税。根据国家法律规定，上述两种税款由税务机关征收。为简化征税手续，方便货物进出口，同时又可有效地避免货物进口后另行征收可能造成的漏征，国家规定进口货物的增值税和消费税由海关在进口环节代税务机关征收。因此，在实际工作中又常常称为海关代征税。

4.放行

放行是海关监管现场作业的最后一个环节。海关在接受进出口货物的申报后，经审核报关单据、查验实际货物，并依法办理进出口税费计征手续并缴纳税款后，在有关单据上签盖放行章，海关的监管行为结束，在这种情况下，放行即为结关。进口货物可由收货人凭以提取、发运，出口货物可以由发货人装船、启运。

在进出口货物放行前，海关人员还需对前期进行的申报、查验、征税等环节的工作进行核对，在核查无失误和遗漏的条件下，海关方予签章。报关员要配合海关做好上述工作。对于保税加工贸易进口货物，经海关批准减免税或缓纳税款的进口货物、暂时进出口货物、转关运输货物以及其他在口岸海关未缴纳税款的进口货物，口岸海关接受申报以后，经审核单证，符合规定的，即可放行转为后续管理。

5.结关

结关是指对经口岸放行后仍需继续实施后续管理的货物，海关在规定的期限内进行核查，对需要补证、补税货物作出处理直至完全结束海关监管的行为。

加工贸易进口货物的结关是指海关在加工贸易合同规定的期限内对其进口、复出口及余料情况进行核对，并经经营单位申请办理了经批准内销部分的货物的补证、补税手续，对备案的加工贸易合同予以销案。

暂时进出口货物的结关是指在海关规定的期限内（含经批准延期的）暂时进口货物复运出口或者暂时出口货物复运进口，并办理了有关纳税销案手续，完全结束海关监管的工作程序。

特定减免税货物的结关是指有关进口货物到达海关监管年限并向海关提出解除监管申请，领取了经主管海关核发的《海关对减免税进口货物解除监管证明》，完全结束海关监管的工作程序。

现行中国海关对享受特定减免税收优惠的进口货物的监管年限为：船舶、飞机及建筑材料（包括钢材、木材、胶合板、人造板、玻璃等）为 8 年；机动车辆和家用电器为 6 年；机器设备和其他设备、材料为 5 年。

第四节　中国海关监管制度

一、海关监管制度概述

海关监管制度是指由海关代表国家，依据《海关法》和其他有关法律法规，对进出关境的活动实施有效的监督、审核、检查的一种行政管理制度。海关监管是海关的一项基本任务，其所要达到的基本目标是符合实际，合乎规范，方便进出。中国海关监管制度总的目标就是要促进和保障我国社会主义现代化建设，促进对外开放。

(一)监管的范围

根据《海关法》第57条的规定,海关监管的范围包括:(1)设立海关的港口、车站、机场、国界孔道、国际邮件互换局(交换站);(2)其他有海关监管业务的场所;(3)以及虽未设立海关,但是经国务院批准的进出境地点。

(二)监管的对象

海关监管以进出国境的运输工具和进出境的贸易性货物、物品为工作对象,主要包括:(1)进出境货物,包括过境、转运、通运货物、暂准进出口货物、保税货物,以及其他尚未转关的进出境货物;(2)进出境运输工具,包括船舶、列车、航空器、汽车、驮畜和连通境内外的电缆、管道;(3)以货运方式进出境的货物,包括援助物资、捐赠物资、商业往来中的赠送品,我驻外机构、单位运回的公用物品,外国驻华机构、单位进出境的公私用物品;(4)储存海关监管货物和物品的仓库场所,包括保税工厂、保税仓库、出口监管库、寄售维修中心、保税商店等。

(三)监管的作用

1.海关监管是保证对外贸易政策和各项管理措施有效贯彻的重要工具

我国对外经济贸易活动是在统一政策、统一计划、集中领导、联合对外的原则下进行的。在贯彻对外开放和外贸经济体制改革之际,一切进出口仍然需要服从于、服务于社会主义建设的总目标、总任务,按照国家批准的计划和制定的方针政策进行。为了保证对外经济贸易有秩序、有成效地开展,并根据对外经济的需要,国家除规定实行保护关税制度外,还制定了对外经济贸易管理制度、进出口许可证制度、品质管制、外汇管制、文物管制等一系列贸易保护政策和措施,以防止资本主义的经济侵袭,保护工农业生产,扩大和加强我国产品在国际市场上的竞争能力,为贯彻执行外交政策和内、外经济贸易政策等服务。

海关是国家设在口岸对对外经济活动行使监督管理职权的机关,货运监管作为首先接触进境运输工具及其所载进境货物、最终放行出境运输工具及其所载货物的职能部门,担负着实际监督管理的任务,防止未经批准或不合要求的货物进出国境,从而有效地监督各项贸易保护政策和各项管理措施的贯彻执行。

2.海关监管是进行对外经济斗争的有效武器

为了加快国民经济和对外经济贸易的发展步伐,国家制定了对外经济开放政策,采取了一系列重大决策和实际步骤,使我国的对外经济贸易得到了很大发展。但是,国内某些单位或个人在对外经济贸易中,违反国家管理规定、逃避管制、进行逃税漏税、逃套外汇和走私等违法活动仍屡有发生。有的甚至内外勾结,钻制度不够严密、管理不够完善的空子,危害十分严重。

海关监管站在揭露、打击国际和国内不法分子走私违法等破坏活动的前哨,通过实际的监督管理,在方便合法进出的同时,还发挥着维护国家主权和利益、促进对外贸易和国际经济技术合作的健康发展的积极作用。

3.海关监管是全面地完成海关任务的重要基础

海关是把守国家经济大门的行政管理机关,肩负着监督管理、征收关税、查缉走私、编制海关统计等具体任务。这几项任务是统一的,监管工作对于征税、缉私、统计等各项业务工作,都起着重要的基础作用。这是因为:征税、统计都只有在货运监管环节通过实际的监督管理，准确地提供资料和依据之后，才能够准确地稽征关税和其他税款，准确地编制海关统计，保证国家的财政收入和实现对外经济贸易活动的监督、指导。

监管工作对于查私工作，更有着极为密切的联系。从现场查缉来说，查缉主要是结合各项监督作业环节进行的。货运监管通过对进出境货物和运输工具的监管，不仅可以发现和制止货运中的走私和违章活动，而且可以掌握情况，发现线索，和查私部门密切协作，共同完成海关的查私任务。

由此可见，海关监管在全面发挥海关的职能作用上，地位重要，任务艰巨，故需不断加强自身建设，以充分发挥其基础作用。

二、进出境货物监管制度

进出境货物监管制度是海关监管法律制度中涉及面最广、涉及数量最多的法律制度体系。海关货管是整个海关监管工作的重要组成部分。

（一）接受申报制度

进出口货物的申报是进出口货物的收发货人或其代理人向海关申请办理通关程序的第一个环节，也是关键的环节。申报质量如何，直接影响到企业在对外贸易活动中能否顺利通关。

1.申报的定义

申报也就是报关，指进出口货物的收发货人或其他代理人在进出口货物时，在海关规定的期限内，以书面或者电子数据交换（EDI）方式，用海关规定的格式，填写进出口货物报关单，向海关报告其进出口货物的情况，并随附有关货运和商业单据，同时提供有关准许货物进出口的证明文件，申请海关审查放行的行为。

为保证申报行为的合法性，海关在进出口货物的申报资格、申报时间、申报内容、申报单证等方面均作了明确规定。

申报资格：必须是经海关审核准予注册的专业报关企业、代理报关企业和自理报关企业及其报关员。

申报时间：进口货物是在运输工具申报进境之日起 14 日内，出口货物是在装货进港后、开船前。

申报内容：指进出口货物的经营单位、收发货单位、申报单位、运输方式、贸易方式、贸易国别以及货物的实际状况（主要包括名称、规格型号、数量、重量、价格等内容）。

申报单证：进出口货物报关单、商业和货运单证、对国家有关法律法规实行进出口特殊管制的货物还需提交准予进口的证明文件如许可证、配额证明、机电产品进口证明文件等。

2.进出口货物申报的程序

一般来说，报关企业向海关申报需要经过以下程序的运作：

（1）准备报关手续

进口货物接到进口提货通知后，即欲进口的货物已经到达港口、机场、车站或邮局，收货人或其代理人应立即准备向海关办理申报手续，或委托专业报关公司代理其向海关申请办理报关手续；出口货物的发货人在根据出口合同的规定，按时、按质、按量备齐出口货物后，即应当向运输公司办理租船订舱手续，准备向海关办理报关手续，或委托专业(代理)报关公司办理报关手续。

(2)办理报关委托

需要委托专业或代理报关企业向海关办理申报手续的企业，在货物出口之前，应在出口口岸就近向专业报关企业或代理报关企业办理委托报关手续。接受委托的专业报关企业或代理报关企业要向委托单位收取正式的报关委托书，报关委托书以海关要求的格式为准。

(3)准备报关单证

准备好报关用的单证是保证出口货物顺利通关的基础。一般情况下，报关准备单证可分为基本单证、特殊单证、预备单证三大类。

基本单证主要是指与进出口货物报关单及其相关的商业和货运单证。进出口商向海关报关时，需提交进出口货物报关单。一般进口货物应填写一式两份。需要向海关核销的货物，如加工贸易货物和保税货物等，应填写专用报关单一式三份；货物出口后需国内退税的，应另填一份退税专用报关单。相关的商业和货运单证包括进出口货物代理报关委托书、发票、装箱单、提单或装货单一份(海运进口或出口)、运单(空运)、包裹单(邮运)、提货凭证(陆运)、出口收汇核销单、海关签发的出口货物减税、免税证明等。

特殊单证主要是指国家有关法律法规规定实行特殊管制的证明，主要包括：①准予进口的证明文件如配额证明、进出口货物许可证等；②其他各类特殊管理证件，包括机电产品进口证明文件、商品检验、动植物检疫、药品检验等主管部门签发的证件等。

预备单证主要是指在办理进出口货物手续时，海关认为必要时需查阅或收取的证件，主要包括贸易合同、货物原产地证明、委托单位的工商执照证书、委托单位的账册资料及其他有关单证，如保证函。保税货物和减免税货物还需提供加工贸易登记手册和减免税证明等。海关认为需要提交的其他单证，如原产地证书等。

(4)填制报关单

进(出)口货物报关单是进出口货物的收发货人或其代理人向海关递交的申明货物情况的法律文书，是海关依法监管货物进出口的重要凭证，报关时必须按照《中华人民共和国海关进出口货物报关单填制规范》要求填写并提交。

(5)报关单预录入

目前，很多口岸海关都建立了电子报关系统，因此要求申报人使用经计算机预录入后打印的报关单进行申报，申报人必须在海关指定的提供服务的公司(一般是外运公司和外轮代理公司)进行报关单预录入。

(6)向海关递交报关单

报关单位准备好报关单证，并依规定填写进(出)口货物报关单，或完成报关单预录入后，应在每份进(出)口货物报关单左下角加盖报关单位的报关专用章，并向负责保管的报关员及其所属企业的法定代表人(或其授权委托的报关业务负责人)签名，才可向海关正式递交报关单。

(7)海关接受报关

海关接受报关员递交的报关单，表示海关开始依法对进出口货物进行监管。海关首先要审核报关单位和报关员的资格，签章及签名是否合法有效，报关单的填写是否符合海关规定的要求，经电脑传递的报关数据是否准确，是否符合海关统计的要求。若符合要求通过海关审核，则海关接受报关单位的报关；否则，对报关不予接受。

(8)海关审单

海关审单是指海关人员通过审核报关单位递交的报关单及其单证，检查进出口货物是否符合国家法律和有关政策的规定。

(二)查验制度

进出口货物在通过申报环节后，即进入查验环节。对进出口货物进行查验是国家赋予海关的一种依法行政的权力。根据《海关法》第 28 条的规定，进出口货物除经收发货人申请，海关总署批准可以免检的外，都应接受海关的查验。因此，进出口货物的查验是通关程序中必不可少的一个重要环节。

1.定义

海关查验是指海关在接受报关单位的申报后，依法对进口或出口的货物进行实际的核对和检查，以确定货物的自然属性，货物的数量、规格、价格、金额以及原产地等是否与报关单所列一致的行政执法行为。

海关查验的目的，一方面是要复核申报环节中所申报的单证及查证单货是否一致，有无错报、漏报、瞒报、伪报等情况，审查货物的进出口是否合法，有无走私违规或其他进出口问题；另一方面是通过查验货物确保关税的依率计征和为后续管理提供可靠的监管依据，维护海关征税的严肃性。

2.查验范围

海关查验主要是检查进出口货物的名称、品质规格、包装式样、数量、重量、标记唛码、生产或贸易国别等是否与报关单证相符。

3.查验地点

海关查验货物，一般在海关监管区内的进出口口岸码头、车站、机场、邮局或其他监管场所进行。对进出口大宗散装货、危险品、鲜活商品、落驳运输的货物，经进出口收发货人申请，海关审核同意，海关也可结合装卸环节，在作业现场予以查验放行。在特殊情况下，海关也可派员到规定的时间和场所以外的工厂、仓库或施工场地查验货物，并收取相应的规费。

4.查验方法

海关对进出口货物的查验分别采取彻底查验、抽查、外形查验的方法。彻底查验，即对货物逐件开箱(包)查验，对货物品种、规格、数量、重量、原产地货物状况等逐一与货物申报单详细核对。抽查，即按一定比例对货物有选择地开箱(包)查验。对集装箱抽查，必须卸货。卸货程度和开箱(包)比例以能够确定货物的品名、规格、数量、重量等查验指令的要求为准。外形查验即对货物的包装、标记唛头等进行验核。外形查验只能适用于对大型机器、大宗原材料等不易搬运、移动，但堆放整齐比较直观的货物。

5.工作程序

(1)海关确定查验后，由现场接单关员打印查验通知单，必要时制作查验关封交报关员。(2)安排查验计划。由现场海关查验受理岗位安排查验的具体时间，一般当天安排第二天的查验计划。(3)海关查验货物时,进口货物的收货人、出口货物的发货人或其授权报关员应当到场,并负责协助搬移货物、开拆和重封货物的包装。海关认为必要时,可以径行开验、复验或者提取货样。(4)查验结束后,由陪同人员在查验记录单上签名、确认。

(三)放行制度

根据我国《海关法》的规定,除海关特准的货物以外,进出口货物在收发货人缴清税款或者提供担保后,可由海关签章放行。放行是口岸海关监管现场作业的最后一个环节,也是进出口货物口岸通关程序的最后一个环节。放行后,进口货物可以由收货人提取、发运,出口货物可以由发货人装船、启运。

1.进出口货物放行

进出口货物放行是指进出口货物在办完向海关申报、接受查验、完纳税费等手续后,将可解除进出境阶段的海关现场监管,允许进出口货物的收发货人到监管仓库提取进口货物或将出口货物装至运输工具并运离关境。

其中,对于一般进出口货物,由于放行时其海关手续均已办妥,应缴税款也已缴纳,因此通关手续已全部办结,放行即等于结关;但对保税加工贸易进口货物、经海关批准减免税或缓纳税款的货物、暂准(时)进出口货物和转关运输货物等在口岸海关未缴纳税款的货物,解除进出境阶段的海关现场监管,允许货物被收发货人提取或装运,并未办结海关手续,因而仍需接受海关的后续管理。因此,进出口货物在经海关放行后就会有两种不同的状况——放行即结关或者放行未结关。

2."海关放行章"的签盖

对于一般贸易进出口货物,报关员据实向海关申报并按时如数缴纳税费,海关在决定放行进出口货物后,需在有关报关单据上,如报关单、提货单(进口)或装货单(出口),签盖"海关放行章",进口货物的收货人凭此到海关监管仓库提取进口货物或出口货物的发货人凭以装运出口货物运离关境。对于海关监管货物来说,盖有"海关放行章"的报关单也是海关核销的依据。

3.进出口货物放行的手续

(1)签印放行

对于一般贸易进出口货物,在收发货人或其代理人办完向海关申报、接受查验并如数缴纳应缴税款和有关费用后,海关在货物的进出口货运单据(如进口提单或运单、出口装货单)或特制的放行条上签盖"海关放行章",进口货物的收货人凭此到海关监管仓库提取货物,出口货物的发货人凭此装船启运出境。

(2)签发货物进(出)口证明书

货物进(出)口证明书是证明某项货物经海关监管合法实际进口或出口的文件。海关一般在办完放行手续后签发。海关签发货物进(出)口证明书主要是为了方便进出口货物的所有人办理有关业务。因此,在同时符合以下条件的情况下,海关才签发货物进(出)口证明书:①报关员或货物所有人提出要求的;②某项进口或出口的货物是经海关监管验放的、合法的进(出)口货物,且需要证明的。

(3)签发出口退税报关单

海关放行后,在浅黄色的出口退税专用报关单上加盖"验讫章"和已向税务机关备案的海关审核出口退税负责人的签章，退还报关单位。

(4)签发进口付汇、出口收汇进出口货物报关单

对属于进口付汇、出口收汇进出口货物的报关单，海关在办结放行手续后，出具一份盖有海关验讫章的电脑打印报关单，并在报关单右上角加贴防伪标签，交进口或出口单位专门用于办理进口付汇或出口收汇核销手续。

4.出口货物的退关

出口货物退关是指已申报出口的货物经海关查验放行后，因故未能装入出境运输工具，出口申报人申请办理迟运出海关监管区而不再出口的行为。申请退关货物发货人应当在退关之日起 3 天内向海关申报退关原因，经海关核准后方能将货物运出海关监管场所。已征出口税的退关货物，可以在缴纳税款之日起一年内，提出书面申请，陈述理由连同纳税收据向海关申请退税。海关接受申报并放行后，由于运输工具配载等原因，全部或部分货物未能装载上原申报的运输工具的，出口货物发货人应向海关递交“出口货物报关单更改申请”。其中对全部未出口的，海关审批后，按退关处理，重新办理出口报关手续。对部分货物未出口，海关对原申报出口的货物作全部退关处理，然后再对实际出口的货物办理重新报关手续。

三、进出境运输工具监管制度

(一)进出境运输工具范围

《海关法》规定的“进出境运输工具”，是指用以载运人员及货物、物品进出境的各种船舶、车辆、航空器和驮畜。军用运输工具进出境，除因执行军事任务外，都要接受海关监管。根据以上规定，我国海关对进出境运输工具的监管范围是：

(1)船舶。包括进出国境的海上、国界江河上的往来船舶，转运、驳运进出口客货的船舶；兼营境内外客货运输的船舶；装载普通客货的军舰。以上船舶包括机动及非机动的。

(2)列车。包括进出关境的客车、货车、行李车、邮车、机车、煤车等。

(3)航空器。所有进出关境的民用航空器。进出关境军用航空器在装载普通客货时，亦受海关监管。

(4)其他运输工具。包括进出关境的汽车、驮畜、载运客货的人力车等，货柜车也包括在内。

(二)监管目的

海关对进出境运输工具实施监管的目的，是确保运输工具及其所载货物、物品合法进出境。海关需要通过审核单证，实地实物查验来判断运输工具负责人向海关申报的事项是否属实，从而判断运输工具及所载货物、物品的进出是否符合海关监管规定。

海关对进出境运输工具监管的根本目的，在于体现国家主权、维护国家主权和促进友好往来。监管的具体目的可概括为以下三方面：

1.作业监管

运输工具航行、装卸货物、物品和上下旅客，应通知海关，并接受海关监管。货物、物品装卸完毕，运输工具负责人应当向海关递交反映实际情况的交接单据和记录，海关据此进行征税和统计。

2.物料监管

运输工具在进境前所载和进境后所添装的物料、燃料应当向海关申报，并接受海关监管，包括：燃料用油、淡水、蔬菜、食品、船舶小卖部商品及船舶维修用品、零配件等。

3.物品监管

运输工具服务人员及其他上下人员所携带的物品，应如实向海关申报，接受海关监管，并依法办理征免税手续；数量大的，应提前通知海关，集中办理。

(三)监管程序

监管程序一般是指海关对进出境运输工具监管的工作步骤和次序。海关对进出境运输工具的管理是从有关企业的运输工具的注册登记开始，通过每次进出境的活动及转港、转关运输等活动，实现海关有效管理。

1.前期管理

前期管理是指海关对我国经营国际运输的有关企业及有关运输工具在实际营运前采取的注册登记制度。这是维护进出境秩序，加强对进出境运输工具管理的有效措施。

按照海关对进出境运输工具监管法规的规定，我国国内运输企业经国家交通主管部门和经贸部门批准经营国际运输业务后，持有关批件到公司所在地海关办理企业的注册和有关运输工具的注册登记手续，由海关予以注册登记，并核发相应的批件和证书后，方能投入进出境运输。

2.现场管理

根据海关监管法的规定，运输工具应在设有海关的地点进出境。进出境时，运输工具负责人须如实申报交验有关单证，接受海关检查。海关对进出境运输工具的监督在这个阶段主要分受理申报、检查、放行三个环节进行。

3.后续管理

这一阶段海关主要是依据监管法规的有关规定，对进出境运输工具在境内停留期间、转港、转关运输等活动实施管理。海关针对此阶段海关监管的特点制定了一系列措施，以确保有关监管职能的实现。

(四)对进出境运输工具的主要管理规定

1.所有进出境运输工具自进入我国关境之日起至驶离我国关境之日止，均应接受我国海关监督

(1)运输工具进入我国关境或在驶离我国关境时，进出境运输工具负责人，包括机长、船长、车长或汽车驾驶员等，均应如实向海关申报运输工具所载旅客人数、进出口货物数量、装卸时间、下一航次指运的国家或港口等情况，并向海关递交有关运输工具动态的单证。

(2)海关有权随时对进出境的运输工具及所载货物、物品及旅客进行检查，运输工具负责人应当到场，并根据海关的要求开启舱室、房间、车门以及装载货物、物品的部位，搬移货物、物料，开启箱体或容器。

(3)海关根据工作需要派员随运输工具执行公务时，运输工具负责人应当向海关工作人员提供方便。

2.所有进出我国关境的运输工具必须经由设有海关的港口、空港、车站、国界孔道、国际邮件交换局(站)及其他可办理海关监管业务的场所申报进出境

(1)在停留期间，未经海关许可，不得擅自驶离停靠地点，一定要保证申报进境地点与停靠地点相一致。

(2)进出境运输工具从一个设立海关的地点驶往境内另一个设立海关的地点时，应当符合海关监管要求，并向海关办理申报手续。进境运输工具由进境地海关负责向境内下一个停靠港口海关，出境运输工具由启运地海关负责向下一个出境港口海关办理海关监管手续。签发记录记载运输工具及所载货物、物品及旅客清单的海关"关封"，交由进出境运输工具的负责人完好无损地转交下一个海关继续进行监管。

(3)所有进出境运输工具必须全部办结海关手续后，方准驶离我国关境。

3.进境的境外运输工具和出境的境内运输工具，只能按照海关的要求专门从事进出境运输

(1)未经海关许可并办结进出口手续和完纳海关关税的，不得擅自转让或者移作他用。对进出境运输工具所载的货物、物品和所需工具、燃料、物料等，未经海关许可，不得擅自转载、换取、买卖或者转让。

(2)未经海关许可，进出境运输工具不得兼营国内运输，不得载运境内货物及国内旅客。

4.进出境运输工具由于不可抗力的原因，被迫在未设立海关的地点停泊、降落或者抛掷、起卸货物、物品的，运输工具的负责人应当立即报告附近海关。

四、进出境行邮物品监管制度

依据《海关法》的规定，进出境物品必须经由设有海关的地点进境或出境，物品所有人应向海关申报，接受海关监管。除法规规定免验者外，进出境物品由海关查验，按规定核放。海关验放进出境行邮物品，以自用合理数量为原则，并对不同类型的旅客行李物品和邮递物品，规定不同的范围和征免税限量或限值。

(一)监管对象

进出境物品与进出境货物，最本质的区别是：前者属非买卖性质的，后者属于买卖性质的。由此派生出在一般情况下，物品进出境没有合同、协议，不需要许可证件，适用行邮税则。而货物的进出境，则要订立合同、协议，适用许可证制度，按进出口商品税则计征税款。

进出境物品，有不同的分类方法。按照物品所有权划分，可分为个人物品、公用物品；按照进出境目的与用途来分，又可分为自用物品、馈赠物品、职业所需物品等等。

《海关法》对海关监管物品也作了分类，《海关法》把进出境物品分为三大类：

1.行李物品

即进出境人员的行李物品。进出境人员有中外籍旅客、边境居民、运输工具服务人员。行李物品是指供进出境人员自用、家用、作馈赠及作职业所需物品(如新闻记者所带的摄影器材、工程技术人员所带的工程器具)等。

2.邮递物品

进出境国际邮递物品，包括邮袋、个人包裹、小包邮件、保价函件、非贸易性印刷品等。

3.其他物品

其他物品主要是指公用物品，如外国代表团的公用物品、外国驻华机构的办公用品、礼品、捐赠品等。

受海关监管的直接对象是进出境物品，但物品本身决不会自己走到海关，自己进出境，因而海关的监管对象，是在特定范围，即进出关境范围内移动的“物”。由物及人，海关的监管也就必然会延伸到对进出境行为的监管。

（二）监管工作方针

海关对上述进出境物品的监管，涉及政治、经济外交、文化、艺术、民族、宗教等广泛的领域；监管对象复杂，既有不同的国籍，又有不同的阶层和不同的身份，还有少数冒充正常旅客实际从事走私、贩私活动的不法分子；监管物品的品种繁多，包括衣、食、住、行各方面的用品。海关监管的出发点是，既要维护国家利益，又要照顾不同旅客和收寄件人的合理需要，限制和打击不法行为。

海关对进出境物品监管工作的方针，除应体现上述特点外，还要适应不同时期的形势，并依据国家当时的有关政策制定。

（三）监管原则

《海关法》第 112 条规定，进出境旅客行李物品和个人邮递物品“应在其本人自用或家用而非为出卖或代人携带为限”。《海关法》对上述进出境物品规定为“以自用、合理数量为限”。这里所说的自用包括家用和馈赠亲友的物品。海关对进出境物品的管理，就是把自用作为一条首要原则，它是区分贸易性货物和非贸易性物品的标准。如果是超出自用范围的物品，则应被视为货物，而必须向外贸管理部门申领许可证，否则，就不准进出境。

海关对进出境物品的管理，除了必须坚持自用原则外，还要根据对外贸易管理政策、关税政策和侨务政策、统战政策等有关方针政策，以及旅客的旅行目的和居留时间，制定进出境旅客行李物品免税和征税的具体限量表。这种限量表是以各类旅客在通常情况下所需用的数量为标准，是“合理数量”的具体体现，对于短期、长期旅客和定居旅客进出境物品的限量有明显区别。至于邮寄进出境的物品则以亲友间的一般馈赠为准，规定了每件邮包的限值。在通常情况下，国际邮包限值是港澳邮包限值的一倍。同时，海关还要根据国内经济形势的发展和群众需求的变化，对规定的旅客行李物品限量和进出境邮包限值，适时地进行必要的调整。

（四）验放制度

为了保证进出境物品监管方针政策的有效实施，我国海关订立了若干相应的规章制度，统称为验放制度，用以规范各个环节的监管工作。

1.审核申报制度

审核申报，包含着两个环节：一个是旅客的申报；一个是海关接受并予以审核。因而审核申报是指，旅客或其代理人向海关申报其所带物品的内容，经海关审核认可的行为。这里既包括如实申报，也包括经审核发现的申报不实的行为。

海关法规对进出境物品所有人向海关申报作出了明确规定。具体来讲就是：(1)旅客要主动向海关申报所带的行李物品；(2)申报时要人齐、证齐、物齐；(3)申报的内容要符合海关规定的要求，要如实申报；(4)旅客要对自己申报的行为负法律责任，如有申报不实的行为，要受法律的处罚或处理。

旅客携运物品与进出境货物，在申报问题上的区别，主要有以下几个方面：(1)对进出境货物，凡是单证不齐、填报不清或不全的，均可不予接受。但旅客行李物品，时效性强，一般情况下不存在退单、不接受申报的情况，而是采取口询、补报来解决。(2)申报方式有不同。进出境货物，都要书面申报；而对旅客行李则除了书面申报外，还可口头申报(包括行为申报)。(3)申报的内容不一。进出境货物，每种货物都要申报；而旅客行李物品则是有重点申报，主要是禁止、限制物品以及海关重点管理的其他物品。(4)监管程序、做法也有所不同。进出境货物各个作业环节分离清楚，且一般是分人办理；而旅客行李物品，由于时效性以及物品数量的特点，作业环节一个接一个，故有时就是一人负责到底。

2.查验制度

查验物品是对旅客行李物品监管的一个重要环节。《海关法》规定进出境物品要接受海关查验，这就从法律上规定了物品所有人的义务及海关的职责。除享受免验礼遇的人员的物品外，海关均应进行必要的查验。只有在经过查验和办妥征税或免税手续后，有关物品才能放行和携离检查场所。

旅客行李物品的查验，应在海关监管现场，如经当事人申请，海关认为有必要与可能的，也可到海关监督区以外进行查验。

免验是指根据海关法规和有关优惠办法，对进出境人员携运的物品免予查验的行为。免验是一种政治礼遇，是国家礼宾制度的一个方面。为了维护国家礼宾制度的严肃性，防止少数人趁机进行走私违法活动，海关对免验有严格的规定。享受免验礼通的外籍人员主要是根据有关规定和国际惯例，持有我国驻外签证机关给予外交签证或礼遇签证的人员。免验人员免填旅客行李申报单。

3.红绿通道通关制度

红绿通道通关制度，是国际上许多国家的海关对旅客行李通用的一种验放制度，是进出境旅客在海关规定范围内自行申报并选择通道办理海关手续的一种制度。实施红绿通道通关制度的海关，在旅客行李物品检查场所设置通道，在通道前，用中英文分别标明"红色通道"(red channel)和"绿色通道"(green channel)；前者的标志为红色正方形，后者为绿色正八角形。实施这一通关制度的目的是简化海关手续，方便旅客进出境。

(1)进境。

进境旅客中有下列情形之一的，须选择"红色通道"通关：①携带海关征税或限量免税的物品者；②携带 5 000 美元以上或等值的其他货币现钞，或 50 克以上金饰者；③携带进境旅行自用物品超出照相机、便携式收音机、小型摄影机、手提式摄录机、手提式文字处理机每种一件范围者；④携带货物货样以及携带物品超出旅客行李范围者；⑤有分离运输行李物品者；⑥携带其他须办理手续的物品者。

选择"红色通道"通关的旅客应持按规定填写的"旅客行李申报单"或其他申报单，主动向海关人员办理行李品申报手续。

持有中国主管部门给予外交、礼遇签证的非居民旅客；海关给予免验的人员，无须办理海关验放手续的人员，可选择"绿色通道"通关。但在通关时，需向海关主动出示本人护照(或其他有效旅行证件)和身份证。

不明海关规定或不知如何选择通道的旅客，应选择 "红色通道"通关。

(2)出境

出境旅客中有下列情形之一的，须选择"红色通道"通关：①携带文物、货物、货样以及其他需办理出境验放手续的物品者;②未将应复带出境物品原物带出或本次暂时进境物品未办结海关手续者;③携带货币、金银及其制品未按规定取得有关出境许可凭证或超出本次进境申报数额者;④携带出境物品超出海关规定的限量、限值,或其他限制规定者;⑤携带需复带进境的旅行自用物品者。

上述旅客中除携带需复带进境的旅行自用物品者应填写旅客行李申报单或其他申报单证交海关办理验核登记手续外,均可免填旅客行李申报单或其他申报单证,但应主动向海关口头申报并将有关证明文件或本次进境的申报单证等必备文件,连同有关物品一起交海关办理手续。

持有中国主管部门给予外交、礼遇签证的非居民旅客;给予免验礼遇的人员;没有必要选择"红色通道"通关情形的其他人员,可选择"绿色通道"通关。但在通关时,需向海关主动出示本人护照(或其他有效旅行证件)和身份证件。

不明规定或不知如何选择通道的旅客,应选择"红色通道"通关。

4.征税放行制度

对应税物品,一般应当场办清税款交纳手续。在检验现场,由海关或委托银行收取。只有在税款交纳后,才可将物品放行。放行是海关监管工作的最后一环,是指携运进出境物品办清了海关手续准予提离海关监管区的行为。

海关在放行前,要进行全面审核:审核旅客应办的手续是否办完(包括单证是否齐全、单物是否相符);携运进出境的物品是否符合规定;应纳税款是否交纳。然后根据不同的情况,作出不同的处理。若一切手续具备,则批盖签章放行,并将有关单证退还旅客。

五、保税监管制度

保税制度在国际贸易中的广泛应用,使这一制度所涉及的保税货物成为进出口货物中的一个重要组成部分。保税货物显然与一般进出口货物有严格的区别,与其他海关监管也有严格的区别。

(一)保税制度

保税制度是指境内企业为加工出口产品而进口的原材料、辅件、元器件、配套件、包装件或转口而暂时入境的货物,经海关批准暂不交纳进口环节税,待再出口时视情况予以核销的一种海关监管业务制度。保税制度能使出口企业简化出口手续,减少因纳税而产生的资金占用及利息支出,因而能降低产品出口成本,起到鼓励出口的作用。

在国际海关组织海关合作理事会主持制定的《京都条约》中,保税制度的主要形式,一个是海关保税储存制度,即指进口货物在海关监管下储存于指定场所,并可无须缴纳进口税费的一种海关制度。这种形式能使进口货物在不须缴纳进口税状态下便利货物储存人的销售,储存货物不得进行实质性加工,它属于国际商品贸易服务的海关保税形式。另一个是暂准进口在国内加工的制度,指准许某些货物有条件地暂时豁免进口税费进入关境的一种海关制度。这些货物应是为某一特定目的而进口的,根据海关规定在某一时间内必须以进口时的原状或经一定加工或修理后复运出口。这种保税形式为货物暂时进入境内使用或加工制造提供了便利。

目前,国际上保税制度的主要形式有三种:(1)商品贸易型。如保税仓库、保税货棚、保税陈列场等。(2)加工制造型。如保税工厂、加工贸易、出口加工区等。(3)商品贸易与加工制造混合型，如保税区、自由港、自由贸易区等。

我国保税制度的主要形式有两类：一类是为国际商品贸易服务的，如保税仓库、保税区、寄售代销、免税品商店；另一类是为加工制造服务的，如来料加工、进料加工、保税工厂、保税区等。

小知识 7-3

中国保税区相关知识

保税区是指海关所设置的或经海关批准注册的具有保税加工、储运、转口功能的受海关监管的特定区域。保税区的主要功能是发挥港口优势，引进资金和先进技术，发展转口贸易，拓展国际贸易，开展为贸易服务的加工、整理、包装、储存、运输等业务，具有出口加工、转口贸易、保税仓储三大功能。

目前，经国务院批准设立的保税区共有 15 家，分别为上海外高桥保税区、天津港保税区、深圳福田保税区、沙头角保税区、盐田保税区、广州保税区、大连保税区、海口保税区、张家港保税区、福州保税区、宁波保税区、青岛保税区、厦门象屿保税区、汕头保税区、珠海保税区。

保税港区与保税区的区别主要体现在：

从发展形态上讲，保税港区是我国保税经济区域的高级形态；从功能上讲，保税港区叠加了保税区、出口加工区、保税物流园区各项功能政策；从发展趋向上讲，保税港区是未来我国建设自由贸易区的先行实验区；从运作模式上讲，保税港区实现了保税区域与港口的实质联动。

保税港区正以其最齐全的功能、最优惠的政策、最大的开放度，成为我国继保税区之后，最为特殊的外向型经济区域。“保税区”与“保税港区”，虽一字之差，但内涵相去甚远。

——保税区：功能比较单一

随着世界经济的发展尤其是经济全球化进程的加快，保税区这种形式已经满足不了中国更好地参与全球经济的需要。例如，越来越多的跨国公司在中国投资，其产品在研制、生产、销售等环节需要高度的国际化，迫切需要一个具备国际配送、国际采购、国际中转等功能，且货物能自由、高效流通的区域，而保税区功能较为单一。

与此同时，中国对外开放水平的全面提高，使保税区原来的政策和功能优势逐步弱化。加入世界贸易组织后，中国内地工业品的平均关税大幅降低，2001 年为 14.7%，2005 年降至约 9.5%，并取消所有的非关税措施，使保税区的关税效应不断减弱。

从保税区十多年的运作来看，15 个保税区中规模参差不齐，功能也不尽相同，总体看都偏重于贸易和加工，物流功能等相对薄弱。而且，一些优惠政策并没有落实到位。一些保税区在实际运作中并没有严格执行“境内关外”政策，相关优惠政策并没落到实处。这些保税区政策有很大的改革开放进展和相当的经济自由化程度，但总体上仍是“境内关内”的海关特殊监管区。

——保税港区：整合多种外向型功能区之功能

随着经济全球化进程加快和保税区的不足日益显现,保税港区应运而生,成为中国进一步深化改革、扩大开放、带动区域发展的试验基地。

与保税区相比,保税港区的内涵更为丰富,功能更为齐全。从字面上很容易看出,保税港区比保税区多了码头和港口的功能。目前,我国设立的五大保税港区,都是依港而建。世界上知名的自由贸易区如德国的汉堡港、荷兰的鹿特丹港,都是与港口相连,并实行区港一体化管理。

在港口设立保税港区,就是要使港口发展为国际枢纽港的同时,在港口建设国际物流中心,发展贸易、海运、海运代理、货代、仓储、商展、金融等业务,为进出口贸易、国际转口贸易提供便利、优质和低成本的物流服务。除了港口的功能外,保税港区还整合了原来保税区、保税物流园区、出口加工区等多种外向型功能区的所有功能。保税港区具有的功能主要有:国际物流功能。保税港区不仅能使国外产品快速进入中国国内市场,又可以方便地转口去其他国家,降低经营成本,同时,还能产生聚集效应,使多个跨国公司的物流中心集结在同一保税港区内,带动区内仓储业、运输业、贸易业、金融业、信息业等多种服务业发展。国际贸易功能。工贸结合型或单纯贸易型的企业都可以利用保税港区的区位优势和物流设施开展进出口贸易和转口贸易等业务。出口加工功能。在保税港区可发展外向型加工工业,主要包括原料零部件在海外及销售市场在海外的产品的加工、依托境外先进技术的高科技新型产品的制造等。商品展示功能。在保税港区可建立大型的商品展示场馆,使国内客户不出国门就可以在区内直接就地观摩世界各国的商品,并可以在看样后当即签订合同,办理进口手续;境外客户也可以在区内看样后与国内企业签订出口合同。

——保税港区:叠加税收、监管等多项优惠政策

实际上,保税区与保税港区,其本质是一致的,即"境内关外,自由免税",只是保税区的优惠政策不足,且一些优惠政策并未落到实处。与传统保税区相比,保税港区不仅是真正的"境内关外",还享受税收、监管等各项更为优惠的政策。

在税收方面,从境外进入保税港区的货物,海关按照有关规定予以保税,或者免征关税和进口环节税;从保税港区运往境外的货物,免征出口关税;从保税港区进入国内的货物,按照货物进口的有关规定办理报关手续,并按照货物实际状态征收关税和进口环节税;保税港区企业生产的供区内销售或者运往境外的产品,免征相应的增值税和消费税;保税港区企业之间的货物交易,不征收增值税和消费税;国内货物进入保税港区视同出口,按照规定实行退税。

在监管方面,保税港区内货物可以自由流转;对保税港区与境外之间进出的货物,不实行进出口许可证件管理;对诚信等级高的企业所申报的危险货物,可视为内陆直接装船,不再开箱查验;对境外进入保税港区的货物,检验检疫部门只检疫不检验;对进入保税港区的国际航行船舶,实施电讯检疫或者码头检疫,一般不再实施锚地检疫。

可以说,保税港区比保税区的功能更多,政策更优,内涵更为丰富,而且,意义更为深远。保税港区是经济自由区的一种表现形式,向国际先进的自由港、自由贸易区迈出了积极的一步。保税港区是世界自由港在中国的一种特殊表现形式,是"中国化"的自由贸易港。

小知识 7-4

中国保税港区相关知识

1.什么是保税港区？

保税港区是经国务院批准设立的，在港口作业区和与之相连的特定区域内，集港口作业、物流和加工为一体，具有口岸功能的海关特殊监管区域。保税港区是海关按照我国国情的实际需要，借鉴发达国家海关的先进管理经验，与国际通行做法相衔接，适应跨国公司运作和现代物流发展需要的新兴监管区域，是我国目前港口与陆地区域相融合的保税物流层次最高、政策最优惠、功能最齐全、区位优势最明显的监管区域，是真正意义上的境内关外，是在形式上最接近自由贸易港的政策模式。

2.什么是自由贸易港？

真正的自由贸易港是指设在国家与地区境内、海关管理关卡之外的，允许境外货物、资金自由进出的港口区。对进出港区的全部或大部分货物免征关税，并且准许在自由港内，开展货物自由储存、展览、拆散、改装、重新包装、整理、加工和制造等业务活动。目前排名世界集装箱港口中转量第一、第二位的新加坡港、中国香港，均实施自由港政策，吸引大量集装箱前去中转，奠定其世界集装箱中心枢纽的地位。

自由贸易港政策对发展外贸确实极为有利，但综合考虑我国当前的外贸、经济运行态势，税收监管政策等因素，还不宜在全国范围内过快推进。当前保税港更多的是作为航运中心的配套政策实施，因此目前只有经过国家认定具备国际航运中心资质的沿海城市才可以申请并获得批准。分别对应三个保税港区，上海港定位为“国际航运中心”，天津港定位在“北方国际航运中心”，大连港定位于“东北亚国际航运中心”。宁波港是上海国际航运中心的重要组成部分。

3.保税港区具有哪些功能？

保税港区政策着眼于充分发挥区位优势和政策优势，发展国际中转、配送、采购、转口贸易和出口加工等业务，拓展相关功能。

——国际中转功能。目前中国的贸易进出口已经发展到 14 000 多亿美金，但在中国众多的港口城市当中没有具有成熟国际中转能力的港口，中国绝大部分的进出口货物都是通过周边国家进行输送，要想为了更好地参与国际间港口的竞争，首先就要拥有具有国际中转能力的枢纽港口。保税港区的建立首先就要担负起参与国际间港口竞争的功能，使我们自己拥有世界级的航运中心。

——国际配送功能。保税港区由于政策的支持和发展特点，已经具备了国际配送的要求。保税港区不但有现代化的港口，同时也拥有保税物流园区。在该园区内，世界各国的公司都可以开展国际配送的业务。

——国际采购的功能。目前保税港区的优惠政策规定，国内货物进入保税港区港口或区内卡口即可享受出口退税政策。采购进港口保税区内仓储物流园区的国内货物，可以进行出口集运的综合处理或商业性的简单加工，向世界外分销；采购进区的进口保税货物，同样可以在进行商业性的简单加工后，再向国外分销；需返销国内市场的货物，按规定办理进口手续。将来企业入驻后，不但可以发展进出口贸易，同样也可以发展区内企业之间的贸易，以及保税港区企业和境外企业之间的贸易。

——国际转口贸易的功能。在中国许多个省市，上千个港口开放城市当中，除了上海、天津、大连，目前还没有一个具有强大国际转口贸易功能的港口。现在保税港区的企业就可以从事转口贸易、交易、展示、出样、订货等经营活动。

——出口加工功能。在保税港区陆上特定区域设立出口加工区，开展加工贸易。进口的原材料、零部件、元器件进港可予保税。保税货物和采购进区的国内货物可以在进口加工、装卸后出口。目前港区的众多优惠政策不是对现有的优惠政策的简单叠加，而是从叠加中发挥更大的政策效应。

4.保税港区具有哪些税收管理优惠政策？

保税港区享受保税区、出口加工区相关的税收和外汇管理政策。主要税收政策为：

——国外货物入港区保税；

——货物出港区进入国内销售按货物进口的有关规定办理报关手续，并按货物实际状态征税；

——国内货物入港区视同出口，实行退税；

——港区内企业之间的货物交易不征收增值税和消费税。

5.保税港区管理需要哪些基本要求？

保税港区实行封闭管理，港区和陆地区域参照出口加工区的标准建设隔离监管设施，货物和车辆通过通道时要有必要的监管设施和监管措施，并采取有效措施保证社会车辆通过通道。当地人民政府要严格按照土地利用总体规划确定具体位置，严格控制规划用地面积，依法履行用地报批手续，并拟订保税港区建设实施方案。实施方案经海关总署会同有关部门审核同意后，由当地人民政府组织隔离监管设施的建设，待条件具备后，由海关总署会同有关部门按照出口加工区的建设标准联合验收。

6.申报保税港区需经历哪些基本程序？

——理论研究，可行性论证；

——请示文件上报省级人民政府；

——省级人民政府上报国务院；

——国务院批转各部委阅办。

国务院办公厅批转海关部署牵头阅办。海关总署综合各部委意见形成的《关于建立××保税港区的请示》文件完成10部委会签工作，并正式上报国务院。

——国务院批复请示。

7.我国建设保税港区的基本情况

序号	批复时间	名称	规划面积（平方公里）	备注
1	2005.6.22	上海洋山保税港区	8.14	中国第一个保税港区
2	2006.8.31	天津东疆保税港区	10	
3	2006.8.31	大连大窑湾保税港区	6.88	

续表

序号	批复时间	名称	规划面积（平方公里）	备注
4	2007.9.24	海南洋浦保税港区	9.21	
5	2008.2.24	宁波梅山保税港区	7.7	
6	2008.5.29	广西钦州保税港区	10	
7	2008.6.5	厦门海沧保税港区	9.5092	
8	2008.9.7	青岛前湾保税港区	9.72	
9	2008.10.18	深圳前海湾保税港区	3.71	
10	2008.10.18	广州南沙保税港区	7.06	
11	2008.11.12	重庆两路寸滩保税港区	8.37	唯一一个位于中国内陆地区的保税港区，第一个采取“水港＋空港”的保税港区
12	2008.11.18	张家港保税港区	4.1	江苏以及长江中下游沿线第一个保税港区，第一个位于县域口岸的保税港区
13	2009.9.22	烟台保税港区	7.26	全国第一家以出口加工区和临近港口整合转型升级形成的保税港区

小知识 7-5

国际上相关国家建设保税港区的基本模式

国际知名港口大多是自由港和自由贸易区相辅相成。而广义上的自由港也被称为自由口岸、自由贸易区，是划在关境以外，对进出口商品全部或者大部分免征关税，并且允许在港内或者区内开展商品自由储存、展览、拆散、改装、重新包装、整理、加工和制造等业务活动的区域。

(一)德国汉堡港

汉堡港是欧洲经济自由区的典型，被称为“通往世界的门户”。

2004 年，汉堡港凭借总转运量 1.15 亿吨、集装箱 700 万 TEU 的吞吐量，跻身于世界最大的港口行列。汉堡自由港依托汉堡港而建立，由一条被称为“关界围墙”(长 23.5 公里，高 3 米)的金属栅栏与其他港区隔开，进出自由港的陆上通道关卡有 25 个，海路通道关卡有 12 个。汉堡自由港是世界上规模较大的经济自由区之一，面积约 16.2 平方公里，拥有 180 多万平方米储存区，建有 160 万平方米的集装箱中心，并设有火车站。汉堡自由港可开展货物转船、储存、流通以及船舶建造等业务，享有以下主要优惠政策：

(1)船只从海上进入或离自由港驶往海外无须向海关结关，船舶航行时只要在船上挂一面“关旗”，就可不受海关的任何干涉。

(2)凡进出或转运货物在自由港装卸、转船和储存不受海关的任何限制,货物进出不要求每批立即申报与查验,甚至45天之内转口的货物无须记录。货物储存的时间也不受限制。

(3)货物只有从自由港输入欧盟市场时才需向海关结关,交纳关税及其他进口税。汉堡自由港并非不允许非监管性质货物通过,只要能提供有关单证证明,海关就可给予区别管理,视同在欧盟境内另一口岸已完成进入欧盟手续,到汉堡只是为了完成物流流程。汉堡自由港对进出的船只和货物给予最大限度的自由,提供自由和便捷的管理措施,贯穿于从货物卸船、运输、再装运的整个过程中。这种自由和便捷程度,在世界上所有自由港和自由贸易区中是少见的。

(二)荷兰鹿特丹港

荷兰鹿特丹港是世界最重要的货物集散地之一,2004年,凭借3.52亿吨、828万TEU的吞吐量继续位居世界前列。

鹿特丹港地处莱茵河三角洲,腹地覆盖欧盟半数国家。欧盟国家约60%的内地货物通过该港运往其他地区。鹿特丹港的最大特点是储、运、销一体化,通过一些保税仓库和货物分拨配送中心进行储运和再加工,提高货物的附加值,然后通过多种运输方式将货物运往荷兰等欧洲国家。鹿特丹港拥有完善的海关设施、优惠的税收政策,保税仓库区域内企业在海关允许下可进行任何层次加工。对集装箱货物的仓储和配送来说,坐落在港区和各个工业区内的物流配送基地可以为其提供最完善的各种增值服务。就通关方式而言,海关可以提供24小时通关服务(周日除外)、先存储后报关、以公司账册管理及存货数据取代海关查验,企业可以选择适合的通关程序,运作十分便利。

(三)比利时安特卫普港

安特卫普港是世界海运网络的重要节点。2004年,海运吞吐量1.52亿吨,其中集装箱606万TEU,为欧洲第三大集装箱港。该港的港口运输量几乎全部是国际运输,按纯国际运输量计算是世界第四大港。安特卫普港具有领先于欧洲其他港口的货物装卸作业效率,拥有现代化的EDI信息控制与电子数据交换系统。港务局使用"安特卫普港信息控制系统(APICS)"计划安排船舶抵离港和掌握国际海运危险品的申报。考虑到开放式港口难以实行自由港制度,安特卫普港对整个港口实行更加灵活的管理制度,注重单证管理而非实物管理,并认为其港口操作与自由港相比弹性要更大一些。该港在邻近区域设有六种类型的保税库区,而且海关允许在一个仓库区里设立各种类型的保税仓库,物流企业的操作更加灵活。安特卫普港还实行一种叫作临时存储(Temporary storage)的管理方式。这种海关临时存储区也可以不设在港区内,只需要提前作简易申报即可进行临时存储,而不必得到海关批准。经过海运到达的货物,可以在海关指定位置暂时保存45天,而以其他方式进入的货物,保存期为20天。

同时,安特卫普港还存在叫作Free zone和Free warehouse的区域,这两个区域主要是服务于国际中转和转口贸易的需要,可以实现货物长期的保税中转存放。无论是汉堡自由港,还是鹿特丹、安特卫普港保税仓库区,海关都代表国家对进出该地区的货物实行监管。所谓自由,是指在特定的区域内贸易和关税的自由。海关监管的出发点不是通过监管增加税收,而是通过监管和关税协调国家的整个经济发展,促进国际贸易和国际物流的开展。这些特定的区域都以不影响贸易运输活动的便利为原则，采取尽可能简便的手续，建立了一种极为自由灵活的监管系统。

（二）保税货物

1.保税货物的定义及特征

保税货物是指经海关批准未办理纳税手续进境，在境内储存、加工、装配后复运出境的货物。海关根据国家的法律、法规、政策和规范性文件对保税货物实施监管的过程，反映出保税货物具有批准保税（或保税备案）、纳税暂缓、监管延伸、核销结关（案）的特点。

（1）批准保税

货物经海关批准才能保税进境，这是保税制度的一个十分明显的特点。海关应当对申请保税的货物严格按国家法律、法规政策所规定的条件和程序进行审批（备案）。申请保税的货物除法律、行政法规另有规定外，一般不受国家贸易许可管制，无须提交相关进出口许可证。申请保税的货物流向明确，进境储存、加工、装配后的最终流向表明是复运出境；而且申请保税的单证能够证明进出基本是平衡的。申请保税的货物无论在进出口环节，还是在境内储存、加工、装配环节，都要符合海关监管要求，必要时海关对要求有关当事人提供担保，以防止因为某种不合理因素造成监管失控。

（2）纳税暂缓

一般进口货物和特定减免税货物都必须在进境地海关或主管海关办妥纳税手续（包括办妥征税成减免税手续）后才能提取。保税货物在进境地海关凭有关单证不办理纳税手续就可以提取。但是当保税货物最终不复运出境或改变保税货物特性时，需按货物实际进口申报情况办理相应纳税手续。比如加工贸易保税进口货物，因故不能复出口，经批准内销，海关对不能复出口的成品或节余料件等按有关规定对料件进行补税。

（3）监管延伸

一般进出口货物，海关监管的时间是自进口货物进境起到办结海关手续提取货物止，出口货物自向海关申报起到装运出境止，海关监管的地点主要是在货物进出境口岸的海关监管场所。

保税货物的海关监管无论是时间，还是场所，都必须延伸。从时间上说，保税货物在进境地被提取，不是海关监管的结束，而是海关监管的开始，一直要监管到储存、加工、装配后复运出境办结海关核销手续或者正式进口手续为止。从地点上说，保税货物提离进境地口岸海关监管场所后，直至向海关办结出口或内销手续止，凡是该货物储存、加工、装配的地方，都是海关监管该保税货物的场所。

（4）核销结关

一般进出口货物，在收发货人及其代理人向海关申报后，由海关审单、查验、征税、放行，然后提取货物或装运货物，放行即结关。在这里，海关的放行，就是一般进出口货物结关的标志。

保税货物进出口报关，也执行放行程序。但是，保税货物的这种放行，只是单票货物的形式结关，是整个监管过程的一个环节。保税货物只有核销后才能算结关，核销是保税货物监管的最后一道程序。

储存出境类保税货物和特准缓税类保税货物的核销，相对来说比较简单，因为这两类保税货物无论是复运出境，还是转为进入国内市场，都不改变原来的状态，只要在规定的时间里复运出境或办妥正式进口纳税手续，并且确认复运出境的数量或办妥正式进口纳税手续的数量与原进口数量一致，就可以核销结关。而加工生产类保税货物进境后要进行加工、装配，要改变原进口料件的形态，复出口的商品不再是原进口的商品。这样，海关的核销，不仅要确认进出数量是否平衡，单耗真实可靠，而且还要确认成品是否由进口料件生产，没无擅自串(换)料行为。这两个"确认"大大地加大了核销的难度，所以核销也是保税制度的一个难点。

2.保税货物的范围

(1)加工生产类保税货物

加工生产类保税货物是指专为加工、装配出口产品而从国外进口且海关准予保税的原材料、零部件、元器件、包装物料、辅助材料。主要包括经海关批准准予保税的来(进)料加工进口的料件，以及用保税进口料件生产的半成品、成品；经海关批准准予保税的外商投资企业为履行产品出口合同进口的料件以及用保税进口料件生产的半成品、成品。

(2)储存出境类保税货物

储存出境类保税货物是指经海关批准保税进境暂时存放后再复运出境的货物，主要包括由一国经过第三国交易进入消费国的转口贸易货物；供应给国际运输工具的货物，包括国际运输船舶、航空器，它们所需要的燃料、物料、备件和运输工具服务人员所需要的饮料、食品、烟酒等；按国际惯例可以免税的免税品。

(3)准予缓税类保税货物

准予缓税类保税货物是指进境时难以确定是否应当完税、如何完税，经海关特准，缓办纳税手续进境，最终办理进口纳税或免税手续而不复运出境的货物。主要包括外国商品维修用零配件，这种零配件(不包括进口耐用消费品维修用零配件)如果用于海关认定的保修期内维修，可以免税；如果用于保修期外维修，则要征税；外汇免税商品。

3.保税货物的报关

保税货物的报关与一般进出口货物不同。一般进出口货物是一次性完成报关手续，而保税货物则是从进境、境内储存、加工、装配后复运出境的全过程。保税货物的报关必须是整个过程的各种海关手续必须全部完成。其整个过程包括：

(1)合同登记备案。这是指经营保税货物的单位持有关证件、对外签约的合同及其他有关单证向主管海关申请办理合同登记备案手续，经海关核准后，签发备案登记手册。备案登记手册必须在保税货物进口前申办，否则其货物不得保税进口。

(2)进口货物。经营保税货物的企业在货物实际进境时，持海关核发的该批保税货物的"登记手册"及其他单证，向进境地海关申报申请进口手续。

(3)复运出境。保税货物进境后，在海关的监管下储存或加工，储存期满或加工成成品后再复运出境。企业届时应该持该批保税货物的"登记手册"及其他单证，向出境地海关申报申请出口手续。

(4)核销结案。在产品复运出境后的一定期限内，经营单位应向合同备案海关办理核销手续，海关对保税货物的进出口过程进行核实后，确定最终是否征免税，并将该备案合同予以核销结案。完成了该环节，保税货物才算实现了整个通关过程。

本章小结

1.中华人民共和国海关是国家的进出关境监督管理机关。海关依照本法和其他有关法律、行政法规，监管进出境的运输工具、货物、行李物品、邮递物品和其他物品，征收关税和其他税、费，查缉走私，并编制海关统计和办理其他海关业务。

2.海关在对外贸易管理中起着至关重要的作用。

3.报关是指进出境运输工具负责人、进出口货物收发货人、进出境物品的所有人或者他们的代理人，在运输工具、货物或物品通过海关监管口岸时，依法向海关进行申报并办理运输工具、货物或物品进出境手续及相关事务的过程。报关是履行海关进出境手续的必要环节之一。报关管理制度是指海关依法对报关单位的报关资格审定、批准及对其报关行为进行规范和有效管理的业务制度。

4.通关是指进出境运输工具的负责人、货物的收发货人及其代理人、物品的所有人向海关申请办理进出口货物的进出口手续，海关对其呈交的单证和申请进出口的货物依法进行审核、查验、征缴税费，批准进口或者出口的全过程。海关通关制度是主权国家维护本国政治、经济、文化利益，对进出口货物和物品在进出境口岸进行监督管理的基本制度。

5.海关监管制度是指由海关代表国家，依据《海关法》和其他有关法律法规，对进出关境的活动实施有效的监督、审核、检查的一种行政管理制度。

重要概念和术语

海关监管　海关体制　进出口许可证制度　外汇管理制度　进出口商品检验制度　自理报关　代理报关　异地报关备案　海关年审制度　通关　申报　查验　征税　放行　结关　红绿通道通关制度　保税制度　保税货物

《中华人民共和国海关法》

中华人民共和国海关法（2017 年修订）

目　录

第一章　总　则
第二章　进出境运输工具
第三章　进出境货物
第四章　进出境物品
第五章　关　税

第六章　海关事务担保
第七章　执法监督
第八章　法律责任
第九章　附　则

第一章　总　则

第一条　为了维护国家的主权和利益，加强海关监督管理，促进对外经济贸易和科技文化交往，保障社会主义现代化建设，特制定本法。

第二条　中华人民共和国海关是国家的进出关境（以下简称进出境）监督管理机关。海关依照本法和其他有关法律、行政法规，监管进出境的运输工具、货物、行李物品、邮递物品和其他物品（以下简称进出境运输工具、货物、物品），征收关税和其他税、费，查缉走私，并编制海关统计和办理其他海关业务。

第三条　国务院设立海关总署，统一管理全国海关。

国家在对外开放的口岸和海关监管业务集中的地点设立海关。海关的隶属关系，不受行政区划的限制。

海关依法独立行使职权，向海关总署负责。

第四条　国家在海关总署设立专门侦查走私犯罪的公安机构，配备专职缉私警察，负责对其管辖的走私犯罪案件的侦查、拘留、执行逮捕、预审。

海关侦查走私犯罪公安机构履行侦查、拘留、执行逮捕、预审职责，应当按照《中华人民共和国刑事诉讼法》的规定办理。

海关侦查走私犯罪公安机构根据国家有关规定，可以设立分支机构。各分支机构办理其管辖的走私犯罪案件，应当依法向有管辖权的人民检察院移送起诉。

地方各级公安机关应当配合海关侦查走私犯罪公安机构依法履行职责。

第五条　国家实行联合缉私、统一处理、综合治理的缉私体制。海关负责组织、协调、管理查缉走私工作。有关规定由国务院另行制定。

各有关行政执法部门查获的走私案件，应当给予行政处罚的，移送海关依法处理；涉嫌犯罪的，应当移送海关侦查走私犯罪公安机构、地方公安机关依据案件管辖分工和法定程序办理。

第六条　海关可以行使下列权力：

（一）检查进出境运输工具，查验进出境货物、物品；对违反本法或者其他有关法律、行政法规的，可以扣留。

（二）查阅进出境人员的证件；查问违反本法或者其他有关法律、行政法规的嫌疑人，调查其违法行为。

（三）查阅、复制与进出境运输工具、货物、物品有关的合同、发票、账册、单据、记录、文件、业务函电、录音录像制品和其他资料；对其中与违反本法或者其他有关法律、行政法规的进出境运输工具、货物、物品有牵连的，可以扣留。

（四）在海关监管区和海关附近沿海沿边规定地区，检查有走私嫌疑的运输工具和有藏匿走私货物、物品嫌疑的场所，检查走私嫌疑人的身体；对有走私嫌疑的运输工具、货物、物品和走私犯罪嫌疑人，经直属海关关长或者其授权的隶属海关关长批准，可以扣留；对走私犯罪嫌疑人，扣留时间不超过二十四小时，在特殊情况下可以延长至四十八小时。

在海关监管区和海关附近沿海沿边规定地区以外，海关在调查走私案件时，对有走私嫌疑的运输工具和除公民住处以外的有藏匿走私货物、物品嫌疑的场所，经直属海关关长或者其授权的隶属海关关长批准，可以进行检查，有关当事人应当到场；当事人未到场的，在有见证人在场的情况下，可以径行检查；对其中有证据证明有走私嫌疑的运输工具、货物、物品，可以扣留。

海关附近沿海沿边规定地区的范围，由海关总署和国务院公安部门会同有关省级人民政府确定。

（五）在调查走私案件时，经直属海关关长或者其授权的隶属海关关长批准，可以查询案件涉嫌单位和涉嫌人员在金融机构、邮政企业的存款、汇款。

（六）进出境运输工具或者个人违抗海关监管逃逸的，海关可以连续追至海关监管区和海关附近沿海沿边规定地区以外，将其带回处理。

（七）海关为履行职责，可以配备武器。海关工作人员佩带和使用武器的规则，由海关总署会同国务院公安部门制定，报国务院批准。

（八）法律、行政法规规定由海关行使的其他权力。

第七条　各地方、各部门应当支持海关依法行使职权，不得非法干预海关的执法活动。

第八条　进出境运输工具、货物、物品，必须通过设立海关的地点进境或者出境。在特殊情况下，需要经过未设立海关的地点临时进境或者出境的，必须经国务院或者国务院授权的机关批准，并依照本法规定办理海关手续。

第九条　进出口货物，除另有规定的外，可以由进出口货物收发货人自行办理报关纳税手续，也可以由进出口货物收发货人委托海关准予注册登记的报关企业办理报关纳税手续。

进出境物品的所有人可以自行办理报关纳税手续，也可以委托他人办理报关纳税手续。

第十条　报关企业接受进出口货物收发货人的委托，以委托人的名义办理报关手续的，应当向海关提交由委托人签署的授权委托书，遵守本法对委托人的各项规定。

报关企业接受进出口货物收发货人的委托，以自己的名义办理报关手续的，应当承担与收发货人相同的法律责任。

委托人委托报关企业办理报关手续的，应当向报关企业提供所委托报关事项的真实情况；报关企业接受委托人的委托办理报关手续的，应当对委托人所提供情况的真实性进行合理审查。

第十一条　进出口货物收发货人、报关企业办理报关手续，必须依法经海关注册登记。未依法经海关注册登记，不得从事报关业务。

报关企业和报关人员不得非法代理他人报关，或者超出其业务范围进行报关活动。

第十二条　海关依法执行职务，有关单位和个人应当如实回答询问，并予以配合，任何单位和个人不得阻挠。

海关执行职务受到暴力抗拒时，执行有关任务的公安机关和人民武装警察部队应当予以协助。

第十三条　海关建立对违反本法规定逃避海关监管行为的举报制度。

任何单位和个人均有权对违反本法规定逃避海关监管的行为进行举报。

海关对举报或者协助查获违反本法案件的有功单位和个人，应当给予精神的或者物质的奖励。

海关应当为举报人保密。

第二章　进出境运输工具

第十四条　进出境运输工具到达或者驶离设立海关的地点时，运输工具负责人应当向海关如实申报，交验单证，并接受海关监管和检查。

停留在设立海关的地点的进出境运输工具，未经海关同意，不得擅自驶离。

进出境运输工具从一个设立海关的地点驶往另一个设立海关的地点的，应当符合海关监管要求，办理海关手续，未办结海关手续的，不得改驶境外。

第十五条　进境运输工具在进境以后向海关申报以前，出境运输工具在办结海关手续以后出境以前，应当按照交通主管机关规定的路线行进；交通主管机关没有规定的，由海关指定。

第十六条　进出境船舶、火车、航空器到达和驶离时间、停留地点、停留期间更换地点以及装卸货物、物品时间，运输工具负责人或者有关交通运输部门应当事先通知海关。

第十七条　运输工具装卸进出境货物、物品或者上下进出境旅客，应当接受海关监管。

货物、物品装卸完毕，运输工具负责人应当向海关递交反映实际装卸情况的交接单据和记录。

上下进出境运输工具的人员携带物品的，应当向海关如实申报，并接受海关检查。

第十八条　海关检查进出境运输工具时，运输工具负责人应当到场，并根据海关的要求开启舱室、房间、车门；有走私嫌疑的，并应当开拆可能藏匿走私货物、物品的部位，搬移货物、物料。

海关根据工作需要，可以派员随运输工具执行职务，运输工具负责人应当提供方便。

第十九条　进境的境外运输工具和出境的境内运输工具，未向海关办理手续并缴纳关税，不得转让或者移作他用。

第二十条　进出境船舶和航空器兼营境内客、货运输，应当符合海关监管要求。

进出境运输工具改营境内运输，需向海关办理手续。

第二十一条　沿海运输船舶、渔船和从事海上作业的特种船舶，未经海关同意，不得载运或者换取、买卖、转让进出境货物、物品。

第二十二条　进出境船舶和航空器，由于不可抗力的原因，被迫在未设立海关的地点停泊、降落或者抛掷、起卸货物、物品，运输工具负责人应当立即报告附近海关。

第三章　进出境货物

第二十三条　进口货物自进境起到办结海关手续止，出口货物自向海关申报起到出境止，过境、转运和通运货物自进境起到出境止，应当接受海关监管。

第二十四条　进口货物的收货人、出口货物的发货人应当向海关如实申报，交验进出口许可证件和有关单证。国家限制进出口的货物,没有进出口许可证件的,不予放行,具体处理办法由国务院规定。

进口货物的收货人应当自运输工具申报进境之日起十四日内,出口货物的发货人除海关特准的外应当在货物运抵海关监管区后、装货的二十四小时以前,向海关申报。

进口货物的收货人超过前款规定期限向海关申报的,由海关征收滞报金。

第二十五条　办理进出口货物的海关申报手续,应当采用纸质报关单和电子数据报关单的形式。

第二十六条　海关接受申报后,报关单证及其内容不得修改或者撤销,但符合海关规定情形的除外。

第二十七条　进口货物的收货人经海关同意,可以在申报前查看货物或者提取货样。需要依法检疫的货物,应当在检疫合格后提取货样。

第二十八条　进出口货物应当接受海关查验。海关查验货物时,进口货物的收货人、出口货物的发货人应当到场,并负责搬移货物,开拆和重封货物的包装。海关认为必要时,可以径行开验、复验或者提取货样。

海关在特殊情况下对进出口货物予以免验,具体办法由海关总署制定。

第二十九条　除海关特准的外,进出口货物在收发货人缴清税款或者提供担保后,由海关签印放行。

第三十条　进口货物的收货人自运输工具申报进境之日起超过三个月未向海关申报的,其进口货物由海关提取依法变卖处理,所得价款在扣除运输、装卸、储存等费用和税款后,尚有余款的,自货物依法变卖之日起一年内,经收货人申请,予以发还;其中属于国家对进口有限制性规定,应当提交许可证件而不能提供的,不予发还。逾期无人申请或者不予发还的,上缴国库。

确属误卸或者溢卸的进境货物,经海关审定,由原运输工具负责人或者货物的收发货人自该运输工具卸货之日起三个月内,办理退运或者进口手续;必要时,经海关批准,可以延期三个月。逾期未办手续的,由海关按前款规定处理。

前两款所列货物不宜长期保存的,海关可以根据实际情况提前处理。

收货人或者货物所有人声明放弃的进口货物,由海关提取依法变卖处理;所得价款在扣除运输、装卸、储存等费用后,上缴国库。

第三十一条　按照法律、行政法规、国务院或者海关总署规定暂时进口或者暂时出口的货物,应当在六个月内复运出境或者复运进境;需要延长复运出境或者复运进境期限的,应当根据海关总署的规定办理延期手续。

第三十二条　经营保税货物的储存、加工、装配、展示、运输、寄售业务和经营免税商店,应当符合海关监管要求,经海关批准,并办理注册手续。

保税货物的转让、转移以及进出保税场所,应当向海关办理有关手续,接受海关监管和查验。

第三十三条　企业从事加工贸易,应当按照海关总署的规定向海关备案。加工贸易制成品单位耗料量由海关按照有关规定核定。

加工贸易制成品应当在规定的期限内复出口。其中使用的进口料件,属于国家规定准予保税的，应当向海关办理核销手续；属于先征收税款的，依法向海关办理退税手续。

加工贸易保税进口料件或者制成品内销的，海关对保税的进口料件依法征税；属于国家对进口有限制性规定的，还应当向海关提交进口许可证件。

第三十四条　经国务院批准在中华人民共和国境内设立的保税区等海关特殊监管区域，由海关按照国家有关规定实施监管。

第三十五条　进口货物应当由收货人在货物的进境地海关办理海关手续，出口货物应当由发货人在货物的出境地海关办理海关手续。

经收发货人申请，海关同意，进口货物的收货人可以在设有海关的指运地、出口货物的发货人可以在设有海关的启运地办理海关手续。上述货物的转关运输，应当符合海关监管要求；必要时，海关可以派员押运。

经电缆、管道或者其他特殊方式输送进出境的货物，经营单位应当定期向指定的海关申报和办理海关手续。

第三十六条　过境、转运和通运货物，运输工具负责人应当向进境地海关如实申报，并应当在规定期限内运输出境。

海关认为必要时，可以查验过境、转运和通运货物。

第三十七条　海关监管货物，未经海关许可，不得开拆、提取、交付、发运、调换、改装、抵押、质押、留置、转让、更换标记、移作他用或者进行其他处置。

海关加施的封志，任何人不得擅自开启或者损毁。

人民法院判决、裁定或者有关行政执法部门决定处理海关监管货物的，应当责令当事人办结海关手续。

第三十八条　经营海关监管货物仓储业务的企业，应当经海关注册，并按照海关规定，办理收存、交付手续。

在海关监管区外存放海关监管货物，应当经海关同意，并接受海关监管。

违反前两款规定或者在保管海关监管货物期间造成海关监管货物损毁或者灭失的，除不可抗力外，对海关监管货物负有保管义务的人应当承担相应的纳税义务和法律责任。

第三十九条　进出境集装箱的监管办法、打捞进出境货物和沉船的监管办法、边境小额贸易进出口货物的监管办法，以及本法未具体列明的其他进出境货物的监管办法，由海关总署或者由海关总署会同国务院有关部门另行制定。

第四十条　国家对进出境货物、物品有禁止性或者限制性规定的，海关依据法律、行政法规、国务院的规定或者国务院有关部门依据法律、行政法规的授权作出的规定实施监管。具体监管办法由海关总署制定。

第四十一条　进出口货物的原产地按照国家有关原产地规则的规定确定。

第四十二条　进出口货物的商品归类按照国家有关商品归类的规定确定。

海关可以要求进出口货物的收发货人提供确定商品归类所需的有关资料；必要时，海关可以组织化验、检验，并将海关认定的化验、检验结果作为商品归类的依据。

第四十三条　海关可以根据对外贸易经营者提出的书面申请，对拟作进口或者出口的货物预先作出商品归类等行政裁定。

进口或者出口相同货物，应当适用相同的商品归类行政裁定。

海关对所作出的商品归类等行政裁定，应当予以公布。

第四十四条　海关依照法律、行政法规的规定，对与进出境货物有关的知识产权实施保护。

需要向海关申报知识产权状况的，进出口货物收发货人及其代理人应当按照国家规定向海关如实申报有关知识产权状况，并提交合法使用有关知识产权的证明文件。

第四十五条　自进出口货物放行之日起三年内或者在保税货物、减免税进口货物的海关监管期限内及其后的三年内，海关可以对与进出口货物直接有关的企业、单位的会计账簿、会计凭证、报关单证以及其他有关资料和有关进出口货物实施稽查。具体办法由国务院规定。

第四章　进出境物品

第四十六条　个人携带进出境的行李物品、邮寄进出境的物品，应当以自用、合理数量为限，并接受海关监管。

第四十七条　进出境物品的所有人应当向海关如实申报，并接受海关查验。

海关加施的封志，任何人不得擅自开启或者损毁。

第四十八条　进出境邮袋的装卸、转运和过境，应当接受海关监管。邮政企业应当向海关递交邮件路单。

邮政企业应当将开拆及封发国际邮袋的时间事先通知海关，海关应当按时派员到场监管查验。

第四十九条　邮运进出境的物品，经海关查验放行后，有关经营单位方可投递或者交付。

第五十条　经海关登记准予暂时免税进境或者暂时免税出境的物品，应当由本人复带出境或者复带进境。

过境人员未经海关批准，不得将其所带物品留在境内。

第五十一条　进出境物品所有人声明放弃的物品、在海关规定期限内未办理海关手续或者无人认领的物品，以及无法投递又无法退回的进境邮递物品，由海关依照本法第三十条的规定处理。

第五十二条　享有外交特权和豁免的外国机构或者人员的公务用品或者自用物品进出境，依照有关法律、行政法规的规定办理。

第五章　关　税

第五十三条　准许进出口的货物、进出境物品，由海关依法征收关税。

第五十四条　进口货物的收货人、出口货物的发货人、进出境物品的所有人，是关税的纳税义务人。

第五十五条　进出口货物的完税价格，由海关以该货物的成交价格为基础审查确定。成交价格不能确定时，完税价格由海关依法估定。

进口货物的完税价格包括货物的货价、货物运抵中华人民共和国境内输入地点起卸前的运输及其相关费用、保险费；出口货物的完税价格包括货物的货价、货物运至中华人民共和国境内输出地点装载前的运输及其相关费用、保险费，但是其中包含的出口关税税额,应当予以扣除。

进出境物品的完税价格,由海关依法确定。

第五十六条 下列进出口货物、进出境物品,减征或者免征关税:

(一)无商业价值的广告品和货样;

(二)外国政府、国际组织无偿赠送的物资;

(三)在海关放行前遭受损坏或者损失的货物;

(四)规定数额以内的物品;

(五)法律规定减征、免征关税的其他货物、物品;

(六)中华人民共和国缔结或者参加的国际条约规定减征、免征关税的货物、物品。

第五十七条 特定地区、特定企业或者有特定用途的进出口货物,可以减征或者免征关税。特定减税或者免税的范围和办法由国务院规定。

依照前款规定减征或者免征关税进口的货物,只能用于特定地区、特定企业或者特定用途,未经海关核准并补缴关税,不得移作他用。

第五十八条 本法第五十六条、第五十七条第一款规定范围以外的临时减征或者免征关税,由国务院决定。

第五十九条 暂时进口或者暂时出口的货物,以及特准进口的保税货物,在货物收发货人向海关缴纳相当于税款的保证金或者提供担保后,准予暂时免纳关税。

第六十条 进出口货物的纳税义务人,应当自海关填发税款缴款书之日起十五日内缴纳税款;逾期缴纳的,由海关征收滞纳金。纳税义务人、担保人超过三个月仍未缴纳的,经直属海关关长或者其授权的隶属海关关长批准,海关可以采取下列强制措施:

(一)书面通知其开户银行或者其他金融机构从其存款中扣缴税款;

(二)将应税货物依法变卖,以变卖所得抵缴税款;

(三)扣留并依法变卖其价值相当于应纳税款的货物或者其他财产,以变卖所得抵缴税款。

海关采取强制措施时,对前款所列纳税义务人、担保人未缴纳的滞纳金同时强制执行。

进出境物品的纳税义务人,应当在物品放行前缴纳税款。

第六十一条 进出口货物的纳税义务人在规定的纳税期限内有明显的转移、藏匿其应税货物以及其他财产迹象的,海关可以责令纳税义务人提供担保;纳税义务人不能提供纳税担保的,经直属海关关长或者其授权的隶属海关关长批准,海关可以采取下列税收保全措施:

(一)书面通知纳税义务人开户银行或者其他金融机构暂停支付纳税义务人相当于应纳税款的存款;

(二)扣留纳税义务人价值相当于应纳税款的货物或者其他财产。

纳税义务人在规定的纳税期限内缴纳税款的,海关必须立即解除税收保全措施;期限届满仍未缴纳税款的,经直属海关关长或者其授权的隶属海关关长批准,海关可以书面通知纳税义务人开户银行或者其他金融机构从其暂停支付的存款中扣缴税款,或者依法变卖所扣留的货物或者其他财产,以变卖所得抵缴税款。

采取税收保全措施不当,或者纳税义务人在规定期限内已缴纳税款,海关未立即解除税收保全措施，致使纳税义务人的合法权益受到损失的，海关应当依法承担赔偿责任。

第六十二条 进出口货物、进出境物品放行后，海关发现少征或者漏征税款，应当自缴纳税款或者货物、物品放行之日起一年内，向纳税义务人补征。因纳税义务人违反规定而造成的少征或者漏征，海关在三年以内可以追征。

第六十三条 海关多征的税款，海关发现后应当立即退还；纳税义务人自缴纳税款之日起一年内，可以要求海关退还。

第六十四条 纳税义务人同海关发生纳税争议时，应当缴纳税款，并可以依法申请行政复议；对复议决定仍不服的，可以依法向人民法院提起诉讼。

第六十五条 进口环节海关代征税的征收管理，适用关税征收管理的规定。

第六章 海关事务担保

第六十六条 在确定货物的商品归类、估价和提供有效报关单证或者办结其他海关手续前，收发货人要求放行货物的，海关应当在其提供与其依法应当履行的法律义务相适应的担保后放行。法律、行政法规规定可以免除担保的除外。

法律、行政法规对履行海关义务的担保另有规定的，从其规定。

国家对进出境货物、物品有限制性规定，应当提供许可证件而不能提供的，以及法律、行政法规规定不得担保的其他情形，海关不得办理担保放行。

第六十七条 具有履行海关事务担保能力的法人、其他组织或者公民，可以成为担保人。法律规定不得为担保人的除外。

第六十八条 担保人可以以下列财产、权利提供担保：

（一）人民币、可自由兑换货币；

（二）汇票、本票、支票、债券、存单；

（三）银行或者非银行金融机构的保函；

（四）海关依法认可的其他财产、权利。

第六十九条 担保人应当在担保期限内承担担保责任。担保人履行担保责任的，不免除被担保人应当办理有关海关手续的义务。

第七十条 海关事务担保管理办法，由国务院规定。

第七章 执法监督

第七十一条 海关履行职责，必须遵守法律，维护国家利益，依照法定职权和法定程序严格执法，接受监督。

第七十二条 海关工作人员必须秉公执法，廉洁自律，忠于职守，文明服务，不得有下列行为：

（一）包庇、纵容走私或者与他人串通进行走私；

（二）非法限制他人人身自由，非法检查他人身体、住所或者场所，非法检查、扣留进出境运输工具、货物、物品；

（三）利用职权为自己或者他人谋取私利；

（四）索取、收受贿赂；

(五)泄露国家秘密、商业秘密和海关工作秘密;

(六)滥用职权,故意刁难,拖延监管、查验;

(七)购买、私分、占用没收的走私货物、物品;

(八)参与或者变相参与营利性经营活动;

(九)违反法定程序或者超越权限执行职务;

(十)其他违法行为。

第七十三条　海关应当根据依法履行职责的需要,加强队伍建设,使海关工作人员具有良好的政治、业务素质。

海关专业人员应当具有法律和相关专业知识,符合海关规定的专业岗位任职要求。

海关招收工作人员应当按照国家规定,公开考试,严格考核,择优录用。

海关应当有计划地对其工作人员进行政治思想、法制、海关业务培训和考核。海关工作人员必须定期接受培训和考核,经考核不合格的,不得继续上岗执行职务。

第七十四条　海关总署应当实行海关关长定期交流制度。

海关关长定期向上一级海关述职,如实陈述其执行职务情况。海关总署应当定期对直属海关关长进行考核,直属海关应当定期对隶属海关关长进行考核。

第七十五条　海关及其工作人员的行政执法活动,依法接受监察机关的监督;缉私警察进行侦查活动,依法接受人民检察院的监督。

第七十六条　审计机关依法对海关的财政收支进行审计监督,对海关办理的与国家财政收支有关的事项,有权进行专项审计调查。

第七十七条　上级海关应当对下级海关的执法活动依法进行监督。上级海关认为下级海关作出的处理或者决定不适当的,可以依法予以变更或者撤销。

第七十八条　海关应当依照本法和其他有关法律、行政法规的规定,建立健全内部监督制度,对其工作人员执行法律、行政法规和遵守纪律的情况,进行监督检查。

第七十九条　海关内部负责审单、查验、放行、稽查和调查等主要岗位的职责权限应当明确,并相互分离、相互制约。

第八十条　任何单位和个人均有权对海关及其工作人员的违法、违纪行为进行控告、检举。收到控告、检举的机关有权处理的,应当依法按照职责分工及时查处。收到控告、检举的机关和负责查处的机关应当为控告人、检举人保密。

第八十一条　海关工作人员在调查处理违法案件时,遇有下列情形之一的,应当回避:

(一)是本案的当事人或者是当事人的近亲属;

(二)本人或者其近亲属与本案有利害关系;

(三)与本案当事人有其他关系,可能影响案件公正处理的。

第八章　法律责任

第八十二条　违反本法及有关法律、行政法规,逃避海关监管,偷逃应纳税款、逃避国家有关进出境的禁止性或者限制性管理,有下列情形之一的,是走私行为:

(一)运输、携带、邮寄国家禁止或者限制进出境货物、物品或者依法应当缴纳税款的货物、物品进出境的;

（二）未经海关许可并且未缴纳应纳税款、交验有关许可证件，擅自将保税货物、特定减免税货物以及其他海关监管货物、物品、进境的境外运输工具，在境内销售的；

（三）有逃避海关监管，构成走私的其他行为的。

有前款所列行为之一，尚不构成犯罪的，由海关没收走私货物、物品及违法所得，可以并处罚款；专门或者多次用于掩护走私的货物、物品，专门或者多次用于走私的运输工具，予以没收，藏匿走私货物、物品的特制设备，责令拆毁或者没收。

有第一款所列行为之一，构成犯罪的，依法追究刑事责任。

第八十三条　有下列行为之一的，按走私行为论处，依照本法第八十二条的规定处罚：

（一）直接向走私人非法收购走私进口的货物、物品的；

（二）在内海、领海、界河、界湖，船舶及所载人员运输、收购、贩卖国家禁止或者限制进出境的货物、物品，或者运输、收购、贩卖依法应当缴纳税款的货物，没有合法证明的。

第八十四条　伪造、变造、买卖海关单证，与走私人通谋为走私人提供贷款、资金、账号、发票、证明、海关单证，与走私人通谋为走私人提供运输、保管、邮寄或者其他方便，构成犯罪的，依法追究刑事责任；尚不构成犯罪的，由海关没收违法所得，并处罚款。

第八十五条　个人携带、邮寄超过合理数量的自用物品进出境，未依法向海关申报的，责令补缴关税，可以处以罚款。

第八十六条　违反本法规定有下列行为之一的，可以处以罚款，有违法所得的，没收违法所得：

（一）运输工具不经设立海关的地点进出境的；

（二）不将进出境运输工具到达的时间、停留的地点或者更换的地点通知海关的；

（三）进出口货物、物品或者过境、转运、通运货物向海关申报不实的；

（四）不按照规定接受海关对进出境运输工具、货物、物品进行检查、查验的；

（五）进出境运输工具未经海关同意，擅自装卸进出境货物、物品或者上下进出境旅客的；

（六）在设立海关的地点停留的进出境运输工具未经海关同意，擅自驶离的；

（七）进出境运输工具从一个设立海关的地点驶往另一个设立海关的地点，尚未办结海关手续又未经海关批准，中途擅自改驶境外或者境内未设立海关的地点的；

（八）进出境运输工具，不符合海关监管要求或者未向海关办理手续，擅自兼营或者改营境内运输的；

（九）由于不可抗力的原因，进出境船舶和航空器被迫在未设立海关的地点停泊、降落或者在境内抛掷、起卸货物、物品，无正当理由，不向附近海关报告的；

（十）未经海关许可，擅自将海关监管货物开拆、提取、交付、发运、调换、改装、抵押、质押、留置、转让、更换标记、移作他用或者进行其他处置的；

（十一）擅自开启或者损毁海关封志的；

（十二）经营海关监管货物的运输、储存、加工等业务，有关货物灭失或者有关记录不真实，不能提供正当理由的；

（十三）有违反海关监管规定的其他行为的。

第八十七条　海关准予从事有关业务的企业，违反本法有关规定的，由海关责令改正，可以给予警告，暂停其从事有关业务，直至撤销注册。

第八十八条 未经海关注册登记从事报关业务的，由海关予以取缔，没收违法所得，可以并处罚款。

第八十九条 报关企业非法代理他人报关或者超出其业务范围进行报关活动的，由海关责令改正，处以罚款；情节严重的，撤销其报关注册登记。

报关人员非法代理他人报关或者超出其业务范围进行报关活动的，由海关责令改正，处以罚款。

第九十条 进出口货物收发货人、报关企业向海关工作人员行贿的，由海关撤销其报关注册登记，并处以罚款；构成犯罪的，依法追究刑事责任，并不得重新注册登记为报关企业。

报关人员向海关工作人员行贿的，处以罚款；构成犯罪的，依法追究刑事责任。

第九十一条 违反本法规定进出口侵犯中华人民共和国法律、行政法规保护的知识产权的货物的，由海关依法没收侵权货物，并处以罚款；构成犯罪的，依法追究刑事责任。

第九十二条 海关依法扣留的货物、物品、运输工具，在人民法院判决或者海关处罚决定作出之前，不得处理。但是，危险品或者鲜活、易腐、易失效等不宜长期保存的货物、物品以及所有人申请先行变卖的货物、物品、运输工具，经直属海关关长或者其授权的隶属海关关长批准，可以先行依法变卖，变卖所得价款由海关保存，并通知其所有人。

人民法院判决没收或者海关决定没收的走私货物、物品、违法所得、走私运输工具、特制设备，由海关依法统一处理，所得价款和海关决定处以的罚款，全部上缴中央国库。

第九十三条 当事人逾期不履行海关的处罚决定又不申请复议或者向人民法院提起诉讼的，作出处罚决定的海关可以将其保证金抵缴或者将其被扣留的货物、物品、运输工具依法变价抵缴，也可以申请人民法院强制执行。

第九十四条 海关在查验进出境货物、物品时，损坏被查验的货物、物品的，应当赔偿实际损失。

第九十五条 海关违法扣留货物、物品、运输工具，致使当事人的合法权益受到损失的，应当依法承担赔偿责任。

第九十六条 海关工作人员有本法第七十二条所列行为之一的，依法给予行政处分；有违法所得的，依法没收违法所得；构成犯罪的，依法追究刑事责任。

第九十七条 海关的财政收支违反法律、行政法规规定的，由审计机关以及有关部门依照法律、行政法规的规定作出处理；对直接负责的主管人员和其他直接责任人员，依法给予行政处分；构成犯罪的，依法追究刑事责任。

第九十八条 未按照本法规定为控告人、检举人、举报人保密的，对直接负责的主管人员和其他直接责任人员，由所在单位或者有关单位依法给予行政处分。

第九十九条 海关工作人员在调查处理违法案件时，未按照本法规定进行回避的，对直接负责的主管人员和其他直接责任人员，依法给予行政处分。

第九章 附 则

第一百条 本法下列用语的含义：

直属海关，是指直接由海关总署领导，负责管理一定区域范围内的海关业务的海关；

隶属海关，是指由直属海关领导，负责办理具体海关业务的海关。

进出境运输工具，是指用以载运人员、货物、物品进出境的各种船舶、车辆、航空器和驮畜。

过境、转运和通运货物，是指由境外启运、通过中国境内继续运往境外的货物。其中，通过境内陆路运输的，称过境货物；在境内设立海关的地点换装运输工具，而不通过境内陆路运输的，称转运货物；由船舶、航空器载运进境并由原装运输工具载运出境的，称通运货物。

海关监管货物，是指本法第二十三条所列的进出口货物，过境、转运、通运货物，特定减免税货物，以及暂时进出口货物、保税货物和其他尚未办结海关手续的进出境货物。

保税货物，是指经海关批准未办理纳税手续进境，在境内储存、加工、装配后复运出境的货物。

海关监管区，是指设立海关的港口、车站、机场、国界孔道、国际邮件互换局（交换站）和其他有海关监管业务的场所，以及虽未设立海关，但是经国务院批准的进出境地点。

第一百零一条　经济特区等特定地区同境内其他地区之间往来的运输工具、货物、物品的监管办法，由国务院另行规定。

思考与练习

1.海关的性质是什么？海关的基本职责有哪些？

2.根据《海关法》及有关法律、行政法规，海关的权力主要包括哪些？

3.简述海关与对外贸易管理制度的关系。

4.何为报关管理制度？报关管理制度的作用有哪些？

5.什么是报关？报关的范围有哪些？报关注册登记的程序是什么？

6.什么是异地报关备案制度？异地报关备案的程序是什么？

7.什么是通过？通关的基本程序是什么？

8.什么是海关监管制度？海关监管有何作用？

9.进出口货物申报的程序是什么？查验的程序是什么？放行的程序是什么？

10.海关对进出境运输工具的监管范围是什么？监管的具体目的是什么？

11.进出境物品与进出境货物有何区别？

12.什么是红绿通道通关制度？

13.何为保税制度和保税货物？保税货物有哪些特征？

14.试述保税货物通关的基本程序。

第八章　中国对外贸易的管理制度

学习要求

通过本章的学习，明确我国进行贸易管理的必要性，了解我国对外贸易管理体制的历史沿革和发展路径，重点掌握我国对外贸易管理的法制手段、经济调控手段和行政手段。

第一节　中国对外贸易管理的必要性

经济全球化背景下，国际贸易作为参与国际经济往来的重要途径，对一国的经济发展和国际竞争力的影响日益凸显，因此对外贸易管理就显得尤为必要。实行对外贸易管理是当代经济社会中的普遍现象。世界各国为维护本国的政治、经济利益，在大力发展对外经贸关系的同时，都采取一系列措施来管理本国的对外贸易活动。

一、对外贸易对中国经济发展的重要性

（一）中国对外贸易的迅猛发展

1.对外贸易规模不断扩大

自2001年加入世贸组织以来，我国积极参与经济全球化进程，抓住国际产业转移的历史性机遇，成功应对各种挑战，对外贸易赢得了历史上最好最快的发展时期。2001年我国进出口总值为5 097亿美元，2004年首次突破1万亿美元大关，2007年再破2万亿美元大关，我国对外贸易总额在世界的位次由1978年的第29位跃居第3位，成为名副其实的贸易大国。1978—2008年间，我国进出口总值从206亿美元猛增到25 616亿美元，31年增长了123倍，年均增长速度达到18.1%，平均增速远远高于同期世界贸易和我国GDP增长率。与此同时，我国贸易依存度大幅提升。1978—2007年，我国的贸易依存度由9.7%提高到66.3%，其中出口依存度从4.6%提高到37.1%，中国对外贸易额也由2001年的5 097亿美元，增长至2007年的21 765.7亿美元，于2009年成为全球第二大贸易国，2011年成为全球第一大出口国，2013年首次超越美国成为全球第一大贸易国，表明我国经济已深深融入国际经济体系之中。

2.我国外贸商品结构持续优化

中华人民共和国初期，我国出口商品的80%以上是初级产品，而进口主要是机器设备等生产资料。直到20世纪70年代，初级产品出口占我国出口总额的比重仍在50%以上。改革开放后，我国生产力水平飞速提高，进出口商品结构发生了根本性变化，工业制成品出口比重逐步达到了90%以上，从根本上扭转了大量出口初级产品来换取工业品进口的被动局面。此后，中国制造业总产值继续保持大幅增长，2013年中国制造业产值规模突破20万亿元，占全球比重超过3/1，稳居世界首位。而在世界经济历史上，仅有英国和美国两个国家曾取得这一成就。

改革开放促使我国经济快速发展，对原材料和机械设备的需求不断扩大，进口与出口相应增长。20世纪80年代，工业制成品出口与进口所占比重都有大幅度提高。20世纪90年代，机电产品成为进出口的主力商品，特别是机电产品进口，对加快我国企业技术改造步伐、促进产业结构升级发挥了重要作用。2001年加入世贸组织以来，进出口产品构成进一步发生变化，以IT产业为核心的高新技术产品进出口高速增长，2002—2008年七年间，高新技术产品出口与进口的平均增速分别高达36.8%和27%；高新技术产品出口占我国出口总值的比重从2002年的20.8%上升到2008年的29.1%，同期进口比重从28.1%上升到30.2%。2011年，高新技术产品出口占出口总额的比重由2002年的20.8%提高到28.9%。

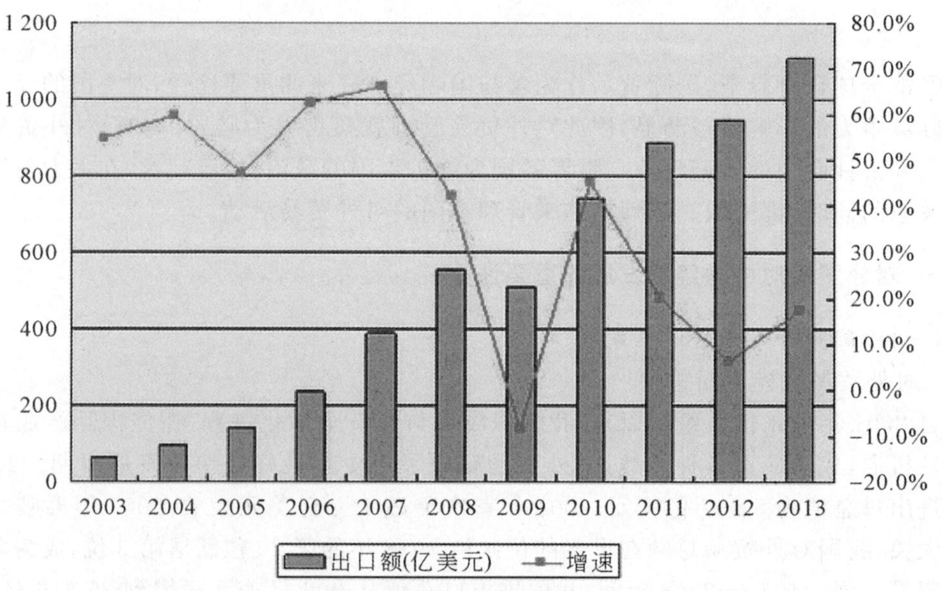

图8.1 中国高新技术产品出口情况

3.我国外汇储备短缺状况得到根本改善

我国从小额逆差转变为巨额顺差，从外汇极度短缺发展成为外汇储备全球第一。1950—1977年，由于各年的进出口规模较小，各年的贸易差额也较小；1978年以来，随着进出口规模迅速扩大和出口竞争力显著增强，相应的顺差大幅增加。1995年贸易顺差首次突破百亿美元大关,达到 167 亿美元。2005 年一举突破 1 000 亿美元,2007 年突破 2 000亿美元,2008 年接近 3 000 亿美元。货物贸易的大额顺差导致国际收支经常项目出现了长期顺差状态,外汇储备大幅增长,2008 年末达到 1.9 万亿美元,成为全球外汇储备第一大国。2009 年 6 月末,国家外汇储备余额为 21 316 亿美元,首次突破 2 万亿美元大关,同比增长 17.84%。上半年国家外汇储备增加 1 856 亿美元,同比少增 950 亿美元。6 月份外汇储备增加 421 亿美元,同比多增 302 亿美元。6 月末人民币汇率为 1 美元兑 6.8319 元人民币。2010 年 12 月国家外汇储备28 473.38亿美元,比上年末增加 4 481 亿美元。

2014 年 4 月 15 日,中国人民银行公布的数据显示,截至 2014 年 3 月末,国家外汇储备余额为 3.95 万亿美元,较 2013 年末增长了 1 300 亿美元。外汇储备作为一个国家经济金融实力的标志,是弥补该国国际收支逆差,抵御金融风暴,稳定该国汇率以及维持该国国际信誉的物质基础。

(二)对外贸易对中国经济发展的促进作用

我国仍处在经济腾飞的中、前期阶段。加入 WTO 之后对外贸易的市场化和自由化程度也将进一步提高,对我国对外贸易发展的推动作用是全面和深远的,因此将会进一步促进我国进出口增长。在今后较长时期内,对外贸易仍将可以继续保持较高的增长速度,规模也存在着广阔的上升空间,对经济增长的贡献也将会进一步加大。

1.对外贸易拉动我国经济增长

改革开放以来,我国外贸额以超过世界贸易年均增长率两倍以上的速度迅速发展,其在世界贸易中的份额不断提高,产品的国际竞争力也不断增强。对外贸易对经济增长具有重要的推动作用。利用投入产出因素分解法对各项最终需求因素对总产出变化的贡献进行分析,结果表明,1985—1995 年我国出品总额对总产出增长的贡献率为 27.6%,国内最终需求的贡献为 63.0%,说明对外贸易对我国经济增长具有不可替代的重要作用。

2.对外贸易促进我国产品和产业结构的调整与升级

外贸与产业结构之间是相辅相成、相互促进的关系,一个国家或地区的比较优势,决定了其进出口商品的结构,而优化进出口商品结构,增加技术含量和高附加值工业制成品在出口产品中的比重,可以推动产业结构的优化升级。

(1)对外贸易的需求功能对我国产业结构的影响

改革开放之前,对外贸易的需求功能较弱,以资源配置功能为主。20 世纪 80 年代,对外贸易的需求功能逐步增强,但资源配置功能依然占据主导地位。90 年代以后,进出口贸易的需求功能大幅度增强,资源配置逐步成为次要功能,出口作为重要的需求因素,成为我国产业结构升级的主要拉动力量之一。①进口贸易在我国经济增长中的作用。改革开放之前,我国经济发展水平较低,进口贸易增长相对较慢,它在我国经济增长中的需求作用十分微弱。改革开放以后,随着进出口贸易规模的快速扩张,进口贸易总额占 GDP 的比重大幅度提升,从 1978 年的 4.62%提高到 2002 年的 25.72%,进口贸易作为需求因素在经济增长中的作用也大幅度增强,成为影响我国经济增长的重要需求因素。②出口在总需求中的作用。改革开放以前,我国经济增长主要是靠投资和消费等国内需求拉动,改革开放以后,随着出口规模的快速扩张,出口在总需求中的比重从 1978 年的 7%提高到 2002 年的 24.2%,投资在总需求中的比重也从 1978 年的 27.92%提高到 2002 年的39.06%，消费占总需求的比重则从1978年的65.08%下降到2002年的36.74%。从需求因素的变化看，改革开放以后，出口和投资在经济增长中的作用大大增强，而消费在经济增长中的作用相对下降。出口所占比重的大幅度提升说明，在产业结构升级与经济发展过程中，出口作为重要的需求因素对经济增长的拉动作用已大大提高。

(2)对外贸易的资源配置功能对我国产业结构的影响

对外贸易在我国经济增长中的重要作用表现为资源从农业和轻工业向工业和重工业的转移。改革开放之后，我国对外贸易快速增长，使其需求功能不断增强，但其资源配置功能对我国经济的发展，特别是工业化进程仍起到了重要的促进作用。从出口商品结构看，初级产品，特别是农副产品出口在出口总额中的比重大幅度下降；同期，机械及运输设备出口快速增长。在进口商品结构中，生产资料和机械及运输设备进口在进口总额中的比重大幅度上升。对外贸易结构的这一变化表明，改革开放之后，我国进出口贸易依然具有很强的资源配置功能。

除此之外，对外贸易还通过增加就业岗位、增加税收等途径为我国的经济发展注入了活力。

二、全球化与贸易管理

20世纪以来，全球化成为世界经济发展最为显著的趋势。经济全球化表现为三种形式，即商品市场的全球化、资本市场的全球化以及要素市场的全球化。国际贸易作为商品市场全球化的主要形式，为世界经济的融合和发展注入了巨大的动力。

(一)国际贸易的迅猛发展

伴随世界经济较快增长和经济全球化的深入发展，当前国际贸易增长明显加速，已经进入新一轮增长期。2004年，全球货物贸易名义增长21%，达到25年来的最高水平。在世界经济强劲增长和国际市场对能源、原材料商品需求旺盛的带动及美元贬值因素的影响下，全球货物和服务贸易总量2004年近11万亿美元，增速达到20%，保持高速增长态势。从1978年到2017年，我国进出口总额从206.4亿美元提高到4.1万亿美元，年均增长14.5%，占全球进出口的比重从0.77%提升到10%左右，在全球货物贸易中的排名由第30位跃升至第1位。自2009年起，我国已连续9年保持全球货物贸易第一大出口国和第二大进口国地位，是名副其实的制造大国、贸易大国。全球贸易的高速增长是科技进步、生产力提高、国际分工深化的共同结果，同时它又促进了世界生产。90年代以来，国际贸易的增长率连续超过世界生产的增长率，导致世界各国的外贸依存度均有不同程度的上升。

(二)国家间的经济联系日益紧密

在经济全球化的推动下，世界各国的经济交往愈加频繁，贸易自由化已是不可逆转的潮流。但是随着国际贸易规模不断扩大，贸易摩擦产生的可能性也就越大。当前，各国经济景气的不均衡性、产业和贸易结构的竞争性、区域贸易集团的排他性、贸易分配利益的两极化以及经贸问题的政治化都是造成贸易保护主义层出不穷的重要原因。

当前世界已进入贸易争端的高发期，并呈现出以下特点。一是基于战略利益考虑而引发的贸易摩擦增多；二是贸易保护的手段不断翻新；三是摩擦从单纯的贸易问题转向更为综合的领域，社会保障问题、汇率制度问题等已成为摩擦的新领域，资源摩擦与贸易摩擦交互作用的趋势越来越明显；四是中国已成为国际贸易保护的最大受害国。从1995年开始，中国已成为遭受反倾销最多的国家。

（三）金融危机与中国对外贸易管理

一般来说，在经济衰退的情况下，各国政府往往倾向于通过刺激内需、降低外贸依存度来保护本国经济的独立性，而20世纪30年代的经济大萧条也确实让人见识了全球范围内的贸易保护主义抬头。目前，金融危机对实体经济的影响也日趋加深，贸易保护主义再度抬头。全球贸易保护主义压力持续上升，出现了提高关税、增加非关税措施、更多地实施救济保障措施的势头，而这些都会成为经济和贸易复苏的障碍。

金融危机下新贸易保护主义的抬头，使我国对外贸易管理的重要性尤为突出。金融危机的爆发以来，作为出口大国的中国成为新一轮贸易保护主义的受害者。原因非常简单，第一，在发展中国家中，中国出口占世界总量的比例最高，极易对贸易伙伴国形成非常大的冲击和影响；第二，中国的产业结构低下，出口的大部分产品是低端劳动密集型产品，竞争非常激烈，容易引发贸易摩擦。再加上我国很多出口企业是中小企业，缺乏运用国际法律武器来维护自身利益的水平和意识。在此背景下，对外贸易管理就成了改善我国的国际贸易环境，维护我国对外贸易利益，保证我国对外贸易健康发展的重要措施和手段。

三、对外贸易管理与中国国际竞争力

20世纪90年代，由于国际市场竞争激烈，工业国家争夺市场份额的斗争越来越尖锐，对资本主义世界经济体系形成强烈的冲击，有关国家出于经济利益的相关性，都认识到加强国际经济协调十分必要。发展中国家通过产业结构和经济结构的调整，以及实施改革开放政策，有力地促进经济的发展，在某些行业和领域已开始与发达国家争夺国际市场份额，发达国家为了保护传统产业的发展，采取了不少的管理贸易措施。因此，对外贸易管理就成为一国维持并提高其竞争力的必要手段。

（一）保证国家对外贸易方针政策的贯彻实施

对外贸易管理是保证中国对外贸易方针政策顺利实施的重要手段，它通过各项具体的管理规定和所采取的管理措施，引导对外贸易企业进行有效的经营，合理安排进出口，发展中国同世界各国的经贸关系，从而保证国家发展对外贸易的任务、目标和方向的实现。

（二）维护国家的经济利益

各国管理对外贸易的根本目的就是要维护本国的经济利益，中国实行对外贸易管理同样是为了保证国民经济的顺利发展，使对外贸易在国民经济中更好地发挥作用。

（三）合理调节进出口商品结构

一国的进出口商品结构是由国内外错综复杂的经济因素综合而成的，因此要不断调整和优化进出口商品结构。这对于在实物形态上实现综合平衡，提高经济效益，改善一国在国际分工中的地位，调整中国的产业结构和产品结构都是至关重要的，而合理安排进出口结构是要通过各种外贸管理措施来实现的。

(四)提高对外贸易经济效益

实行对外贸易管理,有利于保证中国进出口贸易的正常进行,减少外贸经营和经营管理不善的现象,从而提高外贸经济效益。

(五)配合对外贸易体制改革

随着中国外贸的不断深化,要想逐步建立起既符合社会主义市场经济运行机制,又符合国际经济通行规则的新体制,就必须相应地改善对外贸易管理,以保证外贸体制改革各项措施的顺利实施和总目标的实现。

(六)协调和发展国际经济贸易关系

加强对外贸易管理可以保证双边或多边贸易协议的履行,有利于争取对等和公平的贸易条件,也有利于中国在国际贸易中协调和发展国际贸易关系。此外,加强对外贸易管理,对于促进中国社会主义市场经济的建立,加快中国会主义市场经济同国际经济接轨的步伐,促进中国经济贸易的长期稳定发展也起着重要作用。要加速对外贸易的发展,就必须对其存在的问题进行有效的管理。

第二节　中国对外贸易管理制度改革

对外贸易管理体制是指对外贸易的组织形式、机构设置、管理权限、经营分工和利益分配等方面的制度。它是一个国家(或地区)整个经济体制的一个重要组成部分。中华人民共和国成立以来,我国对外贸易体制进行了几次较大的改革,特别是十一届三中全会以后,外贸体制改革成为中国经济体制改革的重要组成部分。随着经济体制改革的深入以及中国加入 WTO,我国外贸体制改革仍在继续。

一、对外贸易管理体制改革路径

中国对外贸易管理体制改革经历了一个从中央高度垄断向对外贸易自由化演进的发展过程,即对外贸易主权由上向下转移改革路径,将其称之为"重心下移"路径。从改革初期到 2004 年修订后的《对外贸易法》的实施,在不同阶段又采取了一些过渡性的数量控制手段。整个对外贸制改革的路径如图 8-2 所示。

(一)扩大地方权限和扩展经营渠道

为了调动地方发展对外贸易的积极性,我国自 1979 年起扩大了广东、福建两省的对外贸易经营权,两省可以自由安排和经营本省的对外贸易,批准设立省属的外贸公司。其后该政策又推向了全国 29 个省、自治区、直辖市以及计划单列市和经济特区,各地方都可以批准设立地方外贸公司,并且一些中央部委也相继成立了自己的进出口公司,审批权悉数下放,甚至还给予了地方政府一定比例的外汇留成比例。1985 年起,外经贸部不再编制下达外贸收购计划和调拨计划,国家只下达进出口总额指标的指导性计划和属于列名管理的主要商品数量的指令性计划。

然而,这些调整并没有改变我国对外贸易政企不分的管理体制,只是中央政府垄断的对外贸易管理权被地方政府取代。尽管存在着严重的进出壁垒,但多层次多类型的外贸

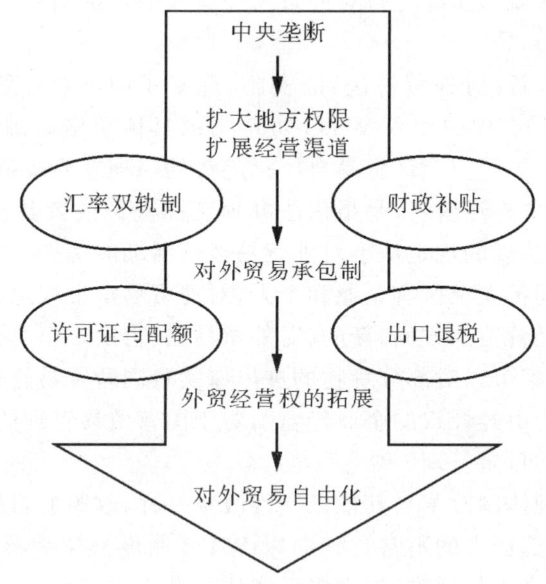

图 8-2 中国对外贸易管理体制演变

资料来源：袁欣.转型时期的中国对外贸易问题研究[M].对外经济贸易大学出版社，2008.4

企业的成立，使对外贸易的经营渠道得以拓宽。

(二)对外贸易承包制

我国从 1987 年开始在部分外贸企业进行经营承包制试点，1988 年起，在承包基数内由中央定额补贴的基础上，中国外贸总公司、工贸总公司及地方政府分别向中央政府承包出口收汇和上缴外汇指标，承包合同期为三年。承包指标再层层往下分解到外贸经营企业和出口企业，盈亏由各单位负责。在轻工、工艺、服装行业，国家则取消出口补贴，完全试行自负盈亏。1991—1993 年的新一轮承包经营责任制中，全部取消了国家对外贸出口的财政补贴。

对外贸易承包经营责任制是对外贸易管理重心的再一次下移，是在产权等复杂和棘手问题解决之前所能采取的次优选择。尽管存在着企业行为短期化和局部利益膨胀化等弊端，但承包制取消了原先计划体制下的出口收购计划和进口调拨计划，打破了由国家统负盈亏的高度集中模式，外贸公司在享受国家垄断外贸经营特权和执行指令性计划或指导性计划的前提条件下，可以独立自主进行贸易经营。

(三)外贸经营权的拓展

1993 年 11 月，中共十四届三中全会通过的《中共中央关于建立社会主义市场经济体制若干问题的决定》规定了对外贸易体制改革的方向，即“统一政策、放开经营、平等竞争、自负盈亏、工贸结合，推行代理制”。从 1994 年开始，除了极少数重要商品由指定外贸公司经营外，对外贸易领域全部取消了指令性计划，企业真正成为市场经营的主体，除了法律法规规定的特殊情况外，货物与技术的进出口实行自由。但是这时期中国并不是实行对外贸易经济自由化，1994 年的《对外贸易法》是一部具有过渡性质的法律。该法规定：“除外资企业以外，从事货物进出口与技术进出口的对外贸易经营者须经国务院对外经济贸易主管部门许可。"这就从实际上将对外贸易经营权的审批制从法律上固定下来。

（四）对外贸易自由化

2004年7月1日，新《对外贸易法》的实施，迎来了中国对外贸易自由化的新阶段。2004年《对外贸易法》是在中国加入WTO协定书的具体承诺基础上对1994年《对外贸易法》的全面修改，是中国顺应全球贸易自由化趋势的一项重要改革。在对外贸易经营权方面，新法规定："对外贸易经营者，是指依法办理工商登记或者其他执业手续，依照本法和其他有关法律、行政法规的规定从事对外贸易经营活动的法人、其他组织或者个人。"对外贸易经营权范围空间扩大至所有企业和个人，对外贸易审批权退出历史舞台，代之以备案登记制度。在具体经营范围方面，新的《对外贸易法》再次重申"国家准许货物与技术的自由进出口"，同时"国家可以对部分货物的进出口实行国营贸易管理"，"实行国营贸易管理货物的进口业务只能由经授权的企业经营"，对于国营贸易管理的货物和经授权的经营企业则实行公开透明的目录管理。

中国对外贸易管理体制改革与其他体制性改革一样，改革的目标是从无到有、从模糊到清晰的，从缓解内外部压力的不自觉到向以WTO制度框架为核心的国际规范的主动靠拢，这中间经历了一个先易后难、先表象后实质的渐进式过程。改革虽然从一开始就缺乏明确的步骤和时序，但改革遵循着试验和进化的演进模式，这就使我们今天能比较清晰地梳理出一个"重心下移"的中国对外贸易管理体制改革的路径脉络。透视这个路径，我们不难发现，中国对外贸易管理体制的演化既是一个"自然选择"过程，也是一个"适应性学习"的过程，两种经济演化机制彼此交叉地发挥着作用。

二、出口管理体制改革

中国外贸体制改革最初的直接动机在于扩大出口贸易，赚取外汇，以满足国民经济建设所需的原材料以及关键设备的进口。扩大出口的必要性体现在，国民经济要实现高速增长，必须进口大量国内短缺的生产资料，而进口增长的必要条件是出口创汇，因而相当长时期内推动出口增长具有一定的强制性。为了推动出口贸易的发展，出口管理体制发生了前所未有的变化，体制的变迁对出口贸易的发展造成了巨大而深远的影响。

（一）外汇管理制度

汇率制度的变化影响一国进出口商品的相对价格，从而影响一国的贸易管理体制。中国外汇制度的改革涉及两个方面的内容：一是外汇管理制度；二是汇率制度。前者主要是通过行政手段控制外汇的使用，从而影响进出口商品的流量，在很大程度上属于行政手段。后者则是通过汇率影响进出口商品的相对价格，进而作用于进出口贸易的规模、水平及效益，更多的属于经济手段。改革开放以来，中国外汇管理体制进行了新的改革，制定和出台了一系列新的举措，为中国经济发展和对外开放作出了巨大贡献。

1.确立了对资本项目进行管理的新方针

1996年11月实现了人民币经常项目可兑换后，中国外汇管理原则及其内容发生了重大变化，即由可兑换前的侧重于外汇收支范围的严格审批转为对交易真实性进行审核，外汇管理的方式由事前管理、直接审批改为事后监督、间接管理的模式。这就是说，凡是经常项目下的交易，只要单证齐全、真实可靠，就可以不受限制地对外支付货款及相关费用。考虑到中国仍然是发展中国家以及20世纪80年代以来拉美等发展中国家脱离实际，过快开放资本项目造成外汇流失、频繁发生金融危机的事实，中国审时度势，适时提出对资本项目进行管理的新方针，并在1997年1月14日新发布的修订后的《中华人民共和国外汇管理条例》中进行了明确规定："国家对经常性国际支付和转移不予限制，……对资本项目外汇进行管理。"

2.构建宽松的外汇环境

中国外汇管理体制改革的一个基本出发点是为中、外资企业及个人创造一个良好的外汇环境，促进国民经济的正常发展和对外开放的顺利进行。本着这一原则，中国外汇管理当局采取了以下几项措施：一是于1997年1月1日起，开始进行远期银行结售汇试点，为企业提供规避汇率风险、降低交易成本的保值手段；同年10月15日，允许符合一定条件的中资企业开立外汇账户，保留一定限额经常项目外汇收入。二是增加外汇管理的透明度、公开性。三是各地外汇管理部门努力提高服务水平，不断探索，为中、外资企业和个人提供优质服务。四是在个人因私用汇方面，也在真实性需求的基础上逐步向便捷宽松的方向发展。

3.完善外汇市场建设

1994年4月4日，设在上海的全国统一的外汇市场——中国外汇交易中心正式运行，从此中国外汇市场由带有计划经济色彩的外汇调剂市场发展到符合市场经济要求的银行间外汇市场的新阶段。为了进一步完善外汇市场建设，1996年12月2日，中国颁布了《银行间外汇市场管理暂行规定》，就银行间外汇市场组织机构、会员管理和交易行为等作出规定。1998年12月1日，中国外汇管理当局宣布取消外汇调剂业务，并相应关闭各地外汇调剂中心，全部境内机构的外汇买卖包括外商投资企业的外汇买卖均纳入银行结售汇体系中，使银行间外汇市场更加统一规范，进一步发挥对外汇资源配置的基础性作用。

外汇体制改革在不同阶段都促进了我国外经贸事业的发展。特别是1994年实行以汇率并轨为核心的外汇体制改革，以及后来人民币汇率形成机制日益市场化，外汇市场长足发展，为各类出口企业创造了平等竞争的良好环境，有助于提高我国出口商品的竞争力，有助于加速外贸企业经营机制的转换，有助于更有效地发挥汇率作为经济杠杆调节对对外贸易的功能，有助于我国外贸体制与国际规则接轨。目前，中国已基本形成了符合世界贸易组织规则和国际惯例的汇率制度，但仍有许多不足之处，还应不断加以改革与完善。

4.实行真正的有管理的浮动汇率制

目前，中国人民币汇率的形成采取盯住美元的做法。这种汇率制度安排，虽然与中国经济发展阶段、企业承受能力和金融监管水平相适应，但汇率浮动区间狭窄，使得人民币汇率制度成了名义上的有管理的浮动汇率制，而实际上是固定汇率制，政府调控的意志超过市场调节的力量。汇率作为一种价格信号，人为刚性控制，有悖于市场经济的原则，对资源配置可能会发出错误信息，弱化汇率对国际经济交易的调节作用。因此，要进一步完善人民币汇率形成机制。目前乃至今后一段时间，中国虽然仍实行有管理的浮动汇率制，但要明确币值稳定是在市场正常波动基础上的相对稳定，应尽量减少政府对对外经济活动交往及相关外汇收付的干预，让外汇供求关系在市场中得到更充分的反映，真正体现人民币汇率是以市场供求为基础、有管理的浮动。

5.实行意愿结汇制

在强制性结售汇制下，绝大多数国内企业的外汇收入必须结售给外汇指定银行，同时中央银行又对外汇指定银行的结售周转外汇余额实行比例幅度管理。当银行持有的结售周转外汇超过最高限比例时，就必须通过银行间外汇市场出售；当不够时，必须从市场购进。这就使得中央银行被动地干预外汇市场造成人民币汇率不完全由市场供求来决定，而在很大程度上受国家宏观经济政策制约。而且强制性的银行结售汇制，使得市场参与者，特别是中资企业和商业银行，持有的外汇必须在市场上结汇，不能根据自己未来的需求和对未来汇率走势的预测自主选择，这种"强卖"形成的汇率，并不是真正意义上的市场价格。因此，要允许企业保留一定的外汇，并逐步提高其比例，最终实现完全的意愿结汇制。这可以使中央银行摆脱其在外汇供求市场的被动地位，将外汇储备和汇率政策作为宏观调控的手段；可以提高企业的出口积极性，与外资企业享有同样的国民待遇，使企业、商业银行、中央银行各持有一定数量的外汇，加快外汇资金周转，提高外汇风险管理能力。

6.培育健全的外汇市场

中国外汇市场的基础是中国外汇交易中心，这是一个全国统一的银行间外汇市场，但该市场存在着严重的缺陷，如外汇市场交易主体较为单一、交易品种和交易工具也不丰富等。因此，要进一步完善外汇市场，允许更多的主体进入国家外汇交易中心进行外汇交易，让更多的企业和金融机构直接参与外汇买卖，同时要增加外汇交易品种和扩大交易范围，试行远期交易和风险低的衍生金融工具交易。同时，应在有序、积极、稳妥的开放原则下，实现资本项目有条件的可兑换，在此基础上逐步实现资本项目的完全可兑换。

（二）出口补贴制度

一般而言，出口补贴是世界各国常用的一项出口贸易促进或鼓励政策。所谓出口补贴通常意义上是指：一国政府根据产业发展目标，给予出口厂商和潜在出口厂商以现金支付或者财政上的优惠待遇。可分为直接补贴和间接补贴两种方式。直接补贴是商品出口时政府支付给出口厂商的现金补贴；间接补贴是商品出口时给出口厂商以财政上的优惠，如减免或返还出口商品所交纳的国内税、制造出口商品所进口的原料和中间品的关税、提供出口信贷或低息贷款等。在我国，由于外贸体制处于双重转轨中，改革开放以来的出口补贴政策更为复杂，既有国际通行的为鼓励出口实施的各种补贴，也有为维持外贸企业运转的亏损补贴。

改革开放以前，外贸公司的出口业务在很多情况下是亏损的，这种损失一般通过在国内市场出售进口商品得以弥补，弥补的方式是以财政补贴的形式进行的。我国在从国家统负盈亏到企业自负盈亏的改革过程中，经历了指定外贸补贴指标、补贴封顶、取消补贴三个阶段。改革初期国家统负盈亏的政策没有改变时，外贸企业承担着完成国家进出口外贸计划的任务，尚不具备企业自负盈亏的经营环境，因此国家对外贸企业的补贴是以指定外贸补贴指标的方式进行的。1988 年实行外贸承包经营责任制以后，外贸企业的经营成果与职工经济利益相联系，国家不能再无限制地背负财政补贴的大包袱，便实行了"超亏不补、结余留用"的财政补贴封顶政策。1991 年开始，随着改革的深入，国家完全取消了对出口的财政补贴，1994 年又完全取消了对进口的财政补贴。

（三）出口退税制度

出口退税制度是一种国际上通行的出口鼓励措施，其根本目的是降低企业出口成本，提高出口产品的竞争力。1985 年，中国开始建立出口退税制度，主要退还出口商品在出口之前的产品税，1988 年又推出了退还消费税和进口关税，并确立了“征多少，退多少，未征不退和彻底退税”的原则。1994 年中国实行了税制改革，建立了与国际惯例接轨的现代增值税制度，同时财政部《出口货物退(免)税管理办法》正式引进了出口退税制度。由于出口退税采用税额退库的操作方式，使出口骗税行为一度严重，而且出口退税全部由中央财政负担，退税额的增长超过财政承受能力，出口退税率一再下调，1998 年为了应对亚洲金融危机导致的出口萎缩，出口退税率才又缓慢回升。2004 年 1 月起，全部由中央财政负担的出口退税已经造成国家欠退税款近 3000 万元。在此背景下，改由中央政府和地方政府按照 3 ∶ 1 的比例分摊退税额，同时出口产品的平均退税率也跟着降低了 3 个百分点。此后，出口退税率一直不稳定，政府针对宏观经济和对外贸易情况随意进行调整。

从出口退税的演变可以看出，出口退税制度在中国从无到有、退税品种从不规范到比较规范地发展起来，但其受外贸发展环境和国家财力等因素严重制约，政策变动过于频繁，退税率波动极其剧烈，反映了这一贸易管理制度在我国的发展尚不成熟，亟待进一步完善。

（四）出口信贷制度

随着贸易自由化的启动与推进，我国于 1991 年取消了对外贸易出口的财政补贴、1994 年取消了外汇留成制度，此后信贷政策成为主要的出口鼓励政策。信贷政策包括设立外贸发展基金、出口信贷、出口信用保险等。

改革开放后，为推动对外贸易的发展，国家通过贷款投资来弥补出口生产资金和外贸企业流动资金的不足。其主要形式有：出口商品生产专项贷款；为生产出口商品而引进技术的短期外汇贷款；“三来一补”项目中的国内配套资金款；出口产品的生产性投资及支持出口商品生产的周转资金等。

20 世纪 90 年代以后，随着我国建立市场经济体制目标的明确，我国按照国际惯例实施出口信贷政策(出口卖方信贷始于 1978 年)。1992 年，中国银行开始向国外进口商及进口方银行提供买方信贷。1994 又成立了国家进出口银行，为我国机电产品及成套设备等资本性货物出口提供信贷支持，并办理出口信用保险及信贷担保。由于外贸计划内贷款比市场利率优惠，在世贸组织规则中被认为是对出口的补贴，属于不公平竞争行为，因而被列入禁止性贸易措施之列。为使我国对外贸易体制符合国际贸易惯例，尤其是使外贸企业摆脱对国家优惠政策的依赖，通过内部效率增长提高经营效率，1995 年国家取消了外贸计划内贷款。此后，国家对出口贸易的金融支持不再是普遍的，而是与国家产业政策相结合，突出对某些特定产业、特定地区的扶持。

综上所述，我国出口信贷政策与外贸体制改革的方向和路径一致。20 世纪 80 年代以来，随着中国出口促进战略的实施，支持出口贸易发展的信贷手段不断加强。此后，由于一些方式与国际贸易惯例相背离，在中国对外贸易趋向自由化的进程中，出口信贷手段不断规范化。

（五）出口配额与许可证制度

我国于1980年颁布了《出口许可制度暂行办法》，开始实施出口配额及许可证制度。20世纪80年代，随着计划控制的不断弱化，出口配额及许可证管理随之加强。随着我国国内经济与对外经济市场化程度的不断提高，配额及许可证这种行政性管理手段与之不相适应。20世纪90年代以来，我国实施配额及许可证管理的商品范围不断减少。20世纪90年代后期，适用出口配额及许可证管理的商品范围进一步缩减，1999年出口许可证管理商品减为58种，2000年进一步减少到54种，占出口总额的比重仅为8%。

入世后，我国根据世贸组织的规则进一步完善出口管理办法，2002年1月1日取消大豆、板栗等11种商品的出口配额管理。此外，原来实行统一联合经营的商品，如大米、玉米、棉花、茶叶、大豆、煤炭、原油、成品油、钨、锑等改为国营贸易管理。自2005年起，进口货物配额管理取消，只剩下进口许可证管理，而且受进口许可证管理的商品越来越少，目前只剩下一种特殊货物，即消耗臭氧层物资。发证机构凭国家消耗臭氧层物资进出口管理办公室批准的"受控消耗臭氧层物资进口审批单"签发进口许可证。中国实行出口许可证管理的商品主要是关系国计民生，大宗的、资源性的，国际市场垄断的和某些特殊的出口货物和国际市场容量有限，有配额限制和竞争激烈、价格比较敏感的出口货物。2012年我国实行出口许可证管理的货物有49中，2014年实行出口许可证管理的货物有48种，分别实行出口配额许可证、出口配额招标和出口许可证管理。

三、进口管理体制改革

改革开放前，中国通过计划手段对进口贸易实施严格的控制，以保证进口替代发展战略的贯彻。改革开放后，随着我国经济发展战略的变化，进口管理体制改革也渐次展开，在以市场为取向的改革进程中，在由计划经济向市场经济体制的转轨中，中国的进口管理体制经历了由严格的计划控制到以关税、非关税为主要壁垒的变迁，再到逐步削弱进口壁垒向贸易自由化的推进。

（一）关税制度改革

改革开放前，由于进口贸易完全按计划进行，关税制度在保护国内进口替代产业方面几乎不起实际作用，最多是政府财政收入的一个来源而已。改革开放后，中国对外贸易的管理手段逐渐转变为国际通行的商业手段，关税也由此开始成为中国重要的进口壁垒以及对外贸易的保护屏障。

1949年颁布的《海关进出口税则》及其实施条例是中华人民共和国第一部独立的专门的海关税法，它统一了全国的关税制度。1985年3月国务院颁发了《进出口关税条例》及新的《海关进出口税则》，以适应新历史时期国家经济体制全面改革形势的需要，贯彻对外开放政策，促进对外经济贸易和国民经济的发展。新税则采用国际上通行的《海关合作理事会商品分类目录》，并根据中国的对外商品贸易情况加列了一些子目。1987年7月，第六届全国人民代表大会常务委员会第十九次会议通过了《海关法》，即时施行，并废止"暂行海关法"。据此，1987年9月，国务院重新修订发布了关税条例，进一步系统地规定了关税的基本制度。同时，明确规定《海关进出口税则》是它的组成部分，构成了中国新的关税制度体系。除了高关税外，为限制消费品的大量进口，中国还于1985年7月实施了进口调节税制度。

直至20世纪90年代初，中国始终维持着一个较高的关税水平，1991年未加权的平均关税税率达到44.05%。中国的贸易保护水平不仅体现在高平均关税率上，而且还体现在"阶梯式"的关税结构上。从20世纪90年代中期以前的历年海关税率来看，中国的关税结构具有"阶梯式"特征，即随着加工程度的加深，名义税率越来越高。从表7.1中可看出，关税税率从高到低依次为消费品、资本品、中间产品、基础原材料。也就是说，中国依然保持着落差较大即离散程度高的"阶梯式"的关税结构。中国实施高关税限制的商品主要集中于最终制成品，特别是生活消费品。

1992年以后，我国经济体制改革的目标明确为要由计划经济向市场经济转轨，同时为加速与世界经济融合，我国的贸易自由化进程启动，高关税逐步得到削减，在申请复关及随后的入世进程中逐步向发展中国家平均水平靠拢。

表7.1　中国关税结构一览表

单位：%

产品类别	1996年	1998年	2000年
所有产品	23	17	15
农产品(不包括渔业产品)	28.8	23.6	32
渔业产品	16.7	20.0	29
石油	21.8	7.9	5
矿产品	32.0	11.5	11
木材、家具、纸	16.3	14.5	17
纺织品和服装	33.6	27.2	22
皮革、鞋帽和旅游制品	14.5	17.0	20
金属制品	13.5	10.1	9
化学制品	28.8	11.9	16
交通运输设备	32.9	26.8	25
非电器设备	22.7	14.2	11
电器设备	9.0	16.8	13
杂项制品	34.1	16.8	13

资料来源："中国外贸体制改革的进程、效果与国际比较"课题组，《中国外贸体制改革的进程、效果与国际比较》，对外经济贸易大学出版社，2007年。

小知识7-1

一、《2017年关税调整方案》主要内容

(一)进口关税税率

1.最惠国税率

(1)对《中华人民共和国加入世界贸易组织关税减让表修正案》附表所列信息技术产

品最惠国税率自2017年1月1日至2017年6月30日继续实施首次降税，自2017年7月1日起实施第二次降税。

(2)自2017年1月1日起对822项进口商品实施暂定税率，自2017年7月1日起，实施进口商品暂定税率的商品范围调减至805项。

2.关税配额税率

继续对小麦等8类商品实施关税配额管理，税率不变。其中，对尿素、复合肥、磷酸氢铵3种化肥的配额内税率继续实施1%的暂定税率。继续对配额外进口的一定数量的棉花实施滑准税。

3.协定税率

根据我国与有关国家或地区签署的贸易或关税优惠协定，对有关国家或地区继续实施协定税率：

(1)中国与澳大利亚、巴基斯坦、瑞士、哥斯达黎加、冰岛、韩国、新西兰、秘鲁的自贸协定以及内地分别与港澳的更紧密的经贸安排(CEPA)项下的部分商品的协定税率进一步降低。

(2)中国与东盟、智利、新加坡的自贸协定、亚太贸易协定以及海峡两岸经济合作框架协议(ECFA)项下的商品继续实施协定税率，商品范围和税率水平均维持不变。

4.特惠税率

对有关最不发达国家继续实施特惠税率，商品范围和税率水平维持不变。

(二)出口关税税率。

对铬铁等213项出口商品征收出口关税，其中有50项暂定税率为零。

(三)税则税目。

2017年，我国进出口税则税目与《商品名称及编码协调制度》同步转版。根据国内需要对部分税则税目进行调整。经转版和调整后，2017年税则税目共计8 547个。

二、其他说明事项

为服务进出口企业，保证《2017年关税调整方案》顺利实施，便于进出口货物的收发货人、经营单位及其代理人有所对照以正确申报，海关总署编制、编印了相关参考资料，有关情况说明如下：

(一)海关总署已编制《2016—2017版〈中华人民共和国进出口税则〉转换对照表》，内容详见海关总署门户网站。

(二)海关总署已编制2017年《非全税目进口商品暂定税率表》，内容详见海关总署门户网站。

(三)《中华人民共和国进出口税则》(2017年版)、《中华人民共和国海关进出口商品规范申报目录》(2017年版)、《进出口税则商品及品目注释》(2017年版)将由中国海关出版社对外发行。

以上资料仅供通关参考。

(四)根据《2017年关税调整方案》，海关总署将对已公布的《中华人民共和国海关总署商品归类决定》《中华人民共和国海关进出口税则本国子目注释》相应调整，内容另行公告。

特此公告。

(二)进口配额和许可证制度

进口配额、许可证制度是我国非关税壁垒中最核心的内容。改革开放后,国家重新启用了进口配额及许可证制度。20 世纪 80 年代,作为计划控制手段的替代,进口配额及许可证制度不断强化。20 世纪 90 年代以后,随着中国加速由计划经济向市场经济体制的转变及入世进程的推进,进口配额及许可证制度开始进行改革,一方面不断规范实施的方式方法,另一方面大幅度减少控制的商品种类。20 世纪 80 年代初,实行进口许可证制度的商品有 24 种。到 20 世纪 80 年代末达到 53 种,占进口总额的比重达 46%。20 世纪 90 年代以后进口配额许可证管理的商品范围逐渐缩减。2001 年,受配额、许可证控制的进口商品减少到 18 种,其中主要是大宗的有关国计民生的原材料及机电产品。同时,我国对配额及许可证管理更加透明公开。

为适应入世的要求,1996 年中国将关税配额制度引入到农产品进口贸易的管理之中,颁布了《农产品进口关税配额管理暂行办法》。关税配额对货物进口的绝对数量不加限制,仅限制关税缴纳的水平。对在一定时期内在规定的关税配额内进口的货物,按照配额内税率缴纳,配额外进口的商品则按配额外关税率缴纳。关税配额管理遵循"统一、公正、公平、透明、可预见、非歧视"的原则,国家根据中国入世货物贸易减让表所承诺的配额量,确定年度进口关税配额管理的农产品的市场准入量及关税率。入世后,我国按照入世承诺及世贸组织规则对进口配额及许可证管理制度进行了进一步调整,到 2003 年实行进口配额及许可证管理的商品减少至 8 种。

综上所述,在我国经济体制由计划经济向市场经济转型的进程中,我国进口体制逐步从计划体制中解放出来。20 多年来,进口体制改革大体经历了两大主要阶段:第一阶段主要是以国际通行的商业手段——关税及非关税壁垒代替传统的计划控制;第二阶段则开始启动了贸易自由化进程,一方面,关税及非关税壁垒不断削弱,行政控制手段逐渐缩减,另一方面,对外贸易直接的行政管理逐渐向国际惯例靠拢,管理手段规范化,透明度提高。贸易保护程度也相应降低,市场的作用开始得到发挥,为下一阶段贸易自由的改革打下了基础。

四、中国外贸管理体制改革的方向

国家对外贸易管理体制是一个国家经济体制的重要组成部分,国家外贸管理体制的具体形态并非一成不变的。深入分析美国、日本等世界贸易强国的国家外贸体制的调整和改革进程可以看出,国家外贸体制的调整和改革方向不能脱离本国的整体发展战略和国情条件,也就是说,国家外贸体制的调整和改革方向必须以促进本国的国民经济与对外贸易的持续、快速、健康发展为目标和前提。

新中国成立以来,中国的外贸体制进行了多次重大的调整和改革。中国外贸体制的历次改革均对中国对外贸易的快速发展产生了积极的推动作用,并在一定程度上促进和支持了中国国民经济的快速、健康发展。然而,与世界上的其他贸易强国相比,中国的外贸体制还存在着诸多有待改进的方面。中国的外贸体制还需要在组织机构的职能界定、对外贸易法律体系及其各项具体法律的建立和完善等方面进行改革。

（一）中国对外贸易管理机构的改革

新中国成立以来，中国的对外贸易管理机构历经多次重大调整，从新中国成立之初的"中央人民政府贸易部"逐渐调整、演变为现在的"中华人民共和国商务部"。研究表明，虽然中国的外贸管理机构在不同的时期被赋予了不同的名称，但总体而言，中国的外贸管理机构并没有采用"分权型"机构设置与管理模式，而是采取了"集中统一型"机构设置与管理模式。

通过比较研究可以发现，世界主要贸易大国中既有实行"分权型"管理模式的国家和地区（比如美国和欧盟），同时也有实行"集中统一型"管理模式的国家和地区（比如日本）。需要特别说明的是，对外贸易管理模式只是国家管理集团实现其对外贸易管理目标的手段，而对外贸易管理模式的选择受制于国家的管理理念和国情条件。总体而言，基于西方文化背景的贸易大国主要实行的是"分权型"管理模式，而基于东方文化背景的贸易大国则主要实行"集中统一型"管理模式。

（二）中国对外贸易法律体系的完善

自新中国成立以来，中国对外贸易体系经历了三个明显的发展阶段：新中国成立初期的对外贸易法律体系的初步建立阶段；20 世纪 80 年代的调整和补充阶段；21 世纪初期为适应中国入世需要所进行的"接轨"阶段。经过上述三个阶段的确立和发展，中国已经建立起包括海关法、进出口商品检验法、涉外经济合同法、海商法、产品质量法、涉外企业经营法、对外贸易法以及外汇管理、技术出口管理、反倾销、反补贴、原产地规则、保障措施等管理条例在内的一整套涉及国家对外贸易管理的对外贸易法律体系。

尽管中国已经建立起一整套支持国家实施对外贸易管理的结构完备的对外贸易法律体系，然而，通过深入分析可以看到，中国对外贸易法律体系的各个具体法律和条例基本上都还停留在对外贸易流程中相关管理技术的原则性规定阶段。由于现行中国对外贸易法律体系的原则性特征以及条款规定不具体特征的影响，导致中国对外贸易法律体系中各个具体法律及其相关条款难以实现有机融合，进而极大降低了中国对外贸易法律执行过程中的可操作性。有鉴于此，有必要对现行对外贸易法律体系中的各项具体法律及其相关条款进行补充和完善。

第三节 中国对外贸易管理的经济调控手段

世贸组织规则是以市场经济为基础的，而市场经济通常又是法制经济。加入世贸组织后，中国将不断加强对外经济法制建设，提高依法管理对外经济的水平。同时中国将进一步完善符合市场经济的外贸管理手段，健全出口退税制度，完善金融和出口保险等贸易服务体系；推进人民币结售汇体制的改革，扩大经常项目可自由兑换的幅度，完善人民币汇率形成机制，提高运用市场手段管理外贸的水平和能力。

一、税收

（一）关税

海关法是我国关税制度的重要法律依据。中国海关是进出关境监督管理机关。海关依照海关法和相关法律、行政法规，监管进出境的运输工具、货物、行李物品、邮递物品和其他物品，征收关税和其他税、费，查缉走私等。进口货物自进境起到办结海关手续止，出口货物自向海关申报起到出境止，过境、转运和通运货物自进境起到出境止，应接受海关监管。准许进出口的货物，由海关依法征收关税。

《进出口关税条例》对关税税率的利用、完税价格的审定、税额的缴纳、退补、关税的减免及审批程序以及申诉程序等作了规定。《海关进出口税则》是《进出口关税条例》的组成部分，具体规定商品的归类原则、商品的税目、税号、商品描述和适用的相关税率。国务院关税税则委员会负责制定或修订《进出口关税条例》《海关进出口税则》的方针、政策、原则，审议税则修订草案，制定暂定税率，审定局部调整税率。

（二）出口退税

出口退税是各国普遍实施的一项有关出口贸易的政策，按照世贸组织的规则，出口退税是一个国家或地区对已报关离境的出口货物，由税务机关根据本国税法的规定，将其已经缴纳的国内增值税或消费税等间接税款，退还给出口企业的一项税收制度。

中国现行的《增值税暂行条例》明文规定，对出口货物实行零税率。《消费税暂行条例》规定对出口货物全额退税，即征税率与退税率一致。这充分体现中国出口退税理想模式原则。但实际操作中，消费税可以做到完全退税，但增值税退税却通过各种规范性文件设计不同退的税率，并且随着经济发展而变化，充分体现出口退税国家宏观调控权。

现实的出口退税制度应该是中性与非中性税收政策的有机结合。出口退税设置应考虑理想状态与其他国内政策目标统一，但出口退税并不是单纯的国内税制度，而是一种涉外税收制度，因此其设置必须尽量符合国民待遇原则，减少其对自由贸易产生的扭曲效应。出口退税“多征少退”以不退为下限，“少征多退”以国际惯例原则许可范围为上限，使出口退税政策在这一范围内成为非中性税收杠杆，通过这一税收杠杆运用对外贸进出口进行总量和结构的调节。事实上，世界大多数实行出口退税制度的国家都采用与理想模式相背离的各种变异形式。在一定范围内出口退税可以成为一种相机抉择的政策手段，通过对外需的调节而对整个经济增长起重要作用，进而也可以将出口退税政策当作积极财政政策的一部分。

二、汇率制度

为了进一步实现我国对外经济贸易发展战略，促进对外经贸工作的全面发展，从1994 年 1 月开始我国实行了以市场供求为基础的有管理的单一浮动汇率制度，建立了银行间的外汇交易市场，外汇收支实行结售汇制度。

1994 年 1 月 1 日汇率并轨后，中国开始实行以市场供求为基础的、单一的、有管理的浮动汇率制。中国人民银行按照前一营业日银行间外汇市场形成的加权平均汇率，公布人民币对美元、欧元、港元、日元四种货币的市场交易中间价。中国人民银行对人民币汇率进行宏观调控和必要的市场干预，以保持汇率的合理和稳定。1998 年，亚洲金融危机爆发，人民币面对着强烈的贬值压力，但中国政府以对国家社会负责的精神，顶住压力保持了人民币对外币值的稳定。其实从 1995 年到 2001 年间，人民币对美元升值 5%，以后人民币兑 1 美元保持在 8.27～8.28 元之间，汇率基本盯住了美元。

2005年7月21日的人民币汇率机制改革主要包括以下几方面的内容。一是放弃盯住美元,而是参考一揽子货币进行调节。参考一揽子并非盯住一揽子,政府可以有较大的自由来确定干预的时机和力度。二是将收盘价作为下一个工作日的中间价格,央行规定了各种货币交易价格对中间价格的浮动幅度。三是人民币对美元升值2%,调整为8.11元人民币/美元。此后,央行推出了系列的配套措施,如:扩大办理人民币对外币远期业务银行主体,允许银行对客户办理不涉及利率互换的人民币与外币掉期业务;扩大银行间即期外汇市场非美元货币对人民币交易价的浮动幅度,调整了银行对客户美元挂牌汇价的管理方式,并扩大了买卖价差幅度,取消银行对客户的非美元货币挂牌汇价的价差幅度限制扩大议价范围,允许银行对大客户议价;央行在外汇市场与商业银行进行美元与人民币的货币掉期业务操作,主动化解升值压力;银行间外汇市场引入做市商制度,并从2006年第一个交易日起,在银行间市场推出即期询价交易方式等。

作为人民币汇率调节的一个参考,一篮子货币的选取以及权重的确定主要是考虑中国国际收支经常项目的主要交易国家、地区及其货币。即综合考虑在中国对外贸易、外债(如付息)、外商直接投资(如分红)等外经贸活动中占较大比重的主要国家、地区的货币,组成一个货币篮子,并分别赋予其在篮子中相应的权重。人民币汇率调节还应适当考虑外债币种结构,考虑外商直接投资的因素,以及经常项目中一些无偿转移类项目的收支。参考一篮子货币不是盯住一篮子货币。中国实行的是以供求为基础、参考一篮子货币进行调节、有管理的浮动汇率制度,与钉住美元的汇率制度相比,可以更全面地反映人民币对主要货币的变化,有利于较好地应对美元不稳定所带来的影响,降低人民币多边汇率的波动。

可见,此次汇率调整重点不在于汇率水平的升降,而在于机制改革。从长远看,它只是汇率制度变革的开始。为最终实现人民币可自由兑换,汇率制度应该朝着更为灵活的浮动汇率制度方向发展。

三、与行政手段相关的经济调控手段

行政手段是国家经济管理机构通过制定和下达指示、命令、规定等形式直接干预社会经济活动的各种措施。行政手段与经济手段相比具有强制性、权威性、直接性和无偿性的特点,能在短时间内集中力量解决重大经济问题,与法律手段相比,它可以根据不同场合、不同情况作出及时反应,因而具有明显的灵活性。对外贸易管理的行政手段可以弥补和修正市场自发机制的缺陷,有效地维护我国对外贸易的秩序,使其在健康的轨道上发展。我国对外贸易管理的行政手段是以对外贸易的有关法规为依据的。我国运用行政手段管理对外贸易必须遵循的原则是,在管理上要制度化、规范化、科学化,符合国际贸易惯例。

根据国际贸易规范和我国的实际情况,我国对外贸易管理的主要行政和经济手段结合的方法是:进出口配额管理、进出口许可证管理、对外贸易经营审批管理、外汇管理、海关管理以及进出口商品检验管理。

(一)进出口配额管理

进出口商品的配额管理是指国家对部分货物的进出口规定一定的数量或金额限制,在限额之内,允许进出口;超过限额则不准进口或出口。配额管理与进出口许可证管理一

样，是各国普通使用的数量限制措施。实施进出口配额管理，可以有效防止盲目进出口造成的对国内相关产业的冲击，减少外汇浪费，同时也有利于对重要物资和敏感商品的控制，保证本国经济的顺利发展。

为履行 WTO 义务，国务院于 2001 年 12 月 10 日发布了《货物进出口条例》；同年 11 月 8 日，当时的外经贸部发布了《工业品出口配额招标实施细则》；同年 12 月 20 日，还发布了《机电产品进口配额管理实施细则》《出口商品配额管理办法》《出口商品配额招标办法》《纺织品被动配额管理办法》，对进出口配额问题作出了新的规定。现在商务部负责全国进出口商品配额管理工作。各省、自治区、直辖市及计划单列市外经贸委（厅、局）根据商务部的授权，负责本地区的进出口商品配额管理工作。

1.进口配额管理制度

根据新的进口配额管理的法律和法规，我国对进口配额实行以下管理制度：

(1)实施进口配额管理的货物。国家规定有数量限制的限制进口货物，实行配额管理。

(2)配额总量。外经贸部在每年 7 月 31 日前公布下一年度进口配额总量。根据需要，外经贸部可以对年度配额总量进行调整，并在实施前 21 天予以公布。

(3)配额的申请与使用。配额申请人应当在每年 8 月 1 日至 8 月 31 日向进口配额管理部门提出下一年度进口配额的申请。进口配额管理部门自规定的申请期限截止之日起 60 天内作出是否发放配额的决定。进口经营者凭进口配额管理部门发放的配额证明，向海关办理报关验放手续。配额持有者未使用完其持有的年度配额的，应当在当年 9 月 1 日前将未使用的配额交还进口配额管理部门。未按期交还并且在当年年底前未使用完的，进口配额管理部门可以在下一年度对其扣减相应的配额。

(4)配额的分配。进口配额管理部门在每年 10 月 31 日前将下一年度的配额分配给配额申请人。

(5)机电产品的进口配额。我国对机电产品实行单独的配额管理。根据《机电产品进口配额管理实施细则》，商务部负责会同海关总署制定、调整和公布机电产品进口配额目录。外经贸部于每年 7 月 31 日前公布下一年度全国机电产品进口配额总量，并可根据需要对年度机电产品配额总量进行调整，在实施前 21 天予以公布。①配额的申请与分配。每年 8 月 1 日至 8 月 31 日，申请进口单位向外经贸部提交下一年度机电产品进口配额申请。每年 10 月 31 日前，外经贸部向获得配额的申请进口单位签发“机电产品进口配额证明”。持有配额的进口单位最迟于每年 9 月 1 日前，将当年不能用完的配额许可证交回商务部。商务部在每年 9 月 1 日起的 10 个工作日内，对交回的配额许可证所载明的配额进行再分配。②申请程序。进口属于配额管理的机电产品，申请进口单位应向相关的地方经贸主管机构、部门机电办提交“机电产品进口申请表”及其他有关文件，办理核实手续。未设立机电办的部门，申请进口单位应当向本单位工商注册地或者法人登记地的地方外经贸主管机构办理核实手续。经核实，申请进口单位应当在规定的配额申请期限内向外经贸部申领“机电产品进口配额证明”。进口单位持证明申领“进口配额许可证”，申领有效期为“机电产品进口配额证明”签发的当年。

2.出口配额管理制度

新的《出口商品配额管理办法》对出口配额的管理作了具体规定，适用于各种贸易方式下配额管理商品的出口。但是下列出口配额管理商品不适用该办法:实行配额招标或有偿使用管理的出口商品;根据多、双边协议的规定,实行被动配额管理的出口商品;该办法附件中所列商品。

(1)实行出口配额管理的商品范围。国家规定有数量限制的限制出口货物,实行配额管理。实行配额管理的出口商品目录由外经贸部制定、调整,并在实施前 21 天公布。

(2)出口配额总量。出口商品配额总量由外经贸部确定,并于每年 10 月 31 日前公布下一年度出口配额总量。

(3)出口配额的申请与使用。依法享有进出口经营许可资格,并且近 3 年内在经济活动中无违法、违规行为的出口企业,可以申请出口商品配额。地方管理企业向地方外经贸主管部门提出配额申请;地方外经贸主管部门对本地区企业的申请审核、汇总后,上报外经贸部。中央管理企业直接向商务部申请出口商品配额。商务部于每年 11 月 1 日至 11 月 15 日受理各地方外经贸主管部门和中央管理企业提出的下一年度出口商品配额的申请。

出口经营者凭配额证明,向海关办理报关验放手续。配额持有者未使用完其持有的年度配额的,应当在当年 10 月 31 日前将未使用的配额交还出口配额管理部门。未按期交还并且在当年年底前未使用完的,出口配额管理部门可以在下一年度对其扣减相应的配额。

(4)出口配额的分配、调整和管理。出口配额可以通过直接分配的方式分配,也可以通过招标等方式分配。商务部于每年 12 月 15 日前将下一年度的出口配额分配给各地方外经贸主管部门和中央管理企业。各地方外经贸主管部门应及时将配额分配给本地区提出申请的出口企业。当国际市场存在不稳定因素时,外经贸部可将下一年度出口配额分两次分配。第一次分配应当于每年 12 月 15 日前将下一年度不少于总量 70% 的配额下达分配;剩余将不晚于当年 6 月 30 日下达。地方企业应当及时将其无法使用的年度配额交还地方外经贸主管部门,地方外经贸主管部门可将其在本地区内重新分配或于当年 10 月 31 日前上交商务部。中央管理企业应当于当年 10 月 31 日前将无法使用的年度配额直接交还外经贸部。

为加强对出口配额管理商品的监控,建立科学、规范、高效的出口商品配额管理机制,商务部外贸司、中国国际电子商务中心合作开发了“出口商品配额管理系统”,并于 2001 年 1 月 1 日起正式启用。从 2002 年起,商务部配额许可证事务局推广使用联网发证程序。

(5)出口配额许可证的申领。出口企业凭外经贸部或地方外经贸主管部门发放的配额证明文件,向外经贸部授权的许可证发证机构申领出口配额许可证,并凭该证向海关办理报关验放手续。

(二)进出口许可证

进出口许可证制度是我国对外贸易管理的重要措施之一,它是指对外贸易经营者进口货物或出口国家限制进出口的货物或技术时,必须取得进出口许可证方可进出口的制度。

1.进口许可证管理制度

(1)领取进口许可证的货物

国家对有数量限制和其他限制的进口货物实行进口许可证管理。商务部负责发布进口许可证管理商品目录和分级发证目录。根据外经贸部和海关总署于 2009 年 12 月 25

日发布的《2010年进口许可证管理商品目录》,2010年实行进口许可证管理的商品共12大类,总计235个8位商品编码。

(2)进口许可证的签发机关

我国对进口商品实行分级发证制度。商务部统一签发进口货物许可证,具体办理发证的机关是商务部配额许可证事务局。商务部驻主要口岸特派员办事处代表外经贸部签发在其联系地区内的有关部门的部分进口货物许可证。此外,外经贸部授权各省、自治区、直辖市、计划单列市对外经济贸易主管部门签发本地区所属各部门的部分进口货物许可证。

(3)进口许可证的签发

各发证机构按照年度《进口许可证管理商品目录》和《进口许可证管理商品分级发证目录》签发相关商品的进口许可证。全国各类进出口企业进口《进口许可证管理商品目录》中的商品,必须到《进口许可证管理商品分级发证目录》指定的发证机构申领进口许可证。

(4)"一证一关"制和"一批一证"制

我国对进口许可证管理实行"一证一关"制,一般情况下实行"一批一证"制。"一证一关"是指进口许可证只能在一个海关报关。"一批一证"是指进口许可证在有效期内一次报关使用。实行"非一批一证"管理的进口许可证,每证可以多次报关使用,但最多不超过12次,由海关在"海关验放签注栏"内逐批签注核减进口数量。

(5)申领进口许可证的单位及申领程序

进口经营者应当向进口许可证管理部门提出申请,进口许可证管理部门自收到申请之日起30天内决定是否发放进口许可证。进口经营者凭进口许可证向海关办理报关验收手续。

(6)进口许可证的发证依据

各发证机构按《进口许可证管理商品目录》和《进口许可证管理商品分级发证目录》范围签发进口许可证。属于配额管理商品,凭有关部门签发的配额批准文件签发进口配额许可证。对许可证管理商品,凭有关部门签发的批准文件签发进口许可证。对加工贸易进口属于许可证管理的商品,除许可管理目录列出的商品外,一律免领进口许可证。

(7)进口许可证的有效期及延期

进口许可证的有效期为1年,并在当年有效,需要跨年度使用时,进口许可有效期的截止日期不得超过次年3月底。进口许可证因故在有效期内未使用,进口企业应在进口许可证有效期内向原发证机构提出延期申请。因故在有效期内未使用完的,应在进口许可证有效期内提出未使用部分的延期申请。进口许可证只能延期一次,且延期不超过3个月。

2.出口许可证制度

鉴于我国在2001年12月11日正式成为WTO的成员,我国于2001年12月10日和20日分别发布了《货物进出口条例》和《出口许可证管理规定》,对出口许可制度作出了新的规定。

(1)领取出口许可证的货物

对下列情况之一,国家可以实行出口配额许可证或出口许可证管理:①为维护国家安全或者社会公共利益,需要限制出口的;②国内供应短缺或者为有效保护可能用竭的国内资源,需要限制出口的;③对任何形式的农业、牧业、渔业产品有必要限制出口的;④根据中国缔结或者参加的国际条约、协定的规定，需要限制出口的。

(2)出口许可证的签发机关及签发

出口许可证的签发机关与进口许可证的签发机关相同。各发证机构按照年度《出口许可证管理商品目录》和《出口许可证分级发证目录》的要求，自收到申请之日起3个工作日内签发相关出口商品的出口许可证。全国各类进出口企业出口《出口许可证管理商品目录》中的商品，必须到《出口许可证分级发证目录》指定的发证机构申领出口许可证。凡属指定发证机构发证的商品，全国各类进出口企业一律到指定的发证机构办理出口许可证。

(3)"一证一关"制和"一批一证"制

我国对出口许可证管理实行"一证一关"制和"一批一证"制，下列情况之一的，不实行"一批一证"制：外商投资企业出口许可证管理的商品；补偿贸易项下出口许可证管理的商品；其他在《出口许可证管理商品目录》中规定不实行"一批一证"的出口许可证管理商品。实行"一批一证"管理的出口许可证，每证只能报关使用1次；实行"非一批一证"管理的出口许可证，每证可以多次报关使用，但最多不超过12次，由海关在"海关验放签注栏"逐批签注出运数。

(4)出口许可证的发证依据

各发证机构按《出口许可证管理商品目录》和《出口许可证分级发证目录》范围，依下列规定签发出口许可证：①实行配额许可证管理的出口商品，凭下达配额的文件和出口合同；②实行配额有偿招标的出口商品，凭中标企业名单、中标数量、申领配额招标商品出口许可证证明书或配额招标商品转受让证明书和出口合同；③实行配额无偿招标的出口商品，凭中标企业名单及中标数量、中标证明书或转受让证明书和出口合同；④实行配额有偿使用管理的出口商品，凭申领配额有偿使用商品出口许可证证明书和出口合同；⑤核及核两用品及相关技术、易制毒化学品、重水、计算机、监控化学品、消耗臭氧层物质以及其他实行出口许可证管理的出口商品，凭有关批准文件及出口合同。

(5)出口许可证的有效期及延期

出口配额的有效期为当年12月31日前，出口企业应在配额有效期内向发证机构申领出口许可证。各发证机构自当年12月16日起，根据商务部或各地方外经贸主管部门下发的下一年度出口配额签发下一年度的出口许可证。实行出口配额管理商品的出口许可证有效期为6个月。需要跨年度使用时，出口许可证有效期的截止日期不得超过次年2月底。以加工贸易方式出口属配额许可证管理，但不占用出口配额的商品，其出口许可证有效期按"加工贸易业务批准证"核定的出口期限核发。

出口许可证应在有效期内使用。出口许可证因故在有效期内未使用，出口企业应在出口许可证有效期内向原发证机构提出延期申请。出口许可证因故在有效期内未使用完的，出口企业应在出口许可证有效期内向原发证机构提出未使用部分的延期申请。

(三)外汇管理制度

1.人民币经常项目可兑换

(1)经常项目外汇收入实行银行结汇制度。境内机构经常项目下的外汇收入，除国家规定准许保留的外汇可以在外汇指定银行开立外汇账户外，都须及时调回境内，按市场汇率卖给外汇指定银行。凡经有权管理部门核准或备案具有涉外经营权或有经常项目外汇收入的境内机构(含外商投资企业),经注册所在地国家外汇管理局及其分支局批准均可开立经常项目外汇账户,在核定的最高金额内保留经常项目外汇收入。

(2)取消经常项目外汇支付限制。境内机构经常项目用汇,可以按照市场汇率凭相应的有效凭证用人民币向外汇指定银行购汇或从其外汇账户上对外支付。佣金等超过一定比例或数额,经外汇局进行真实性审核后,可以在银行办理兑付。个人因私用汇,标准以内的可以凭有效凭证直接到银行办理,超过标准的可以持有效凭证到外汇局进行真实性审核后到银行购汇。

(3)实行进出口收付汇核销制度。1991 年 1 月 1 日,中国开始实行出口收汇核销制度;1994 年 8 月 1 日始,又实行了进口付汇核销制度。出口收汇核销是指货物出口后,由外汇局对相应的出口收汇进行核销;进口付汇核销是指进口货款支付后,由外汇局对相应的到货进行核销。出口收汇核销和进口付汇核销制度,成为监督进出口外汇资金流动,进行经常项目下银行结售汇真实性审核,防范外汇资源流失和防范资本流动冲击的重要手段。1999 年 5 月 1 日起实行出口收汇考核办法,以出口收汇率为主要考核指标,对出口企业收汇情况分等级进行评定,并对不同等级的企业采取相应的奖惩措施,扶优限劣,支持出口,并督促企业足额、及时收汇。

(4)通过进出口报关单联网核查系统进行贸易真实性审核。1999 年 1 月 1 日,海关、外汇指定银行和外汇局之间的进出口报关单联网核查系统正式启动,大大便利了企业进出口项下结、售、付汇的真实性审核,提高了工作效率。

2.资本项目外汇严格管理

根据中国外汇管理体制改革的总体部署和长远目标,中国资本项目外汇收支管理的基本原则是,在取消经常项目汇兑限制的同时,完善资本项目中国外汇管理,逐步创造条件,有序地推进人民币在资本项目下可兑换。在上述总原则下,目前中国对于资本项目外汇还进行严格管理并执行三个共同原则:一是除国务院另有规定外,资本项目外汇收入均需调回境内;二是境内机构(包括外商投资企业)的资本项目下外汇收入均应在银行开立外汇专用账户,外商投资项下外汇资本金结汇可持相应材料直接到外汇局授权的外汇指定银行办理,其他资本项下外汇收入经中国外汇管理部门批准后才能卖给外汇指定银行;三是除外汇指定银行部分项目外,资本项目下的购汇和对外支付,均需经过中国外汇管理部门的核准,持核准件方可在银行办理售付汇。现阶段,中国国际收支资本项目中主要是对外借债和对外担保、外商直接投资和对境外直接投资三种形式。

(1)对外债和对外担保的管理。

中国对外债实行计划管理,中资金融机构和中资企业借用 1 年期以上的中长期外债需纳入国家利用外资计划。1 年期以内(含 1 年)的短期外债由国家外汇管理局管理,国家外汇管理局分别给有关省市金融机构或企业下达余额控制指标。有短贷指标的机构可以在余额范围内借用短期国际商业贷款,期限不超过一年,可以在余额范围内周转使用。外商投资企业借用国际商业贷款无须事先批准。

所有的境内机构(包括外商投资企业)借用外债后,均需及时到外汇局定期或者逐笔办理外债登记。实行逐笔登记的外债,其还本付息都需经外汇局核准(银行除外)。境内机构(财政部代表国家在境外发行债券除外)在境外发行中长期债券经国家发展和改革委员会审核并会签国家外汇管理局后报国务院审批。在境外发行短期债券由国家外汇管理局经审批，其中设定滚动发行的，由国家外汇管理局会同国家发展和改革委员会审核。地方政府不得对外举债。境内机构发行商业票据由国家外汇管理局审批，并占用其短贷指标。已上市的外资股公司对外发行可转换债券，按境内机构对外发债的审批程序办理。

对外担保属于或有债务，其管理参照外债管理，仅限于经批准有权经营对外担保业务的金融机构（不含外资金融机构）和具有代位清偿债务能力的非金融企业法人可以提供。除经国务院批准为使用外国政府贷款或者国际金融组织贷款进行转贷外，国家机关和事业单位不得对外出具担保。除财政部出具担保和外汇指定银行出具非融资项下对外担保外，境内机构出具对外担保需经外汇局逐笔审批。对外担保也须向外汇局登记，对外担保履约时需经外汇局核准。

（2）对外商直接投资的管理

为鼓励外商直接投资，中国对外商投资企业资本项目下的外汇收支活动采取以下的管理办法：①外商投资企业外方投资资本金可以开立外汇账户保留外汇，为筹建外商投资企业外方投资资本金可以开立外汇账户保留外汇，外资非法人合作企业（合作项目）可开立投资专项账户保留外汇，外商投资项下外汇资本金结汇可持相应材料直接到外汇局授权的外汇指定银行办理，其他资本项下外汇收入经外汇局批准后可以结汇；②外商投资企业可以直接向境内外银行借款，自借自还，事先无须报批，事后须向外汇局登记，但中长期对外借款余额不得超过外商投资企业总投资与注册资本的差额；③中外合作经营企业外方先行收回投资、外商投资企业依法停业清算、减资、股权转让等所得资金，经批准后可以从其外汇账户中汇出或者购汇汇出；④允许外商投资企业用人民币利润、企业清算、股权转让、先行回收投资、减资等所得货币资金进行再投资，享受外汇出资待遇；⑤为进行监督和管理，对外商投资企业实行外汇登记和年检制度。

（3）对境外直接投资的管理

中国对资本输出进行严格管理。目前负责境外投资项目审批的主管部门是国家计委和外经贸部及其授权部门，国家外汇管理局是境外投资的外汇管理机关，核心内容包括：①境内机构进行境外投资，需购汇及汇出外汇的，须事先报所辖地外汇分局（外汇管理部）进行投资外汇资金来源审查；全部以实物投资的项目、援外项目和经国务院批准的战略性投资项目免除该项审查。②境外投资项目获得国家境外投资主管部门批准后，境内投资者应到外汇管理部门办理境外投资外汇登记和投资外汇资金购汇汇出核准手续。③境内投资者应按时将境外投资企业有关情况（含境外企业的财务报表）报外汇局备案。④境外投资企业重大资本变更（如增资、再投资、中方转让股权、中方收购外方股权等）的审查或核准。⑤国家对境外投资实行联合年检制度，境内投资者应按时参加境外投资联合年检。

现阶段，为适应中国加入世界贸易组织后的新形势，中国外汇管理将一如既往地坚持改革开放的大方向，坚持人民币完全可兑换的长远目标。在此前提下，不断改进经常项目外汇管理手段，进一步完善资本项目外汇管理措施，围绕维护国际收支平衡和人民币汇率稳定，加强银行外汇收支监管，打击外汇非法交易活动，整顿和规范外汇市场秩序，提高服务水平，努力为支持对外贸易和鼓励外商来华投资创造良好的环境和条件，最终实现包括资本项目可兑换在内的人民币完全可兑换，促进国民经济健康发展。

（四）海关管理

进出境货物的海关监管制度是指海关依法对进出境货物实行监督管理的制度。它是我国对外贸易管理的重要措施之一。海关通过对进出境货物的监管实现对进出口货物的有效控制。

我国对进出境货物的监管分为对一般贸易进出境货物的监管以及对特殊进出境货物的监管。其中，前者是海关监管的重要对象。特殊进出境货物是指无代价抵偿货物、进口误卸及溢卸货物、暂时进出口货物、进出口货样及广告品、进出口展览品、对外加工装配和中小型补偿贸易进出口货物、外商投资企业进出口货物、经济特区进出口货物、经济技术开发区进出口货物、沿海开放地区进出口货物等。

随着我国对外贸易的发展以及信息化的发展，传统的海关业务管理体制和通关模式已经不能适应新形势的需要，必须进行全面改革。海关总署决定，从 2001 年 1 月 1 日起在全国范围内全面实行新的通关制度。海关通关作业改革是指按照集约化、信息化、规范化和专业化的要求，对现行通关作业流程、作业方式、职能管理实现方式进行全面、系统的改革。新的通关管理模式将通关作业流程分为前、中、后三个阶段，并建立审单、物流监控和职能管理三大系统，各系统相互支持，合作完成通关业务。新的审单作业系统包括电子审单、审单中心专业化审单和隶属海关现场接单审核三个环节连续作业。改革后的新通关模式利用先进的信息技术，对申报数据实行计算机规范性审核控制，将分散的审单作业集中到同一计算机网络平台上进行，改变了各部门因对政策和法规理解的不同，关区内各现场作业流程、模式不统一、不规范的状况，减少了通关作业的随意性，保证了海关业务管理的规范性和执法的统一性。在物流监控方面，从过去的一个部门决定查验变为多部门、多环节共同决定，在一定程度上化解了通关管理中的风险。通过新的通关制度试点，通关效率大为提高。

（五）进出口商品检验制度

根据《中华人民共和国进出口商品检验法》的规定，对于列入《进出口商品检验种类表》（以下简称《种类表》）和其他法律、行政法规规定须经商检机构检验的进出口商品，必须依法实施检验。我国进出口商品检验工作的主管机关是国家商品检验局，各省、自治区、直辖市商检局及其分支机构负责管理该地区的进出口商品检验工作。国家商检部门根据《商检法》和对外贸易发展的需要，制定、调整、公布《种类表》。凡是列入《种类表》的进出口商品，在办理进出口通关手续前，必须向商检机构申请商品检验。对暂时进出口货物、非销售用的展览品、陈列品、保税仓库货物、来料加工装配进出口货物、进出口样品和礼品、免税品、免税外汇商品以及其他非贸易性物品，除另有规定外，免予法定商品检验。

列入《种类表》的进口商品，收货人必须向卸货口岸或者到达地的商检机构办理登记，海关凭商检机构在报关单上加盖的“已接受登记”印章验放。进口商品办理登记后，收货人必须在合同约定的或商检机构规定的检验地点、时间内，持有关单证向商检机构报验。列入《种类表》的出口商品，发货人应当在商检机构规定的期限内持合同等必要单证，向商检机构报验，海关凭商检机构签发的检验证书、放行单或者在报关单上加盖的印章放行。

实施进出口商检的商品，若属国家规定应实施其他管制的，如许可管理、动植检、食检的，进出口货物通关时，还应办理相关的进出境手续。

本章小结

1.进出口管理是国家通过制定有关法律、法规，运用经济手段和必要的行政手段进行的，是中国对外贸易方针政策的实施和体现。

2.当前，中国基本上改变了过去单纯依靠指令性计划和行政命令来管理对外贸易活动的做法，主要是运用法律手段和经济调控手段，并辅以必要的行政手段来实行对外贸易管理。截至目前，中国已基本建立了以《中华人民共和国对外贸易法》为核心的对外贸易法律体系。

3.在健全与强化经济手段方面，主要是通过关税、补贴等经济杠杆进行管理，以实现调控外贸经济活动和外贸关系的目的。

4.在行政管理手段方面，根据国际贸易规范和中国的实际情况，逐步使其制度化、规范化、科学化。中国的行政管理手段主要有：配额管理、许可证管理、外汇管理、海关管理以及进出口商品检验管理。

重要概念和术语

对外贸易管理体制　对外贸易承包制　外汇管理制度　出口补贴制度　出口退税制度　出口信贷制度　进出口配额与许可证制度　进出口商品检验制度

中美外贸管理制度的比较

一、美国对外贸易管理制度

（一）与贸易有关的主要法律

美国贸易法律体系涵盖关税及海关法、进出口管理法律、贸易救济法律、基于安全考虑的贸易立法，以及为实施诸多对外贸易协定制定的国内立法等。美国是普通法系国家，其贸易法律体系既包括成文法，也包括有效的法院判例，这些判例是对成文法的具体实施或有效补充。

以下几部法律形成了美国贸易法律体系的支柱性立法。经修改后的《1930 年关税法》是关于关税制定和征收的主要法律，并就反倾销和反补贴问题作出了规定。经修改后的《1974 年贸易法》就非关税壁垒、对发展中国家的普惠制待遇、保障措施及 301 调查等问题作出了规定。经修改后的《1979 年贸易协定法》批准了东京回合谈判成果，将有关贸易救济、海关估价、政府采购、产品标准等成果纳入了美国的贸易法体系。《1988 年综合贸易与竞争法》增强了行政部门的贸易谈判权以及对不公平贸易采取措施的权力，并全面修订了当时存在的诸多贸易法律，包括反补贴反倾销的法律、《1979 年贸易协定法》以及

《1974 年贸易法》的 301 条款等。

另外，与贸易相关的法律还包括《2002 年贸易法》《乌拉圭回合协定法》以及《乌拉圭回合协定法的行政说明》(1994)、《北美自由贸易协定实施法》(1993)、《美国—加拿大自由贸易协定实施法》《1984 年贸易和关税法》，以及《1962 年贸易拓展法》等。

(二)贸易管理制度

1.关税制度

(1)平均关税水平及其变化情况除古巴外，美国对所有 WTO 成员方给予最惠国税率待遇。美国 2003 年加权平均关税水平为 1.5%，2004 年为 1.6%。某些产品如烟草、花生及奶制品、糖和部分鞋类产品受到高达 50%～350%的关税保护。2004 年美国工业品平均税率约为 4%。

(2)美国关税制度采用的是根据海关合作理事会《协调商品名称及编码制度》制定的《美国关税协调表》。大多数美国关税税率为从价税，但某些进口产品，主要是农产品，需缴纳从量税。另外，也有些产品需按复合税率缴纳关税。对于包括糖在内的一些产品还受到关税配额的限制。美国关税协调表中的关税分两栏列出，一栏包括最惠国待遇税率(美国称其为正常贸易关系待遇税率)及特别优惠税率，另一栏列出不享受最惠国待遇税率的国家应适用的税率。

2.主要进口管理制度

美国主要依靠关税来对进口产品及其规模进行管理和调节，但对相对敏感的进口产品，如农产品，美国还采用关税配额的方式。在纺织品贸易方面，2005 年 1 月 1 日美国已如期取消纺织品配额限制。在政府采购方面，未被 WTO《政府采购协定》所涵盖的部分，由《1933 年购买美国货法》来约束。其次，出于环保、国家安全、支付平衡等原因，国会通过诸多国内立法授权行政部门采取配额管理、禁止进口、收取进口附加费等方式对进口实行限制。此类法律包括《1972 年海洋哺乳动物保护法》(动物保护)、《1962 年贸易拓展法》第 232 条款(国家安全)；《1974 年贸易法》第 122 条(支付平衡)等。最后，在美国的商业实践中还存在着大量的产品标准，它们在一定程度上也起到了限制进口的作用。

3.主要出口管理制度

(1)出口控制出于保护国家安全、推进美国对外政策，限制生化武器及导弹技术扩散，以及确保一些短缺物资在国内的充足供应等目的，美国政府对部分产品实行出口控制。根据出口产品以及政策目的之不同，出口控制的管理职能分别由商务部产业安全局、国务院以及财政部具体实施。

商务部产业安全局负责对短缺物资和两用产品颁发出口许可证，其所依据的法律是《国际紧急经济权力法》《1979 年出口管理法》以及《出口管理条例》。国务院负责管理国防产品和服务的出口许可，所依据的法律为《武器出口控制法》。财政部负责以出口许可的方式对那些出口受到美国贸易经济制裁的国家、公司及个人的物品进行管理，其所依据的法律为《国际紧急经济权力法》《与敌国贸易法》《联合国参与法》以及现行的反恐措施。

(2)美国的出口促进主要表现在出口融资、对外贸易区的免税待遇、出口退税、对外国销售公司的部分境外收入免征所得税以及贸易调整援助计划等方面。①出口融资。美国进出口银行是出口信贷的官方机构。该银行通过一系列贷款、担保和保险计划，向出口商和海外购买商提供融资。2004财政年度，进出口银行预算可提供约116亿美元支持出口。②对外贸易区。对外贸易区根据《1934年对外贸易区法》设立，对进入对外贸易区的外国货物和国产货物免征关税、仓储税或消费税。对外贸易区分一般贸易区和单独贸易区。③退税。《1930年关税法》第313条创立了退税制度。在该退税体制之下，对进口货物或原材料所收取的关税或其他税费应在其出口时获得退税。④贸易调整援助。目前美国的贸易调整援助涵盖工人贸易调整援助计划、农民贸易调整援助计划和企业贸易调整援助计划。所依据的法律是《1974年贸易法》及《2002年贸易法》A部修订后的内容。《2002年贸易法》将这三项援助计划延至2007年9月30日。根据修订后的法律，2003年至2007年除允许将部分健康保险费作为抵税额以及对50岁以上工人的特别工资差额补助外，每一财政年度还可提供2 000万美元用于培训符合条件的工人。另外，每一财政年度可使用1 600万美元援助符合条件的企业，用于援助农民的预算更是高达9 000万美元。

4.其他相关制度

(1)海关制度

自2002年颁布了安全措施以来，美国进口手续发生了重大变化。新的规定要求运往美国的货物在启程前应向美国当局传输有关的电子信息；美国已与一些外国海港达成协议以审查运往美国的集装箱所载货物。另外，《2002年生物反恐法》要求大多数食品制造和处理企业进行注册，并且所有前往美国的运送食品船只应提前通知美国食品及药物管理局。

(2)贸易救济

美国的贸易救济制度可分为影响进口和影响出口两个方面。对进口的救济措施主要包括针对不正当价格竞争行为的反倾销反补贴措施，对进口品进行调整的保障措施，以及运用337条款对侵犯美国知识产权的进口产品所采取的措施。对出口的贸易救济主要体现在301系列条款的应用上。

现行的美国反倾销反补贴法的主要内容基本上都体现在美国法典第19编关税第4章经修订的《1930年关税法》中的第四小章，具体的行政法规分布在美国联邦行政法规汇编第19编中。总统可依据《1974年贸易法》第201条至第204条的授权对特定进口产品采取保障措施。该授权可以在进口物品并无不正当竞争行为的情况下使用。对涉嫌侵犯美国知识产权的进口产品，美国主要通过《1930年关税法》第337条来保护美国知识产权人的权益。美国国际贸易委员会(ITC)是337条款的执行机构。该机构可以签发排除令指示海关禁止侵犯美国知识产权的货物进口。

《1974年贸易法》第301条是在现行贸易协定下维护美国公司权益，为美国产品和服务扩大海外市场准入，反对外国侵犯知识产权等行为影响美国产品出口所依据的主要法律。该法律为美国贸易代表调查外国侵权行为以及与外国政府磋商寻求解决方案提供了具体的程序。301条款的扩展应用表现为超级301条款以及针对知识产权保护的特别301条款。301系列条款具体由美国贸易代表办公室负责实施。

二、中美两国外贸管理体制组织结构的异同性比较

中美两国外贸管理体制的组织结构设置既有相同的方面，同时也存在着不同的方面。通过对比可以发现，中美两国外贸管理体制在组织结构设置方面则更多的是表现为相互

之间的差异性。

首先,中美两国外贸管理体制的组织结构是建立在两种完全不同的国家管理理念基础之上的。美国外贸管理体制多元化的组织结构是建立在美国“分权管理”的国家管理理念基础之上的外贸管理体制的组织结构;而中国外贸管理体制单一化与集中化的组织结构则是建立在中国“大一统”的国家管理理念和国家“统制对外贸易”的政策取向基础之上的外贸管理体制的组织结构。

其次,中美两国外贸管理体制的组织结构是建立在两种完全不同的国家经济管理体制基础之上的。美国的国家经济体制是建立在自由市场经济基础之上的市场经济体制,国家并不以行政管理的方式直接干预各类经济组织的具体活动,而是通过立法和信息公开(涉及国家和经济组织机密的信息除外)的方式规范和影响各类经济组织的经营行为。相比而言,在过去60年间,中国的国家经济体制则经历了多个不断变化调整的阶段:从1949年到1979年的30年间,中国政府对国民经济的各项活动采用严格的国家计划管理模式;从1979年到1984年,由于“改革开放”国策的全面实施,国家经济管理体制进行了第一次调整,从严格的计划经济管理体制向“计划经济为主,市场调节为辅”的经济管理体制过渡;从1984年到1987年,再次调整为“计划经济与市场调节并重”的国家经济管理体制;从1987年到1993年,进一步调整为“市场经济为主,计划调节为辅”的国家经济管理体制;从1993年11月开始,国家则明确提出“建立社会主义市场经济体制”的国家经济管理体制。

国家经济管理体制的差异性,势必导致不同国家之间外贸管理体制在组织结构设置方面的差异性。建立在市场经济体制基础上的美国外贸管理体制依据美国的国家管理理念、国家经济与对外贸易发展现实,逐渐建立起以国会、总统、商务部、国际贸易委员会和贸易代表办公室为主体的美国外贸管理体制的组织结构。上述美国对外贸易管理机构在参与对外贸易管理的过程中分别承担着不同方面的管理职能,而这些管理职能的确定依据来源于对外贸易业务流程的不同阶段以及众多内容丰富的、个体化的对外贸易业务对美国国家经济发展、产业安全和市场稳定所产生的具体影响。需要特别说明的是,虽然参与美国对外贸易业务的各类经济组织的经济行为存在着个体的计划性特征,但这些经济组织参与对外贸易业务的经济行为基础依然是现实的市场运行。因此,美国对外贸易管理的法制化基础是其管理对象和管理流程的市场化,从而使得美国外贸管理体制的组织机构设置及其职权配置也严格遵从于对外贸易业务及其流程的市场化。所有这一切,构成贸易管理的重要特征。

相比而言,中国的外贸管理体制在国家经济体制历经多次调整的背景下依然保持了单一化的组织结构设置,即“国务院对外贸易主管部门依照本法主管全国对外贸易工作”。随着中国国民经济的不断发展和国家经济体制的调整,“国务院对外贸易主管部门”不仅在管理职能方面得以充实,更重要的是,“国务院对外贸易主管部门”所实施的对外贸易管理逐渐从计划经济体制下的行政化管理模式向“适应社会主义市场经济发展、符合国际贸易规范”的法制化管理模式转变。然而,有鉴于中国的国家管理理念、国家经济及对外贸易的发展现实与美国的国家管理理念、国家经济及对外贸易的发展现实之间所存在的差异性,为了确保中国国民经济与对外贸易的持续、快速、健康发展,国家有必要通过经济手段与法律手段相结合的方式进一步强化对外贸易发展的宏观管理，并在国家外贸管理体制的组织结构设置方面保持必要的稳定性。

最后，中美两国外贸管理体制组织结构的内部机构设置也存在着明显的差异。美国的外贸管理体制不仅在总体上实行多元化的“分权管理”模式，而且国会、商务部、国际贸易委员会、贸易代表办公室，乃至国务院、财政部及农业部等各部门内部也设置了专业化程度较高的分支机构，分别包括：(1)国会参议院财政委员会、众议院筹款委员会以及对贸易协定影响议题的立法拥有管辖权的各相关委员会或联合委员会；(2)商务部的经济与统计局、出口管理局、国际贸易局、东西方贸易局、国际经济政策研究局和技术管理局；(3)国际贸易委员会的委员任免制度及其专家委员会制度；(4)贸易代表办公室的纺织品谈判首席代表、特别贸易谈判代表，负责农业、中国、国会事务、环境和自然资源、欧洲和地中海、日本、监督和履行、北美事务、政策协调、媒体、世贸组织和多边事务、西半球事务的多名贸易代表助理；(5)国务院下属的国际贸易处和东西方贸易处；(6)财政部下属的贸易政策和谈判处、东西方经济政策处、贸易金融处、外汇业务处以及国际顾问处、发展中国家处等；(7)农业部下属的对外农业服务局和商品信贷局。上述各大部门所属涉及对外贸易管理与服务的众多内设机构在特定或设定的对外贸易环境与条件下，分别从不同的侧重面为美国多元化的外贸管理体制提供包括贸易与经济方面的信息、政策、贸易谈判与贸易协定等诸多专业化的技术支持与服务，并最终作出决策。上述各大部门所属众多内设机构的最大特点在于其所提供的技术支持与服务具有较强的专业性和信息共享的特征，从而为总统和国会最终确定有利于美国经济与对外贸易发展的决策提供了可靠的专业保障。

相比而言，中国的外贸管理体制则实行了单一化与集中化的管理模式，“国务院对外贸易主管部门”依据国家对外贸易管理在政策法律、地缘分布、产品类别、市场管理与保护、信息服务、对外联络等方面的需要，设立了包括办公厅、政策研究室、条约法律司、亚洲司、西亚非洲司、欧洲司、美洲大洋洲司、台港澳司、国际经贸关系司、世界贸易组织司、对外贸易司、机电产品进出口司(国家机电产品进出口办公室)、科技发展和技术贸易司、市场体系建设司、商业改革发展司、市场运行调节司(国家茧丝绸协调办公室)、外国投资管理司、对外援助司、进出口公平贸易局、产业损害调查局、信息化司、外事司等机构在内的部属管理机构。

除商务部之外，中国还设有其他的对外贸易管理机构，并在国家对外贸易管理方面承担相应的职责，它们是：(1)全国人民代表大会财经委员会；(2)国家经济贸易委员会贸易市场局、经济运行局、对外经济协调司、产业损害调查局、技术进步与装备司；(3)国家发展和改革委员会经济贸易司和技术进步与装备司。

研究表明，上述中国各部门所属对外贸易管理机构在总体上构成了中国对外贸易管理组织结构的基本构架，并在一定程度上支持了中国对外贸易的发展，但仔细分析中国对外贸易管理的现实可以发现，支持中国各部门所属对外贸易管理机构实施对外贸易管理的基础信息系统及其管理咨询系统依然存在着相当明显的技术缺陷，从而导致国家在对外贸易谈判、贸易法规制定和对外贸易管理等方面时常出现不利的局面。而这些问题的出现在某种程度上与中国对外贸易管理机构的内部机构设置及相关职权界定密切相关。

综上所述，虽然美国外贸管理体制的多元化管理模式在组织结构设置方面较复杂，但却具有管理的专业化和管理资源共享的重要特征,并且通过立法的方法使得各对外贸易管理机构的具体职能制度化,从而为美国各对外贸易管理机构之间的相互协调和相互制约并高效率运行提供了必要的制度保障。面对新的贸易环境变化,中国的对外贸易管理模式及其相关制度在具体实施过程中表现出明显的管理信息资源不完备、管理专业技术体系不完整、贸易管理的技术流程不规范、管理资源共享率较低、管理咨询体系不完善等现象,从而极大地弱化了中国外贸管理体制的运行效率。所有这一切,均要求国家必须对中国现行外贸管理体制的组织结构及其相关职能进行必要的调整。

研究表明,中美两国由于在国家管理理念、国家经济与对外贸易发展的现实及法律环境等方面存在的明显差异,从而导致中美两国各自构建了两类完全不同的对外贸易管理体制及相应的对外贸易管理模式;加之中美两国外贸管理机构在对各自国家的对外贸易环境与业务流程的理解和判断方面所存在的差异,进而导致中美两国确定各自国家外贸管理机构的职责范围及相关权力配置方面也表现出明显的差异性。总体而言,美国外贸管理机构的职责范围及相关权力配置表现出明显的法制化、具体化、可操作性强等特征;而中国外贸管理机构的职责范围及相关权力配置则更多地表现为法制化弱、原则化、可操作性较弱等特征。

综上所述,国家对外贸易体制的组织结构设置、管理职责范围确定及相关权力配置在相当程度上影响着国家对外贸易发展的持续性和稳定性。中美两国分别实行了两种完全不同的对外贸易体制,美国对外贸易体制的多元化"分权管理"模式与中国对外贸易体制的单一化和集中化管理模式在国家外贸管理机构的设置、职责范围的确定及相关权力的配置等方面存在着明显的差异,其根源在于,中美两国之间存在着不同的国家管理理念、不同的国家经济与对外贸易发展背景,以及国家外贸管理机构对国家对外贸易环境及业务流程的不同理解和判断。

思考与练习

1.简述我国对外贸易管理的必要性。

2.简述我国对外贸易管理体制的整体改革路径。

3.简述我国对外贸易管理的法律体系。

4.简述我国对外贸易管理的经济手段。

5.简述我国关税制度框架。

6.简述我国出口退税和出口补贴制度。

7.简述我国对外贸易管理的行政手段。

8.简述我国进出口许可制度和配额制度。

9.简述我国海关监管制度和商品检验制度。

10.简述我国对外贸易管理体制的改革方向。

第九章　中国对外贸易的促进制度

学习要求

通过本章的学习，了解中国在对外贸易方面所采取的主要促进制度，掌握出口信贷、出口信用保险和出口退税政策的概念和发展脉络，了解各种政策在中国产生与发展的背景，能够根据促进制度中的政策变化判断中国在各个时期的经济发展导向，在此基础上还能根据本章提供的学习内容，动态把握中国政府各政策调控部门短期和中长期的政策趋向。

为了促进对外贸易发展，中国从法律和政策手段等各个层面都实行了一些促进措施，形成了多领域相互支撑的网络化制度，也为中国调整产业和贸易结构提供了多种调节渠道，当中国加入 WTO 后，各种促进政策的合法性和灵活运用方面都对中国提出了新的机遇和挑战，尤其在后金融危机时代频频出现中国与他国间的贸易摩擦，如何有效地利用促进制度调整中国经济发展方向和结构将是今后政策制定的重点领域。本章根据中国对外贸易促进制度的最新发展情况，主要介绍出口信贷、出口信用保险和出口退税三种促进政策构成的制度体系。

第一节　出口信贷制度

出口信贷对于提供国的出口贸易和国民经济的发展都具有重要作用。它不仅有支持和扩大提供国的商品出口的作用，而且还可以被提供国政府用来改善和提高本国的出口商品结构，达到促进其国内产业结构升级的目的，从而保障本国出口产业政策和国民经济发展战略的实施。随着经济全球化的逐步加强，中国经济已经逐步融入世界经济体系，中国出口企业在获得更多贸易机会的同时，也面临着更大的风险和更激烈的竞争。

一、出口信贷的概念及特点

出口信贷是一种国际信贷方式，它是一国政府为支持和扩大本国大型设备等产品的出口，增强国际竞争力，对出口产品给予利息补贴、提供出口信用保险及信贷担保，鼓励本国的银行或非银行金融机构对本国的出口商或外国的进口商（或其银行）提供利率较低的贷款，以解决本国出口商资金周转的困难，或满足国外进口商对本国出口商支付货款需要的一种国际信贷方式。出口信贷名称的由来就是因为这种贷款由出口方提供，并且以推动出口为目的。出口信贷可根据贷款对象的不同分为出口卖方信贷和出口买方信贷。

(一)出口卖方信贷

出口卖方信贷是出口方银行向本国出口商提供的商业贷款。出口商(卖方)以此贷款为垫付资金，允许进口商(买方)赊购自己的产品和设备。出口商(卖方)一般将利息等资金成本费用计入出口货价中，将贷款成本转移给进口商(买方)。出口卖方信贷在实际中较为常用，其主要特点为：

(1)相对于其他贸易融资方式，出口卖方信贷主要用于解决本国出口商延期付款销售大型设备或承包国外工程项目所面临的资金周转困难，是一种中长期贷款，通常贷款金额大，贷款期限长。

(2)出口卖方信贷的利率一般比较优惠。一国利用政府财政进行利息补贴，可以改善本国出口信贷条件，扩大本国产品的出口，增强本国出口商的国际市场竞争力，进而带动本国经济增长。所以，出口信贷的利率水平一般低于相同条件下资金贷放市场利率。

(3)出口卖方信贷的发放与出口信用保险相结合。由于出口信贷贷款期限长、金额大，发放银行面临着较大的风险，所以一国政府为了鼓励本国银行或其他金融机构发放出口信贷贷款，一般都设有国家信贷保险机构，对银行发放的出口信贷给予担保，或对出口商履行合同所面临的商业风险和国家风险予以承保。在中国主要由中国出口信用保险公司承保此类风险。

(二)出口买方信贷

出口买方信贷则是出口国政府支持出口方银行直接向进口商或进口商银行提供信贷支持，以供进口商购买技术和设备，并支付有关费用。出口买方信贷一般由出口国出口信用保险机构提供出口买方信贷保险。出口买方信贷主要有两种形式：一是出口商银行将贷款发放给进口商银行，再由进口商银行转贷给进口商；二是由出口商银行直接贷款给进口商，由进口商银行出具担保。贷款币种为美元或经银行同意的其他货币。贷款金额不超过贸易合同金额的80％～85％。贷款期限根据实际情况而定，一般不超过10年。贷款利率参照“经济合作与发展组织”(OECD)确定的利率水平而定。出口买方信贷与卖方信贷的主要区别在于以下九点：

(1)借款人不同。卖方信贷的借款人是承包商(卖方)；买方信贷的借款人是业主(买方)委托的银行(借款银行)。

(2)担保情况不同。卖方信贷是业主委托银行依据工程总承包合同直接给承包商开出还款保函或信用证；买方信贷是借款银行与中国进出口银行签订借款协议，然后由第三家金融机构(银行、保险公司或所在国家财政部)再进行担保。

(3)付款方式不同。卖方信贷相当于工程总承包合同项下的分期付款。建设期工程承包企业从中国进出口银行的贷款是人民币，业主的还款是外汇；买方信贷对承包商来讲就是现汇项目。

(4)融资风险管理情况不同。卖方信贷存在利率风险(中国进出口银行的人民币贷款利率每年按中国人民银行公布利率情况调整)、汇率风险(人民币有升值的可能性，如果发生，企业难以承受）、收汇风险（对于非承包商责任业主和担保银行到期不还款，中国出口信用保险公司赔付率为 90%，剩余 10%要由承包商承担）；买方信贷对承包商来讲不存在上述风险，或上述风险发生对企业影响不大（出现不还款情况，承包商要协助银行和保险公司追讨）。

(5)对企业财务状况影响程度不同。卖方信贷是承包企业的长期负债，且需要找信誉好有实力的单位为贷款担保，所以对企业压力很大；买方信贷不存在上述问题。

(6)前期开拓工作量不同。卖方信贷的融资条件是由承包商直接与业主谈判，所有融资条款都在工程总承包合同中明确，如贷款条件、保函格式、信用证格式等；买方信贷是由承包商协调和安排业主指定的借款银行与中国进出口银行谈判贷款合同，安排业主指定的担保金融机构与中国进出口银行和中国出口信用保险公司谈判担保条件（保函格式）。

(7)前期工作周期和投入不同。卖方信贷项目融资条件的谈判，收汇保险和信誉担保单位的落实，都由承包商自己完成，所以一般情况下工作周期较短，前期费用投入较少；买方信贷的融资、担保、保险条件由中国进出口银行和中国出口信用保险公司与各方商定，承包商要从中斡旋，并承担相应公关协调费用。

(8)对项目的控制程度不同。卖方信贷的融资条件以及商务条款、技术条款确定后，承包商顺理成章地与业主签订工程总承包合同；买方信贷则存在业主公开招标的可能性。

(9)业主对卖方信贷与买方信贷倾向不同。卖方信贷业主委托一家金融机构担保还款即可，操作简便。且融资条件双方可讨论变通，如利息可计入合同总价中等，故业主一般倾向卖方信贷的方式融资。买方信贷业主要委托两家金融机构介入，工作难度大，银行费用高，既要支付担保费，又要支付转贷费。

二、出口信贷的产生和发展

西方发达资本主义国家是出口信贷做法的发源地，第二次世界大战前，随着资本主义生产的发展，西方国家之间的出口贸易竞争加剧，它们纷纷采取各种措施促进出口，出口信贷业务就应运而生了。英国政府为了充分利用其老牌资本主义原始积累形成的金融实力，于 1919 年设立了出口信贷担保局，通过提供出口信贷的保险和担保，发挥商业银行的融资功能，支持英国的出口商争夺国际市场。之后，比利时、荷兰、德国、日本、瑞典等国也纷开始办理官方支持的出口信贷业务，而且主要用以支持工业制造设备的出口，因此资本主义国之间的出口信贷业务当时有了较大的发展。

随着二战后科学技术飞速发展、国际贸易中保护主义势力的增长以及各国之间日益加剧的竞争形势，各发达国家政府除了采用一般的税收补贴来促进本国产品出口外，还纷纷成立了官方、半官方的出口信贷机构，通过支持出口信贷来扩大本国产品出口，以加强对国外市场的占领。与此同时，各发展中国家由于经济发展需要，也希望找到支持本国商品出口的政策手段，因而采取了效仿发达国家设立专门的出口信贷机构来开展出口信贷业务的措施，就此出口信贷在世界各国进入了发展的快车道。但由于各国都对自己国家出口的产品采取促进出口的信贷政策，到了 20 世纪五六十年代，发达国家之间不可避免地爆发了一场由“贸易战”引发的“信贷战”，结果导致各国政府对出口信贷补贴金额的剧增，造成财政与国际收支困难，给各国的经济发展带来了不同程度的不良影响，于是各国政府开始在这一领域寻求国际合作与协调。

经济合作与发展组织（OECD）于1978年2月达成了《关于官方支持的出口信贷指导原则的安排》（简称"君子协定"），规定了其参加国提供两年或两年以上的出口信贷时所能给的最优惠条件。"君子协定"制定以后，经过1983年、1987年、1992年和1999年的多次修改和补充，完善了对出口信贷的一些基本规定。这些惯例不仅约束着经合组织成员国，而且日益受到世界各国的官方出口信用机构的广泛效仿和参照，从而使得20世纪90年代以来，发达国家出口信贷业务商业化及私有化进程明显加快，商业金融机构逐步成为各国出口信贷体系的重要组成部分。政府出口信贷机构除负责提供商业金融机构不愿或无力提供的中长期出口信贷业务外，其业务重点还转向了为商业金融机构提供再保险、信贷担保、再融资和利息补贴。

发展中国家在1982年爆发的债务危机，导致了发达国家出口信贷业务大额亏损，从而成为各国财政的一大负累。例如该年OECD成员国的出口信贷计划亏损总额约25亿美元。发达国家政府为了削减财政赤字，开始减少对出口信贷进行补贴，并要求出口信贷机构实现自负盈亏，于是各国出口信贷机构开始调整其利率/费率结构和水平，设立国家限额和交易限额，延长赔付等待期，增加抵押要求等，并逐步走向商业化运作。

三、中国出口信贷现状分析

中国出口信贷早期阶段是从1980年到1994年，由中国银行负责办理。中国银行于1980年开办了出口卖方信贷业务。截至1994年，中国银行共办理了出口卖方信贷项目389个，累计发放贷款163.5亿元人民币，贷款余额为93.4亿元人民币；中国银行还于1983年试办了出口买方信贷业务。

1994年后中国出口信贷进入第二个发展时期，形成以中国进出口银行为核心，以财政部和中国人民银行的支持为基础，并吸收中国银行、中国人民保险公司等商业金融机构参与的综合体系。中国进出口银行是中国官方的出口信贷机构，在制定并负责贯彻落实中国的出口信贷政策的同时，还辅助和带动商业银行、商业保险公司参与出口信贷业务。

中国进出口银行自1994年成立以来至2016年的20多年间，出口卖方信贷业务的发展速度很快，2014年小幅下降之后，2015—2016年增幅扩大。出口买方信贷业务保持稳步增长，且2016年增长速度加快，具体如图9.1所示。

从产业投向上看，中国进出口银行支持投入机电产品、高新技术产品和卫星发射、海外工程承包等技术、劳务出口、农产品出口等合同。其中，大型成套设备、飞机、船舶、计算机、通信设备以及卫星发射服务等高附加值、高新技术产品出口占50%以上，有力地促进了中国出口产品结构调整和升级。以2014年为例，包括设备出口、船舶出口和高新技术产品和一般机电产品出口卖方信贷占约67%的比例，如图9.3所示。

在进出口银行运行的十几年中，中国的机电产品出口快速增长，并从1996年起成为中国的第一出口商品。1998年在亚洲金融危机对中国出口影响日益加深的情况下，中国全年出口仅增加0.5%，而机电产品出口仍达到665.4亿美元，增长12.2%，这固然与政府加大产业结构的调整力度、提高出口退税率有关，但也与进出口银行提供的政策性金融支

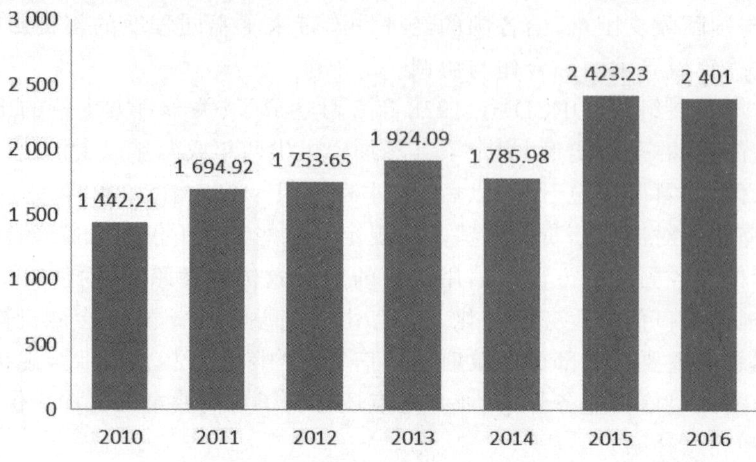

图 9.1　中国出口卖方信贷实际发放贷款余额(单位:亿元人民币)

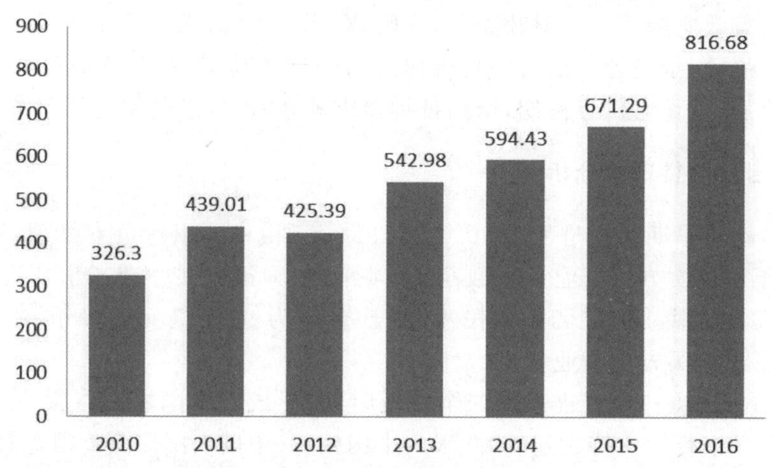

图 9.2　中国出口买方信贷实际发放贷款余额(单位:亿美元)

资料来源:中国进出口银行 2010—2016 年报

持密不可分。2017 年,我国机电产品出口 8.95 万亿元,增长 12.1%,占我国出口总值的 58.4%。其中,汽车出口增长 27.2%,计算机出口增长 16.6%,手机出口增长 11.3%。同期,传统劳动密集型产品合计出口 3.08 万亿元,增长 6.9%,占出口总值的 20.1%。

具体到行业,政策性金融支持的效果更为明显。船舶行业具有劳动力密集、技术容量大的特征,其明显的产业先导性和产业关联度对于国民经济发展有着强烈的辐射作用和带动作用。该行业一直是进出口银行支持的重点。在进出口银行的鼎力支持下,中国船舶工业抓住世界市场变化的有利时机,成功跻身于世界船舶出口的三强之一。船舶出口在具有良好的企业效益同时,也具有良好的社会效益,能够对冶金、电子、化工等 50 多个行业和部门起到带动作用,其作为一种劳动密集型行业,对稳定和扩大社会就业作用显著。据测算,每建造并出口 10 000 吨船舶,可为船舶行业以及上游行业提供 5 000 人的社会就业,可见其对解决就业的巨大作用。

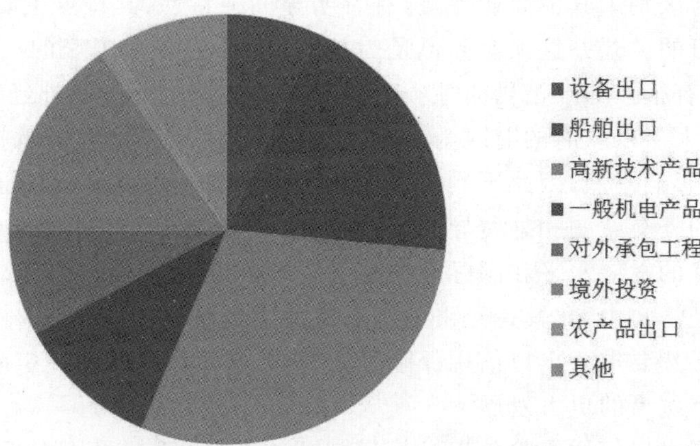

图 9.3　2014 年中国出口卖方信贷实际发放贷款投向比例

资料来源：中国进出口银行 2014 年报

第二节　出口信用保险制度

出口信用保险的产生和发展是同国际贸易的发展历程密切相关的，是国际贸易发展的客观要求和必然结果。出口信用保险业务在中国的发展还处于较为新兴的阶段，是政府为了支持出口、防范收汇风险的一种做法，也是世界贸易组织规则所允许的贸易促进手段。目前中国出口信用保险业务是独家经营模式，具有很强的政策导向性和扶持性。

一、出口信用保险的概念与特点

出口信用保险是信用保险机构对企业投保的货物、服务、技术和资本的出口应收账款提供安全保障的一种政策性保险，是一国政府依据法律设立出口信用机构或授权并委托特定金融保险部门专门经营的一项特殊的政策性保险业务。具体来讲，保险人（经营出口信用保险业务的保险公司）按出口信用保险法规和保险条款，同被保险人（向国外买方提供信用的出口商或银行）签订保险协议，根据该保险协议，被保险人向保险人缴纳保险费，保险人赔偿保险协议项下被保险人向国外买方赊销商品或贷放货币后因买方信用及相关因素引起的损失。

出口信用保险是对企业在出口贸易、对外投资和对外工程承包等经济活动中的合法权益提供风险保障的一项特殊政策措施，是政府对经济的一种间接调控手段。各国政府利用出口信用保险的风险管理职能、风险补偿职能和信用担保职能，提高出口竞争力，促进经济发展，保障充分就业，维护市场秩序，实现国家外交、外贸和产业政策目标。

出口信用保险的经营模式通常有四种模式：(1)政府直接办理，如英国；(2)政府成立全资公司办理，如加拿大、印度等；(3)政府机构控股办理，如荷兰；(4)政府委托私人机构办理，如德国、阿根廷等。可以看出，无论什么模式，都有政府的参与和支持。

出口信用保险区别于其他商业保险，有着明显的独特性，其特点主要包括：(1)出口信用保险有政策性目的。开办这项业务不是为盈利，而是为一个国家的出口和对外投资提供保障和便利，具有很强的政策导向性。它的开展与国家的外交和外经贸政策紧密结合。(2)出口信用保险大多以政府的财政为后盾。从技术层面上看，它所承担的风险，受国际政治、经济变化的影响剧烈，因此不具备商业化运作的盈利条件；从政策层面上看，由于这项业务体现政府的外交意图和外贸导向，必须有政府的主导作用才能确保其体现。(3)出口信用保险与国家的发展水平和国际地位有关。出口信用保险产生于较为发达的国家，它既是一个国家经济实力，尤其是经济的国际竞争力的晴雨表，又是一个国家经济发展和国际地位提高的必然要求。出口信用保险是对外经济贸易发展到一定阶段的产物，又反过来推动对外经济贸易的更大发展。

综观世界各国出口信用保险与出口信贷制度体系，一般都采用以下三种模式：(1)集合模式。指出口信用保险与出口信贷融资两项业务集中于同一机构办理的模式。这种模式的出口信贷机构通常是组建成一个进出口银行，它同时也承保出口风险。集合模式的进出口银行更有利于集中力量制定和执行出口信贷政策，统筹办理保险和融资业务。此模式适用于商业银行体系欠发达的发展中国家和地区。(2)单一模式。指出口信贷机构只办理出口信用保险和出口信贷担保，商业银行则完全负责出口信贷融资的体系模式。这种模式只需规模较小的出口信贷机构和较少的资本金投入，就可带动很大数量的出口信贷业务。且这种以保险和担保杠杆促进信贷的间接性融资，与集合模式下政府的实际负债相比，出口信贷业务是出口信贷机构的或有负债，大大减小了政府财政的风险，对于商业银行体系较发达国家来说尤为合适。(3)分裂模式。指出口信用保险和出口信贷融资分别划归两个专门的机构体系模式。这种出口信贷体系的专业化分工比较明确，有助于保险和融资两种业务提高工作效率，也有助于以保险支持融资业务的发展。但是在该模式下，机构设相对重叠，政府投入较大，各部门之间的工作难于协调。

二、出口信用保险的产生与发展

出口信用保险作为各国政府支持出口、防范收汇风险的通行做法，已有近百年的历史。许多国家和地区的政府把它视为一种经济助推器，不惜投入巨大的资金和人力加以扶持，以便刺激出口，增加就业，促进经济繁荣、增加本国的外汇收入。许多出口商也把出口信用保险视为开拓海外市场的保护伞和风向标，希望通过它的事前预警机制和事后补偿功能，给自己的出口收汇提供安全保障。因此，被公认为当今国际贸易促销手段的出口信用保险，在国际经济交往中扮演着越来越重要的角色，倍受各国政府和出口企业的青睐。

出口信用保险是随着外贸经济活动中对风险控制和管理的要求而诞生和发展的。在对外贸易过程中，海运风险、火灾风险等主要由商业性保险公司来承担，但是对于国家的政治风险、买家的商业风险等，由于发生频率高、可预见性差，往往损失巨大，商业保险公司无力承担。出口商在收汇缺乏安全保障的情况下，常常放弃大量的贸易机会，从而制约出口发展。在这种背景下，一个国家为了促进出口建立了由政府支持的出口信用保险机构来应对这类风险。

出口信用保险诞生于19世纪的欧洲。1842年，英国在全世界率先完成了产业革命，宣告了资本主义的诞生，凭借其产业优势，成为最早开展对外贸易的国家。19世纪末20世纪初，西方各国进入了从自由资本主义向垄断资本主义过渡的历史时期，由于国内市场的日渐狭小，各国迫切需要扩大海外市场，从而使得海外市场的争夺变得异常激烈，最终导致了第一次世界大战的爆发。战争加剧了各国商人从事对外贸易的风险，传统的商业银行等私营金融机构不愿意也无法承担战争带来的高风险，从而使得海外贸易的融资需求无法得到满足，制约了各国对外贸易的开展。在这样的情形下，1919年英国成立了政府支持下的出口信用担保署(Export Credit Guarantee Department，ECGD)，这是世界上第一个官办的出口信用保险机构，其最初的宗旨是鼓励和支持本来不会发生的出口(起初是对俄国的出口)。美国出于类似的目的于1933年设立了进出口银行(U.S. Exim-bank)。第二次世界大战之后的最初几年里，越来越多的国家设立了出口信用机构，这一发展趋势断断续续延续至今。

随着各国出口信用保险机制的确立，为了建立和维护良好的国家贸易的信用规范，共同协调行动，1934年，英国、法国、意大利和西班牙的私营和国营保险共同成立了"国际信贷和投资保险人协会"(International Union of Credit and Investment Insurers，简称伯尔尼协会，Berne Union)，交流办理出口信用保险业务的信息。这标志着出口信用保险已为世界公认，出口信用保险事业的发展已上升到了另一高度。该联盟的主要宗旨和任务是：使出口信用保险和海外投资保险的基本原则得到国际社会的认可；建立和维护国际贸易的信用规范；在创造良好投资环境，维护海外投资保险准则方面加强国际合作。伯尔尼协会专设了出口信用保险委员会，负责处理各国出口信用保险事务。到目前为止，伯尔尼协会已拥有正式会员51家。1982至2001年间，其成员为全世界73 340亿美元出口及1 390亿对外直接投资提供保险，共支付保费1 740亿美元。1996年，中国人民保险公司代表中国成为伯尔尼协会的观察员，1998年成为正式会员。2001年，由中国出口信用保险公司取代中国人民保险公司成为协会的正式成员。

三、出口信用保险的作用

出口信用保险的特殊性质决定了它与生俱来的一些性质，在激烈的全球贸易竞争中，出口信用保险有力地促进了企业出口的竞争力，主要作用体现在：

(一)促进企业出口功能

随着全球一体化的加剧，国际市场的竞争越来越激烈，同一种类的商品越来越丰富，买家市场已经形成。在这种国际贸易大环境下，出口企业要想提高自身产品的竞争力，除需保证产品质量和价格具有竞争优势外，灵活的结算方式已成为吸引客户的重要条件。现在国际市场贸易结算方式发生了很大的变化。在20世纪60—70年代，全球进出口贸易额的85%以上采用信用证方式，进入90年代，非信用证方式成为国际贸易的主流结算方式。据统计，欧美企业的信用证使用比例已经降至20%以内，亚太地区的信用证使用比例也在下降。所以灵活的外贸结算方式是出口企业生存发展的一个重要的法宝。

但灵活的结算方式加大了企业的结汇风险，使企业陷入两难，如果拒绝，出口明显受阻；如果接受对方的结算方式要求，那么在保证出口的同时无疑也担负着重大的风险。为此，企业可以通过投保出口信用保险将其转移给出口信用保险机构，解除后顾之忧，转变单一的信用证结算方式，采用更灵活的商业信用支付方式，从而提高企业的出口竞争力，加速商品的流转，促进出口业务的纵向发展，大胆开拓新市场，扩大交易机会，增加出口量，获取更大的经济利益。此外，采用商业信用支付方式，也可使出口企业提高商品价格，获得更大利益。出口信用保险除了扩大企业出口数量和收益外，在提高出口质量和效益上也发挥了重要作用。它可以通过制定专门的承保政策和承保条件，突出对高新技术和高附加值产品的支持力度，同时也体现了国家的出口政策导向。

此外，出口信用保险可利用独特的信息渠道，帮助企业收集和了解相关情况，从而降低企业对外贸易和投资的信息成本，增强企业规避风险的能力，为出口企业提供保障。同时出口信用保险也为企业节约了因自身进行风险管理而需付出的运营成本，降低了公司的财务费用，有利于改善企业财务状况。通过投保出口信用保险，出口企业可以将其不确定的风险以交纳保费的形式固定化，既有利于成本核算，又可以在出险时获得补偿。出口信用保险还可通过债务追偿来减少和挽回外贸企业在出口贸易中的直接损失，并为企业提供买方资信分析、出口国家风险分析等服务，从而引导企业选择正确的贸易伙伴，以便规避不必要的风险，由此降低出口坏账率，促进出口的健康发展。

（二）规避企业经营风险功能

随着全球经济一体化的推进，国际竞争日益加剧，出口商面临的风险也日益增加，主要包括两大类风险：第一类是政治风险，如进口商所在国家发生政变、战争或调整贸易政策、实施外汇管制及各式各样的进口限制等。这类风险是买卖双方所无法控制的，虽然发生频率低，但一旦发生，损失巨大，企业往往难以承受。第二类是商业风险，主要是进口商破产、发生支付困难或信用欺诈造成出口企业难以收回货款等。这类风险发生率高，风险分析技术复杂，很多出口商要么因为担心风险放弃贸易机会，要么冒险成交而随时面临收汇风险。如何保障其安全收汇成为他们最迫切的要求。符合 WTO 规则的出口信用保险是满足他们这种需求的一把金钥匙。出口信用保险可以保障出口企业的收汇安全，运用其损失补偿机制弥补了货物运输保险所不能涵盖的买方商业信用风险和国家政治风险的空白，保证了出口商的安全收汇，使其能够避免坏账，保持良好的账户记录。若出口商是贸易商，安全收汇有利于其周转资金，及时组织货源；若出口商是生产商，则安全收汇有利于其及时购买原材料，组织生产，顺利运营。

出口信用保险还可以帮助企业建立一套完善的风险防范机制，加强应收账款的管理。出口信用保险公司有众多的合作伙伴、丰富的风险管理和防范的经验，有联系比较密切的组织机构——伯尔尼协会，具有独特的企业资信数据收集渠道和科学的技术手段，可以为投保企业用户提供详细确实的企业资信调查、评估服务以及进口国国情分析报告等重要信息。在客户提供经营决策时，帮助客户规避和防范经营风险、提高竞争和盈利能力。出口项目成交并被承保后，信用保险公司的专业人员会协助企业跟踪项目的执行过程，直到收回全部货款。其间如发现潜在的风险或发生风险，会立即通知企业通过采取停止出运等方式，以避免风险的发生或减少损失。如果出险或者受公司委托进行账款追收，信用保险公司都会利用本身丰富的经验和全球立体的追收网络全力追讨应收账款，为企业提供完善的风险管理，应收账款管理和商账追收服务，帮助企业规避风险，解除后顾之忧。

（三）便利企业融资功能

制约企业扩大出口的重要因素之一就是资金短缺，多数出口商在从事出口时需要从银行贷款或者融资，而出口信用保险却为出口商获取融资提供了便利。从国际上看，通常所说的出口信贷体制就是出口信用保险和出口信贷。企业在开拓国际市场中，出口信用保险和出口融资往往一起出现，特别是信用担保，能为银行信贷提供保障，大大方便了企业融资。此外，在出口信用保险的保障下，银行贷款的风险大大降低，根据收益和风险的关系，银行利率也会相应下调。而且甚至有很多国家法律规定，只有当出口商投保出口信用保险时才同意发放出口信贷。如日本，其法律明确规定：出口方投保了出口信用保险后方可取得银行贷款，对成套设备的出口如果投保了出口信用保险，可从进口银行获得出口额 70%～80%的贷款，同时利息也比商业银行更为优惠。

由于出口信用保险是政府支持的政策性保障措施，因此它除了提供买方信贷保险、卖方信贷保险、出口押汇等传统融资服务外，还与银行合作，推出了出口信用保险短期险项下的贸易融资业务，即出口企业可以通过将出口信用保险项下的赔款权益转让给银行，获得银行的信贷支持；银行则可以通过出口押汇保险，更加放心地给企业提供贷款。这种融资方式成本比其他融资方式低 50%左右。企业凭借出口信用保险提高了自身的银行信用等级，缓解了出口资金短缺的矛盾，从而获得资金融通，加快资金周转，扩大出口规模，提高出口竞争力。

总体来看，企业投保出口信用保险，可以使企业收汇有了切实的保障，这样企业的信用等级也随着提高，因为投保了出口信用保险，银行将降低对出口商的抵押、担保要求，这就使得出口商申请融资更加便利。因此，出口信用保险不仅可以保障企业的收汇安全，加快企业资金的流通，更是企业向银行融资降低门槛的切实、有效、方便的措施。图 9.4 可以更清楚地说明短期出口信用保险下的贸易融资的便利。

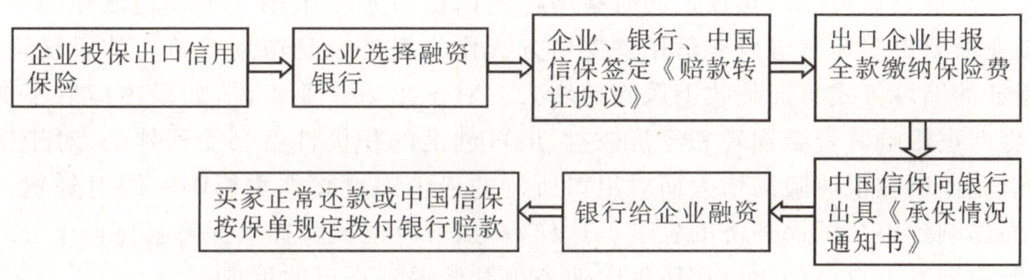

图 9.4　短期贸易融资流程

（四）促进一国出口市场多元化的功能

出口信用保险机构不仅拥有国际贸易风险管理的专业化优势，而且能够通过积极参与国际合作，对世界各个市场的风险和信用进行全面的调查分析，充分掌握信息，从而准确把握各个出口市场的风险。因此，出口信用保险是实施市场多元化战略的助推器。

在当今国际市场上，美国、欧盟、日本等传统强国的市场已经基本饱和，对出口目的地的选择越来越多地转移到南美、非洲、中东等新兴区域，而这些区域的最大特点是局势很不稳定、市场很不规范、贸易环境较为恶劣且风险系数较高。而出口企业通过投保出口信用保险就可以在充分考虑各国各地区的风险状况的基础上制订相应的出口计划，可以在保险机构的评估和建议下，有针对性地开拓新市场、开发新产品，使各国出口商大胆地进军这些新兴市场，促进了企业出口业务的横向发展，拓宽了客户的选择面，从而实现了对外贸易市场的多元化。此外，出口信用保险针对不同国别或区域采用的差别费率，也起到了优化出口市场结构的作用。

近年来中国机电产品、高新技术产品的出口迅速增加，也与出口信用保险加大对机电产品、高科技产品的支持是分不开的。2005 年，承保的机电产品和高新技术产品出口占到公司承保金额的 60%。可见，出口信用保险在改善中国出口商品结构方面发挥了积极作用，同时也优化了中国的贸易结构，提高了出口商品的质量和效益，有效地促进了技术进步、产业升级和国民经济快速持续健康发展。此外，出口信用保险机构在实际承保过程中，可以将限额和费率作为两个支点，在促进出口和保证本国资产安全之间进行动态调控，以期在严格控制风险的基础上，实现推动出口效用的最大化。这两大支点的变化即能对出口发挥放大和缩小的作用，又能促进产业结构的升级。对于国家重点发展的产业，如船舶制造行业，出口信用保险机构将适度扩大限额，从而促进中国产业结构的调整。

四、中国出口信用保险变迁与现状

中国出口信用保险经营的历史只有二十年左右，与发达国家相比可谓非常短暂。新中国成立后由于中国很长时间都实行计划经济体制，而在这一体制下，出口贸易由外贸部统一管理，各外贸专业公司统一经营，实行指令性计划和统负盈亏的高度集中的对外贸易体制。同时，当时使用的收汇方式主要为信用证方式，出口企业面临的收汇风险较小，所以对出口信用保险的需求很小甚至没有需求。

随着改革开放政策的逐步实施，特别是外贸体制进行重大改革后，打破了原来国家统收统支的“大锅饭”体制，出口企业成为独立核算、自负盈亏的经济实体，这样，出口收汇风险就成为出口企业关注的焦点。同时在国际国内出口贸易市场竞争日趋激烈的形势下，出口企业需要更多地考虑以非信用证支付方式作为提高自身市场竞争力的手段，而采用非信用证的结算方式将面临收汇风险的增大。对于出口企业来说，如果出口后不能及时收汇，将严重影响其资金周转和经济效益，出口创汇的积极性就会受到挫伤；对于国家来说，出口企业因收汇风险的增大而对出口所持的谨慎态度将严重影响一国对外贸易的发展，从而影响到整个国民经济的发展。这样，对出口收汇风险提供保障就显得十分的必要了，由此中国发展自己的出口信用保险业务也开始得到真正的重视。

（一）中国出口信用保险的产生与发展

中国的出口信用保险是从 20 世纪 80 年代末发展起来的。1985 年 10 月，国务院批准国家计委等 8 个部委关于扩大机电产品出口的 128 号文件中，正式提出应在中国按国际通例举办出口信用保险，把举办好出口信用保险作为扶植机电产品出口的重要政策措施。为了贯彻国务院的文件精神，经过严密的论证和准备，1988 年 10 月中国人民银行批准中国人民保险公司成立出口信用保险部，受政府部门的委托负责出口信用保险业务的经营，并于 1989 年在广西、宁波、上海、天津等 4 家分公司试办以机电产品为主的短期出口信用保险。在试办阶段，中国人民保险公司原则上以办理出口一般机电产品的短期出口信用保险业务为主，实行业务的稳步拓展；1989 年 9 月，承保产品的范围扩大到非机电产品，且在已取得的经验基础上，将试办短期出口信用保险业务的分公司扩大到22家；到1990年底，除西藏分公司外，中国人民保险公司的42家分公司均可办理短期出口信用保险业务。同时在业务种类、财务核算管理和条款、单证管理上建章立制，为出口信用保险在中国对外贸易的健康稳定发展奠定了良好的基础；1992年下半年，按照国务院增强出口信用保险工作的批示精神，中国人民保险公司开始办理中长期出口信用保险业务。

1993年，党的十四届三中全会作出了《中共中央关于建立社会主义市场经济体制若干问题的决定》。按照《决定》的精神，为了更好地适应建立社会主义市场经济体制的需要，国务院批准了《关于金融体制改革的决定》，明确提出了建立政策性银行，实行政策性金融与商业性金融分离的改革措施。据此，中国进出口银行于1994年4月26日成立了，并于7月1日正式营业。中国进出口银行主要承办出口信用保险，包括买方信贷保险、卖方信贷保险、出口信贷担保和国际保理等业务。此时基本上形成了由中国人民保险公司和中国进出口银行共同办理出口信用保险的模式。为了进一步支持出口信用保险的发展，财政部设立了专项准备金，并就两家机构的承保费率、承保方针等进行协调。截至2000年，由于奉行谨慎承保的原则，两家机构在开展出口信用保险业务时，均未动用过国家的准备金。但由于受人才经验和法律环境等多种因素制约，两家的承保额仅占到中国对外出口贸易总额的1%左右，然而按照伯尔尼协会的统计，当时全球的贸易量中，12%是由出口信用保险提供支持的，而日本、法国的比例高达39%和21%。由此可见，中国的出口信用保险的发展和发达国家的差距很大。另外，随着业务规模的不断扩大，出现了两家机构间同业竞争的局势，竞争的结果是削弱了国家财政对出口支持的力度，加大了政府财政负担。这种两个机构共同经营同一业务的局面，在当时的体制下无论是中国进出口银行还是中国人民保险公司都不能很好地理顺出口信用保险与其主营业务的关系。以政策性为经营方针的中国进出口银行，其经营的出口信贷业务并没有将出口信用风险转移，而是将风险从“左口袋”放进了“右口袋”。而对于中国人民保险公司，由于其自身是以商业化经营为主体，出口信用保险这样的政策性业务很难摆放到重要位置，也就没有得到足够的重视。

2001年12月10日是具有历史时刻的日子，这一天中国正式成为世界贸易组织成员方。2001年12月18日，中国出口信用保险公司(下称中国信保)在北京正式挂牌运营。该公司的成立主要为了深化中国出口信用保险体制改革，规范出口信用保险行业运作，更大力度地支持和保障出口贸易的进行，为企业积极开拓海外市场提供服务，保障收汇安全，丰富企业融资手段。

为了避免三方同业经营的局面，中国进出口银行和中国人民保险公司同时停办了出口信用保险业务，转交由中国信保承办。为了能更好地服务于企业，更贴近客户，中国信保在成立之初就定下发展方针——“政策性业务，商业化运作”。除北京的总公司营业部外，中国信保还在全国设立12个分公司、7个营业管理部，就此标志着中国首家专业出口信用保险机构的诞生，从此结束了两家机构共同经营出口信用保险的历史。中国信保作为中国唯一的出口信用保险机构提供与出口相关的信用保险服务。它的成立同时也是中国政府在中国加入世界贸易组织的全新经济环境下，参照国际惯例，深化金融保险与外贸体制改革，加大对出口贸易政策性支持力度的重大举措，标志着中国的出口信用保险业进入了一个崭新的发展时期。

(二)中国出口信用保险经营现状

自2001年12月中国信保成立以来，逐步建立了完善、合理的组织结构和服务网络，丰富了产品序列和服务内容，人才建设、产品建设、制度建设和市场建设不断加强，形成了比较完善的内部管理框架和稳定的业务运作体系，出口信用保险事业得到了快速发展。具体说来，中国出口信用保险取得的成绩主要表现在以下几个方面：

1.机构建设渐趋完善

信保明确了“政策性业务，商业化运作”的市场定位，2018年下设短期业务承保部、中长期业务承保部和风险管理部等31个职能部门，营业机构包括总公司营业部以及辽宁分公司、山东分公司、天津分公司等23个分公司，重庆营业部和新疆专项办公室、伦敦代表处，已形成覆盖全国的服务网络。

中国信保自成立以来积极加强同国际机构的交流，2002年4月成功承办了伯尔尼协会2002年年会，还与世界银行多边投资担保机构共同举办了海外投资研讨会，2002年7月同德国赫尔莫斯信贷保险公司签订了合作意向书，还同俄罗斯赢国斯达保险有限公司签订了合作备忘录，并同意大利出口信用保险公司签订框架性合作协议。2017年9月，中国出口信用保险公司牵头的金砖国家出口信用保险机构合作内容和成果被全面纳入《金砖国家领导人厦门宣言》，中国出口信用保险的机构建设的日益完备为提供优质的出口信用保险服务奠定了坚实的基础，它与国际出口信用保险机构的密切合作，更使得它在风险管理、债务追偿等方面取得了快速的发展和进步，为中国出口信用保险事业的发展提供了有利条件。

2.业务产品日趋齐全

中国出口信用保险公司作为中国唯一一家经营出口信用保险业务的政策性保险公司，在保险产品开发上取得了很大的成绩。目前主要业务包括短期出口信用保险、中长期出口信用保险、投资保险、担保业务以及商账追收、资信评估、贸易融资等服务。

短期出口信用保险保障1年期以内，出口商以信用证、付款交单、承兑交单、赊销方式从中国出口或转口的收汇风险。目前中国信保共有5个短期险品种，包括企业投保、银行投保、出口特险、国内贸易信用保险、进口预付款保险。

中长期出口信用保险保障1年期以上、15年期以内的，100万美元以上的出口(预付款或现金支付比例不低于合同金额的15%，船舶出口的比例不低于20%)。主要险种有：中长期出口卖方信用保险、账期出口买方信用保险、海外投资保险。

投资保险是为了支持中国企业到境外投资，鼓励外国及我国港、澳、台地区的投资者来中国大陆投资而开办的险种，分为中国企业海外投资保险和外商来华投资保险两类，每一类均包括股权保险和贷款保险。中国信用担保业务为中国信保保险客户的大型资本性货物出口、海外工程承包、海外投资并购等“走出去”项目，以及大宗商品出口等业务提供内保外贷为主的融资担保及履约、预付款等保函为主的非融资担保支持，配套中国信保的出口信用保险产品，为企业提供风险保障及信用增级的“一站式”服务，是中国信保根据20世纪中后期以来世界上对发展出口信用担保业务的需要，于2002年开发的业务，为提升企业信用等级，帮助企业解决出口融资困难提供了有利帮助。担保业务产品分为融资类担保和非融资类担保两类，前者分为打包放款担保、出口押汇保险、卖方信贷担保和项目融资担保。后者分为投标保函、履约保函、预付款保函、质量维修保函、海关免税保函、保释金保函和租赁保函。商账追收是中国信保协助出口企业解决买家拖欠款项的问题并为企业提供建议措施防止及减轻损失的业务。中国信保与世界各地众多律师及债务追讨公司经常保持紧密联系，在解决付款困难方面有丰富的经验。为减少国家和企业的损失，中国出口信用保险公司于 2002 年 7 月 1 日建立了国际商账追收处，并在同年 12 月 1 日正式开展境外追收业务。

资信评估是中国信保帮助从事商业贸易的企业规避和防范各种商业风险，提高企业的营销能力，扩大销售范围，全面提升企业的竞争力和盈利能力的一种业务。中国出口信用保险公司于 2002 年 6 月成立资信评估部，其主要职责是向国内外企业提供中国企业和海外企业资信调查、信用评级、行业风险分析、国别信息、信用管理咨询与培训等服务。

出口信用保险项下的融资业务，是银行针对已投保中国出口信用保险公司短期出口信用险的企业提供融资授信额度，并在额度内办理押汇和人民币贷款等，保单融资是解决出口企业资金需求、加速企业资金周转的有效途径。同时，银行可通过与保险公司的合作适当扩大授信额度，增加贷款；而保险公司可通过与银行的合作宣传出口信用保险，扩大承保额。

3.为“走出去”战略启动经营体制改革

随着经济全球化的发展，各国政府都加强了对本国企业的支持。企业要想走出国门并在激烈的国际竞争中站稳脚跟，没有政府的支持和协调几乎是不可能的，因为企业在实施“走出去”战略中存在外部经济、风险承担等多方面的因素。出口信用保险就是政府支持出口、防范收汇风险的国际通行做法之一，充分发挥出口信用保险的作用，出口企业能更有效地实施“走出去”战略。

中国出口信用保险集中精力支持一批在国际竞争中有相对或潜在优势的行业，为重点行业的重点企业提供专门支持和全程信用服务，增强了企业在国际上的竞争力，扶助它们“走出去”。此外，中国出口信用保险还支持境外资源开发，形成中国与海外资源国共赢的格局；大力发展海外投资保险、信用工具功能，为中国企业提供直接融资或间接融资支持，支持中国企业全方位、多领域开拓海外市场。

2008 年全球金融危机环境下，中国政府更近一步加紧对出口信用保险的经营体制改革，以期为中国企业“走出去”战略提供更有效的融资保障。2008 年 12 月 8 日国务院出台的《关于当前金融促进经济发展的若干意见》明确提出，“研究开放短期出口信用保险市场，引入商业保险公司参与竞争，支持出口贸易”。此外，在“保险业纪念改革开放三十年座谈会”上，保监会主席吴定富也提出，在当前的情况下还需要国家对出口信用保险公司增加资本金等相关政策支持。随着“一带一路”倡议的深入推进，我国企业“走出去”的步伐不断加快，海外投资项目收汇风险则成为这些企业首要关心的问题。这个过程中，中国信保则为此类企业提供了“金融堡垒”，为实现国际产能合作保驾护航。

多年来，中国信保始终致力于利用信保的产品优势为企业海外开拓提供多种有针对性的金融服务，为企业业务发展出谋划策。中国北方工业公司总会计师陈林说：“在中国信保对项目收汇风险的坚强保障之下，中国北方工业公司有效破解了‘有单不敢接，有单不能接’的局面，并充分发挥军民融合战略特色，主动担当‘一带一路’战略先行者角色，相继成功完成缅甸矿产项目、埃塞—吉布提铁路项目等，同时借助于中国信保的项目风险审查制度，提升了风险管理水平，进一步完善了风险管理机制。”

统计显示，2017 年 1—10 月，中国信保累计支持国内外贸易和投资4 173.1亿美元，同比增长 13.1%；累计支付赔款 9.3 亿美元，同比增长 3.9%；为出口企业融资超过 2 000 亿元人民币；支持企业面向“一带一路”国家出口、投资、开展工程承包业务累计金额达 968.5 亿美元，同比增长 7.4%。

小知识 9-1

小微出口企业“简保快赔”案例

作为政策性保险公司，中国信保认真贯彻落实国务院关于促进小微企业发展的各项政策措施，充分发挥信用保险服务小微企业的独特作用，2016 年中国信保服务小微企业突破 5 万家，全国覆盖率达到 21.3%，为小微企业出口收汇保驾护航。同时，通过政企联动、模式创新，为广大中小微企业投保出口信用保险提供政策性保障平台之余，致力于简化理赔流程，为符合条件的中小微企业开启“简保快赔”的绿色通道，实现企业损失的快速赔偿。

基本案情：

2017 年 3 月 3 日凌晨，东莞虎门镇某出口企业 A 突然收到韩国买方 B 发来的申请破产重组的通知。看到这份文件，企业老板深感惊愕，他们与买方 B 在广交会初识后交易多年，一直以来付款情况良好，从未想过 B 会突然破产。更为重要的是，2016 年 12 月向买方出口的 2 批价值约 12 万美元的货款至今仍未到期，买方突然破产且表示无法支付供应商货款，对规模不大、目前正处于发展起步期的企业 A 来说，不是一笔小的损失。

在通过各方面渠道了解到买家情况已不可反转的情况下，企业老板忽然想起 2016 年 12 月在商务局的召集下，企业通过中国信保小微企业集中投保平台投保了“小微信保易”产品，此后还参加了中国信保组织的小微企业专项培训，依稀记得此种买方破产的情况属于保单的保障范围，于是迅速联系了中国信保东莞办事处，并于 3 月 7 日正式向中国信保提起索赔。

中国信保在了解到具体案情以后，立即启动小微企业理赔绿色通道，一方面立案并指导企业整理相关贸易单证进行索赔，另一方面立刻委托海外律师渠道进行案件勘查。通过海外勘察确定买家已申请破产保护后，中国信保积极协助 A 出口企业在两周内完成了海外债权登记的手续，实现了债权确立这一关键理赔程序。A 出口企业在 3 月底补充了所需的理赔材料，4 月 5 日中国信保完成了案件审理，并认定该案件属于保险责任，按保单约定赔付约 47.6 万人民币，随后中国信保向 A 企业发送了赔付通知，弥补了企业的损失。前后历时不足一个月，境外追偿程序同时进行。

出口信用保险能有效增强出口企业信息，帮助企业辨别买方风险，抢抓订单，减少坏账损失。小微出口企业一般抗风险能力相对较弱，因此各级政府相继出台了支持小微企业投保出口信用保险的专项政策，与中国信保搭建了小微出口企业集中投保平台，中国信保也开发了符合小微企业特点的信用保险产品，如“小微信保易”等，通过标准定价、政府资助、统一赔偿上限等方式，降低了企业投保的成本，大量简化了投保流程。以东莞为例，小微企业只需5分钟就能办理好投保手续，同时，理赔程序也大为简化。A出口企业就是在2016年底集中办理了投保，享受了这一政策红利。这也提示企业对地方政府政策应予以关注，积极参加政府与中国信保举办的政策宣讲会。

小知识 9-2

我国政策性信用保险承保金额突破5000亿美元

2017年，我国政策性信用保险覆盖面进一步扩大，年度承保金额首次突破5 000亿美元，达到5 246亿美元，同比增长11%。2017年，中国信保积极履行政策性职能，服务开放型经济建设，推动优势产能、建设能力、技术标准“走出去”，中长期出口信用保险、海外投资保险、短期出口信用保险等各主要险种的年承保金额均创历史新高。其中，中长期出口信用保险实现承保金额239亿美元，同比增长7%；海外投资保险实现承保金额489亿美元，同比增长15%；短期出口信用保险实现承保金额4 128亿美元，同比增长10%。全年向客户支付赔款近14亿美元，同比增长8%。

积极服务“一带一路”建设

2017年，中国信保以“一带一路”沿线国家为重点，围绕基础设施互联互通、国际产能合作和经贸产业园区等主要领域，加大政策性信用保险对“一带一路”建设的支持力度，同时，不断完善“一带一路”沿线国家风险动态监测、评级体系和重大风险应急处置机制，有效防范系统性风险。

中国信保全年积极支持企业面向“一带一路”沿线国家的出口、投资、工程承包业务，累计承保金额达1 298亿美元，同比增长约15%。其中，承保埃及国家电网升级改造、老挝南欧江二期水电站等国家重大项目76个，承保金额近360亿美元。全年对“一带一路”沿线国家业务支付赔款超过4亿美元。

积极服务外贸回稳向好、转型升级

2017年，中国信保统筹资源配置，实施更加积极的承保措施，在做好风险防范基础上，按照“优进优出”“扶优扶强”的外贸政策导向，积极探索承保模式创新，加大对战略性新兴产业、自主品牌、服务贸易等相关业务的支持力度，积极探索与跨境电商、外贸综合服务平台、国际营销服务体系、海外仓等新型贸易方式的结合路径，支持外贸转型升级。

在支持小微企业方面，中国信保累计支持小微企业出口575亿美元，支付赔款超过1亿美元，服务小微企业超过6万家，对小微企业的保险覆盖率达25%。在支持服务贸易方面，中国信保支持服务贸易出口超过260亿美元；涉及文化、知识产权、建筑、技术、维修和维护等领域。在支持外贸综合服务平台等新业态方面，中国信保全年出具保单101张，辐射出口企业1万余家，累计支持出口金额达63亿美元，支付赔款2 000多万美元。

中国信保作为国家唯一的政策性保险机构，将坚守政策性职能定位，加大改革创新力度，有效防控金融风险，全力以赴做好“一带一路”建设服务保障，为国家外贸转型升级、建设经贸强国作出新的贡献。

第三节　出口退税制度

出口退税是一项促进外贸出口的税收政策，在世界各国广泛运用，同时它也是世界贸易组织所允许的促进出口措施。出口退税制度对一个国家的宏观经济运行起着举足轻重的作用，在经济全球化和贸易自由化的大背景下，如何完善中国的出口退税制度以保持出口持续增长，并减少贸易摩擦，成为中国出口退税制度改革的新焦点。

一、出口退税概念及 WTO 的相关规定

出口退税是指对出口货物退还其在国内生产和流通环节实际缴纳的产品税、营业税和特别消费税。出口退税制度是一个国家税收的重要组成部分，通过退还出口货物国内已纳税款来平衡国内产品的税收负担，使本国产品以不含税成本进入国际市场，与国外产品在同等条件下进行竞争，从而增强竞争能力，扩大出口创汇。在中国主要是退还国内生产经营过程中的增值税和消费税。其核心有两点：一是商品输出国外，二是退还商品形成过程中的间接税。

国际上的通行做法是企业出口货物以不含税价格参与国际市场竞争，中国为鼓励货物出口，实行出口货物税率为零的优惠政策。所谓实行零税率，是指货物在出口时整体税负为零；这样出口货物适用零税率不但出口环节不必纳税，而且还可以退还以前纳税环节已纳税款。由于各种货物出口前涉及征免税情况有所不同，且国家对少数货物有限制出口政策，因此，对货物出口的不同情况，国家在遵循“征多少、退多少”“未征不退”基本原则的基础上，规定了不同的税务处理办法。

WTO 是经济全球化的产物，它的目的在于建立一个开放的多边的自由贸易体系。WTO 是以市场经济为导向的，它极力倡导市场机制在全球范围内成为资源配置的重要方式，贸易自由化，促进公平、公开、公正的自由贸易是 WTO 的一般原则，也是 WTO 各成员国普遍接受的共同贸易规则。在这些一般指导原则下，通过大幅度削减关税和其他贸易壁垒，以规范各国政府行为。从这个意义上看 WTO 所倡导的多边贸易框架，其主旨是中性的，即这个框架的一般目标在于推进商品、资本、服务及知识产权在全球范围内的自由流动，进而实现全球范围内的自由流动，进而实现全球范围内的资源有效配置，增进世界的总体福利水平，而这一框架的组织和制度构建则以尽量不干预市场机制运行为主导宗旨。WTO 一系列具体原则正体现了这种精神。

因此 WTO 的这些原则都是以不干预市场机制在全球范围内有效运行为基本出发点的。而增值税的中性原则与 WTO 的中性原则是一致的，出口退税正是增值税中性原则的要求和体现，出口退税一方面为了鼓励产品出口，以不含税价格参与国际市场竞争；另一方面克服重复征税，实行消费地征税原则，世界各国也将中性原则作为衡量增值税完善程度的标准，在 WTO 的规则之下设置中性的出口退税制度是必然的选择，在反对政府补贴政策的前提下实行完全彻底的退税政策，对增进出口是最直接最有效的途径。况且各成员国不将出口退税看成政府对出口的补贴，使“征多少，退多少”的出口退税完全合法

化。WTO 早在《关贸总协定》附件二《注释和补充规定》第 16 条就曾规定：免征某项出口产品的关税，免征相同产品供内销时必须缴纳的国内税，或退还所缴纳数量相当的关税或国内税，不能视为一种补贴。第 3 条和第 6 条还规定：一缔约国领土的产品输入到另一缔约国领土，不应对它直接或间接征收高于相同产品所直接或间接征收税或其他国内费用；一缔约国领土的产品输入到另一缔约国领土，不得因其免纳相同产品在原产国或输出国用于消费时所需完纳的税捐或因这种税捐已经退税，即对它征收反倾销税或反补贴税。而征多退少的不彻底退税政策和征少退多的多退行为都是政府干预市场的行为。前者削弱了商品出口竞争力，增加了产品成本，政府从市场定价中多得了税收，使出口退税低于中心标准；后者多退行为成了税式支出，是一种政府补贴行为，当然违背了 WTO 的规定。从 WTO 的原则看，出口退税充分体现了 WTO 关于非歧视性待遇、促进公平竞争与贸易、市场准入等基本要求，无疑，实行出口退税已经成为一种国际惯例。

二、中国出口退税制度演变过程

中国自 1985 年开始实行出口退税政策，1988—1993 年底，实行出口产品零税率，1994 年实施税制改革，正式明确了零税率政策，并且从 1994—2003 年的十年里中国出口退税一直由中央财政全额负担。从 2004 年的 1 月 1 日起，中国开始实行新的出口退税政策，即对出口退税率进行结构性调整，适当降低出口退税率，加大中央财政对出口退税的支持力度，建立中央和地方共同负担的出口退税新机制，推动外贸体制改革，调整出口产品结构，欠企业的退税款由中央财政采取全额贴息解决。经过出口退税新政策的实施，到 2004 年底，基本实现了“老账还清”“新账不欠”的目标。

（一）中国出口退税政策发展初期

中国出口退税政策的雏形始于新中国成立初期，为了促进外贸发展，奖励输出，照顾出口无利产品，国家在修正《货物税暂行条例》和制定实施细则时，补充规定了对出口产品实行退税的政策，并于 1950 年 12 月 21 日，正式发布生效。《货物税暂行条例》及其实施细则肯定了出口货物的退税制度，其中第 10 条规定：“已税货物输出国外，经公告准许退税者，由出口商向税务机关申请退还货物税税款。”这时的出口退税并不是对全部出口产品，而只是对出口无利的部分产品实行。退税产品根据出口亏损程度不同，分三种方法处理：一是退还全部税款，如鞭炮、焚化品、罐头搪瓷、玻璃制品等；二是退还 1/2 税款，如化妆品、香皂、牙膏、暖水瓶等；三是退还原料全部税款，如纸花、毛织品、丝绸等。属于退税范围的产品出口商，应予出口之日起三个月内，持原定税照或分运照（即产品原来的纳税证明）、海关出口证明和提货单副本等凭证，送出口地税务部门；税务部门核对无误后，填发“收入退还书”，交由出口商向指定金库领取应退税款。

社会主义改造基本完成后，国家将原来对工商企业征收的商品流通税、货物税、营业税和印花税加以合并，改成工商统一税。在制定和实施工商统一税的过程中，为简化退税手续，决定对出口产品不再退税，因为国营外贸企业的盈亏由财政统收统支，而中国当时的出口贸易是盈利的，退税与否只涉及财政内部税利转移问题。对其他经济成分企业，为继续体现国家对其利用、限制、改造的政策，其出口产品也不再实行退税。只是在少数企业出口亏损较大的时候，经过批准，才可采取在产品生产环节减免税的办法予以适当照顾。

1966年前后，由于国际国内形势的变化，中国对外贸易由出口盈利转为严重亏损。为扭转这种局面，外贸部请示国务院对出口产品实行退税，以补贴出口“亏损”。此项要求经国务院批准后，财政部与外贸部进行积极协商，决定对出口产品按照工商统一税产品的平均税负率确定综合退税率，产品出口后按照出口金额和8%的综合退税率计算应退税额，由财政部统一退付外贸部。

由于受到“文化大革命”的影响，1973年中国开始全面试行工商税，由于当时过分强调简化税制，把已经十分简化了的税制又作了进一步简化。反映在进出口税收上，则是对进口产品不征税，对出口产品既不减免税也不退税，出口盈亏由外贸企业与财政部统算账。这种做法，完全割断了税收与进出口贸易之间的联系，违反了客观经济规律，给此后一个时期的经济建设带来了恶果。

（二）改革开放与出口退税新制度的建立

1978年党的十一届三中全会以后，中国对外贸易发生了很大变化，突出反映是进出口贸易不再由中央外贸企业独家经营。面对这种情况，若继续实行进口不征税、出口不减免税的政策，则进口获利过多，必然导致进口失控，出口亏损过大，影响出口创汇。因此，1980年底国务院以国发〔1980〕315号通知批转了财政部《关于进出口商品征免工商税收的规定》，规定对国内企业和单位的进口产品征税，出口产品则根据出口换汇成本高低，视其亏损程度，在保本微利的原则下酌情给予减免税。

1983年，为探索社会主义现代化建设新时期的进出口税收工作，并针对当时中国电子产品进口失控、国内新兴的电子工业发展缓慢和国内日用机械产品积压、急需开拓新的销路等情况，财政部发出了《关于钟、表等17种产品实行出口退(免)税和进口征税的通知》(1983财税字第75号)，规定从1983年9月1日起对一切单位进口的钟、表、自行车、缝纫机、照相机、电风扇、洗衣机、电冰箱、收音机、收录机、录像机、电视机、袖珍电子计算器、空调机、金笔、铱金笔、圆珠笔征收进口环节工商税或增值税。对外贸企业、工贸公司和工业企业出口的上述17种产品，一律退还(免征)生产环节增值税或最后生产环节的工商税。退、免税必须由出口单位凭有关出口证明向本单位所在地税务机关申请，核实后将税款退给出口单位。出口产品属中央外贸企业和工贸公司经营的，应退税款作中央预算退库；属于地方外贸企业和工贸公司经营的，应退税款作地方预算收入退库。

1985年中国对自身税收制度进行了重大改革，将工商税分为产品税、增值税、营业税和盐税。同时，为增强本国商品的国际竞争力，1985年3月，国务院〔1985〕43号文正式批准了财政部《关于对进出口产品征、退产品税或增值税的规定》，决定从1985年4月1日起实行对进口产品征税、对出口产品退、免税办法。这个文件的出台，标志着改革开放后中国出口退税新制度的建立。

1988年以前，中国只退生产环节的增值税和最后环节的产品税。1988年以后实行彻底的退税政策，对实行产品税的出口产品核定综合退税率，根据产品所含税款情况，退还以前所有环节的流转税。从出口退税的负担来看，1985年至1987年，中央外贸企业和工贸企业的出口退税退中央库，地方外贸企业和工贸企业的出口退税退地方库；1988年所有的出口退税负担改为全退中央库；1991年，改为中央外贸企业的出口退税负担退中央库，地方外贸企业的出口退税中央负担90%，地方负担10%；1992年、1993年改为中央外贸企业的出口退税由中央承担，地方外贸企业的出口退税中央负担80%，地方负担20%。1993年12月13日，国务院通过了《增值税暂行条例》和《消费税暂行条例》。《增值税暂行条例》第三条规定：纳税人的出口货物税率为零；第21条规定：纳税人出口适用税率为零的货物，向海关办理出口手续后，凭出口报关单等有关凭证，可以按月向税务机关申报办理该项出口货物的退税，具体办法由国家税务总局规定。《消费税暂行条例》第11条规定：对纳税人出口应税消费品，免征消费税，国务院另行规定的除外。出口应税消费品免税办法，由国家税务总局规定。

1994年2月19日，国家税务总局制定了《出口货物退(免)税管理办法》(1994国税发第31号)，具体规定了出口货物退(免)税的范围、出口货物退税率、出口退税的税额计算法、出口退(免)税办理程序及对出口退(免)税的审核和管理。同时针对1993年底以前设立的外商投资企业出口货物，本着维持原有政策不变的原则，又专门制定并实施了对1993年底以前设立的外商投资企业出口货物征免税的规定。另外，规定1994年1月1日后设立的外商投资企业与内资企业适用相同的出口退(免)税政策。自1994年后中国主要通过调整各类产品以及不同类型企业的出口退税率，实现对外贸的规模和结构调整。

(三)1994年后的出口退税率调整

1994年中国正式实行"征多少退多少"政策，即实行全额退税以后，在出口货物退(免)税政策实施过程中，出现了出口退税规模猛增、骗取出口退税等严重现象，为此，国务院进行了一系列税率调整政策。

1.第一次调整

这次调整主要包括1995年和1996年的税率调整，由原来的11%、13%、17%分别调整为3%、6%和9%三档。1995年3月国务院决定，自1995年7月1日起，对出口货物根据实际税负情况适当调低出口退税率，并加强出口退税管理。同时财政部、国家税务总局颁发了财税字〔1995〕92号《出口货物退(免)税若干问题的规定》，调整了出口退(免)税的范围，严格规范了退税的方法。

1995年7月1日的调整主要包括：大型成套设备和大宗机电产品，经国家税务总局批准，退税率为17%或13%；农产品、煤炭的退税率为3%；以农产品为原料加工生产的工业品和适用13%的增值税税率的货物的退税率为10%；适用17%增值税税率的其他货物的退税率为14%；从小规模纳税人处购进的特准出口退税的货物的退税率为6%。1996年1月1日起，报关离境的出口货物除经税务总局批准按14%的退税率退税的大型成套设备和大宗机电产品外，一律按新的标准退税，具体为：煤炭、农产品的出口退税率为3%；以农产品为原料加工的工业品和按13%的税率征收增值税的其他货物，出口退税率为6%。以农产品为原料加工的工业品包括：动植物油、食品与饮料(罐头除外)、毛纱、麻纱、丝毛条、麻条、经过加工的毛皮、木制品(家具除外)、木浆、藤、柳、竹、草制品；按17%税率征收增值税的其他货物，出口退税率为9%；从小规模纳税人处购进特准出口退税的货物税率为3%，其他货物退税率为6%。

2.第二次调整

为了应对亚洲金融危机以后带来的各种不利影响，促进本国出口，我国逐步提高了出口退税率，出口商品的综合退税率由原来的6%提高到15%。我国在1998年以后又提高了部分出口产品退税率，变为5%、13%、15%、17%四档。其中，提高了煤炭、钢材、水泥及船舶的出口退税率，煤炭为9%、钢材为11%、水泥为11%、船舶为14%。

自1998年6月1日起，纺织原料及制品统一执行11%的出口退税率；自1998年7月1日起，7类机电产品、5类轻工产品退税率由9%提高到11%，包括：(1)通信设备、发电及输变电设备、自动数据处理设备、高档家用电器、农机及工程机械、飞机及航空设备、汽车（含摩托车）及零部件。(2)自行车、钟表、照明器具、鞋、陶器；自1998年9月1日起，铝、锌、铅出口退税率调为11%。

从1999年1月1日起，机械及设备、电器及电子产品、运输工具、仪器仪表等四大类机电产品的出口退税率统一提高到17%，农机的出口退税率提高到13%；纺织原料及制品、钟表、鞋、陶瓷、钢材及其制品、水泥的出口退税率统一提高到13%，有机、无机化工原料，涂、染颜料，橡胶制品，玩具及运动用品，塑料制品，旅行用品及箱包的出口退税率提到11%，原适用6%出口退税率的商品，其出口退税率统一提高到9%，农产品的出口退税率统一提高到5%；1999年4月1日起，将煤炭出口退税率由9%提高到13%；1999年7月1日起，服装的出口退税率提高到17%，服装以外的纺织原料及机电产品中除出口退税率为17%以外的其他机电产品、法定税率为17%且现行退税为13%的货物，其出口退税率统一提高到15%，法定税率为17%且现行退税率为9%货物，出口退税率提到13%，农产品以外的法定税率为13%且现行退税率未达到13%的货物，退税率统一提到13%。

2000年1月1日起，高新技术产品的出口退税率全部按其法定征收率执行。自2001年1月1日起，对出口电解铜按17%的退税率退还增值税；自2001年7月1日起，将纱、布的出口退税率由15%提高到17%。从小规模纳税人处购进的准予退税的货物，除农产品执行5%的退税率外，其他产品均按6%的退税率办理退税；自2002年1月1日起，对出口棉花、大米、小麦、玉米的增值税实行零税率。

3.第三次调整

然而由于出口退税率提高，外贸出口连续三年大幅度、超计划增长，所以在1999年我国财政出现欠退，到2002年时，累计拖欠退税款已经形成较大规模。2002年全国应退未退结转到2003年的税款达到2 470亿元，截至2003年底，全国应退未退税款超过了3 000亿元。

2003年10月13日，国务院颁布了《财政部、国家税务总局关于调整出口货物退税率的通知》，决定从2004年1月开始，中国出口产品的平均退税率降低3个百分点。除部分产品外，之前适用17%退税率的产品退税率降为10%，之前适用15%退税率的产品，退税率降为13%，之前适用13%退税率的产品，退税率降为11%。取消精矿、原油、原木、针叶板材等部分资源性产品的出口退税，铝、磷、铜等产品的退税率降为8%和5%，而之前适用5%和10%退税率的农产品，仍保持原有退税率不变。同时规定出口退税从原来的由中央财政负担改为中央和地方财政共同负担，出口退税应当及时到位不欠新账。

4.第四次调整

由于当时中国过热的外贸形势，2005年中国进行了第四次出口退税率调整，中国分期分批调低和取消了部分“高耗能、高污染、资源性”产品的出口退税率，同时适当降低了纺织品等容易引起贸易摩擦的出口退税率，提高重大技术装备、IT产品、生物医药产品的出口退税率。具体来看，对硬驱动器、数控机床、集成电路、移动通信设备、计算机等部分IT产品的出口退税率提高到17%的同时，取消了电解铝、铁合金、磷等商品8%的出口退税率，并对其征收了出口税，而对部分有色金属矿产品降低甚至取消出口退税，另外为了促进国内钢铁产业升级换代，对附加值低的钢坯取消了出口退税。

5.第五次调整

2007年6月18日，财政部和国家税务总局、国家发展改革委员会、商务部、海关总署发布了《财政部 国家税务总局关于调低部分商品出口退税率的通知》，此次出口退税政策调整共涉及2 831项商品，约占海关税则中全部商品总数的37%，于7月1日起实行。

这次政策调整主要包括三个方面：一是进一步取消了553项"高耗能、高污染、资源性"产品的出口退税，主要包括濒危动植物及其制品、盐和水泥等矿产品、肥料、染料等化工产品、金属碳化物和活性炭产品、皮革、部分木板和一次性木制品、一般普碳焊管产品、非合金铝制条杆等简单有色金属加工产品，以及分段船舶和非机动船舶；二是降低了2 268项容易引起贸易摩擦的商品的出口退税率，主要包括服装、鞋帽、箱包、玩具、纸制品、植物油、塑料和橡胶及其制品、部分石料和陶瓷及其制品、部分钢铁制品、焦炉和摩托车等低附加值机电产品、家具，以及粘胶纤维；三是将10项商品的出口退税改为出口免税政策，主要包括花生果仁、油画、雕饰板、邮票和印花税票。

6.全球金融危机时期出口退税率的上调过程

2008年8月1日进行的出口退税率调整是基于全球金融危机的背景，同时中国又开始注重调整自身产业和贸易结构，因此就出现了对一些商品提高出口退税率而对部分产品取消了出口退税的情况。具体来看将部分纺织品、服装的出口退税率由11%提高到13%，将部分竹制品的出口退税率提高到11%；取消红松子仁、部分农药产品、部分有机胂产品、紫杉醇及其制品、松香、白银、零号锌、部分涂料产品、部分电池产品、碳素阳极的出口退税。

2008年11月1日，经国务院批准，财政部发出《关于提高部分商品出口退税率的通知》，明确适当调高部分劳动密集型和高技术含量、高附加值商品的出口退税率。具体为：将部分纺织品、服装、玩具出口退税率提高到14%；将日用及艺术陶瓷出口退税率提高到11%；将部分塑料制品出口退税率提高到9%；将部分家具出口退税率分别提高到11%、13%；将艾滋病药物、基因重组人胰岛素冻干粉、黄胶原、钢化安全玻璃、电容器用钽丝、船用锚链、缝纫机、风扇、数控机床硬质合金刀等商品的出口退税率分别提高到9%、11%、13%。此次出口退税调整一共涉及3 486项商品，约占海关税则中全部商品总数的25.8%。

2008年12月1日中国对劳动密集型产品提高了出口退税率，包括3 770项商品，具体为：轮胎等部分橡胶制品、主体或全部以人工速生材为原料的部分林产品的退税率将由之前的5%提高到9%；金属挤压用模等部分模具、玻璃器皿的退税率由5%提高到11%；冻对虾仁、冻蟹等部分水产品的退税率由5%提高到13%。此外，箱包、鞋、帽、伞、家具、寝具、灯具、钟表等劳动密集型商品的退税率由11%提高到13%；牙膏等部分化工产品、石材、铝板带等有色金属加工材等商品的退税率分别由5%、9%提高到11%、13%。另外，农用泵、摩托车、自行车、家用电器等部分机电产品的退税率分别由9%提高到11%，11%提高到13%，13%提高到14%。

2009 年 1 月 1 日起，中国继续提高部分技术含量和附加值高的机电产品的出口退税率。其中，航空惯性导航仪、工业机器人等产品的出口退税率由 13%、14%提高到 17%；摩托车、缝纫机等产品的出口退税率由 11%、13%提高到 14%，此次调整共涉及 553 种产品。提高部分技术含量和附加值高的机电产品的出口退税率，主要涉及 553 种产品。

2009 年 4 月 1 日，中国又提高了纺织品、服装、轻工、电子信息、钢铁、有色金属、石化等商品的出口退税率，其中纺织品、服装的出口退税率提高到 16%，这距离 17%的上限也已经是一步之遥。具体调整为：CRT 彩电、部分电视机零件、光缆、不间断供电电源(UPS)、有衬背的精炼铜制印刷电路用覆铜板等商品的出口退税率提高到 17%；将纺织品、服装的出口退税率提高到 16%；将六氟铝酸钠等化工制品、香水等香化洗涤、聚氯乙烯等塑料、部分橡胶及其制品、毛皮衣服等皮革制品、信封等纸制品、日用陶瓷、显像管玻壳等玻璃制品、精密焊钢管等钢材、单晶硅片、直径大于等于 30 cm 的单晶硅棒、铝型材等有色金属材、部分凿岩工具、金属家具等商品的出口退税率提高到 13%；将甲醇、部分塑料及其制品、木制相框等木制品、车辆后视镜等玻璃制品等商品的出口退税率提高到 11%；将碳酸钠等化工制品、建筑陶瓷、卫生陶瓷、锁具等小五金、铜板带材、部分搪瓷制品、部分钢铁制品、仿真首饰等商品的出口退税率提高到 9%；将商品次氯酸钙及其他钙的次氯酸盐、硫酸锌的出口退税率提高到 5%。

2009 年 6 月 1 日，中国进一步提高了部分产品的出口退税率，值得注意的是有些产品已经实现“征退”相同的水平，具体产品包括：电视用发送设备、缝纫机等商品的出口退税率提高到 17%；罐头、果汁、桑丝等农业深加工产品，电动齿轮泵、半挂车等机电产品，光学元件等仪器仪表，胰岛素制剂等药品，箱包，鞋帽，伞，毛发制品，玩具，家具等商品的出口退税率提高到 15%；部分塑料、陶瓷、玻璃制品，部分水产品，车削工具等商品的出口退税率提高到 13%；合金钢异型材等钢材、钢铁结构体等钢铁制品、剪刀等商品的出口退税率提高到 9%；玉米淀粉、酒精的出口退税率提高到 5%。

7.退税制度调整

2010 年后 7 月 15 日起，部分商品取消出口退税，包括部分钢材，部分有色金属加工材，银粉，酒精、玉米淀粉，部分农药、医药、化工产品，部分塑料及制品、橡胶及制品、玻璃及制品等。2016 年 9 月 1 日起，将玉米淀粉、酒精等玉米深加工产品的增值税出口退税率恢复至 13%。

中国陆续酝酿出台调低部分产品的出口退税率，其中 2010 年从 7 月 1 日起，2 831 项出口商品将采用新的出口退税政策，此政策将对温州鞋服、阀门龙头、皮革、箱包等产品的退税率下调达 2 至 8 个百分点，此举将对温州大多数的出口企业产生影响，一些出口产品将面临一次“大洗牌”。由此看来，随着后金融危机时期经济的逐步复苏，中国又开始利用出口退税政策来调节出口总量和出口结构以期减少可能发生的国际贸易摩擦，同时借此来优化调整本国的产业和贸易结构，就此中国利用出口退税制度调节对外贸易的方式已趋于成熟。

三、中国出口退税的现行基础性法律法规

(一)《关税和贸易总协定》关于出口退税的相关规定

《关税和贸易总协定》第 6 条规定：“一缔约国领土的产品输出到另一缔约国领土，不

得因其免税相同产品在原产国或输出国用于消费时所须完纳的税捐或因这种税捐已经退税，即对它征收反倾销税或反补贴税。"这里所说的用于消费时缴纳的捐税是指货物应纳的间接税，目前我国主要包括增值税和消费税两个税种。因此，在实行间接税的国家或地区，出口货物退(免)税通常被称之为对出口货物免征或退还在国内已缴纳的间接税。尽管各国的具体做法不尽相同，但其基本内容都是一致的。由于这项制度比较公平合理，因此它已成为国际社会通行的惯例。

(二)我国现行的《中华人民共和国增值税暂行条例》关于出口退税的相关规定

《中华人民共和国增值税暂行条例》第 2 条第 4 款中的表述是"纳税人出口货物，税率为零"。

(三)我国现行的《中华人民共和国消费税暂行条例》关于出口退税的相关规定

《中华人民共和国消费税暂行条例》第 11 条中的表述是"对纳税人出口应税消费品，免征消费税"。

(四)我国现行的《出口货物退(免)税管理办法(试行)》

国家税务总局于 2005 年 3 月 16 日颁布了《出口货物退(免)税管理办法(试行)》(国税发〔2005〕51 号)，是目前出口退税管理方面最基本的指导性文件。中国在《进出口关税条例》中提出"对于国内不能生产或质量不过关的机械设备和仪器、仪表的零、配件实行的税率要低于整机的税率；对国内不能满足供应的且关系国计民生的必需品，给予免税或低税"，但对于中国生产技术水平无法满足需求的产品如何设计关税没有一个明确说法。以机械机器电气设备这一类产品为例，部分关税在 5%以下税率的产品确实是中国技术水平未能达到国际水平无法满足国内需求的产品，但仍有大量产品是中国生产无法满足实际需求，但出于保护国内产业目的，而征收高关税。如对国内技术水平完全无法满足实际手机组装需求的手机用摄像组件征收 35%的高关税。这种高关税是否能起到促进国内相关产业发展的作用值得商榷。在高关税的保护下，国内摄像头生产厂商仍在低端摄像组件领域进行激烈竞争。尤其是机械机器电气设备，这类产品在一定程度上代表着中国制造业的发展水平，在关税的设计上，迫切需要进一步完善，应以《中国制造 2025》等纲领性文件为指导，关注重点发展的制造业领域，梳理清楚哪些细分产品是需要用高关税保护促进其发展，哪些产品是需要用低关税引进国外先进设备促进其发展，对关税税率进行优化调整，这将有助于中国制造强国目标的实现和中国相关产业结构的转型升级。

四、中国出口退税制度的具体业务规定

中国的出口退税制度经过几次的改革与调整形成了较为完善的体系，主要包括出口退税的条件、企业范围、企业出口退税的登记等具体内容。

(一)出口退税的条件

1.必须是增值税、消费税征收范围内的货物

主要包括除直接向农业生产者收购的免税农产品以外的所有增值税应税货物，以及烟、酒、化妆品等 11 类列举征收消费税的消费品。之所以必须具备这一条件，是因为出口货物退(免)税只能对已经征收过增值税、消费税的货物退还或免征其已纳税额和应纳税额。未征收增值税、消费税的货物(包括国家规定免税的货物)不能退税，以充分体现"未

征不退”的原则。

2.必须是报关离境出口的货物

这里的出口包括自营出口和委托代理出口两种形式。区别货物是否报关离境出口，是确定货物是否属于退(免)税范围的主要标准之一。凡在国内销售、不报关离境的货物，除另有规定外，不论出口企业是以外汇还是以人民币结算，也不论出口企业在财务上如何处理，均不得视为出口货物予以退税。对在境内销售收取外汇的货物，如宾馆、饭店等收取外汇的货物等等，因其不符合离境出口条件，均不能给予退(免)税。

3.必须是在财务上作出口销售处理的货物

出口货物只有在财务上作出销售处理后，才能办理退(免)税。也就是说，出口退(免)税的规定只适用于贸易性的出口货物，而对非贸易性的出口货物，如捐赠的礼品、在国内个人购买并自带出境的货物(另有规定者除外)、样品、展品、邮寄品等等，因其一般在财务上不作出口销售处理，故按照现行规定不能退(免)税。

4.必须是已收汇并经核销的货物

按照现行规定，出口企业申请办理退(免)税的出口货物，必须是已收外汇并经外汇管理部门核销的货物。

一般情况下，出口企业向税务机关申请办理退(免)税的货物，必须同时具备以上四个条件。但生产企业(包括有进出口经营权的生产企业、委托外贸企业代理出口的生产企业、外商投资企业，下同)申请办理出口货物退(免)税时必须增加一个条件，即申请退(免)税的货物必须是生产企业的自产货物(外商投资企业经省级外经贸主管部门批准收购出口的货物除外)。

(二)出口退税的企业范围

1.下列企业出口属于增值税、消费税征收范围的货物可办理出口退(免)税，除另有规定外，都将给予免税并退税

(1)有出口经营权的内(外)资生产企业自营出口或委托外贸企业代理出口的自产货物。

(2)有出口经营权的外贸企业收购后直接出口或委托其他外贸企业代理出口的货物。

(3)生产企业(无进出口权)委托外贸企业代理出口的自产货物。

(4)保税区内企业从区外有进出口权的企业购进直接出口或加工后再出口的货物。

(5)下列特定企业(不限于是否有出口经营权)出口的货物：①对外承包工程公司运出境外用于对外承包项目的货物；②对外承接修理修配业务的企业用于对外修理修配的货物；③外轮供应公司、远洋运输供应公司销售给外轮、远洋国轮而收取外汇的货物；④企业在国内采购并运往境外作为在国外投资的货物；⑤援外企业利用中国政府援外优惠贷款和合资合作项目基金方式下出口的货物；⑥外商投资企业特定投资项目采购的部分国产设备；⑦利用国际金融组织或国外政府贷款，采用国际招标方式，由国内企业中标销售的机电产品；⑧境外带料加工装配业务企业的出境设备、原材料及散件；⑨外国驻华使(领)馆及其外交人员、国际组织驻华代表机构及其官员购买的中国产物品。

以上“出口”是指报关离境，退(免)税是指退(免)增值税、消费税，对无进出口权的商贸公司，借权、挂靠企业不予退(免)税。上述“除另有规定外”是指出口的货物属于税法列举规定的免税货物或限制、禁止出口的货物。

2.一般退免税货物应具备的条件

(1)必须是属于增值税、消费税征税范围的货物;

(2)必须报关离境,对出口到出口加工区货物也视同报关离境;

(3)必须在财务上做销售;

(4)必须收汇并已核销。

3.下列出口货物,免征增值税、消费税

(1)来料加工复出口的货物,即原材料进口免税,加工自制的货物出口不退税。

(2)避孕药品和用具、古旧图书,内销免税,出口也免税。

(3)出口卷烟:出口卷烟,在生产环节免征增值税、消费税,出口环节不办理退税。其他非计划内出口的卷烟照章征收增值税和消费税,出口一律不退税。

(4)军品以及军队系统企业出口军需工厂生产或军需部门调拨的货物免税。

(5)国家现行税收优惠政策中享受免税的货物,如饲料、农药等货物出口不予退税。

(6)一般物资援助项下实行实报实销结算的援外出口货物。

4.下列企业出口的货物,除另有规定外,给予免税,但不予退税

(1)属于生产企业小规模纳税人自营出口或委托外贸企业代理出口的自产货物。

(2)外贸企业从小规模纳税人处购进并持普通发票的货物出口,免税但不予退税。但对下列出口货物考虑其占出口比重较大及其生产、采购的特殊因素,特准退税:抽纱、工艺品、香料油、山货、草柳竹藤制品、渔网渔具、松香、五倍子、生漆、鬃尾、山羊板皮、纸制品。

(3)外贸企业直接购进国家规定的免税货物(包括免税农产品)出口的,免税但不予退税。

(4)外贸企业自非生产企业、非市县外贸企业、非农业产品收购单位、非基层供销社和非成机电设备供应公司收购出口的货物。

5.除经批准属于进料加工复出口贸易以外,下列出口货物不免税也不退税

(1)一般物资援助项下实行承包结算制的援外出口货物;

(2)国家禁止出口的货物,包括天然牛黄、麝香、铜及铜基合金(电解铜除外)白金等;

(3)生产企业自营或委托出口的非自产货物。

国家规定不予退税的出口货物,应按照出口货物取得的销售收入征收增值税。

6.贸易方式与出口退(免)税

出口企业出口货物的贸易方式主要有一般贸易、进料加工、易货贸易、来料加工(来件装配、来样加工)、补偿贸易(现已取消),对一般贸易、进料加工、易货贸易、补偿贸易可以按规定办理退(免)税,易货贸易与补偿贸易与一般贸易计算方式一致;来料加工免税。

(三)企业出口退税的登记

(1)出口企业应持对外贸易经济合作部及其授权批准其出口经营权的批件、工商营业执照、海关代码证书和税务登记证于批准之日起三十日内向所在地主管退税业务的税务机关填写“出口企业退税登记表”(生产企业填写一式三份,退税机关、基层退税部门、企业各一份),申请办理退税登记证。

(2)没有进出口经营权的生产企业应在发生第一笔委托出口业务之前,持委托出口协议、工商营业执照和国税税务登记证向所在地主管退税业务的税务机关办理注册退税登记。

(3)出口企业退税税务登记内容发生变化时,企业在工商行政管理机关办理变更注册登记的,应当自工商行政管理机关办理变更登记之日起三十日内,持有关证件向退税机关申请办理变更税务登记,填写"退税登记变更表"(生产企业填写一式两份,退税机关、企业各一份)。按照规定企业不需要在工商行政管理机关办理注册登记的,应当自有关机关批准或者宣布变更之日起三十日内,持有关证件向退税机关申请办理变更税务登记。

本章小结

1.出口退税是将出口货物在国内生产、流通环节缴纳的增值税、消费税,在货物报关出口后退还给出口企业的一种税收管理制度,是一国政府对出口货物采取的一项免征或退还国内间接税的税收政策。我国的出口退税政策实行普遍优惠与产业政策优惠相结合的原则。

2.出口信贷、出口信用保险和出口退税构成的中国出口促进制度将对新时期的中国经济发展提供有力的政策支持。其中出口退税经过一系列改革和发展后已成为调节中国对外贸易总量和结构的一个有效手段。而出口信贷和出口信用保险的发展将对中国今后贸易长期发展起到至关重要的作用,无论分别使用二者还是将二者结合使用,都会对中国企业"走出去"和中国贸易结构调整奠定可靠的制度保障。

重要概念和术语

出口卖方信贷　出口买方信贷　出口信用保险　出口信贷融资　伯尔尼协会　商业风险　政治风险　出口退税

关于大型出口信贷及出口信用保险项目的报批程序

(修订稿)

为进一步规范和加强对大型出口信贷及出口信用保险项目的管理,有效防范和控制项目风险,杜绝"倒逼"现象,理顺工作关系,提高工作效率,坚决制止恶性竞争,建立正常的出口秩序,维护国家利益和出口企业的合法权益,推动有实力的企业在更高水平上参与国际竞争,壮大装备制造等新的出口主导产业,促进大型成套设备扩大出口及对外承包工程的健康、持续、稳定发展,根据《中华人民共和国对外贸易法》和国家有关规定,制定本程序。

第一条　本程序中大型出口信贷及出口信用保险项目特指由有关金融机构或企业提供信贷,并向我国保险机构投保出口信用险,且承保金额在3亿美元以上(含3亿美元)的大型成套设备出口项目及对外承包工程项目。大型出口信贷及出口信用保险项目由商务部会同外交部、财政部报国务院审批。其他出口信贷及出口信用保险项目报批程序,按现行有关规定执行。

第二条　拟申请大型出口信贷及出口信用保险项目的企业，须在对外投标截标日的至少40个工作日前，或在与国外业主签订议标的会谈纪要或合作协议(备忘录)后的15个工作日内，向有关商会申请项目的投(议)标协调意见。

有关商会协调职能的划分，按照原外经贸部《关于对机电商会和承包商会项目协调职能进行重新分工意见的函》(外经贸办字〔1999〕72号)的规定办理，即对于涉及大型成套设备出口的工业(生产)性项目，由机电商会协调；对于涉及大型成套设备出口的非工业(生产)性项目，由承包商会协调。

第三条　有关商会收到企业的申请后，在充分听取专家委员会的意见和征求我驻项目所在国使(领)馆意见的基础上，在20个工作日内提出行业协调意见，报商务部。

对于涉及国家禁止出口限制出口技术的项目，企业应按照《禁止出口限制出口技术管理办法》(商务部 科技部令2009年第2号)的规定办理。

对于涉及国家秘 密技术的出口项目，企业应按照科技部、国家保密局、对外贸易经济合作部《国家秘 密技术出口审查规定》(国科发计字〔1998〕425号)的规定办理。

对于涉及两用物项和技术的出口项目，企业应按照相关出口管制法规和《两用物项和技术进出口许可证管理办法》(商务部 海关总署令2005年第29号)的规定，办理两用物项和技术出口许可。

第四条　企业在获得行业协调意见后，即可向银行和保险机构申请出口信贷和出口信用保险。银行和保险机构按照国家出口信贷和出口信用保险管理的规定，对企业的申请进行预审，并按照有关部门的要求，对预审合格的项目出具承贷意向书和承保意向书，开始正式介入项目，参与有关谈判，指导企业开展相关工作。银行、保险机构并未出具承贷和承保意向书的，企业不得擅自对外投标和签订合同。

第五条　企业中标后，地方企业通过所属省级商务主管部门向商务部报送融资申请报告，中央管理企业及其下属企业直接向商务部报送。

第六条　商务部在收到银行承贷方案、保险机构承保方案及企业融资申请报告后，会同外交部、财政部等部门共同研究，形成一致意见，将项目上报国务院审批。

第七条　项目经国务院批准后，按部门职责分工，商务部通知相关地方商务主管部门或中央管理企业及银行，财政部通知保险机构，由银行和保险机构正式办理信贷和保险手续。

第八条　企业在项目得到国务院批准前签订商务合同，须在合同中写明"以中国政府有关部门批准为生效条件"。项目得到国务院批准后，商务合同方可对外生效。

第九条　本程序由商务部、财政部、人民银行和银监会负责解释。

第十条　本程序自发布之日起执行。以前制定的有关规定，与本程序的规定相抵触的，以本程序的规定为准。

案例一：

中国出口商与亚洲某国的进口商签订了石油机械的出口合同，其中中国设备占50%，欧洲设备占30%，当地采购占20%。通过国际银行提供出口买方信贷解决融资，买方以石油还款，法国巴黎银行为该项目公司提供贷款支持，在实际运作上由于买方不愿直接做借款人，所以由买卖双方合资成立了一个SPV（项目公司），在买方国家注册并负责借款，该项目公司还负责开采当地的重质石油提供给当地的国家石油公司，当地石油公司又通过国际石油贸易公司将重质石油转换成轻质石油，串油费存在石油公司在法国巴黎银行开立的保管账户上，受益人为法国巴黎银行。同时，为防范风险，贷款人还要出口商将保险公司的保单转让给贷款人。此外，还要求买方国家的石油公司提供还款担保。

问题：

买方以石油还款会引发一系列的问题，主要包括：是否能保证有足够的石油偿还？如何防止市场油价不会下跌，保证有稳定的石油收入能按时足额偿还贷款？

经验：

首先，企业应要求贷款行取得进口国石油公司的还款担保，保证有足够的石油用于还款；

第二，要求在贷款行开设保管账户，卖油的钱每月按规定数额存在该账户上用于还贷；

第三，选择有良好资质、经验丰富的石油贸易公司在国际市场上进行石油交易，将石油款项打入贷款银行指定的保管账户；

第四，落实出口信用保险单。对以能源或其他资源为还款来源的项目，企业和贷款银行应全面分析进口国的政治经济情况，如能源或资源的储量、质量、市场行情、价格走势等，严格防范各个环节可能出现的风险，保证贷款的安全回收。

案例二：出口信用保险推动光伏产业争霸国际市场

近年来，我国光伏产业从无到有，迅速成长为年出口规模超百亿美元的朝阳产业，直接从业人员达20万，带动相关电子、半导体材料、能源等领域就业人员达数百万。目前，我国已经成为全球最大的光伏太阳能电池生产国，光伏太阳能电池产量占全球总产量的40%，其中95%的产品出口国外。无锡尚德、河北英利、常州天合等行业龙头企业已经处于全球领先水平。

金融危机爆发后，以出口为主的光伏产业受到巨大冲击。国外买家无法接受国内光伏企业原来采取的预付款、信用证等相对保守的付款方式，要求国内企业放账。同时，光伏制造业强国日本、韩国的企业在本国出口信用机构的支持下，与海外买家采取大额放账形式进行交易。而美、德等国制造商更是凭借其惯用的放账交易方式直接冲击中国光伏企业的市场。通过放账交易稳住来之不易的市场份额，国内光伏行业龙头企业迫切需要政策性金融工具的支持。

在此情况下，中国信保响应当前国家产业政策支持导向，明确重点支持行业，针对光伏行业特点，推出积极承保政策，加大理赔追偿力度，努力帮助光伏企业应对金融危机带来的挑战。

一是扩大对延长账期业务的承保力度，支持光伏企业抢夺出口订单。金融危机爆发以来，国外特别是欧洲的买家，普遍出现了融资困难，纷纷要求供应商延长账期，而账期延长增加了收汇风险。在加强风险管理的基础上，中国信保积极承保延长账期的业务，帮助企业获得订单。以国内某光伏龙头企业为例，2009年4—5月，由于中国信保为其90天以上的信用交易提供了出口信用保险保障，使企业战胜竞争对手，获得3亿多美元的订单。

二是扩大授信规模，支持光伏企业开拓新市场。受一些国家新能源振兴经济计划刺激，近一时期光伏产品市场需求迅速上升。光伏电站项目和经销商如雨后春笋般涌现，但是作为买家，这些企业成立时间短，实力有限，而光伏产品订单金额往往上百万美元，国内企业往往有单不敢接。对此，中国信保发挥信用管理作用，积极帮助企业对买家进行信用筛选，科学扩展对相关国外买家的授信规模。目前，我国光伏行业出口规模前 20 名的多数企业获得了中国信保的保障，累计承保金额已超过 10 亿美元。2009 年 5 月，出口信用保险对我国光伏行业一般贸易出口的渗透率已经达到了 45.5%。

三是加大理赔追偿力度，提高企业抗风险能力。金融危机造成国际金融环境迅速恶化，一些国外买家资金链断裂，拖欠账款，国内企业面临重大损失。2008 年，江苏某光伏出口企业共向某德国买家出口了 3 000 多万美元的光伏产品，然而由于光伏电站融资款无法到位，该买家拖欠货款 2 500 万美元。中国信保帮助企业积极追偿，首先通过谈判取得了项目最终业主的个人担保，随后采用多种手段积极追讨欠款，成功地迫使德国买家在破产前一个月优先偿还了江苏出口商的全部货款，有效地保障了企业收汇安全。

四是不断完善保险服务，促进和保障光伏企业出口。光伏企业买家多为中小企业，经营时间短、财务信息不够完备和翔实，但交易额大，出口企业需要的买家信用限额也大。为此，中国信保在 2009 年 4 月推出了积极承保政策，在控制风险的前提下，努力满足投保企业限额需求。

通过承保政策推动、扩大授信规模、完善保险服务、强化理赔追偿等一系列有效的政策措施，中国信保对光伏行业出口的支持规模迅速增长，4 月、5 月环比分别增长 280%和 15%，6 月单月达到 4.6 亿美元，环比增长 210%。

思考与练习

1.简述出口卖方信贷的主要特点。

2.简述出口买方信贷与卖方信贷的主要区别。

3.简述出口信贷的产生和发展。

4.简述出口信用保险的主要经营模式。

5.简述出口信用保险的独特性。

6.简述世界各国出口信用保险与出口信贷制度体系的主要模式。

7.简述出口信用保险的作用。

8.简述 WTO 协议中关于出口退税的规定。

9.简述 1994 年后我国出口退税率调整的特征。

10.简述全球金融危机时期出口退税率的目的及结果。

11.适用于出口退税的税种主要有哪些?

第十章　中国对外贸易的摩擦与应对

学习要求

随着我国对外开放的不断扩大，随着中国对外贸易的快速发展，随着中国快速成为世界“制造大国”，对外贸易摩擦已成为我国当前乃至今后相当长一段时间所面临的重大现实问题。

本章主要阐释中国对外贸易的摩擦与应对。要求掌握对外贸易摩擦的内涵，熟悉我国对外贸易摩擦的基本情况，了解中国与美国、欧盟的有关贸易摩擦，最后从借鉴日本的经验出发来学习我国应对有关贸易摩擦的有关策略。

第一节　中国对外贸易摩擦概述

一、对外贸易摩擦的内涵

对外贸易摩擦，也叫作国际贸易摩擦，一般是指一国为了本国的国家利益，为了本国的政治、经济、军事、文化等需要，为争夺商品销售市场而展开的限制进口和扩大出口的对抗，也称“商战”，其核心是采取各种方式、手段争夺世界市场，其直接目标是争夺世界市场，实质是发展机遇和生存空间的争夺战。

自我国加入世界贸易组织以来，一方面，国内市场进一步开放，对外贸易持续增长；另一方面，我国出口贸易摩擦不断加剧。在 WTO 框架下，传统的贸易壁垒受到很大的限制，我国的一些主要贸易伙伴为保护国内市场，纷纷转向采用反倾销、反补贴、保障措施、技术性贸易壁垒和绿色贸易壁垒等更加隐蔽、更具歧视性的贸易保护手段，由此产生了与我国的双边或多边贸易摩擦。贸易摩擦已成为我国对外贸易持续快速发展的严重制约障碍，我们必须正视我国已进入贸易摩擦高峰期这一现实。

二、我国对外贸易摩擦概述

(一)我国出口贸易摩擦案件数量大幅度上升、涉案金额增加，由国外反倾销、技术性贸易壁垒摩擦引起的贸易利益受损程度加剧

反倾销、反补贴和保障措施是 WTO 允许的三大贸易保护措施，其中反倾销是贸易摩

擦最为普遍的现象。仅以反倾销为例,国外对我国出口产品的第一起反倾销调查是在关贸总协定签署 32 年后的 1979 年,虽遭遇较晚,但升温很快,针对我国的反倾销立案调查逐年增加。据商务部统计资料显示,20 世纪 80 年代每年平均有 6 起,90 年代每年平均上升到 29 起,从 1996 年起我国就成为世界上出口产品遭遇反倾销调查最多的国家,2000 年至 2004 年每年平均近 50 起。2003 年我国遭遇上述三种贸易壁垒案件 60 起,其中反倾销案件 47 件。截至 2004 年底,已有 30 多个国家和地区对我国出口产品发起了 600 多起反倾销调查。2017 年,我国产品共遭遇来自 21 个国家和地区发起的 75 起贸易救济调查,其中反倾销 55 起、反补贴 13 起、保障措施 7 起;涉案金额总计 110 亿美元。与 2016 年相比,案件数量和金额下降了 37%和 23%。

从国别来看,美国立案 22 起、金额 45 亿美元,是对我产品立案数量最多、涉案金额最高的国家;其次是印度,立案 16 起,金额 29 亿美元。

从行业来看,轻工产品、钢铁产品立案均为 13 起,为立案数量最多的行业;机电产品立案 10 起,涉案金额 54 亿美元,是涉案金额最高的行业。

2017 年我国遭遇贸易救济调查的数量和金额有所下降,一方面全球经济形势有所改善,另一方面是由于上年基数较高,但中国仍是全球贸易救济调查的最大目标国,依然面临复杂严峻的贸易摩擦形势。

20 世纪 80 年代,千万美元的贸易摩擦就算大案,进入 90 年代以后,贸易摩擦所涉及的金额不断增大,在国外对华反倾销案件中,自行车案涉及金额达 2 亿美元,旅行箱包案涉及金额达 6 亿美元,美国对华家具反倾销案涉及金额达 12 亿美元。据商务部调查,国外对华反倾销已使我国损失近二百亿美元。

由于我国与发达国家之间的技术差距较大,由技术性贸易壁垒引起的贸易摩擦对我国出口产品影响程度较大。我国所遭遇的技术性贸易壁垒涉及的产品品种多,行业范围广,不管是传统的贸易产品(如农产品、纺织品等),还是目前出口增长较快的机电产品、高新技术产品都不同程度地面临着国外技术性贸易壁垒的限制,而且由此产生的贸易摩擦难以进行国际协调。2003 年 4 月,商务部科技发展和技术贸易司完成的《2002 年国外技术性贸易壁垒对我国出口影响的调查报告》,首次勾画了我国出口遭受技术性贸易壁垒影响的总体情况:2000 年,我国 66%的出口企业、25%的出口产品遭受技术性贸易壁垒限制,损失金额 100 亿美元;2002 年,上述指标分别增长为 71%、39%和 170 亿美元。而 2018 年伊始,美国就宣布对中国 500 亿美元产品加征关税,说明近年来我国出口贸易遭遇的贸易摩擦大幅增加。

(二)与我国产生贸易摩擦的国别集中在发达国家并扩展到发展中国家,具有较强的连锁效应

我国的主要贸易伙伴集中在日、美、欧等发达国家,与这些国家产生贸易摩擦的概率势必较高。如美国是对华发起反倾销、实施保障措施、技术性贸易壁垒和知识产权保护等最多的国家,入世后中美贸易摩擦影响较大的达多起以上,包括钢铁保障、彩电反倾销、木制卧室家具反倾销、纺织品特别保障和无汞碱性电池 337 调查等;仅 2018 年 1—3 月以来,美国对华 337 调查申请就有 8 起。

除此之外,包括印度、土耳其、巴西、墨西哥等发展中国家对我国出口产品也频频实施反倾销和保障措施等。对华反倾销、保障措施、技术性贸易壁垒等具有较强的连锁效应,

一旦我国某种商品在一个国家遭到贸易壁垒后，其他国家担心这种中国商品会冲击本国市场，因而也纷纷效仿，导致我国这种出口商品相继遭到国外多个国家的贸易壁垒而引发的贸易摩擦，例如我国的钨制品、鞋、硅锰、硅铁、彩电、纺织品等都遭到如此厄运。

值得关注的是在纺织品贸易上，一些发达国家和发展中国家已经形成了限制我国纺织品出口的利益同盟，2004 年，65 个国家的 115 个协会组织签署了《伊斯坦布尔宣言》，54 个国家的 96 个纺织业团体组成了"纺织品公平贸易全球联盟"，如果他们联合起来对我国纺织品出口设限，我国将面临与多国的贸易摩擦。在 G20 成员国中，WTO 数据显示，无论是在反倾销还是反补贴领域，贱金属及其制品是涉案最多的产品类别。

（三）我国出口贸易摩擦的形式多样，领域和范围不断扩大

(1)在形式上，有双边和多边贸易摩擦。如因中美双边贸易逆差而产生的贸易摩擦；有实施 WTO 框架协议下允许的贸易保护措施而产生的贸易摩擦，包括反倾销、反补贴和保障措施及特保措施；有从保护国内技术优势、利用 WTO 的某些弹性条款设置贸易障碍而产生的摩擦，如技术性贸易壁垒、绿色贸易壁垒、知识产权保护等；还有进一步发展到以强化企业社会责任、劳工标准等而导致的贸易摩擦。

(2)在贸易摩擦的领域和范围上，就产品方面看，从最初的劳动密集型产品扩展到技术、资金密集型产品，由单一的某种产品扩展到某类产品群组。如化工类、钢铁类、机电类、纺织品类等，仅反倾销涉案产品就达 4 000 多种。就贸易摩擦领域方面看，已从单纯的货物贸易摩擦向服务贸易、知识产权、技术标准、环境保护、劳工标准等全方位的经贸摩擦升级，并逐渐向体制政策方面转移。如针对我国的补贴政策、汇率政策、外商投资企业政策、特区政策、中西部的一些政策、对国有企业的一些政策，等等。

(3)在贸易摩擦中，专门针对我国的特殊保障措施、知识产权保护、反补贴措施有扩大之势。由于我国入世议定书中有允许成员国对我国出口产品采取特殊保障措施的承诺，入世后世贸组织成员纷纷加强了对我国特定产品过渡性保障机制的立法工作。2001 年，共有 17 个国家和地区对我国发起保障措施 12 起，同比增长 200%；2002 年共有 18 个国家和地区对我国发起保障措施 18 起(包括 3 起特殊保障措施)；到 2003 年 9 月底，先后有印度、美国、土耳其和欧盟对我国出口产品发起 9 起特殊保障措施调查；2017 年，其他国家和地区对我国共发起 9 起保障措施。

随着《与贸易有关的知识产权协定》的国内实施，以美国为主的发达国家开始对我国出口产品实施越来越严格的知识产权保护，如美国在我国入世后已相继发起了对我国合成橡胶保护手套、光储存控制芯片、油墨打印机、塑料制食品容器、无汞电池、护耳用具等 8 起以上的 337 条款调查。

第二节　中美贸易摩擦

一、中美贸易摩擦的历程

自 1979 年中美建交及《中美贸易关系协定》签署以来，中美经贸往来日趋频繁。然而，在双方市场不断扩大和贸易量持续增加的同时，中美贸易摩擦问题始终是中美贸易关

系中挥之不去的不和谐音符。1980 年 7 月 2 日，美国对中国薄荷醇进行首次反倾销调查。2001 年中国入世以来，尤其是 2003 年下半年以来，中美贸易摩擦此起彼伏，引起了人们的广泛关注，再次成为双边贸易发展过程中亟待解决的焦点问题。回首中美贸易摩擦的发展历程，在过去的 37 年中，根据摩擦的性质特点划分，大致可分为三个不同的历史阶段：

（一）经济性摩擦阶段（1980—1989 年）

这一阶段中美贸易摩擦由于建立在两国良好的战略合作关系基础上，因而大多数摩擦属于经济性质范畴内的技术性问题。而且，由于中美政治、经济实力上的差距，中方在贸易摩擦中总体上来说处于被动地位，摩擦解决途径也基本遵循“美方立案——中方解释——美方裁决——中方让步——双边达成协定”的模式。这一阶段的贸易摩擦所涉及的商品大多集中在低附加值的纺织品、化工材料以及轻工产品等劳动密集型的初级大宗商品上。

（二）政治化摩擦阶段（1990—2001 年）

这一阶段中美贸易摩擦的主要特征是经济问题政治化。冷战结束后，由于受当时国内外环境的影响，中美双边贸易关系不断恶化。美国对华发起贸易摩擦的范围、手段和方式随之发生了质的变化。贸易摩擦不再简单地以反倾销为主，而是加大了“经济制裁”手段的使用力度，主要内容是以防扩散为由限制对华的高新技术贸易。除此，中美贸易摩擦的范围还扩展到最惠国待遇、知识产权、贸易逆差、中国入世等多个方面。在整个 20 世纪 90 年代，美国不断以所谓人权、敏感武器扩散、劳改产品等问题为借口，拒绝给予中国最惠国待遇，直至 2001 年 12 月 27 日美国宣布给予中国永久正常贸易关系地位，才最终标志着美国废除其实行 20 年之久的年度审议对华最惠国待遇的做法。值得一提的是，这一阶段随着中国经济实力的增强，尤其是中美两国经济相互依赖程度的增强，中国在中美贸易摩擦中主动反击和自我保护的意识和能力日益提高。

（三）制度性摩擦阶段（2002—2016 年）

这一阶段中美贸易摩擦的主要特征是从纺织品、彩电、家具等微观经济层面向以人民币汇率、市场经济体制等宏观经济层面为核心的制度摩擦阶段发展。在 2001 年中国正式成为 WTO 成员之后，中美贸易一反入世正面效应的常态，贸易摩擦硝烟不断，摩擦的数量和金额迅速增加已经成为我国对外开放中面临的重大问题。根据商务部产业损害调查局的统计数据，从 2002 年至 2004 年，美国对华发起的各类反倾销和保障措施调查案件持续上升，其中 2002 年全年共有 11 个案件，涉案金额 22 162 万美元；2003 年全年共有 11 个案件，涉案金额 185 146 万美元；2004 年由于受到美国国内经济政治形势的影响（尤其是美国大选转移了人们视线），美国对华发起的案件数量有所下降，上半年共发起 6 起，涉案金额 34 109 万美元。2012 年以来，美国贸易保护主义抬头，对华频繁发起贸易救济调查，截至 2016 年底，美国正在对中国产品执行的反倾销、反补贴税令总计 140 个，中国是遭受美国贸易救济措施数量最多的国家。种种迹象表明，在后 WTO 过渡期，中美贸易摩擦的热点仍将集中在纺织品进口设限、人民币汇率、知识产权、入世后过渡期履行承诺、市场经济地位等焦点问题上。

二、中美贸易摩擦的特点

近年来，中国作为一个贸易大国日益崛起。在世界经济持续低迷的形势下，我国出口却连续保持着两位数的高速增长，表现出强劲的国际竞争力。但同时日益严峻的国际贸易环境也使得中国陷入国际贸易摩擦的困扰之中。在中美贸易摩擦发展中，随着中美两国产业结构和贸易结构的变化，特别是全球化和信息化的发展，中美贸易摩擦呈现出不同于以往贸易摩擦的新特点及新动向。

（一）摩擦领域扩大化

中美贸易摩擦涉及的领域也慢慢由纺织业向钢铁、轮胎、文化等领域延伸。截止到2016年底，美国一共对中国产品执行了140个反倾销、反补贴税裁决。在各个产业中，钢铁领域尤为突出，美国带领多个钢铁生产国对我国钢铁形成包围圈。2016年我国遭受钢铁贸易救济案高达49起，涉案金额78.95亿美元，这其中包含21个国家和地区。因为中国是世界上最大的钢铁生产国，生产总量占世界总产量的50%以上，我国的钢铁产业连续八年占据贸易摩擦量榜首。本次的反补贴税率高达190%，是美国新首脑特朗普上任后，美国优先的政策所附带的后果。不仅双反税率奇高，且范围也扩大到宝钢、山西太钢、广东韶钢等国有企业。在过去，美国的钢铁产业是全球首屈一指的龙头企业，但现在却需要十分巨大的进口量。2016年，美国粗钢产量为7 860万吨，同比下降0.3%，进口量为2 946万吨，进口量仍然十分庞大。同样是2016年，中国向美国出口钢铁113万吨，但2015年同期却高达242万吨，2016年出口数量急剧下降，主要是受特朗普提出的振兴制造业的影响，要将制造业重新带到美国增加就业，而钢铁行业就在要振兴的产业范围之内。所以，专家认为中美两国的钢铁贸易摩擦将持续升级不会停止。

美国对中国的轮胎产业实施了严格的贸易壁垒，2009年对我国的轿车和轻型卡车轮胎发起了特殊保障措施调查，并在此基础上附加征收三年期的惩罚性关税。但在5年后的2014年，美国政府又开始对来自中国的乘用车和轻型卡车轮胎发起反倾销和反补贴调查，该案涉及金额达到了20亿美元。在2015年6月18日，美国商务部对此作出裁决，对中国的轮胎厂商征收14.35%～87.99%的反倾销税和20.73%～100.77%的反补贴税，其后又对其结果进行修改，将佳通轮胎等强制应诉企业的反倾销税由29.97%修改为30.74%，将普利司通轮胎、国铂轮胎等几十家获得单独税率的企业反倾销税由25.30%修改为25.84%。此外在2016年的2月份，美国商务部应美国钢铁工人联合会的要求，对来自中国企业的卡车和客车轮胎发起反倾销和反补贴调查，目前已初步裁定对中国企业加征30.36%的反倾销税。

2007年4月，美国向世贸组织提起上诉，理由是中国的出版物和视听娱乐产品并未完全开放。在2012年1月份，世界贸易组织对中美出版物市场案件作出了判决，指出中国对进口电影制作、图书音像等存在限制是违规的，这标志着中美贸易摩擦已经开始涉及文化领域。

（二）摩擦手段多样化

入世以来，美国对华发起贸易摩擦所援用的手段日益呈现多样化的特征。集中表现为反倾销再也不是中美贸易唯一的摩擦形式，保障措施（尤其是特别保障措施）和技术性贸易壁垒已成为美国对华实行贸易保护的新手段。2002 年 8 月 19 日，美国对华出口的椅座升降装置实施第一起特别保障措施，2004 年共先后发起 5 起特别保障措施。2002 年美国宣称从中国进口的虾和蜂蜜中检验出氯霉素残留超标，随后部分州政府禁止销售从中国进口的部分水产品。再有，2002 年 3 月，中国实施新的食品法后，美国认为中国农产品贸易政策的变化限制了美国大豆、玉米等转基因农产品向中国的出口，从而引发了中美农产品贸易争端。而对于中国对美国的纺织品出口，美国也一改采用配额和原产地规定加以限制的传统方式，转而使用特别保障措施和技术性贸易壁垒。

2003 年 11 月 17 日，美国政府突然宣布对中国针织布、胸罩和袍服三类纺织品实施特别保障措施。这次摩擦涉及的我国出口纺织品品种和金额虽不算大，然而，这是 WTO 成员根据《中国入世议定书》第 16 条针对中国纺织品出口发起的第一起保障措施，因此其影响相当深远。据路透社报道，2005 年 1 月 1 日，虽然全球纺织品服装配额已经取消，但是美国制造业协会却无视中国自 2005 年 1 月 1 日起对中国出口的纺织品征收 2%～6% 从量关税的自律行为，仍然提出新的特别保障措施申请，以限制中国纺织品服装大量进入美国。此外，美国作为世界科技强国，它所制定的各类技术标准多达 5 万个，随着中国对美产品出口的增加，更具隐蔽性和灵活件的技术性贸易壁垒无疑将成为美国对华实行贸易保护的新手段。

（三）摩擦形态复杂化

入世以来，中美贸易摩擦形态的日趋复杂，主要表现为：

(1)贸易摩擦不仅仅是双边摩擦，也开始出现多边摩擦迹象，随着中美两国贸易摩擦的深入，除了传统的保护手段，“双反”、特别保障措施等开始被越来越多使用，其中“双反”调查已经成了最常用的手段，而涉及的范围也慢慢扩展到劳工标准、环境保护、食品安全、技术标准等非传统贸易摩擦领域。中国商务部发布的《全球贸易摩擦研究报告》显示，美国对华发起的贸易调查自 2008 年金融危机后进入高发状态，其中以知识产权问题、技术性贸易壁垒和绿色贸易壁垒等形式出现的频率最高，其中尤其是 337 条款调查值得注意。337 条款调查是美国国际贸易委员会根据美国《1930 年税法》第 337 节进行的调查，其调查对象为进口产品侵犯美国知识产权的 I 型能够为以及进口贸易中的其他不公平竞争。涉案企业如果不积极应诉或者最终被裁定违反了“337 条款”，其面临的后果就是被判决禁止出口产品到美国，2012 年 8 月，美国国际贸易委员会宣布，将对包含中国在内的多个国家发起大规模的 337 条款调查，理由是这些国家生产的无线电子设备涉嫌侵犯美国的专利，在对我国的调查中，中兴和华为这两家通信设备制造商都包含在调查的范围内。

(2)贸易摩擦的焦点开始向制度摩擦转变。随着在国际贸易领域出现国际问题国内化和国内问题国际化倾向的不断加强，中美之间出现的大部分摩擦都是由两国不同的经济结构和不同的规制所造成的。比如以 2009 年的“轮胎特保案”来说，印度、巴西等国家纷纷开始对来自中国的汽车轮胎采取反倾销调查，这种示范效果使得我国轮胎行业顿时成为世界贸易保护主义抬头的受害者，而中国也在短短几个月内，在全球范围内遭遇多起反倾销反补贴调查，涉案金额也急剧上升，高达 92.34 亿美元。

(3)贸易摩擦的理由和借口逐渐合法化。美国通过国内立法，将种种发起贸易摩擦的手段逐渐变成一种合理、合法的措施。例如，2000 年，美国将含有特别保障措施内容的条文纳入《1974 年贸易法》中，大幅度降低了立案标准，为大规模运用这一保护机制完成了准备工作。这种将长达 12 年的“特别保障条款”可以仅针对中国使用，从而避免保障措施针对全球所带来的压力。再如，2000 年 10 月，美国国会通过《伯德修正案》，要求美国政府把在反倾销和反补贴案中征收的惩罚性税款直接补贴给利益受到损害的美国公司，而不是上缴美国财政部。据统计，2001 年和 2002 年，美国企业因该修正案得到的补贴达到 5.61 亿美元。虽然 2003 年 1 月，WTO 判定《伯德修正案》违反全球贸易规则，并要求美国于 2003 年 12 月 27 日前予以废除，但美国并没有执行 WTO 的裁决。

(4)贸易摩擦的解决由原来的双方单打独斗开始转变为诉诸 WTO 争端解决机制。2002 年 3 月，我国第一次利用 WTO 争端解决机制向 WTO 争端解决机构提出成立专家组对“美国实施钢铁产品保障措施案”进行调查和裁决。2004 年 3 月 18 日，美国上诉 WTO，指控中国对进口半导体征收歧视性关税。这是中国自 2001 年底入世以来，美国第一次向 WTO 指控中国。

（四）摩擦层次宏观化

入世以来，中美贸易摩擦已经由微观经济层面上升到了宏观经济层面，中美贸易逆差问题依然是中美贸易摩擦的焦点。2005 年 1 月，美中经济和安全评估委员会向国会提交一份由美国经济政策研究所的罗伯特·史考特撰写的题为“1989—2003 年美中贸易对美国和联邦各州的就业和工业影响”调研报告，报告认为：“1989—2003 年的 14 年中，美国对华贸易逆差从 62 亿美元增加到 1 240 亿美元，翻了 20 倍，2004 年还会再增长 20%，达 1 500 亿美元。美中贸易逆差导致美国同期丧失了 150 万个工作岗位，涉及制造业的所有领域，包括半导体等过去被认为不会受到中国‘威胁’的高科技产业，而且每个州都受到影响。”除此，中美关于“非市场经济地位”问题是入世以来美国对华反倾销案件急剧增加的重要原因。入世以来，美国频繁援引《中国入世议定书》第 15 条“确定补贴和倾销时的价格可比性”中的“非市场经济条款”，使其取代欧盟成为对华实施反倾销的第一大国。此外，为了监督中国入世承诺的履行情况，美国已经形成了由政府、企业、国会组成的多层次的监督机制。例如，美国于 2002 年 7 月和 10 月在国会特别设立“美中经济和安全评估委员会”和“国会—政府部门中国委员会”，其主要职责是审视美中经贸关系对美国安全的影响，每年向国会提交报告，并在适当情况下为立法和行政行为提出建议。2004 年 9 月，美中贸易全国委员会发布《中国入世第三年入世履约的评估报告》，其会员公司在关于中国入世承诺履行调查表的反馈中，在总分为 10 分的基础上给中国打了 5 分。与 2003 年相比，这一评分结果说明中国履约情况有些改善，但在很多领域仍然存在问题。2004 年 12 月 13 日，美国贸易代表办公室(USTR)发布其向美国国会提交的《2004 年中国入世承诺评估报告》，就中国入世以来的经济改革和履行入世承诺状况进行了回顾和评估。报告认为：中国对其国内经济体制所做的“巨大改革”应得到“应有的认可”。尽管中国在履行入世承诺方面成就显著，但离全面履行的标准尚存在较大差距。其中，美国最为关注的领域包括知识产权保护、贸易权和分销服务业务的开放、保险、快递业务和通讯服务业的开放、农业问题、产业政策及其透明度。自从 2008 年经济危机之后，美国对中国发起的贸易摩擦已经不仅仅限于传统的贸易领域，而且是以贸易问题为切入点，掺杂着中国市场经济地位问题、人民币汇率问题、环境保护问题等。当前的中美贸易摩擦，已经从单个产品或领域等微观问题向中国的体制建设、宏观经济政策等全局性、根本性问题转变。

中国是全球最重要的经济体之一，是全球吸引外资最多的国家，同时还是全球最大的出口国之一和全球第二大能源进口国，其经济自由度上升速度如此之快，不仅对中国香港地区、中国台湾省及周边国家（地区）有重要的意义，而且对于全球其他国家（地区）来说，也具有显著的意义。

三、中美贸易摩擦的根源

在国际贸易中，利益是永恒的，但由于贸易中的利益体在社会制度、价值观念、经济发展水平等诸多方面天然地存在差异，作为一种正常现象，贸易摩擦不可避免。具体到中美双方，作为全球两大重要的贸易体，在贸易中发生摩擦更是一种司空见惯的现象。然而，正是因为中美双方在全球中的特殊地位，因而使得诱发中美贸易摩擦的因素错综复杂，既有外部因素，也有中美双方内在结构矛盾；既有经济因素，也有非经济因素；既有美方单方面原因，也有自身原因，林林总总，给中美贸易增添了诸多不确定性。

（一）全球角度分析

1.全球正处于国际贸易摩擦的高发期

进入 21 世纪以来，随着 WTO 所倡导的贸易自由化使关税、配额、许可证等传统保护手段的作用大大削弱，以反倾销、反补贴、保障措施为主要手段的贸易摩擦已成为各国经济发展中“没有硝烟的战争”。1995—2014 年间，WTO 成员共发起反补贴调查案件 380 起，其中，美国、欧盟和加拿大发起最多，分别为 156 起、74 起和 49 起，占全球反补贴调查案件发起数量的41.1%、19.5%及 12.9%；被调查成员主要为发展中国家，其中，中国和印度遭受反补贴调查最多，分别为 90 起和 65 起。2014 年 WTO 成员共发起反补贴案件 45 起，其中美国、加拿大和埃及发起最多，分别为 18 起、12 起和 6 起；中国、土耳其涉案最多，分别为 14 起和 5 起。

2.世界经济的衰退导致贸易保护主义重新抬头

从历史经验来看，世界经济发展状况与贸易保护主义呈负相关，即世界经济发展走强的时候，贸易保护主义呼声较弱；反之，世界经济走向衰退，则贸易保护主义呼声较高。自 1997 年亚洲金融危机和美国“9・11”事件打击以来，全球经济遇到了很大的困难，2000 年以来，占世界经济 70%的美、日、欧经济同时不同程度地出现了衰退或增长迟缓，这是 1975 年以来的首次下滑。其中，美国经济从 2000 年下半年开始急剧降温，2001 年 3 月正式陷入衰退；日本在经历了 20 世纪 90 年代“失去的十年”后，进入 21 世纪不仅不见起色，反而陷入了更加严重的通货紧缩和经济衰退；此外，欧盟经济也一直处于低速增长，按欧委会的统计，2001 年欧盟的经济增速仅为 1.7%，是欧盟自 20 世纪 90 年代初经济衰退以来的最低水平。2003 年下半年以来，虽然全球经济开始缓慢复苏，但是由于发达国家经济复苏尚不坚实，贸易保护不可小视，加上美元汇价可能会继续下跌，恐怖威胁仍会困扰国际社会，因此全球经济彻底走出低谷的态势仍不十分明朗。在此情形下，国际贸易继 2000 年空前增长 13%后，2001—2003 年平均只增长 2%，明显处于低谷期，全球贸易摩擦也因此频繁发生。许多国家和地区为了保护本地市场，以保障人类健康、安全、卫生和保护环境为借口大量采用新贸易保护主义政策。安全标准、质量标准等技术壁垒激增；“两反一保”、动植物卫生检疫等非关税壁垒不断呈上升趋势；新的道德标准、社会责任、劳工标准、环境标准等被一些国家和地区用来作为新的贸易保护主义的手段。因此，从一定程度上来说，全球国际贸易摩擦增多更多的是世界经济萎缩以及新贸易保护主义抬头的一个缩影。

3.国际贸易摩擦是经济全球化过程中的必然产物

以跨国公司为载体的经济全球化已成为当今世界经济发展的总体趋势，在全球化的推动下，各国之间的经济联系日益加强，经济交往频繁，经济发展的国际化程度逐渐加深。经济全球化和贸易自由化的总体目标是使世界资源在全球范围内得到更有效率的配置，使全世界各国的总体福利得到提高。经济全球化时代，生产的全球性和统一的世界市场需要一个全球统一的规范竞争的规则。但事实上，各种国内规制严重影响了国家间经济贸易的开展和竞争中的优劣势平衡。独立的民族国家在参与经济全球化活动时，首要目标是本国利益的最大化，而且由于各国之间在社会制度、历史背景、宗教信仰、文化习俗、消费偏好、生活水平、环保要求、关税水平、技术标准、检验检疫制度等方面存在的差异并不能在短时间内实现完全一体化，只要这些差异存在，当一国的经济体以自己的标准与他国进行贸易往来以及其他经济联系时，产生摩擦就不可避免，甚至会频繁产生。这是全球化发展过程中必然要遇到的问题，需要通过国际磋商与协调，通过各国的共同努力，通过经济发展水平的稳步提高来逐步消除和解决。从这一意义上来说，贸易摩擦反映了经济全球化进程中国与国间的碰撞、妥协和调整，使得国际贸易在一个更高的水平上达成优劣势平衡。

4.国际产业结构不协调是国际贸易摩擦频发的深层次原因

按照古典国际分工理论，比较优势是国家间进行分工和合作的基础。在这种情形下，各国通过贸易都能发挥自己的优势而弥补不足。发达国家处于国际分工的顶端，主要从事高附加值产品的生产，而发展中国家处于国际分工的底层，主要从事低附加值产品生产，因此发生贸易摩擦的可能性较小。然而，由于经济发展的不平衡和经济利益的不一致，各国之间的产业分工并非完全是在完全竞争的市场上进行的。相反，由于交易背后经济利益的驱使，发达国家往往不会轻而易举地退出一些低附加值的传统产业领域，当发达国家的这些传统领域受到威胁时，仍会毫不犹豫地采取保护措施进而发生贸易摩擦，如美国对其钢铁产业几十年来的一贯保护而造成其与有关国家的贸易摩擦。此外，新兴工业国或后发国家出于技术赶超或独立自主的需要，实行进口替代工业化战略，增强政府对贸易的干预，20 世纪 80 年代以来，战略性贸易政策为各国所普遍接受。由于各国的政策介入能够改变各国参与国际贸易的收益后果，往往招致外国相应的报复性政策措施，结果便会由于追求收益的重新分配而引起各国之间产生国际贸易摩擦。可见，尽管国际分工本来可以帮助化解国内产业结构的缺陷，但对外关系的引入，加之经济与政治的互动，使得国内外产业结构及其协调变得更加复杂化。这体现了国内经济与世界市场的相互作用，同时，这还说明，开展经济活动，在处理贸易摩擦的时候，斗争与妥协都是重要的，既竞争又合作，既斗争又妥协，是正常的国际关系。

（二）美方角度分析

1.美国产业结构调整的结果

自 20 世纪 90 年代以来，美国开始了从传统工业经济向高科技经济的转型。在转型过程中，传统产业丧失成本优势，高科技经济又不能迅速开辟市场，这必然增大贸易逆差。实际上，美国经济结构的转型已经使得美国在纺织、钢铁、小型家电等领域失去成本竞争优势。2010 年，美国制造业增加值占全球的比重被中国超越，此后退居第二制造大国。麦肯锡研究报告显示，与 20 年前相比，美国的制造企业和工厂已经减少了约 25%，约三分之一的就业随着制造业的衰退而消失。

1997 年，美国高科技产业的贸易顺差创下了 600 亿美元的纪录，然而近几年美国的地位也已经开始受到冲击。从 2003 年开始，美国高科技产业出现贸易史上的第一次逆差，并呈逐渐扩大趋势。2005 年 1 月 12 日，美国商务部发布关于贸易现状的报告。报告显示，2004 年 11 月，美国货物贸易和服务贸易赤字高达 602.97 亿美元，创最新纪录。美国的一位经济学家表示，一时的贸易逆差对美国工业并不是非常严重的问题，但目前的现象预示了一个深层次的危机，美国也许在这个能提供高收入就业机会领域的某些部门失去领先优势。特朗普上任之后又提出“制造业回流”口号，美国制造业也面临着新的机遇。麦肯锡全球研究院得出结论，美国的制造业复兴，已经无法重现 20 世纪 60 年代的大规模流水线和大规模就业。但如果美国制造业充分利用机会，到 2025 年，每年仍然有望比预期多创造 5 300 亿美元。

2.非经济因素对中美贸易摩擦施加了诸多负面影响

中美贸易关系不仅受到经济因素的影响(如中美贸易逆差、人民币汇率以及美对华技术出口限制)，而且还受到许多非经济因素的影响。美国政府在制定对华贸易政策时，不是把社会福利水平放在首位，而是考虑政治利益的需要。例如，美方经济将贸易问题与人权问题、政治问题挂钩，力图用贸易迫使中方在政治问题上和许多原则上对美国妥协。再如，美国总统大选年，对华政策往往会成为驴象两党角力的话题之一，2004 年这个话题聚焦于“中国制造”剧增对美国就业机会的冲击。当越来越多的“中国制造”充溢于美国市场时，美国人惊呼“中国制造”抢走了饭碗。美国的产业协会和劳工联盟纷纷到白宫、国会上给政府官员和国会议员施压。面对高失业率，美国政客需要“替罪羊”来化解国内日益高涨的不满情绪。中国是美国最大的贸易逆差来源地以及美国重要的海外投资地，这使其成为再“合适不过”的美国政治牺牲品。因此，将贸易问题政治化，严重地影响了中美双边贸易和政治关系的发展；而双边政治关系的好坏又对贸易摩擦的解决产生重大影响。

3.遏制中国是由美国全球战略考虑所决定

在中美贸易关系还远没有达到高度相互依存状态的情况下，贸易关系还不可避免地受到中美双边基本战略态势所制约。从全球战略考虑，美国并不希望看到一个日益强大的可与之抗衡的中国出现，美国反华势力将中国视为潜在的敌人，认为中国发展和强大必然会谋求亚洲的霸主地位，中美对抗是世界上最主要的两大势力对垒，根据这一思维方式，美国总是试图寻找各种借口对中国的发展制造障碍，如提出“中国威胁论”“鼓吹人民币升值”等。美国大众媒体作为美国社会生活中的“第四种权力”，不仅传达反华势力，阻挠中美关系、限制中美贸易关系发展，而且还大大地扩大中美贸易关系中不和谐因素。

4.美国国会是中美贸易摩擦中的一个重要因素

美国国会干预美国对华贸易政策途径主要是通过制度手段和发表提案表达对美中贸易逆差的关切和不满。就前者来说，美国已经建立专门委员会对中国的经济、贸易政策和情况进行调查、研究，向国会提出政策建议。例如，“美中经济与安全评估委员会”成立于2000年10月30日，主要职责是对美中两国经济贸易关系和国家安全问题进行监督、调查并向国会汇报，特别关心中国是否会利用与美国的贸易顺差来大幅度提高自己的军事预算和国防开支在国民经济发展中的比例，关心中国的经济崛起是否构成对美国安全的全面挑战。就后者来说，通过发表提案表达对某个问题的关切是国会议员最常用的手段。从这些提案可以看出，部分国会议员简单地把美国的经济衰退、高失业率和美国对华贸易政策挂钩，认为是中国巨大的出口抢占了美国国内市场份额，而中国产品的竞争力是建立在违反人权的基础上的，美国制造企业在不公平的状况下和中国企业进行竞争，必定受损害。

（三）中方角度分析

1.外贸依存度过大已成为贸易摩擦的一个主要导火索

改革开放以来，对外贸易在我国国民经济发展过程中发挥了不可替代的重要作用。除1997年至1999年由于东南亚金融危机的影响外，1990年至2003年我国外贸依存度和出口依存度基本呈现上升趋势。其中，1990年我国外贸依存度为30%，2003年增至60.3%，提高了2倍，2004年增至70.3%。此后受我国经济转型、内外需结构调整以及国际金融危机的影响，从2007年开始对外贸易依存度逐步回落，2008年为60.2%，到2011年更是低至50.1%，仅比2002年高0.1%。2017年，我国对外贸易依存度为33%。特别是从1994年开始，随着对外开放步伐的加快，我国外贸依存度持续维持在一个较高水平。外贸依存度的居高不下，并始终保持着较大的贸易顺差，从某种程度上外贸依存度过大已经成为引发贸易摩擦的一个主要导火索。

2.出口商品结构低下，出口市场分布过于集中

长期以来，中国向美国出口的产品大多集中在劳动密集型产品，如纺织品、服装、鞋、玩具、家用电器、箱包等。这些附加值不高、产品差异化水平较低而价格竞争力又较强的产品出口，一旦大批量出口后，极易引起美国的警惕，导致我国出口产品遭遇种种限制。此外，我国的对外贸易地理方向比较集中，出口产品75%以上销往美、日、欧盟这三大地区，而这三大地区既是全球经济衰退的主流，也是非关税壁垒的发源地，因此，贸易保护主义重新升温，且因其保护手段具有灵活性、隐蔽性、针对性等特点，中国出口产品也难逃包括以美国为首的发达国家的屡屡制裁和限制。相比之下，我国对拉美和非洲等地区出口市场的开发却严重不足。

3.企业缺乏行业自律，出口秩序混乱

从外贸的增长方式来看，低价竞销、重复建设、无序增长、求得外贸数量扩张的现象仍广泛存在于我国外贸领域。近几年，中国向美国出口商品的销售量突飞猛进，但是贸易额没有同比例上升，有时候基本没有增长，这主要是国内企业为争夺市场，相互间压低价格，致使少数地方出口秩序较混乱，而行业协会等中介组织内部协调力度不够，尚未建立有效的行业自律机制。同时，我国的出口企业对特定市场大多缺乏长远打算，一发现新的市场，就会蜂拥而入，而政府有关部门和行业协会又缺乏有效的协调机制，最终结果不是被进口国进行反倾销，就是被当地消费者放弃。这种低价出口和出口的无序增长，不仅使我们丧失了正常应得利润、降低了出口商品的档次，更加大了我国遭遇贸易摩擦的概率。2017年5月19日，阿根廷生产部对自中国进口的可锻性铸铁管配件反倾销调查作出终裁，接受两家

企业带数量限制的价格承诺,对其他涉案产品继续征税,税率为295%,为期5年。

4.应对贸易摩擦的战略战术还有待提高

中国企业在面临贸易摩擦时通常缺乏总体的通盘考虑,应对技巧还不够高明。在贸易争端中所处的不利地位,减弱了在贸易摩擦中的抗衡力度。虽然可以诉诸WTO多边贸易体制来解决贸易争端,但由于在入世时承诺了"非市场经济地位""特别保障"等不利条款,使得我国企业面临贸易摩擦时,处于较弱的防护状态。此外,企业的自我防护意识差、预警机制不完善加重了我国在中美贸易摩擦中的损失。有些企业欠缺敏锐、通畅的信息捕捉、分析和传递系统,致使竞争手段单一,国际营销谋略不足。更重要的是,由于对国外市场的动态了解不及时,即使在国外企业或行业中介组织已经决定或表现出对某种出口产品的关注,并可能付诸调查、决定立案时,部分企业仍不改原有的出口战略,继续大量涌入出口市场,使自身陷于被动地位。

四、特朗普执政以来的中美贸易争端

中美贸易摩擦一直以来是国际贸易领域在不断研究的问题。自从美国总统特朗普执政以来,中美贸易冲突不断升级,在"公平贸易"理念的指导下美国经济政策出现重大转变。绝对公平、绝对对等和相对利益的追求表现美国贸易保护主义的不断强化。从微观上看,美国总统特朗普将经济政策提升到国家安全的级别,维护公平贸易,加强贸易执法,重新洽谈自贸协定,并寻求有利条款和多边贸易的新方式。在此背景下,特朗普政府对华贸易政策发生改变,陆续实施贸易救济、抑制中国新兴产业、阻碍中国企业赴美投资等贸易保护措施,中美贸易关系几经波折,贸易摩擦呈现不断升级趋势。

自从自由贸易理论提出以来,对于贸易保护主义的批评不绝于耳,自由贸易和对外开放被看作可以提升国民福利,增加国家财富和维护世界和平的重要工具。但是,在国际贸易的历史中,贸易保护主义才是常态,自由贸易只是意外。[①] 在考虑经济因素的同时,一国的政治要素对于贸易产生的影响也是不容忽视的。一国政治集团主要受一国利益集团所掣肘,而政治集团则更倾向于贸易保护主义。第二次世界大战以来,贸易保护主义的形式在不断变化,其中最新的形式就是"公平贸易"作为贸易保护主义的保护伞登上美国贸易保护主义的舞台,而特朗普政府将这一政策推向新的高峰。

(一)美国政府"公平贸易"政策历史

从美国成立之初到20世纪70年代,美国对外贸易政策主要围绕贸易保护主义和贸易自由化进行讨论。美国经济的崛起与贸易保护主义政策分不开,但是自由贸易作为一种促进经济增长的手段在历史上也曾经出现过,而当19世纪末20世纪初美国工业实力日益增长之时,美国又采取自由贸易政策为本国民族工业开疆辟土[②]。二战结束后,美国高举自由贸易旗帜,主导建立了自由开放的国际贸易体系,领导成立关税及贸易总协定,

① 〔美〕罗伯特·吉尔平.全球政治经济学:解读国际经济秩序[M].杨宇光、杨炯译.上海人民出版社,2006,第178—183页。

② 〔美〕迈克尔·赫德森.保护主义——美国经济崛起的秘诀(1818—1914)[M].贾根良等译.中国人民大学出版社,2010。

并推动一系列关税减让谈判，此外，美国还通过实施单边自由贸易政策为战后西欧和日本的经济复苏提供支持。20 世纪 70 年代之后，伴随美国霸权的相对衰落，公平贸易开始进入决策者的视野，并逐渐成为美国对外贸易政策的基本原则。

随着西欧和日本经济的快速发展，美国企业在国际市场上面临的竞争与日俱增，贸易优势逐渐削弱，1971 年美国结束长达 80 多年的贸易顺差，开始进入贸易逆差阶段。1974 年美国国会通过兼具自由主义和保护主义倾向的《1974 年贸易法》，成为 1934 年以后美国自由贸易政策的转折点，该法明确设置了贸易报复条款“301 条款”，即如果美国贸易代表办公室认定某国的贸易政策与两国所签订的贸易协定相抵触，或有不公平、不合理及歧视性的事情发生，则须依总统指示对其采取报复措施，迫使对方遵守协定或修正其行为。这成为美国进行贸易报复的法律依据，也被认为是《1974 年贸易法》最富有贸易保护主义色彩的内容。[①]

布什政府和克林顿政府进一步确立了公平贸易原则。1989 年，布什政府在“国家贸易政策纲要”中明确提出，20 世纪 90 年代美国贸易政策的基本方针是“自由和公平贸易”，这意味着美国将会继续实行自由和开放贸易，但同时又会以坚决的行动反对贸易伙伴国的“不公平贸易”行为。克林顿政府也将公平贸易作为美国贸易政策的基本原则，要求其他国家采取对等优惠措施、扩大市场开放，否则就依托“301”等条款广泛使用贸易报复措施，这在实质上已经放弃了自由贸易的本质。[②]

特朗普政府的“公平贸易”观依然秉持“公平”(fair)和“对等”(reciprocal)两个核心概念。对公平贸易的追求贯穿特朗普政府对外经贸政策的方方面面，美国贸易代表办公室发布的《2017 年美国总统贸易政策议程和 2016 年年度报告》指出，特朗普政府对外贸易政策的总体目标是“以一种对所有美国人更自由和更公平的方式扩大贸易”。[③] 特朗普政府认为，其他国家采取的倾销、补贴、国有企业和汇率操纵等不公平贸易行为扭曲了市场竞争力，造成美国制造业工人失业及工资水平降低[④]，美国将采取强硬措施打击不公平贸易行为。特朗普政府还强调“公平自由贸易协定”的重要性，认为现有的自贸协定如北美自由贸易协定、美韩自贸协定，将大型企业和就业转移出美国，美国劳工遭到不公平待遇，因此必须重谈 FTA，保障美国产业和劳工利益。在美国公布钢铝关税后，特朗普还在社交媒体上表示，除非重新签署全新及公平的 NAFTA，否则不会取消针对加拿大和墨西哥的钢铝关税。[⑤] 此外，特朗普政府还认为，现有的以 WTO 为核心的国际贸易体系在应对

---

① 李巍.制度变迁与美国国际经济政策[M].上海人民出版社，2010，第 208 页。

② 张建新.美国的战略性贸易政策[J].美国研究，2013(1)，第 64—80 页。

③ Office of the United States Trade Representative.2017 Trade Policy Agenda and 2016 Annual Report of the President of the United States on the Trade Agreements Program.[EB/OL]March 2017，https://ustr.gov/sites/default/files/files/reports/2017/AnnualReport/AnnualReport2017.pdf.

④ Marianne Schneider-Petsinger.Trade Policy under President Trump Implications for the US and the World[EB/OL].Chatham House，November 2017，https://www.chathamhouse.org/sites/files/chathamhouse/publications/research/20171103trade-policytrumpschneider-petsingerfinal.pdf，p.10.

⑤ Bloomberg.Trump Tweets NAFTA Ultimatum：The Tariffs Stay Until a ‘Fair’ Deal Is Signed”[EB/OL].Fortune，March 5，2018，http://fortune.com/2018/03/05/trumptariffs-nafta-canada-mexico/.

不公平贸易行为方面亟待改革，同时在多个场合表达了美国追求公平贸易、惩罚实施不公平贸易伙伴国的决心，[①]希望重塑国际自由且公平的贸易体系。

执政一年多来，特朗普政府出台的对钢铁和铝产品征收关税政策、依据301调查结果对中国出口美国的500亿美元产品加征关税、遏制外国投资政策等，均加剧了逆全球化和贸易保护浪潮，特朗普政府所捍卫的“自由贸易”被“公平”和“对等”两个条件加以限制后已失去了其本意。一方面，特朗普政府的“公平”和“对等”强调绝对公平和绝对对等，追求相对收益。在特朗普看来，公平贸易意味着各国必须采取同样的关税水平和开放程度，税率不同即为“不公平”贸易。[②] 为解决关税水平差异带来的美国利益受损问题，特朗普多次提出向包括盟友在内的贸易伙伴国征收“对等税”，即对进口产品征收同贸易伙伴国一样的关税。多边贸易体系中所倡导的“互惠”或“对等”，实际上建立在对处于不同发展阶段国家的包容和理解的基础之上，各国经过谈判对关税减让达成一致意见，成员国均可从贸易自由化中获益。而特朗普政府的“公平贸易”则走向了追求相对收益的极端，其结果是利用贸易保护工具进行“以牙还牙”的贸易报复。从本质上看，特朗普政府的“公平贸易”观延续了前几届政府对“公平贸易”的解读，即强调贸易自由化水平的一致性，更加突出了对持续增加的美国贸易赤字的担忧，以一个非常简单的逻辑链条推动单边贸易保护政策，并期待取得立竿见影的效果。

（二）特朗普政府对外贸易政策的内容和特点

特朗普上任一年多以来，美国的对外贸易政策围绕公平贸易在追求绝对公平和对等的道路上渐行渐远，贸易保护措施层出不穷，交易性和反复性并存，均揭示出特朗普政府维护美国国内社会利益的本质。美国贸易代表办公室发布的《总统贸易政策议程》指出，特朗普政府对外贸易政策主要涉及捍卫美国国家安全、巩固美国经济发展、推动更好的贸易谈判、强化贸易执法以及改革多边贸易体制等内容[③]。

1.将经济安全上升至国家安全的高度

特朗普政府格外强调维护美国主权和经济安全，绝不容忍任何侵犯美国经济的不公平行动，表示将动用一切可用工具捍卫国家主权，并试图把国内经济和贸易政策纳入国家安全范畴，重塑围绕这些政策的全国性辩论。特朗普政府上任后，两份《总统贸易政策议程》均表示要捍卫美国国家安全，首份美国国家安全战略报告也强调“经济安全就是国家安全”。[④] 在具体的对外经贸行动中，美国对进口钢铁和铝产品发起“232”国家安全调查，

---

① Marianne Schneider-Petsinger.Trade Policy under President Trump Implications for the US and the World[EB/OL].Chatham House, November 2017, https://www.chathamhouse.org/sites/default/files/publications/research/2017-11-03-trade-policy-trump-schneider-petsinger-final.pdf.p.10.

② 2018年4月10日，特朗普在推特上称，美国对中国生产的汽车只征收2.5%的关税，中国却要对美国产的汽车征收25%的关税，这并不是自由贸易或公平贸易。

③ Office of United States Trade Representative.2018 Trade Policy Agenda and 2017 Annual Report [EB/OL]. https://ustr. gov/about-us/policy-offices/press-office/reports-and-publications/2018/2018trade-policy-agendaand2017.

④ White House.National Security Strategy of the United States of America[EB/OL].December 2017, https://www. whitehouse. gov/wp-content/uploads/2017/12/NSS-Final121820170905.

并据此分别对进口钢铁和铝征收25%和10%的关税,还将美国外国投资委员会(CFIUS)的国家安全审查提上立法议程,进一步加强CFIUS对外国投资的安全审查范围和权限。在特朗普看来,美国国内的经济活力、增长和繁荣攸关国家安全,必须采取措施捍卫本国经济优势,"以实力促和平"。

2.通过加强贸易执法维护公平贸易

特朗普将美国制造业不振的原因归结于中国、墨西哥等国"抢走"美国的就业岗位,还造成巨额贸易赤字,这一观点赢得了传统制造业就业者的青睐,也成为特朗普赢得总统大选的关键因素。为减少美国贸易赤字,特朗普政府强调建立公平和对等的经贸关系,并充分利用国内法开展贸易救济调查。截至2018年3月27日,美国先后发起了104项反倾销反补贴调查。2018年以来,美国先是利用《1974年贸易法》第201条对进口光伏产品和大型洗衣机分别采取为期四年和三年的全球保障措施,[①]还根据《1962年贸易扩展法》"232"国家安全调查结果对进口钢铁和铝产品分别征收25%和10%的关税,[②]根据《1974年贸易法》对中国知识产权问题进行"301"调查并对价值500亿美元的中国进口产品征收高额关税。

3.重谈自贸协定,寻求有利条款

自1984年同以色列签署第一份双边FTA生效以来,美国目前共实施了12个双边FTA和2个区域FTA,并推动TPP和TTIP等大型自贸协定的谈判,建立了以北美地区为核心的自贸协定网络。[③] 然而,特朗普认为美国无法从"特惠型贸易网络"中获益,因此提出以双边FTA取代多边FTA,并对现有FTA进行重新谈判,推翻过去对美国不利的规则,维护美国劳工利益。特朗普上任伊始即退出TPP,并称将同TPP成员国进行双边自由贸易协定谈判,同加拿大和墨西哥重谈NAFTA,同韩国重谈美韩FTA。相比区域和多边FTA,双边FTA更易操作,且美国可凭借强大的经济实力和广阔的市场吸引力占据谈判的主导地位。

4.强调改善多边贸易体系而非放弃

"退出"外交体现出特朗普政府将维护国内社会利益放在优先位置,但并不意味着美国要减少插手国际事务、放弃全球经济治理体系的领导地位。在对待以WTO为核心的国际多边贸易体系上也是如此,尽管特朗普政府对WTO颇为不满,认为美国在WTO遭受了不公正对待,其《总统贸易政策议程》也指出,美国不会遵守WTO做出的不利于美国

---

① Office of United States Trade Representative.President Trump Approves Relief for U.S.Washing Machine and Solar Cell Manufacturers[EB/OL].January 22,2018,https://ustr.gov/about-us/policy-offices/press-office/pressreleases/2018/january.

② White House.Presidential Proclamation on Adjusting Imports of Steel into the United States [EB/OL].March 8,2018,https://www. whitehouse. gov/presidential-actions/presidential-proclamation-adjustingimportssteelunitedstates/; Presidential Proclamation on Adjusting Imports of Aluminum into the United States[EB/OL].March 8, 2018, https://www. whitehouse. gov/presidential-actions/presidential-proclamation-adjustingimports-aluminum-unitedstates/.

③ 李巍、张玉环.美国自贸区战略的逻辑——一种现实制度主义的解释[EB/OL].世界经济与政治,2015年第8期,第127—154页。

的裁决,美国还以技术原因为由,阻止为WTO的七人上诉机构填补空缺,[①]但事实上美国本意是试图改革现有多边体系,利用包括WTO在内的一切可用工具促进公平贸易,这也突显出“美国优先”并非“美国孤立”。2018年3月,美国贸易代表罗伯特·莱特希泽在国会众议院筹款委员会作证时称,WTO不利于促进贸易自由化,美国寻求改革以WTO为代表的多边贸易体系。[②] 此外,美国贸易代表办公室分别就印度政府对本国出口商品提供补贴以及中国强制性技术转移等问题向WTO争端解决机制起诉。[③] 可以看出,特朗普政府不会放弃多边贸易体制,只要有利于维护美国国内社会利益的政策举措都在其工具箱中。

特朗普对外贸易政策的逻辑并非混乱无章,而是非常清晰简洁且一以贯之。其目的体现出“本土主义”,采取各种保护主义政策以促进经济增长和增加就业,将“美国优先”的执政理念体现得淋漓尽致。其方式则具有进攻性和交易性双重特点。特朗普政府对贸易伙伴国采取全面进攻态势,同时又通过双边谈判方式同伙伴国进行交易,获得更多谈判筹码,最大限度地维护美国的国家利益。在特朗普政府实用主义思想的指导下,美国的贸易保护措施追求“立竿见影”的经济效应,但一味迎合国内民粹主义政策偏好、将贸易伙伴国作为国内制造业衰落和就业岗位流失的“替罪羊”,忽视国际贸易的运行规律,无益于从根本上解决美国经济和社会面临的困境,相反可能损害选民利益,其政策前景并不乐观。

（三）三大错位导致中美经贸博弈升级

1.中美对贸易的观念存在错位

特朗普对公平贸易的绝对化认知为其贸易保护政策提供了解释,也同倡导自由贸易的中国产生了观念上的错位。“公平贸易”原本是自由贸易和保护贸易的混合体,公平的竞争环境符合绝大多数参与市场竞争的经济体的基本利益,而反倾销、反补贴及保障措施等贸易保护工具也得到WTO的认可和保护。但特朗普政府强调的是以绝对公平和绝对对等为核心的公平贸易,这种狭义的公平忽视了不同国家在经济发展程度上的差异性,以“301条款”等单边贸易保护政策为工具也违背了WTO贸易自由化的原则。特朗普将美国巨额贸易赤字及国内制造业就业岗位减少归咎于贸易伙伴国的不公平贸易,却忽视了技术进步条件下国内制造业劳动生产率提高等更为根本性的因素,将贸易当作“替罪羊”,[④]不仅

---

① 美国贸易代表莱特希泽在阿根廷举行的WTO第11次部长级会议上发表的演讲,可视为特朗普政府看待WTO作用的最有力阐释。莱特希泽指责WTO成为以诉讼为中心的机构、规则没有得到充分执行且缺乏制定新规则的能力

② Office of United States Trade Representative.Opening Statement of USTR Robert Lighthizer to the House Ways and Means Committee[EB/OL].March 21,2018,https://ustr.gov/about-us/policy-offices/press-office/pressreleases/2018/march/openingstatement-ustrrobert.

③ Office of United States Trade Representative.United States LaunchesWTOChallenge to Indian Export Subsidy Programs[EB/OL].March 14,2018,https://ustr. gov/about-us/policy-offices/press-office/pressreleases/2018/march; Following President Trump's Section 301 Decisions,USTR Launches NewWTOChallenge Against China [EB/OL]. March 23, 2018, https://ustr. gov/about-us/policy-offices/press-office/pressreleases/2018/march.

④ Deborah Elms and Bhargav Sriganesh.Trump's Trade Policy:Discerning Between Rhetoric and Reality[J].Asian Journal ofWTO & International Health Law and Policy,Vol.12,No.2,2017,pp.247-263.

难以为振兴国内制造业开出正确药方，也将对外贸易关系推向恶化的轨道。

2.中美对彼此诉求存在错位

自中美建交以来，虽然合作是中美经贸往来的主流，但贸易摩擦也从未缺席。中美建立经贸关系之初，两国便围绕纺织品贸易展开博弈，20 世纪 90 年代中美知识产权争端引人注目，数次贸易摩擦双方尚可以就事论事，经过多次艰难磋商最终达成协议。随着中美实力对比发生变化及双边经贸摩擦增加，美国对中国的不满更加集中在中国不充分的自由市场经济体制问题上，具体包括中国的产业政策、国企政策以及不完善的知识产权保护体系等方面，特朗普政府寻求中国在体制上发生根本性改变。

3.中美对双边关系的认知存在错位

特朗普政府公布的首份美国国家安全战略报告将中国看作是“修正主义大国”和“战略竞争对手”。从特朗普政府的政策行动来看，美国对华政策呈现全面遏制态势，贸易争端不仅包括赤字问题，更涉及面向未来的科技竞争，除经贸摩擦不断升级之外，美国在地缘政治及意识形态领域也动作频繁。过去，美国对中国持谨慎的乐观主义态度，期待中国通过实施市场经济改革、开放贸易和投资，逐渐融入西方主导的国际体系之中。从奥巴马政府开始，美国对中美关系的认知不断发生变化，将中国作为潜在的地缘政治竞争对手，实施“亚太再平衡”战略，并通过 TPP 谈判重掌国际贸易规则制定权，从规则上制衡中国崛起。在国内民粹主义情绪高涨及“建制派”精英对华疑虑加重之际，特朗普政府愈发将中美关系看作是零和博弈，全方位“围堵”中国，为中美关系增加了诸多不确定因素。

（四）中美经贸摩擦有常态化趋势

进入 2018 年，特朗普政府在“美国优先”及“公平贸易”理念的指导下，采取了征收关税、限制投资等多种对华经贸保护政策，中国也给予相应的回应，中美“贸易战”似乎一触即发。特朗普政府要求公平和对等贸易、追求国际贸易中的相对收益，大大增加了中美发生经贸争端的可能性，从当前来看，中美经贸摩擦有常态化倾向。

1.中美贸易失衡将持续存在

中美国际分工及在全球价值链上地位的差异是中美贸易失衡的关键原因，而这一现象在短期内难以根本改变。世界银行数据显示，2010 年中国制造业产值占全球比重达到 19.8%，超过美国成为世界第一制造业大国。2015 年中国制造业产值为 3.25 万亿美元，占全球比重为 26.7%，美国则占 17.6%。就中美经贸而言，2017 年，中国对美出口主要仍然是电子电气产品、玩具、服装等低附加值、劳动密集型或资源密集型商品。这说明中国的中低端制造产品依然具有较强的国际竞争力，对美贸易顺差也将持续存在。由于特朗普政府将解决贸易赤字作为任内重要任务，中美贸易不平衡意味着两国存在实质性的利益冲突，双方如何就削减贸易赤字达成一致将是谈判的焦点之一。

2.中美科技竞争渐趋激烈

随着中国加大科研开发和中高端制造业支持力度，中国在全球价值链上的地位逐渐攀升，将在科技领域成为美国的有力竞争者。根据国家统计局数据，2017 年中国的高技术制造业增长较快，新兴工业产品产量高速增长，工业机器人、民用无人机、新能源汽车、城市轨道车辆、锂离子电池、太阳能电池等新兴工业产品产量分别增长 68.1%、67%、51.1%、40.1%、31.3%、30.6%，呈现高速增长态势。中国不断参与全球价值链高附加值生产，中国科技企业在全球市场迅猛崛起，有可能挑战美国在全球科技领域的主导地位，中美在高技术领域的竞争将日趋激烈。

3.美国选举政治持续加剧中美贸易摩擦

特朗普当选的一大原因是获得了“锈带”蓝领制造业工人的大力支持，为履行竞选承诺，特朗普政府实施“内向型”经济政策，对内采取减少政府管制、激发市场活力的新自由主义政策，对外则强调保护主义和本土主义，以维护美国本土经济利益为宗旨。特朗普政府先后对进口钢铁、铝、光伏产品等增加关税，对中国实施贸易保护措施，目的正是保护国内相关产业发展、减少贸易赤字，并增加就业，同时也为中期选举和连任做准备。

（五）中国的政策选择

随着中国经济实力不断增长，美国对中国的猜忌、疑虑和对抗情绪逐渐增加，特朗普政府在“公平贸易”旗帜下针对中国采取的贸易保护措施正在动摇中美关系的“压舱石”。面对中美经贸摩擦升级，中国既需要理性应对经贸谈判，还需思考中美关系可能出现的变局，进一步探索大国相处之道。

1.增进战略互信，稳定中美关系的“压舱石”

中美恢复经贸关系 40 年来，经济相互依赖日益加深，中美经贸合作对双边、全球经济增长及全球治理均有重要意义。特朗普政府对战略竞争时代的判断和对中美贸易的极端认知，不断推动中美经贸冲突升级，双方还需重建信任，采取措施稳定中美关系的“压舱石”。中美仍然要充分发挥对话机制的作用，加强高层交流和沟通，建立对对方政策和立场的理解，管控经贸分歧，化解经贸摩擦。中美建立经贸关系以来，先后设立了中美商贸联委会、战略经济对话以及战略与经济对话等机制，在解决中美经贸摩擦、加强宏观经济政策协调以及改善全球经济治理等方面发挥了重要作用。第一次“习特会”后确立的中美全面经济对话机制仍然是解决中美经贸争端的重要制度形式，在中美经贸关系紧张之际，双方仍需利用全面经济对话机制等磋商途径，妥善处理对方经贸诉求，达成双赢方案，避免陷入对抗态势。

2.推动务实合作，促进中美经贸再平衡

在增进战略互信、寻求解决双边经贸摩擦的基础上，中美可进一步探讨做大“蛋糕”，解决中美经贸失衡问题。特朗普政府将减少贸易逆差作为其执政的重要任务之一，中国可同美国探索更多的合作领域。尤其是在能源方面，得益于页岩气革命及特朗普政府对传统能源的大力支持，美国原油产量激增。据国际能源署称，美国最快有望在 2018 年成为全球最大的石油生产国；与此同时，中国已经成为全球最大的能源进口国，石油、天然气对外依存度不断提高，需要拓展能源进口渠道，中美在能源领域合作空间广阔，有望成为中美贸易的新亮点。

3.深化改革开放，营造有利的国际环境

中国是全球化和自由贸易的受益者，如何引领新时代更高水平的改革开放是当下中国面临的重要任务。美国商界对中国国有企业、产能过剩、知识产权保护、市场准入等方面存在的诉求同中国改革开放的方向并行不悖，因此，解决中美经贸摩擦也是进一步深化改革、扩大对外开放的过程。中国可借此机会继续深化国内改革、扩大对外开放，促进国内产业结构升级换代，同时优化营商环境，提高投资便利化水平，创造公平竞争的市场环境。此外，需要注意的是，中国也需要保持战略定力，以我为主、坚持原则，吸取美日贸易战日本的教训，配合审慎的财政政策和货币政策，维护国内经济的稳定发展。

第三节　中欧贸易摩擦

欧盟自1975年与中国建交后贸易额一直持续增长，目前已成为中国的第一大贸易伙伴。2001年11月中国成为WTO的正式成员，这对于中欧经贸关系的发展起到了积极推动作用。但随着中欧经贸关系快速发展，中欧之间的贸易摩擦大量出现。贸易摩擦已成为中欧贸易快速发展通道中的障碍，必将影响双方比较优势的进一步发挥；如果任其发展，必将对中欧贸易的进一步发展产生极为不利的影响。

一、中欧贸易摩擦总体概述

中国与欧盟在世界经济中的地位及特点各有千秋。我国是一个发展中的大国，一个经济转型中的国家；而欧盟的成员大多数是经合组织国家，经济发展水平较高，是世界三个最大的经济体之一，人均国民收入水平高，对产品的品质要求较高，这就决定了双方相互需要在程度上的差异。目前来看，欧美之间的贸易仍是欧盟对外贸易的主要组成部分，日本等其他非欧盟国家以及欧盟成员国原殖民地国家与欧盟的贸易往来占据着较为重要的位置。与之相比，欧盟对我国的贸易往来对欧盟来讲仅处于次要地位。而欧盟市场对我国的进出口贸易的重要程度就要高得多了。这种相互依存的程度差别，决定了在贸易关系中双方地位的不对称，我国尚处于下风，较为被动。贸易关系的基本特征决定了双边贸易关系发展的基本面貌，突出地表现在我国与欧盟之间贸易摩擦不断上升。根据WTO的数据统计，1995年至2014年间，各成员发起的反倾销调查已有4 757起，发起反倾销调查最多的为印度、美国和欧盟，分别为740起、527起和468起。2014年成员国共发起反倾销案件236起。

二、中欧贸易摩擦的主要特点

（一）贸易摩擦的领域和范围不断扩大

从近几年看，中欧贸易摩擦已从个别产品的摩擦阶段开始逐步向多产业贸易摩擦和结构性贸易摩擦方向发展。中欧贸易救济案件中，涉案产品从20世纪80年代早期的化工产品、矿物和机械产品转变为90年代以来的电子及机械产品；从领域看，从货物贸易向与贸易相关的服务贸易、知识产权、技术标准、环境保护、劳工标准等方向发展。这一变化，与WTO贸易规则的产生有很大的关系，随着关税保护水平的不断下降，发达国家为保护自己的贸易利益，更加倾向于动用知识产权、技术标准、环境保护、劳工标准等手段进行贸易保护。

（二）中欧贸易摩擦的案件数量不断增加

2001年以来，随着欧元升值，我国对欧盟出口加快，贸易顺差有所扩大，2002年，我国对欧盟出口4 890亿美元，我方统计顺差为80亿美元，欧方统计为200多亿美元，欧盟不断要求我国增加从欧盟的进口，并对我国出口产品设置很多限制。欧盟是利用贸易壁垒限制我国产品最多的地区之一，导致中欧贸易摩擦不断发生。新华网的数据显示，从世界贸易组织成立之日到2015年初，欧盟针对中国产品的反倾销立案共计119起，排在印度和美国之后，位列第三；反补贴立案9起，仅次于美国、加拿大和澳大利亚。其中，2011—2013年，欧盟对中国分别发起了11起、11起和5起反倾销及反规避调查。2014年，欧盟还对华发起了1起反规避调查和1起反吸收调查。另据商务部统计数据显示，欧盟2016年所发起的贸易救济案件中，中国的涉案数量最多，共9起，比2015年增加了3起。此外，从涉案金额来看，中欧贸易摩擦涉案金额较高。例如，2012年，欧盟对产于中国的太阳能电池板发起"双反"调查，涉案金额高达285亿美元，是欧盟对华"双反"调查中涉案金额最高的案件。再如，2016年上半年，欧盟对中国河北发起了4起贸易救济案件，涉案金额高达12 895万美元。同一时间段，美国虽发起了7起贸易救济调查，但涉案金额仅为3 190万美元，远远低于欧盟地区。可见，当前欧盟对华贸易救济调查不仅数量较多，而且涉案金额也较高。

（三）中欧贸易摩擦对中国经济的危害不断扩大

欧盟目前虽然已经超越美国成为中国的第一大贸易伙伴，但是中国公司因欧盟不认为中国是市场经济而在欧洲遇到了大量的反倾销指控。如果说，美国是中国公司遭遇反倾销指控的头号重灾区，那么欧盟就可以算是第二大重灾区。据中国方面的统计，2016年，欧盟对我国实施反倾销涉案金额超美国，涉案产品覆盖几乎所有的生产领域。2002年欧盟禁止我国动物源性产品进口一案就涉及我国94家企业的贸易金额达6.23亿美元。一些出口市场和产品结构比较单一的企业，还因此次事件濒临破产境地，据统计，这些企业中涉及的劳动力近5万人。此外，欧盟的禁令还殃及十几万农户因上述出口企业无法全部履行合同而遭受经济损失，重点出口地区还将面临群众经济收入来源减少、社会安定受到威胁的局面。

（四）欧盟技术性贸易壁垒对我国出口的影响越来越大

由于WTO对关税、配额等传统贸易限制措施的制约，欧盟等发达国家越来越依赖技术性贸易壁垒对我国出口进行限制。技术性贸易壁垒的种类越来越广泛，包括农药在食品中的残留量，陶瓷产品含铅量，皮革PCP残留量，烟草中有机氯含量，汽油含铅量，机电产品、玩具的安全性，汽车排放标准，保护臭氧层的受控物质，包装物的可回收性指标，纺织品染料指标等等。由于我出口商品大多为劳动密集型产品，受环保因素影响较大，欧盟对华实施的这些技术性贸易壁垒，使我国出口的农产品、食品、纺织品、建筑材料等都受到越来越明显的影响。

三、中欧对外贸易摩擦的根源

（一）国际经济大环境方面的因素

近年来世界经济复苏缓慢，美日等发达国家保护主义抬头。且根据WTO的有关协议条款，成员国都要依据WTO贸易自由化的宗旨逐渐降低关税，消除传统的非关税贸易壁垒。在这种条件下，一种名义上维护国家、民族利益以及保护世界资源和环境的新贸易保护主义悄然在发达国家间兴起，如欧盟CEN及CE认证标志；美国FDA认证；日本的生态标志制度；德国的“蓝色天使”；加拿大的“环境选择方案”等。这种凭借技术优势，以环保、健康为名筑建的“技术壁垒”在对国内产业的保护中更具合理性、隐蔽性和进攻性。在贸易保护主义抬头的进程中，欧盟毫不逊色，最早研究推出技术壁垒限制措施，并设置了几乎最为严重的技术壁垒，如启动 ISO14000 标准、制定安全技术标准、有机农业标准、商品环保标准、CEN 及 CE 认证标志、对华反倾销与 WTO 的特保机制等。欧盟以上标准及认证尽管绝大多数并不是针对中国的，但对中国也是极为不利的。据专家测算，欧盟技术壁垒限制措施对我国出口现实与潜在的影响超过 450 亿美元，占年出口总额的 25%以上。欧盟这种对贸易保护的“积极响应”加速了中欧贸易摩擦的产生。

（二）欧盟方面的原因

经济的发展往往与政治因素相伴而行，中国与欧盟在社会制度的发展中有其对立的一面。尽管欧盟亚洲新战略强调在发展对华关系时，注意淡化意识形态之争，求同存异，优先发展经贸关系，但西方一些国家和集团通过经济手段实现其政治意图是它们的一贯战略。从欧盟 2001 年发布的《欧盟对华战略：1998 年文件执行情况和促进欧盟政策更为有效的未来步骤》及 2002 年 3 月发表的《国家战略报告：中国》中，我们不难看出欧盟对华经贸政策更为关注制度的趋同。为了谋求国际政治经济巨大利益，欧盟对华采取了总体政策与具体政策相分离的政策，一方面对华总体政策越来越积极，另一方面对华经贸实践的具体政策措施却日趋苛刻。欧盟进口产品苛刻的质量技术、安全、环保、检验等标准不仅高于我国相关标准，甚至高于国际标准，形成了实实在在的“技术壁垒”，这是促使中欧贸易产生摩擦的直接原因。

而国际上解决贸易摩擦除了依靠 WTO 争端解决机制外，更大成分要依赖贸易摩擦双方之间的谈判和协商。在处理贸易争端谈判中，谈判力量的大小除了决定于双方对规则的熟练程度外，更重要的是取决于双方的经济实力。经济实力强则处于谈判的强势地位，可以赢得更多的贸易利益；反之，则不能或很难赢得较多的贸易利益。中欧贸易地位极不平衡，欧盟市场对于中国的重要程度远远高于中国市场对于欧盟的重要程度，这便决定了欧盟往往是中欧贸易争端的启动方，贸易摩擦“自然”产生。

（三）我国自身的原因

我国是一个发展中的转型国家，市场经济体制还不是十分完善，这一方面决定了我国目前的经济运行体制还存在与成熟市场经济体制不协调的地方，如政府职能存在越位与缺位的情况，导致了与欧盟贸易中的制度性摩擦，关于中国市场经济地位问题就是集中体现。同时我国政府在技术标准制定、环境保护政策、检验及检疫制度等公共管理方面一直没有引起高度重视，导致我国在这些方面远远落后于欧美等发达国家，我国国内标准与国际标准有一定差距。2018 年 3 月 14 日，国家质检总局局长支树平在十二届全国人大五次会议新闻中心记者会上表示，现阶段中国质量技术基础和国际先进水平的差距还比较明显，中国主导制定的国际标准仅占 1%，抓质量必须从质量技术基础抓起。支树平介绍，国家质量技术基础是国际通行的概念，包括计量、标准、认证认可、检验检测。目前我国和国际先进水平比，差距仍比较明显。“比如计量，我国被承认的校准测量能力在国际上虽然排到第四位，但仅为排名第一位美国的 53%。”

在环境保护方面，我国虽然制定了一些法律法规，但可操作性差，处罚力度不够。一些地方借此不顾社会效益竞相开办利润高、污染环境的企业，由此导致中欧贸易的“技术壁垒”问题。

从微观企业的角度来看，我国企业总体竞争力不强，目前绝大部分企业还只停留在利用资源优势获得国际竞争优势的状态。因此，目前中国产品大都只能依靠价格优势进入国际市场，产品差异化小，国内企业竞相降价，由此导致大量的反倾销。另外，由于缺乏原创技术，只能大量引进技术，进行模仿，知识产权纠纷就不可避免。因此，我们必须看到，目前我国与欧盟之间贸易摩擦不断增加，客观上与我国目前的经济发展现状和体制条件有关系。

（四）中欧贸易逆差是直接诱因

据商务部发布的最新数据，2016 年欧盟仍为中国第一大贸易伙伴，进口额为 13 747 亿元，同比增长 13.1%，占我国进口份额的 13.1%，双边贸易额达到 7 749.5 亿美元，贸易顺差为 1 026.9 亿美元。商务部贸易救济调查局负责人指出，钢铁行业已经成为中欧贸易摩擦频发的重点领域。自 2014 年以来，欧盟针对中国产品发起贸易救济调查共计 15 起，其中钢铁类 8 起，占比超过半数。2016 年 11 月 15 日，欧盟对中国钢铁产品施加了新的临时性反倾销关税，此举旨在保护因产能过剩而受到伤害的欧洲钢铁商。

欧盟认为逆差的第一个原因是中国市场不够开放，市场经济不够规范，因此欧盟到现在还不肯承认中国的完全市场经济地位。欧盟认为贸易逆差的第二个原因是来自持续的结构因素，根本的一点是中国在加工工业中所具有的巨大优势——低廉的劳动力成本。其结果是在中国的外国投资会提高中国的出口能力，扩大欧美未来的进口。基于这种判断，欧盟为保护自己的产业和解决自己的高失业率问题，就利用各种贸易保护措施，对中国产品进行限制。

第四节 中国应对对外贸易摩擦的对策

从前面的分析中我们可以看到，由于各种因素的作用，国际贸易摩擦将不可避免。然而，无论何种范围、何种程度的国际贸易摩擦都将是两败俱伤，甚至伤及中外政治关系。因此，必须重视国际贸易摩擦对我国社会主义现代化建设的负面影响。对待国际贸易摩擦的态度应当是：一方面要正视国际贸易摩擦存在的现实；二是应当坚持“双赢”的原则，尽量使国际贸易摩擦得到妥善解决，应杜绝将国际贸易摩擦扩大、升级的可能，更应杜绝将贸易问题政治化。

一、制定合理的产业政策以应对对外贸易摩擦

产业政策的目的是通过一定的补贴与优惠，使一国竞争力弱的产业在短期内迅速成长起来，从而提高商品的出口竞争力。产业政策利用补贴等手段人为地降低成本，形成价格扭曲，从而导致资源向低效部门流动。由此可见，产业政策是通过牺牲暂时的短期效率而追求动态的潜在的长远利益，是能够为绝大多数国家接受的合理适度的保护政策之一。日本在 20 世纪六七十年代制定了一系列的产业政策，大力扶植当时还没有比较利益，但

有发展潜力的产业，从而使这些产业成长为80年代日本最有竞争力的出口产业。一方面，我国应借鉴日本经验，制定合理的产业政策，大力扶持有发展潜力的高附加价值的出口产业，同时要积极合理扩大进口，提升进口产品的技术水平。我国要进一步扩大生产型资源产品的进口，加大引进国外先进技术和设备的力度，充分利用进口资源的有效供给，促进产业结构升级和经济的发展。因为外贸对产业结构升级的促进作用主要是通过进口的“推力”和出口的“拉力”实现的，因此，我国要构建以出养进、以进带出的进出口良性互动机制，进口产品要为未来高新技术产品提供要素和技术支持，促进出口产品质量的提高，为出口新产品提供市场。由于加工贸易可以有效利用外国资金、技术、设备和销售渠道，提高本国产品在国际市场上的占有率，而且加工贸易通过中间投入品的本地化，能够带动上游工业品的生产和出口，因此通过发展高新加工贸易来提高加工贸易的技术含量，增加加工深度，扩大中间投入品的本地化比例，可以较快地促进我国产业结构升级。另一方面，要以出口商品结构的高级化带动产业结构优化。保持出口贸易的持续增长对于进一步诱导生产资源配置的重组、加速产业结构调整的步伐具有非常重大的意义。出口贸易的规模大，说明已进入出口领域的产业本身发展速度快，资源利用效率的不断提高使更多的产业部门加入到出口中来，这有利于改进整个社会的资源利用效率。但是在出口贸易规模增长的同时，更要有出口商品的结构变动，因为这直接地影响产业高级化进程。近年来，虽然机电产品等在我国出口贸易中所占的比重迅速提高，但整体上看我国出口商品的资本与技术密集度较低，附加价值相对少。随着国民经济总量的迅速增长和国内资源禀赋状况的转变，推动我国出口商品结构高级化的条件已初步具备，应当采取一些必要的措施，比如出口信贷等来加速我国出口商品结构的调整，进而拉动整个产业结构的高级化进程。因此，我国应当通过合理的产业政策优化出口商品结构以应对国际贸易摩擦，使我国在国际贸易摩擦中始终处于主动地位。

二、全面实施市场多元化战略，规避对外贸易摩擦

进出口市场多元化，这不仅是增强贸易谈判实力的必要策略，也是经济发展战略的需要。发达国家经济结构的同构性，使我们可以采取“东方不亮西方亮”的策略，积极扩大与美国的盟国间的经济往来。近年来，美国制裁中国越来越得不到欧洲等盟国的支持，相反它们把美国的制裁当作他们进入中国市场的机会。曾任美国国务卿的克里斯托弗早就对欧盟利用中美之争乘虚而入的行为表示气愤。他指出：“事实上只有美国一国为保护知识产权而斗争，一些国家倾向于把我们的制裁当成进入中国市场的机会，而不是当成加入我们一方的机会。”美国商业周刊也曾发表社论，告诫政府“不要再干那种傻事，即自己去打破壁垒，而让欧洲和日本的公司去捞取好处”。很显然，冷战后西方国家对外政策中对经济利益的重视已经超过对政治利益的重视。中国应继续调整贸易进出口的地区结构，除保持和发展原有贸易伙伴往来外，还应扩大与德、法等欧盟国家及俄罗斯的贸易往来，通过市场的多元化来遏制美国对华贸易政策的不利影响。20世纪90年代初，我国根据世界市场发展的新情况、各国贸易政策的走势以及我国自身的发展状况，提出市场多元化战略。实践证明，这一战略是正确的，尤其是在加入WTO后更显示出这一战略的正确性。然而，当我们对这一战略实施的绩效进行评估时，我们发现这一战略实施的绩效并不理

想。出现这种情况的原因当然是多方面的,但最主要的原因还在于实施这一战略过程中我们自觉或不自觉地步入了某些误区。这些误区的存在使得这种战略出现了某些扭曲,从而使这一战略实施的绩效受到了严重的影响,其应有的作用没有完全发挥出来。

三、巧妙利用对外贸易摩擦中的利益集团

当代社会,由于每个社会成员的出身不同,所从事工作的行业不同,所受教育的程度不同,甚至所居住的地区的不同等等,他们的价值观,其利益关注点就不同,于是,他们就极易根据自己的价值观和利益关注点的异同而形成不同的利益集团。利益集团的出现,特别是当有组织的利益集团出现后,这种利益集团就需要自己利益的代言人,于是便会出现利益集团之间在社会中捍卫和争夺自己的利益的要求,甚至是较量的现象。应当说,每个利益集团都有自己独特的利益。有时某些利益集团的利益要求相近,有时有些利益集团的利益是对立的。于是,在某种事关自己利益得失的时候,利益相近的利益集团就极易联手与利益对立的利益集团进行较量,以引起社会公众的注意力,影响政府、议会的决策、立法程序。在国际贸易摩擦问题上,利益集团也将出现上述景象。有的利益集团希望挑起国际贸易摩擦,他们从中渔利;有的利益集团不希望挑起国际贸易摩擦,以免使他们与国际贸易摩擦对象国的贸易利益受损。

四、充分发挥行业协会的积极作用

入世后,随着我国市场经济进程的加快,我国行业协会在社会经济发展中的地位与作用也将日益显著。但是,对我国行业协会的现状进行分析可以发现,作为将协调有关各方关系以追求整个行业或集团总体利益为己任的行业协会,发展及发挥作用的情况尚不尽如人意。因此,我们应该根据我国国情,吸收日本等发达国家行业协会的有益做法和经验,建立适合我国国情并与国际接轨的行业协会,在世界经济舞台上为我国企业争取更有利的合作机会和更大的发展空间,为我国的经贸发展创造更加有利的外部环境。

(一)改革我国行业协会的运行机制

要使行业协会在我国处理国际贸易摩擦过程中发挥更大的作用,首先必须对行业协会的建立及运行机制进行调整和完善,为行业协会顺利地发挥作用提供体制保证。

1.明确我国行业协会的地位与性质

从日本的情况分析可以看出,对于企业而言,行业协会是自愿结合的产物,是自筹经费、自选领导、自聘人员、自我管理、自我服务的组织;对市场而言,行业协会是降低交易成本、引导投资方向、提高生产社会化程度的渠道。这些对于研究我国行业协会的体系,明确其地位、性质以及作用有积极的参考价值。长久以来,我国行业协会由于大多是“自上而下”依托行业主管部门建立的,本身缺乏被行业内企业广泛承认的基础,甚至有一部分从部门管理体制转制为“行业管理”的行业协会主要目的是为了解决政府部门分流人员,在职能定位上多偏重于为政府服务,并不能真正反映企业的问题和要求,这就使得行业协会很难形成一个面向全行业所有企业的组织结构。因此在缺乏公信度和权威、职能定位不清的情况下,许多行业协会根本无法开展业务。针对这个问题,我们首先应该改变行业协会主要由政府组建、完全依仗政府背景发展的现状,实现以企业为主体的行业协会的建

立机制，减少行业协会原有的浓重的行政色彩。同时将政府承担的许多管理和行政审批职能逐步让渡给行业协会，让它们作为行业利益的代言人，对外在国际贸易争端的诉讼和谈判中发挥对话主体的作用，博得会员企业的信任和认可。只有这样，我国才能在不违背WTO公平竞争的原则下，实现不由政府出面照样能够保护国内市场和产业的目的，维护企业、整个行业乃至国家的利益。

2.培养行业协会专职人才

行业协会作为中介，既是服务行业，又是智力密集型行业。日本行业协会就采取了多种措施，广泛吸纳国内外专业人员，特别是企业高层领导人作为协会的专职人员，并注重行业协会人才的培训，但是我国这方面却显得极为不足。以上海为例，现有的行业协会中近60%的行业协会负责人由政府主管部门委任或由上级部门负责人兼任，平均年龄超过65岁，聘用退休人员的比例高达74%，而地方行业协会莫不如此。因此行业协会要想发展壮大并在国际经济舞台上发挥应有的作用，在技术、经济、贸易、政策、管理和法律等方面必须具备足够的专业性人才，一定要想方设法吸引人才、留住人才，改变人员素质偏低的状况。

（二）构建以行业协会为主体的国际贸易摩擦预警机制

日本行业协会在国际贸易摩擦预警机制中的信息搜集汇总和情报收集等方面的作用给我们很大的启示。在建立国际贸易摩擦预警机制的过程中，政府对产业的情况不够熟悉，对各种产品的进出口贸易情况不够了解，就无法及时准确地制定出保护产业和国际贸易摩擦预警方法，如果盲目制定，不切实际，将造成过度保护和缺乏保护并存等不良局面，严重影响我国对外贸易的发展，令其他国家有了可乘之机。因此我国在建立国际贸易摩擦损害预警机制时，必须坚持以行业协会为主体，利用这个非常熟悉本行业营销情况，以及各地产业分布的机构，能对国内外市场反应灵敏、及时、准确的机构，为企业和产业在国际贸易摩擦预警方面提供更大的帮助。完善的行业协会可以通过对已经建立起的营销网络、买卖市场的监测和控制，正确地确立分期分批监控预警的产业和地区，研究、建立良好的国际贸易摩擦预警指标体系，出色地实现国际贸易摩擦预警的职能。

（三）充分发挥行业协会制定行业技术标准和强化市场准入机制的作用

日本之所以在战后能够作为一个后发优势的国家取得经济上的高速发展，除了积极地开拓国际市场外，注重本国市场和民族产业的保护也是一个不容忽视的原因。日本利用行业协会抢先制定各类市场标准，设置种种其他国家商品进入的技术壁垒，利用自身高科技和经济优势引诱甚至胁迫其他国家遵从其行业协会所制定的各项规范，很好地保护了本国的经济。面对外国的技术壁垒，我国在根据WTO规则调整相关政策与改进技术的过程中，应当学习日本经验，善于利用本国制定的行业规范和技术标准，促进国内企业提高产品质量和市场竞争力的同时，使其成为我国顺应经济全球化和应对国际市场新挑战的有力工具。但由于我国长期重宏观调控轻微观规制，在这方面的规制政策还比较缺乏，所以行业协会应积极主动发挥这方面的作用。一方面就WTO成员方出台的相关政策进行贸易政策评议，进而提出意见，攻破其贸易壁垒；另一方面代表全行业的利益对政府决策施加影响，尤其是建议政府加强对进口产品的安全、卫生、健康等方面的立法，提高进口产品的健康、环保及消费者健康和安全的技术标准，并通过制定高于国家标准且与国际接轨的行业标准和国家技术法规来建立防范体系。唯有如此,国内企业在与国外企业竞争时才能掌握主动。国内行业标准的先期制定和执行,可以缓解入世后国外企业大量涌入的冲击,为国内企业争取到竞争的主动性。此外,为了克服单个会员企业在新产品、新工艺和新技术研究开发上受财力、物力和人力的限制,我国行业协会还应组织会员企业共同出资开展研发活动,用高新技术改造传统产品,在全行业推广先进的设计方法和手段,采用先进的技术,建立企业技术创新体系,积极发展高技术含量、具有竞争力的特色产品,增强我国企业的国际竞争能力。

(四)授予行业协会权力,联合企业对外进行国际贸易摩擦诉讼

在 WTO 体系下,贸易纠纷和争端时常发生。尤其是随着世界市场的日益饱和,国际上各国间贸易矛盾将愈演愈烈。近 10 年来,中国不仅连年成为全球遭受反倾销调查数量最多的国家,一些国家还越来越多地利用技术壁垒、环境壁垒、知识产权壁垒等非关税贸易壁垒对中国商品的出口设限。中国已经成为全球国际贸易摩擦的焦点。在国际事务中,惯例是"官对官、民间对民间",当事情发生在"民对民"的层面时,对方是不能接受"官代民"的,而这恰恰是中国的薄弱环节。而行业协会在 WTO 框架下国际贸易争端中的作用是以非政府组织的身份发挥的,其国际法依据源自《马拉喀什建立世界贸易组织协定》。另外,反倾销协会也涉及国内生产者协会和生产者、出口商或进口商的同业公会或商会,各国反倾销、反补贴、保障措施立法也多将行业协会列入"利害关系方"。因此,积累了丰富贸易经验的西方国家,行业协会非常发达成熟,尤其在对外贸易中发挥着重要作用。日本在这方面就给我们提供了一个很好的例子,其行业协会是在国际规则下建立与自由贸易相吻合的自我保护机制的主要力量。一方面规范本国企业行为,减少外方对本国企业的起诉;另一方面对外国提起诉讼,组织企业采取联合行动增强本国企业对不正当竞争行为的对抗能力,为本国的经济贸易提供极大的保障。因此,我国行业协会也应该及时掌握本行业情况,整理收集各企业反映的情况,积极组织企业对产业损害的程度进行正确的评估和认定,适时地通过政府对产业损害提起诉讼,最大限度地维护企业、行业乃至整个国家的经济利益。

(五)增强行业协会的公关能力,化解国际贸易摩擦

我国行业协会应主动将国内企业组织起来,在自愿的基础上组织国内企业在生产、销售、价格、开拓市场等方面联合行动,协商制定出能够从整体上加强国内企业竞争力的方案,同时利用社会联系广泛,以及联系的参展企业多、品种齐全等优势举办各种国际国内展览会、展销会和订货会,帮助企业开拓国内和国际市场;并且利用自己在行业中的地位和优势,将展销会同产品的评展、技术推进等联系在一起,起到宣传民族品牌的作用。

行业协会还可以利用其与国外经贸组织和政府的交往,呼吁外国政府降低关税,对本国企业实行国民待遇,为我国企业进入他国市场开辟道路。在条件允许的情况下,行业协会还可以学习日本,在海外设立代表处,一方面帮助会员企业做市场调查,拟订访问计划、开发出口计划和做进口方面的指导;另一方面还要加强与国外同行的联系,就涉及企业利益的一些重大问题进行协调,以协助会员企业开拓国际市场。虽然我国行业协会还没有能力在国外设立常驻机构,但可以通过加强与国外行业协会的联系来弥补这一不足。中外行业协会可以互换信息,为对方的会员来东道国从事贸易或投资提供咨询,介绍合

作项目。我国行业协会还可以借助国外行业协会的资助，从事国外培训实习、实地考察专业技术设备，了解我国行业与国外行业整体上的差距，向政府有关部门提出缩小差距的建议措施。

五、实施“走出去”战略规避国际贸易摩擦

目前，我国正处在国际贸易摩擦的高发期，这与20世纪80年代日本所面临的情形有许多相似之处，如两国都是由于“世界工厂”地位的确立，大量商品涌入国际市场，由此产生的巨额贸易顺差引发了国际贸易摩擦的频繁发生；两国国际贸易摩擦所涉及产品范围都逐步扩大；本币都面临升值的压力；等等。日本利用对外投资规避国际贸易摩擦的经验可以为我国提供有益的借鉴，通过直接投资，在东道国当地生产、当地销售或在区位条件适宜的第三国投资设厂进行间接出口，都可以达到有效地绕开贸易壁垒，减缓国际贸易摩擦的目的。而且，对外投资还能使投资国的企业在全球范围内配置其资源，实现国际化经营，同时通过产业的梯度转移还能延长产品生命周期，推动投资国国内产业结构的不断升级，对发达国家高科技产业的投资还有利于学习国外的先进技术与管理经验。日本在利用对外投资规避国际贸易摩擦的过程中几乎实现了上述全部利益。因此，在当前我国出口面临严重国际贸易摩擦的情况下，对外投资应成为企业规避国际贸易摩擦和贸易壁垒的一种策略选择，使对外投资同利用WTO多边争端解决机制，加强国际交流，建立、健全国际贸易摩擦预警机制等诸多手段相互协调和配合，从而有效地解决我国所面临的国际贸易摩擦。

当然，在实施走出去的战略过程中还应当积极防止在对外直接投资过程中与东道国产生新的摩擦。由于投资国与东道国在法律制度、文化风俗及商业交易惯例等诸多方面存在着差异，在对外投资过程中，投资国与东道国之间极易产生摩擦。如当初日本汽车工业为规避国际贸易摩擦而对美国进行的投资，仅仅是由于两国企业在生产结构和规制结构上存在差异，使得原来日美汽车国际贸易摩擦演变为了汽车零部件国际贸易摩擦。所以我国企业在实施“走出去”之前，一定要对东道国进行全面考察，从政治到经济、从社会制度到法律制度、从商业习惯到文化风俗都要进行深入了解，防止本来是为规避国际贸易摩擦而进行的对外投资却因此与东道国产生新的摩擦，从而导致投资失败。

另外，还要警惕我国出现国内产业空洞化的趋势。制造业的海外转移使日本出现了产业空洞化的趋势，造成其国内制造业生产下降、就业减少、产业衰退等负面影响。目前，大量的“中国制造”在国际市场上频频遭遇国际贸易摩擦与贸易壁垒，对外投资必然会成为我国企业解决这一问题的策略选择，但我们应当吸取日本的教训，在加大制造业对外投资的同时，要重视基础研究和自主创新，发展知识经济，利用新的高附加值产业不断替代已衰退的产业，防止产业“空洞化”。

六、构建有效的国际贸易摩擦预警机制

如前所述，由于中国经济的快速发展，中国快速地走向贸易强国，中国货物贸易和服务贸易市场准入的扩大，持续的双顺差，以及其他各种因素的作用，中国与主要贸易伙伴国爆发贸易摩擦将不可避免，国际贸易摩擦的激化不仅会对本国出口的产业造成影响，而

且会由于国际贸易摩擦的激化导致经济的衰退。为了防止可能爆发的国际贸易摩擦，为我国社会主义现代化建设创造良好的国际经济环境，应该尽快构建有效的国际贸易摩擦预警机制。

七、运用 WTO 争端解决机制抑制国际贸易摩擦升级

中国已加入了世界贸易组织，国人应当加快对世界贸易组织的规则熟悉的步伐，特别是要熟练掌握世界贸易组织争端解决机制规则，为抑制国际贸易摩擦，打赢国际贸易摩擦做好准备。具体来讲，一旦发生贸易争端、国际贸易摩擦时，解决贸易争端、平息国际贸易摩擦的一种办法就是拿起世界贸易组织争端解决机制这个武器。

（一）应争取以磋商方式解决争端

世界贸易组织鼓励争端双方首先通过友好磋商，在双边的基础上弥合彼此之间的分歧。这对于巩固和发展双方的贸易关系是十分有利的。只有在双方的矛盾没有商量的余地时，才应诉诸世界贸易组织裁决。在整个诉讼过程中，还可以在任何阶段进行磋商。一旦磋商达成和解，则诉讼应停止。

（二）请求总干事调停争端

如果双方磋商确有不便之处，可以请求总干事出面调停。世界贸易组织有关协议规定，总干事负有调停之责。在以往的案件中，就有经过调停而解决纠纷的先例。特别是在双方矛盾尖锐、国际贸易摩擦一触即发之际，总干事的调停尤显重要。如欧美之间因“香蕉大战”而引发的“荷尔蒙牛肉”大战，就是因总干事的调停而罢战。

（二）审慎对待专家组的设立

在世界贸易组织争端解决的过程中，专家组程序乃是最为复杂的程序。首先应注意专家组的设立是否确属必需。如果仍有磋商解决的可能性，则可阻止专家组的成立，举行进一步的磋商，以期友好解决争端。但是这种阻止只能有一次，因为进一步磋商未果，对方再提出专家组的成立申请的话，专家组的成立就是自动的程序。在已进行处理的诸多案例中，专家组大多是在第二次提出申请时得以成立的。还应注意专家组的组成人员的情况。如果专家组中有不合适的人选，应提出磋商，磋商未果，可以要求争端解决机构主席指定专家组成员，以求解决争端的公正性。因为中国是发展中国家，还应注意在专家组中是否有来自发展中国家的成员。

（四）掌握好规则，如有必要可积极上诉

按规定，对于专家组所作的结论，胜诉、败诉两方均可上诉。败诉一方固然希望上诉机构推翻专家组的结论；胜诉一方也可通过上诉，使专家组结论中判决不明确或不充分的部分得到纠正。但是上诉内容必须是对专家组关于有关协议条文的法律解释的异议。对于除协议条款所涉法律问题，上诉机构则不予受理。

（五）巩固胜诉的成果

一旦我方胜诉，应特别注意裁决的执行问题，裁决若得不到执行，或未得到及时执行就失去了裁决的实际意义。首先，要与对方磋商执行专家组裁决的日期。如在合理期间不能达成协议，则可要求进行仲裁。要特别注意对方采取各种手段拖延执行裁决。这一条的重要性已为许多项案例的执行情况所证实。要及时对败诉方执行情况进行监督。必要时要提

醒或敦促对方按时执行裁决。若对方不执行裁决，应立即考虑请求授权报复的可能性。

（六）尽量缩小败诉的损失

若被专家组或上诉机构裁定败诉，则应首先对裁决表明态度，并主动提出和胜诉方进行关于执行裁决的时间表磋商。应考虑国内的立法程序的要求和进行政策、措施的修改可能对本国的经济贸易带来不利影响，争取对方对具体困难的谅解和宽容，将不利影响限制在可控制的程度。

本章小结

1.对外贸易摩擦一般是指一国为了本国的国家利益，为了本国的政治、经济、军事、文化等需要，为争夺商品销售市场而展开的限制进口和扩大出口的对抗，也称“商战”，其核心是采取各种方式、手段争夺世界市场。

2.自我国加入世界贸易组织以来，我国出口贸易摩擦不断加剧。贸易摩擦已成为我国对外贸易持续快速发展的严重制约障碍。

3.中美贸易摩擦问题始终是中美贸易关系中挥之不去的不和谐音符。根据摩擦的性质特点划分，大致可分为经济性摩擦阶段、政治化摩擦阶段、制度性摩擦阶段三个不同的历史阶段，并呈现出摩擦领域扩大化、手段多样化、形态复杂化、层次宏观化等新特点。

4.随着中欧经贸关系快速发展，中欧之间贸易摩擦大量出现。其主要特点包括贸易摩擦的领域和范围不断扩大、案件数量不断增加、危害不断扩大、技术性贸易壁垒对出口的影响越来越大等。

5.中国应对对外贸易摩擦的对策包括：制定合理的产业政策、全面实施市场多元化战略、巧妙利用对外贸易摩擦中的利益集团、充分发挥行业协会的积极作用、实施“走出去”战略、构建有效的国际贸易摩擦预警机制、运用 WTO 争端解决机制等。

重要概念和术语

对外贸易摩擦　经济性摩擦阶段　政治化摩擦阶段　制度性摩擦阶段　非市场经济地位　技术性贸易壁垒　摩擦预警机制　贸易摩擦诉讼　WTO 争端解决机制

不锈钢冷轧薄板反倾销案

一、案件背景

中国不锈钢消费量的增长是世界上最快的国家之一。近年来，国内不锈钢产业也有较大的发展。但自 1996 年起，国内不锈钢冷轧薄板产业出现生产能力闲置、订单减少、价格大幅下降、企业利润急剧下降，甚至出现亏损，工人大量失业的现象。国内主要不锈钢冷轧薄板生产厂家太原钢铁(集团)有限公司、上海浦东钢铁(集团)有限公司和陕西精密金属(集团)有限责任公司经过协商一致认为,近期中国不锈钢冷轧薄板厂家陷入困境不是其自身原因所致,而是国外进口不锈钢冷轧薄板的倾销造成的。因此,上述代表中国不锈钢产业的企业决定,授权北京市环中律师事务所向中华人民共和国对外贸易经济合作部申请,对来自日本和韩国的不锈钢冷轧薄板进行反倾销调查。

二、调查程序

1999 年 5 月 17 日,太原钢铁(集团)有限公司、上海浦东钢铁(集团)有限公司和陕西精密金属(集团)有限责任公司代表中国不锈钢冷轧薄板产业,向中华人民共和国对外贸易经济合作部提出对来自日本和韩国的不锈钢冷轧薄板进行反倾销调查的申请。

对外贸易经济合作部在审查了申请材料并经商国家经济贸易委员会后,于 1999 年 6 月 17 日正式公告立案,开始对原产于日本和韩国进口到中华人民共和国境内的不锈钢冷轧薄板进行反倾销调查,并确定本案调查期为 1998 年 4 月 1 日至 1999 年 3 月 31 日。

1999 年 6 月 17 日,外经贸部分别约见了日本和韩国驻中国大使馆官员,向他们正式递交了立案公告和公开部分的申请书,同时通知了申请人和已知的生产商、出口商。

1999 年 7 月 15 日,外经贸部向出口国政府和已知的生产商及出口商发出了反倾销部分调查问卷。在递交答卷截止日之前,外经贸部共收到 15 家公司的答卷。

国家经贸委会同国务院有关部门对原产于日本和韩国的进口不锈钢冷轧薄板造成中国境内相关产业的损害情况进行了调查。1999 年 7 月 23 日,国家经贸委反倾销办公室向中国境内相关生产企业和进口商发放了反倾销损害部分调查问卷,并在规定的时间内全部收回。

2000 年 4 月 13 日,外经贸部发布公告,公布外经贸部和国家经贸委对原产于日本和韩国的进口不锈钢冷轧薄板进行反倾销调查的初步裁定。初步裁定认为,原产于上述国家的进口不锈钢冷轧薄板存在倾销,国内相关产业存在实质损害,并且国内相关产业的实质损害与来自日本和韩国的倾销性进口产品之间存在因果关系。根据初裁结果,外经贸部决定,自 2000 年 4 月 13 日起,中华人民共和国海关对原产于日本和韩国的不锈钢冷轧薄板开始实施临时反倾销措施。进口商在进口原产于上述国家的不锈钢冷轧薄板时,必须向中华人民共和国海关提供与初步裁定确定的倾销幅度(4%～75%)相适应的现金保证金。

初裁后,外经贸部和国家经贸委在规定期间内分别收到了有关书面评论、补充材料及实地核查的邀请函。

应有关利害关系方的要求,外经贸部和国家经贸委分别举行了倾销裁定听证会和产业损害裁定听证会,充分听取了各方的意见。

应韩国和日本有关公司的邀请,由外经贸部和海关总署组成的进口不锈钢冷轧薄板反倾销调查核查小组于 2000 年 7 月 13 日先后前往韩国浦项制铁株式会社等 6 家应诉公司进行反倾销实地核查。

国家经贸委则于 2000 年 5 月、6 月对国内相关企业进行实地核查。

2000 年 12 月 18 日,对外贸易经济合作部发布终裁公告,决定自 2000 年 4 月 13 日起 5 年内,中华人民共和国海关对原产于日本和韩国的进口到中华人民共和国的不锈钢冷轧薄板分别征收17%～58%的反倾销税。但在本终裁公告发布之前，日本川崎制铁株式会社、韩国的浦项综合制铁株式会社等6家韩国公司与外经贸部签订了价格承诺协议，以消除倾销对国内产业造成的损害。因此，上述7家公司自承诺生效之日起，执行价格承诺协议的有关条款。

三、终裁理由

（一）外经贸部裁决理由

1.正常价值的确定

外经贸部通过调查认为，日本新日本制铁株式会社、金属株式会社、高砂铁工株式会社、NAS钢带株式会社和韩国株式会社大洋金属、三原精密金属株式会社，以及其他没有应诉的日本和韩国公司，由于没有完整资料或提供资料的真实性无法得到核实的公司或没有应诉的公司，外经贸部决定使用现有最佳材料计算其正常价值。

日本金属工业株式会社、日新制钢株式会社、住友金属株式会社、冶金工业株式会社，韩国三美特殊钢株式会社、浦项综合制铁株式会社、仁川制铁株式会社、大韩电线株式会社，外经贸部决定除少数低于成本销售的部分型号按结构价格，对其他型号采用上述公司提供的国内销售资料计算正常价值。

2.出口价格的确定

对于在调查期内提供出口销售材料的公司，外经贸部决定采用这些公司所提供的除关联销售以外的出口销售材料计算其出口价格；对于在调查期内未提供任何有关国内销售和成本方面的资料的公司和没有应诉的公司，外经贸部决定使用现有材料计算其出口价格。

3.倾销幅度的确定

为了对正常价值和出口价格按照公平合理的方式进行比较，因此外经贸部对每个应诉公司的正常价值和出口价格在出口国出厂价的基础上予以比较，并对下列因素进行了必要的调整：运输费、保险费、服务费等。经过调整和比较后，外经贸部认定，各应诉公司在调查期内向中国出口的被调查产品存在倾销，其倾销差额为确定的正常价值与调整后的出口价格之间的差额。

在本案调查期内，经测算和审查，外经贸部发现：日本和韩国各应诉公司的出口价格均存在因购买者、销售地域或销售时间的不同而发生明显变化的情况。因此，在计算倾销幅度时，每个公司中每一型号产品的倾销幅度是由该型号产品的加权平均正常价值或被认定的正常价值与调整后该型号产品的每笔出口价格或被认定的出口价格相比较而得出。每个公司的倾销幅度为该公司各型号产品倾销幅度的加权平均值。

（二）国家经济贸易委员会的终裁理由

国家经贸委认为，中国不锈钢冷轧薄板产业因日本、韩国不公平竞争的进口而遭受实质性损害，理由如下：

1.倾销产品的数量

（1）累积评估。国家经贸委在考察了相关证据材料后，认为日本和韩国的被调查产品之间的竞争条件以及日本、韩国被调查产品与国内类似产品之间的竞争条件表明，对日本和韩国被调查产品对国内产业造成的损害进行累积评估是恰当的。

(2)据中华人民共和国海关统计,日本和韩国被调查产品对中国的出口量总体上呈逐年上升趋势。

2.倾销产品占中国国内的市场份额

除1998年的市场份额与1997年基本持平外,日本和韩国的被调查产品在中国的市场份额总体上呈上升趋势。4年中上升了近10%。

3.倾销产品的价格

据中国海关的统计数据,近年来日本和韩国的不锈钢冷轧薄板向中国的出口价格存在较大幅度的下降。

4.倾销产品对中国国内产业的影响

(1)对于日本和韩国相关利害关系方引用的申请人专门从事不锈钢产品生产的子公司的财务数据,指出中国的不锈钢冷轧薄板产业的利润在急剧上升,国内产业未受到实质损害这个问题,国家经济贸易委员会认为:本次反倾销调查的产品仅限于原产于日本和韩国进口到中华人民共和国的不锈钢冷轧薄板,国家经济贸易委员会在认定被调查产品对国内产业的影响过程中,考察的是国内不锈钢冷轧薄板产业的相关经济指标变化情况,不包括其他产品的相应数据,因此日本和韩国相关利害关系方引用的申请人下属子公司的主营业务利润不代表其不锈钢冷轧薄板的经济效益。

(2)国家经济贸易委员会调查发现,日本和韩国的不锈钢冷轧薄板大量低价向中国出口导致:中国国内类似产品的生产严重萎缩、销售量和市场份额下降、价格被迫大幅下降、开工率严重不足、利润急剧下降、处于严重亏损状态、工人失业率上升、就业人员的平均工资水平逐年下降。

5.倾销产品出口国的生产能力和出口能力

国家经济贸易委员会了解到,日本和韩国在不锈钢冷轧薄板方面具有巨大的生产能力和出口能力,日本和韩国具有向中国市场大量低价出口其不锈钢冷轧薄板的可能性。

6.倾销与损害之间的因果关系

经调查证实,日本和韩国向中国大量低价倾销不锈钢冷轧薄板和中华人民共和国不锈钢冷轧薄板产业受到实质性损害之间具有因果关系。

国家经济贸易委员会对可能使中华人民共和国不锈钢冷轧薄板产业受到损害的其他因素进行了调查,调查表明损害并非主要由于中国国内不锈钢冷轧薄板市场需求的变化、消费模式的变化、企业的正常竞争、国内不锈钢冷轧薄板产业的竞争能力、中国不锈钢冷轧薄板产业的生产设备和技术落后及不可抗力等因素造成的。

根据上述调查和分析,国家经贸委作出终裁,原产于日本和韩国向中华人民共和国大量低价倾销出口的不锈钢冷轧薄板对中华人民共和国的不锈钢冷轧薄板产业造成了实质性损害,并继续存在实质损害的威胁。日本、韩国向中国大量低价倾销被调查产品与中国产业受到实质损害之间具有因果关系。

四、结果

(一)反倾销税的征收

根据上述调查的结果和《反倾销条例》第27条的规定,为消除倾销进口产品给国内产业造成的损害,经国务院关税税则委员会的批准,外经贸部决定,自2000年12月18日起，中国海关将对原产于日本和韩国的不锈钢冷轧薄板(海关进口税则号为：72193100、72193200、72193300、72193400、72193500、72199000、72202000)开始征收反倾销税；但下列用途及型号、规格的不锈钢冷轧薄板除外：

(1)制造彩色显像管电子枪帽类零件用不锈钢带，规格为 0.32 毫米×110 毫米、0.32 毫米×120 毫米、0.15 毫米×10 毫米、0.40 毫米×110 毫米等。

(2)用于生产剃须刀片的不锈钢，规格为：厚度 0.1±0.0076 毫米；宽度 22.2±0.030/0.020毫米；不直度在 1 200 毫米长度，小于 3.175 毫米；每卷重量 17～30 千克，中间无接头。

(3)洗衣机、微波炉用不锈钢板。日本钢号 SUS430BANO.4，规格 0.5 毫米；日本钢号 SUS430 NO.4，规格 0.6 毫米；日本钢号 SUS430BA，规格 0.4 毫米、0.8 毫米、1.0 毫米。

(4)汽车排气系统用不锈钢薄板，日本钢号为 SUS409(409L)、SUS436，规格为 0.4 毫米、0.5 毫米、0.6 毫米、0.7 毫米、0.9 毫米、1 毫米、1.1 毫米、1.4 毫米、1.5 毫米、1.8 毫米、2 毫米、2.5 毫米。

日本和韩国各公司的反倾销税税率分别如下：

日本：

新日本制铁株式会社(NIPPON STEEL CO.,LTD.)：24%。

日本金属工业株式会社(NIPPON METAL INDUSTRY CO.,LTD.)：26%。

日新制钢株式会社(NISSHIN STEEL CO.,LTD.)：17%。

住友金属株式会社(SUMITOMO METAI INDUSTRIES,LTD.)：26%。

日本冶金工业株式会社(NIPPON YAKIN KOGYO CO.,LTD.)：27%。

日本金属株式会社(NIPPON KINZOKU CO.,LTD.)：58%。

高砂铁工株式会社(TAKASAGO TEKKO K.K.)：58%。

NAS 钢带株式会社(NAS STAINILESS STEEI STRIP MFG CO.,LTD.)：58%。

川崎制铁株式会社(KAWASAKI STEEL CO.,LTD.)与中华人民共和国对外贸易经济合作于 2000 年 12 月 15 日部签署了价格承诺协议，并于 18 日生效，因此川崎公司适用价格承诺协议的有关规定，尽管中国调查机关对川崎公司作出了最终裁定，但应该企业要求，不公布对其的最终裁定。

其他日本公司：58%。

韩国：

浦项综合制铁株式会社(POHANG IRON & STEEL CO.,LTD.)：11%。

仁川制铁株式会社(INCHON IRON & STEEL CO.,LTD.)：4%。

三美特殊钢株式会社(SAMMI STEEL CO.,LTD.)：6%。

大韩电线株式会社(TAIHAN ELECTRIC WIRE CO.,LTD.)7%。

株式会社大洋金属(DAIYANG METAL CO.,LTD.)：6%。

三原精密金属株式会社(SAMWON PRECISION METALS CO.,LTD.)：9%。

鉴于上述 6 家韩国公司与中华人民共和国对外贸易经济合作部于 2000 年 12 月 15 日签订了价格承诺协议，并于 18 日生效，上述公司将执行价格承诺协议的有关规定，应其要求，中国调查机关仍对其进行了终裁调查并公告结果。其他韩国公司仍将执行本公告公布的终裁裁定税率。

其他韩国公司：57%。

进口经营者进口原产于上述国家的应征收反倾销税的不锈钢冷轧薄板时，必须向中华人民共和国海关缴纳相应的反倾销税。反倾销税以海关审定的成交价格为基础的到岸价格作为计税价格从价计征；进口环节增值税以海关审定的成交价格为基础的到岸价格加上关税和反倾销税作为计税价格从价计征；其计征公式为：反倾销税税额＝海关完税价格×反倾销税税率。进口经营者根据对外贸易经济合作部 2000 年第 1 号公告向海关缴纳的现金保证金，按本公告所确定征收反倾销税的商品范围和税率计征并转为反倾销税，与之同时缴纳的进口环节增值税现金保证金一并转为进口环节增值税。对在此期间有关进口经营者所缴纳现金保证金超出反倾销税和与之相应的进口环节增值税的部分，对超出相应税率的多征部分，有关单位可在本公告发布之日起 6 个月内向征收地海关申请退还。对低于相应税率的少征部分，不再予以追征。

（二）征收期限和复审

征收反倾销税的实施期限自 2000 年 4 月 13 日起的 5 年。在此期间内，有关利害关系方可根据《反倾销条例》的规定就征收反倾销税的决定向外经贸部提出复审请求。外经贸部商国家经贸委将在该复审开始之日起 12 个月内进行调查，并作出相应的建议，由国务院税则委员会作出复审决定并由外经贸部向外公告。

思考与练习

1.对外贸易摩擦的内涵是什么？

2.简述中美贸易摩擦的历程。

3.简述中美贸易摩擦的主要特点。

4.简述中欧贸易摩擦的主要特点。

5.我国应对对外贸易摩擦的策略有哪些？

第十一章 中国对外贸易关系

学习要求

通过本章的学习，要求了解中国对外贸易关系的基本情况；熟悉中国在多边和区域贸易关系中的作用；掌握中国自贸区的建设情况及其意义。

通常从一国的角度，对外贸易关系分为双边贸易关系、区域贸易关系和多边贸易关系。在中国以往的对外经贸关系中，主要侧重于在双边一级发展与外部世界的经济贸易合作。中国迄今与100多个国家签订了经贸协定，与60多个国家签订了投资保护协定，都是建立在双边的基础上。但是，随着中国对外开放的扩大和经济体制改革的深化，越来越认识到参加多边贸易体制的重要性。中国要扩大对外开放，实现经济的国际化，与世界经济接轨，就不能不参加世界多边贸易体制。本章就中国的多边、区域、双边贸易关系以及中国的自由贸易区进行详细介绍。

第一节 中国的多边贸易关系

中国的多边贸易关系主要集中表现在中国与世界性国际经济组织之间的关系，如三大支柱性国际经济组织（世界贸易组织、国际货币基金组织、世界银行集团）和联合国下属的国际性经济组织（联合国贸易与发展会议等）。这些世界性国际经济组织主要向世界各国开放，组织范围广、会员多、影响大，各国（地区）可依据该组织的基本文件所规定的条件申请参加。

一、中国与世界贸易组织

（一）世界贸易组织简介

世界贸易组织（World Trade Organization，WTO）简称世贸组织。它是根据关税与贸易总协定乌拉圭回合多边贸易谈判达成的《建立世界贸易组织协定》于1995年1月1日建立的，取代了关税与贸易总协定（General Agreement on Trade and Tariff，GATT；简称关贸总协定），并按照乌拉圭回合多边谈判达成的最后文件所形成的一整套协定和协议的条款作为国际法律规则，对各成员之间经济贸易关系的权利和义务进行监督、管理和履行的国际经济组织。截止到2010年3月，世界贸易组织共有153个成员，其中创始成员113个。

1.宗旨

(1)提高生活水平，保证充分就业，大幅度稳步地提高实际收入和有效需求；

(2)扩大货物、服务的生产和贸易；

(3)坚持走可持续发展之路，各成员应促进对世界资源的最优利用，保护和维护环境，并以符合不同经济发展水平下各自成员需要的方式，加强采取各种相应的措施；

(4)积极努力以确保发展中国家，尤其是最不发达国家，在国际贸易增长中获得与其经济发展水平相应的份额和利益。

2.目标

世界贸易组织的目标是建立一个完整的包括货物、服务、与贸易有关的投资及知识产权等更具活力、更持久的多边贸易体系，以包括关贸总协定贸易自由化的成果和乌拉圭回合多边贸易溯及的所有成果。世贸组织实现目标的途径是协调管理贸易。

3.原则

(1)最惠国待遇原则。最惠国待遇是指缔约一方现在和将来给予任何第三方的优惠，也给予所有缔约方。在国际贸易中，最惠国待遇是指签订双边或多边贸易协议的一方在贸易、关税、航运、公民法律地位等方面，给予任何第三方的减让、特权、优惠或豁免时，缔约另一方或其他缔约方也可以得到相同的待遇。

(2)国民待遇原则。国民待遇是指在贸易条约或协议中，缔约方之间相互保证给予对方的自然人(公民)、法人(企业)和商船在本国境内享有与本国自然人、法人和商船同等的待遇。就是把外国的商品当作本国商品对待，把外国企业当作本国企业对待。其目的是为了公平竞争，防止歧视性保护，实现贸易自由化。

(3)无歧视待遇原则。无歧视待遇原则又叫无差别待遇原则，是WTO最重要的原则之一。它规定缔约方一方在实施某种限制或禁止措施时，不得对其他缔约方实施歧视待退。无歧视待遇的原则要求每个缔约方在任何贸易活动中，都要给予其他缔约方以平等待遇，使所有缔约方能在同样的条件下进行贸易。

(4)互惠原则。互惠是指两国或多国之间在贸易利益或特权方面的相互或相应让与。互惠原则体现在关税、运输、非关税壁垒方面削减和知识产权方面的相互保护等。

(5)公平贸易原则。这一原则要求WTO各成员的出口贸易经营者不得采取不公正的贸易手段，扭曲国际贸易竞争，尤其不能采取倾销和补贴的方式在他国销售产品。对于以倾销或补贴方式出口本国产品，给进口方国内工业造成实质性损害，或有实质性损害威胁时，该进口方可以根据受损的国内工业的指控，采取反倾销和反补贴措施。同时，世贸组织反对成员滥用反倾销和反补贴措施达到其贸易保护的目的。

(6)关税减让原则。关税和非关税措施是国家管制进出口贸易的两种常用方式。与名目繁多的非关税措施相比，关税的最大优点是它具有公开性和可计量性，能够清楚地反映关税对国内产业的保护程度。在WTO中，关税是唯一合法的保护方式。不断地降低关税是WTO最重要的原则之一。目前，关税的总体水平，发达国家大约在3%以下，发展中国家为10%左右。

(7)禁止数量限制原则。世界贸易组织仅允许进行“关税”保护，而禁止其他非关税壁垒，尤其是以配额和许可证为主要方式的“数量限制”。数量限制是非关税壁垒中最常用的方法，是政府惯用的手段，常被用来限制进出口数量。WTO倡导贸易自由化，主张取消任何非关税壁垒。但禁止数量限制也有一些重要的例外，如国际收支困难的国家被允许实施数量限制；发展中国家的“幼稚工业”也被允许加以保护。

(8)透明度原则。这一原则要求各成员有效实施的有关管理对外贸易的各项法律、法规、行政规章、司法判决等迅速加以公布，以使其他成员政府和贸易经营者加以熟悉；各成员政府之间或政府机构之间签署的影响国际贸易政策的现行协定和条约也应加以公布。各成员应在其境内统一、公正和合理地实施各项法律、法规、行政规章、司法判决等。其目的在于防止缔约方之间进行不公平的贸易。透明度原则已经成为各缔约方在货物贸易、技术贸易和服务贸易中应遵守的一项基本原则，它涉及贸易的所有领域。

4.主要职能

(1)组织实施世贸组织负责管辖的各项贸易协定、协议，积极采取各种措施努力实现各项协定、协议的目标，并对所辖的不属于“一篮子”协议项下的诸边贸易协议执行管理和运作提供组织保障；

(2)为成员提供处理各协定、协议有关事务的谈判场所，并为世贸组织发动多边贸易谈判提供场所、谈判准备和框架草案；

(3)解决各成员间发生的贸易争端，负责管理世贸组织争端解决协议；

(4)对各成员的贸易政策、法规进行定期审评；

(5)协调与国际货币基金组织和世界银行等国际经济组织的关系，以保障全球经济决策的凝聚力和一致性，避免政策冲突。

5.组织机构

(1)部长会议。部长会议是各成员方最重要的谈判场合，是世界贸易组织的最高权力机构。它有权对多边贸易协议中的任何事项作出决定；但它不是一个常设机构，只是一个由世界贸易组织所有成员代表组成，至少每两年召开一次会议，对国际贸易重大问题作出决策的会议制度。部长会议应当履行世界贸易组织的职能，并为此而采取必要的措施。如有成员要求，部长会议有权对各多边贸易协议中的任何事项作出决定。部长会议的决定应按照协议及有关多边贸易协议中关于决策的具体规定作出。

(2)总理事会。总理事会是世界贸易组织的日常工作执行机构。它由世界贸易组织所有成员代表组成，需要向部长会议报告工作，在部长会议休会期间执行部长会议的各项职能。总理事会还应当执行世界贸易组织协议指定的各项职能。总理事会除代表部长会议处理日常事务外，还应在适当时候召开会议，以行使贸易政策审议机制所规定的贸易政策审议机构的职责以及争端解决谅解所规定的争端解决机构的职责。贸易政策审议机构和争端解决机构都可有自己的主席，并建立它们认为必要的程序规则以行使其职责。总理事会应当制定自己的程序规则。

(3)理事会和委员会。总理事会将部分职权授予另外三个主要机构：货物贸易理事会、服务贸易理事会及与贸易有关的知识产权理事会（简称“知识产权理事会”）。

(4)诸边贸易协议的管理机构。世界贸易组织的4个诸边协议,即关于民用航空器、政府采购、奶制品和牛肉的诸边协议,每个协议都建立了自己的管理机构,以行使这些协议所赋予的职责。诸边协议的管理机构应在世界贸易组织机构框架内运作,并向总理事会通知其活动。

(5)总干事和秘书处。世界贸易组织设立一个总干事领导下的秘书处。总干事的权力、责任、任职条件和任期由部长会议制定规则确定。总干事应任命秘书处的职员,并根据部长会议通过的规则确定他们的责任和任职条件。从实际出发,关贸总协定的秘书处应成为世界贸易组织的秘书处。关贸总协定缔约方全体的总干事,在部长会议任命总干事之前,应作为世界贸易组织的总干事。目前,世界贸易组织的秘书处设在日内瓦,它拥有大约600名工作人员。其责任包括在谈判以及协议实施方面,向世界贸易组织代表机构提供服务。它有特别责任,对发展中国家,尤其是最不发达国家提供技术援助。世界贸易组织的经济学家和统计学家提供贸易实际情况和贸易政策分析,而它的法律工作人员帮助解决贸易争端,包括涉及世界贸易组织规则和先例的解释。秘书处的其他工作涉及新成员的加入谈判,并还为正在考虑成员资格的政府提供咨询。

总干事和秘书处的职员是国际公务员,在履行其职责方面,总干事和秘书处职员不应当寻求和接受世界贸易组织之外的任何政府或其他当局的指示,他们应避免任何有损其国际官员身份的行为,世界贸易组织的成员应当尊重总干事和秘书处职员在其职责方面的国际性质,不应对他们行使职权施加影响。

6.权利与义务

世贸组织各成员应享有一定的权利和履行相应的义务。各成员应享受的基本权利主要有以下几点:①在现有成员中享受多边的、无条件的和稳定的最惠国待遇;②享受其他世贸组织成员开放或扩大货物、服务市场准入的利益;③发展中国家可享受一定范围的普惠制待遇及发展中国家成员的大多数优惠或过渡期安排;④利用世贸组织的贸易争端解决机制和程序,公平、客观、合理地解决与其他国家的经贸摩擦,营造良好的经贸发展环境;⑤享有世贸组织成员利用各项规则、采取促进本国经贸发展的权利。

在享受上述权利的同时,世贸组织成员也应根据世贸规则履行相应的义务,主要表现在以下方面:①在货物、服务、知识产权等方面,根据世贸组织的规定,给予其他成员最惠国待遇;②根据世贸组织有关协议的规定,扩大货物、服务的市场准入程度,即具体要求降低关税和规范非关税措施,逐步扩大服务贸易市场的开放;③按《知识产权协定》的规定,进一步规范知识产权的保护措施;④根据世贸组织贸易争端解决机制与程序,和其他成员公正地解决贸易摩擦,不能搞单边报复;⑤增加贸易政策和有关法规的透明度;⑥按在世界出口中所占比例缴纳一定会费。

7.出版物

世界贸易组织的主要出版物有:《世界贸易报告》(年刊)、《国际贸易统计》(年刊)、《世界贸易组织年报》(年刊)。

(二)中国与世界贸易组织的关系

1.中国加入世贸组织的过程

中国是关贸总协定(GATT)23个创始缔约国之一。1948年4月21日,当时的中国政府签署了《临时适用议定书》，同年5月21日，中国成为关贸总协定缔约方。在未得到中国唯一合法政府——中华人民共和国授权的情况下，台湾当局于1950年3月通知联合国秘书长，决定退出关贸总协定。虽然中国指出这一退出决定是无效的，但由于受当时国内外政治、经济环境的制约，中国未能及时提出恢复关贸总协定缔约国地位的申请。

随着中国1978年实行改革开放政策取得巨大经济成就，中国经济与世界经济的联系日益紧密。从加快实行改革开放政策、进一步发展国民经济的需要出发，中国中央于1986年作出了申请恢复我关贸总协定缔约国地位的决定。自1986年7月11日中国正式提出恢复我缔约方地位后，1987年3月关贸总协定成立了“中国工作组”，开始中国的“复关”谈判。1995年1月，世界贸易组织成立，从当年7月起中国复关谈判转为加入WTO谈判。谈判过程充满了艰巨性、复杂性、特殊性和敏感性。其中最重要的环节是中美谈判和中欧谈判，中美谈判举行了25轮，中欧谈判进行了15轮。1999年11月15日，中美谈判协议的达成，为中国加入世贸组织谈判的最终成功铺平了道路。2001年11月，世界贸易组织（WTO）第四届部长级会议审议通过了中国加入世界贸易组织的决议。

2.中国加入世贸组织的法律文件

包括《马拉喀什建立世贸组织协定》《中华人民共和国加入的决定》《中华人民共和国加入议定书》及其附件、《中国加入工作组报告书》。中国加入世贸组织的法律文件的主体是《马拉喀什建立世贸组织协定》，议定书和工作组报告书已成为《世贸组织协定》的组成部分。

3.中国加入世贸组织的基本权利和义务

中国加入世贸组织的基本权利有：全面参与多边贸易体制；享受非歧视待遇；享受发展中国家权利；获得市场开放和法规修改的过渡期；保留国营贸易体制；对国内产业提供必要的支持；维持国家定价；保留征收出口税的权利；保留对进出口商品进行法定检验的权利；有条件、有步骤地开放服务贸易领域并进行管理和审批。

中国加入世贸组织的基本义务有：遵守非歧视原则；贸易政策统一实施；确保贸易政策透明度；为当事人提供司法审议的机会；逐步放开外贸经营权；逐步取消非关税措施；不再实行出口补贴；实施《与贸易有关的投资措施协议》；以折中方式处理反倾销反补贴条款可比价格；接受特殊保障条款；接受过渡性审议。

4.中国在世贸组织中的作用

加入WTO，对中国而言，迎来了发展的机遇；对WTO而言，给WTO注入了新鲜的血液，带来了新的活力。

(1)中国加入WTO后，使WTO成为名副其实的世界贸易组织。对此，WTO前总干事素帕猜曾说：“缺少中国，世界贸易组织就不能称作真正的全球性贸易机构。”中国需要世贸组织，世贸组织也同样需要中国。

(2)中国加入WTO后，使中国的对外开放从单边自主、窄领域的对外开放转变为相互、多边和全方位的开放。在WTO多边贸易体制基础上，与WTO成员进行“开放、公平和无扭曲的竞争”与合作，能够使中国与WTO成员的比较优势和绝对优势得以充分发挥，实现优势互补，加强世界范围内各种要素的合理和优化配置，提高效率和增加有效需求，实现双赢或多赢，有助于 WTO 实现其成员“提高生活水平、保证充分就业、保证实际收入和有效需求的大幅稳定增长、扩大货物和服务的生产和贸易”的目标。

(3)中国加入 WTO 后，将在消费、资源、劳动力等方面为 WTO 成员提供更多的机会，彼此相互促进发展与繁荣。中国是世界最大的潜在市场；同时，中国进行社会主义现代化建设需要引进大量的资金、先进技术和管理经验；此外，中国实施的“西部大开发”战略、滨海新区开发开放战略、2008 年召开的北京奥运会、2010 年上海世博会等等，这些无疑会给竞争日益激烈的各成员提供无限商机。

(4)中国加入 WTO 后，将维护多边贸易体制的基本原则，认真如实履行《中国加入世界贸易组织议定书》的承诺，与 WTO 成员共同努力，化解多边贸易体制遇到的困境，抑制不良倾向的加剧，从而有助于世界贸易组织制定更为公平的贸易谈判规则和议程，使 WTO 成为一个更加公平、更加完整、更加稳定的多边贸易体制。

二、中国与联合国贸易与发展会议

(一)联合国贸易与发展会议简介

联合国贸易与发展会议(United Nations Conference on Trade and Development, UNCTAD)是联合国大会负责审议和处理国际贸易及有关经济发展问题的一个直属机构，简称贸发会议。它是由发展中国家倡议并根据第 19 届联大决议设立，秘书处设在日内瓦，截止到 2010 年 3 月，贸发会议共有 193 个成员国，还有许多国际组织(包括政府间和非政府间的)作为观察员参与其活动。

第二次世界大战以后，众多发展中国家继政治上获得独立后努力发展民族经济，但由于旧国际经济秩序的严重阻碍，发展中同家经济遭受极大损害，初级产品出口停滞，贸易条件恶化，国际收支逆差不断扩大。为此，广大发展中国家积极呼吁召开国际性会议，研究和解决发展中国家的经济和贸易发展问题。1962 年 12 月 18 日，联合国大会批准召开贸易与发展问题大会。1964 年 3 月至 6 月，首届联合国贸易与发展会议召开，在这次会议的建议下，联合国于 1964 年 12 月 30 日通过第 1995 号决议，确定联合国贸易和发展会议为联合国大会的常设机构。

联合国贸发会议在向发展中国家提供技术援助、协助其进行债务管理以及培训高级金融管理人才等方面做了大量工作，取得了引人注目的成果。另外，联合国贸发会议还在贸易发展研究以及增强发展中国家在目前国际格局中的竞争能力和地位方面进行过诸多尝试，并协助一些发展中国家进行有关加入世贸组织的谈判，赢得了信誉。

贸发会议自成立以来，在促进发展中国家的经贸发展、推动南北对话和南南合作方面发挥了重要作用，曾主持谈判达成了一些重要的国际公约和协议，如《各国经济权利和义务宪章》《班轮公约行动守则》、普遍优惠制、《商品综合方案》等，在 20 世纪 70 年代和 80 年代初联合国系统内改革旧的国际经济关系和建立新的国际经济秩序的热潮中曾发挥过核心作用。随着国际政治经济形势的急剧变化，特别是由于发达国家对发展合作态度日趋消极，在发展中国家利益要求不同而导致的谈判能力的下降的情况下，贸发会议的谈判职能逐渐削弱，但在帮助发展中国家制定经济发展战略和贸易、投资、金融政策，加强它们参与多边经济贸易事务的能力方面，仍然发挥着独特而重要的作用，被誉为“发展中国家的良心”和“南方知识库”。如今，贸发会议仍然是倍受广大发展中国家依赖与重视的国际多边经贸组织，仍不失为牵制发达国家谋取经济私利和维护广大发展中国家正当利益的重要论坛。

1.宗旨

贸发会议的宗旨是为促进国际贸易，特别是加速发展中国家的经济和贸易发展；制定国际贸易和有关经济发展问题的原则和政策；推动发展中国家和发达国家就国际经济、贸易领域的重大问题进行谈判；检查和协调联合国系统其他机构在国际贸易和经济发展方面的各项活动；采取行动以便通过多边贸易协定；协调各国政府和区域经济集团的贸易和发展战略。

2.目标

贸发会议的主要目标是帮助发展中国家增强国家能力，最大限度地获取贸易和投资机会，加速发展进程，并协助它们应对全球化带来的挑战和在公平的基础上融入世界经济。贸发会议通过研究和政策分析、政府间审议、技术合作以及与非政府机构企业部门的合作实现其目标。其当前的工作领域涉及贸易、资金、投资、技术、企业、可持续发展，以及南南合作和最不发达国家等问题。

3.组织机构

联合国贸发会议的最高权力机构是各成员国参加的大会，通常每四年举行一次。理事会是贸发会议的执行机构，通常每年举行两次会议，必要时召开理事会特别会议。理事会下设七个专委员会：初级产品委员会、制成品委员会、航运委员会，无形贸易和资金贸易委员会、技术转让委员会、优惠特别委员会和发展中国家间经济合作委员会。秘书处是贸发会议的常设办事机构，三位秘书长均来自发展中国家。

4.出版物

联合国贸发会议的出版物有《联合国贸易和发展会议公报》（月刊）、《贸易和发展》（年刊）、《贸易和发展报告》（年刊）、《贸易和发展评论》（年刊）、《国际贸易和发展统计手册》（年刊）、《商品价格公报月报》。贸发会议一年一度发表的《贸易和发展报告》《世界投资报告》和《最不发达国家报告》在全世界具有广泛的影响和声誉，这些报告不但是国际上被广征博引的权威资料，而且也是各国特别是发展中国家制定经济和社会发展政策的重要参考依据。贸发会议在为将自己办成一个“知识型”的国际机构而努力。

（二）中国与联合国贸发会议的关系

贸发会议是中国政府在恢复联合国的合法席位后于 1972 年参加的第一个联合国大会直属机构。此后，中国既是贸发会议的成员，又是贸易理事会及其所属的各委员会的成员。多年来，贸发会议和中国政府一直保持着良好的合作关系，贸发会议为我国的改革开放和经济建设提供了很多帮助。中国也一贯支持贸发会议，积极参与其各项活动，在该组织中有着重要的影响。

中国代表团出席了贸发会第三届以来的历届大会及其下属各层次的会议，积极宣传我国的对外政策以及对一些重大问题的原则和立场，并与其他发展中国家保持了良好合作关系，曾以四方（发达国家组成的 B 组、苏联及东欧国家组成的 D 组、77 国集团和中国）之一以及第八届大会以后的“77 国集团和中国”的形式，积极参与大会和各层次会议相关议题的审议，维护了我国以及广大发展中国家的权益，有力地支持了发展中国家的合理要求和主张。

在联合国贸发会议上，中国代表团提出了加强贸发会议的国际地位，使其成为国际多边经贸体制一部分的观点。中方主张，联合国贸发会议和世界贸易组织都是全球多边经贸体制的组成部分，这两个机构应通过有效的合作，建立相互支持、相互补充的关系。世界贸易组织作为多边贸易规则的制定者，其自身不能有效地监督这些规则的执行，特别是不能确保在规则执行过程中不实行双重标准。贸发会议作为世界上最具普遍性的国际贸易组织，应该发挥实施多边规则的监督机构的作用，从而与世界贸易组织在多边体制中建立一个相互制约的机制。只有这样，多边经贸体制才能在公平合理的基础上维护所有国家的利益，防止少数国家主宰多边体制，并确保这一体制的有效性和活力。这一呼声代表了广大发展中国家的利益，得到了与会者的广泛支持。

近年来，我国加强了同贸发会议在我国举办专业性研讨会方面的合作，双方多次在华联合举办有关普遍优惠制、贸易效率和国际投资等主题研讨会和讲习班，为提高我国专业人才的素质作出了贡献。

三、中国与国际货币基金组织

（一）国际货币基金组织简介

国际货币基金组织（The International Money Fund，IMF）是政府间的国际金融组织、它是根据 1994 年 7 月在美国新罕布什尔州布雷顿森林召开的联合国和联盟国家国际货币金融会议上通过的《国际货币基金协定》而建立起来的，于 1945 年 12 月 27 日正式成立，1947 年 3 月 1 日开始办理业务，同年 11 月 15 日成为联合国的一个专门机构。截止到 2010 年 3 月，IMF 已有 186 年成员国。

国际货币基金组织设 5 个地区部门（非洲、亚洲、欧洲、中东、西半球）和 12 个职能部门（行政管理、中央银行业务、汇兑和贸易关系、对外关系、财政事务、国际货币基金学院、法律事务、研究、秘书、司库、统计、语言服务局）。其会员国分两种：凡参加 1944 年布雷顿森林会议，并于 1945 年 12 月 31 日前在协定上签字的国家称为创始会员国，共有 39 个。在此之后参加的同家称为其他会员国。

1.宗旨

（1）通过设置一常设机构就国际货币问题进行磋商与协作，从而促进国际货币领域的合作；

（2）促进国际贸易的扩大和平衡发展，从而有助于提高和保持高水平的就业和实际收入以及各成员国生产性资源的开发，并以此作为经济政策的首要目标；

（3）促进汇率的稳定，保持成员国之间有秩序的汇兑安排，避免竞争性通货贬值；

（4）协助在成员国之间建立经常性交易的多边支付体系，取消阻碍国际贸易发展的外汇限制；

（5）在具有充分保障的前提下，向成员国提供暂时性普通资金，以增强其信心，使其能有机会在无须采取有损本国和国际繁荣的措施的情况下，纠正国际收支失调；

（6）缩短成员国国际收支失衡的时间，减轻失衡的程度。

2.组织机构

国际货币基金组织由理事会、执行董事会、总裁和众多业分机构组成。理事会任命若干特定的常设委员会，还可以建立临时委员会。各常设委员会向理事会提供建议，但不行使权力，也不直接贯彻执行理事会的决议。理事会和执行董事会决议的通过和执行，原则上以各国投票权的多少作为依据。

IMF 的最高决策机构是理事会，由各会员国选派一名理事和一名副理事组成，任期五年，其任免由会员国本国决定。理事会每年召开一次常会，必要时可以召开特别会议。

理事会下设执行董事会，是华盛顿 IMF 总部的常设机构。除接纳新会员国、调整基金份额和修订协定条款等重大事务以外的一般行政和政策事务，均由执行董事会行使权力。执行董事会向理事会提出年度报告，与会员国进行讨论，并随时对会员国重大经济问题以及国际金融方面的重大问题进行研究。

IMF 的各国理事和执行董事权力的大小，实际由他们所代表的会员国拥有票数的多少决定。一般的决议由简单多数票即可通过，但是对于重大问题的决议，如修订基金条款和调整会员份额等，则需获得总投票权的 85％的多数才能通过。

总裁负责基金组织的业务工作，行使执行董会主席的职能，由执行董事会推选，任期五年，可连任。历任总裁按惯例均由欧洲人担任。

3.出版物

国际货币基金组织的主要出版物有：《世界经济展望》《国际金融统计》(月刊)、《国际货币基金概览》(周刊)、《国际收支统计》(月刊)、《政府财政统计年鉴》。

(二)中国与国际货币基金组织的关系

我国与 IMF 的关系一直在发展。在 IMF 创立时我国的份额为 5.5 亿美元，1980 年席位恢复后，增加到 12 亿特别提款权，1983 年 4 月再次增到 18 亿特别提款权。到 1989 年，中国在 IMF 的份额是 23.91 亿特别提款权，占份额总数的 2.68％，投票权占总投票权的 2.6％，投票权比例和份额比例均排名第 9 位。2009 年中国的份额为 3.66％，在基金组织中排名第 6(前 5 名依次为美国、日本、德国、法国和英国)。

IMF 带有极其浓厚的政治色彩，它往往是不同集团、不同利益国家间争斗的论坛。我国是发展中的社会主义国家，坚持独立的外交政策，在 IMF 中凡是有利于发展中国家的正当要求和主张，我们均给予支持。

自恢复在国际货币基金组织的合法席位以来，我国与国际货币基金组织在平等互利的基础上开展了深入而富有成效的合作，主要表现在以下几个方面：

1.资金往来

中国作为国际货币基金组织成员国，有权从基金组织取得贷款来弥补国际收支逆差，支持经济结构调整。改革开放初期，我国在经济转型过程中出现了持续的经济过热，通货膨胀上升，国际收支逆差增大。为此，我国先后于 1981 年和 1986 年从基金组织借入 7.59 亿特别提款权(8.8 亿美元)和 5.98 亿特别提款权(7.3 亿美元)的贷款，用于弥补国际收支逆差，支持经济结构调整和经济体制改革。到 20 世纪 90 年代初，我国已全部偿还了基金组织的贷款。

随着我国经济实力的增强和宏观经济管理水平的提高，我国不仅未再向基金组织提出新的借款要求，而且长期以来一直是基金组织的债权国，为基金组织各项贷款安排提供资金。特别是亚洲金融危机爆发以后，我国积极履行成员国的义务，向基金组织出资支持其援助有关危机国家的资金使用计划。在履行成员国的出资义务之外，我国作为一个发展中国家，还为基金组织援助发展中国家的各项安排提供了力所能及的支持。

2.定期磋商

根据《基金组织协定》第 4 条款的规定，基金组织定期与各成员国政府举行磋商，以了解各成员国的宏观经济运行情况，并对各成员国的外汇与贸易制度进行监督。而成员国也有义务向基金组织提供相关经济统计数据，并就政府各部门的主管业务作政策说明。我国自恢复合法席位以来即开始与基金组织进行每年一次的第 4 条款磋商。鉴于中国经济在亚太地区的重要地位，基金组织从 1991 年起加强了对中国经济的关注，每年在第 4 条款磋商之外又增加了一次中期工作人员访问。我国与基金组织的定期磋商涉及财税、金融、对外贸易等各个宏观经济部门。通过各有关部委与基金组织磋商代表团的相关讨论，增进了基金组织对中国经济的了解，并就当前经济中存在的主要问题坦诚地交换意见。基金组织代表团于历次磋商后撰写的总结性发言及磋商报告中，一般都高度评价了中国在经济增长、宏观经济调控和结构改革中所取得的进展，在国际上产生了积极的影响；同时也在一些关键问题上提出了自己的政策建议，为我国经济增长和改革开放的努力提供了有益的参考。从 2000 年开始，我国同意基金组织对外发布基金组织执董会讨论中国磋商报告的公共信息公告。

3.技术援助

基金组织通过其技术援助先后为我国 20 世纪 80 年代的中央银行体制改革、1994 年的汇率并轨、1995 年《中国人民银行法》的制定、1996 年的经常项目可兑换以及 90 年代以来相继实施的财税体制改革等重大改革政策的实施提供了有益的咨询。除了宏观政策咨询之外，基金组织还在技术层面上与我国充分合作。通过与基金组织的技术合作，在统计领域，我国建立了符合国际标准的货币银行统计体系和国际收支统计体系，改进了国民账户统计，建立了外债监测体系；在货币与金融领域，改善了货币政策的制定与操作，修改和完善了银行法规及会计与审计制度，强化了金融监管，推动了金融市场及相应的金融工具的发展；在财税领域，启动了财政预算分类和编制改革及国库单一账户改革、税制改革，加快了财政和税收征管电子化信息系统的建设。

作为其技术援助的一项重要内容，基金组织为我国政府机构的有关人员提供了大量的培训。每年在我国举办的培训班涉及货币政策、财税政策、银行监管、外汇市场管理、国际收支管理和宏观经济统计等多个领域。

4.国际会议

基金组织是我国阐述对国际经济金融体系以及其他国际事务的政策立场的一个重要讲坛，是我国与国际社会进行政策对话的一个重要窗口。我国每年派出由中国人民银行和财政部等部门高级官员组成的代表团参加基金组织与世界银行的联合年会。此外，我国还每年组团参加基金组织国际货币与金融委员会春季和秋季会议，以及基金组织与世界银行联合举办的发展委员会会议。在参加基金组织各项会议时，我国代表团一般均会与基金组织总裁或其他高级管理人员进行会谈，讨论双方共同关心的问题以及进一步的合作。在这些国际会议中，我国代表向国际社会系统地阐述了我国对于世界经济形势、国际金融体系改革以及基金组织改革的观点和建议，同时积极地维护发展中国家的利益，支持发展中国家的合理要求和正确主张。

5.互设机构

作为基金组织的单国选区，中国有权单独任命执董，在基金组织总部设有中国执董办公室，参与基金组织的各项重大决策。自建立以来，中国执董办在基金组织执董会中积极发挥作用，努力维护我国及发展中国家的利益。

中国经济在改革开放之后，对世界经济的影响日趋明显。为了方便基金组织了解情况，推进双方的合作，我国与基金组织签署备忘录，于1991年同意其设立基金组织驻华代表处。1997年香港回归后，经我国同意，基金组织于2001年在香港设立了基金组织驻华代表处香港特别行政区分处。

第二节 中国的区域贸易关系

随着经济全球化的日益深入，区域经济贸易合作进一步加强，中国也积极参与欧盟、亚太、东盟等区域经济贸易合作活动，为对外开放缔造良好的国际环境。

一、中国与欧盟的经贸关系

中欧经贸往来历史悠久。1978年中国和欧共体签署了第一个贸易协定，相互给予最惠国待遇，同时成立了中欧经济贸易混合委员会。进入2004年，中国与欧盟双边的关系进一步提升为全面战略伙伴关系的定位得到了确立，中国与欧盟建立了全面战略伙伴关系。在欧盟于2004年5月扩大至25国后，欧盟已超过日本和美国，成为中国最大的贸易伙伴和出口市场，也是最大的技术引进来源地和第四大实际投资方；而中国也自2003年开始，成为欧盟的第二大贸易伙伴。

1.中欧经贸关系的特点

欧盟成员国多数是我国的传统贸易对象，有着悠久的贸易历史。1975年中国和欧共体建立正式外交关系，为发展双边的贸易往来和经济合作奠定了基础。中国一贯主张积极发展与欧盟的经济贸易关系，欧盟也把中国视为潜在的巨大市场和合作伙伴，在发展对华贸易上采取了一系列措施和行动。经过双方的共同努力，中国与欧盟的贸易关系取得了良好的进展。

(1)双边贸易额不断增长。

在双方正式建交前，我国与欧共体国家的贸易规模较小。1975年以后，尤其是我国与欧共体于1978年签订双边贸易协定以及1980年欧方给予我国最惠国待遇以后，中欧贸易有了较大的发展。1975年双边贸易额为24亿美元，1980年发展到49亿美元，1998年进一步增长为487亿美元，占我国对外贸易总额的15%左右。2000年中国与欧盟贸易额为690.4亿美元，占我国进出口总额的14.6%。2001年双方贸易额766.2亿美元。

2017年，中欧贸易突破6 000亿美元大关，已经达到6 169.2亿美元，同比增长

12.7%。其中,对欧出口 3 720.5 亿美元,同比增长 9.7%,占当年中国出口总额的 12%,欧盟继续保持中国第一大出口市场的地位;中国自欧进口 2 448.7 亿美元,同比增长 17.6%;实现贸易顺差 1 271 亿美元,同比下降 3%。在中欧的主要贸易商品中,中国对欧出口的劳动密集型产品,如纺织品、服装、玩具及运动用品等,在 2017 年取得了平稳增长,而钢铁出口略有下降,同期自欧进口的主要产品则基本都保持了快速增长的态势。在主要贸易伙伴国中,居第一和第五的中德、中意贸易 2008 年的增幅超过了 10%,分别达 11.1% 和 15.1%,居第三和第四位的中英、中法贸易同比增幅为 6.2%和 15.4%,居第二位的中荷贸易则增长 16.5%,中国与上述五国的贸易额占中国与欧盟 27 国贸易总额的 70%。

(2)欧盟对我国技术设备出口领先于日美。

我国对欧盟出口以农副土特产品、轻纺产品和工艺品为主。从欧盟进口主要是机械、工业设备、精密仪器、运输机械等,而且进口机械设备时都涉及了技术转让。我国与欧盟贸易结构的一个突出特点是,欧盟对我国技术设备出口在我国引进技术、成套设备的合同金额中占 60%以上的比重。1981 年到 1996 年我国从欧盟成员国引进了 3 000 多项重点技术和设备,合同金额共计 268.9 亿美元,占中国引进总金额的 48.8%。2006 年 1—11 月,我国与欧洲新签技术引进合同 2 606 个,合同金额 85.8 亿美元,分别占全国技术引进项目数和总金额的 27.3%和 42.2%。项目平均金额 330 万美元(全国平均为 213 万美元)。其中,欧盟是我国最大的技术供应方。2017 年,我国自欧盟累计引进技术的合同金额就达到 5 840 亿美元。相比较而言,欧盟在对华技术转让方面的政策比美国和日本要开放、宽松得多。

(3)双边的经贸合作规模与双方的地位不相称。

据统计,中国和欧盟之间的贸易依存度相差很大,表现为中国对欧盟的贸易依存度高,而欧盟对中国的贸易依存度则要小很多。同时,欧美之间的贸易是欧盟贸易的重要组成部分,而日本及欧盟成员国原先殖民地国家间的贸易仍然在欧盟贸易中占有比较重要的位置,中国的重要性则要次之,投资方面也是如此。

欧盟已经在战略上认识到亚洲以及我国是世界未来的重要市场,亚欧会议机制充分显示出欧盟各国政府观点的转变。但是,从双边贸易发展的实际情况来看,相互在经贸方面的依赖程度并不高,没有上升到主导的地位。

2.中欧经贸关系存在的主要问题

(1)贸易平衡问题。

一方面,中欧贸易受到国内国际环境影响,扭转了一直高速增长的顺差态势,2006 和 2007 年的年增长率均在 30%以上,导致绝对值迅速超过千亿美元,2007 年达到了 1 342.3 亿美元,在 2008 年中欧贸易顺差增幅接近 20%的情况下,绝对值为 1 601.8 亿美元。在欧盟成员国中,2008 年只有奥地利在对华贸易中存在 13.4 亿美元的顺差,其他 26 个国家均呈逆差状态。截止到 2017 年底,中欧贸易逆差 3%,回归到正常贸易增长速度,有利于改善中国国际收支平衡。

另一方面,由于转口贸易的存在,加上海关计价标准及汇率变动等因素的影响,欧盟的统计数据与我差异较大,因而更加放大了中欧贸易不平衡问题的严重性。

来自欧方的数字显示,2007 年欧盟对中国的贸易逆差已超过 2 000 亿美元,为 1 607

亿欧元(约合 2 202.4 亿美元),2008 年扩大至 1 692 亿欧元(约合 2 488.6 亿美元),中国是欧盟最大的贸易逆差来源地。而这种源于统计差异的双边贸易不平衡问题的急剧放大,无疑使矛盾更加突出,站在欧盟的角度,其对华贸易逆差不仅规模巨大,且仍在高速增长,已濒临危险的边缘,使其失去耐性,不满和贸易保护主义之声逐渐高涨。

(2)频繁使用反倾销手段问题。

欧盟对中国实行的歧视性政策更严重地表现在"反倾销"的运用上。欧盟是西方发达国家中首先对中国实施反倾销手段的,也是最近几年对我国实施反倾销诉讼最多的国家。根据商务部的统计,自 2007 年 9 月次贷危机爆发以来,欧委会已对华反倾销立案 12 起,产品涉及范围广泛,涉案金额巨大,并对味精、橘子罐头、铁及非合金钢焊管和紧固件等中国产品裁定征收了高额反倾销税。近期,欧盟内部关于本土产品替代进口产品的呼声日渐高涨,成员国和产业组织纷纷要求欧委会给予更多保护,并意欲对包括轻工、纺织、钢铁、电子和家电等在内的中国产品提起更多的反倾销申诉。未来欧盟还可能设置更多更为严厉的安全与技术壁垒,对中国相关产品实施更为严格的检验检疫措施,对华运用反倾销、反补贴措施也可能更为频繁。

(3)知识产权领域争端问题。

近年来,随着中欧双边贸易和投资的迅速增长,双方关于知识产权领域的争端日益增多。欧盟知识产权保护日益强化,2004 年 7 月 1 日《欧盟关于海关打击涉嫌侵权产品及其措施的法令》正式生效。该法令的目的是加大打击侵权产品的力度,简化海关处理涉嫌侵权产品的程序,严禁来自欧盟外第三国的侵权产品进出欧盟。

(4)技术贸易壁垒问题。

欧盟是世界上运用技术性贸易保护措施最频繁和严格的地区之一,目前形成了包括 300 多个具有法律效力的欧盟指令和 10 万多个技术标准的双重结构的技术性贸易措施管理体系,内容涉及工业产品的安全、卫生、技术标准、商品包装和标签的规定及认证制度,以及农产品的生产、加工、运输、贮藏等各个环节。欧盟形形色色的技术性贸易保护措施具有一定的合法性和隐蔽性。

(5)政治因素问题。

除贸易保护主义外,政治因素也成为近年来干扰中欧双边经贸关系的另一"不和谐音",欧洲部分国家以人权与西藏等问题为由屡屡向中国发难,为双边经贸关系的正常发展设置了许多不必要的障碍。

二、中国与东盟(ASEAN)的经贸关系

东盟国家是我国的友好邻邦。近年来,我国与东盟各国的友好关系进一步发展,在政治、经济、贸易、科技、文化等各个领域的双边合作发展迅速,我国与东盟的关系也取得了新的进展。《中国—东盟全面经济合作框架协议》于 2001 年 11 月 4 日正式签署。框架协议是未来自由贸易区的法律基础,它的签署标志着中国与东盟自由贸易区谈判正式启动。中国—东盟自由贸易区的建成,是一个涵盖 11 个国家,拥有 19 亿消费者、约 6 万亿美元国内生产总值、贸易量占世界贸易 13%的巨大经济区。按人口算,这是世界上最大的自由贸易区;从经济规模上看,是仅次于欧盟和北美自由贸易区的全球第三大自由贸易区,

也是发展中国家组成的最大的自由贸易区。

1.发展过程

中国和东盟的合作始于 1997 年 2 月中国—东盟联合合作委员会的成立，双方就经济、贸易、科技和旅游等领域的合作发表了联合公报。这是继 1996 年第一届亚欧首脑会议后中国升格为东盟对话伙伴后的更进一步的合作。1997 年 7 月东南亚金融危机爆发，同年 12 月东盟 9 国和中国、日本、韩国等 3 国首脑在马来西亚首都吉隆坡举行首次“9＋3”峰会，此举拉开了东亚经济合作的序幕。1998 年 12 月第二次“9＋3”首脑峰会在越南首都河内举行，各国领导人就克服金融危机的影响，加强东亚经济合作并维护该地区的稳定与发展交换了意见。1999 年 4 月柬埔寨加入东盟，同年 11 月“10＋3”峰会在印度尼西亚首都雅加达举行，会议发表了《东亚合作联合声明》，至此东亚经济合作全面展开。在 2001 年的东盟外长会议和第五次东盟—中国“10＋1”领导人会议上，时任中国国务院总理朱镕基根据东盟一体化的需要和中国与东盟各自的优势提出三项建议：一是确立中国与东盟之间的重要合作领域。把农业、人力资源开发、湄公河流域开发合作、信息通讯和相互投资等五大领域确定为新世纪中国与东盟合作的重点。二是建立中国与东盟之间的自由贸易区。10 年后建成的中国—东盟自由贸易区，将是一个人口 20 亿、国内生产总值超过 20 000 亿美元的市场潜力巨大的贸易区。三是加强政治互信与支持。此举开创了真正意义上的东亚经济一体化的先河，必将对亚洲地区的经济一体化进程以及全球经济的发展产生积极的推动作用。

中国“入世”和中国—东盟自由贸易区的起步，标志着中国外交思维和实践发生着实质性的转变，即从超然局外转向作用其中。中国和东盟自由贸易区框架的主要内容是：关税减让；澜沧江—湄公河流域的开发；投资领域力度加强等，而且特地将农业产品市场的开放列入其中。东亚在金融、人力资源开发和经贸合作领域进展迅速，领袖峰会和专业部长会晤机制已经建立起来。

经济一体化要使资源的配置跨越国界，经济和技术的合作跨越国界。跨国界经济要求国家减少干预，甚至要求国家交出部分经济和技术的决策权，也就是说一体化意味着部分主权的让渡。尽管东亚地区多数成员对一体化的期待殷切，但历史上的积怨又一时难了，因此东亚经济一体化可以说是任重道远。东亚各国必须理解一体化需要的是政治妥协的艺术，而不是政治争夺的强力。从理论上讲，5 亿人口的东盟是个共同自由贸易区、拥有共同的电子产业基地，其综合国内生产总值相当于中国的 2/3。就经济实力排序，日本第一、中国第二、东盟第三，三者如果实现竞争中的合作，密切三方的经济关系，最后在自由贸易的旗帜下组成共同市场，那么将对三方都有利。但是在目前的实际情况下，让三方走到一起还有许多政治和经济障碍，所以中国和东盟先行一步组建自由贸易区对东亚经济一体化的实现具有重要的战略意义。

实现亚洲经济一体化需要建立具有正式规则的自由贸易区，而在亚洲建立自由贸易区可分五步走：第一步，中国积极参加东盟自由贸易区；第二步，建立中国、日本、韩国和中国香港自由贸易区；第三步，在前两步的基础上建立东亚自由贸易区；第四步，吸收南亚各国，建立东亚与南亚自由贸易区；第五步，参与和建立亚太地区自由贸易区。

以上构想中突出了中国—东盟合作促进亚洲经济一体化的重要性，事实也证明了这一点。可以说中国—东盟自由贸易区的建立不仅实现了该区内的共赢，还将引领整个东亚地区经济一体化的共赢。

2.存在的主要问题

(1)文化和意识形态的问题

历史上，中国是东亚朝贡的中心，随着中国的崛起，东南亚各国对中国的崛起存在着疑虑和担心。特别是在进入20世纪90年代之后，针对中国的经济高速增长和综合国力不断增强，以美国为首的西方国家的一些媒体开始大肆散布“中国威胁论”。他们挑拨中国与周边国家的关系，诋毁中国的和平形象，而中国的迅速崛起也引起一些东盟国家的疑虑。

(2)东盟国家的投资环境问题

东盟许多国家的贸易投资环境较差，阻碍了中国对东盟的贸易与投资，主要有以下几个方面：一是存在较多的非关税壁垒。东盟一些发展中国家采取多种形式的非关税壁垒保护国内市场，对中国产品的进入人为地设置一些障碍。二是基础设施不够完善。东盟中下游国家基础设施不够完善，道路、桥梁、电力和通讯等基础设施很差，对投资和贸易带来了一定的障碍。三是东盟一些欠发达国家缺乏规范市场的运行机制，政策变化快，税收体系不完善，政府对市场的调整能力差。第四方面也是最重要的方面是东盟国家内部存在较多的矛盾和摩擦。东盟成员国内部的领土争端一直存在，历史上越南入侵过柬埔寨，至今两国关系仍然貌合神离。马来西亚与新加坡、印尼，印尼与菲律宾之间都有岛屿主权的争执。东盟许多国家都是党派林立、纷争不断，有的国家军人政府当政，有的国家内阁变换频繁，另外有些国家的反政府武装及恐怖分子活动猖獗。加上近来以美国为首的西方国家对反恐战争的扩大及对伊斯兰教派传统的敌视，造成有些东盟国家内部民族情绪高涨。

(3)日本和美国的干预

目前从贸易额上看，美国、日本仍然是东盟的主要贸易伙伴，远远超出东盟与中国的贸易水平。但是中国对东盟出口的增多，特别是我国具有比较优势的中低档日用消费品以及某些机电产品，已经成为美国、日本、欧盟等国家和地区在东盟市场上的竞争对手，更是一个潜在的强有力的竞争对手。中国与东盟国家的合作日益增强，使得美国备感不安。美国“东盟贸易咨询理事会”2002年2月要求布什政府坚决阻止中国—东盟自由贸易区的建立，并要求美国政府尽快在5年内与东盟10国建立“美国—东盟自由贸易区”，与中国抗衡，维持其在东南亚地区的既有利益。作为亚洲第一的经济大国，日本也希望能在推进东亚经济一体化进程中发挥核心的领导作用，但自90年代初经济泡沫破灭之后，日本经济长期低迷，无力整合和带动整个东亚经济的发展。近几年日本的贸易保护主义越发严重，与周边国家的贸易摩擦频频发生，加上日本国内政治右倾势力抬头，不断歪曲和美化其侵略战争历史，这使东亚国家加强了对日本的戒心。这些因素，在一定程度上制约着日本对中国与东盟关系日益友好以及中国在东亚区域内影响力的干预力度。

三、中国与亚太经济合作组织(APEC)的经贸关系

亚太经济合作组织简称亚太经合组织（Asia-Pacific Economic Cooperation，简称APEC），自1989年成立以来，凭借亚太地区经济蓬勃发展的势头，在推动地区贸易和投

资自由化便利化方面高歌猛进，在全球区域经济组织中独领风骚。从 1993 年西雅图首次亚太经合组织峰会起，中国国家主席江泽民每次都亲自与会，并在 APEC 中大力倡导亚太地区的经济技术合作，这种倡导得到 APEC 成员日益强烈的响应。与谋求加入世界贸易组织一样，参与亚太经合组织也是中国改革开放的需要。作为最大的发展中国家，中国加入 APEC 大家庭以来，始终本着积极参与、求同存异、推动合作的精神，积极参与亚太经济的合作进程，中国在亚太经合组织中扮演着日益重要的角色，发挥着越来越大的作用。

(一)亚太经合组织简介

亚太经合组织最初是在 1989 年澳大利亚总理霍克访问韩国时就加强亚太经济合作提出"汉城倡议"，于 1989 年在澳大利亚举行首届部长级会议后正式成立的，1991 年 11 月在韩国汉城举行的 APEC 第三届部长级会议通过了《汉城宣言》，正式确立 APEC 的宗旨和目标为"相互依存，共同利益，坚持开放性多边贸易体制和减少区域贸易壁垒"。1993 年在美国西雅图举行首次领导人非正式会议。目前的成员共有 21 个，分别是中国、澳大利亚、文莱、加拿大、智利、中国香港、印尼、日本、韩国、墨西哥、马来西亚、新西兰、巴布亚新几内亚、秘鲁、菲律宾、俄罗斯、新加坡、中国台北、泰国、美国和越南。

APEC 运行机制包含五个层次：(1)领导人非正式会议，每年下半年举行；(2)部长级会议，每年领导人非正式会议前举行；(3)高官会，每年举行 4 至 5 次会议，一般由各成员司局级或大使级官员组成；(4)委员会和工作组，高官会下设 4 个委员会，即贸易和投资委员会、经济委员会、高官会经济技术合作分委员会和预算管理委员会；(5)秘书处，1993 年 1 月在新加坡设立，为 APEC 各层次的活动提供支持与服务。

(二)中国加入 APEC 的重要性

参加 APEC 合作，是中国进一步深化改革开放的需要，是中国加速社会主义建设的需要。中国参加 APEC 不是一时的权宜之计，而是长期的战略选择。

1.有利于中国融入国际经济体系

中国加入 APEC 时还不是 WTO 的正式成员，也没有参加其他任何官方性质的次区域经济体，APEC 对中国的对外开放，实现经济现代化及参与世界经济运作体系有很大作用。中国采取的一系列措施，特别是大幅度降低进口关税总水平，引起了各国的关注，海外舆论普遍认为，这是 1978 年中国实行改革开放以来在推动贸易和投资自由化方面采取的一次大行动。就当时而言，加入 APEC 对于中国经贸体制改革、同国际接轨、加入 WTO 无疑是巨大的推动力。因为 APEC 具有很大的自主性和灵活性，中国参与 APEC 的活动不必像 WTO 那样付出很高的"入门费"——必须在短时间内大幅度开放国内市场。如果中国在 APEC 内能有所作为，把 APEC 作为推动自己市场开放的舞台，势必可以为加入 WTO 创造有利的条件和环境。

2.有利于中国维系国际经济安全

亚太地区是我国对外经济贸易的重要依托。中国每年对外贸易额的 3/4 是与 APEC 成员进行的，引进外资的 4/5 以上来自 APEC。世界经济波动对中国经济的主要影响也来自 APEC 地区。中国主要贸易伙伴除了欧盟以外，都是 APFC 成员(包括美、日、东盟、加拿大、澳大利亚、韩国等)。可以说，中国的国际经济安全，主要维系于 APEC 地区。因此，与 APEC 成员稳步开展贸易与投资自由化和经济技术合作，对于确保中国的经济安全和深化对外开放具有特别重要的战略意义。

3.有利于中国市场机制的形成

APEC 是一个极为宽松的经济合作组织，它的贸易与投资自由化始于市场作用的自然进程，进而转变为政策驱动的体制融合过程，具有较大的灵活性、开放性。在 APEC 成员体中，既有发达国家，也有发展中国家，经济的发展水平和市场化程度差异很大，其中主要的贸易伙伴多为世界上最发达的国家（如美国、日本、加拿大、澳大利亚），它们的市场体系已经很完善，制度建设也较健全，代表了当今世界经济发展方向的主流。加强 APEC 内的交流与合作，能够使我们及时了解国际经济规则的变化和国际产业发展的方向，从而明确国内改革的目标，形成规范的市场经济体系。积极参与 APEC 的贸易与投资自由化进程，可以加快中国市场的对外开放进程，使国内市场国际化程度不断提高，成为世界经济体系的重要组成部分。

4.有利于加强中国与亚太国家的技术合作

亚太经合组织的宗旨除了实现贸易和投资自由化外，尚有加强经济技术合作为核心内容。由于区内成员现有发达经济体、新兴工业体和发展中经济体三个层次，经济发展和技术水平有巨大差异。如果发展中成员的落后状况长期得不到改善，一方面会使它们无法实现贸易投资自由化，另一方面会导致发达成员的商品和资本找不到市场，最终对双方都不利。可见经济技术合作对缩小双方差距至关重要。而且这种技术合作，不同于传统意义上的单方面援助，因为不同层次的成员在某一领域也会具有不同的技术优势，所以是建立在优势互补、平等互助基础上的双向合作，符合各方利益。

5.有利于中国参加首脑外交

1993 年之后 APEC 才有了领导人会议，这是 APEC 或者说整个亚太地区的发展历史上具有里程碑意义的事件。在亚太地区的历史上，以前没有领导人定期聚会的论坛，或者说机制。这种领导人会议是非正式的，但是有这种机制，就是功不可没，至少有一个非常的功能——首脑外交。首脑外交可以是多边的，也可以是双边的，不仅可以解决很多经济合作方面的问题，双边之间的问题也可以得以解决。比如中美之间多次发生很大的争议，但是通过 APEC 得以化解僵局。所以，加入 APFC，使中国有了同亚太地区国家进行首脑外交的机会，有利于缓解中国与一些贸易伙伴之间的矛盾。

（三）中国在 APEC 中的作用

中国作为 APEC 最大的发展中成员及最具有经济潜力和活力的成员，对 APEC 的进程起着有益的推动作用和建设性作用。

1.中国的经济发展促进 APEC 的经济增长

取得长足进步的中国经济为亚太经济的发展注入了生机和活力。中国的经济增长是亚太经济持续增长的重要推动力，将在亚太和世界的经济和贸易交往中发挥更大的作用。无怪乎诺贝尔奖获得者克劳斯教授说:“中国是环太平洋经济增长的发动机。”

2.推动贸易和投资自由化

APEC 的贸易和投资自由化进程与中国经济的逐步市场化和国际化是一致的。中国在 1996 年的大阪会议上，承诺从 1996 年 4 月 1 日开始，将 4 900 个税目的平均关税率从当时的35.9％降到23％，降幅达到35％；同时还取消170项进口商品的配额许可证制度。中国政府在1997年11月的温哥华会议上宣布：到2005年，将工业品的平均关税降至10％；在APEC单边行动计划中，中国政府又承诺：2000年前确定审查所有非关税措施，逐步减少放宽非关税措施，并确保非关税透明度；2010年前进一步减少非关税措施；2020年前取消所有不符合WTO的非关税措施。中国采取的措施是APEC 21个成员中最引人注目的。显然，没有中国的参与、合作和支持，APEC的贸易投资自由化不可能取得现在这样的发展。1997年起，中国开始实施单边行动计划，以实际行动来促进亚太地区的贸易和投资自由化进程。

3.保障APEC的顺利发展

APEC的生命力在于承认和保持多样性的前提下开展多种形式、多种方式和多种速度的地区合作，推动贸易和投资自由化，加强经济技术合作，以保持地区的长期稳定发展和各国的共同繁荣。中国坚持APEC的组织非机制化、功能非指令化、方式非条约化，对于缓和APEC发展进程中的矛盾，保证APEC沿着一条现实和可行的道路发展起到重要的作用。

4.有利于APEC经济贸易活动的扩大

近年来，东亚地区的主要出口对象美国，贸易保护主义的倾向比较严重，致使亚太地区国际的出口市场面临日渐萎缩的威胁。而日本国土狭小，为保护容量有限的市场，不允许外货进入。中国作为一个拥有13亿人口的国家，经过40年的改革开放，经济取得了飞速的发展，人民生活水平有了显著的提高，居民购买力上升，对产品的需求也相应上升，进口将会不断增加，在一定程度上弥补了相对萎缩的美国市场，被公认为是世界上最后一个巨大的市场，各国都把中国作为调整策略的核心议题。

5.促进经济技术合作

APEC的经济技术合作不同于其他的国际或地区组织，它是以“彼此平等”“互惠互助”“协商一致”“自愿参加”和“力所能及”为原则的。因此，它突破了传统的“发展援助”模式。中国是加强APEC内部经济技术援助的积极倡导者和坚定的支持者，并期望从加强合作中获益。中国将努力扭转重贸易和投资自由化、轻经济技术合作的倾向，不断提出建设性措施，推动经济技术合作的发展。在一些重点领域，像人力资源、中小企业、基础设施以及农业技术等方面提出并牵头开展可行的合作项目。

第三节　中国的双边贸易关系

一、中美贸易关系

中国是世界上最大的发展中国家，美国是世界上最大的发达国家，发展中美经贸关系不仅对中美两国的经济发展具有重要的作用，而且也是世界和平与稳定的重要因素。中美两国经历了曲折的历程，建立和发展了符合两国人民利益的关系，这对世界和平是有益的。在平等互利的基础上建立和发展长期稳定的、全面的经济贸易关系，对两国人民友好和各自经济的发展与繁荣，对追求世界和平和发展的目标，也都有着十分重要的意义。

（一）概况

在中国改革开放逐步深入和中美关系不断发展的大背景下，中美经贸关系持续扩大和深化。目前，中美经济相互依存达到了空前的程度，互为本国主要的经贸伙伴之一。中国是美国第二大贸易伙伴、第三大出口市场、第二大进口来源地和第一大国债持有国；美国是中国第一大贸易伙伴国、第一大出口市场、第六大进口来源地、第二大直接投资国和第三大技术进口来源地。到2017年，中美贸易额已达到5 837亿美元，同比增长12.3%，中国出口到美国的贸易额达1 539亿美元，同比增长11.5%。

在双向投资方面，多年来中美两国进行了卓有成效的合作。截至2008年11月底，美对华投资项目累计达56 462个，美方实际投入593.8亿美元。美国是中国外资最大的来源地之一。同时，中国在美国兴办的企业也呈增长趋势。截至2008年6月，中国企业在美国直接投资近30亿美元，投资范围广泛，涉及工业、科技、服装、农业、餐饮、食品加工、旅游、金融、保险、运输和工程承包等各领域。据美国美中关系全国委员会和荣鼎集团的数据，2016年，中美两国双向投资额约600亿美元，创历史新高，其中，中国企业在美直接投资近460亿美元，较2015年猛增两倍。其投资范围广泛，除了传统领域，如工业、科技、服装、农业、餐饮、食品加工、旅游、金融、保险、运输和工程承包等，新增投资更多流向新能源、互联网及高端制造业等全球价值链的中高端行业。

互利双赢是中美经贸合作的显著特征。中美两国经济具有很强的互补性，加强双边经贸合作，有利于两国经济发展，为两国人民带来实实在在的好处。保持中美经贸关系的稳定健康发展，不仅符合两国和两国人民的利益，也有利于世界经济繁荣。

中美双边贸易发展快，规模大，两国贸易中出现一些问题和摩擦是正常的。2012年3月份，美国在三天之内对中国输美钢制车轮、太阳能电池、不锈钢拉制水槽等产品连续发起五次双反调查，频率之高令人咋舌，对此中国商务部随后宣布对从美国进口的相纸征收16.2%～28.8%的反倾销税。

贸易不平衡、市场准入、知识产权保护等是美方关注的经贸议题；美对华出口管制、美对华产品的贸易救济措施、市场经济地位等是中方关注的问题。但总的来说，互利共赢一直是两国合作的主流，在两国政府和业界的共同努力下，双边经贸合作不断深化和发展。

（二）中美经贸摩擦

中美关系正常化后的第一次贸易摩擦是1980年7月2日美国对中国的薄荷醇的反倾销调查案。20世纪80年代，中美经贸摩擦大多是经济性质的，主要表现在纺织品配额和工业品反倾销等方面。自1989年以后，美对华经贸摩擦的政治色彩浓厚，政经两手并用。一方面，美国对华采取了经济制裁、歧视性出口管制和禁运、审议最惠国待遇等政策手段；另一方面，中美在纺织品配额、反倾销贸易平衡等问题上发生争执。自2001年底中国加入WTO以来，中美经贸摩擦进入了“常态化”阶段。目前，两国经贸摩擦突出表现在反倾销反补贴、纺织品问题、经贸失衡、人民币汇率、知识产权保护等方面，也逐渐涉及劳工标准、环境保护、食品安全、技术标准等非传统贸易摩擦领域。

1.反倾销、反补贴问题

1980年至2017年，美国已累计对中国发起140起反倾销、反补贴税令。中国成为美国提起反倾销立案与调查最多的国家。主要原因之一是美国无视中国 40 年来市场经济改革取得的巨大成就,坚持视中国为非市场经济国家,采用歧视性的"替代国"做法。另外,美国认为中国近年的发展已使其经济具有不同于非市场经济的特征,可以确定和计算补贴,对中国产品适用反补贴法。2007 年初到 2008 年,美国分别对中国标准钢管、复合编织袋、工程轮胎、亚硝酸钠、薄壁矩形钢管、橡胶磁铁、低克重热敏纸及厨房器具置物架和挂物架等产品发起 13 起反倾销反补贴合并调查。美国采用双重标准来实现其保护国内产业的目的,已经构成了对中国产品的双重歧视。

2.纺织品问题

纺织品贸易问题在纺织品贸易协议 2005 年到期后,已成为中美贸易中的一个突出问题。从根本上说,这是因为美国纺织业界未能对纺织品贸易协议到期后的形势做好充分准备而引起的问题。美国为了保护其纺织企业的利益,不断启动 WTO 允许的"242 特保条款" 来限制中国的纺织品进口。2005 年 11 月 8 日,中美双方经过七轮磋商最终就纺织品问题达成协议,签署了《中华人民共和国政府与美利坚合众国政府关于纺织品和服装贸易的谅解备忘录》。纺织品协议规定,中美在协议期内(2006 年 1 月 1 日到 2008 年 12 月 31 日)对中国向美国出口的棉制裤子等 21 个类别产品实施数量管理。在双边协议 2008 年底到期之前,美国纺织业界已经在紧锣密鼓地研究对策,企图推动政府出台新的贸易保护措施。

3.经贸失衡问题

自 1993 年以来,中美贸易一直不平衡,特别是近几年来,中国对美贸易顺差继续迅速扩大,成为美方贸易逆差的第一大对象国。

按理说,中美贸易不平衡是常态,是两国经济结构差异、分工不同、经济全球化发展及两国统计口径不一的结果。但美方借题发挥,对中方进行多方指责,将失衡归咎于中国不公平贸易行为和人民币汇率低估等,并以此为借口,在人民币升值、开放市场等方面对中方施压。

4.人民币汇率问题

美国希望通过人民币升值,阻碍中国商品大规模进入美国,以缓解美中贸易逆差。2005 年 7 月 21 日,中方宣布放弃人民币与美元挂钩等政策,改革汇率形成机制,人民币已不断逐步升值,但美方认为中国政府对汇率的管制依然偏紧,敦促中国进一步加大人民币升值力度。事实上,中美贸易不平衡与人民币汇率关系不大,人民币升值对减少美对华逆差作用有限。

5.知识产权保护问题

美国对中国的知识产权保护一向有颇多指责,态度强硬。20 世纪 90 年代,美国借口中国侵权行为失控,曾多次将中国列为其"特殊条款" 的"重点国家",并单方公布了对华贸易报复清单。中美两国政府分别在 1991 年、1994 年和 1996 年进行了三次知识产权谈判,并达成了三个有关知识产权的协议。21 世纪初,知识产权的争执再次凸显。2004 年 7 月,美国商务部副部长指责中国企业全面侵权;2005 年初,美国商会首次要求美国政府把中国仿冒问题提交处理。美国还以中国知识产权保护不力为由,对中国产品启动"337 条款"调查(依据"337 条款",美国可以根据国内法律,实行对外国产品侵犯本国知识产权行为的干预）。截至 2007 年底，美国共对中国发起 78 起“337 条款”调查，其中 63 起案件是 2002 年以后发生的。中国政府在知识产权保护方面做了大量工作，在相关的立法、执法及国际交流与合作方面均取得了很大进展，但美国仍然认为中国知识产权保护的现状不能令人满意，惩治盗版的执法力度不够大。

（三）中美经贸协调机制

虽然中美经贸摩擦不断并呈常态化，但加强经贸合作事关两国发展全局，是双方重大利益之所在，两国都竭力避免经贸摩擦演变为贸易战，努力推动双边经贸关系在摩擦中向前推进，这是中美经贸关系的主流。为此，两国自建交以来就不断进行经贸政策协调，先后建立了中美联合经济委员会（Sin-U.S.Joint Economic Committee，简称经济联委会，JEC）、中美商务与贸易联合委员会（Sino-U.S. Joint Commission on Commerce and Trade，简称商贸联委会，JCCT）、中美战略经济对话（Sino-U.S.Strategic Economic Dialogue，简称 SED）等经贸协调机制。

1.中美经济联委会发展历史

1979 年邓小平副总理访问美国时与卡特总统商定成立 JEC，在中美两国的首都轮流举行，由两国财长共同主持，参加人员来自两国宏观经济和金融部门。1980 年 9 月在美国华盛顿举行第一次会议，由此拉开了中美双边经贸协调的帷幕。1989 年后的几年间，JEC 因政治风波影响曾一度中断。1994 年恢复后，会议每年轮流在两国召开，机制运行基本正常。截至 2009 年，已召开了 20 次会议。JEC 协调的议题除包括金融、税收、投资等宏观经济问题外，还涵盖执法（如打击恐怖主义融资、反洗钱、劳改产品进出口等）、市场准入、国际财经合作以及领事条约、民用航空协定、海运协定等具体问题。JEC 为双方就共同关心的财经问题交换意见提供了一个有益的论坛，一定程度上争取到美方对中国经济制度、政策、措施以及建立公平国际经济秩序主张的理解，对促进中国的改革开放，维护中美经济关系的健康稳定发展发挥了重要作用。

2.中美商贸联委会

中美商贸联委会是两国政府于 1981 年建立的经贸合作机制。自 1983 年 5 月中美召开首届商贸联委会以来，中美双方已共同举办了 27 届商贸联委会。2016 年 11 月 21—23 日，第 27 届中美商贸联委会在美国首都华盛顿成功举行。中国国务院副总理汪洋与美国商务部长普利兹克、美国贸易代表弗罗曼共同主持了会议。中美双方在联委会上就关注的经贸议题坦诚沟通，双方代表团与工商界深入交流，达成多项共识，取得积极成果，为今年的中美经贸高层对话画上了圆满句号。

目前，中美商贸联委会共设有贸易与投资、法律、能源化工资源、农业、科技、运输、信息产业、航空航天、卫生医药、环保、旅游、产品质量与食品安全等 12 个行业工作组。同时，还设立了市场经济地位、知识产权、高技术与战略贸易、贸易救济措施、纺织品贸易、非正式钢铁对话、贸易统计、版权信息交流合作等 9 个磋商机制。双方通过行业合作工作组的交流与对话，在贸易、投资等领域进行广泛磋商，加强了解，扩大共识，深化合作，为促进中美经贸关系稳定健康发展发挥不可替代的重要作用。

3.中美战略经济对话

2006 年 9 月，根据中美两国元首达成的共识，由美方发起，两国正式启动 SED 机制。

这一对话的内容关系到两国的共同利益，主要涉及具有全局性、战略性、长期性的经济议题。SED半年举行一次。迄今为止，中美已举行了七次会议。在首次对话中，中美围绕“中国发展道路和中国经济发展战略”主题，就中国城乡均衡发展、经济持续增长、促进贸易和投资、能源、环境及可持续发展等5个专题、11个分议题进行深入讨论。第二次对话围绕“创新和教育、中美经贸关系发展”两大主题展开，就服务业、投资与透明度、能源和环境、平衡增长及创新等议题进行讨论。第三次对话的主题是“抓住经济全球化的机遇和应对挑战”，双方就强化贸易诚信、经济平衡发展、能源、环境和双边投资等5个议题进行讨论。第四次对话的核心议题是未来10年的经济关系，主要聚焦能源环境合作、双边投资保护、加快金融改革和产品安全等问题对话，取得两个主要成果，中美双方签署了《中美能源环境十年合作框架》文件，并正式同意启动“中美双边投资保护协定的谈判”。第七次会议以“奠定长久的中美经济伙伴关系的基石”为主题，就管理宏观经济风险和促进经济平衡增长的战略、加强能源合作、应对贸易挑战、促进开放的投资环境、国际经济合作等议题进行讨论。

SED是中美两国在经贸领域搭建的一个规格更高、领域更广、层次更深和综合性更强的协调机制。战略经济对话在原有协调机制的基础上，把对话层级提高到副总理级，两国首脑积极支持并以适当形式参与协调，弥补了由两国行政体制不同带来的原有机制的不足，也符合两国近年来经济依赖加深、双方利益分歧日益错综复杂的现实需要。双方参与对话的部门众多，中方包括财政部、外交部、国家发改委、科技部、劳动保障部、铁道部、交通部、信息产业部、商务部、卫生部、人民银行、质检总局和环保总局等，美方有财政部、国务院、美联储、卫生部、能源部、商务部、劳工部、交通部、总统经济顾问委员会、贸易代表办公室、环保署、进出口银行等。它不仅有助于解决JEC、JCCT等相互之间议题有所重复、参与部门有所重叠等问题，而且进一步深入到国内宏观经济政策、社会政策、能源政策及环保政策等方面的协调。

二、中日贸易关系

中日是全球第二和第三经济大国，更是东亚第一和第二经济大国，还是全球第一和第二大外汇储备国，两国拥有的外汇储备占全球外汇储备总额的约二分之一。从中日建交以来，两国政府就在不断推进经贸、投资等领域的合作。随着经济全球化的深入发展，中日两国经济发展与合作也迎来一个新的阶段，在进出口贸易增速、投资规模扩大以及新的合作机制拓展方面取得明显的成效并呈现出良好的发展势头。

（一）概况

中日经贸关系的突出特征，即是经贸关系同两国交往关系始终呈互动型演进关系，两国经贸关系同两国交往关系是交织变迁的并进格局。20世纪50年代两国是单纯的民间经贸关系时代，1950年，中日经贸额仅为4 700万美元，到1971年，中日双边贸易额累计为55亿美元，年均增长率仅为13.6%。从进出口结构看，是日重我轻的进出口产品结构，属低层次的互为需求和互为补充的贸易结构形态。

自1972年中日邦交正常化后，随着两国交往关系的升格，明显带动了两国经贸关系的长足发展，从1972年到1983年，两国贸易额累计达653亿美元，1984年两国贸易额突破百亿美元大关，达 127 美元，占我国对外贸易总额的 25.5%。其中，对日出口 53.54 亿美元，日本对华出口 73.74 亿美元，两国结成了重要经贸合作伙伴关系。

中国实施改革开放政策后，综合国力以超常速度迅速崛起，日益展现出大国经济地位，无论是在国际经济大格局中还是在区域经济格局中，都呈现出举足轻重的大国作用。尤其是随着中国科技力量和科技水平的迅速提升，不仅中日两国关系发生了新的变化，经贸关系演生出了新的转型，而且，国际分工格局也由传统的以日本为中心的产业间垂直分工向互动的产业内水平分工格局演进，同时，雁形化分工体系被结构性撕裂，一种新型的互为需求和互为补充的经贸关系正在结成。相互依存共同发展，互为依赖彼此并进必将是今后中日经贸关系的主要走势。

进入 21 世纪后，中日经贸关系无论是贸易结构还是贸易规模都发生了巨大变化。从 2000 年到 2004 年的 5 年间，中国的进口市场规模从 2 251 亿美元猛增至 5 608 亿美元，5 年间扩张的 2.5 倍，其中，日本的增长率达 2.3 倍。到 2005 年，中日双边贸易额均超过千亿美元，其中，中国 1 002 亿美元，日本1 078亿美元。同 1972 年相比，2006 年中日双边贸易额增长了 200 倍，达2 073.6亿美元，据日本海关统计，2017 年日本与中国双边货物进出口额为2 972.8亿美元，增长 9.9%。其中，日本对中国出口 1 328.6 亿美元，增长16.7%，占日本出口总额的 19.0%，提高 1.3 个百分点；日本自中国进口1 644.2亿美元，增长 5.0%，占日本进口总额的 24.5%，下降 1.3 个百分点。日本与中国的贸易逆差 315.7 亿美元，下降 26.1%。目前，中国是日本第二大出口贸易伙伴和第一大进口贸易伙伴。

两国强劲的贸易增长势头，不仅进一步强化了中日双方的经贸关系，而且，还在相当的程度上历史性地改变了中日贸易结构和调整了国际分工格局。1992 年，中国对日出口商品中，机电产品比重仅占 4.4%，2000 年提高至21.1%，到 2008 年再提高至 37.2%；日本对华出口商品中，2005 年的机电产品比重为 45.5%，到 2007 年仅增至 47.5%。截止到 2016 年 10 月，日本是我国机电产品的第三大进口国，进口额为 8 023 亿美元。

（二）中日贸易中存在的主要问题

1.贸易摩擦问题

2001 年两国首先在纺织品上发生激烈摩擦。2001 年 2 月，日本毛巾工业组合联合会正式向经济产业省提出申请，要求对从中国进口的针织大衣、针织裙子、T 恤衫、丝织裙子等采取保障措施。同年日本对从中国进口的农产品如大葱、鲜菇等进行紧急限制。此后日本又采取了一些对中国商品的限制政策，对中国的水果、蔬菜、家禽等实施严格的卫生检疫标准。除此之外，日本还用技术壁垒、绿色壁垒等方式限制中国商品进入日本市场。

2.垂直分工问题

尽管中国产业结构调整已取得了一定成效，但两国的垂直分工特点并没有发生根本性的转变，产业间贸易仍是两国贸易的主体，而且中日之间的产业内贸易很大程度上是在日本的跨国公司内部完成的，这使得两国间贸易得利不均。中国的出口商品结构等级低，让中国容易陷入比较优势的陷阱中，长期处在生产链的最低端，逐渐丧失竞争优势，在两国贸易中长期处于从属地位。

3.加工贸易问题

中日贸易以加工贸易为主要形式。1990 年代以后，日本企业将失去优势的产业转移到中国，利用中国廉价的劳动力，生产之后再进口回日本，其中并没有转移产品的生产工艺，技术外溢程度很低。虽然这种方式一度导致了日本的"产业空洞化"现象，但是日本从中得到了更多的利润，同时造成了中国外贸大进大出的虚假繁荣的景象，而且也不利于中国的技术引进和产业结构调整与升级。

4.政治利益

日本在经济崛起之后一直追求政治大国地位，而中国作为政治大国正在追求经济强国地位。中日两国都在以自己的方式追求各自的战略目标，利益冲突是在所难免。从2005年开始日本政府就表示，要加大对新兴市场的投资，以分散日本的投资风险。2006年日本对外直接投资大幅增加，特别是对俄罗斯、印度、巴西的投资增长很快，而对中国的投资却下降了。

（三）中日经贸协调机制

随着中日经贸关系的快速发展，一些保障机制也不断地建立与加强。这些不同的机制为中日经贸关系的稳步发展起到了保驾护航的作用，也为中日经贸关系的发展进入新阶段奠定了坚实的基础。

1.中日经济伙伴关系磋商机制（副部级）

2002年中日双方启动了副部级"中日经济伙伴关系磋商机制"，中方由商务部（外经贸部）牵头，日方由外务省牵头，其他政府经济部门视磋商议题参加。磋商的主要内容包括：双边经贸政策、科技、知识产权保护、质检等双方关切的问题。每年举行一次副部级磋商、1～2次事务级准备会或后续会议。

2.中日农业副部级对话机制

中日农业副部级对话机制是2004年启动并开始工作的，主要是就中日双方农业方面的一些问题进行对话，使之出现问题尽快解决，促进两国农业的发展。中方主管部门是中国农业部，日方为日本的农林水产省，原则上每年举行一次。

3.中日财长对话机制（部长级）

中日财长对话机制是2006年3月启动的，中方由中国财政部负责，日方由日本财务省负责。中日财长对话机制主要讨论的是：全球、亚洲及中日两国宏观经济形势；中日两国财政政策；区域合作，特别是东盟加中日韩（"10＋3"）财经合作框架下的清迈倡议、亚洲债券市场倡议；中日两国在全球问题上的合作，如国际货币基金组织改革、发展，以及气候变化问题等等。

4.中日部长级能源政策对话机制

中日部长级能源政策对话机制于2007年4月启动，中方是由中国国家发展和改革委员会主任负责，日方是由日本经济产业大臣负责，每年定期举行一次。第一次部长级能源政策对话于2007年4月12日在日本东京举行，中国国家发展和改革委员会主任马凯和日本经济产业大臣甘利明共同主持召开中日能源合作研讨会。双方共同签署了《关于加强两国在能源领域合作的联合声明》。在部长级能源政策对话中，马凯与甘利明围绕节能、核电、煤炭和多边国际合作等问题深入交换了意见。双方一致认为，加强在节能环保、石油替代、新能源等方面的合作，是中日战略互惠关系的重要内容，是促进中日经济关系发展的重要增长点。

此外还有中日动植物卫生磋商合作机制、中日知识产权局局长会谈、中日副部级航空政策对话等对口磋商机制。

第四节　中国的自由贸易协定

近年来，随着世界经济一体化的加快，区域间自由贸易协定快速增长。为了营造更为公平和自由的国际贸易环境，中国在积极参与多边自由贸易谈判的同时，也越发重视双边自由贸易协定的作用。目前，我国与周边国家和地区的经济合作正全面展开，发展迅速。

截止到 2018 年 3 月，我国已签署的自贸协定有 16 个，涉及 24 个国家和地区，包括：内地与港澳更紧密经贸关系安排及 5 个补充协议、中国—东盟、中国—东盟（“10＋1”）升级、中国—智利、中国—智利升级、中国—马尔代夫、中国—格鲁吉亚、中国—澳大利亚、中国—韩国、中国—瑞士、中国—冰岛、中国—哥斯达黎加、中国—秘鲁、中国—新加坡、中国—新西兰、中国—巴基斯坦。此外，我国参与了亚太贸易协定（包括中国、印度、韩国、孟加拉、老挝、斯里兰卡 6 个成员国）。

与此同时，我国正在推进的自贸区谈判包括：海湾合作委员会（包括沙特、科威特、阿联酋、阿曼、卡塔尔和巴林 6 国）、中日韩、中国—斯里兰卡、中国—以色列、中国—挪威、中国—毛里求斯、中国—摩尔多瓦、《区域全面经济伙伴协定》（RCEP）、中国—巴基斯坦自贸协定第二阶段谈判、中国—新加坡自贸协定升级谈判、中国—新西兰自贸协定升级谈判。此外，我国正在研究的自贸区包括：中国—哥伦比亚、中国—斐济、中国—尼泊尔、中国—巴新、中国—加拿大、中国—孟加拉国、中国—蒙古国、中国—巴拿马、中国—巴勒斯坦、中国—秘鲁自贸协定升级联合研究、中国—瑞士自贸协定升级联合研究。

表 11.1　中国参与的自由贸易协定

（截至 2018 年 3 月）

已签协议的自贸区	正在谈判的自贸区	正在研究的自贸区
• 内地与港澳更紧密经贸关系 • 中国—东盟 • 中国—东盟（“10＋1”）升级 • 中国—智利 • 中国—智利升级 • 中国—马尔代夫 • 中国—格鲁吉亚 • 中国—澳大利亚 • 中国—韩国 • 中国—瑞士 • 中国—冰岛 • 中国—哥斯达黎加 • 中国—秘鲁 • 中国—新加坡 • 中国—新西兰 • 中国—巴基斯坦	• 中国—海合会 • 中日韩 • 中国—斯里兰卡 • 中国—以色列 • 中国—挪威 • 中国—毛里求斯 • 中国—摩尔多瓦 • 《区域全面经济伙伴协定》（RCEP） • 中国—巴基斯坦自贸协定第二阶段谈判 • 中国—新加坡自贸协定升级谈判 • 中国—新西兰自贸协定升级谈判	• 中国—哥伦比亚 • 中国—斐济 • 中国—尼泊尔 • 中国—巴新 • 中国—加拿大 • 中国—孟加拉国 • 中国—蒙古国 • 中国—巴拿马 • 中国—巴勒斯坦 • 中国—秘鲁自贸协定升级联合研究 • 中国—瑞士自贸协定升级联合研究

一、部分已签订的自贸协定简介

(一)内地与港澳《关于建立更紧密经贸关系的安排》简介

1.概述

2003年,内地与香港、澳门特区政府分别签署了内地与香港、澳门《关于建立更紧密经贸关系的安排》(以下简称“CEPA”),2004年、2005年、2006年又分别签署了《补充协议》《补充协议二》和《补充协议三》。CEPA是“一国两制”原则的成功实践,是内地与港澳制度性合作的新路径,是内地与港澳经贸交流与合作的重要里程碑,是我国家主体与香港、澳门单独关税区之间签署的自由贸易协议,也是内地第一个全面实施的自由贸易协议。

两个CEPA分别是中国国家主体与其单独关税区香港和澳门之间建立自由贸易关系的经贸安排。CEPA遵循“一国两制”方针,符合世贸组织有关自由贸易协定的规定。

2.CEPA的主要内容

CEPA的内容包括货物贸易自由化、服务贸易自由化和贸易投资便利化。货物贸易方面,内地于2004年1月1日起分别对原产于香港、澳门的273个税号的产品实行零关税,并不迟于2006年1月1日,对273种以外的港、澳原产产品实行零关税。内地于2004年1月1日起取消对港、澳产品的非关税措施和关税配额。双方彼此之间不采用反倾销和反补贴措施。

服务贸易方面,内地向香港、澳门进一步开放管理咨询、会议展览、广告、会计、法律、医疗及牙医、物流、货代、仓储、分销、运输、旅游、建筑、视听、电信、银行、保险、证券等18个服务行业,分别对部分行业采取以下开放措施:提前实施中国对世贸组织成员的开放承诺,取消投资的股权限制,允许独资经营;降低最低注册资本、资质条件的要求;放宽地域和经营范围限制。

贸易投资便利化方面,内地与香港、澳门就7个领域(贸易投资促进,通关便利化,中小企业合作,中医药产业合作,电子商务,法律法规透明度,商品检验检疫、食品安全及质量标准)的合作机制和合作内容达成了协议。同时内地与香港、澳门还确定了金融和旅游领域的合作内容,鼓励专业人员资格的相互承认。

香港和澳门都是中华人民共和国的特别行政区,在经济制度上都是高度开放的经济体,两者有着许多共性。因此内地与香港和澳门的CEPA在原则和内容上基本一致。同时,考虑到澳门与香港经济的差异,内地与澳门的CEPA在部分领域按照澳门的实际情况作了不同的规定。例如,在货物贸易中,澳门第一批实行零关税的273种产品中有150种与香港不同;澳门的原产货物除直接运输到内地外,可经香港转运。而香港的CEPA规定,香港的原产货物必须直接运输内地。在服务贸易领域,法律服务、医疗服务、证券服务、运输服务的有关内容也根据澳门的实际情况,有针对性地作了调整。

3.CEPA的影响

经过改革开放40年的发展,内地与港、澳的经贸交流已经呈现了相互协作配套、分工明晰的合作态势。CEPA的签署与实施,将实现内地与港、澳间货物贸易的自由化和便利化,一方面,促进内地与港、澳间贸易量的增长,另一方面,将扩大港澳对内地的出口,在一定程度上降低香港、澳门制造业的成本,吸引一部分制造业工序回流香港或投资澳门,促进香港、澳门高增值制造业的发展，有利于香港、澳门实现产业升级和适度多元化，对增加港、澳当地就业也有现实意义。同时，在较短时间内对港、澳产品实现零关税，可以提高内地与港、澳制造业相互配合的效率，加快内地与港、澳制造业的融合与协调发展。

根据CEPA中的承诺，香港、澳门18个服务行业进入内地的领域、地域范围都将有较大拓展，进入时间比其他WTO成员提前，有关行业的准入门槛也有大幅度的降低。这些措施将为占香港、澳门经济主体的服务业的进一步发展提供良好机遇和广阔空间，将巩固香港国际金融中心、离岸服务业枢纽的功能和地位。同时，这些服务业进入内地，不仅会为内地20多万家港、澳资企业提供更好的服务，也会提高和带动内地相关服务行业的发展水平，促进内地的经济发展。

从贸易投资便利化角度看，内地与港、澳通过CEPA，在7个领域形成了制度性的合作，明确了金融和旅游领域的合作内容，鼓励和推动专业人员资格的相互承认，这些措施将促进相互间的贸易投资便利化，保障内地与港、澳产业合作。

（二）《中国与新西兰政府自由贸易协定》简介

1.概述

2008年4月7日，《中国政府与新西兰政府自由贸易协定》（以下简称《协定》）在两国总理的见证下正式签署。这是中国与发达国家签署的第一个自由贸易协定，也是中国与其他国家签署的第一个涵盖货物贸易、服务贸易、投资等多个领域的自由贸易协定。该《协定》于2008年10月1日开始生效。2014年习近平主席对新西兰进行国事访问，两国关系提升为全面战略伙伴关系。2016年11月20日，在秘鲁利马举行的APEC领导人会议期间，中国商务部长高虎城与新西兰贸易部长麦克莱共同宣布正式启动中国—新西兰自贸协定升级谈判。

中新两国虽然相距遥远，但经贸联系十分紧密。特别是近年来，在双方的共同努力下，两国关系稳步发展，经贸合作日益加强。自2008年中新自贸协定实施以来，双边经贸保持两位数高速增长。统计显示，2017年中新双边贸易额达144亿美元，同比增长21.6%，比2012年建交40周年的97亿美元增长67%。目前双方正向两国领导人设立的双边贸易额2020年达到300亿新元的目标稳步迈进。近年来中新两国服务贸易尤其是旅游业异军突起。中国公民赴新旅游人数每年保持两位数增长，人均消费则稳居第一。目前，中国已连续3年成为新西兰第一大货物贸易伙伴和第一大出口市场，连续5年成为新西兰第一大进口来源国。新西兰国家党国会议员杨健表示，新西兰政府非常欢迎中国投资，中国提出的"一带一路"倡议为新西兰提供了更多发展机遇。

未来中新双方可在食品精加工、深加工方面深化合作，提高产品附加值。在新兴产业和科技创新领域，中新可在飞机的生产和内饰、环保的投资和贸易等领域开展合作。中国可以在大型机电产品、通信技术等领域加强与新方合作。特别是新西兰基础设施升级需求迫切、市场巨大，中新能够就此开展更广泛、更深入的务实合作。

特别值得一提的是，在发展对华关系方面，新西兰创下了四个令人骄傲的"第一"。它是第一个同中国就中国加入世贸组织达成双边协议的发达国家，第一个正式承认中国完全市场经济地位的国家，第一个与中国启动自由贸易协定谈判的发达国家，第一个与中国达成自由贸易协定的发达国家。

通过缔结自由贸易协定，中新两国将进一步相互降低产品关税、放宽服务贸易市场准入条件、便利两国间的人员流动、保护并促进双向投资、加强两国在海关、检验检疫、知识产权等方面的合作。可见，《协定》的签署无疑会成为两国关系发展历程中的一座里程碑，将进一步密切中新经贸合作、深化两国 21 世纪互利共赢的全面合作关系。

对中国而言，《协定》的签署是中国实施自由贸易区战略进程中迈出的重要一步。它是中国与发达国家签署的第一个自由贸易协定，也是中国与其他国家签署的第一个全面涉及货物贸易、服务贸易、投资等诸多领域的自由贸易协定。特别是在改革开放 30 周年这样一个特殊的时刻，《协定》的签署充分体现了中国在新时期、新起点上，进一步扩大开放的信心与决心。

2.主要内容

《协定》共 214 条，分为 18 章，即初始条款、总定义、货物贸易、原产地规则及操作程序、海关程序与合作、贸易救济、卫生与植物卫生措施、技术性贸易壁垒、服务贸易、自然人移动、投资、知识产权、透明度、合作、管理与机制条款、争端解决、例外、最后条款。在货物贸易方面，新西兰将在 2016 年 1 月 1 日前取消全部自华进口产品关税，其中 63.6％的产品从《协定》生效时起即实现零关税；中国将在 2019 年 1 月 1 日前取消绝大部分自新进口产品关税，其中24.3％的产品从《协定》生效时起即实现零关税。

在服务贸易方面，新西兰在商务、建筑、教育、环境等 4 大部门的 16 个分部门作出了高于 WTO 的承诺；中国在商务、环境、体育娱乐、运输等 4 大部门的 15 个分部门作出了高于 WTO 的承诺。双方还将在环境、建筑、农林、工程、整体工程、计算机、旅游等 7 个领域相互给予最惠国待遇，以保障对方的服务和服务提供者享受到不低于第三国同类服务和服务提供者所享受的待遇。

在人员流动方面，双方承诺将进一步便利两国人员往来，新西兰将为中医、中餐厨师、中文教师、武术教练、中文导游等 5 类职业提供 800 个工作许可，并承认中方学历及相关执业经历；将确保车工、焊工、电工、管道工、计算机应用工程师、审计师等 20 类职业的中方人员得到至少 1 000 个工作许可。同时，根据中新两国达成的《假期工作机制安排》，新西兰每年将为 1 000 名 18 至 30 岁的中国青年提供为期 1 年的赴新勤工俭学的机会。

在投资方面，中新两国将在投资管理、经营等方面给予对方不低于其本国投资享受的待遇，并确保对方享受的待遇不低于相同条件下任何第三国得到的待遇。同时，《协定》还就投资保护、投资者与国家间争端解决的程序与规则等问题作出了详细的、明确的规定，为解决与投资相关的争端建立了有效的机制。

此外，《协定》还针对中新双方在海关、检验检疫、知识产权等领域的合作作出了制度性规定。

3.《协定》的影响

中新两国商签《协定》的根本目的，就是要促进两国经济发展，使两国人民从中受益。《协定》实施后，两国间的货物贸易关税将逐步降低、服务贸易市场将进一步开放，投资环境将更加规范、透明。《协定》的实施，将有利于两国进一步发挥各自的产业优势，深化产业分工，有助于双方全面推进农牧业、林业、家电、服装等货物贸易领域的合作，并促进教育、旅游、环境、咨询等服务贸易的发展。《协定》为双方经贸合作提供了制度性保障，营造了更加开放和稳定的商业运行环境。双方企业和产品可按照《协定》提供的优惠条件进入对方市场，有利于拓展合作空间，提高竞争力，实现互利共赢。同时，两国消费者也可以更低廉的价格享受到优质的产品和服务。

对中国企业和个人而言，想要切实享受到这些好处，需要清楚地了解《协定》的各项优惠措施，比如有关产品的关税优惠情况，相关行业的市场准入条件，享受优惠待遇的企业或人员资质等。这些情况大家可以从《协定》中找到。同时，商务部也将与有关部门一道，做好《协定》的宣传工作，把好事办实、实事办好，帮助企业和个人享受到《协定》带来的实实在在的好处。截至 2017 年底，中国—新西兰自由贸易协定升级谈判已成功举办了三轮。2017 年 4 月 25—27 日，中国—新西兰自由贸易协定第一轮升级谈判在北京举行。本轮谈判，双方围绕技术性贸易壁垒、海关程序与贸易便利化、原产地规则、服务贸易、竞争政策、电子商务、农业合作、环境、政府采购等议题展开富有成效的磋商。2017 年 7 月 4—6 日，中国—新西兰自由贸易协定第二轮升级谈判在北京举行。双方围绕技术性贸易壁垒、海关程序与贸易便利化、原产地规则、服务贸易、投资、竞争政策、电子商务、农业合作、环境、政府采购等议题展开磋商。2017 年 11 月 27—30 日，中国—新西兰自由贸易协定第三轮升级谈判在新西兰举行。双方围绕技术性贸易壁垒、海关程序与贸易便利化、原产地规则、服务贸易、投资、自然人移动、竞争政策、电子商务、农业合作、环境、政府采购等议题展开磋商，谈判取得积极进展。

(三)《中国—秘鲁自由贸易协定》简介

2009 年 4 月 28 日，在习近平副主席和秘鲁副总统路易斯·詹彼德里·罗哈斯的共同见证下，《中国—秘鲁自由贸易协定》(以下简称《协定》)在北京签署。《协定》涵盖领域广，开放水平高，是我国与拉美国家签署的第一个一篮子自贸协定。经双方友好协商并书面确认，《协定》于 2010 年 3 月 1 日起实施，成为我国达成并实施的第 8 个自贸协定(含内地与港澳 CEPA)。

1.《协定》主要特点

(1)谈判时间短。从 2007 年 11 月至 2008 年 11 月，《协定》谈判从启动到结束仅用了 1 年时间。2008 年 11 月 19 日，胡锦涛主席在对秘鲁进行国事访问期间，与加西亚总统共同宣布《协定》谈判成功结束。在一年时间里，双方代表团进行了八轮密集的谈判和一次工作组会议，两国谈判人员为如期达成《协定》付出了艰苦努力。

(2)内容涵盖全面。《协定》涵盖货物贸易、服务贸易、投资、原产地规则、海关程序、技术性贸易壁垒、卫生和植物卫生措施、争端解决、贸易救济、机构问题、知识产权、地理标识、合作等内容，是我国与拉美国家达成的第一个一揽子的自由贸易协定。

(3)体现互利双赢。《协定》既照顾了我国对自由贸易协定的高标准要求，也照顾了秘方的各项关注；既保护了双方的敏感产品和产业，也为各自具有优势的产品和产业进入对方市场创造了良好条件。

2.关于货物贸易

在货物贸易方面，中秘双方将对各自 90%以上的产品分阶段实施零关税。中秘两国的全部货物产品将分为五类实施关税减让。第一类产品在《协定》实施后当年实施零关税，分别约占中、秘税目总数的 61.19%和 62.71%。第二类产品在《协定》生效 5 年内逐步降为零，分别约占中、秘税目总数的11.70％和 12.94％。第三类产品在《协定》生效 10 年内关税逐步降为零，分别约占中、秘税目总数的 20.68％和 14.35％。第四类产品为例外产品，不作关税减让，分别约占中、秘税目总数的 5.44％和 8.05％。第五类产品将分别通过8、12、15、16、17 年关税逐步降为零，分别约占中、秘税目总数的 0.99％和1.95％。《协定》实施后，中方的轻工、电子、家电、机械、汽车、化工、蔬菜、水果等产品和秘方的鱼粉、矿产品、水果、鱼类等产品将从中获益。

3.关于服务贸易

在服务贸易方面，在各自对 WTO 承诺的基础上，秘方将在采矿、研发、中文教育、中医、武术等部门进一步对中方开放，中方则在采矿、咨询、翻译、体育、旅游等部门对秘方进一步开放。同时，为进一步便利两国人员来往，《协定》为商务人员临时入境建立了透明的标准和简化的程序。

4.关于投资合作

在投资方面，中秘双方相互给予对方投资者及其投资以准入后国民待遇、最惠国待遇和公平公正待遇；鼓励双边投资并为其提供便利；规定除非为公共利益并经法定程序不得进行征收，一旦征收应当按照公平市场价值给予投资者补偿；保证投资和收益的自由汇出；建立了以投资者—东道国仲裁为特色的投资争端解决机制。

5.关于原产地规则、海关程序和贸易便利化等

在原产地规则方面，《协定》制定了以税则归类改变标准为主、区域价值含量标准为辅的货物原产地判定标准，并就原产地证书、享受优惠关税货物通关要求、原产地核查和原产地委员会职能等作了规定。

在贸易便利化、海关合作、风险管理与货物放行等方面，《协定》进一步简化和协调双方海关程序，确保两国海关及行政程序实施一致与透明，确保货物和运输工具高效快捷的运转与通关，便利双边贸易，并促进双方海关的其他合作。

6.关于技术性贸易壁垒、卫生和植物卫生措施

《协定》重申双方在 WTO 框架下的有关权利和义务，一方制定和实施的技术法规、标准、合格评定程序、卫生和植物卫生措施不对双边贸易造成不必要的障碍。另外，双方将加强技术法规、标准、合格评定程序、计量、风险评估、病虫害非疫区和低流行区的认可、透明度等方面的合作和交流。建立相关合作机制，推动双方产品的市场准入，并高效解决双边贸易中产生的相关问题。

7.关于知识产权及地理标志保护

中国和秘鲁都是具有悠久历史和民间传统的国家。《协定》中，双方同意在各自法律法规框架内，开展与知识产权有关的交流与合作，采取适当措施保护遗传资源、传统知识和民间传统。

在地理标志方面，秘鲁将对我 22 种产品提供地理标志保护，分别是：安溪铁观音、绍兴酒、涪陵榨菜、宁夏枸杞、景德镇瓷器、镇江香醋、普洱茶、西湖龙井茶、金华火腿、山西老陈醋、宣威火腿、龙泉青瓷、宜兴紫砂、库尔勒香梨、岷县当归、文山三七、五常大米、通江银耳、巴马香猪、泰和乌鸡、福鼎四季柚、南京云锦。我国将对秘鲁的皮斯科酒、楚鲁卡纳斯陶瓷、库斯科大粒白玉米和伊卡帕拉菜豆等 4 种产品提供地理标志保护。

二、自由贸易协定给我国企业带来的商机

在货物贸易领域，在符合原产地要求的前提下，我国和自贸伙伴国的绝大部分产品，将相互实行零关税①。这样，作为进口方的我国企业，将有机会从自贸伙伴国找到廉价物美的货源；作为出口方的我国企业，将有机会把产品打入自贸伙伴国市场或扩大市场份额。

在服务贸易领域，我国和自贸伙伴国在各自承诺的众多服务部门，相互向对方服务提供者进一步开放服务市场，提供优惠待遇和条件。作为进口方的我国服务企业，将有机会更好地吸引自贸伙伴国的资金、人员、技术和服务；作为出口方的我国服务企业，可以更好地面向自贸伙伴国"走出去"，开拓当地服务市场。

此外，在自贸协定中，我国和自贸伙伴国将在贸易投资便利化、投资保护、人员流动、知识产权、政策透明度等方面加强交流和合作，从而为双方企业和人员进行贸易投资、增进合作交往创造更好的条件。

小知识 11-1

如何申领优惠原产地证书

1.享受自贸协定优惠关税流程

自贸协定带给我国出口企业最大的好处，就是可以享受自贸协定优惠关税。我国和自贸伙伴国将相互提供优惠关税，部分产品从协定生效之日起给予零关税，更多的产品从协定生效之日起逐步削减关税。享受自贸协定优惠关税流程包括以下六个步骤：

(1)掌握自贸协定降税进程；

(2)确定出口产品的关税分类，即 HS 编码；

(3)根据 HS 编码，检查是否属于进口国关税减让清单范围内的产品，并评估优惠幅度；

(4)检查是否符合原产地规则要求；

(5)准备证明文件，到检验检疫机构办理优惠原产地证书；

(6)进口时向海关提交优惠原产地证书，申报享受优惠关税。

为使我国出口至自贸伙伴国的产品享受优惠关税待遇，国家质检总局设的各地出入境检验检疫机构负责签发各类原产地证书。办理原产地证书的流程基本包括企业注册/备案和原产地证书申领。流程如下：

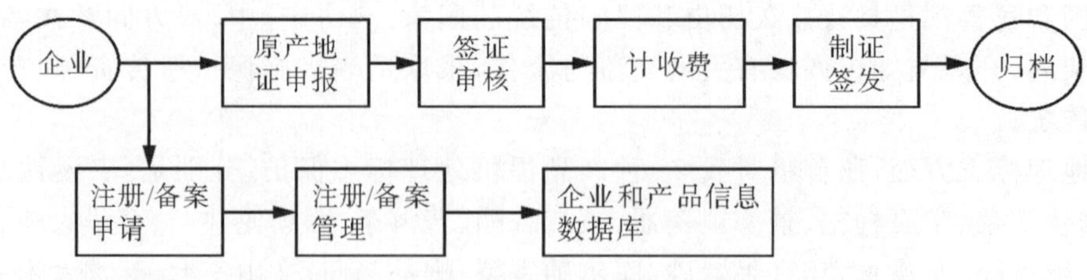

① 自贸协定的关税减三种类型：零关税产品、优惠关税产品和例外产品。

2.原产地证书种类

(1)优惠原产地证书：A.互惠原产地证书；B.单惠原产地证书。

(2)非优惠原产地证书：一般原产地证(简称 CO)；加工装配证；转口证书等。

3.原产地知识查阅

(1)书籍：《原产地专业教材》国家质检总局编

《自由贸易区原产地知识手册》国家质检总局编

(2)国家质检总局网站：http://tgyws.aqsiq.gov.cn/zwgk/ztxx/ycdywgl。

本章小结

1.通常从一国的角度，将对外贸易关系分为双边贸易关系、区域贸易关系和多边贸易关系。

2.世贸组织是根据关税与贸易总协定乌拉圭回合多边贸易谈判达成的《建立世界贸易组织协定》于 1995 年 1 月 1 日建立的，并按照乌拉圭回合多边谈判达成的最后文件所形成的一整套协定和协议的条款作为国际法律规则，对各成员之间经济贸易关系的权利和义务进行监督、管理和履行的国际经济组织。加入 WTO，对中国而言，迎来了发展的机遇；对 WTO 而言，给 WTO 注入了新鲜的血液，带来了新的活力。

3.联合国贸易与发展会议是联合国大会负责审议和处理国际贸易及有关经济发展问题的一个直属机构，简称贸发会议。它是由发展中国家倡议并根据第 19 届联大决议设立的，秘书处设在日内瓦。贸发会议和中国政府一直保持着良好的合作关系，贸发会议为我国的改革开放和经济建设提供了很多帮助。中国也一贯支持贸发会议，积极参与其各项活动，在该组织中有着重要的影响。

4.国际货币基金组织是政府间的国际金融组织，它是根据 1994 年 7 月在美国新罕布什尔州布雷顿森林召开的联合国和联盟国家国际货币金融会议上通过的《国际货币基金协定》而建立起来的。自恢复在基金组织的合法席位以来，中国与国际货币基金组织在平等互利的基础上开展了深入而富有成效的合作。

5.中欧经贸往来历史悠久。欧盟于 2004 年成为中国最大的贸易伙伴和出口市场，也是最大的技术引进来源地和第四大实际投资方；而中国也自 2003 年成为欧盟的第二大贸易伙伴。

6.东盟国家是我国的友好邻邦。近年来，我国与东盟各国的友好关系进一步发展，在政治、经济、贸易、科技、文化等各个领域的双边合作发展迅速，我国与东盟的关系也取得了新的进展。中国—东盟自由贸易区将是世界上人口最多的自由贸易区，也是迄今发展中国家组成的最大的自由贸易区。

7.参加 APEC 合作，是中国进一步深化改革开放的需要，是中国加速社会主义建设的需要。中国参加 APEC 不是一时的权宜之计，而是长期的战略选择。中国作为 APEC 最大的发展中成员及最具有经济潜力和活力的成员，对 APEC 的进程起着有益的推动作用和建设性作用。

8.中国是世界上最大的发展中国家，美国是世界最大的发达国家，发展中美经贸关系不仅对中美两国经济的发展具有重要的作用，而且也是世界和平与稳定的重要因素。目前，中国是美国第二大贸易伙伴、第三大出口市场、第二大进口来源地和第一大国债持有国；美国是中国第一大贸易伙伴国、第一大出口市场、第六大进口来源地、第二大直接投资国和第三大技术进口来源地。

9.中日是全球第二和第三经济大国，更是东亚第一和第二经济大国，还是全球第一和第二大外汇储备国，两国拥有的外汇储备占全球外汇储备总额的约二分之一。中日经贸关系的突出特征，即是经贸关系同两国交往关系始终呈互动型演进关系，两国经贸关系同两国交往关系是交织变迁的并进格局。

10.中国在积极参与多边自由贸易谈判的同时，也越发重视双边自由贸易协定的作用。目前，我国与周边国家和地区的经济合作正全面展开，发展迅速。自由贸易协定给我国企业带来了巨大商机。

重要概念和术语

多边贸易体制　世界贸易组织　国际货币基金组织　联合国贸易与发展委员会　关贸总协定　最惠国待遇　国民待遇　布雷顿森林会议　多边支付体系　特别提款权　欧盟　东盟　经济一体化　亚太经合组织　贸易和投资便利化自由贸易协定　原产地证书

坚定维护多边贸易体制　积极参与全球经济治理

“大潮奔涌逐浪高”，党的十八大以来的这五年，是不平凡的五年，是中国积极开展经济外交、推动世界贸易秩序平稳向好的五年。在党中央坚强领导下，我们凝心聚力，真抓实干，坚定维护多边贸易体制，在世贸组织框架下，推动国际经贸秩序向更加公平合理的方向发展，书写推动全球治理变革的新篇章。

一、高举多边大旗，推动多边贸易谈判取得积极进展

“孤举者难起，众行者易趋。”近年来世界经济增长的历程一再表明，在经济全球化时代，没有哪个国家可以独善其身，多边合作是我们的必然选择。维护世贸组织规则的权威性和有效性，是全球经济贸易繁荣发展的根本保证。

中国积极融入多边贸易体制，努力推动全球贸易投资自由化便利化。在 2013 年巴厘岛和 2015 年内罗毕两届世贸组织部长级会议上，中国充分发挥负责任大国作用，推动各方继续支持多边贸易体制，达成具有里程碑意义的多边和诸边谈判成果，提升了各界对多边贸易体制的信心，为促进世界经济贸易的复苏和增长作出了重要贡献。

推动达成《贸易便利化协定》，实现世贸组织近 20 年多边贸易协定“零的突破”。在 2013 年 12 月世贸组织第九届部长级会议上，中方与其他各方成员加强沟通与合作，求同存异，凝聚共识，艰苦磋商，最终达成了多哈回合“早期收获”一揽子协议，包括农业、贸易

便利化和发展等领域10个文件。根据国际机构测算，实施“早期收获”一揽子协议将为世界贸易带来1万亿美元的增长，创造2 000万个就业岗位。特别是《贸易便利化协定》成为贸易便利化领域的开创性成果，实现世贸组织近20年多边贸易协定“零的突破”。

2015年9月，中国批准接受《贸易便利化协定》，成为最早批准协定的成员之一。2017年2月22日，批准协定成员达112个，超过协定生效所需达到的世贸成员总数三分之二的法定门槛，协定正式生效并实施。协定实施将使全球贸易成本平均降低14.3%，极大地提升全球贸易便利化水平。

推动达成世贸组织成立20年来最重要的农产品公平贸易规则。在2015年12月世贸组织第十届内罗毕部长级会议上，中方发挥促谈、促和、促成作用，积极参与磋商，与各成员共同努力，在农业领域通过了《关于出口竞争的部长决定》，各方一致同意全面取消农产品出口补贴，全球农产品出口补贴从此逐步退出历史舞台。会议还就农业领域出口融资支持、棉花、国际粮食援助等议题达成了新的多边纪律，并在优惠原产地规则、服务豁免机制、棉花等方面给予最不发达国家优惠待遇。

全面结束《信息技术协定》扩围谈判。世贸组织24个参加方在2015年12月世贸组织第十届部长级会议期间宣布全面结束《信息技术协定》扩围谈判，达成了世贸组织成立以来首个工业品关税减让协议，明确各参加方要约束并逐步取消201项产品的关税。扩围谈判涉及全球贸易额达1.3万亿美元。根据世贸组织统计，参加方有关产品88.8%的税目及95.4%的进口额将于2019年取消关税。协议的达成将进一步降低信息技术产品的生产成本，对相关行业创新和产业升级、推进“中国制造2025”产生积极影响。在全球贸易增长乏力、贸易保护主义抬头的背景下，协议达成提振了工商界信心，提升了全球信息技术产品贸易自由化水平。

二、主动参与全球经济治理，贡献中国智慧与方案

大时代需要大格局，大格局需要大智慧。中国高举多边自由化、便利化旗帜，坚定不移引领经济全球化进程，贡献中国智慧与方案。中国一方面坚持作为发展中国家的基本定位，坚守和维护国家利益；另一方面搭建沟通桥梁，平衡各方立场，为国际社会提供更多公共产品，推动多边贸易体制的发展完善。

利用各类高层会晤机制，发出支持多边贸易体制的明确信号。2012年以来，中方通过G20、亚太经合组织会议、金砖国家会议等高层会晤机制，高举多边旗帜，坚定支持多边贸易体制和多哈回合谈判，得到各方广泛积极的响应。在2016年、2017年中国先后主办G20和金砖会议期间，提出支持多边贸易体制的方案，成为会议成果文件的重要组成部分。

提出中国方案，主动引领多边诸边谈判。在多边谈判艰难推进的时刻，中方呼吁各方团结一致、求同存异，努力弥合分歧，积极提出方案，为多边贸易谈判积聚活力。在主办G20会议期间，我们倡导各方团结互信，增强紧迫感，坚定支持多边贸易体制，推动多哈剩余议题谈判，同时开启电子商务、投资等新议题探索性讨论。同时，深入参与《环境产品协定》等世贸组织框架下的诸边自由化倡议，稳步推进我国加入《政府采购协定》谈判。

结合产业利益，讲好中国故事，联合志同道合成员，引领新规则构建。近年来，随着全球电子商务快速发展，世贸组织成员讨论电子商务议题的热度逐渐上升。我们通过走访

企业、召开座谈会、建立跨部门沟通协调机制等多种方式，摸清行业发展情况及政策框架，提出切合实际的电子商务提案，通过世贸组织相关例会分享中国经验，并加入包括13方在内的“电子商务与发展之友”，引导多边电子商务议题讨论。

投资与贸易密切相关，对经济增长和就业创造意义重大，而目前国际投资规则“碎片化”问题突出，业界对统一政策协调的呼声很高。中方一方面联合12个世贸组织成员发起成立“投资便利化促进发展之友”，开展一系列非正式对话和高层研讨，吸引了70多个成员深入参与，为投资便利化议题的多边讨论营造良好氛围；同时还在主办2017年金砖会议期间，推动达成《金砖国家投资便利化纲要》，首次在多边层面明确了投资便利化的基本要素，继2016年G20杭州峰会《全球投资指导原则》之后再次为全球投资规则的构建贡献中国智慧。

三、主动参与“促贸援助”倡议，“中国项目”成为一张“名片”

“海纳百川，有容乃大。”为完善全球治理，我们坚持做到惠本国，利天下。近年来，中国积极响应世贸组织“促贸援助”倡议，在力所能及的范围内帮助其他发展中国家，特别是最不发达国家加强基础设施建设、培训经贸人员、提高生产能力、促进贸易便利化，对已建交的最不发达国家97%的税目产品给予零关税待遇，以提高其贸易发展水平。

2015年9月，习近平主席在出席联合国成立70周年系列峰会期间宣布一系列对外援助举措，其中包括未来5年为其他发展中国家实施100个促贸援助项目。2015年12月，习近平主席在出席中非合作论坛约翰内斯堡峰会时提出了中非贸易和投资便利化合作计划，中方将实施50个促进贸易援助项目，支持非洲改善内外贸易和投资软硬条件。

商务部认真落实习近平主席等国家领导人在重大国际场合宣布的务实援助举措，包括开展最不发达国家加入世贸组织实习项目、加入世贸组织圆桌会议以及最不发达国家参与世贸组织重要会议、关注最不发达国家发展南南对话、最不发达国家贸易政策审议后续研讨会等。中方对世贸组织“促贸援助”倡议的大力支持获得各方广泛好评。“中国项目”支持的最不发达国家加入世贸组织圆桌会议成为“促贸援助”倡议下的一张名片。2012至2017年，圆桌会议先后在北京、老挝、塔吉克斯坦、肯尼亚和柬埔寨成功举办，受到各方尤其是最不发达国家的高度赞赏。

四、充分利用例会机制，维护产业利益

充分利用例会机制，寻求与相关方利益的最大公约数。中方联合世贸组织其他成员，加强对国外技术性贸易措施的交涉力度。2012年以来，在世贸组织技术贸易壁垒（TBT）和实施动植物卫生检疫措施（SPS）委员会会议上，就《欧盟玩具安全新指令》《美国水产品进口监管计划》等技术性贸易措施提出70多项具体贸易关注，要求对方履行世贸组织义务，修改不合理内容，避免对贸易产生不必要的限制。

五、增信释疑，圆满完成两次对华贸易政策审议

和衷共济、和合共生是中华民族的处事之道，和平发展、增信释疑是全球治理的中国主张。2014和2016年世贸组织对中国进行了第五和第六次贸易政策审议。第五次审议是党中央、国务院新一届领导集体履职后我国贸易政策的首次审议，第六次审议适逢“十三五”开局，两次审议均受到成员广泛关注。在审议过程中我们积极宣传中国深化改革、扩大开放的重要举措，增信释疑，彰显负责任大国形象。

两次审议中，成员高度赞赏党的十八大以来我国深化改革、扩大开放的一系列新举措，积极评价近年来我国在经贸领域取得的巨大成就和在世界经济体系中的地位，普遍认为中国对世界经济和贸易复苏作出了重要贡献，充分肯定了在反对贸易保护主义，维护和加强多边贸易体制中发挥的建设性作用，盛赞中国给予发展中国家的援助和支持，期待进一步发挥大国领导力和影响力，承担更多责任，作出更大贡献。

六、深入推进自贸区战略，配合"一带一路"建设

自党的十八大以来，通过加快实施自贸区战略，我国实现了新时期开放模式的重大创新。特别是2013年习近平主席提出"一带一路"倡议以来，我们通过与澳大利亚、格鲁吉亚等国家商签自贸协定，拓展了与相关国家的共同利益，为我国参与国际经贸规则制定和推动多边贸易体制发展提供助力。

成功结束中澳自贸协定谈判并启动相关内容审议。2014年11月17日，习近平主席在对澳大利亚进行国事访问期间，与澳时任总理阿博特共同确认并宣布实质性结束中澳自贸协定谈判。2015年6月17日，两国政府正式签署中澳自贸协定。2015年12月20日，中澳自贸协定正式生效并第一次降税。截至2017年1月1日，中国对澳出口有98.9%税目数降为零。该协定是中国首次与经济总量较大的主要发达经济体谈判达成的自贸协定，也是中国与其他国家迄今已商签的贸易投资自由化整体水平最高的自贸协定之一，对于构建我国面向全球的高标准自贸区网络具有重大意义，也是中澳两国经贸关系发展的里程碑。

2017年3月，在国务院总理李克强对澳大利亚进行正式访问期间，中澳双方签署了《中华人民共和国政府与澳大利亚政府关于审议中国—澳大利亚自由贸易协定有关内容的意向声明》，宣布于今年启动中澳自贸协定服务章节、投资章节以及《投资便利化安排谅解备忘录》的审议，审议将为中澳经贸关系进一步深化打下基础。

成功结束中格自贸协定谈判。2015年9月，李克强总理会见来访的格鲁吉亚时任总理加里巴什维利时确认尽快启动中格自贸谈判。谈判于2015年12月启动，2016年10月实质性结束，是中国在欧亚地区完成的第一个自贸协定谈判。2017年5月，在"一带一路"国际合作高峰论坛期间，商务部部长钟山同格鲁吉亚经济与可持续发展部部长加哈里亚分别代表两国政府签署了《中华人民共和国政府和格鲁吉亚政府自由贸易协定》。中格协定签署使中格经贸关系翻开新的一页，对"一带一路"倡议实施及自贸区战略推进具有重要意义。

积极开展与"一带一路"沿线国家和非洲地区国家自贸合作的可行性研究。2015年以来，中国积极与非洲有关国家和区域经济体开展经贸合作，稳步推进对非自贸区建设。2016年11月至2017年5月，中方与毛里求斯顺利完成《中国—毛里求斯自由贸易协定》联合可行性研究，这是我国与非洲地区经济体开展的第一个自贸协定联合可行性研究，具有开创意义。

2017年7月，在习近平主席访问俄罗斯期间，中俄双方签署《中华人民共和国商务部与俄罗斯联邦经济发展部关于欧亚经济伙伴关系协定联合可行性研究的联合声明》，显示了中俄两国深化互利合作、推进贸易和投资自由化、便利化和地区经济一体化的坚定决心，以及探讨全面、高水平、未来面向其他经济体开放的贸易投资自由化安排的共同意愿。

2017 年 10 月 1 日，商务部部长钟山在杭州与欧亚经济委员会贸易委员尼基申娜共同签署《关于实质性结束中国与欧亚经济联盟经贸合作协议谈判的联合声明》。这是我国与欧亚经济联盟首次在经贸方面达成的重要制度性安排，是落实习近平主席与普京总统 2015 年 5 月签署的《关于丝绸之路经济带建设和欧亚经济联盟建设对接合作的联合声明》的重要成果。协议的达成将推动"一带一路"建设与欧亚经济联盟建设对接合作，促进与欧亚经济联盟及其成员国经贸关系深入发展。

资料来源：http://www.mofcom.gov.cn/article/zt_dlfj19/fbdt/201710/20171002656832.shtml。

思考与练习

1.世界贸易组织的宗旨和目标是什么？它有哪些职能？

2.世界贸易组织成员有哪些权利和义务？

3.中国加入世贸组织的法律文件有哪些？中国在世贸组织中起到什么作用？

4.联合国贸发会议的宗旨和目标是什么？它的组织机构有什么特点？中国与联合国贸发会议的关系有何特点？

5.国际货币基金组织的宗旨和目标是什么？它的组织机构有什么特点？中国与国际货币基金组织的合作主要表现在哪些方面？

6.结合当前实际，讨论中欧贸易关系的前景。

7.结合当前实际，讨论东盟与中国"10＋1"自由贸易区建设的前景。

8.中国加入 APEC 的重要性表现在哪些方面？中国在 APEC 中起到什么作用？

9.结合当前实际，讨论中美贸易关系的前景。

10.结合当前实际，讨论中日贸易关系的前景。

11.结合当前实际，讨论中国为什么要加快自贸区建设？自贸区对中国企业有什么利用？

第十二章　中国对外贸易的相关问题

学习要求

通过本章的学习，掌握我国贸易失衡的现状及造成这种现状的深层次原因；了解改革开放以来我国对外贸易快速增长的同时带来的能源、环境问题。要求学生认识我国贸易、经济增长是建立在粗放型能源消耗基础上，以牺牲环境作为代价的。要采取相关措施，在保持稳定发展的同时，建立集约型能源消耗的经济。

第一节　劳动力廉价优势与贸易顺差可持续性

一、中国贸易顺差现状

我国实行改革开放 40 年来，对外贸易迅速发展，特别是出口贸易的增长，据海关统计，2018 年，我国货物贸易进出口总值 30.51 万亿元人民币，比 2017 年增长 9.7%。其中，出口 16.42 万亿元，增长 7.1%；进口 14.09 万亿元，增长 12.9%；贸易顺差 2.33 万亿元，收窄 18.3%。

从 1994 年到现在，中国的对外贸易已经维持顺差长达 25 年之久，加工贸易顺差是中国贸易顺差的主要组成部分。如图 12.1 所示，2007—2016 年，加工贸易顺差年均趋于稳定，并有收窄的趋势，总额达 3 191.6 亿美元，对同期贸易顺差的贡献率为 63%。而与加工贸易不同，我国服务贸易连续几年保持逆差，且有不断扩大的趋势。如果没有加工贸易，中国将会是贸易逆差而不是贸易顺差。

从表 12.1 和 12.2 可以看出，1998 年之前我国贸易顺差主要来自于一般贸易和加工贸易，1998 年之后两者差距逐渐扩大。加工贸易顺差稳步增加，从 1997 年的 293.96 亿美元上升到 2012 年的 3 806.58 亿美元，增长了 12 倍。从 2013 年起，加工贸易增速开始下滑，并有逐年扩大的趋势。而一般贸易起伏较大，1996 年实现顺差 234.8 亿美元，之后经历了一个 U 形变化，2001 年开始出现逆差，到 2005 年有所改善，实现顺差 389.44 亿美元，并以较快速度发展，2007 年一般贸易顺差达到了 1 308.22 亿美元。随后又出现一个倒 U 形变化，2010 年波动最大，同比增长 1 052.68%。是同期加工贸易顺差增长率的

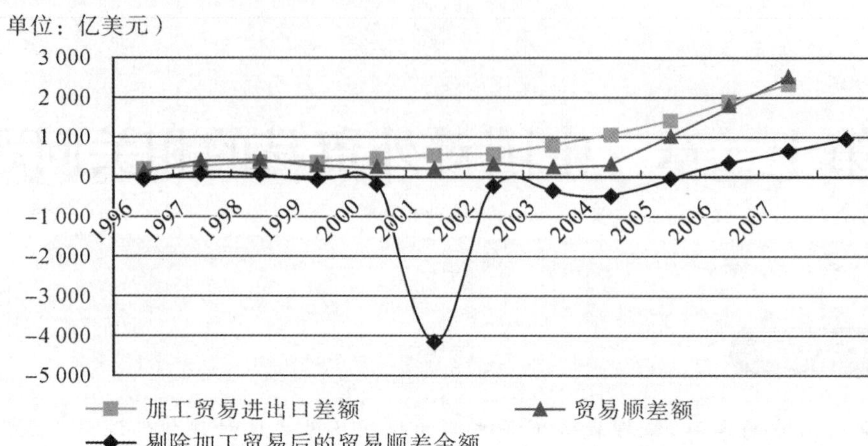

图 12.1　1996—2007 年加工贸易与总贸易差额

资料来源：根据中国国家统计局网站数据绘制而成

47.78倍。但 2011 年增长率又大幅下降到 91.22%。一般贸易方式增速很不稳定。加工贸易增速下滑，显现我国进出口贸易方式结构的转变。其他贸易方式则一直维持逆差，并经了一个倒 U 形变化，2016 年逆差 391.09 亿美元，较 2007 年逆差 1 131.83 亿美元收窄 65%。

表 12.1　按贸易方式计算的进出口额

单位：亿美元

年份	一般贸易			加工贸易			其他贸易		
	出口金额	进口金额	进出口差额	出口金额	进口金额	进出口差额	出口金额	进口金额	进出口差额
1997	779.74	390.3	389.44	996.02	702.06	293.96	52.14	331.34	−279.2
1998	742.35	436.8	305.55	1 044.54	685.99	358.55	50.22	279.58	−229.36
1999	791.35	670.4	120.95	1 108.82	735.78	373.04	49.14	250.81	−201.67
2000	1 051.81	1 000.79	51.02	1 376.52	925.58	450.94	63.7	324.57	−260.87
2001	1 118.81	1 134.559	−15.749 3	1 474.33	939.735 1	534.594 9	67.83	361.23	−293.4
2002	1 361.87	1 291.11	70.760 4	1 799.28	1 222.007	577.273 3	94.82	438.59	−343.77
2003	1 820.34	1 876.506	−56.166	2 418.51	1 629.042	789.468 1	143.45	621.22	−477.77
2004	2 436.062	2 481.449	−45.386 6	3 279.705	2 216.945	1 062.76	217.44	913.91	−696.47
2005	3 150.63	2 796.33	354.3	4 164.67	2 740.12	1 424.55	304.23	1 063.08	−758.85
2006	4 162	3 330.74	831.26	5 103.55	3 214.72	1 888.83	423.81	1 369.15	−945.34
2007	5 173.37	3 865.15	1 308.22	6 042.43	3 689.32	2 353.11	543.39	1 675.22	−1 131.83
2008	6 628.62	5 720.93	907.69	6 751.14	3 783.77	2 967.37	927.14	1 820.92	−893.78
2009	5 298.33	5 339.19	−40.86	5 870.27	3 233.69	2 636.58	848.03	1 483.14	−635.11
2010	7 207.33	7 679.78	−472.45	7 405.19	4 187.68	3 217.51	1 166.80	2 080.84	−914.04
2011	9 171.24	10 074.64	−903.4	8 356.14	4 617.55	3 738.59	1 458.62	2 742.4	−1 283.78
2012	9 880.07	10 218.19	−338.12	8 629.75	4 823.17	3 806.58	1 979.53	3 136.9	−1 157.37

续表

年份	一般贸易			加工贸易			其他贸易		
	出口金额	进口金额	进出口差额	出口金额	进口金额	进出口差额	出口金额	进口金额	进出口差额
2013	10 875.53	11 097.18	−221.65	8 610.15	4 982.31	3 627.84	2 614.74	3 423.4	−808.66
2014	12 036.82	11 095.13	941.69	8 845.95	5 247.57	3 598.38	2 544.71	3 260.2	−715.49
2015	12 172.53	9 231.88	2 940.65	7 979.94	4 479.38	3 500.56	2 613.27	3 110.94	−497.67
2016	11 293.66	8 989.48	2 304.18	7 160.92	3 974.38	3 186.54	2 519.86	2 910.95	−391.09

资料来源:中华人民共和国海关总署网站。

表 12.2　按贸易方式计算的进出口增长率

年份	一般贸易进出口差额增长率	加工贸易进出口差额增长率	其他贸易进出口差额增长率
1997	65.86%	33.25%	−16.21%
1998	−21.54%	21.97%	−17.85%
1999	−60.42%	4.04%	−12.07%
2000	−57.82%	20.88%	29.35%
2001	−130.87%	18.55%	12.47%
2002	−549.29%	7.98%	17.17%
2003	−179.37%	36.76%	38.98%
2004	−19.19%	34.62%	45.78%
2005	−880.63%	34.04%	8.96%
2006	134.62%	32.59%	24.58%
2007	57.38%	24.58%	19.73%
2008	30.62%	26.10%	−21.03%
2009	−104.50%	11.15%	−28.94%
2010	1052.67%	22.03%	43.92%
2011	91.22%	16.20%	40.45%
2012	−62.57%	1.82%	−9.85%
2013	34.45%	−4.70%	−30.13%
2014	−523.85%	−1.09%	−11.52%
2015	212.27%	−2.72%	−30.44%
2016	−21.64%	−8.97%	−21.42%

资料来源:依据国家统计局网站数据计算而来。

2017 年,外商投资企业加工贸易进出口总值 9 829.89 亿美元,占外商投资企业进出口总值 53.45%。其中,加工贸易出口 6 322.19 亿美元,占外商投资企业出口总值的 64.67%;加工贸易进口 3 507.70 亿美元,占外商投资企业进口总值的 40.71%。外商投资企业加工贸易中，进料加工进口 2 977.56 亿美元，来料加工进口 530.14 亿美元。同期，外商投资企业加工贸易进出口值占全国加工贸易进出口总值的82.6%，其中，加工贸易出口值占全国加工贸易出口总值的比重为83.31%，加工贸易进口值占全国加工贸易进口总值的81.34%。

二、我国贸易顺差的深层次原因

近年来，随着美国知识经济的进一步发展，国际产业加快向我国产业转移的步伐，逐步形成了一种类似“微笑曲线”的 V 形生产组织结构（如图 12.2 所示），即日本、韩国从事研发、设计等资本技术密集型生产活动，生产出关键零部件；东盟、中国台湾等生产并出口零部件系统或模块；中国大陆从事劳动密集型组装并提供少量组件；中国香港从事面向美国等海外市场的营销服务。而美国成为产品的目标市场并最终实现产品的价值。从 V 形结构的两端到底部，生产环节的产品附加值越来越低，而中国大陆恰恰位于 V 形组织结构的最底部。境外制造业向中国转移的结果改变了贸易地理流向。最终产品的出口地就由日本、韩国、中国台湾、东盟等国家和地区转移到了中国大陆，由中国大陆进行加工，再向美国出口，从而导致这些国家原先对美出口的部分产品原产地转移到了中国，由这部分产品造成的对美的贸易顺差也随之转移到了中国。因此，中国贸易顺差的积累主要原因可以解释为：由于中国要素价格长期被低估，因此贸易的比较优势被锁定为要素成本优势，全球产业结构升级和东亚的产业转移进一步固化了粗放型的加工贸易方式。中国贸易顺差大部分来自于加工贸易产业，其实质是一种基于要素价格扭曲导致的结构性顺差。

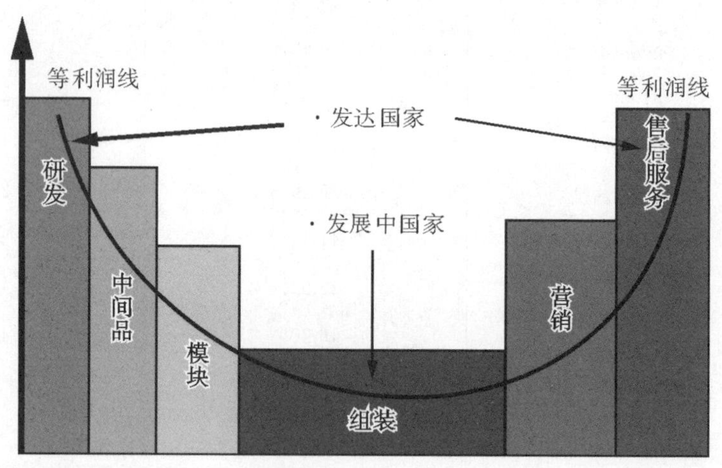

图 12.2　微笑曲线

我国是世界上要素成本很低的国家之一，出口部门工资水平、管理成本和原材料成本与其他国家相比有较大的优势。因此，很多出口企业凭借劳动力和成本优势所创造的低价优势在国际市场上占有一席之地，这是我国出口增长较快的主要原因。同时，我国加工贸易的顺差比重在 2007—2016 年平均占到总顺差的 70%。我国现阶段在全球产业链国际分工体系中的要素比较优势是吸引外资来华从事加工贸易的关键动因之一，但这种要素比较优势却是建立在要素价格扭曲之上。因此，即使贸易顺差持续增长，仍然不是国家整体福利增进的表现，而是要素所有者福利的损失。在其他条件相同的情况下，来自外资和加工贸易出口的比重越高，贸易的整体效益相对就越低，这也是我国现阶段积累了巨额贸易顺差的根本所在。

由于我国要素市场的特点，我国的要素价格一直在较低的价格水平处存在着向下的刚性，加上从改革开放之初就奉行的出口导向的对外贸易发展战略，建立了出口加工区、经济特区等并实行各种优惠的吸引外资政策：如两免三减半的外资所得税政策、低廉的土地使用价格等，同时配套实施各种鼓励出口的相关贸易政策，例如出口退税、出口信贷等，使得外国对我国的投资规模不断扩大。后来在逐渐扩大开放的过程中，这一战略始终未改变。外商投资主要是在加工贸易，而加工贸易占据了我国对外贸易一半以上的份额，在加工贸易主导的前提下，出口贸易迅速发展，要素生产率有了很大程度的提高，但由于外资拥有资本、技术、品牌，处于微笑曲线的两端，分享高额的利润，外资在我国贸易利润分配中占了很大的份额。尤其在加工贸易中，由于缺乏技术和品牌等深层次竞争资源，国内企业仅承担了加工装配的角色，在贸易利益分配中，中方政府、企业、职工所占比重很低。如果不计政府源自于加工贸易的税收以及加工贸易所带来的技术外溢效应和就业效应，仅就加工贸易中方的收入而言，我们只有1%～2%的利润分成，而目前我国加工贸易额占总出口额50%以上，贸易顺差加大是必然的趋势，但这对改善我国出口部门要素福利的作用十分有限。

劳动力价格存在向下的刚性是我国出口贸易快速增长的主要原因，低廉的劳动力价格导致了劳动力的福利损失，劳动者的实际收入水平和消费水平没有随着出口规模、出口部门劳动生产力的快速增长获得明显的提高。出口部门企业增长的动力并非是通过集约化规模化生产或技术进步来提升竞争力，而是依靠大量投入廉价劳动力来降低生产成本进而来维持出口产品的低价格，增强我国出口产品的竞争力。

（一）我国出口部门劳动力价格形成机制

1.我国劳动力市场弹性低，劳动力价格低廉

劳动力过度供给的重要原因是劳动力市场不完善和扭曲。劳动力市场的扭曲是形成我国劳动力价格长期偏低，仅是发达国家的1/30～1/20，甚至更低。我国普通劳动力价格不是由全社会平均劳动生产率所决定，而是由最低劳动生产率决定(农业部门)。农业部门不仅是劳动生产率最低的部门，而且是劳动生产率提高最缓慢的部门，远低于工业部门的工资。因此农民向城市转移，成为农民工，中国丰裕的农民工进入城市，导致农民工市场长期保持供大于求，劳动力近似无限供给，劳动力价格得不到提高。农民工的工资是参照农民的劳动收入制定的，很低的工资就能满足农民工消费需求和心理需求，这同时影响到城市中低层次工人的工资水平。长期的低工资，使得我国劳动密集型企业即使在劳动生产率较低的情况下，也能获利，出口贸易的快速增长是建立在我国劳动力市场扭曲的基础上的。

2.我国尚未建立完整的社会保障体系，长期存在人为压低劳动力成本的因素

农民工的合法权益得不到保障，在体制和政策上存在着人为压低劳动力成本的因素。此外，劳动力自由流动的制度性障碍导致了我国劳动力价格的扭曲。从市场理性的角度看，劳动力是否需要流动要通过劳动力比较流动的成本和流动预期收益来进行决策，这是

实现劳动力市场均衡的前提。劳动力作为生产要素之一，应该与资本一样，为实现收益最大化而在要素市场流动。在市场较发达完善的阶段，劳动力流动应该是受劳动力供求价格的驱使，而不应是受制于行政性的制度，如户籍制度的约束。从市场实现最佳配置对制度提出的要求看，要实现劳动力资源依靠市场进行配置，必须使劳动力充分地在部门间、地区间、产业间、不同所有制间、城乡间自由地流动，这是实现劳动力资源优化配置的必要条件。但是，现实的情况是一些部门和地方，政府采取一些措施来人为地分割劳动力市场和限制劳动力的流动，增加劳动力流动的成本。如对待外来工与本地工的不平等政策，限制了劳动力的合理流动和劳动力价格的合理形成。这些情况，可以归结为两点，一是劳动力流动受户籍制度的制约，如以户籍来限制外来工和提高外来工进入城镇劳动力市场的成本；二是劳动力流动的隐性成本，如国营企业和政府机构、事业单位与其他雇工单位相比的各种保障、福利等隐性收入，使这些单位的劳动力流动的机会成本加大。劳动力不能合理地流动，意味着劳动力资源不能形成最优的配置，素质良好的劳动力不能进入，素质差的劳动力又难以流动出来，浪费了劳动力资源，降低了劳动力与物质资源的配置效率。

（二）出口部门劳动要素福利状况恶化

从图 12.3 可以看出，20 世纪 90 年代以来，出口部门劳动力呈现出逐年递增的态势，并且，其增长率远远超过出口产品价格和出口部门实际工资的增长率。同时期的出口部门产品价格和出口部门实际工资均表现出价格刚性的特征。这说明：第一，劳动者收益与劳动生产力增长不协调。劳动生产率一般可用单位时间内生产出的产品数量或者单位产品所需的劳动时间来表示。在其他条件不变的条件下，劳动生产率的提高一方面可以导致产品成本和价格的实际降低，另一方面劳动者工资应该随劳动生产率的提高而相应增加。随着经济体制改革的不断深入，我国出口部门的劳动生产率是不断提高的。而我国正处于劳动力无限供给的发展阶段，工资成本较低。与美国相比，美国的劳动工资成本相对较高，从而中美间的劳动成本差距很大。以 2001 年为例，按照现行汇率计算，美国制造业工资是中国的 29.2 倍，劳动生产率是中国的19.2倍。20 世纪 90 年代以来，无论是工资增长率，还是劳动生产率的增长速度，中国都明显高于美国。扣除价格因素，1990—2001 年，中国的工资增长率、劳动生产率的增长速度分别提高了 4％和 29％。我国工资的增长速度明显滞后于劳动生产率的增长幅度。扣除价格因素，工资增长率与劳动生产率的比重，中国从 1990 年的 1.00 降低到 2001 年的 0.66，而美国从 1990 年的 1.00 降低到 2001 年的 0.81。由于中国劳动生产率的增长速度比美国更快于工资的增长速度，从而中国的出口产品就具有更强的竞争力。长此以往，出口部门的劳动工资就会在较低的水平存在价格刚性，那么出口产品价格便会进一步下降，出口部门的劳动工资便会被锁定在更低的水平，如此恶性循环下去，直至这种粗放型的贸易增长方式在受到外部冲击（比如近年来多起针对我国出口加工产业低价倾销的控诉）或内部冲击（比如近年来我国劳动力无限供给的状况出现消失的端倪，东南沿海出口加工业出现“民工荒”现象）时而瓦解。第二，劳动者收益与出口增长不协调。统计资料显示，2001—2016 年中国 GDP 年均增长 9.5％，城镇居民人均可支配收入增长 6.4％，农民人均现金收入增长5.4％。经济增长速度分别高于城镇居民收入和农村居民收入 3.1 和 4.1 个百分点，居民收入长期低于经济增长速度。

我国出口价格的下降和出口数量的增加，有相当部分是建立在出口企业浪费资源、恶化环境和牺牲劳动者福利的基础上的。中国劳动力平均工资较低，一些出口企业为进一步降低生产成本，经常要求劳动者加班，减少必要的劳动保护和环保设施，工作环境较差，致使劳动者的安全缺乏保证。

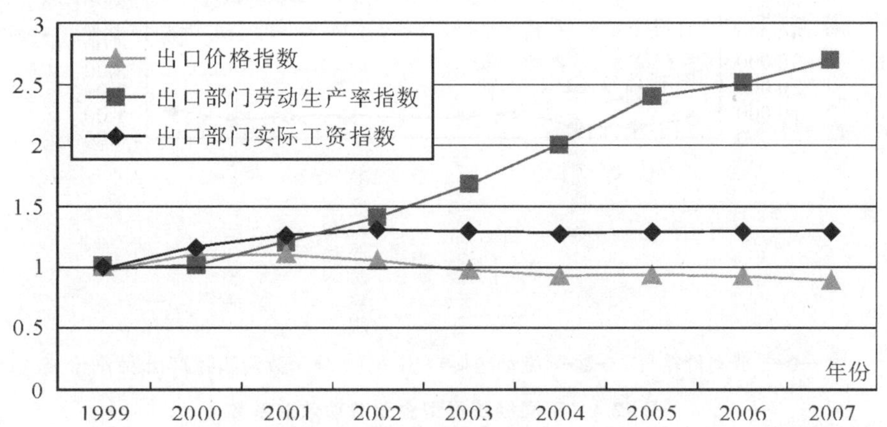

图 12.3　我国出口部门价格指数、劳动生产率指数、实际工资指数对比图

资料来源：根据《中国对外经济贸易年鉴》(2000—2007 年)、《中国海关统计年鉴》(2000—2007 年)、《商品名称及编码协调制度》(2007 年)、《中国统计年鉴》(2000—2007 年)、《中国劳动统计鉴》(2000—2007 年)等资料编制而来。

劳动力价格低估导致企业更愿意通过压低工资提高产品国际竞争力，缺乏自主创新、提高生产率的动力和压力。通常衡量外贸竞争力的指标是(出口－进口)/(出口＋进口)，但这只是问题的表象。劳动效益系数是衡量外贸真实竞争力的另一指标，公式可表述为：每个劳动力在单位时间创造的增加值(即劳动边际产出/劳动力价格)，这一指标真实反映了外贸竞争力的两个内在来源：一个是生产效率，另一个是生产成本。劳动效益系数越大，劳动市场扭曲越大。图 12.4 描述了 2006 年我国不同经济类型出口企业劳动效益系数。如图所示，我国不同经济类型企业普遍存在劳动工资偏低的倾向，除国有、集体、私营经济外，外资、港澳台资出口企业每个劳动力在单位时间创造的增加值远远大于劳动者的工资，因此其劳动效益系数远远大于国有、集体、私营经济的劳动效益系数，存在严重的劳动扭曲。中国拥有竞争优势并有大量顺差的行业，并不意味着中国的生产效率高。中国是用较低的劳动力价格优势弥补了生产效率上的劣势。目前，我国劳动生产率相当于英国的 6%，但工资仅为其 4%；劳动生产率为韩国的 13%，但工资为其 8%；劳动生产率为印度的 3 倍，但工资是它的 2.3 倍。在劳动力价格低估的情况下，企业以较低的技术水平仍然可获得较强的国际竞争力，使得企业不愿意也无压力进行技术创新，走以质取胜、科技兴贸之路。

三、我国贸易顺差可持续性原因分析

(一)劳动成本上升

中国国内的平均工资目前是马来西亚和中国台湾的 2/3，中国香港和新加坡的 1/3。按照名义价值粗略比较，中国内地现在的劳动力成本大体与韩国、新加坡 21 世纪初的水

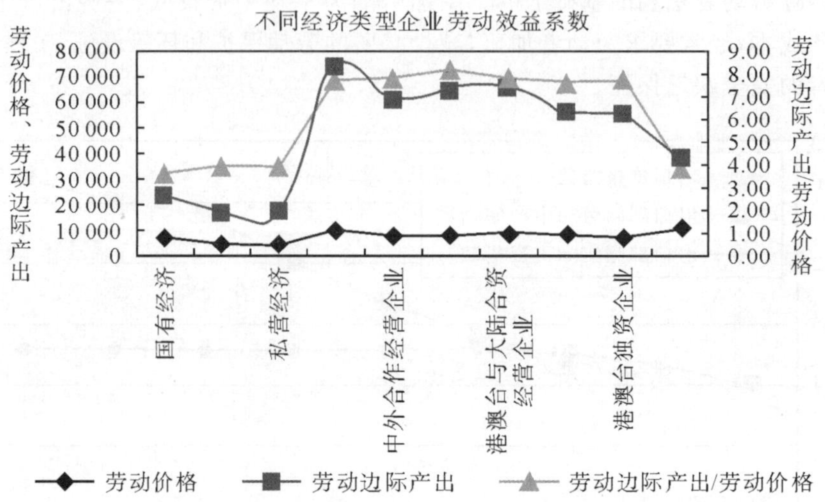

图 12.4　不同经济类型企业劳动效益系数

资料来源：根据《中国对外经济贸易年鉴》(2007 年)、《中国海关统计年鉴》(2007 年)、《商品名称及编码协调制度》(2007 年)、《中国统计年鉴》(2007 年)、《中国劳动统计年鉴》(2007 年)等资料编制而来。

平类似，另外国内收入差距比较大，居民实际生活水平还要视具体情况而定。

但从未来看，中国“劳动无限供给”的现象可能已经结束。在过去的几年中，一些沿海城市已出现了劳动力短缺的现象。2004 年中国内地制造业雇员的年平均工资为 14 003 元人民币，这说明每小时的劳动力成本是 2.3 美元，从 2000 年到 2004 年每年增长13.7%。还有另外两个因素会影响未来中国劳动力成本增长的速度：一是社会保障体系的改革，二是户籍制度的变革。从历史经验看，韩国花了 20 多年时间把它的平均劳动力成本从占美国的 5%提高到 50%，在 1975 年，韩国的劳动力成本大致为美国劳动力成本的 5%。在随后的 30 年间，韩国的劳动力成本以每年平均 13%的速度攀升，到 2005 年其成本已经提高到美国同期的 50%。按照这一规律，中国内地可能要花超过 20 年的时间把劳动力成本提高到美国同期的 50%。

(二)加工贸易转型，一般贸易竞争优势显现

中国成为世界第一大加工贸易出口国，加工贸易继续保持第一大出口贸易方式地位，但进出口增长放缓，占比逐渐下降，而一般贸易增长加快，占比逐渐上升。加工贸易和一般贸易出口均呈现较大幅度顺差，加工贸易一直是顺差的主要来源，尽管 2005 年起加工贸易出口和进口增速放缓，占总进出口的比重略有下降，但新技术和设备的引进、人力资源的素质提高使加工贸易结构的转型加快，技术含量增加，生产效率有很大提高，产品的附加值大大增加，加工贸易增值率也越来越高、据有关统计，加工贸易产品增值率已上升为 10%至 20%。2015 年，加工贸易进出口总额由增长转变为连续两年 10%以上的下降，顺差收窄到 2016 年的 3 186.54 亿美元，一般贸易进出口总额也有不同程度的下降，但是占比略有上升。由此可见，近年来国内经济的发展，经济结构的升级和优化以及对贸经营秩序的改善使得一般贸易的竞争越来越明显。

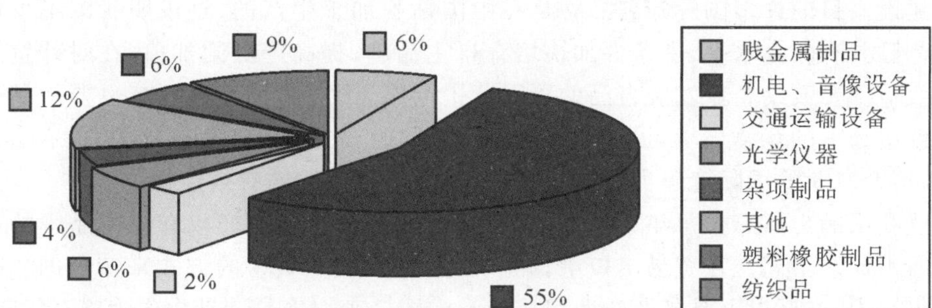

图 12.5 2005 年我国加工贸易行业分布

四、实现对外贸易可持续性发展战略选择

(一)实行开放式的进口替代贸易战略

出口导向贸易战略带来了要素市场的严重扭曲。对外资、外贸的倾斜使得我国各个区域经济工作的重心都放在吸引外资和鼓励出口上。为了鼓励出口,政府相继出台了许多优惠政策,这些优惠政策在刺激出口的同时,也扭曲了要素市场,如土地、劳动力的价格偏低,各地过度竞争吸引外资。由于出口和外资增长成为上级政府考核下级政府的重要指标,因此地方利益和部门利益成为"指标型经济"产生的主要原因,同时贸易增长指标也成为中国偏向于出口数量,而忽视整个贸易和外资平衡发展和提高质量的重要原因。由于国家给予出口产业大量的优惠政策,在出口导向贸易战略及国家优惠政策的扶持下,各个区域都在大力发展劳动密集型出口产业,致使地区之间的优势无法发挥,全国产业结构、产品结构雷同,企业之间的恶性竞争愈演愈烈。为了扩大出口,我国一些地方政府变相加大对外商投资及出口企业的补贴;为了吸引外资,我国各个部门和地区出台了许多对外资的优惠政策,不从产业结构调整和升级出发,更不考虑外资的外溢效应,盲目吸引外资,造成了重复建设、资源浪费和环境污染。因此,要适时调整出口导向贸易战略,实行开放式的进口替代贸易战略。国家的经济发展就是一个产业结构不断升级的过程,同时又是一个"出口—进口—国产化—出口"不断循环的过程。在这个过程中,动态地选择适合于本国的对外贸易战略就成为影响经济开发的一个至关重要的因素,并成为左右该国能否实现自我循环发展的关键。对于今天的中国来说,中国必须适时调整出口导向贸易战略,实行开放式的进口替代贸易战略。

所谓开放式进口替代贸易战略就是适度的出口导向与有效的进口替代相结合、以关税和汇率杠杆为主要调控手段的兼容战略。这一战略的政策隐含着废除亏损出口、行政指令出口、高额补贴出口的政策诱导机制,对部分幼稚产业实行战略性、动态性保护,从政府优先国内采购、科研补贴等方面对高新技术装备工业等实施进口替代扶持。对中国而言,对不同的产业区别对待,采取不同的贸易政策,促进产业结构升级。对那些劳动密集型、低附加值、高消耗型产业不再进行补贴和鼓励出口;对幼稚产业、高科技、高附加值产业,进行培育和战略性保护,从而完善我国的产业结构,提高产业国际竞争力,优化进出口商品结构,这在一定程度减少了贸易摩擦的发生。加快培育自主品牌和提高科技自主创新能力是实现外贸增长方式转变的核心内容。无论是大商品，还是轻纺等小商品都要重视品牌建设。目前许多国际知名品牌是在中国贴牌加工生产的，这说明我国不少产品的生产工艺已具有较高水平，有条件加快培育自主品牌，提高产品附加值，在对外贸易中获取更大效益。要鼓励企业发展自己的国际营销网络，国内市场流通环节也要为品牌培育和发展创造公平的竞争环境，提供更好的条件。同时要提高自主创新能力，拥有自己的知识产权，培育产业的国际竞争力，这也是转变外贸增长方式的有效途径。

虽然我国的出口总额每年大幅增加，但我国拥有自主知识产权和自主品牌的商品在出口中所占比重不高。在贸易出口中，55%以上是以加工贸易的方式来实现的。高新技术产品出口中，85%以上是外商企业完成的。中国一直以廉价劳动力作为绝对优势，出口劳动密集型产品，中国成为跨国公司的加工基地和组装工厂，而这种国际分工，中国总是处于价值链的低端，仅仅获得低廉的加工费，对中国产业国际竞争力的提高极为不利。研发和品牌资源、市场网络这些核心要素和资源一直由跨国公司掌控，这对中国的国际分工地位很不利，这样中国很难拥有自己的竞争优势和核心竞争力，没有主动权，处于国际分工的从属地位，从而很容易产生贸易摩擦。但同时要注意到，中国在未来的一段时间里还可能需要依赖劳动力的优势，毕竟中国是一个人口大国，还是发展中国家，摆脱对廉价劳动力的依赖，这需要时间，需要通过培育先进的要素，改变中国的要素禀赋结构，这是一个过程，并不是一蹴而就的事情。

（二）重估生产要素价格，建立竞争性要素市场机制

相对于汇率而言，生产要素价格对进出口产品相对价格的影响更大。汇率调整一般只能使贸易双方的相对价格水平在百分之几十的范围内变动，而生产要素价格差距导致发达国家与发展中国家间的商品价格差距却高达1000%（10倍）。因此，汇率升值对整体重估我国产品和生产要素价格固然重要，但对国内生产要素价格的结构性重估更有利于外贸发展方式转变。

转轨国家建立完备市场体系的总的目标，是建立一个全国统一的、竞争有序的、多层次的、网络的市场体系。为了达到这一目标，市场体系首先必须具备结构上的完整性。除了商品市场，还必须建立起资本、技术、劳动以及土地房产等要素市场。这些要素市场具有相互联系、相互补充和相互促进的特点，因此缺一不可，必须全方位建设和培育。虽然商品市场的发育和成长是要素市场发育和成长的前提，但要素市场的发育程度如何，却是判断一个市场经济国家是否成熟的重要标准。

劳动力市场是生产要素市场的重要组成部分。市场机制对劳动力的合理配置同样起基础性作用。因此必须转换工资形成机制，工资主要由劳动生产率和劳动力市场供求关系决定。在培育劳动力市场的过程中，政府要承担的责任是：根据需要建立不同类型、不同层次的劳动力市场，这样可以通过建立一个科学、合理、可靠、系统的劳动力供给信息平台，将不同类型劳动力的供求信息准确反映，使得信息共享和传递通畅；推进劳动力市场形成优胜劣汰机制，消除阻碍劳动力流动的障碍，使得劳动力能够遵循市场机制充分自由流动；建立和完善社会劳动保障机制，维护农民工的合法权益，这是社会稳定与公平的重要保证。

(三)提高劳动者的实际收益

劳动力价格重估将导致国民收入分配向劳动收入倾斜,从而提高出口产品中"人"的价值,有利于居民收入提高,内需扩大和国民福利提高。中国经济的发展特征被称为"要素驱动"性增长。但是一个国家不能长期依靠低级要素的投入来发展。消除要素价格扭曲是消除扭曲的重点之一。我国现行的产业结构,特别是外资企业的产业结构,是由中国的要素价格决定的。消除要素价格扭曲将带来我国产业结构的重构。由廉价劳动力与土地、自然资源价格引进外资的发展格局,将被更能反映成本的价格所取代,中国的产业结构将得到新的升级。劳动力价格的扭曲不仅导致了对外贸易效益的下降,而且损害了发展的利益由全民共享的民生目标。提高最低工资标准,从制度上提高劳动者福利待遇,是消除劳动力价格扭曲的正确方向。人力资本的增长,以创新驱动发展,将是新阶段的特点。参与国际分工的劳动者素质提高后,国际分工的地位和收益自然会提高。居民收入的提高是改善国民福利的最有效手段,同时还有利于扩大内需,使之与出口共同拉动经济增长。消除低级要素价格偏低的扭曲也要靠激励新要素的形成和使用的新政策来取代,要对使用新要素即技术予以补贴,从而鼓励创新,这将加快经济的转型。

中国的汇率扭曲根源于要素价格扭曲,是过低的工资、土地和自然资源价格导致大量出口和大量外资流入的,而且还由于这些要素价格低,鼓励了企业大量使用,从而降低了进口高级设备和技术的需求,使出口高顺差不能通过进口技术和设备来平衡。因此,调整汇率不符合扭曲理论的政策直接针对性原理,不是中国当前的最优政策,而最多只能是次优政策,即不能达到最优政策时的选择。我国企业的劳动生产率提高迅速,因此应当提高劳动者的实际收益。

(四)优化生产要素的使用,促进生产方式和贸易方式的转变

转变经济发展方式是外贸发展方式转变的基础,同时,两者又相互关联。经济发展方式转变要侧重矫正扭曲的生产要素国际国内价格,以此改变我国要素禀赋优势,使我国新的比较优势产业重新显现出来。尽管汇率升值是整体重估中国生产要素价格的重要开始,但要看到汇率升值与国内要素价格的上涨有相互替代的关系。

建议未来一段时间减缓人民币升值速度或保持现有水平大体不变,重点着手国内生产要素价格形成机制改革,尤其要保持实际工资的合理增长,这是实现扩大内需、促进贸易平衡和提高人民福利的关键。同时,开征资源税、环境税,增加企业使用资源和环境要素的成本;改革金融体制,扩大社会资金供给;鼓励创新,为技术交易创造良好环境,降低企业使用资本、技术的成本。最终从价格机制上迫使企业优化生产要素的使用,促进生产方式和贸易方式的转变。

强化外经贸行业社会标准的执行力度,确保外经贸行业用工标准和待遇标准高于社会平均水平。借助国际通行做法,结合中国国情和现实需要,联合劳动管理部门,选择社会标准(SA 8000)中的童工、强制雇佣、健康安全、报酬等内容强化执行力度,为参与国际竞争的外贸部门工人提供健康安全的劳动环境和高于社会最低标准的工资,以此杜绝外贸企业以压低雇佣工人的成本作为提高竞争力的手段。

进一步规范、清理对外资企业的不规范、不合理的优惠与补贴,促使企业主要依靠技术进步、提高经营管理水平和引进优秀人才来提升国际竞争力。包括地价优惠、税收优

惠、非规范补贴、出口奖励，取消这些措施的政府所得可以更大力度地支持那些自主创新、节约资源、保护环境、争创名牌、开拓国际市场网络的外经贸企业。

建立外贸发展方式转变成效(可持续发展)的评价体系。应当包括外贸的经济效益指标、社会效益指标和生态效益指标三个方面，要像研究绿色 GDP 那样研究评价外贸可持续发展的操作性强的指标体系。

(五)东亚区域产业转移对中国的机遇

1.投资和贸易成为中国经济增长的动力

由于政府主导型发展的传统和对外开放以来的路径依赖，中国经济增长的动力主要是投资和出口，内需对经济增长的拉动直到近些年来才有所起色。这种发展模式，实际上一直没有脱离“强政府”和出口导向的东亚特色，之所以出现这种情况，其重要原因就是东亚区域产业转移所导致的关联效应。从统计数据中可以看出，东亚是中国吸引外资的最重要的来源，在 20 世纪 90 年代初期，来自东亚的 FDI 一度超过总量的 80%，其中港资地位更是举足轻重。此后，虽然港资占比在逐渐下降，但东亚其他国家(地区)的资金却越来越多地向中国大陆集中。作为一个整体，东亚地区一直占有超过一半的份额，依旧是中国吸收 FDI 的主要来源。除了 FDI 之外，东亚同样是中国进口的主要来源，而欧美地区则成为中国出口的重要市场，中国由此成为“东亚—中国—欧美”之间三角贸易的枢纽。FDI 是产业转移的主要形式，由此带来的中间产品贸易进口是产业转移的重要表现，在这两方面，东亚的地位都举足轻重。来自东亚的产业转移，对于中国以投资和出口为主要动力的增长模式起到了重要的推动作用。从宏观统计数据上看，中国已经连续数年成为吸引 FDI 最多的发展中国家，自 2004 年起成为世界第三大贸易国，自 2006 年起成为外汇储备最多的国家，出口产品结构中的高技术产品比重甚至超过了不少发达国家，在国际经济中的地位与作用都得到了巨大提升。

2.对东亚的产业转移有利于中国经济的转型

尽管中国原有的经济增长模式取得了令人瞩目的成绩，但这一模式的弊端却越来越引起人们的注意：对出口和顺差的片面追求使中国经历了越来越多的国际经济摩擦，国际上要求人民币升值的声浪此起彼伏；从国内来看，竞争主要集中于价值链的低端，制造业的劳动工资数十年几乎没有上升，以市场换技术的初衷没有达到，生态环境恶化的后果却在逐渐显现。按照美国著名经济学家迈克・波特的国家竞争力理论，一国或地区竞争力的发展通常有四个阶段，即要素驱动阶段、投资驱动阶段、创新驱动阶段和财富驱动阶段。从日本和 NIEs 的发展情况来看，它们都是在原有的劳动密集型产业的生存空间日益缩小的情况下，将这些产业向外转移到了东盟和中国，从而为自身的产业升级腾出了空间，从要素驱动阶段过渡到了投资驱动阶段。目前中国同样面临着这样的问题，此前依靠扭曲的要素价格和对环境资源的破坏所带来的增长模式已经开始转型，“国富民穷”的局面也会逐步改善，在这一过程中，受冲击最严重的将是那些没有核心竞争力、只是靠低劳动力价格、低汇率和出口退税政策支撑的中小企业。随着这些边际产业的逐步转移，中国将会在产业阶梯上实现升级，经济增长将会转型为主要依靠内需拉动的更为稳健的模式。

第二节　能源贸易与环境问题

一、中国能源贸易对环境的影响

自改革开放以来，我国经济持续保持高速发展，同时我国的能源消费也呈现快速增长的态势，目前我国已成为世界第二大能源消费国，与此伴生的是日渐突出的环境污染问题。我国的环境污染为典型的能源消费型污染，而以煤炭为主的能源结构和单一的能源消费模式是造成能源环境问题不可忽视的原因。煤炭消费量在 2013 年见顶为 42.4 亿吨，近年来以每年 3%～5%的速度减少：2014 年减少 2.9%，2015 年减少 3.7%，2016 年减少 4.7%，2017 年上半年增加 1%。2016 年煤炭消费量 39 亿吨，2017 年上半年 18.1 亿吨。近年煤炭消费减少的原因是经济走弱、经济转型及节能减排低碳发展趋势下能源消费增速的骤减，但最重要的是清洁能源的明显替代作用。政策近期频频从减免税费、加强消纳.保证优先上网等方面支持清洁能源，清洁化成为电力乃至总体能源行业主线。

据海关总署统计，2014—2016 年，中国能源消费增速由 2008 年金融危机后的年均 5%骤减至 1.5%。天然气、非化石能源、原油消费的平均年增速为 8%、11%、4%，而原煤消费增速只有年均－1.4%。根据十九大和中央经济会议精神，2018 年我国经济转型，低碳减排、大气污染治理仍将进一步深入，这种低能源消耗、清洁能源被鼓励和快速发展的趋势不会改变，力度和节奏不会明显放缓，这将进一步挤占煤炭的需求和其在能源消费中的比例。数据显示，截至 2017 年 6 月底，在火电增速高达 7.1%的近 6 年新高下，煤炭占能源的比例由去年年底的 62%下降至 60%的新低，提前半年完成全年目标。2017 年中国液化天然气进口数量为 3 813 万吨，同比增长 46.3%；2017 年中国液化天然气进口金额为14 751 762千美元，同比增长 65.1%。统计数据显示，2011 年到 2015 年，水电、核电、风电占能源生产总量的比重分别为9.6%、11.2%、11.8%、13.3%、14.5%，呈逐年递增趋势。和其他国家相比，中国目前的石油能源储备进度滞后，调节国内市场的能力仍需进一步强化。另外，目前中国以煤炭为主要能源资源的消费结构，使得能源利用效率低下和严重的环境污染等问题难以避免。同时，随着石油、天然气消费量的增加，国内供给严重不足，若单纯依赖进口石油、天然气以弥补国内消费缺口，将使能源进口的依存度不断提高，石油安全问题会日益凸显。

二、WTO 框架下关于能源贸易与环境问题谈判

2001 年多哈回合启动，相关国家推动能源谈判的活动随即开始，并主要集中在服务贸易领域。美国、加拿大、智利、古巴、欧共体、日本、挪威、委内瑞拉等 8 个成员相继就能源服务提交谈判建议，主要涉及以下几个方面：(1)能源服务的界定与分类。WTO 中没有单独列出能源服务，而能源服务涉及的部门非常广泛，美国与挪威提出应首先澄清有关能源服务的分类问题。(2)自然资源主权问题不予涉及。几乎所有提议都强调自然资源主权问题不在讨论范围。(3)承认适当的国内管制。各提议均从保证能源供应安全出发，

认可适当的国内管制的重要性。挪威与美国进一步建议，WTO成员应通过一份参考文件，其内容包括：额外承诺在管制方面遵循一些共同规则（规范透明，网络准入非歧视，独立管制体系，防止反竞争行为等）。古巴与委内瑞拉特别指出谈判应考虑发展中国家的特殊需要。

2006年2月，美国、欧盟、沙特、澳大利亚、挪威等正式通过WTO，向包括中国在内的众多发展中国家（巴西等7个拉美国家，委内瑞拉以外的7个OPEC国家，以及印度、南非等）递交"联合请求"，要求其报价开放能源服务市场。请求主要涉及以下内容：(1)以环境友好方式提供能源服务，促进能源效率；(2)对能源技术及来源保持中立；(3)承认成员有权依据国家政策目标对能源服务加以管制；(4)对于国家及其授权的从事自然资源生产的实体间的关系不予过问。

在多哈回合的相关讨论中，第一次把能源作为特定的服务部门予以考虑。成员寻求的开放承诺覆盖了开采、技术测试与分析、管道铺设、冶炼以及燃料的批发与零售等活动。从能源类型上看，则涉及了包括可再生能源在内的所有能源形态。除此之外，有关清洁技术准入的谈判亦在服务与货物两个领域内进行，涉及风力涡轮、太阳能电池板、热能传感器、燃料电池等可再生能源产品，以及减少废气、提高空气质量、加快矿址复垦等自然保护服务。

三、未来的谈判走势

多哈回合前景至今仍扑朔迷离，虽然能源尚难成为农业那样的谈判焦点，但要看到就能源事项展开谈判的动力正日益充足：第一，近一时期，能源安全举世瞩目，"能源焦虑"全球蔓延，合作与对话的呼声高涨，作为当今世界最有力的全球性经济组织，不能不对此有所回应；第二，气候变暖深刻影响各国政策，不少成员国采取能源效率标准、能源税或补贴、环境友好技术、生态标志，以及政府采购政策等手段履行《京都议定书》所规定的义务，而与现有WTO规则有着潜在冲突，碳减排交易也可能制造新的能源服务贸易机会，现行规则的相应调整（包括澄清WTO与多边环境条约MEAs的关系）势在必行；第三，能源大国如OPEC国家、俄罗斯等相继加入或正在加入WTO，使得WTO框架下的能源问题更加突出；第四，十多年的能源自由化与全球化进程，逐步侵蚀了早前笼罩在能源部门的政治铁幕，国内管制逐渐放松并形成了一些全球通行的规则，为全球性谈判的开展奠定了现实基础。来自发达国家方面的谈判愿望尤为迫切，欧盟贸易专员曼德尔森自2006年6月起已三度呼吁建立WTO能源新规则，以将"能源贸易和投资纳入世界贸易组织的规则及执行程序"之中，因为"能源交易处在国际法真空状态，可能导致其成为地缘政治紧张的原因"，而"更加清晰的双边、区域或国际规则将改善能源输送和供应的可预见性，为生产国和消费国相互在对方投资敞开门户，从而加深彼此依存和稳定，并有助于引导国内外资本投向开采和提炼产业"。现任WTO总干事拉米亦在致力于推动WTO框架下的能源谈判。鉴于多哈回合悬而未决，围绕能源问题的新谈判未必会很快开始，但这一进程终究无法回避，只是时间问题。未来的能源谈判有可能在不同的议题当中分散进行，亦有可能单独就能源部门议定更全面更连贯的整套规则。

四、WTO框架下的能源贸易谈判对于中国的意义

WTO框架下的能源贸易谈判进程对于中国有着特殊的意义。中国作为耗能大国与能源进口大国,保障自身的能源安全不能仅仅依靠扩大对海外油气的投资,还必须重视国际组织的作用,能源贸易自由化应该是有利于中国这样的能源消费大国的。因此,中国应该积极支持与推动WTO主导的能源自由贸易谈判。由于种种原因,短时期内,中国尚难成为国际能源机构(IEA)等重要国际能源组织的成员,难免成为国际能源秩序的被动接受者。如果新的多边贸易谈判中纳入能源议题,对于中国参与构建能源国际规则是一个良好的契机。同时,能源谈判也是一把双刃剑,在谈判当中中国难免会受来自各方的种种压力,并且一旦受制于WTO能源贸易纪律,国家能源政策的灵活度将会受到影响。目前而言,中国必须高度关注这一进程的发展态势,以适当的策略发挥自身在这一领域的影响力,并在中国国内能源立法中体现国际协调意识。

五、建立可持续发展的中国对外贸易政策

(一)完善环境保护的法律法规,有效阻止国外污染企业向国内转移

贸易自由化会吸引更多的国外企业来华投资,其中也不乏污染企业。这就要求我国在制定有关环境法规和标准时,应尽快与国际接轨,加强我国环境保护的力度,以避免我国成为发达国家的“污染避风港”。

(二)加快产业结构调整步伐

在保持经济增长的同时,降低重污染行业在国民经济中的比重。我国的一些中小企业,尤其是乡镇企业,追求局部的短期利益,甚至以牺牲环境和持续发展为代价,导致环境的负外部效应。因此,政策的重点在于压缩重污染行业,并大力发展清洁工业。

(三)鼓励环境保护技术和产品开发

积极引进国际先进的污染治理技术和设备,为企业污染控制提供资金、技术和政策支持。应充分利用贸易自由化消除发达国家技术壁垒的有利因素,对国内引进环保技术的企业给予适当的政策倾斜和提供优惠。

(四)根据不同产业的污染程度采取不同的贸易保护措施

对轻污染产业的贸易保护的削减程度和速度可适当放慢。同时,对投向非污染行业的国外直接投资采取一定的优惠政策,鼓励清洁行业的在华投资。

(五)实现能源贸易方式多样化,保证能源安全

在充分利用国际市场和资源,将能源进口作为当前经济发展主要动力的同时,要注意实现能源贸易方式多样化,要注意避免能源对外依存度的过高增长,保障能源安全。就中国现状而言,一半以上的石油进口来自中东,因而极易受国际石油市场波动的影响。首先必须迅速降低进口的集中度,分散能源供应渠道。在积极推动与中东国家之间的能源交流与合作的同时,积极开拓非洲、中亚及俄罗斯市场,防止由于国际政治局势和军事安全的变化,造成能源来源的垄断,影响经济发展。此外,要充分利用中国与一些南美国家的良好外交关系,以及中国能源企业的良好信誉,积极开拓和进口南美国家的能源资源。

（六）加强国家间与企业间在能源领域的相互投资和国际合作

与能源资源丰富的国家开展能源与资源合作是中国推行能源与资源全球化战略的一部分，中国与东盟、北美、澳洲等国家在能源与资源领域具有很大的合作空间，促使国家之间的能源资源合作进一步加强，使能源合作达到一个新的水平。加强能源企业之间的相互交流合作，渗入能源供应链的源头，可以从根本上保障能源供给和安全。在能源领域的合作勘探开发随着中国石油企业"走出去"步伐的加快而掀起了高潮，可采用股份并购、承包、联合开发等模式使中国石油企业越来越多地参与国际能源合作。

第三节 "一带一路"沿线国家对外贸易

一、"一带一路"建设的提出与实践

2013 年，习近平总书记分别提出来共建"丝绸之路经济带"和"21 世纪海上丝绸之路"的美好愿景，随即获得了沿线国家的高度重视和广泛欢迎，并吸引了众多国家的积极参与，短短 5 年时间，"一带一路"沿线参与国家已经包括了东亚、东南亚、南亚、西亚、中亚、中东欧和东欧独联体等区域内的 72 个国家和地区，人口规模超过全世界总人口比重的 60%。"一带一路"建设的持续深入推进，在为中国进一步主动谋求更深层次的开放式发展提供更大机遇的同时，也为沿线各国乃至世界经济的发展提供了更大的空间。

经过近年来不懈的努力，我国在"一带一路"共建方面取得了显著成效。在进出口方面，2017 年，我国对沿线国家的进出口总额为 73 745 亿元，与上一年度相比增长了 17.8%。其中出口 43 045 亿元，增速为 12.1%；进口 30 700 亿元，增速为 26.8%。对外承包工程方面，2017 年，我国对"一带一路"沿线国家承包工程完成营业额为 855 亿美元，占全部对外承包工程完成营业额比重的 50.7%，增速为 12.6%，高出全部对外承包工程营业额增速 6.8 个百分点。在吸引外资和对外投资方面，2017 年，沿线国家在我国直接投资设立企业3 857家，增速为 32.8%，投资额为 56 亿美元，我国企业对沿线国家直接投资 143.6 亿美元，占当年全部对外投资额的 12%，与 2016 年相比，提高了 3.5 个百分点。十九大报告中，习近平总书记提到，要以"一带一路"建设为重点，坚持引进来和走出去并重，遵循共商共建共享原则，加强创新能力开放合作，形成陆海内外联动、东西双向互济的开放格局，并将推进"一带一路"建设的内容写入党章。这充分体现了党和国家对加快深入推进"一带一路"建设的高度重视，以及坚定支持沿线国家合作共赢的信心。

二、"一带一路"沿线国家贸易模式

按照贸易规模、贸易增速以及贸易商品种类等属性的差异，可以将我国与"一带一路"沿线国家的贸易合作模式分为"全面合作型""潜力增长型""结构单一型"和"有待加强型"

4种类型[①]。

“全面合作型”模式的主要有越南、马来西亚、泰国、新加坡、印度、印度尼西亚和菲律宾等7个国家，与其他沿线国家相比，这些国家和我国在贸易方面最突出的特征就是规模大、商品种类多，并且具有悠久的贸易历史。2016年，我国对越南、马来西亚、泰国、新加坡和印度的进出口贸易额分别为986.8亿美元、875.4亿美元、761.9亿美元、713.2亿美元和705.9亿美元，分别依次位居沿线国家进出口贸易总额的第1～5位，印度尼西亚和菲律宾也分别以538.3亿美元和474.5亿美元分别列居第7位和第8位。

“潜力增长型”模式的主要包括巴基斯坦、波兰、孟加拉国、以色列、捷克、匈牙利、吉尔吉斯斯坦、斯洛伐克、罗马尼亚、柬埔寨、斯里兰卡、斯洛文尼亚、立陶宛、克罗地亚、尼泊尔、塞尔维亚、阿富汗、马尔代夫以及东帝汶等19个国家。这些沿线国家与我国贸易的典型特征主要在于贸易规模相对较大和贸易增速相对较快，并且在全球贸易普遍不景气的背景下表现出较为强劲的增长势头。

“结构单一型”模式主要包括俄罗斯等22个国家，这些国家与我国贸易的主要特征在于，某种单一类别商品贸易额占全部贸易的比重非常大，通常能接近一半，甚至更多。因此，根据具体贸易品种类主导类型的不同，该类型又可以作进一步细分。其中，我国与俄罗斯、沙特阿拉伯、阿联酋、伊朗、伊拉克、阿曼和埃及7个国家的贸易主要以能源类产品为主，与蒙古、阿尔巴尼亚、亚美尼亚和黑山等4个国家的贸易主要以矿砂为主，与黎巴嫩和保加利亚的贸易主要以铜为主，与缅甸的贸易主要以珠宝为主，与乌兹别克斯坦的贸易主要以棉花为主，与拉脱维亚的贸易主要以木材为主。

“有待加强型”模式主要包括土耳其、哈萨克斯坦、乌克兰、约旦、老挝、塔吉克斯坦、白俄罗斯、爱沙尼亚、叙利亚、巴林、格鲁吉亚、马其顿、波黑、摩尔多瓦、巴勒斯坦和不丹等16个国家，这些国家与我国贸易的主要表现是贸易体量相对较小，并且存在一定程度的下滑。

三、“一带一路”沿线国家贸易合作

从沿线国家所处的地理位置来看，目前主要分布在东亚、东南亚、南亚、西亚、东欧和北非等6大地理分区。我国与沿线国家无论是在贸易的规模和贸易品结构方面，还是在贸易的主体和方式方面，都存在着显著的区位差异。

（一）贸易规模方面的突出区位特征和表现

首先是从贸易规模的分布情况来看，主要集中在东南亚和西亚地区。2016年，我国与东南亚、西亚和北非沿线国家的贸易额分别为4 554.4亿美元、2 049.9亿美元，分别占到与沿线国家贸易总量的47.8%和21.5%。而东亚、北非、中亚、南亚和东欧沿线国家的贸易额则分别为45.9亿美元、111.1亿美元、300.5亿美元、1 115.0亿美元和1 368.2亿美元，分别仅占到全部沿线国家贸易额的0.5%、1.0%、3.2%、11.7%和14.3%。其次是从贸

① 该分类方法出自《“一带一路”贸易合作大数据报告(2017)》，由国家信息中心“一带一路”大数据中心、大连东北亚大数据中心、一带一路大数据技术有限公司以及大连瀚闻资讯有限公司等4家机构共同编写，并于2017年3月17日正式发布。

易的增速情况来看，与我国贸易增速提升较快的国家主要集中在东欧和南亚地区，2016年的增速分别为2.7%和0.3%，其他地区由于受到全球经济危机持续深化和贸易形势整体低迷的影响，普遍呈明显下降状态。再次是从我国对沿线国家的出口情况来看，主要是流向东南亚地区，2016年，我国对“一带一路”沿线国家的出口中，对东南亚国家的出口额最多，为2 591.6亿美元，占对沿线国家出口总额的44.1%，然后依次是西亚、南亚、东欧、中亚、北非和东亚沿线国家，出口额分别为1 153.5亿美元、966.6亿美元、867.8亿美元、179.7亿美元、105.6亿美元和9.9亿美元，占比分别为19.6%、16.4%、14.8%、3.1%、1.8%和0.2%。最后是从我国对沿线国家的进口情况来看，最多的也是集中在东南亚地区。2016年，我国从“一带一路”沿线国家的进口额为3 661.1亿元，而仅从东南亚沿线国家的进口额就达1 962.8亿美元，占比为53.6%，然后依次为西亚、东欧、南亚、中亚、东亚和北非地区，进口额分别为887.4亿美元、500.4亿美元、148.3亿美元、120.7亿美元、36.0亿美元和5.5亿美元，占全部沿线国家进口总额的比重依次为24.2%、13.7%、4.1%、3.3%和0.1%。

（二）贸易品结构方面的突出区位特征和表现

在贸易品机构方面，中国对沿线国家出口的产品主要集中在机电、机械以及鞋靴等高端制造产品和纺织制品等方面，而进口的产品则主要集中在能源与原材料等方面，但在不同地理区域的国家中，进出口产品类型也有所不同。

在和东亚沿线国家在贸易合作中，我国出口贸易品主要集中在锅炉、机器机械和化学燃料等方面，进口贸易品主要集中在资源能源方面。2016年，我国对东亚国家出口贸易品金额排在第1位和第2位的分别是“锅炉、机器、机械器具及零件”和“矿物燃料、矿物油及其蒸馏产品等”，出口额为1.3亿美元和1.2亿美元，占同期全部对东亚沿线国家出口额的比重分别为13.5%和12.4%；从东亚国家进口最多的贸易品分别为“矿砂、矿渣及矿灰”“矿物燃料、矿物油及其蒸馏产品等”以及“羊毛、动物细毛或粗毛等”，进口额分别为19.8亿美元、12.7亿美元和1.5亿美元，占全部进口额的比重分别为55.1%、35.1%和3.7%。

在和东南亚沿线国家的贸易合作方面，无论是进口还是出口，都以机电产品为主。2016年，我国对东南亚沿线国家出口最多的产品依次是“电机、电气设备及其零件”和“锅炉、机器、机械器具及零件”，出口额分别为519.3亿美元和359.6亿美元，出口额占全部对东南亚沿线国家出口总额的比重分别为20.0%和13.9%；我国从东南亚沿线国家进口最多的产品也是“电机、电气设备及其零件”，金额为723.0亿美元，占全部东南亚沿线国家进口额比重的36.8%。

在和南亚沿线国家的贸易往来方面，我国的出口主要集中在机电产品领域，进口以贵金属和棉花为主，2016年，我国对南亚沿线国家出口的产品中，“电机、电气设备及其零件”的出口额为226.7亿美元，占对全部南亚沿线国家出口额的23.5%，居各类产品出口贸易额的第一位，其次是“锅炉、机器、机械器具及零件”，以160.9亿美元的出口成交额位居第二，占全部出口额的16.6%；进口最多的产品依次为“珍珠、宝石、贵金属及其制品等”和“棉花”，进口额分别为25.1亿美元和23.1亿美元，占从南亚沿线国家金额总额的比重分别为16.9%和15.6%，其余产品的进口占比均在10%以下。

在和中亚沿线国家的贸易往来中，我国出口的主要是鞋靴服装产品，进口的主要是资源能源型产品。2016 年,我国对东亚沿线国家出口产品金额超过 20 亿美元的分别有“鞋靴等类似品及零件”“非针织非钩编服装及衣着附件”和“针织或钩编的服装及衣着附件”,出口额分别为 22.8 亿美元、22.3 亿美元和 20.4 亿美元,占全部出口额的比重分别为 12.7%、12.4%和 11.3%;进口产品中仅“矿物燃料、矿物油及其蒸馏产品等”的额度就达到了 71.5 亿美元,占全部从东亚沿线国家进口额的 59.2%,其余产品的金额规模则相对较小。

在和西亚北非国家的贸易合作方面,我国的进口主要集中在机械机电产品方面,出口主要集中在能源类产品方面。2016 年,我国对西亚北非沿线国家出口超过 100 亿的产品主要有“电机、电气设备及其零件”和“锅炉、机器、机械器具及零件”2 类,出口额分别为 209.8 亿美元和 201.9 亿美元,占我国对西亚北非沿线国家全部出口额的比重依次为 16.7%和 16.0%;进口产品中,仅“矿物燃料、矿物油及其蒸馏产品等”一类产品的进口额就达到了 643.0 亿美元,占我国从西亚北非沿线国家全部进口额的 72.0%。

在和东欧国家的贸易合作方面,我国的出口和进口分别主要集中在机电机械产品和能源类产品方面。2016 年,我国对东欧沿线国家出口最多的 2 类产品分布是“电机、电气设备及其零件”和“锅炉、机器、机械器具及零件”,出口额分别为 194.0 亿美元和 176.8 亿美元,占对全部东欧沿线国家出口额的比重分别为 22.4%和 20.4%;进口产品中仅“矿物燃料、矿物油及其蒸馏产品等”产品的进口额就达到了 190.4 亿美元,占同期从东欧沿线国家全部进口额比重的 38.1%,其他产品的金额规模则相对较小。

(三)贸易主体方面的突出区位特征和表现

在国家“一带一路”共建政策的倡导下,我国的国有企业、民营企业和外资企业都在积极参与到与沿线国家的贸易合作当中,但不同贸易主体在不同的贸易方向和贸易地区当中的参与程度,均有所不同。

从进出口贸易方向来看,在出口方面,民营企业的参与程度相对较高,而外资企业和国有企业的参与程度则相对较低。2016 年,我国对“一带一路”沿线国家的贸易中,有 58.9%的贸易额是由民营企业来实现的,而外资企业和国有企业所占的比例则分别仅为 27.8%和 13.1%。进口方面,三种所有制企业的参与程度相对均衡,尚未表现出明显差距。2016 年,我国的民营企业、国有企业和外资企业从“一带一路”沿线国家的进口额占全部进口额的比重分别为 37.0%、31.6%和 28.2%。

从进出口贸易的地区分布来看。在出口方面,民营企业在各个区域都具有较为明显的优势。除此之外,外资企业在东欧、东南亚具有一定的比较优势,而国有企业的比较优势主要集中在东亚地区。2016 年,民营企业在中亚、南亚、东欧和东南亚沿线国家出口额占我国对该地区沿线出口国家出口总额的比重分别为 84.2%、58.4%、55.5%和 55.3%,外资企业在东欧和东南亚沿线国家出口额占我国对该地区沿线出口国家出口总额的比重分别为 33.8%和 24.7%,国有企业在东亚沿线国家出口额占我国对该地区沿线出口国家出口总额的比重为 17.1%。进口方面,民营企业进口比重较高的主要是东亚、南亚和东南亚地区,国有企业进口比重最高的主要是中亚、西亚北非和东欧地区,外资企业进口比重最高的主要是东南亚和南亚地区。2016 年,我国民营企业从东亚、南亚和东南亚地区沿线国家进口贸易额占我国分别从这些地区沿线国家进口总额的比重分别为 75.6%、

35.5%和32.5%，国有企业从中亚、西亚北非和东欧地区沿线国家进口贸易额占我国分别从这些地区沿线国家进口总额的比重分别为87.7%、59.7%和41.7%，外资企业从南亚、东欧和西亚北非地区沿线国家进口贸易额占我国分别从这些地区沿线国家进口总额的比重分别为41.4%、27.4%和20.8%。

（四）贸易方式方面的突出区位特征和表现

从贸易方式来看，无论是在出口贸易方面还是在进口贸易方面，一般贸易都是最主要的贸易形式。2016年我国在与“一带一路”国家贸易往来的方式上，进口中有63.5%的贸易采用的是一般贸易方式，20.1%的贸易采用的是加工贸易方式，边境小额贸易、海关特殊监管区及其他贸易方式所占的比重则相对较小。并且在具体的区域方面，除对中亚沿线国家采取的贸易方式中边境小额贸易所占比重较大外，其余均以一般贸易方式为主要实现手段。进口方中有55.7%采用的是一般贸易方式，21.2%采用的是加工贸易方式，18.1%采用的是海关特殊监管区方式，边境小额贸易和其他贸易方式所占比重则非常小。从具体区域情况来看，除了和东亚沿线国家贸易中一般贸易和海关特殊监管区域贸易均占有一定比重外，一般贸易在其他区域中均处于主要贸易形式。

四、“一带一路”沿线国家对外贸易的风险和挑战

“一带一路”战略的实施，无论是对于我国贸易规模的持续稳定增长和贸易结构的不断优化调整，还是对于沿线国家的经济成长而言，都是一次巨大的机遇。然而，由于沿线涉及众多国家和地区，面临着复杂的政治、经济、社会及宗教等众多因素的影响，所以还存在着一定的风险和挑战，主要包括：

地缘政治方面的风险和挑战。“一带一路”沿线涉及区域众多，国家社会和经济发展水平不一、许多正处于转型发展的关键时期，在经济社会发展和国家安全等方面还存在着较大的不确定性矛盾，特别是包括了南亚、中亚、中东等一些地缘政治独特，战略战略地位突出，在国际与地区政治、能源安全等方面受到国家社会普遍关注的国家，比如美国使得沿线国家的地缘政治风险更为明显，给我国企业的对外投资和贸易带来了较为严重的挑战。

贸易摩擦方面的风险和挑战。首先从“一带一路”沿线国家的经济发展水平来看，主要是发展中国家和一些最不发达国家，这些国家通常具有较高的关税和非关税贸易壁垒，这一现实的存在会给相互间的贸易造成一定的负面影响。其次是从沿线国家的通关条件来看，沿线国家无论是在海关清关效率，还是在通过手续的便利程度，以及国境管理的透明化程度等方面，都还存在着很大的不足，不能满意日益增长的贸易高速畅通发展要求。最后是从当前我国对沿线国家出口的产品类型来看，主要是物美价廉的劳动密集型产品，这些产品通常能够以较为明显的价格优势和质量优势迅速占领进口国市场，给本国相关产业的发展带来一定程度冲击，并且可能会给进口国的贸易平衡带来一定影响，很容易引起进口国发起的反倾销调查，进而会给双边贸易的正常开展带来一定的负面影响。

贸易规则体系方面的风险和挑战。当前，“一带一路”的区域贸易规则体系还不够稳定，尚未形成系统性的区域贸易协定，在具体的贸易往来中，仍然是将WTO多边贸易规则、双边贸易协定作为主要的贸易规则。然而，在“一带一路”沿线的众多国家和地区中，

目前仍有一些尚未正式加入 WTO,从而使得 WTO 规则对这些国家或地区的约束作用微乎其微。而在双边贸易协定方面,目前也仅与为数不多的几个国家签订了自由贸易协定,因此,当前“一带一路”沿线国家的贸易规则体系尚不够稳定,亟须进一步加强和完善。

五、进一步推进“一带一路”沿线国家对外贸易的建议

“一带一路”建设不可能一蹴而就,需要经历一段长期的曲折历程。因此,在具体的推进和实施过程中,应该做好充分的保障工作。

加快和完善对沿线国家风险的预警和防范机制,切实保障我国企业对沿线国家进行贸易的安全性。首先,要加快成立“一带一路”沿线国家风险监测和信息公开化平台建设,及时发布投资风险预警,尽可能减少企业的贸易损失。其次,国家还应该强化与沿线国家在经济、贸易以及能源等领域外交合作与对话,通过与沿线国家政府及社会各阶层建立持久的稳定关系,尽可能降低由于政权更替等不稳定因素而造成的贸易关系紧张。再次,各级政府还应该积极鼓励有条件的企业自主成立独立的对外贸易风险评估和预警部门,加大对“一带一路”沿线国家风险研究的投入力度,对贸易风险采取主动管理。最后,积极推进对外贸易领域的保险法立法进程,完善对外贸易保险制度,通过建立完善的对外贸易保险保障机制,尽可能降低相关企业的风险损失。

加快推动国内产业结构转型升级,通过采取产品技术含量提升,避免同质化竞争等方式降低和规避贸易摩擦。我国与“一带一路”沿线国家之间的潜在贸易摩擦,很重要的一个原因在于当前我国向沿线国家的出口中,一些劳动密集型产品的层次和技术含量还相对较低,很容易与沿线国家本土市场的生产商形成产品的同质化竞争,从而遭遇反倾销调查。因此,加快推动我国产业结构调整优化,提高出口产品的技术含量,是有效降低和规避贸易摩擦的一条有效路径。为此,要紧紧抓住“一带一路”共建这一重大历史契机,依托国家正在大力实施的战略性新兴产业,互联网+等重大发展战略,加快实现国内产业结构的优化调整和技术升级,通过产品的层次提升、品牌塑造等方式,有效避开产品的同质化竞争,增强出口产品的国际化竞争能力。

不断降低沿线国家的贸易壁垒,加快推进贸易便利化进程。由于部分沿线国家至今还没有加入 WTO,使得国际贸易规则在和这些国家的贸易中并不适用,因此,还需要进一步通过采取双边或多边谈判的方式来有效降低和消除关税及非关税贸易壁垒。特别是在非关税贸易壁垒方面,我国应通过采取更加积极的外交方式,促使那些经常将反倾销等措施作为贸易保护手段的国家减少在贸易调查中采取的不合理、不规范手段,并且不断降低使用贸易救济措施的频率;通过合理利用 WTO 规则,促使那些经常将技术性贸易措施作为贸易保护的国家通过加强相关措施、标准的透明通报等方式,不断降低对贸易的阻碍作用。与此同时,还应该有效抓住落实 WTO《贸易便利化协议》的有利时机,通过制定合理的策略,积极倡导和督促沿线国际简化通关程序,提升贸易便利化水平。

探索新型国际化贸易人才联合培养机制,为“一带一路”战略的稳定推进提供源源不断的人才基础。“一带一路”沿线国家对外贸易的发展,需要大量精通沿线各国语言、文化、政治、法律、制度、宗教等各方面知识的复合型贸易人才。因此,必须充分结合“一带一路”战略的实际,与时俱进,积极创新和建立新型国际化贸易人才培养机制。要坚持以面向“一带一路”沿线国家贸易为导向，统筹国内和沿线两个市场大局，积极探索与“一带一路”沿线国家之间在贸易人才联合培养方面的实现路径。加快建立完善的新型国际化贸易人才培养机制，通过采取校企合作、吸引海外人才归国、雇佣沿线国家贸易领域人员以及返聘沿线国家外交工作人员等方式，加快形成完善的国家化人才培养体系。积极建立完善的现代化贸易人才“走出去”的开放性人才政策，一方面要鼓励有条件、有能力的国内专家、学者和贸易一线人员主动走出国门，到沿线国家进行学习深造和交流，主动学习沿线国家的语言文化、投资和贸易的政策法规等方面相关知识，不断提高对沿线国家进行贸易的适应能力和专业性水平。积极创新国际化贸易人才激励机制，通过精神表彰、物质引导等手段，多措并举，不断提高相关领域人才积极投身“一带一路”建设的热情。

第四节　跨境电子商务发展

一、跨境电子商务概念

跨境电子商务是指分属不同关境的交易主体，通过由资金流、信息流、物流等基本元素共同构成的电子商务平台达成交易、进行支付结算，并通过线下跨境物流送达商品，最终完成交易，实现地区与地区、国家与国家之间商品交换的一种国际商业活动。

跨境电子商务作为一种新型的国际贸易模式，源自于电子商务、经济全球化和国际贸易的创新性融合，具有全球性、无形性、虚拟性、即时性、无纸化等鲜明的特点，对于发展中国对外贸易具有重要的意义：首先，跨境电子商务突破了国家、地域的界限，由同国扩散到不同国家，增加了各国间的交易次数；其次，在传统贸易中注入现代互联网和电子商务元素，改变传统线下的实体接触、结算等方式，转向互联网线上通道，降低了交易成本，为国内企业的发展拓宽了渠道，促进国际贸易市场的开放；最后，跨境电子商务实现了商品和物流跨越国界，为国内消费者提供了更丰富的商品选择和消费，促进我国国民经济的快速发展，跨境电子商务已成为我国对外贸易的重要增长点。

二、中国跨境电子商务发展现状

（一）交易规模迅速扩大

随着互联网和经济全球化的迅速发展，中国跨境电商进入了蓬勃发展的黄金时代，呈现出强大的发展潜力。图 12.6 显示，2008 年受国际金融危机的影响，中国对外贸易总额下降且之后一直处于低迷状态，2009 年以后，中国跨境电子商务开始崛起，行之有效地将贸易危机迅速转化为贸易商机，交易规模迅速扩大，增速高达 41%左右，成为新时期我国在国际贸易发展道路上的一次重大转机。近年来中国跨境电子商务呈现出蓬勃发展的态势，2016 年，中国跨境电子商务交易规模突破 6.5 万亿元，同比增长 25.9%。其在我国对外贸易中的比重越来越大，地位逐渐上升，从 2008 年仅占整体进出口贸易规模的 0.8%上涨到 2016 年的 19.0%，增长了近 24 倍。

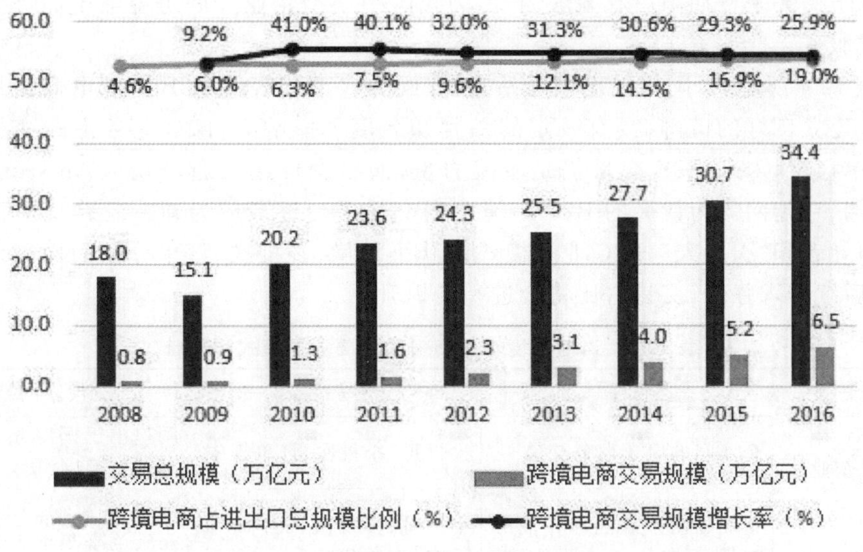

图 12.6　2008—2016 年中国进出口贸易及跨境电商交易规模

数据来源：中国商务部

从结构上看，中国跨境电商出口的比例将长期高于跨境电商进口的比例。以 2015 年为例，2015 年中国跨境电商出口交易规模达 4.3 万亿元，跨境电商进口交易规模达 0.9 万亿元。中国跨境电子商务的进出口结构比例中出口电商占比 80％以上，以国有大型企业为主导、中小型民营企业为基础力量的发展格局，决定了中国跨境电子商务贸易总体呈现出以“出口为主、进口为辅”的特点。根据国家统计局 2016 年相关数据显示，中国跨境电子商务平台进口商品主要集中于奶粉、鞋包、化妆品等奢侈品上，且规模相对较小；跨境电商出口商品则主要集中于家电、数码及服饰等日用消费品上，且出口规模较大，增速也在不断提升。

由于跨境电子商务融合了互联网、电子商务和国际物流的综合优势，并且具有交易成本低、通关快、中间环节少、信息公开透明等特点，对于中国对外贸易出口企业，尤其是中小型企业来说具有巨大的吸引力。通过跨境电子商务平台，外贸企业不仅可以找到最适合、利益最大化的买家，而且可以减少中间环节，降低企业生产成本和交易成本，从而增强国际市场的产品竞争力。跨境电子商务在我国有着巨大的市场需求和潜力，预计未来几年我国跨境电子商务交易规模仍将保持 25％～30％的增速，随着跨境物流、支付等交易链问题的进一步突破和跨境电商企业盈利能力的进一步提升，行业将迎来创造更大价值和效益的黄金发展期。

(二)跨境电商交易平台迅速搭建

2015 年 3 月 12 日，国务院发布了《关于同意设立中国(杭州)跨境电子商务综合试验区的批复》，我国政府在杭州等城市设立跨境电子商务综合试验区，探索跨境电子商务的发展模式和发展对策；2015 年 6 月 16 日，国务院印发《关于促进跨境电子商务健康快速发展的指导意见》，支持国内企业更好地利用电子商务开展对外贸易，国内外跨境电子商务平台的崛起有效地促进了我国跨境电子商务的发展，跨境电子商务贸易迅猛发展，第三方跨境电子商务平台如雨后春笋般涌现，为我国中小型企业开展跨境电子商务贸易提供了一站式服务。

如表 12.4 所示，以阿里巴巴国际站、敦煌网为典型代表的 B2B 跨境电商交易平台已在国内外建立良好的口碑，具有一定的品牌知名度和影响力，B2B 业务模式交易数量较大，且订单稳定，未来 B2B 交易仍是主流力量；而以全球速卖通、Ebay、Amazon、兰亭集势、当当网、卓越网等为代表的 B2C 跨境电商交易平台逐渐成为新一轮跨境电商发展浪潮中的领导者和"引路人"，B2C 业务模式以其小批量、多批次、订单分散而面向众多顾客的特点，后续需求强劲，交易占比将会进一步提升。

表 12.3　当前跨境电子商务的主要业务模式和平台

模式	参考主体	交易特点	代表网站
B2B（企业对企业）	企业间的电子商务交易	大批量、小批次、订单集中	阿里巴巴国际站、敦煌网、环球资源网、买麦网等
B2C（企业对消费者）	企业和消费者间电子商务交易	小批量、多批次、面向众多顾客、订单分散	全球速卖通、Ebay、Amazon、兰亭集势、当当网、卓越网等
C2C（消费者对消费者）	消费者间的电子商务交易	小额商务交易	淘宝网、易趣网、京东商城等海外版网站

（三）跨境电商服务业应运而生

跨境电子商务的出现，带动了交易服务业、支撑服务业和相关衍生服务业的快速发展，跨境电商服务业应运而生。国际物流的需求催生了 EMS、联邦快递（FedEx）、联合包裹（UPS）、敦豪速递（DHL）、天地快运（TNT）等国际物流快递公司的出现；跨境支付的需要带动了优秀的本土第三方支付企业的迅速发展：支付宝、财付通、银联电子支付等国内第三方跨境支付平台获得跨境支付业务试点资格，第三方支付工具得以发展并广泛使用；跨境结汇的需求也推动了相关金融业的革新，国际融资、国际投资等逐渐开展线上经营。

二、跨境电子商务推动中国对外贸易转型升级

（一）推动对外贸易由第一、二产业向第三产业转移

从产业链角度来看，跨境电子商务平台本身作为服务贸易的体现，其对中国外贸转型升级的影响路径主要包括以下两种：一是大力发展综合性服务贸易，以承接国际高端产业转移。出口跨境电子商务的出现，带动了包括交易服务业、支撑服务业和相关衍生服务业的快速发展。借助跨境电子商务平台，金融服务业务出现创新性改革，跨境支付的需求带动了支付宝、财付通等新型交易方式的突破，一些国际融资业务也开始了线上化经营；电子商务的出现带动了物流业的快速成长和成熟，国际物流的需求推动了海外仓库、跨境快递的发展，大大降低了仓储运输成本和生产交易成本，从而对中国外贸结构升级起到了积极作用。

二是促进制造业服务化，培育新的竞争优势。对于本身资金实力并不雄厚的中小企业而言，跨境电子商务恰好可以为其提供良好的平台，实现制造业服务化。利用跨境电子商务平台，中国外贸企业可以建立起完整的客户评价体系，运用大数据系统及时准确地了

解掌握消费者需求偏好，从而有针对性地为消费者提供服务，强化需求渠道建设，建立完整的售后服务体系和解决方案，从而延长其产业链，实现制造业服务化，推动中国对外贸易转型升级。

(二)实现制造业贸易由OEM向OBM转变

从价值链角度来看，中国参与国际分工主要是凭借廉价劳动力成本优势，利用发达国家产业转移提供的全球化机遇，主要承接生产制造、加工组装等低附加值环节，被锁定在跨国公司主导的全球价值链的低端环节，这带来分工层次低、获益少、抑制自主创新、加剧贸易摩擦、一旦全球需求下降会导致低端产能过剩等一系列问题，中国制造亟待转型升级。

目前跨境电子商务发展势头良好，电商企业层出不穷，并逐渐建立起自主品牌，具有较强的国际竞争力。通过跨境电子商务的优势平台，中小企业可以减少中间环节，降低宣传、物流、时间等生产成本和交易成本，从而节省更多资金，投入到产品的技术研发和质量提升中去，通过科研创新创造自主品牌，借助跨境电商与国外贸易便利的优势，提升自己在国际市场中的知名度和综合竞争力。同时，跨境电子商务凭借互联网大数据系统，其中的通信服务业越发达，越有利于企业及时准确地获取市场动态信息，减少信息不对称，降低社会交易成本，从而根据市场需求强化研发创新建设，推进自主品牌设计与服务，逐渐改变我国对外贸易长期处于加工制造等低附加值环节的局面，实现中国制造业贸易由OEM向OBM转变。

(三)拓宽交易市场由“以发达国家为主”向“区域多边国家”转变

一方面，从交易市场范围来看，跨境电子商务冲破了国家间的界限，使国际贸易走向无国界贸易，引领世界经济贸易的巨大变革。一方面跨境电子商务构建的多维、立体、开放式的多边经贸合作模式，极大地拓宽了中国对外贸易的交易市场，创新了中国进军国际市场的路径，从而实现多边资源的优化配置与企业间的互利共赢。中国每年有十亿多商品通过跨境电子商务销往海内外，其中不仅包括欧美、日韩等发达国家，随着“一带一路”战略的推进，印尼、缅甸等中亚、东南亚国家也位列其中，我国港澳台也逐渐成为较多的商品销售地。

另一方面跨境电子商务可以凭借自贸区的优势平台，促进中国与周边国家或地区的区域贸易合作与发展。最典型的是上海跨境通平台，该平台创建于上海自由贸易区内，凭借自贸区所特有的产业支持优惠政策，该平台上的企业在进行区域贸易时可以有效地规避贸易壁垒，减少贸易成本和摩擦，有效提升海关报关和清关速度。同时有利于进一步推动我国与周边国家建立深层次贸易合作伙伴关系，最终促使我国区域贸易实现协调化发展。

三、中国跨境电子商务发展存在的问题

(一)跨境电子支付风险

在跨境电子商务整条业务链上，电子支付作为核心环节，直接关系着交易双方的资金流转安全和信用问题。虽然目前中国采用第三方支付平台保障支付安全，但随着虚拟网络的快速发展，电子支付必定存在着安全隐患。第一，由于网络故障，用户的敏感信息和

交易过程有可能被人恶意篡改，大数据下潜藏的商业机密、数据传输过程中的支付信息泄露、被窃取，将会给企业带来巨大的损失。第二，通关、退税、外汇兑换困难等问题也阻碍了跨境支付的顺利开展。第三，目前我国尚缺乏用以规范跨境支付的法律法规，虚假网络信息的泛滥、跨境消费者身份的技术认证、跨境流动资金难以监管等问题亟待解决。

（二）跨境物流体系不健全

跨境物流作为连接交易双方的重要纽带，基本过程包括“仓储”“分拣”“包装”“配送”等四个主要环节。而目前物流业的延迟发展已成为制约中国跨境电商快速发展的重要瓶颈，主要体现在以下几个方面：第一，由于跨境物流是基于商品跨国界的流通，因此大部分的交易活动依靠传统的航空运输，物流成本显著偏高，大大增加了跨境电子商务的交易成本。第二，与国内物流体系相比，跨境物流的基础设施建设和业务经营管理还有待完善，现有的物流体系不能很好地满足跨境电子商务快速发展的需求，从而造成企业不堪业务负担，导致货物大量堆积的现象。第三，一些跨境电商为提高物流效率而建立海外仓库，通过互联网通道远程操控物流链供应，由于实地管理受限，也导致了库存和电商信息交接不及时、货物丢失等问题的出现。

（三）商品质量有待完善

跨境电商的商品作为跨境交易达成的目的和源头，是整个跨境电子商务业务链上的重中之重，仍存在以下两方面问题：一是跨境电商进口缺乏稳定的海外货源，当前跨境电商进口的商品基本上都是由个人或专业团队向海外零售商采购，然后再销往国内。大部分电商受其实力与规模的影响，未能获得稳定的海外供应商，也难以取得各大零售商的授权，因而导致一般电商无法保证商品质量和供货的及时性，从而导致交易失败，丧失消费者的信任，假冒伪劣商品也大量滋生。二是跨境电商出口产品质量无法保障。由于电子商务平台进入门槛低，使得该平台上的电商企业良莠不齐，有些商家为牟取低成本、高利润在跨境电子商务平台上销售假货，严重影响了中国的国际声誉和信用。

四、推动中国跨境电子商务发展的政策

（一）建立安全支付信用体系

建立安全支付信用体系是推动中国跨境电商贸易发展的必然要求。未来应继续推进金融创新，扶持本土第三方支付企业跨境支付业务试点创新建设，致力于提供便捷、高效、安全的跨境电商支付服务，逐步完善跨境电子支付体系。建立跨境电子商务信用公共服务平台，有效满足境内外消费者跨境电子支付的合理要求。同时，政府应严格监管跨境电商服务平台，推行企业认证、支付认证、信息加密、黑名单等政策措施，创新信用中介机构建立，为企业和网站提供第三方信用管理服务。

（二）完善跨境物流服务体系

完善跨境物流服务体系是推动中国跨境电商贸易的核心策略。政府应加大对跨境物流领域资金的投入力度，完善跨境电子商务基础设施建设，拓宽国内物流企业的国际服务网络，提高物流配送效率，严格制定跨境物流服务质量标准，致力于为客户提供仓配一体的一站式物流供应链服务。同时推进海外仓、边境仓的建立。加强国际商务交流与合作，学习国外先进的物流管理经验，提升远程物流链供应管理与服务，减少信息不对称等问

题，更好地为客户服务。

（三）提升商品质量和品牌策略

提升商品质量、创新品牌策略是推动中国跨境电商贸易发展的重要手段。未来电子商务具有更大的发展潜力，应拓宽跨境电商经营产品，重点推动制造业企业上线，严格把关商品质量，强化品牌意识，提高自主创新能力，培育新兴跨境电商服务产品的竞争优势，促进制造业服务化并向综合外贸服务企业转型升级。

（四）健全跨境电商法律法规

建立健全跨境电商法律法规是推动中国跨境电商贸易发展的重要保障。随着电子商务贸易的迅速发展和互联网技术的不断革新，传统的国际贸易法律政策无法适用于现行的跨境电商服务的发展。政府有关部门应该尽快制定合理的跨境电商外贸方针和政策，强化电商服务行业竞争机制，加快跨境电商管理体制改革。建立健全跨境电商贸易法律体系，完善跨境支付、通关、结汇等法律法规，加强资金监管、电商平台运营等法律监管，为中国跨境电商发展营造良好的外部环境。

本章小结

1.自 1994 年以来，我国的对外贸易保持着稳定的贸易顺差，但是自 2004 年以来，顺差急剧增长。持续贸易顺差在为我国经济增长作出巨大贡献的同时，其负面效应也逐步凸显，如外部经济的失衡、频繁的贸易摩擦以及人民币的升值压力等。

2.我国经济持续保持高速发展，同时我国的能源消费也呈现快速增长的态势，目前我国已成为世界第二大能源消费大国，与此伴生的是日渐突出的环境污染问题。我国的环境污染为典型的能源消费型污染，而以煤炭为主的能源结构和单一的能源消费模式是造成能源环境问题不可忽视的原因。

3.2001 年多哈回合一启动，相关国家推动能源谈判的活动随即开始，并主要集中在服务贸易领域。鉴于多哈回合悬而未决，围绕能源问题的新谈判未必会很快开始，但这一进程终究无法回避，只是时间问题。未来的能源谈判有可能在不同的议题当中分散进行，亦有可能单独就能源部门议定更全面更连贯的整套规则。中国必须高度关注这一进程的发展态势，以适当的策略发挥自身在这一领域的影响力，并在中国国内能源立法中体现国际协调意识。

重要概念和术语

贸易顺差　微笑曲线　劳动力价格刚性　对外贸易可持续性发展　开放式进口替代贸易战略　能源焦虑　能源贸易谈判　国际能源机构　贸易与环境

案例

《巴黎协定》

《巴黎协定》是2015年12月12日在巴黎气候变化大会上通过、2016年4月22日在纽约签署的气候变化协定，该协定为2020年后全球应对气候变化行动作出安排。中国全国人大常委会于2016年9月3日批准中国加入《巴黎协定》，中国成为第23个完成批准协定的缔约方。

2017年10月23日，尼加拉瓜政府正式宣布签署《巴黎协定》，随着尼加拉瓜的签署，拒绝《巴黎协定》的国家只有叙利亚和美国。11月8日，在德国波恩举行的新一轮联合国气候变化大会上，叙利亚代表宣布将尽快签署加入《巴黎协定》并履行承诺。

一、签署仪式

2016年4月22日，联合国秘书长潘基文宣布，在《巴黎协定》开放签署首日，共有175个国家签署了这一协定，创下国际协定开放首日签署国家数量最多的纪录。2016年9月3日，中国全国人大常委会批准中国加入《巴黎协定》，则成为23个完成了批准协定的缔约方。2016年10月5日，联合国秘书长潘基文宣布，《巴黎协定》于当月5日达到生效所需的两个门槛，并于2016年11月4日正式生效。

二、主要内容

《巴黎协定》共29条，当中包括目标、减缓、适应、损失损害、资金、技术、能力建设、透明度、全球盘点等内容。

从环境保护与治理上来看，《巴黎协定》的最大贡献在于明确了全球共同追求的“硬指标”。协定指出，各方将加强对气候变化威胁的全球应对，把全球平均气温较工业化前水平升高控制在2摄氏度之内，并为把升温控制在1.5摄氏度之内努力。只有全球尽快实现温室气体排放达到峰值，21世纪下半叶实现温室气体净零排放，才能降低气候变化给地球带来的生态风险以及给人类带来的生存危机。

从人类发展的角度看，《巴黎协定》将世界上所有国家都纳入了呵护地球生态确保人类发展的命运共同体当中。协定涉及的各项内容摈弃了“零和博弈”的狭隘思维，体现出与会各方多一点共享、多一点担当，实现互惠共赢的强烈愿望。《巴黎协定》在联合国气候变化框架下，在《京都议定书》、“巴厘路线图”等一系列成果基础上，按照共同但有区别的责任原则、公平原则和各自能力原则，进一步加强联合国气候变化框架公约的全面、有效和持续实施。

从经济视角审视，《巴黎协定》同样具有实际意义：首先，推动各方以“自主贡献”的方式参与全球应对气候变化行动，积极向绿色可持续的增长方式转型，避免过去几十年严重依赖石化产品的增长模式继续对自然生态系统构成威胁；其次，促进发达国家继续带头减排并加强对发展中国家提供财力支持，在技术周期的不同阶段强化技术发展和技术转让的合作行为，帮助后者减缓和适应气候变化；最后，通过市场和非市场双重手段，进行国际合作，通过适宜的减缓、顺应、融资、技术转让和能力建设等方式，推动所有缔约方共同履行减排贡献。此外，根据《巴黎协定》的内在逻辑，在资本市场上，全球投资偏好未来将进一步向绿色能源、低碳经济、环境治理等领域倾斜。

三、巴黎协定具体内容

本协定缔约方，

作为《联合国气候变化框架公约》(下称"《公约》")缔约方，

按照《公约》缔约方会议第十七届会议第 1/CP.17 号决定建立的德班加强行动平台，

根据《公约》目标，并遵循其原则，包括以公平为基础并体现共同但有区别的责任和各自能力的原则，同时要根据不同的国情，

认识到必须根据现有的最佳科学知识，对气候变化的紧迫威胁作出有效和逐渐的应对，

又认识到《公约》所述的发展中国家缔约方的具体需要和特殊情况，特别是那些对气候变化不利影响特别脆弱的发展中国家缔约方的具体需要和特殊情况，

充分考虑到最不发达国家在筹资和技术转让行动方面的具体需要和特殊情况，

认识到缔约方不仅可能受到气候变化的影响，而且还可能受到为应对气候变化而采取的措施的影响，

强调气候变化行动、应对和影响与平等获得可持续发展和消除贫困有着内在的关系，

认识到保障粮食安全和消除饥饿的根本性优先事项，以及粮食生产系统对气候变化不利影响的特殊脆弱性，

考虑到务必根据国家制定的发展优先事项，实现劳动力公正转型以及创造体面工作和高质量就业岗位，

承认气候变化是人类共同关注的问题，缔约方在采取行动处理气候变化时，应当尊重、促进和考虑它们各自对人权、健康权、土著人民权利、当地社区权利、移徙者权利、儿童权利、残疾人权利、弱势人权利、发展权，以及性别平等、妇女赋权和代际公平等的义务，

认识到必须酌情养护和加强《公约》所述的温室气体的汇和库，

注意到必须确保包括海洋在内的所有生态系统的完整性，保护被有些文化认作大地母亲的生物多样性，并注意到在采取行动处理气候变化时关于"气候公正"的某些概念的重要性，

申明必须就本协定处理的事项在各级开展教育、培训、宣传，公众参与和公众获得信息和合作，认识到在本协定处理的事项方面让各级参与的重要性，

认识到按照缔约方各自的国内立法使各级政府和各行为方参与处理气候的重要性，

又认识到在发达国家缔约方带头下的可持续生活方式以及可持续的消费和生产模式，对处理气候变化所发挥的重要作用。

协定如下：

巴黎协定第一条

为本协定的目的，《公约》第一条所载的定义都应适用。此外：

1."公约"指 1992 年 5 月 9 日在纽约通过的《联合国气候变化框架公约》；

2."缔约方会议"指《公约》缔约方会议；

3."缔约方"指本协定缔约方。

巴黎协定第二条

1.本协定在加强《公约》,包括其目标的执行方面,旨在联系可持续发展和消除贫困的努力,加强对气候变化威胁的全球应对,包括:

(a)把全球平均气温升幅控制在工业化前水平以上低于2℃之内,并努力将气温升幅限制在工业化前水平以上1.5℃之内,同时认识到这将大大减少气候变化的风险和影响;

(b)提高适应气候变化不利影响的能力并以不威胁粮食生产的方式增强气候抗御力和温室气体低排放发展;

(c)使资金流动符合温室气体低排放和气候适应型发展的路径。

2.本协定的执行将按照不同的国情体现平等以及共同但有区别的责任和各自的原则。

巴黎协定第三条

作为全球应对气候变化的国家自主贡献,所有缔约方将保证并通报第四条、第七条、第九条、第十条、第十一条和第十三条所界定的有力度的努力,以实现本协定第二条所述的目的。所有缔约方的努力将随着时间的推移而逐渐增加,同时认识到需要支持发展中国家缔约方,以有效执行本协定。

巴黎协定第四条

1.为了实现第二条规定的长期气温目标,缔约方旨在尽快达到温室气体排放的全球峰值,同时认识到达峰对发展中国家缔约方来说需要更长的时间;此后利用现有的最佳科学迅速减排,以联系可持续发展和消除贫困,在平等的基础上,在21世纪下半叶实现温室气体源的人为排放与汇的清除之间的平衡。

2.各缔约方应编制、通报并保持它打算实现的下一次国家自主贡献。缔约方应采取国内减缓措施,以实现这种贡献的目标。

3.各缔约方下一次的国家自主贡献将按不同的国情,逐步增加缔约方当前的国家自主贡献,并反映其尽可能大的力度,同时反映其共同但有区别的责任和各自能力。

4.发达国家缔约方应当继续带头,努力实现全经济绝对减排目标。发展中国家缔约方应当继续加强它们的减缓努力,应鼓励它们根据不同的国情,逐渐实现全球经济绝对减排或限排目标。

5.应向发展中国家缔约方提供支助,以根据本协定第九条、第十条和第十一条执行本条,同时认识到增强对发展中国家缔约方的支助,将能够加大它们的行动力度。

6.最不发达国家和小岛屿发展中国家可编制和通报反映它们特殊情况的关于温室气体低排放发展的战略、计划和行动。

7.从缔约方的适应行动和/或经济多样化计划中获得的减缓共同收益,能促进本条下的减缓成果。

8.在通报国家自主贡献时,所有缔约方应根据第1/CP.21号决定和作为《巴黎协定》缔约方会议的《公约》缔约方会议的任何有关决定,为清晰、透明和了解而提供必要的信息。

9.各缔约方应根据第1/CP.21号决定和作为《巴黎协定》缔约方会议的《公约》缔约方会议的任何有关决定,并参照第十四条所述的全球总结的结果,每五年通报一次国家自主贡献。

10.作为《巴黎协定》缔约方会议的《公约》缔约方会议应在第一届会议上审议国家自主贡献的共同时间框架。

11.缔约方可根据作为《巴黎协定》缔约方会议的《公约》缔约方会议通过的指导，随时调整其现有的国家自主贡献，以加强其力度水平。

12.缔约方通报的国家自主贡献应记录在秘书处保持的一个公共登记册上。

13.缔约方应核算它们的国家自主贡献。在核算相当于它们国家自主贡献中的人为排放量和清除量时，缔约方应促进环境完整性、透明、精确、完整、可比和一致性，并确保根据作为《巴黎协定》缔约方会议的《公约》缔约方会议通过的指导避免双重核算。

14.在国家自主贡献方面，当缔约方在承认和执行人为排放和清除方面的减缓行动时，应当按照本条第 13 款的规定，酌情考虑《公约》下的现有方法和指导。

15.缔约方在执行本协定时，应考虑那些经济受应对措施影响最严重的缔约方，特别是发展中国家缔约方关注的问题。

16.缔约方，包括区域经济一体化组织及其成员国，凡是达成了一项协定，根据条第 2 款联合采取行动的，均应在它们通报国家自主贡献时，将该协定的条款秘书处，包括有关时期内分配给各缔约方的排放量。再应由秘书处向《公约》的缔约方和签署方通报该协定的条款。

17.以上第 16 款提及的这种协定的各缔约方应根据本条第 13 款和第 14 款以及第十三条和第十五条对该协定为它规定的排放水平承担责任。

18.如果缔约方在一个其本身是本协定缔约方的区域经济一体化组织的框架内与该组织一起，采取联合行动开展这项工作，那么该区域经济一体化组织的各国单独并与该区域经济一体化组织一起，应根据本条第 13 款和第 14 款以及第十三条和第十五条，对根据本条第 16 款通报的协定为它规定的排放量承担责任。

19.所有缔约方应努力拟定并通报长期温室气体低排放发展战略，同时注意第二条，根据不同国情，考虑它们共同但有区别的责任和各自能力。

巴黎协定第五条

1.缔约方应当采取行动酌情养护和加强《公约》第四条第 1 款 d 项所述的温室气体的汇和库，包括森林。

2.鼓励缔约方采取行动，包括通过基于成果的支付，执行和支持在《公约》下已确定的有关指导和决定中提出的有关以下方面的现有框架：为减少毁林和森林退化造成的排放所涉活动采取的政策方法和积极奖励措施，以及发展中国家养护、可持续管理森林和增强森林碳储量的作用；执行和支持替代政策方法，如关于综合和可持续森林管理的联合减缓和适应方法，同时重申酌情奖励与这种方法相关的非碳收益的重要性。

巴黎协定第六条

1.缔约方认识到，有些缔约方选择自愿合作执行它们的国家自主贡献，以能够提高它们减缓和适应行动的力度，并促进可持续发展和环境完整。

2.缔约方如果在自愿的基础上采取合作方法，并使用国际转让的减缓成果来实现国家自主贡献，就应促进可持续发展，确保环境完整和透明，包括在治理方面，并应运用稳健的核算，以主要依作为《巴黎协定》缔约方会议的《公约》缔约方会议通过的指导确保避免双重核算。

3.使用国际转让的减缓成果来实现本协定下的国家自主贡献,应是自愿的,并得到参加的缔约方的允许的。

4.兹在作为《巴黎协定》缔约方会议的《公约》缔约方会议的授权和指导下,建立一个机制,供缔约方自愿使用,以促进温室气体排放的减缓,支持可持续发展。它应受作为《巴黎协定》缔约方会议的《公约》缔约方会议指定的一个机构的监督,应旨在:

(a)促进减缓温室气体排放,同时促进可持续发展;

(b)奖励和便利缔约方授权下的公私实体参与减缓温室气体排放;

(c)促进东道缔约方减少排放量,以便从减缓活动导致的减排中受益,这也可以被另一缔约方用来履行其国家自主贡献;

(d)实现全球排放的全面减缓。

5.从本条第4款所述的机制产生的减排,如果被另一缔约方用作表示其国家自主贡献的实现情况,则不应再被用作表示东道缔约方自主贡献的实现情况。

6.作为《巴黎协定》缔约方会议的《公约》缔约方会议应确保本条第4款所述机制下开展的活动所产生的一部分收益用于负担行政开支,以及援助对气候变化不利影响特别脆弱的发展中国家缔约方支付适应费用。

7.作为《巴黎协定》缔约方会议的《公约》缔约方会议应在第一届会议上通过本条第4款所述机制的规则、模式和程序。

8.缔约方认识到,在可持续发展和消除贫困方面,必须以协调和有效的方式向缔约方提供综合、整体和平衡的非市场方法,包括酌情主要通过,减缓、适应、融资、技术转让和能力建设,以协助执行它们的国家自主贡献。这些方法应旨在:

(a)提高减缓和适应力度;

(b)加强公私部门参与执行国家自主贡献;

(c)创造各种手段和有关体制安排之间协调的机会。

9.兹确定一个本条第8款提及的可持续发展非市场方法的框架,以推广非市场方法。

巴黎协定第七条

1.缔约方兹确立关于提高适应能力、加强抗御力和减少对气候变化的脆弱性的全球适应目标,以促进可持续发展,并确保在第二条所述气温目标方面采取适当的适应对策。

2.缔约方认识到,适应是所有各方面临的全球挑战,具有地方、次国家、国家、区域和国际层面,它是为保护人民、生计和生态系统而采取的气候变化长期全球应对措施的关键组成部分和促进因素,同时也要考虑到对气候变化不利影响特别脆弱的发展中国家迫在眉睫的需要。

3.应根据作为《巴黎协定》缔约方会议的《公约》缔约方会议第一届会议通过的模式承认发展中国家的适应努力。

4.缔约方认识到,当前的适应需要很大,提高减缓水平能减少对额外适应努力的需要,增大适应需要可能会增加适应成本。

5.缔约方承认,适应行动应当遵循一种国家驱动、注重性别问题、参与型和充分透明的方法,同时考虑到脆弱群体、社区和生态系统,并应当基于和遵循现有的最佳科学,以及适当的传统知识、土著人民的知识和地方知识系统，以期将适应酌情纳入相关的社会经济和环境政策以及行动中。

6.缔约方认识到必须支持适应努力并开展适应努力方面的国际合作，必须考虑发展中国家缔约方的需要，特别是对气候变化不利影响特别脆弱的发展中国家的需要。

7.缔约方应当加强它们在增强适应行动方面的合作，同时考虑到《坎昆适应框架》，包括在下列方面：

(a)交流信息、良好做法、获得的经验和教训，酌情包括与适应行动方面的科学、规划、政策和执行等相关的信息、良好做法、获得的经验和教训；

(b)加强体制安排，包括《公约》下服务于本协定的体制安排，以支持相关信息和知识的综合，并为缔约方提供技术支助和指导；

(c)加强关于气候的科学知识，包括研究、对气候系统的系统观测和预警系统，以便为气候服务提供参考，并支持决策；

(d)协助发展中国家缔约方确定有效的适应做法、适应需要、优先事项、为适应行动和努力提供和得到的支助、挑战和差距，其方式应符合鼓励良好做法；

(e)提高适应行动的有效性和持久性。

8.鼓励联合国专门组织和机构支持缔约方努力执行本条第 7 款所述的行动，同时考虑到本条第 5 款的规定。

9.各缔约方应酌情开展适应规划进程并采取各种行动，包括制订或加强相关的计划、政策和/或贡献，其中可包括：

(a)落实适应行动、任务和/或努力；

(b)关于制订和执行国家适应计划的进程；

(c)评估气候变化影响和脆弱性，以拟订国家制定的优先行动，同时考虑到处于脆弱地位的人民、地方和生态系统；

(d)监测和评价适应计划、政策、方案和行动并从中学习；

(e)建设社会经济和生态系统的抗御力，包括通过经济多样化和自然资源的可持续管理。

10.各缔约方应当酌情定期提交和更新一项适应信息通报，其中可包括其优先事项、执行和支助需要、计划和行动，同时不对发展中国家缔约方造成额外负担。

11.本条第 10 款所述适应信息通报应酌情定期提交和更新，纳入或结合其他信息通报或文件提交，其中包括国家适应计划、第四条第 2 款所述的一项国家自主贡献和/或一项国家信息通报。

12.本条第 10 款所述的适应信息通报应记录在一个由秘书处保持的公共登记册上。

13.根据本协定第九条、第十条和第十一条的规定，发展中国家缔约方在执行本条第 7 款、第 9 款、第 10 款和第 11 款时应得到持续和加强的国际支持。

14.第十四条所述的全球总结，除其他外应：

(a)承认发展中国家缔约方的适应努力；

(b)加强开展适应行动，同时考虑本条第 10 款所述的适应信息通报；

(c)审评适应的适足性和有效性以及对适应提供的支助情况；

(d)审评在实现本条第 1 款所述的全球适应目标方面所取得的总体进展。

巴黎协定第八条

1.缔约方认识到避免、尽量减轻和处理与气候变化(包括极端气候事件和缓发不利影响相关的损失和损害的重要性,以及可持续发展对于减少损失和损害的作用。

2.气候变化影响相关损失和损害华沙国际机制应受作为《巴黎协定》缔约方的《公约》缔约方会议的领导和指导,并由作为《巴黎协定》缔约方会议的《缔约方会议决定予以加强。

3.缔约方应当在合作和提供便利的基础上,包括酌情通过华沙国际机制,在变化不利影响所涉损失和损害方面加强理解、行动和支持。

4.据此,为加强理解、行动和支持而开展合作和提供便利的领域包括以下方面:

(a)预警系统;

(b)应急准备;

(c)缓发事件;

(d)可能涉及不可逆转和永久性损失和损害的事件;

(e)综合性风险评估和管理;

(f)风险保险设施,气候风险分担安排和其他保险方案;

(g)非经济损失;

(h)社区的抗御力、生计和生态系统。

5.华沙国际机制应与本协定下现有机构和专家小组以及本协定以外的有关组织和专家机构协作。

巴黎协定第九条

1.发达国家缔约方应为协助发展中国家缔约方减缓和适应两方面提供资金,以便继续履行在《公约》下的现有义务。

2.鼓励其他缔约方自愿提供或继续提供这种支助。

3.作为全球努力的一部分,发达国家缔约方应继续带头,从各种大量来源、手段及渠道调动气候资金,同时注意到公共基金通过采取各种行动,包括支持国家驱动战略而发挥的重要作用,并考虑发展中国家缔约方的需要和优先事项。对气候资金的这一调动应当逐步超过先前的努力。

4.提供规模更大的资金资源,应旨在实现适应与减缓之间的平衡,同时考虑国家驱动战略以及发展中国家缔约方的优先事项和需要,尤其是那些对气候变化不利影响特别脆弱和受到严重的能力限制的发展中国家缔约方,如最不发达国家,小岛屿发展中国家的优先事项和需要,同时也考虑为适应提供公共资源和基于赠款的资源的需要。

5.发达国家缔约方应适当根据情况,每两年对与本条第 1 款和第 3 款相关的指示性定量定质信息进行通报,包括向发展中国家缔约方提供的公共财政资源方面可获得的预测水平。鼓励其他提供资源的缔约方也自愿每两年通报一次这种信息。

6.第十四条所述的全球总结应考虑发达国家缔约方和/或本协定的机构提供的关于气候资金所涉努力方面的有关信息。

7.发达国家缔约方应按照作为《巴黎协定》缔约方会议的《公约》缔约方会议第一届会议根据第十三条第 13 款的规定通过的模式、程序和指南,就通过公共干预措施向发展中国家提供和调动支助的情况，每两年提供透明一致的信息。鼓励其他缔约方也这样做。

8.《公约》的资金机制，包括其经营实体，应作为本协定的资金机制。

9.为本协定服务的机构，包括《公约》资金机制的经营实体，应旨在通过精简审批程序和提供进一步准备支助发展中国家缔约方，尤其是最不发达国家和小岛屿发展中国家，来确保它们在国家气候战略和计划方面有效地获得资金。

巴黎协定第十条

1.缔约方共有一个长期愿景，即必须充分落实技术开发和转让，以改善对气候变化的抗御力和减少温室气体排放。

2.注意到技术对于执行本协定下的减缓和适应行动的重要性，并认识到现有的技术部署和推广工作，缔约方应加强技术开发和转让方面的合作行动。

3.《公约》下设立的技术机制应为本协定服务。

4.兹建立一个技术框架，为技术机制在促进和便利技术开发和转让的强化行动方面的工作提供总体指导，以根据本条第1款所述的长期愿景，支持本协定的执行。

5.加快、鼓励和扶持创新，对有效、长期的全球应对气候变化，以及促进经济增长和可持续发展至关重要。应对这种努力酌情提供支助，包括由技术机制和由《公约》资金机制通过资金手段提供支助，以便采取协作性方法开展研究和开发，以及便利获得技术，特别是在技术周期的早期阶段便利发展中国家缔约方获得技术。

6.应向发展中国家缔约方提供支助，包括提供资金支助，以执行本条，包括在技术周期不同阶段的技术开发和转让方面加强合作行动，从而在支助减缓和适应之间实现平衡。第十四条提及的全球总结应考虑为发展中国家缔约方的技术开发和转让提供支助方面的现有信息。

巴黎协定第十一条

1.本协定下的能力建设应当加强发展中国家缔约方，特别是能力最弱的国家，如最不发达国家，以及对气候变化不利影响特别脆弱的国家，如小岛屿发展中国家等的能力，以便采取有效的气候变化行动，其中主要包括执行适应和减缓行动，并应当便利技术开发、推广和部署、获得气候资金、教育、培训和公共宣传的有关方面，以及透明、及时和准确的信息通报。

2.能力建设，尤其是针对发展中国家缔约方的能力建设，应当由国家驱动，依据并响应国家需要，并促进缔约方的本国自主，包括在国家、次国家和地方层面。能力建设应当以获得的经验教训为指导，包括从《公约》下能力建设活动中获得的经验教训，并应当是一个参与型、贯穿各领域和注重性别问题的有效和叠加的进程。

3.所有缔约方应当合作，以加强发展中国家缔约方执行本协定的能力。发达国家缔约方应当加强对发展中国家缔约方能力建设行动的支助。

4.所有缔约方，凡在加强发展中国家缔约方执行本协定的能力，包括采取区域、双边和多边方式的，均应定期就这些能力建设行动或措施进行通报。发展中国家缔约方应当定期通报为执行本协定而落实能力建设计划、政策、行动或措施的进展情况。

5.应通过适当的体制安排，包括《公约》下为服务于本协定所建立的有关体制安排，加强能力建设活动，以支持对本协定的执行。作为《巴黎协定》缔约方会议的《公约》缔约方会议应在第一届会议上审议并就能力建设的初始体制安排通过一项决定。

巴黎协定第十二条

缔约方应酌情合作采取措施，加强气候变化教育、培训、公共宣传、公众参与和公众获取信息，同时认识到这些步骤对于加强本协定下的行动的重要性。

巴黎协定第十三条

1.为建立互信并促进有效执行，兹设立一个关于行动和支助的强化透明度框架，并内置一个灵活机制，以考虑进缔约方能力的不同，并以集体经验为基础。

2.透明度框架应为发展中国家缔约方提供灵活性，以利于由于其能力问题而需要这种灵活性的那些发展中国家缔约方执行本条规定。本条第13款所述的模式、程序和指南应反映这种灵活性。

3.透明度框架应依托和加强在《公约》下设立的透明度安排，同时认识到最不发达国家和小岛屿发展中国家的特殊情况，以促进性、非侵入性、非惩罚性和尊重国家主权的方式实施，并避免对缔约方造成不当负担。

4.《公约》下的透明度安排，包括国家信息通报、两年期报告和两年期更新报告、国际评估和审评以及国际协商和分析，应成为制定本条第13款下的模式、程序和指南时加以借鉴的经验的一部分。

5.行动透明度框架的目的是按照《公约》第二条所列目标，明确了解气候变化行动，包括明确和追踪缔约方在第四条下实现各自国家自主贡献方面所取得进展；以及缔约方在第七条之下的适应行动，包括良好做法、优先事项、需要和差距，以便为第十四条下的全球总结提供参考。

6.支助透明度框架的目的是明确各相关缔约方在第四条、第七条、第九条、第十条和第十一条下的气候变化行动方面提供和收到的支助，并尽可能反映所提供的累计资金支助的全面概况，以便为第十四条下的全球总结提供参考。

7.各缔约方应定期提供以下信息：

(a)利用政府间气候变化专门委员会接受并由作为《巴黎协定》缔约方会议的《公约》缔约方会议商定的良好做法而编写的一份温室气体源的人为排放量和汇的清除量的国家清单报告；

(b)跟踪在根据第四条执行和实现国家自主贡献方面取得的进展所必需的信息。

8.各缔约方还应当酌情提供与第七条下的气候变化影响和适应相关的信息。

9.发达国家缔约方应，提供支助的其他缔约方应当就根据第九条、第十条和第十一条向发展中国家缔约方提供资金、技术转让和能力建设支助的情况提供信息。

10.发展中国家缔约方应当就在第九条、第十条和第十一条下需要和接受的资金、技术转让和能力建设支助情况提供信息。

11.应根据第1/CP.21号决定对各缔约方根据本条第7款和第9款提交的信息进行技术专家审评。对于那些由于能力问题而对此有需要的发展中国家缔约方，这一审评进程应包括查明能力建设需要方面的援助。此外，各缔约方应参与促进性的多方审议，以对第九条下的工作以及各自执行和实现国家自主贡献的进展情况进行审议。

12.本款下的技术专家审评应包括适当审议缔约方提供的支助，以及执行和实现国家自主贡献的情况。审评也应查明缔约方需改进的领域，并包括审评这种信息是否与本条第13款提及的模式、程序和指南相一致，同时考虑在本条第2款下给予缔约方的灵活性。审评应特别注意发展中国家缔约方各自的国家能力和国情。

13.作为《巴黎协定》缔约方会议的《公约》缔约方会议应在第一届会议上根据《公约》下透明度相关安排取得的经验，详细拟定本条的规定，酌情为行动和支助的透明度通过通用的模式、程序和指南。

14.应为发展中国家执行本条提供支助。

15.应为发展中国家缔约方建立透明度相关能力提供持续支助。

巴黎协定第十四条

1.作为《巴黎协定》缔约方会议的《公约》缔约方会议应定期总结本协定的执行情况，以评估实现本协定宗旨和长期目标的集体进展情况（称为"全球总结"）。评估工作应以全面和促进性的方式开展，同时考虑减缓、适应问题以及执行和支助的方式问题，并顾及公平和利用现有的最佳科学。

2.作为《巴黎协定》缔约方会议的《公约》缔约方会议应在2023年进行第一次全球总结，此后每五年进行一次，除非作为《巴黎协定》缔约方会议的《公约》缔约方会议另有决定。

3.全球总结的结果应为缔约方提供参考，以国家自主的方式根据本协定的有关规定更新和加强它们的行动和支助，以及加强气候行动的国际合作。

巴黎协定第十五条

1.兹建立一个机制，以促进执行和遵守本协定的规定。

2.本条第1款所述的机制应由一个委员会组成，应以专家为主，并且是促进性的，行使职能时采取透明、非对抗的、非惩罚性的方式。委员会应特别关心缔约方各自的国家能力和情况。

3.该委员会应在作为《巴黎协定》缔约方会议的《公约》缔约方会议第一届会议通过的模式和程序下运作，每年向作为《巴黎协定》缔约方会议的《公约》缔约方会议提交报告。

巴黎协定第十六条

1.《公约》缔约方会议——《公约》的最高机构，应作为本协定缔约方会议。

2.非本协定缔约方的《公约》缔约方，可作为观察员参加作为本协定缔约方会议的《公约》缔约方会议的任何届会的议事工作。在《公约》缔约方会议作为本协定缔约方会议时，在本协定之下的决定只应由为本协定缔约方者做出。

3.在《公约》缔约方会议作为本协定缔约方会议时，《公约》缔约方会议主席团中代表《公约》缔约方但在当时非为本协定缔约方的任何成员，应由本协定缔约方从本协定缔约方中选出的另一成员替换。

4.作为《巴黎协定》缔约方会议的《公约》缔约方会议应定期审评本协定的执行情况，并应在其授权范围内作出为促进本协定有效执行所必要的决定。作为《巴黎协定》缔约方会议的《公约》缔约方会议应履行本协定赋予它的职能，并应：

(a)设立为履行本协定而被认为必要的附属机构；

(b)行使为履行本协定所需的其他职能。

5.《公约》缔约方会议的议事规则和依《公约》规定采用的财务规则,应在本协定下比照适用,除非作为《巴黎协定》缔约方会议的《公约》缔约方会议以协商一致方式可能另外作出决定。

6.作为《巴黎协定》缔约方会议的《公约》缔约方会议第一届会议,应由秘书处结合本协定生效之日后预定举行的《公约》缔约方会议第一届会议召开。其后作为《巴黎协定》缔约方会议的《公约》缔约方会议常会,应与《公约》缔约方会议常会结合举行,除非作为《巴黎协定》缔约方会议的《公约》缔约方会议另有决定。

7.作为《巴黎协定》缔约方会议的《公约》缔约方会议特别会议,将在作为《巴黎协定》缔约方会议的《公约》缔约方会议认为必要的其他任何时间举行,或应任何缔约方的书面请求而举行,但须在秘书处将该要求转达给各缔约方后六个月内得到至少三分之一缔约方的支持。

8.联合国及其专门机构和国际原子能机构,以及它们的非为《公约》缔约方的成员国或观察员,均可派代表作为观察员出席作为《巴黎协定》缔约方会议的《公约》缔约方会议的各届会议。任何在本协定所涉事项上具备资格的团体或机构,无论是国家或国际的、政府的或非政府的,经通知秘书处其愿意派代表作为观察员出席作为《巴黎协定》缔约方会议的《公约》缔约方会议的某届会议,均可予以接纳,除非出席的缔约方至少三分之一反对。观察员的接纳和参加应遵循本条第 5 款所指的议事规则。

巴黎协定第十七条

1.依《公约》第八条设立的秘书处,应作为本协定的秘书处。

2.关于秘书处职能的《公约》第八条第 2 款和关于就秘书处行使职能作出的安排的《公约》第八条第 3 款,应比照适用于本协定。秘书处还应行使本协定和作为《巴黎协定》缔约方会议的《公约》缔约方会议所赋予它的职能。

巴黎协定第十八条

1.《公约》第九条和第十条设立的附属科学技术咨询机构和附属履行机构,应分别作为本协定附属科学技术咨询机构和附属履行机构。《公约》关于这两个机构行使职能的规定应比照适用于本协定。本协定的附属科学技术咨询机构和附属履行机构的届会,应分别与《公约》的附属科学技术咨询机构和附属履行机构的会议结合举行。

2.非为本协定缔约方的《公约》缔约方可作为观察员参加附属机构任何届会的议事工作。在附属机构作为本协定附属机构时,本协定下的决定只应由本协定缔约方作出。

3.《公约》第九条和第十条设立的附属机构行使它们的职能处理涉及本协定的事项时,附属机构主席团中代表《公约》缔约方但当时非为本协定缔约方的任何成员,应由本协定缔约方从本协定缔约方中选出的另一成员替换。

巴黎协定第十九条

1.除本协定提到的附属机构和体制安排外,根据《公约》或在《公约》下设立的附属机构或其他体制安排按照作为《巴黎协定》缔约方会议的《公约》缔约方会议的决定,应为本协定服务。作为《巴黎协定》缔约方会议的《公约》缔约方会议应明确规定此种附属机构或安排所要行使的职能。

2.作为《巴黎协定》缔约方会议的《公约》缔约方会议可为这些附属机构和体制安排提

供进一步指导。

巴黎协定第二十条

1.本协定应开放供属于《公约》缔约方的各国和区域经济一体化组织签署并须经其批准、接受或核准。本协定应自 2016 年 4 月 22 日至 2017 年 4 月 21 日在纽约联合国总部开放供签署。此后，本协定应自签署截止日之次日起开放供加入。批准、接受、核准或加入的文书应交存保存人。

2.任何成为本协定缔约方而其成员国均非缔约方的区域经济一体化组织应受本协定一切义务的约束。如果区域经济一体化组织的一个或多个成员国为本协定的缔约方，该组织及其成员国应决定各自在履行本协定义务方面的责任。在此种情况下，该组织及其成员国无权同时行使本协定规定的权利。

3.区域经济一体化组织应在其批准、接受、核准或加入的文书中声明其在本协定所规定的事项方面的权限。此类组织还应将其权限范围的任何重大变更通知保存人，保存人应再通知各缔约方。

巴黎协定第二十一条

1.本协定应在不少于 55 个《公约》缔约方，包括其合计共占全球温室气体总排放量的至少约 55%的《公约》缔约方交存其批准、接受、核准或加入文书之日后第三十天起生效。

2.只为本条第 1 款的有限目的，“全球温室气体总排放量”指在《公约》缔约方通过本协定之日或之前最新通报的数量。

3.对于在本条第 1 款规定的生效条件达到之后批准、接受、核准或加入本协定的每一国家或区域经济一体化组织，本协定应自该国家或区域经济一体化组织批准、接受、核准或加入的文书交存之日后第三十天起生效。

4.为本条第 1 款的目的，区域经济一体化组织交存的任何文书，不应被视为其成员国所交存文书之外的额外文书。

巴黎协定第二十二条

《公约》第十五条关于通过对《公约》的修正的规定应比照适用于本协定。

巴黎协定第二十三条

1.《公约》第十六条关于《公约》附件的通过和修正的规定应比照适用于本协定。

2.本协定的附件应构成本协定的组成部分，除另有明文规定外，凡提及本协定，即同时提及其任何附件。这些附件应限于清单、表格和属于科学、技术、程序或行政性质的任何其他说明性材料。

巴黎协定第二十四条

《公约》关于争端的解决的第十四条的规定应比照适用于本协定。

巴黎协定第二十五条

1.除本条第 2 款所规定外，每个缔约方应有一票表决权。

2.区域经济一体化组织在其权限内的事项上应行使票数与其作为本协定缔约方的成员国数目相同的表决权。如果一个此类组织的任一成员国行使自己的表决权，则该组织不得行使表决权，反之亦然。

巴黎协定第二十六条

联合国秘书长应为本协定的保存人。

巴黎协定第二十七条

对本协定不得作任何保留。

巴黎协定第二十八条

1.自本协定对一缔约方生效之日起三年后,该缔约方可随时向保存人发出书面通知退出本协定。

2.任何此种退出应自保存人收到退出通知之日起一年期满时生效,或在退出通知中所述明的更后日期生效。

3.退出《公约》的任何缔约方,应被视为亦退出本协定。

巴黎协定第二十九条

本协定正本应交存于联合国秘书长,其阿拉伯文、中文、英文、法文、俄文和西班牙文文本同等作准。

二〇一五年十二月十二日订于巴黎。

下列签署人,经正式授权,于规定的日期在本协定书上签字,以昭信守。

四、制定意义

巴黎协定延续性

《巴黎协定》是继 1992 年《联合国气候变化框架公约》、1997 年《京都议定书》之后,人类历史上应对气候变化的第三个里程碑式的国际法律文本,形成 2020 年后的全球气候治理格局。

巴黎协定公平性

《巴黎协定》获得了所有缔约方的一致认可,充分体现了联合国框架下各方的诉求,是一个非常平衡的协定。协议体现共同但有区别的责任原则,同时根据各自的国情和能力自主行动,采取非侵入、非对抗模式的平价机制,是一份让所有缔约国达成共识且都能参与的协议,有助于国际(双边、多边机制)合作和全球应对气候变化意识的培养。

欧美等发达国家继续率先减排并开展绝对量化减排,为发展中国家提供资金支持;中印等发展中国家应该根据自身情况提高减排目标,逐步实现绝对减排或者限排目标;最不发达国家和小岛屿发展中国家可编制和通报反映它们特殊情况的关于温室气体排放发展的战略、计划和行动。

巴黎协定长期性

《巴黎协定》制定了"只进不退"的棘齿锁定(ratchet)机制。各国提出的行动目标建立在不断进步的基础上,建立从 2023 年开始每 5 年对各国行动的效果进行定期评估的约束机制。

《巴黎协定》将在 2018 年建立一个对话机制(the facilitative dialogue),盘点减排进展与长期目标的差距。

思考与练习

1.造成我国对外贸易持续顺差的主要原因是什么？
2.我国对外贸易顺差与要素市场扭曲的机制是什么？
3.如何处理我国和东盟在产业分工方面的关系？
4.你对实现我国对外贸易可持续性发展有何建议？
5.我国能源贸易的特点是什么？
6.多哈回合关于能源贸易的谈判主要涉及那些方面？
7.WTO 框架下新一轮能源贸易谈判的动力是什么？对中国意义何在？
8.为实施可持续发展的对外贸易政策，中国应采取哪些具体措施？

参考文献

著作和论文

[1]白树强.海关业务制度及实务[M].北京:北京大学出版社,1999.

[2]岑维廉、钟昌元、王华.关税理论与中国关税制度[M].上海:上海人民出版社,2006.

[3]陈丽丽.迈向贸易强国的战略研究[M].四川:西南财经大学出版社,2006.

[4]陈璐、姚胜菊.我国开发区过度竞争的经济学分析与抑制政策[J].开发研究,2005,(2).

[5]陈泰锋.中美贸易摩擦[M].北京:社会科学文献出版社,2005.

[6]陈元.我国外贸发展对国内外经济的影响与对策研究[M].北京:中国财政经济出版社,2007.

[7]高建良、梁桂枝、黄越等.能源贸易与中国能源安全[J].科技和产业,2008,(1):92—98.

[8]葛振华、吴元元、徐荣华等.我国主要能源产品进出口贸易统计[J].中国国土资源经济,2007,(9):9—12.

[9]顾卫平.中国对外贸易战略性进展研究[M].上海:上海人民出版社,2007.

[10]何帆.汇率变动与汇率制度变革的政治经济分析[J].世界经济与政治,2002,(11).

[11]胡涵钧.WTO与中国对外贸易[M].上海:复旦大学出版社,2004.

[12]胡宗义、蔡文彬、陈浩等.能源价格对能源强度和经济增长影响的CGE研究[J].财经理论与实践,2008,(152).

[13]华晓红."十一五"期间中国对外经济贸易热点问题[M].北京:对外经济贸易大学出版社,2007.

[14]黄辉.中欧贸易摩擦[M].北京:社会科学文献出版社,2005.

[15]黄建忠.中国对外贸易概论(第2版)[M].高等教育出版社,2007.

[16]黄天华.中国关税制度[M].上海:上海财经大学出版社,2006.

[17]黄晓玲.中国对外贸易概论[M].北京:对外经济贸易大学出版社,2003.

[18]经济增长前沿课题组.高投资、宏观成本与经济增长的持续性[J].经济研究,2005,(10).

[19]经济增长前沿课题组.国际资本流动、经济扭曲与宏观稳定[J].经济研究,2005,

(4).

[20]李光辉.中日经贸关系的新发展与前景[J],贵州财经学院学报,2009,(1).

[21]李红梅.国际经济组织[M].北京:机械工业出版社,2006.

[22]李小月、卢锟等.国际能源价格变动对我国能源价格机制形成的影响[J].中国矿业,2008,(1).

[23]林伯强.2006年中国能源发展报告[M].北京:中国计量出版社,2006.

[24]刘剑峰、余燕春.中国能源贸易与经济增长关系的实证研究[J].浙江统计,2008,(2).

[25]刘丽娟.中国对外贸易概论[M].大连:东北财经大学出版社,2011.

[26]马国强.中国税收[M].大连:东北财经大学出版社,2009.

[27]曲如晓.中国对外贸易概论[M].北京:机械工业出版社,2008.

[28]上海财经大学世界经济发展报告组编.2007世界经济发展报告[M].上海:上海财经出版社,2007.

[29]宋湛.工资粘性、市场分割与劳动配置绩效[J].经济科学,2003,(4).

[30]孙世春.中日经贸关系的战略转型[J].日本研究,2009,(4).

[31]唐海燕.中国对外贸易概论[M].上海:立信会计出版社,2002.

[32]佟家栋.中国对外贸易导论[M].北京:首都经济贸易大学出版社,2006.

[33]王成勇.中国对外贸易概论[M].兰州:甘肃人民出版社,2002.

[34]王国中.海关概论[M].北京:中国商业出版社,2006.

[35]王厚双、刘向丽.国际贸易摩擦:理论、法理、经验与对策研究[M].北京:九州出版社,2008.

[36]王绍媛.中国对外贸易[M].大连:东北财经大学出版社,2002.

[37]王雨本.WTO之外的国际经济组织[M].北京:人民法院出版社,2002.

[38]温耀庆.中国外经贸热点问题研究[M].上海:上海交通大学出版社,2005.

[39]翁佩君.出口退税技巧[M].北京:中国海关出版社,2008.

[40]吴建功、刘佳刚.中国对外贸易学[M].长沙:国防科技大学出版社,2006.

[41]谢孟军.中国对外贸易概论[M].杭州:浙江大学出版社,2017.

[42]燕列芳.海关实务[M].武汉:湖北科学技术出版社,2006.

[43]杨清震.中国对外贸易概论[M].北京:清华大学出版社,2013.

[44]姚玲珍.当代中国经贸概况[M].北京:高等教育出版社,2014.

[45]余永定、覃东海.中国的双顺差:性质、根源和解决办法[J].世界经济,2006,(3).

[46]余永定.全球经济不平衡条件下中国经济增长模式的调整[J].国际经济评论,2007,(1).

[47]禹静.21世纪中日经贸关系的新发展、问题与对策[J],时代经贸,2008,(5):100—101.

[48]张建平、师求恩.中国对外贸易概论[M].北京:机械工业出版社,2008.

[49]张生铃.重视能源贸易促进经济增长[J].国际贸易,中国经贸,2007,(5):20—24.

[50]张曙光.人民币汇率问题:升值及其成本收益分析[J].经济研究,2005,(5).

[51]张曙霄.中国对外贸易结构论[M].北京:中国经济出版社,2003.

[52]张小瑜.中国对外贸易60年:巨大的变革与成就,[EB/OL].http://www.caitec.org.cn/.

[53]甄炳禧.合作共赢的中美经贸关系[J],国际问题研究,2009,(1).

[54]周锐、李平.国际经济组织[M].北京:中国财政经济出版社,2005.

参考的重要网站

[55]世界贸易组织:http://www.wto.org.

[56]联合国贸易发展会议:http://www.unctad.org.

[57]国际货币基金组织:http://www.imf.org.

[58]国际商会:http://www.iccwbo.org.

[59]世界海关组织:http://www.wco.org.

[60]美国经济研究局:http://www.nber.com.

[61]中国商务部:http://www.mofcom.gov.cn.

[62]中国自由贸易区服务网:http://fta.mofcom.gov.cn.

[63]中国国家统计局:http://www.stats.gov.cn.

[64]商务部国际贸易经济合作研究院:http://www.caitec.org.cn.

[65]中国国家外汇管理局:http://www.safe.gov.cn.

[66]中国—东盟自由贸易区:http://www.cafta.org.cn.

[67]中国海关总署:http://www.customs.gov.cn.

[68]亚太经合组织:http://www.apec.org.

[69]经济合作与发展组织:http://www.oecd.org.